Verfassungsgerichtsbarkeit in Bundesländern

Werner Reutter
(Hrsg.)

Verfassungsgerichtsbarkeit in Bundesländern

Theoretische Perspektiven, methodische Überlegungen und empirische Befunde

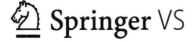

Hrsg.
Werner Reutter
Institut für Sozialwissenschaften
Humboldt-Universität zu Berlin
Berlin, Deutschland

ISBN 978-3-658-28960-7   ISBN 978-3-658-28961-4   (eBook)
https://doi.org/10.1007/978-3-658-28961-4

Die Deutsche Nationalbibliothek verzeichnet diese Publikation in der Deutschen Nationalbibliografie; detaillierte bibliografische Daten sind im Internet über http://dnb.d-nb.de abrufbar.

© Springer Fachmedien Wiesbaden GmbH, ein Teil von Springer Nature 2020
Das Werk einschließlich aller seiner Teile ist urheberrechtlich geschützt. Jede Verwertung, die nicht ausdrücklich vom Urheberrechtsgesetz zugelassen ist, bedarf der vorherigen Zustimmung des Verlags. Das gilt insbesondere für Vervielfältigungen, Bearbeitungen, Übersetzungen, Mikroverfilmungen und die Einspeicherung und Verarbeitung in elektronischen Systemen.
Die Wiedergabe von allgemein beschreibenden Bezeichnungen, Marken, Unternehmensnamen etc. in diesem Werk bedeutet nicht, dass diese frei durch jedermann benutzt werden dürfen. Die Berechtigung zur Benutzung unterliegt, auch ohne gesonderten Hinweis hierzu, den Regeln des Markenrechts. Die Rechte des jeweiligen Zeicheninhabers sind zu beachten.
Der Verlag, die Autoren und die Herausgeber gehen davon aus, dass die Angaben und Informationen in diesem Werk zum Zeitpunkt der Veröffentlichung vollständig und korrekt sind. Weder der Verlag, noch die Autoren oder die Herausgeber übernehmen, ausdrücklich oder implizit, Gewähr für den Inhalt des Werkes, etwaige Fehler oder Äußerungen. Der Verlag bleibt im Hinblick auf geografische Zuordnungen und Gebietsbezeichnungen in veröffentlichten Karten und Institutionsadressen neutral.

Planung/Lektorat: Jan Treibel
Springer VS ist ein Imprint der eingetragenen Gesellschaft Springer Fachmedien Wiesbaden GmbH und ist ein Teil von Springer Nature.
Die Anschrift der Gesellschaft ist: Abraham-Lincoln-Str. 46, 65189 Wiesbaden, Germany

Vorwort

Die hier versammelten Beiträge zur „Verfassungsgerichtsbarkeit in Bundesländern" schließen an den von mir herausgegebenen Sammelband „Landesverfassungsgerichte. Entwicklung – Aufbau – Funktionen" an, der 2017 ebenfalls bei Springer VS erschienen ist und in dem alle 16 Landesverfassungsgerichte einzeln beschrieben und analysiert werden. Bei beiden Bänden steht der Versuch im Vordergrund, einen Gegenstand zu erschließen, dem politikwissenschaftlich bisher wenig Aufmerksamkeit geschenkt wurde. Neben Beiträgen, in denen Landesverfassungsgerichtsbarkeit theoretisch eingeordnet wird, beinhaltet der vorliegende Band methodische Überlegungen zur „Messung" des Einflusses von Verfassungsgerichten auf Politik sowie Untersuchungen zur Entstehungsgeschichte, zu Sondervoten, zur Wahl der Richterinnen und Richter sowie zur Zusammensetzung der Richterschaft. Analysen zum Beitrag von Landesverfassungsgerichten in einzelnen Politikfeldern zeigen die Bedeutung, die den obersten Gerichten der Bundesländer zugewachsen ist. Untersuchungen zur Rolle von Landesverfassungsgerichten im europäischen Mehrebenensystem sowie zur Verfassungsgerichtsbarkeit in Schweizer Kantonen und den amerikanischen Bundesstaaten runden den Sammelband ab.

Zu erwähnen ist an dieser Stelle, dass darauf verzichtet wird, in allen Beiträgen des Sammelbandes eine einheitliche genderneutrale Sprache zu verwenden. Bisweilen werden beide Geschlechter angeführt (z. B. Richterinnen und Richter), bisweilen wird das generische Maskulinum oder das generische Femininum verwandt, ohne dass dies jeweils gesondert ausgewiesen ist. Welche Form auch immer gewählt wurde, stets sind alle Vertreterinnen und alle Vertreter der angesprochenen Gruppen gemeint.

Besonderen Dank gebührt den Autorinnen und Autoren des Sammelbandes. Sie haben sich nicht nur auf wissenschaftlich bisher unbearbeitete Themen eingelassen, sondern sie mussten auch diverse Nachfragen, manche Ergänzungswünsche und vielfältige Bitten des Herausgebers ertragen. Mit ihren Beiträgen und ihrer Kooperationsbereitschaft haben sie den Band möglich gemacht. Ebenso zu danken habe ich Maria-Lena Muckelbauer. Sie war mir nicht nur bei der Datenrecherche behilflich, sondern hat alle Beiträge korrigiert und redigiert. Last but not least geht mein Dank an den Cheflektor Politik bei Springer VS, Dr. Jan Treibel. Er hat das Projekt von Beginn an unterstützt und mit großem Verständnis betreut.

Der Sammelband ist im Rahmen des von der DFG geförderten Forschungsprojektes „Landesverfassungsgerichte und Justizialisierung in den deutschen Bundesländern" entstanden (Gz RE 1376/4-1; AOBJ 644495).

Berlin   Werner Reutter
im November 2019

Inhaltsverzeichnis

Verfassungsgerichtsbarkeit in Bundesländern und Justizialisierung – zur Einführung 1
Werner Reutter

Theoretische Perspektiven und methodische Überlegungen

Verfassungsgerichte und Demokratie in Bund und Ländern 25
Sascha Kneip

Der Beitrag der Landesverfassungsgerichte zur Unitarisierung des Bundesstaates 49
Marcus Höreth

Neue Wege der empirischen Verfassungsgerichtsforschung am Beispiel des Bundesverfassungsgerichts 77
Oliver W. Lembcke und Kálmán Pócza

Historische, institutionelle und soziologische Voraussetzungen der Verfassungsgerichtsbarkeit in Bundesländern

Zwischen Kontinuität und Neubeginn: Richter ausgewählter Landesverfassungsgerichte in den Nachkriegsjahrzehnten 101
Peter Rütters

VIII Inhaltsverzeichnis

**Zum Status der Landesverfassungsgerichte als
Verfassungsorgane** 155
Werner Reutter

Sondervoten in Landesverfassungsgerichten 175
Stefan Thierse

**Verfassungsrichterinnen und Verfassungsrichter:
zur personalen Dimension der Verfassungsgerichtsbarkeit
in den Bundesländern** 203
Werner Reutter

Landesverfassungsgerichtsbarkeit und Politik

**Parlamentsrechtliche Entscheidungen von
Landesverfassungsgerichten in Organstreitverfahren** 237
Franziska Carstensen

Landesverfassungsgerichte und direkte Demokratie 263
Arne Pautsch

**Landesverfassungsgerichte und Landtagswahlen:
Wahlrecht „ad libitum" oder unter „strict scrutiny"?** 289
Jürgen Plöhn

**Landesverfassungsgerichte, kommunale Selbstverwaltung
und Gebietsreform** 323
Marcus Obrecht

**Wen kümmert die Verschuldung? Landesverfassungsgerichte
und Haushaltsrecht** 349
Achim Hildebrandt

**„Steueroase" und „Abundanzumlage": die kommunale
Finanzverfassung von Sachsen-Anhalt als Gegenstand der
Landesverfassungsgerichtsbarkeit** 369
Wolfgang Renzsch

Inhaltsverzeichnis IX

Internationale und vergleichende Perspektiven

Landesverfassungsgerichte und europäische Integration............ 385
Josef Franz Lindner

Verfassungsgerichtsbarkeit in den Schweizer Kantonen............ 401
Martina Flick Witzig und Adrian Vatter

State Supreme Courts: **Verfassungsgerichtsbarkeit
in amerikanischen Bundesstaaten**............................ 427
Werner Reutter

Herausgeber- und Autorenverzeichnis

Über den Herausgeber

Priv.-Doz. Dr. Werner Reutter, Institut für Sozialwissenschaften, Humboldt-Universität zu Berlin, Berlin, Deutschland, Email: werner.reutter@rz.hu-berlin.de

Autorenverzeichnis

Dr. Franziska Carstensen, Lehrgebiet Politikwissenschaft I: Staat und Regieren, FernUniversität in Hagen, Hagen, Deutschland, Email: franziska.Carstensen@fernuni-hagen.de

Dr. Martina Flick Witzig, Institut für Politikwissenschaft, Universität Bern, Bern, Schweiz, Email: martina.flick@ipw.unibe.ch

Priv.-Doz. Dr. Achim Hildebrandt, Abteilung für Politische Theorie und Empirische Demokratieforschung, Institut für Sozialwissenschaften, Universität Stuttgart, Stuttgart, Deutschland, Email: achim.hildebrandt@sowi.uni-stuttgart.de

Prof. Dr. Marcus Höreth, Fachgebiet Politikwissenschaft, Universität Kaiserslautern, Kaiserslautern, Deutschland, Email: marcus.hoereth@sowi.uni-kl.de

Dr. Sascha Kneip, Abteilung: Demokratie und Demokratisierung, Wissenschaftszentrum Berlin für Sozialforschung (WZB), Berlin, Deutschland, Email: sascha.kneip@wzb.eu

Dr. Oliver W. Lembcke, Fakultät für Sozialwissenschaft, Sektion Politikwissenschaft, Ruhr Universität, Bochum, Deutschland, Email: oliver.lembcke@rub.de

Prof. Dr. Josef Franz Lindner, Juristische Fakultät, Universität Augsburg, Augsburg, Deutschland, Email: josef.lindner@jura.uni-augsburg.de

Dr. Marcus Obrecht, Seminar für Wissenschaftliche Politik, Albert-Ludwigs-Universität Freiburg, Freiburg, Deutschland, Email: marcus.obrecht@politik.uni-freiburg.de

Prof. Dr. Arne Pautsch, Hochschule für öffentliche Verwaltung und Finanzen Ludwigsburg, Ludwigsburg, Deutschland, Email: pautsch@hs-ludwigsburg.de

Prof. Dr. Jürgen Plöhn, Martin-Luther-Universität Halle-Wittenberg, Halle, Deutschland, Email: juergen.ploehn@politik.uni-halle.de

Dr. Kálmán Pócza, Centre for Social Sciences, Hungarian Academy of Sciences, Budapest, Ungarn, Email: pocza.kalman@tk.mta.hu, pocza.kalman@btk.ppke.hu

Prof. Dr. Wolfgang Renzsch (emerit.), Emeritiert, bis 2017 Jean-Monnet Chair of European Studies, Institut für Politikwissenschaft, Otto-von-Guericke-Universität Magdeburg, Magdeburg, Deutschland, Email: renzsch@ovgu.de

Priv.-Doz. Dr. Werner Reutter, Institut für Sozialwissenschaften, Humboldt-Universität zu Berlin, Berlin, Deutschland, Email: werner.reutter@rz.hu-berlin.de

Priv.-Doz. Dr. Peter Rütters, Otto-Suhr-Institut für Politikwissenschaft, Freie Universität Berlin, Berlin, Deutschland, Email: ruetters@zedat.fu-berlin.de

Dr. Stefan Thierse, Universität Bremen, Institut für Europastudien, Bremen, Deutschland, Email: thierse@uni-bremen.de

Prof. Dr. Adrian Vatter, Institut für Politikwissenschaft, Universität Bern, Bern, Schweiz, Email: adrian.vatter@ipw.unibe.ch

Abkürzungsverzeichnis

a. F.	alte Fassung
Abg.	Abgeordnete(r)
AbgG ST	Abgeordnetengesetz von Sachsen-Anhalt
ABL	Alte Bundesländer
Abs.	Absatz
AbstrNK	abstrakte Normenkontrolle
AdR	Ausschuss der Regionen
AEUV	Vertrag über die Arbeitsweise der Europäischen Union
AfD	Alternative für Deutschland
AJ	Associate Justice (USA)
Amtsbl.	Amtsblatt
AO	Amtsordnung
AöR	Archiv des öffentlichen Rechts (N.F.)
APuZ	Aus Politik und Zeitgeschichte
Art.	Artikel
AS	Amtliche Sammlung
Aufl.	Auflage
Az.	Aktenzeichen
B90/Gr	Bündnis 90/Die Grünen
BASF	Badische Anilin- und Soda-Fabrik
BAT	Bundesangestelltentarif
BayEUG	Bayerisches Gesetz über das Erziehungs- und Unterrichtswesen
BayRiStAG	Bayerisches Richter- und Staatsanwaltsgesetz
BayVbl.	Bayerische Verwaltungsblätter
BayVerf	Verfassung des Freistaates Bayern
BayVerfGH	Bayerischer Verfassungsgerichtshof

BayVerfGHE	Sammlung von Entscheidungen des Bayerischen Verwaltungsgerichtshofs und des Bayerischen Verfassungsgerichtshofs. II. Teil Entscheidungen des Bayerischen Verfassungsgerichtshofs. Herausgegeben vom Bayerischen Verwaltungsgerichtshof in München
BayVerfGHG	Bayerisches Verfassungsgerichtshofsgesetz
BB/Bbg	Brandenburg
BbgVerf	Verfassung des Landes Brandenburg
BbgVerfG	Verfassungsgericht des Landes Brandenburg
BbgVerfGG	Gesetz über das Verfassungsgericht des Landes Brandenburg
BE	Berlin
BerlVerf	Berliner Verfassung (seit 1995)
BerlVerfGH	Verfassungsgerichtshof des Landes Berlin
BerlVerfGHG	Gesetz über den Verfassungsgerichtshof von Berlin
Beschl.	Beschluss
BGBl.	Bundesgesetzblatt
BGH	Bundesgerichtshof
BremStGH	Staatsgerichtshof der Freien Hansestadt Bremen
BremStGHE	Entscheidungen des Staatsgerichtshofes der Freien Hansestadt Bremen
BremStGHG	Gesetz über den Staatsgerichtshof der Freien Hansestadt Bremen
BremVerf	Landesverfassung der Freien Hansestadt Bremen
BSG	Bundessozialgericht
bspw.	beispielsweise
BTI	Bertelsmann Transformationsindex
BtmG	Betäubungsmittelgesetz
BürgerantrG	Gesetz über den Bürgerantrag
BüWG	Bürgerschaftswahlgesetz [Hamburg]
BV	Bundesverfassung (Schweiz)
BVB/FW	Brandenburger Vereinigte Bürgerbewegung/Freie Wähler
BVerfG	Bundesverfassungsgericht
BVerfGE	Entscheidungen des Bundesverfassungsgerichts
BVerfGG	Bundesverfassungsgerichtsgesetz
BW Verf	Verfassung von Baden-Württemberg
BW VerfGHG	Gesetz über den Verfassungsgerichtshof Baden-Württemberg (bis 2015 Gesetz über den Staatsgerichtshof)

Abkürzungsverzeichnis

BW VPr	Baden-Württembergische Verwaltungspraxis
BW	Baden-Württemberg
BWVerf	Verfassung von Baden-Württemberg
BY	Freistaat Bayern
bzw.	beziehungsweise
CA	Court of Appeals (USA)
CCA	Court of Criminal Appeals (USA)
CDP	Christlich Demokratische Partei
CDU	Christlich Demokratische Union Deutschlands
CJ	Chief Justice (USA)
COLR	Courts of Last Resort (USA)
COSCA	Conference of State Court Administrators (COSCA)
CSP	Court Statistics Project (CSP)
CSU	Christlich-Soziale Union in Bayern
d. h.	das heißt
d. Verf.	des Verfassers
DDP	Deutsche Demokratische Partei
DDR	Deutsche Demokratische Republik
ders./dies	derselbe/dieselbe
DFG	Deutsche Forschungsgemeinschaft
DGB	Deutscher Gewerkschaftsbund
Diss. iur.	juristische Dissertation
DKP/DRP	Deutsche Konservative Partei/Deutsche Reichspartei
DÖV	Die Öffentliche Verwaltung
DP	Deutsche Partei
DRiG	Deutsches Richtergesetz
Drs.	Drucksache
DVBl.	Deutsches Verwaltungsblatt
DVP	Deutsche Volkspartei
DVU	Deutsche Volksunion
ebd.	ebenda
EDF	Électricité de France
EGMR	Europäischer Gerichtshof für Menschenrechte
einschl.	einschließlich
EMRK	Europäische Menschenrechtskonvention/Konvention zum Schutz der Menschenrechte und Grundfreiheiten
EnBW	Energie Baden-Württemberg
Entsch.	Entscheidung

ESVGH	Entscheidungssammlung des Hessischen Verwaltungs-gerichtshofs und des Verwaltungsgerichtshofs Baden-Württemberg mit Entscheidungen der Staatsgerichtshöfe beider Länder
et al.	et alii/et aliae/et alia/und andere
etc.	et cetera
EU	Europäische Union
EuGH	Europäischer Gerichtshof/Gerichtshof der Europäischen Union
f./ff.	folgend/fortfolgend
FAG	Finanzausgleichsgesetz
FAZ	Frankfurter Allgemeine Zeitung
FDP	Freie Demokratische Partei
Fn.	Fußnote
GAL	Grün-Alternative Liste
GB/BHE	Gesamtdeutscher Block/Bund der Heimatvertriebenen und Entrechteten
GBl.	Gesetzblatt
GBlBW	Gesetzblatt für Baden-Württemberg
gem.	gemäß
GG	Grundgesetz
ggfs.	gegebenenfalls
GlG M-V	Gesetz zur Gleichstellung von Frauen und Männern im öffentlichen Dienst des Landes Mecklenburg-Vorpommern
GN/GU	Gubernatorial appointment from judicial nominating commission
GNE	Gubernatorial appointment from judicial nominating commission with approval of elected executive council
GNL	Gubernatorial appointment from judicial nominating commission with consent of the legislature
GO	Geschäftsordnung
GO LT	Geschäftsordnung Landtag
GO-BayVerfGH	Geschäftsordnung des Bayerischen Verfassungsgerichtshofs
GO-BbgVerfG	Geschäftsordnung des Verfassungsgerichts des Landes Brandenburg
GO-BerlVerfGH	Geschäftsordnung des Berliner Verfassungsgerichtshofs
GO-BremStGH	Geschäftsordnung des Staatsgerichtshofs der Freien Hansestadt Bremen

Abkürzungsverzeichnis

GO-BVerfG	Geschäftsordnung des Bundesverfassungsgerichts
GO-HmbVerfG	Geschäftsordnung des Hamburgischen Verfassungsgericht
GO-LVerfG LSA	Geschäftsordnung des Landesverfassungsgerichtes Sachsen-Anhalt
GO-LVerfG MV	Geschäftsordnung des Landesverfassungsgerichtes Mecklenburg-Vorpommern
GO-LVerfG SH	Geschäftsordnung des Schleswig-Holsteinisches Landesverfassungsgericht
GO-NdsStGH	Geschäftsordnung des Niedersächsischen Staatsgerichtshofes
GO-NLT	Geschäftsordnung des Niedersächsischen Landtags (vom 4. März 2003; zuletzt geändert am 15. Dezember 2014)
GO-ThürVerfGH	Geschäftsordnung des Thüringer Verfassungsgerichtshof
GO-VerfGH NRW	Geschäftsordnung des Verfassungsgerichtshofs für das Land Nordrhein-Westfalen
GR	Die Grünen
GRECO	Groupe d'Ètats contre la Corruption
GRÜNE	Bündnis 90/Die Grünen
GV NRW	Gesetz- und Verordnungsblatt für das Land Nordrhein-Westfalen
GVBl./GVOBl.	Gesetz- und Verordnungsblatt
GVBl. LSA	Gesetz- und Verordnungsblatt des Landes Sachsen-Anhalt
GVOBl. M-V	Gesetz- und Verordnungsblatt für Mecklenburg-Vorpommern
h. L.	herrschende Lehre
HAZ	Hannoversche Allgemeine Zeitung
HB	Freie Hansestadt Bremen
HE	Hessen
HessStGH	Staatsgerichtshof des Landes Hessen
HessStGHG	Gesetz über den Hessischen Staatsgerichtshof
HessVerf.	Hessische Verfassung
HGRG	Haushaltsgrundsätzegesetz (Baden-Württemberg)
HH	Freie und Hansestadt Hamburg
HJ	Hitlerjugend
Hmb GVBl.	Hamburgisches Gesetz- und Verordnungsblatt
HmbBü	Hamburgische Bürgerschaft
HmbJVBl.	Hamburgisches Justizverwaltungsblatt
HmbVerf	Verfassung der Freien und Hansestadt Hamburg

HmbVerfG	Hamburgisches Verfassungsgericht
HmbVerfGG	Gesetz über das Hamburgische Verfassungsgericht
Hrsg.	Herausgeber
hrsgg.	herausgegeben
i. d. F.	in der Fassung
i. R. d.	im Rahmen des
i. S. d.	im Sinne des
i. V. m.	in Verbindung mit
IHK	Industrie- und Handelskammer
insb.	insbesondere
IntVG	Integrationsverantwortungsgesetz
Jg.	Jahrgang
JN	Judicial Nomination
JöR (NF)	Jahrbuch des öffentlichen Rechts (Neue Folge)
JVA	Justizvollzugsanstalt
KAG LSA	Kommunalabgabengesetz des Landes Sachsen-Anhalt
Kap.	Kapitel
KPD	Kommunistische Partei Deutschlands
KritV	Kritische Vierteljahresschrift für Gesetzgebung und Rechts-wissenschaft
KWI	Kaiser-Wilhelm-Institut
LA	Legislative Appointment
LAbgG	Landesabgeordnetengesetz
LAG	Landesarbeitsgrupppen
LEinfG	Ländereinführungsgesetz
LG	Landesarbeitsgericht (Saarland)
lit.	Buchstabe
LL-PDS	Linke Liste-Partei des Demokratischen Sozialismus
LP	Legislaturperiode
LReg	Landesregierung
LSA	Land Sachsen-Anhalt
LSE	London School of Economics and Political Science
LT	Landtag
LT-Drs.	Landtagsdrucksache
LV/LVerf	Landesverfassung
LV	Landesverfassung (Schleswig-Holsteins)
LVerfG	Landesverfassungsgericht
LVerfG MV	Landesverfassungsgericht Mecklenburg-Vorpommern

Abkürzungsverzeichnis

LVerfG SH	Landesverfassungsgericht Schleswig-Holstein
LVerfGE	Entscheidungen der Verfassungsgerichte der Länder
LVerfGG	Landesverfassungsgerichtsgesetz
LVerfGG MV	Gesetz über das Landesverfassungsgericht Mecklenburg-Vorpommern
LVerfGG-SH	Gesetz über das Schleswig-Holsteinische Landesverfassungsgericht
LVerfGSH	Schleswig-Holsteinisches Landesverfassungsgericht
LVerwG	Landesverwaltungsgericht
LVG	Landesverwaltungsgesetz
LWahlG/LWG	Landeswahlgesetz
m. w. N.	mit weiteren Nachweisen
MBl.	Ministerialblatt
MdA	Mitglied des Abgeordnetenhauses
MdL	Mitglied des Landtages
MDR	Mitteldeutscher Rundfunk
MfS/AfNS	Ministerium für Staatssicherheit/Amt für Nationale Sicherheit
Ms.	Maschinenscript
MV	Mecklenburg-Vorpommern
n. F./N. F.	neue Fassung/neue Folge
n. v.	nicht vorgesehen
NBL	Neue Bundesländer
NCSC	National Center for Sate Courts (NCSC)
ND	Neues Deutschland
NDPD	Nationaldemokratische Partei Deutschlands
NdsAbgG	Niedersächsisches Abgeordnetengesetz
NdsLWG	Niedersächsisches Landeswahlgesetz
NdsMedienG	Niedersächsisches Mediengesetz
NdsStGH	Niedersächsischer Staatsgerichtshof
NdsStGHG	Gesetz über den Niedersächsischen Staatsgerichtshof (vom 1. Juli 1996)
NdsStGHG a.F.	Gesetz über den Niedersächsischen Staatsgerichtshof (vom 31. März 1955)
NdsVBl	Niedersächsische Verwaltungsblätter
NdsVerf	Niedersächsische Verfassung
NF/GR/DJ	Neues Forum/Grüne/Demokratie Jetzt
NI	Niedersachsen

NP	Non-partisan election
NPD	Nationaldemokratische Partei Deutschlands
Nr.	Nummer
NRW/NW	Nordrhein-Westfalen
NRWVerf	Verfassung für das Land Nordrhein-Westfalen
NRWVerfGHG	Gesetz über den Verfassungsgerichtshof für das Land Nordrhein-Westfalen
NS	Nationalsozialismus
NSDAP	Nationalsozialistische Deutsche Arbeiterpartei
NU	Niederdeutsche Union
NWVBl.	Nordrhein-Westfälische Verwaltungsblätter
o. J.	ohne Jahresangabe
o. O.	ohne Ortsangabe
o. V.	ohne Verfasserangabe
OKW	Oberkommando der Wehrmacht
OLG	Oberlandesgericht (Saarland)
OMGUS	US-Office of Military Government for Germany
OVG	Oberverwaltungsgericht
OVGE	Entscheidungen der Oberverwaltungsgerichte für das Land Nordrhein-Westfalen in Münster und für das Land Niedersachsen in Lüneburg mit Entscheidungen des Verfassungsgerichtshofes Nordrhein-Westfalen und des Niedersächsischen Staatsgerichtshofes
PDS	Partei des Demokratischen Sozialismus
PDS-LL	Partei des Demokratischen Sozialismus-Linke Liste
PE	Partisan election
PlPr.	Plenarprotokoll
PRO	Partei Rechtsstaatlicher Offensive („Schill-Partei")
RBB	Rundfunk Berlin-Brandenburg
RE	Retention election
REP	Die Republikaner
RGZ	Entscheidungen des Reichsgerichts in Zivilsachen
RhPfVerf	Verfassung für Rheinland-Pfalz
Rn.	Randnummer
RP	Rheinland-Pfalz
Rz	Randziffer
s. a.	siehe auch
s. o.	siehe oben

Abkürzungsverzeichnis

s. u.	siehe unten
S.	Seite
SA	Sturmabteilung
SaarlVerf	Verfassung des Saarlandes
SaarlVerfGH	Verfassungsgerichtshof des Saarlandes
SaarlVerfGHG	Gesetz Nr. 645 über den Verfassungsgerichtshof
SachsAnhVerf	Verfassung des Landes Sachsen-Anhalt
SachsAnhVerfG	Landesverfassungsgericht Sachsen-Anhalt
SachsAnhVerfGG	Gesetz über das Landesverfassungsgericht Sachsen-Anhalt
SächsVerf	Verfassung des Freistaates Sachsen
SächsVerfGH	Verfassungsgerichtshof des Freistaats Sachsen
SächsVerfGHG	Gesetz über den Sächsischen Verfassungsgerichtshof (Sächsisches Verfassungsgerichtshofsgesetz)
SächsWahlG	Sächsisches Wahlgesetz
SAP	Sozialistische Arbeiterpartei
SC	Supreme Court
SCA	Supreme Court of Appeals
SCCD	Strength of the Constitutional Court's Decisions
Schill-Partei	Partei Rechtsstaatlicher Offensive (Abkürzung auch PRO)
SCOTUS	Supreme Court of the United States of America
SED	Sozialistische Einheitspartei
SH LS	Landessatzung von Schleswig-Holstein
SH LT	Schleswig-Holsteinischer Landtag
SH Verf	Verfassung des Landes Schleswig-Holstein
SH	Schleswig-Holstein
SHB	Schleswig-Holstein Block
SJC	Supreme Judicial Court
SL	Saarland
SMA(D)	Sowjetische Militär-Administration (in Deutschland)
SN	Freistaat Sachsen
SOG LSA	Gesetz über die öffentliche Sicherheit und Ordnung des Landes Sachsen-Anhalt
sog.	sogenannt(en)
sog.	sogenannte
SPD	Sozialdemokratische Partei Deutschlands
SPS	Sozialdemokratische Partei Saar
SRP	Sozialistische Reichspartei
SRuSZ	Saarländische Rechts- und Steuerzeitschrift

SS	Schutzstaffel
SSC	State Supreme Court(s)
SSW	Südschleswigscher Wählerverband
ST	Sachsen-Anhalt
StabWG	Stabilitäts- und Wachstumsgesetz (Baden-Württemberg)
STATT	STATT Partei Die Unabhängigen
StGB	Strafgesetzbuch
StGH	Staatsgerichtshof
StGH BW	Staatsgerichtshof Baden-Württemberg
StGHG	Gesetz über den Staatsgerichtshof
StPO	Strafprozessordnung
SV	Sondervotum
SVP	Saarländische Volkspartei
TH	Thüringen
ThürAbgÜpG	Thüringer Gesetz zur Überprüfung von Abgeordneten
ThürFAG	Thüringer Finanzausgleichsgesetz
ThürKWG	Thüringer Kommunalwahlgesetz
ThürLWG	Thüringer Landeswahlgesetz
ThürVerf	Verfassung des Freistaats Thüringen
ThürVerfGH	Thüringer Verfassungsgerichtshof
ThürVerfGHE	Entscheidung des Thüringer Verfassungsgerichtshofs
ThürVerfGHG	Gesetz über den Thüringer Verfassungsgerichtshof
u. a. m.	und andere(s) mehr
u. a.	und andere(s)/unter anderem
U.S.	United States Reports
UA	Untersuchungsausschuss
UAG	Untersuchungsausschussgesetz
Univ.	Universität
Urt.	Urteil
v.	versus/vom
v. a.	vor allem
V.Dem.	Varieties of Democracy
VA	Verfassungsausschuss
VB	Verfassungsbeschwerde
VBH	Vaterstädtischer Bund Hamburg
VBlBW	Verwaltungsblätter für Baden-Württemberg
VdgB	Vereinigung der gegenseitigen Bauernhilfe
Verf MV	Verfassung des Landes Mecklenburg-Vorpommern

Verf.	Verfassung
Verf. LSA	Verfassung des Landes Sachsen-Anhalt
Verf.	Verfassung
VerfG	Verfassungsgericht
VerfGG	Verfassungsgerichtsgesetz
VerfGH BW	Verfassungsgerichtshof für das Land Baden-Württemberg
VerfGHG Rh.-Pf.	Landesgesetz über den Verfassungsgerichtshof von Rheinland-Pfalz
VerfGH Rh.-Pf.	Verfassungsgerichtshof Rheinland-Pfalz
VerfGH	Verfassungsgerichtshof
VerfGHE	Entscheidungen des Verfassungsgerichtshofs
VerfGHG	Verfassungsgerichtshofgesetz
VerfGHNRW	Verfassungsgerichtshofs für das Land Nordrhein-Westfalen
Vf.	Verfahren
VG	Verwaltungsgericht
VGH	Verfassungsgerichtshof
vgl.	vergleiche
VK	Verfassungskommission
VNV	Vorläufige Niedersächsische Verfassung (vom 13. April 1951)
VRE	Versammlung der Regionen Europas
VVA	Vorbereitender Verfassungsausschuss
VvB	Verfassung von Berlin
VwGO	Verwaltungsgerichtsordnung
WP	Wahlperiode
z. B.	zum Beispiel
z. T.	zum Teil
Ziff.	Ziffer
zit. n.	zitiert nach
zit.	zitiert
ZParl	Zeitschrift für Parlamentsfragen
ZRP	Zeitschrift für Rechtspolitik

Verfassungsgerichtsbarkeit in Bundesländern und Justizialisierung – zur Einführung

Werner Reutter

Am 14. März 2019 wies der Bayerische Verfassungsgerichtshof eine Popularklage gegen Art. 1 Abs. 2 BayRiStAG als unbegründet ab. Die 2018 in das Gesetz aufgenommene Bestimmung, die mit der Klage angefochten worden war, untersagt es Richtern, Staats- und Landesanwälten, während einer Verhandlung und bei Amtshandlungen mit Außenkontakt religiös oder weltanschaulich geprägte Symbole zu tragen. Die angegriffene Norm verstoße nicht, so der Bayerische Verfassungsgerichtshof, gegen die in Art. 107 Abs. 1 und 2 BayVerf gewährte Glaubens- und Gewissensfreiheit der betroffenen Amtsträger. Zwar sei der Staat zu weltanschaulich-religiöser Neutralität verpflichtet, doch trete in den genannten Funktionsbereichen die Person „tendenziell" hinter das Amt zurück (BayVerfGH, Urteil vom 14. März 2019, Az. Vf. 3-VII-18). Am 5. Juli 2019 machte der Saarländische Verfassungsgerichtshof bundesweit ebenfalls Schlagzeilen. Denn er stellte fest, dass gegen Bußgeldbescheide wegen Überschreitens der Höchstgeschwindigkeit im Straßenverkehr eine wirksame Verteidigung garantiert sein müsse. Ohne Beweismittel sei dies nicht möglich. Rohdaten von Geräten zur Messung von Geschwindigkeitsüberschreitungen seien daher zu speichern und vorzuhalten. Da dies bisher nicht gewährleistet sei, seien entsprechende Bußgeldbescheide grundsätzlich anfechtbar (SaarlVerfGH, Urteil vom 5. Juli 2019, Lv 7/17). Am 25. Juli 2019 gab der Sächsische Verfassungsgerichtshof der Alternative für Deutschland Recht. Denn er erklärte im Rahmen einer einstweiligen Anordnung die Entscheidung des Landeswahlausschusses vom 5. Juli 2019, zwei von der AfD aufgestellte Wahllisten für die Landtagswahl am 1. September 2019 nicht zuzulassen, als „mit hoher Wahrscheinlichkeit" für rechtswidrig und gab damit der

---

W. Reutter (✉)
Institut für Sozialwissenschaften, Humboldt-Universität zu Berlin, Berlin, Deutschland
E-Mail: werner.reutter@rz.hu-berlin.de

© Springer Fachmedien Wiesbaden GmbH, ein Teil von Springer Nature 2020
W. Reutter (Hrsg.), *Verfassungsgerichtsbarkeit in Bundesländern*,
https://doi.org/10.1007/978-3-658-28961-4_1

Verfassungsbeschwerde der AfD vorläufig und zumindest teilweise statt. Die auf den Landeslisten der AfD auf den Plätzen 19 bis 30 aufgestellten Kandidaten seien für die Wahl zuzulassen (SächsVerfGH, Urteil vom 25. Juli 2019, Vf. 77-IV-19 (e.A.), Vf. 82-IV-19 (e.A.)). Mit Urteil vom 16. August 2019 hat der Verfassungsgerichtshof seine frühere Entscheidung bestätigt und die Listenplätze 19 bis 30 endgültig zur Landtagswahl am 1. September 2019 zugelassen. Dem Landeswahlausschuss wurde insoweit Recht gegeben, als dessen Streichung der Plätze 31 bis 61 Bestätigung fand (SächsVerfGH, Urteil vom 16. August 2019 – Vf. 76-IV-19 (HS), Vf. 81-IV-19 (HS); Plöhn in diesem Band).[1]

Diese sicherlich nicht beliebige Auswahl von Entscheidungen von Landesverfassungsgerichten verweist auf Institutionen, die lange Zeit weder medial noch politikwissenschaftlich Aufmerksamkeit auf sich zogen. Zudem werden Rolle und Bedeutung der Verfassungsgerichtsbarkeit in Bundesländern unterschiedlich bewertet (Reutter 2017a, S. 1–3, Reutter 2018, S. 195 f.). Verbreitet ist die Auffassung, der Landesverfassungsgerichtsbarkeit käme bestenfalls eine sekundäre Bedeutung zu. Denn sie habe sich dem „Gravitationsfeld des Bundesverfassungsgerichtes" und dessen „‚Sog'" nicht entziehen können (Gärditz 2013, S. 451 und 493; Sacksofsky 2019, Rn. 94). Ohnehin würden den Verfassungsgerichten in den Bundesländern die Voraussetzungen für eine die Verfassungspraxis in den Ländern prägende Judikatur fehlen. Schließlich seien die obersten Gerichte der Bundesländer nahezu unbekannt. In dieser Perspektive sind Landesverfassungsgerichte eine „anachronistische Komplikation, ein alter föderaler Zopf" (Leisner 1972, S. 185) oder „überflüssiger Luxus" (Bachof 1968, S. 19). Ihre Bedeutung sei, so ein ehemaliger Präsident des Staatsgerichtshofes Baden-Württemberg, „‚kurz hinter dem jeweiligen Wasserwirtschaftsamt'" anzusiedeln (zit. n. Freund 1994, S. 3).

Solche „herablassend-joviale Kommentierungen" (Dombert 2012, S. 19) sollen allerdings der Vergangenheit angehören. Das meint der ehemalige Richter des Verfassungsgerichtes Brandenburg Matthias Dombert. Nach Dombert (2012, S. 19) hätten die Landesverfassungsgerichte einen „Bewertungswandel" erfahren, der „unübersehbar" sei. Zwar hätten Landesverfassungsgerichte – und Landesverfassungen – in der Vergangenheit kaum juristische Aufmerksamkeit auf sich gezogen und sich „rechtswissenschaftliche Gleichgültigkeit gefallen lassen" müssen (Dombert 2012, S. 19). Doch inzwischen würde den Landesverfassungsgerichten eine „eigene Kontur" zugesprochen. Sie seien gleichsam

---

[1]Sofern nicht anders angegeben, verwende ich im Weiteren das generische Femininum.

„„in'" (Dombert 2012, S. 20). Auch für Markus Heimann (2001, S. 1) ist die Landesverfassungsgerichtsbarkeit ein „wichtiger Bestandteil der Staatlichkeit der Länder; sie wird allgemein als ‚Vollendung der Rechtsstaatlichkeit' angesehen." Hans-Jürgen Papier, der ehemalige Präsident des Bundesverfassungsgerichtes, sieht die Landesverfassungsgerichtsbarkeit seit 1990 ebenfalls im Aufwind (Papier 2002). Inzwischen sei sie eine „Notwendigkeit" und vervollständige die föderative Ordnung des Grundgesetzes (Papier 2002, S. 20; Grupp 1993). Und für Claudia Sommer (2017, S. 99) spielt das sachsen-anhaltische Verfassungsgericht für die „Anwendung und Auslegung der Landesverfassung eine ebenso wichtige Rolle wie das Bundesverfassungsgericht für das Grundgesetz."

Die Politikwissenschaft hat zur Beantwortung der Frage nach Rolle und Bedeutung der Landesverfassungsgerichte bisher wenig beigetragen. Sie ignorierte diese Verfassungsorgane. In den Föderalismustheorien sucht man diese Institutionen ebenso vergebens wie in den Debatten über die Politik in Mehrebenensystemen oder in Handbüchern über das politische System der Bundesrepublik Deutschland. Aus politikwissenschaftlicher Feder stammen lediglich kurze Überblicke oder einführende Darstellungen (Leunig 2012, S. 169–178; Lorenz 2016; Jesse et al. 2015, S. 62–65) sowie der vom Autor dieser Zeilen herausgegebene Sammelband zu den 16 Landesverfassungsgerichten (Reutter 2017b). Allein Martina Flick setzt sich auf politikwissenschaftlicher Grundlage systematisch mit der Landesverfassungsgerichtsbarkeit auseinander (Flick 2008, 2009, 2011a, b). Allerdings liegt der Fokus ihrer Untersuchungen auf dem Oppositionsverhalten und auf dem Einfluss der Landesverfassungsgerichte auf das Parlamentsrecht. Der vorliegende Sammelband adressiert dieses Desiderat. Er will Landesverfassungsgerichtsbarkeit theoretisch einordnen, damit verknüpfte methodische Fragen zum Einfluss dieses Zweigs der Judikative auf Legislative und Exekutive ausleuchten, erste empirische Befunde präsentieren sowie die Bedeutung der Landesverfassungsgerichte in ausgewählten Politikfeldern erschließen.

Der Gegenstand der Darstellung verlangt eine methodische Vorbemerkung. In vielen Untersuchungen werden Strukturen, Institutionen und Politiken der Bundesländer meist idealtypisch verallgemeinert. Dann gibt es *die* Landesparlamente, *die* Landesparteien, *die* Bundesländer oder eben *die* Landesverfassungsgerichte. Auch in diesem Sammelband wird immer wieder eine solch generalisierende Begrifflichkeit benutzt. In der Verfassungswirklichkeit finden sich allerdings nicht nur Gemeinsamkeiten, die für eine typisierende Generalisierung unerlässlich sind, sondern auch eine ganze Reihe von Unterschieden zwischen den Verfassungsgerichten (Tab. 1). Und diese Unterschiede sind nicht trivial. Ein Vergleich einiger weniger Merkmale macht dies deutlich; ebenso

Tab. 1 Landesverfassungsgerichte: Konstituierung, Sitz, verfassungsrechtliche Grundlage, Anzahl der Richterinnen und Eingänge (Stand: Mai 2019)

	Konstitutierung	Sitz	Abschnitt in LV (Art.)	Anzahl Richterinnen	Eingänge/ Jahr[a]
BW	1955	Stuttgart	Nein (68)	9	4
BY	1947	München	Ja (60–69)	38	138
BE	1992	Berlin	Nein (84)	9	180
BB	1993	Potsdam	Nein (112–114)	9	87
HB	1949	Bremen	Nein (139–140)	7	1
HH	1953	Hamburg	Nein (65)	9	3
HE	1948	Wiesbaden	Ja (130–133)	11	13
MV	1995	Greifswald	Ja (52–54)	7	12
NI	1957	Bückeburg	Nein (54–55)	9	3
NW	1952	Münster	Ja (75–76)	7	7
RP	1947	Koblenz	Ja (130–136)	9	15
SL	1959	Saarbrücken	Ja (96–97)	8	4
SA	1993	Leipzig	Nein (81)	9	110
ST	1993	Dessau-Roßlau	Ja (74–76)	7	25
SH	2008	Schleswig	Nein (44)	7	2
TH	1995	Weimar	Ja (79–80)	9	30

[a]Anzahl der Eingänge pro Jahr; unterschiedliche Perioden und Zeiträume
Quelle: Eigene Zusammenstellung und Berechnungen; Webseiten der Landesverfassungsgerichte; Reutter 2017a, S. 6 und 19

verweisen viele Beiträge dieses Sammelbandes auf Differenzen zwischen und Besonderheiten von Landesverfassungsgerichten. So entstanden Landesverfassungsgerichte nicht nur in divergierenden Perioden, sondern auch ihr Sitz, die Anzahl ihrer Richterinnen und die Anzahl der Eingänge variieren beträchtlich. Vier Verfassungsgerichte wurden vor Verabschiedung des Grundgesetzes konstituiert,[2] fünf in den 1950er Jahren, sechs nach der Vereinigung 1990 und einer nach der Jahrtausendwende. Es versteht sich, dass die spezifischen

---

[2]Hinzu kommen die Staatsgerichtshöfe von Baden, Württemberg-Hohenzollern und Württemberg-Baden, die 1947/48 eingerichtet wurden.

Rahmenbedingungen sich auch auf die Ausgestaltung des jeweiligen Verfassungsgerichtes niederschlugen. Zudem ist in acht Bundesländern das oberste Gericht in der Hauptstadt angesiedelt, in ebenso vielen verfügt die Landesverfassung über einen eigenen Abschnitt. Im Sitz und in der landesverfassungsrechtlichen Ausgestaltung symbolisieren sich die Eigenständigkeit von Landesverfassungsgerichten und deren organschaftlicher Status. Sieht man von dem bayerischen Ausreißer ab, schwankt die Anzahl der Richterinnen zwischen sieben und elf, allerdings weisen die Verfassungsgerichte eine stark divergierende Arbeitsbelastung auf. Der Bremische Staatsgerichtshof verzeichnete zwischen 1950 und 2015 durchschnittlich gerade einmal einen Eingang pro Jahr, in Berlin waren es dagegen zwischen 1992 und 2015 durchschnittlich 180 (davon waren 172 Individualverfassungsbeschwerden).

Unbeschadet dieser Unterschiede wird im Weiteren typisierend von *der* Landesverfassungsgerichtsbarkeit gesprochen und sozusagen ein „institutioneller Normalfall" unterstellt. Damit soll ein Verfassungsorgan anhand allgemeiner Muster und Merkmale analytisch erschlossen und eingeordnet werden. Dies erlaubt gleichzeitig, Untersuchungen über Landesverfassungsgerichte an die einschlägigen theoretischen Debatten anzubinden, was Gegenstand des ersten Abschnitts dieser Einführung ist. Im darauffolgenden zweiten Abschnitt werden die Beiträge des Sammelbandes vorgestellt.

1 Landesverfassungsgerichtsbarkeit und Justizialisierung: politikwissenschaftliche Perspektiven

Für Stefan Haack (2010, S. 216) sind Landesverfassungsgerichte „Zwittergebilde" und eingestellt in eine Reihe von „Gegensätzen und Polaritäten". Struktur- und funktionsprägend wirken, so Haack (2010): das Spannungsverhältnis zwischen bundesstaatlicher Ordnung und gliedstaatlicher Eigenständigkeit, die Polarität von „Recht und Politik", der Gegensatz von „Verfassungsorganrang und Gerichtseigenschaft" sowie die funktionsspezifischen Traditionslinien von Staatsgerichtsbarkeit und Rechtsschutzinstanz. In der Landesverfassungsgerichtsbarkeit bündeln sich somit drei verfassungsrechtliche Strukturprinzipien: das Rechtsstaats-, das Demokratie- und das Bundesstaatsprinzip. Die Bundesländer können über die Ausgestaltung dieser Prinzipien nur teilweise und in divergierendem Ausmaß selbst entscheiden. Das Bundesstaatsprinzip findet ausschließlich im Grundgesetz seine verfassungsrechtliche Ausformung. Landesverfassungen enthalten keine Regelungen über die vertikale Kompetenzverteilung zwischen

Bund und Ländern oder über andere Aspekte des bundesstaatlichen Aufbaus. Bisweilen wird lediglich darauf verwiesen, dass die im Grundgesetz normierten Menschen- und Bürgerrechte auch Teil einer Landesverfassung sind. Auch das Rechtsstaatsprinzip ist weitgehend über das Homogenitätsgebot des Art. 28 Abs. 3 GG vorgeprägt. Doch in diesem Bereich verfügen die Landesverfassungsgeber über – wenngleich beschränkte – Gestaltungskompetenzen. So finden sich in allen Landesverfassungen Abschnitte über die Rechtspflege. Noch wichtiger für den vorliegenden Zusammenhang ist, dass die Bundesländer eigenständig entscheiden können, ob sie ein Verfassungsgericht errichten und unterhalten wollen oder Streitigkeiten über die Auslegung der Landesverfassung im Rahmen der Organleihe nach Art. 99 GG dem Bundesverfassungsgericht überlassen wollen. So ist das Bundesland Schleswig-Holstein bis zur Errichtung seines Verfassungsgerichtes 2008 verfahren. Nach einhelliger Meinung den größten Gestaltungsspielraum besitzen Landesverfassungsgeber beim Demokratieprinzip. Vorgegeben durch das GG ist hier lediglich, dass die Landesverfassungen demokratischen Grundsätzen zu entsprechen haben, was jedoch nur bedeuten kann, dass in periodischen Abständen faire und freie Wahlen zu Landes- und Kommunalparlamenten stattfinden müssen.

In der Landesverfassungsgerichtsbarkeit bündeln sich die genannten Strukturbedingungen in spezifischer Weise. Sie sind als Gerichte organisiert und unterliegen insoweit rechtsstaatlichen Funktionsprinzipien. Das schlägt sich in den Verfahrensarten, der Zusammensetzung und der Arbeitsweise der Gerichte ebenso nieder wie in dem Umstand, dass Verfassungsrichterinnen nur schwer ihres Amtes enthoben werden können. Insoweit gelten rechtsstaatliche Funktionsprinzipien für die obersten Gerichte der Bundesländer ohne Abstriche. Gleichzeitig sind Landesverfassungsgerichte als Verfassungsorgane an den Willen des Souveräns zurückzubinden, unterliegen mithin demokratischen Anmutungen und folgen den Prinzipien des Demokratiegebotes, sprich: Die Bestellung von Verfassungsrichterinnen muss so organisiert sein, dass sie sich auf den Souverän zurückführen lässt. Ganz überwiegend erfolgt dies durch eine parlamentarische Wahl der Richterinnen. Das Bundesstaatsprinzip wiederum bedeutet, dass Bund-Länder-Streitigkeiten ebensowenig Gegenstand der Landesverfassungsrechtsprechung sein können wie die im Grundgesetz normierten Grundrechte. Maßstab und Grundlage ihrer Rechtsprechung kann allein das Landesrecht bilden. Eine Judikatur, die Ebenen übergreifend verbindliche Wirkung entfaltet, kann sich in den Bundesländern mithin nicht entwickeln. Dies schließt Unitarisierungstendenzen gleichwohl nicht aus (Höreth in diesem Band).

Diese Zusammenhänge sind politikwissenschaftlich bisher kaum untersucht. Die einschlägige Föderalismusforschung ist immer noch unitarisch und exekutivisch grundiert. Sie ist vor allem mit der Frage beschäftigt, wie unter den Bedingungen des kooperativen Föderalismus zentralstaatliche Steuerung möglich ist und gesamtgesellschaftliche Integration dauerhaft garantiert werden kann. Landespolitik, die in den letzten Jahren zunehmend Aufmerksamkeit erhielt, wird in dieser Perspektive mehr oder weniger als Rahmenbedingung betrachtet und nicht als konstitutiver Bestandteil des grundgesetzlich ausgestalteten Verfassungsstaates verstanden. Diese Vernachlässigung gilt noch mehr für die Verfassungsgerichtsbarkeit der Bundesländer. Sie findet aus politikwissenschaftlicher Sicht bisher fast ausschließlich in Karlsruhe statt. Stuttgart, München, Berlin, Potsdam, Bremen, Hamburg, Wiesbaden, Greifswald, Bückeburg, Münster, Koblenz, Saarbrücken, Leipzig, Dessau-Roßlau, Schleswig und Weimar sind mithin keine Orte, an dem Verfassungsrecht ausgelegt und auf politische Streitfälle bezogen wird. Ausnahmen zu einzelnen Urteilen oder Rechtsmaterien (Plöhn 1993; Kropp 1997; Henkes und Kneip 2009; Jutzi 2019) bestätigen nur die Regel. Folgerichtig kann eine politikwissenschaftliche Theorie zur Rolle und Bedeutung von Landesverfassungsgerichten nur an Überlegungen anknüpfen, die sich aus Untersuchungen nationaler Verfassungsgerichtsbarkeit ergeben und die das Verhältnis von Politik und Recht in unterschiedlicher Weise thematisieren.

Eine politikwissenschaftliche Analyse von Verfassungsgerichtsbarkeit beschäftigt sich ganz grundsätzlich mit dem Verhältnis von Recht und Politik oder mit den Voraussetzungen, Funktionsbedingungen und Folgen gewaltenteilender Strukturen in demokratischen Ordnungen (vgl. die Beiträge von Kneip und Höreth in diesem Band). Die Gretchenfrage dieser Forschungsrichtung besteht darin, wie Rechtsstaat und Demokratie so gestaltet werden können, dass das Recht auf politische Selbstbestimmung effektiv in Anspruch genommen werden kann, dass staatliches Handeln rechtlich gebunden und überprüfbar ist und dass individuelle Freiheitsrechte garantiert und durchgesetzt werden können. Verfassungsgerichten kommt in diesem Kontext eine herausragende Bedeutung zu. Sie entscheiden verbindlich über politische Streitfragen, haben als „negative Gesetzgeber" (Hans Kelsen) Einfluss auf die zielorientierte Gestaltung von Gesellschaft und sind als Rechtsschutzinstanz zur Durchsetzung von Grund- und Menschenrechten unerlässlich. Allerdings erfuhr die Rolle von Verfassungsgerichten unterschiedliche Bewertungen und Deutungen. Für Ran Hirschl (2004) haben der „new constitutionalism" und der damit zusammenhängende Siegeszug der Verfassungsrechtsprechung einen globalen Trend zur „Juristokratie" provoziert, also zur Herrschaft einer politischen und rechtlichen Elite, die sich einer demokratischen Kontrolle weitgehend entzieht. Recht ist damit nicht mehr bloßes Steuerungsinstrument einer demokratisch gewählten Mehrheit, sondern Herrschaftsmittel einer hegemonialen Minderheit. „Rule of law" wird damit zu „rule by law". Auch Alec Stone Sweet bewertet Verfassungsgerichtsbarkeit kritisch. Denn: „In the end governing with judges means governing like judges" (Stone Sweet 2000, S. 204). Justizialisierung bedeutet in dieser Perspektive nicht nur die Verrechtlichung politischer Prozesse, sondern auch die Verlagerung von Entscheidungskompetenz in die Judikative. In der Konsequenz zu ähnlichen Schlussfolgerungen kam Arthur Schlesinger Jr. in seinem 1947 veröffentlichten Artikel. Der U.S. Supreme Court war zur damaligen Zeit aufgrund persönlicher Animositäten und politischer Kontroversen tief zerstritten. Schlesinger identifizierte zwei Strömungen: Die „judicial activists" wollten mit „the employment of the judicial power" ihr Konzept einer gerechteren Gesellschaft realisieren, also ihr „own conception of the social good" (Schlesinger 1947, S. 201). Die „Champions of Self Restraint" hingegen wollten „to permit the other branches of government to achieve the results the people want for better or worse" (Schlesinger 1947, S. 76 f. und S. 201). Selbstredend führten die damit zusammenhängenden Aspekte zu unterschiedlichen Erklärungen und Interpretationen (Dyevre 2010; Epstein et al. 2013, S. 25–64; Rehder 2007; Hönnige und Gschwend 2010; Hönnige 2011; vgl. zum Weiteren auch: Reutter 2019, S. 98–103). Während im deutschen Kontext keine Studie zur Verfassungsgerichtsbarkeit ohne Hinweis auf die große staatsrechtliche Debatte am Ende der Weimarer Republik zwischen Hans Kelsen (2008) und Carl Schmitt (1996) auskommt (Höreth 2014), lassen sich im internationalen Kontext im Anschluss an Rehder (2007) drei Forschungsperspektiven identifizieren, die Verfassungsgerichtsbarkeit zum Gegenstand haben: eine normativ-legalistische, eine behavioristische und eine institutionalistische (Tab. 2).

In normativ-legalistischen Ansätzen, die – wenig überraschend – vor allem von Rechtswissenschaftlerinnen vertreten werden, machen Richterinnen keine Politik und keine Gesetze. Sie sind keine „politicians in robes" (Epstein et al. 2013, S. 2). Folglich spielen politische oder andere Überlegungen für richterliche Entscheidungsfindung keine Rolle. Verfassungsrechtsprechung ist in dieser Perspektive Fachgerichtsbarkeit in Verfassungsfragen. Eine solche Auffassung kann sich auf Charles-Louis de Secondat, Baron de La Brède de Montesquieu berufen, für den Richterinnen nichts weiter waren als „la bouche, qui prononce les paroles de la loi" (Montesquieu 1979, S. 301). Dies entspricht Montesquieus grundsätzlicher Position, nach der die dritte Gewalt, sprich: die Judikative, eine Art „Nichts", „en quelque façon nulle" sei. Interessen, Weltanschauung oder sozialer Hintergrund der Richterinnen bleiben in einer Gerichtsverhandlung folglich ohne Bedeutung. Diese hier nur leicht zugespitzte Auffassung beschreibt dennoch ziemlich genau, wie die deutsche Rechtswissenschaft die Rolle von Gerichten und von Richterinnen lange Zeit verstand (Beyme 2001; Rehder 2007;

Verfassungsgerichtsbarkeit in Bundesländern ... 9

Tab. 2 Verfassungsgerichtsbarkeit und Politik: Forschungsperspektiven

	Normativ-legalistisch	Behavioristisch (amerikanisch)	Institutionalistisch (europäisch)
Analyseebene	Gericht (Makro-Ebene)	Richterinnen (Mikro-Ebene)	Gericht (Makro-Ebene)
Analysedimensionen	Juristische Entscheidungsfindung auf Grundlage juristischer Methoden	Prozessorientiert: juristisches Handeln als Teil von Politik	Ergebnisorientiert: politische Folgen und Funktion von juristischem Handeln
Auffassung über Rechtsstaat	Autonome Sphäre	Teil des politischen Systems	Autonome Sphäre
Beziehungen zwischen Rechtsstaat und politischem System	Konstitutionalisierung der Politik; Check des politischen Systems	Politisierung: Politik greift in Rechtsstaat ein	Justizialisierung: Verrechtlichung der Politik

Quelle: nach Rehder 2007, S. 17; meine Ergänzungen und Übersetzung

Dyevre 2010, S. 297 f.). Danach ist es allein die legislative Gewalt, die Recht schafft. Richterinnen „entdecken" Recht und wenden dieses Recht zur Lösung von Streitfällen an. Anders gesagt: Neutrale Richterinnen fällen Urteile auf Grundlage von bestehendem Recht und mittels anerkannter Methoden. In normativ-legalistischen Ansätzen sind Richterinnen mithin nichts anderes als „menschliche Computer" (Epstein et al. 2013, S. 50) oder „a cog in the wheel of judicial administration, unmoved by feeling or even conscience" (Kommers 1976, S. 44). Justizialisierung bedeutet in dieser Perspektive die Konstitutionalisierung von Politik.

Politikwissenschaftlerinnen können sich mit einer solchen Auffassung bestenfalls teilweise anfreunden. Als Erfahrungswissenschaft interessiert Vertreterinnen dieser Profession nicht nur, was normativ wünschenswert ist, sondern auch, welche Faktoren juristisches Verhalten in der Urteilspraxis prägen und ob Bedingungen, die außerhalb der juristischen Sphäre liegen, Einfluss haben auf Rechtsauslegung und richterliche Entscheidungsfindung. Obschon entsprechende Versuche, richterliches Verhalten positivistisch-kausal zu erklären, sich fast ausschließlich als „all-American enterprise" darzustellen scheinen (Dyevre 2010, S. 297), existiert auch in Deutschland eine lange rechtssoziologische Tradition. So wies bereits Emil Julius Gumbel, ein Rechtswissenschaftler der Weimarer Republik, in einer zu Beginn der 1920er Jahre viel beachteten Untersuchung darauf hin, dass politisch motivierte Morde, die durch nationalistische oder rechtsextremistische Täter zwischen 1919 und 1922 begangen worden waren, weniger verfolgt und ungleich milder bestraft wurden als diejenigen von „linken" Tätern (Gumbel 1922). Gumbels Untersuchung führte zu einer ganzen Reihe von Studien über „Klassen-" bzw. „politische Justiz" (Kirchheimer 1993; Fraenkel 1999; Jasper 1992). Sie warf die Frage auf, ob richterliches Verhalten erklärt und verstanden werden kann, ohne den sozialen und politischen Hintergrund der Richterinnen zu berücksichtigen.

Die daran anknüpfende rechtssoziologische Forschung zu richterlichem Verhalten lässt sich – stark vereinfachend – in eine amerikanische und europäische Variante unterscheiden (Rehder 2007; Hönnige 2011, 2007; Dyevre 2010). Seit Charles Hermann Pritchetts (1948) bahnbrechender Studie über den Roosevelt Court zeichnet sich die amerikanische Forschung zur Verfassungsgerichtsbarkeit dadurch aus, dass sie auf behavioristischer Grundlage das Verhalten einzelner Richterinnen mittels statistischer Analyseverfahren und umfangreicher Datensätze untersucht (Pritchett 1948; Segal und Spaeth 2002; Epstein und Knight 1998; Epstein et al. 2013; Maveety 2003). Nach Hönnige (2011; vgl. auch Dyevre 2010; Epstein et al. 2013, S. 26–64) lassen sich dabei drei „Schulen" unterscheiden: Die „Attitudinalisten" fokussieren auf politische Präferenzen. Die Weltanschauung der Richterinnen ist danach die Variable, die richterliches Verhalten bestimmt. Vertreterinnen des „strategischen Modells", das mit Britta Rehder (2007, S. 14) als ein „more sophisticated version of the attitudinal model" verstanden werden kann, begreifen Richterinnen „as participants in the labor market" (Epstein et al. 2013, S. 25). Richterinnen entscheiden hier gemäß einer Nutzenfunktion, in der nicht nur politische Präferenzen, sondern auch das institutionelle Umfeld Eingang findet. Schließlich versucht eine dritte Schule, die „Interpretativists", richterliches Verhalten auf historische und soziologische Faktoren zurückzuführen (Hönnige 2011).

Im Unterschied zu US-amerikanischen Ansätzen konzentrierte sich die europäische Forschung zur Verfassungsgerichtsbarkeit darauf, „the effects of judicial action on politics and the political system" zu analysieren (Rehder 2007, S. 5). In europäischen Untersuchungen stehen mithin die Wirkungen von Verfassungsrechtsprechung auf Politik im Vordergrund. Empirisch erschlossen, erklärt und interpretiert werden soll also die Justizialisierung von Legislative und Exekutive durch Verfassungsgerichtsbarkeit. Die darin begründete Justizialisierungsthese betrachtet Hönnige zu Recht als das zentrale „research paradigm regarding constitutional courts outside the United States" (Hönnige 2011, S. 348). Diese Fokussierung auf Funktion von Verfassungsgerichten in demokratischen Ordnungen und auf die politischen Effekte von verfassungsgerichtlichen Entscheidungen ist sicher auch dadurch begründet, dass über den sozialen und politischen Hintergrund und den beruflichen Werdegang von Verfassungsrichterinnen in Deutschland und Europa bestenfalls rudimentäre Informationen vorliegen. Zudem ist häufig schon unklar, ob ein Verfassungsgericht seine Entscheidung einstimmig trifft und welche Richterin gegebenenfalls eine abweichende Meinung vertritt. Verfassungsgerichte sind damit einheitliche Institutionen, die einer spezifischen Logik folgen. Während in dieser Perspektive richterliches Verhalten regelgesteuert ist, ist politisches Handeln von Interessen geleitet (Stone 1994, S. 446). Folglich müssen Richterinnen argumentieren und Politikerinnen verhandeln. Erstere treffen ihre Entscheidungen also auf Grundlage von Deliberation, letztere durch Mehrheit. Justizialisierung bedeutet in diesem Verständnis die Kolonisierung des politischen Systems durch Verfassungsgerichte.

2 Aufbau des Sammelbandes

Der Sammelband, der im Rahmen eines von der DFG geförderten Forschungsprojektes zur Justizialisierung der Landespolitik entstanden ist, setzt sich neben dem einführenden Beitrag aus vier Teilen zusammen. Der erste Teil beschäftigt sich mit theoretischen Perspektiven und methodischen Überlegungen. Zuerst untersucht *Sascha Kneip* die Verfassungsgerichte in Bund und Ländern aus demokratietheoretischer Perspektive. Das ist ein anspruchsvolles Unterfangen, denn Landesverfassungsgerichte sind, wie angedeutet, mit den gängigen theoretischen Konzepten bestenfalls teilweise zu erfassen. *Kneip* ordnet Landesverfassungsgerichte daher nicht nur in die horizontale Struktur der politischen Ordnungen in den Bundesländern ein. Vielmehr haben, so *Kneip,* Landesverfassungsgerichte eine ebenso große Bedeutung für Stabilität und Funktionsfähigkeit des demokratischen Bundesstaates. Sie sind also zentrale Bausteine in der vertikalen Struktur des staatlichen Aufbaus – und zwar nicht nur in rechtsstaatlicher Hinsicht, sondern auch in demokratischer. Nach *Kneip* können Landesverfassungsgerichte dabei unterschiedliche Rollen einnehmen: Sie sind „Streitschlichter" bei Kompetenzkonflikten auf Landesebene, Rechtsschutzinstanz bei Grundrechtsfragen sowie „Hüter der Verfassung" bei Normenkontrollverfahren. Ein Interpretationsmonopol besitzen Landesverfassungsgerichte im Bereich der Volksgesetzgebung und der direkten Demokratie, die mit den Prinzipien der parlamentarischen Demokratie in Einklang gebracht werden muss (Pautsch in diesem Band). *Kneip* empfiehlt zudem die Einführung der Verfassungsbeschwerde in allen Bundesländern und die Sicherung der formalen Unabhängigkeit der obersten Gerichte in den Bundesländern durch entsprechende Wahlverfahren.

Eine andere Perspektive nimmt *Marcus Höreth* in seinem Beitrag ein. Landesverfassungsgerichte gelten allgemein als Ausfluss und Baustein dafür, dass Bundesländer über Staatsqualität verfügen. Sie komplettieren, wie Papier (2002) und andere betonen (Dombert 2012), die föderative und rechtsstaatliche Ordnung. *Marcus Höreth* untersucht in seinem Beitrag diese Prämisse, die der Idee des föderalen Rechtsstaates unterlegt ist, und arbeitet heraus, dass – anders als vielfach angenommen – Landesverfassungsgerichte durchaus zur Unitarisierung des Bundesstaates beitragen. Es geht *Höreth* also um die Wechselwirkungen, Spannungslagen und Bedingungsverhältnisse im föderalen Rechtsstaat. Das ist aus zwei Gründen eine innovative Perspektive. Denn zum einen ergänzt *Höreth* mit seinen Überlegungen die föderalismustheoretische Debatte um den deutschen Bundesstaat. Zum anderen schlussfolgert *Höreth,* dass die obersten Gerichte der Bundesländer sich der Logik des kooperativen Föderalismus keineswegs vollständig entziehen können. Sie sind also nicht mehr bloßer Ausdruck der Staatlichkeit der Bundesländer, sondern konstitutiver Bestandteil der bundesstaatlichen Ordnung und befördern Unitarisierungstendenzen.

Oliver W. Lembcke und *Kálmán Pócza* thematisieren in ihrem Beitrag eine zentrale methodische Frage: Wie kann der Einfluss von Verfassungsgerichten auf Gesetzgebung operationalisiert, bestimmt und – am besten: „objektiv" – gemessen werden? Sie präsentieren einen Index, um die Stärke verfassungsgerichtlicher Entscheidungen empirisch zu erschließen. Entwickelt wurde dieser Index im Rahmen eines internationalen Projektes (JUDICON), in dem der Einfluss der Verfassungsgerichte auf die Gesetzgebung insbesondere in mittel- und osteuropäischen Ländern untersucht wird (Pócza 2018).[3] Die in diesem Projekt adressierte Frage nach der realen (Kontroll-) Macht von Verfassungsgerichten gegenüber der Politik ist daher nicht nur eine eminent methodische Herausforderung, sondern hat auch unmittelbare politische Relevanz. Der Beitrag von *Lembcke* und *Pócza,* der an andernorts veröffentliche Arbeiten anschließt (Pócza et al. 2017; Pócza und Dobos 2018; Lembcke 2018), grenzt sich von anderen Untersuchungen zum Einfluss von Verfassungsgerichten ab. Denn sie versuchen, das Leistungsprofil von Verfassungsgerichten differenziert zu ermitteln und damit allgemeine Aussagen über die Performanz von Verfassungsgerichten zu ermöglichen. Erläutert wird der Index am Beispiel der Rechtsprechung des Bundesverfassungsgerichts und dessen Beziehungen zum Gesetzgeber. Doch lässt sich

---

[3]JUDICON steht für: „Judicial Constraints on Legislation in Central Europe"; angesiedelt ist das Projekt an der Ungarischen Akademie der Wissenschaften; vgl. auch: https://judicon.tk.mta.hu/en.

der Index auch auf Entscheidungen von Landesverfassungsgerichten produktiv anwenden (Lembcke 2017; Lembcke und Güpner 2018; Reutter 2019).

Der zweite Teil des vorliegenden Sammelbandes beschäftigt sich mit historischen, institutionellen und soziologischen Voraussetzungen der Verfassungsrechtsprechung in den Bundesländern. Informationen über interne Abläufe oder über Herkunft und politische Orientierung von Richterinnen und Richtern sind spärlich und nur schwer zu finden. Die vier Beiträge des zweiten Abschnitts untersuchen solche Voraussetzungen der Landesverfassungsgerichtsbarkeit. Zuerst geht *Peter Rütters* der Frage nach, ob und inwieweit sich im Zuge der erstmaligen Einrichtung von Landesverfassungsgerichten nach Ende des Zweiten Weltkrieges der proklamierte institutionelle Neubeginn auch in personeller Hinsicht umsetzen ließ. *Rütters* arbeitet in seiner explorativen und materialreichen Untersuchung heraus, dass auch in diesem Zweig der Gerichtsbarkeit, die gerade dem Schutz der neu errichteten Demokratie dienen sollte, eine beachtliche Anzahl von Richtern ihre im Dritten Reich begonnene Karriere nach 1945 nahezu bruchlos fortsetzen konnte. Zwar lässt die rudimentäre und lückenhafte Daten- und Informationslage Schlussfolgerungen nur unter Vorbehalt zu, doch zeigt *Rütters,* dass sich auch in den Landesverfassungsgerichten viele Richter und Juristen fanden, die mit dem NS-Regime aus opportunistischen Motiven kooperiert, wenn nicht gar weltanschaulich sympathisiert hatten. Von besonderem Interesse ist dabei, dass häufig die erste Richtergeneration an den Verfassungsgerichten noch als weitgehend unbelastet gelten konnte. Erst politische und rechtliche Änderungen ab Anfang der 1950er Jahre ermöglichten, dass auch vermehrt NS-belastete Richter an die höchsten Gerichte in den Bundesländern gewählt oder berufen wurden.

Im Beitrag „Zum Status der Landesverfassungsgerichte als Verfassungsorgane" untersuche ich die Stellung der obersten Gerichte in den politischen Ordnungen der Bundesländer. Zwar wird lediglich in sechs Bundesländern das Landesverfassungsgericht rechtlich als unabhängiger und selbstständiger Gerichtshof ausgewiesen, doch würden solche Vorschriften ohnehin lediglich das klarstellen, was niemand bezweifle (Pestalozza 1994, S. 11). Vor diesem Hintergrund überraschen die bestehenden Unterschiede zwischen den Verfassungsgerichten. Die variierende Mischung aus verfassungsrechtlicher Grundlage, deren einfachgesetzlicher Konkretisierung und die durch die Gerichte verabschiedeten Geschäftsordnungen werfen in Verbindung mit den gerichtsorganisatorischen Spezifika und den variierenden Kompetenzprofilen der Verfassungsgerichte die Frage auf, ob sie sich alle ohne Weiteres typologisch einem Modell zuweisen lassen. Hinzu kommt, dass Landesverfassungsgerichte die Bedingungen, die in der Statusdenkschrift des Bundesverfassungsgerichtes als Voraussetzung für eine

Organeigenschaft definiert wurden, nur bedingt erfüllen. Damit unterscheidet sich Landesverfassungsgerichtsbarkeit: vom „österreichischen Modell", weil sie in den Bundesländern allen anderen Gerichtszweigen überlegen ist, vom „amerikanischen Modell", weil Verfassungsrechtsprechung in den deutschen Bundesländern exklusiv einem eigenständigen Gerichtshof zugewiesen ist, und vom „deutschen Modell", weil Landesverfassungsgerichte dem Bundesverfassungsgericht – zumindest teilweise – untergeordnet sind (Böckenförde 1999).

Ein in der einschlägigen Forschung vernachlässigtes Thema adressiert *Stefan Thierse* in seinem Beitrag. Er untersucht zum ersten Mal aus politikwissenschaftlicher Perspektive Relevanz, Motive und institutionelle Rahmenbedingungen von Sondervoten in Landesverfassungsgerichten. Anders als in amerikanischen *State Supreme Courts,* in denen die Haltung der Richterinnen zu jedem Urteil dokumentiert ist und *Dissenting Opinions* der gefühlte Normalfall sind, dominierte in der deutschen Staatsrechtslehre lange Zeit die Auffassung, Sondervoten könnten die Vorstellung untergraben, dass Verfassungsgerichte Recht bloß erkennen. Divergierende Auffassungen über dieselbe verfassungsrechtliche Frage sollten danach nicht vorkommen, auf jeden Fall nicht öffentlich werden, um die Vorstellung nicht zu gefährden, Recht werde stets in derselben Weise und einheitlich angewandt. Bekanntlich wurde auch beim Bundesverfassungsgericht erst 1970 die Möglichkeit geschaffen, eine abweichende Meinung zu einer Gerichtsentscheidung in Form eines Sondervotums öffentlich zu machen. Rechtseinheit und Rechtssicherheit schienen wichtiger als Transparenz und Offenheit. Inzwischen kennen auch die meisten – allerdings nicht alle – Landesverfassungsgerichte Sondervoten. Zuletzt räumten Schleswig-Holstein und Nordrhein-Westfalen einer richterlichen Minderheit das Recht ein, ihren Dissenz zur Mehrheitsmeinung zu Protokoll zu geben und mit Gründen zu veröffentlichen. *Thierse* untersucht die landesrechtlichen Regelungen über Sondervoten, und analysiert Häufigkeit, Umfang, Verfahrensbezug und Autorenschaft der Sondervoten in sechs Landesverfassungsgerichten.

In einem weiteren Beitrag gehe ich der personalen Dimension von Verfassungsrechtsprechung auf Landesebene nach und untersuche Wahl der Richterinnen und Zusammensetzung der Verfassungsgerichte in den Bundesländern. Auch in dieser Hinsicht überraschen die Unterschiede zwischen den Verfassungsgerichten. Zudem finden sich keine belastbaren Indizien, die eine Parteipolitisierung von Verfassungsrichterwahlen belegen könnten. Wahlen von Landesverfassungsrichterinnen sind exklusive parlamentarische Kreationsakte, in denen Parteigremien keine empirisch wahrnehmbare Rolle spielen und die auch der verbreiteten Vorstellung widersprechen, dass eine Mehrheit „durchregieren" und sich „ihr" Landesverfassungsgericht schaffen könne. Ohnehin kommt dem Mehrheitserfordernis in den Bundesländern offenbar weniger Bedeutung zu als vielfach angenommen. Oppositionsfraktionen können ebenso durch andere Verfahrensvorgaben auf die Wahl von Verfassungsrichterinnen und die Zusammensetzung der Richterschaft Einfluss nehmen, auch wenn in einzelnen Bundesländern den Landesregierungen und der Parlamentsmehrheit ein Einfluss zugewachsen ist, der durchaus kritisch zu bewerten ist. Auch die Zusammensetzung der Richterschaft weist Defizite und Asymmetrien auf, obschon, soziologisch betrachtet, die Landesverfassungsgerichte das Juristenmonopol beim Bundesverfassungsgericht ergänzen und komplettieren.

Im dritten Abschnitt wird in sechs Beiträgen der Einfluss der Landesverfassungsgerichte in mehreren Politikfeldern untersucht. Der Vergleich der Beiträge macht deutlich, dass Einfluss und Rolle der Verfassungsgerichte nicht nur zwischen den Bundesländern variiert, sondern auch nach Politikbereichen und Verfahrensarten. Sie sind in allen Bundesländern „Streitschlichter" bei Organstreitverfahren, „negative Gesetzgeber" bei Normenkontrollen und kommunalen Verfassungsbeschwerden sowie in einzelnen Bundesländern „Rechtsschutzinstanz" oder – wie Michael Hund, der ehemalige Vizepräsident des Berliner Verfassungsgerichtshofes – einmal ironisch feststellte: „Superrevisionsinstanz", an die sich Bürgerinnen und Bürger als „letzte rechtsstaatliche ‚Notfallambulanz' für ‚pathologische Rechtsfälle'" (Hund 2012, S. 27, im Original hervorgehoben) wenden können, wenn sie sich in ihren Grundrechten verletzt fühlen.

Im ersten Beitrag dieses Abschnittes untersucht *Franziska Carstensen* „Parlamentsrechtliche Entscheidungen von Landesverfassungsgerichten in Organstreitverfahren". Sie adressiert damit einen zentralen Entscheidungsgegenstand der Landesverfassungsgerichte – das Parlamentsrecht – sowie eine wichtige Verfahrensart: das Organstreitverfahren. *Carstensen* analysiert Entscheidungen der Verfassungsgerichte aus parlamentarismustheoretischer Perspektive. Denn für sie geben Entscheidungen von Landesverfassungsgerichten in diesem Themenfeld Aufschluss über die Funktionsweise von Landesparlamenten. Sie bilden ein „Frühwarnsystem", das auf Funktionsprobleme aufmerksam machen kann. Ihre empirische Grundlage umfassen parlamentsrechtliche Entscheidungen von 1998 bis 2018 in drei Bundesländern (HB, NW und SN). Sie untersucht Antragsteller, Antragsgegenstände, Antragsgegner und Erfolge bei Organstreitverfahren. Im Ergebnis zeigt sich für *Carstensen,* dass das Konfliktverhältnis zwischen Regierungsmehrheit und Opposition in allen drei Bundesländern unterschiedlich ausgeprägt ist.

Arne Pautsch untersucht in seinem Beitrag, wie Landesverfassungsgerichte das Verhältnis zwischen direkter und repräsentativer Demokratie ausgestaltet haben. Staats- und verfassungsrechtlich wird zwar stets eine Gleichrangigkeit beider Rechtssetzungsverfahren postuliert, doch Landesverfassungsgerichten, so *Pautsch,* sei in diesem Bereich eine präventive „rechtsstaatliche Reservefunktion" zugewachsen, wobei die höchsten Gerichte in den Bundesländern mitunter dazu tendieren würden, dem rechtspolitisch Gewollten Vorrang einzuräumen vor dem noch verfassungsrechtlich Zulässigen. Konkret: Sie privilegieren parlamentarische Gesetzgebung und verweigern der Volksgesetzgebung mitunter die verfassungsrechtlich gebotene Gleichrangigkeit.

Einen weiteren zentralen landesverfassungsgerichtlichen Streitgegenstand analysiert *Jürgen Plöhn* in seinem Beitrag „Landesverfassungsgerichte und Landtagswahlen: Wahlrecht ‚ad libitum' oder unter ‚strict scrutiny'?". Gegenstände von Wahlprüfungsbeschwerden, Organstreitverfahren und abstrakten Normenkontrollen – in Bayern sind dies Popularklagen – waren alle wesentlichen Bestandteile von Wahlsystemen: Sperrklauseln, Verrechnungssysteme, Wahlkreisabgrenzungen, die Wahlorganisation wurden ebenso durch Landesverfassungsgerichte geprüft wie die Wahldurchführung, die innerparteiliche Demokratie und die Wahlzulassung. Insgesamt hat sich dabei in den Bundesländern eine differenzierte Rechtsprechung entwickelt.

Kommunale Gebietsreformen sind gravierende Eingriffe in das Recht zur kommunalen Selbstverwaltung und provozieren regelmäßig Konflikte zwischen den betroffenen Gebietskörperschaften und der jeweiligen Landesregierung. Entschieden werden die Konflikte nicht selten von Landesverfassungsgerichten. *Marcus Obrecht* untersucht deren Rolle in diesem Politikfeld und prüft, ob und inwieweit Landesverfassungsgerichte in entsprechenden Auseinandersetzungen einen Beitrag leisten konnten zur: Rechtsstaatssicherung, zur Konfliktschlichtung und zur Gesetzgebung. Er kommt insgesamt zu dem Schluss, dass Landesverfassungsgerichtsbarkeit bei Konflikten um kommunale Gebietsreformen vor allem als Rechtsstaatsinstanz funktionierten.

Mit der Rolle der Landesverfassungsgerichte im Bereich des Haushaltsrechts beschäftigt sich *Achim Hildebrandt* in seinem Beitrag „Wen kümmert die Verschuldung? Landesverfassungsgerichte im Rahmen von Organstreitverfahren und Normenkontrollklagen". Landesverfassungsgerichte sind in diesem Politikfeld sowohl Streitschlichter als auch „negativer Gesetzgeber". Organstreitverfahren in haushaltsrechtlichen Fragen zielen darauf, eine Verletzung des „Königsrechts des Parlamentes", des Haushaltsrechts, zu rügen. Sieht man einmal davon ab, dass einem Parlament in einer konstitutionellen Demokratie schlechterdings royale Prärogative zustehen können, zeigt *Achim Hildebrandt* in seinem Beitrag, dass die angesprochenen verfassungsgerichtlichen Verfahren einen ambivalenten Charakter aufwiesen: Sie waren einerseits Instrument der parlamentarischen Opposition, die mithilfe eines Landesverfassungsgerichtes Rechte des Parlamentes gegenüber der Regierung durchsetzen wollte. Andererseits konnte die Opposition mit solchen Verfahren nur bedingt die Regierung kontrollieren, kritisieren und sich als Alternative profilieren. Denn aufgrund der eher technischen Materien provozierten einschlägige Organstreitverfahren – zumindest in den Ländern – kaum öffentliche Aufmerksamkeit. Zudem war der Ausgang der Verfahren ungewiss, und meist erfolgte die Entscheidung ohnehin nach Abschluss des betroffenen Haushaltsjahres. Von einer effektiven Begrenzung der Neuverschuldung durch die Landesverfassungsgerichtsbarkeit könne daher in der Vergangenheit nicht die Rede sein. *Hildebrandt* sieht auch die juristische Kontrolle der neu eingeführten Schuldenbremse mit Skepsis.

Bei Wikipedia sind „Steueroasen" definiert als Staaten oder Gebiete, „die keine oder besonders niedrige Steuern auf Einkommen oder Vermögen erheben und dadurch als Wohnsitz für Personen bzw. als Standort für Unternehmen steuerlich attraktiv sind" (https://de.wikipedia.org/wiki/Steueroase#Wichtige_Steueroasen). Als Steueroasen genannt werden in diesem Eintrag Länder wie Trinidad und Tobago, Palau oder Amerikanisch-Samoa. Norderfriedrichskoog in Schleswig-Holstein oder Sössen in Sachsen-Anhalt würde in diesem Zusammenhang wohl niemand nennen, und sie fehlen auch in dem genannten Eintrag. Und doch wurden sie Gegenstand landesverfassungsgerichtlicher Verfahren, in denen es ebenfalls um niedrige Steuersätze, Steuerflucht und Steuervermeidung und darauf ruhenden „abundanten" kommunalen Steuereinnahmen ging. Das Verfassungsgericht von Sachsen-Anhalt musste sich, so zeigt *Renzsch* in seinem Beitrag, in drei Verfahren mit entsprechenden Fragen auseinandersetzen, in denen die genannten Kommunen als Partei auftraten. Denn auch in diesem Bundesland nutz(t)en Gemeinden die Möglichkeit, mit möglichst niedrigen Steuersätzen Unternehmen – Briefkastenfirmen – anzulocken, um ihre Steuereinnahmen zu steigern. Konflikte entstanden, weil das Land die „abundanten" Steuereinnahmen im Rahmen einer Sonderumlage in den kommunalen Finanzausgleich eingliedern wollte. Erst im dritten Verfahren folgte das Verfassungsgericht dem Anliegen des Landes – zumindest teilweise. Der von *Renzsch* analysierte Fall zeigt, wie sich in diesem Politikbereich verfassungsgerichtliche Rechtsprechung auswirkt auf parlamentarische Gesetzgebung. Das Landesverfassungsgericht von Sachsen-Anhalt konnte sich somit als effektiver Streitschlichter profilieren.

Im abschließenden vierten Teil wird die Verfassungsgerichtsbarkeit in den Schweizer Kantonen sowie in den amerikanischen Bundesstaaten untersucht. Darüber hinaus wird die Rolle der Landesverfassungsgerichte im Rahmen der europäischen Integration analysiert. In einem viel zitierten Vortrag zum 60-jährigen Bestehen des Staatsgerichtshofs der Freien Hansestadt Bremen verortete Andreas Voßkuhle (2011) die Landesverfassungsgerichtsbarkeit im föderalen und europäischen Verbund der Verfassungsgerichte. Die Kompetenzaufteilung ist nach Voßkuhle klar und richtet sich nach dem „Verfassungsraum", in dem das jeweilige Verfassungsgericht operiert. Landesverfassungsgerichte seien zuständig für die Auslegung der Landesverfassungen, das Bundesverfassungsgericht hüte das Grundgesetz, der EuGH das europäische Gemeinschaftsrecht und der EGMR die Europäische Menschenrechtskonvention (Voßkuhle 2011). *Josef Franz Lindner* zeigt, wie sich diese Kompetenzaufteilung aus der Perspektive der Landesverfassungsgerichte darstellt: Zwar sei europäische Integration dem Verfassungsraum des Bundes zur Ausgestaltung zugewiesen, sodass EU-Recht in der Rechtsprechung der Landesverfassungsgerichte weder als Gegenstand noch als Maßstab herangezogen werden könne. Landesverfassungsgerichte leisteten insoweit auch keinen funktionalen Beitrag zur Entwicklung der EU. Dennoch, so *Lindner,* könnten Landesverfassungsgerichte berechtigt – ggfs. sogar verpflichtet – sein, den Europäischen Gerichtshof im Wege des Vorabentscheidungsverfahrens anzurufen. *Lindner* diskutiert diese Zusammenhänge exemplarisch an der Rechtsprechung des Bayerischen Verfassungsgerichtshofes, dem häufig eine Vorreiterrolle in diesem Bereich zukommt.

Die Verfassungsgerichtsbarkeit in den Schweizer Kantonen untersuchen *Martina Flick Witzig* und *Adrian Vatter.* Sie stellen fest, dass die schweizerische Art der Verfassungsgerichtsbarkeit typologisch nicht eindeutig einzuordnen ist. In ihrer Variante als konzentrierte Verfassungsgerichtsbarkeit durch spezialisierte Gerichtshöfe, wie sie in den deutschen Bundesländern besteht, ist Verfassungsgerichtsbarkeit in den Schweizer Kantonen ein vergleichsweise junges Phänomen und war vor der Jahrtausendwende nur in vier Kantonen bekannt. Als diffuse Verfassungsgerichtsbarkeit, wie sie in den amerikanischen Bundesstaaten zu finden ist, prüfen Fachgerichte, ob und inwiefern kantonales mit übergeordnetem Recht vereinbar ist. Diese Form der Verfassungsrechtsprechung ist allerdings schon lange geläufig. Hinzu kommt, dass auch Parlamente und – teilweise sogar – Regierungen entsprechende judizielle Kompetenzen wahrnehmen. Ungewöhnlich ist zudem der ausgeprägte Einfluss der Parteien bei Richterwahlen. Doch insgesamt zeigen *Martina Flick Witzig* und *Adrian Vatter,* dass die Institution der Verfassungsgerichtsbarkeit in den Schweizer Kantonen deutlich beschränkter ist als ihr institutionalisiertes Pendant in den deutschen Bundesländern oder den amerikanischen Bundesstaaten.

Im letzten Beitrag des Sammelbandes werden Rolle und Bedeutung der *State Supreme Courts* in den amerikanischen Bundesstaaten analysiert. Für nicht wenige Beobachter sind die *State Supreme Courts* von größerer rechtsstaatlicher Bedeutung als der *U.S. Supreme Court.* Eine ganze Reihe von Studien kommt zu dem Schluss, dass Rechtsprechung der *State Supreme Courts* seit den 1970er Jahren einen *New Judicial Federalism* hervorgebracht und *Judicial Activism* befördert habe. Der Beitrag untersucht aber nicht nur die Folgen und die Rolle der *State Supreme Courts* für den amerikanischen Bundes- und Rechtsstaat, sondern auch Wahlen, Wahlverfahren und Zusammensetzung der Richterschaft sowie die Strukturen des Gerichtssystems in den 50 amerikanischen Bundesstaaten.

Literatur

Bachof, O. (1968). Der Staatsgerichtshof für das Land Baden-Württemberg. In Rechtswissenschaftliche Abteilung der Rechts- und Wirtschaftswissenschaftlichen Fakultät der Universität Tübingen (Hrsg.), *Tübinger Festschrift für Eduard Kern* (S. 1–19). Tübingen: Mohr.

Beyme, K. von (2001). Das Bundesverfassungsgericht aus der Sicht der Politik- und Gesellschaftswissenschaften. In P. Badura & H. Dreier (Hrsg.), *Festschrift 50 Jahre Bundesverfassungsgericht. Band 1: Verfassungsgerichtsbarkeit* (S. 493–505). Tübingen: Mohr Siebeck.

Böckenförde, E.-W. (1999). Verfassungsgerichtsbarkeit. Strukturfragen, Organisation, Legitimation. In E.-W. Böckenförde, *Staat, Nation, Europa. Studien zur Verfassungslehre, Verfassungstheorie und Rechtsphilosophie* (S. 157–182). Frankfurt a. M.: Suhrkamp.

Dombert, M. (2012). § 27. Landesverfassungen und Landesverfassungsgerichte in ihrer Bedeutung für den Föderalismus. In I. Härtel (Hrsg.), *Handbuch Föderalismus. Band II: Probleme, Reformen, Perspektiven des deutschen Föderalismus* (S. 19–37). Heidelberg etc.: Springer.

Dyevre, A. (2010). Unifiying the field of comparative judicial politics: Towards a general theory of judicial behavior. *European Political Science Review, 2*(2), 297–327.

Epstein, L., & Knight, J. (1998). *The choices judges make.* Washington D.C.: CQ.

Epstein, L., Landes, W. M., & Posner, R. A. (2013). *The behavior of federal judges. A theoretical & empirical study of rational choice.* Cambridge: Harvard University Press.

Flick, M. (2008). Landesverfassungsgerichtsbarkeit. In M. Freitag & A. Vatter (Hrsg.), *Die Demokratien der deutschen Bundesländer. Politische Institutionen im Vergleich* (S. 237–256). Opladen: Budrich.

Flick, M. (2009). Oppositionelle Akteure vor den Landesverfassungsgerichten. *Zeitschrift für Vergleichende Politikwissenschaft, 3*(2), 283–302.

Flick, M. (2011a). Der Einfluss der Landesverfassungsgerichte auf das Parlamentsrecht der deutschen Bundesländer. *Zeitschrift für Parlamentsfragen, 42*(3), 587–603.

Flick, M. (2011b). *Organstreitverfahren vor den Landesverfassungsgerichten. Eine politikwissenschaftliche Untersuchung.* Bern: Lang.

Fraenkel, E. (1999). Zur Soziologie der Klassenjustiz. In E. Fraenkel, *Gesammelte Schriften. Bd. 1: Recht und Politik in der Weimarer Republik* (S. 177–211). Herausgegeben von H. Buchstein. Baden-Baden: Nomos (Erstveröffentlichung 1927).

Freund, L. (1994). 40 Jahre Staatsgerichtshof Baden-Württemberg. *Baden-Württembergische Verwaltungspraxis, 21*(1), 1–3.

Gärditz, K. F. (2013). Landesverfassungsrichter. Zur personalen Dimension der Landesverfassungsgerichtsbarkeit. *Jahrbuch des öffentlichen Rechts der Gegenwart, N.F., 61,* 449–493.

Grupp, K. (1993). Über Landesverfassungsgerichtsbarkeit. Betrachtungen zum 40jährigen Bestehen des Staatsgerichtshofes des Landes Baden-Württemberg. *Verwaltungsblätter für Baden-Württemberg, 14*(3), 81–86.

Gumbel, E. J. (1922). *Vier Jahre politischer Mord.* Berlin: Verlag der neuen Gesellschaft.

Haack, S. (2010). Organisation und Arbeitsweise der Landesverfassungsgerichte in Deutschland. *Nordrhein-Westfälische Verwaltungsblätter, 24*(6), 216–221.

Heimann, H. M. (2001). *Die Entstehung der Verfassungsgerichtsbarkeit in den neuen Ländern und in Berlin.* München: Vahlen.

Henkes, C., & Kneip, S. (2009). *Das Kopftuch im Streit zwischen Parlamenten und Gerichten. Ein Drama in drei Akten.* Discussion Paper SP IV 2009-201. Berlin: Wissenschaftszentrum Berlin für Sozialforschung (WZB).

Hirschl, R. (2004). *Towards Juristocracy. The Origins and Consequences of the New Constitutionalism.* Cambridge: Harvard University Press.

Hönnige, C. (2007). *Verfassungsgericht, Regierung und Opposition. Eine vergleichende Analyse eines Spannungsdreiecks.* Wiesbaden: VS Verlag.

Hönnige, C. (2011). Beyond Judicialization: Why we need more comparative research about constitutional courts. *European Political Science, 10*(3), 346–358.

Hönnige, C., & Gschwend, T. (2010). Das Bundesverfassungsgericht im politischen System der BRD – Ein unbekanntes Wesen? *Politische Vierteljahresschrift, 51*(3), 507–530.

Höreth, M. (2014). *Verfassungsgerichtsbarkeit in der Bundesrepublik Deutschland.* Stuttgart: Kohlhammer.

Hund, M. (2012). Würdigung der ausgeschiedenen Präsidentin und Richter. Einführung der neuen Präsidentin und Richter. In S. Schudoma (Hrsg.), *Zwanzig Jahre Berliner Verfassungsgerichtsbarkeit. Ansprachen anlässlich des Festaktes am 19. Juni 2012* (S. 21–28). Köln: Carl Heymanns Verlag.

Jasper, G. (1992). Justiz und Politik in der Weimarer Republik. *Vierteljahresheft für Zeitgeschichte, 30*(2), 167–203.

Jesse, E., Schubert, T., & Thieme, T. (2015). *Politik in Sachsen.* Wiesbaden: Springer VS.

Jutzi, S. (2019). Fraktionsausschluss. Zum Urteil des Verfassungsgerichtshofs Rheinland-Pfalz vom 29. Januar 2019 – VGH O 17/18. *Zeitschrift für Parlamentsfragen, 50*(2), 299–305.

Kelsen, H. (2008). *Wer soll Hüter der Verfassung sein?* Herausgegeben von R. Chr. van Ooyen. Tübingen: Mohr Siebeck (Erstveröffentlichung: 1930/31).

Kirchheimer, O. (1993). *Politische Justiz. Verwendung juristischer Verfahrensmöglichkeiten zu politischen Zwecken.* Hamburg: Europäische Verlagsanstalt (englische Erstveröffentlichung: 1961).

Kommers, D. P. (1976). *Judicial politics in West Germany: A study of the federal constitutional court.* Beverly Hills: Sage.

Kropp, S. (1997). Oppositionsprinzip und Mehrheitsregel in den Landesverfassungen: Eine Analyse am Beispiel des Verfassungskonflikts in Sachsen-Anhalt. *Zeitschrift für Parlamentsfragen, 28*(3), 373–390.

Leisner, W. (1972). Landesverfassungsgerichtsbarkeit als Wesenselement des Föderalismus. Zur Theorie von der Eigenstaatlichkeit der Länder. In Bayerischer Verfassungsgerichtshof (Hrsg.), *Verfassung und Verfassungsrechtsprechung. Festschrift zum 25-jährigen Bestehen des Bayerischen Verfassungsgerichtshofes* (S. 183–193). München: Richard Boorberg.

Lembcke, O. W. (2017). Thüringer Verfassungsgerichtshof. In W. Reutter (Hrsg.), *Landesverfassungsgerichte. Entwicklung – Aufbau – Funktionen* (S. 389–420). Wiesbaden: Springer VS.

Lembcke, O. W. (2018). The German federal constitutional court: Authority transformed into power? In K. Pócza (Hrsg.), *Constitutional politics and the judiciary: Decision-making in Central and Eastern Europe* (S. 61–95). London: Routledge.

Lembcke, O. W., & Güpner, M. (2018). Analyse der Landesverfassungsgerichtsbarkeit in vergleichender Absicht. Ein Beitrag zur Typologisierung und Quantifizierung. *ZLVR – Zeitschrift für Landesverfassungsrecht und Landesverwaltungsrecht, 3*(3), 94–104. https://www.zlvr.de/archiv/. Zugegriffen: 15. Sept. 2019.

Leunig, S. (2012). *Die Regierungssysteme der deutschen Länder* (2. Aufl.). Wiesbaden: Springer VS.

Lorenz, A. (2016). Das Verfassungsgericht des Landes Brandenburg. In A. Lorenz, A. Anter & W. Reutter (Hrsg.), *Politik und Regieren in Brandenburg* (S. 123–144). Wiesbaden: Springer VS.

Maveety, N. (2003). The study of judicial behavior and the discipline of political science. In N. Maveety (Hrsg.), *The pioneers of judicial behavior* (S. 1–51). Ann Arbor: University of Michigan Press.

Montesquieu, Charles-Louis de Secondat, Baron de la Brède et de (1979). *De l'esprit des lois 1. Chronologie. Introduction, bibliographie par Victor Goldschmidt.* Paris: Flammarion (französische Erstveröffentlichung 1748).

Papier, H.-J. (2002). Die Bedeutung der Landesverfassungsgerichtsbarkeit im Verhältnis zur Bundesverfassungsgerichtsbarkeit. In H. Sodan (Hrsg.), *Zehn Jahre Berliner Verfassungsgerichtsbarkeit. Ansprachen anläßlich des Festaktes am 24. Mai 2002* (S. 19–34). Köln: Carl Heymans Verlag.

Pestalozza, H. J. (1994). Das Landesverfassungsgericht von Sachsen-Anhalt. *LKV – Landes- und Kommunalverwaltung, 4*(1), 11–14.

Plöhn, J. (1993). Das Hamburger Urteil: Sieg der Demokratie oder Richterwillkür? *Gegenwartskunde, 42*(3), 341–352.

Pócza, K. (2018). Introduction. In K. Pócza (Hrsg.), *Constitutional politics and the judiciary: Decision-making in Central and Eastern Europe* (S. 1–7). London: Routledge.

Pócza, K., & Dobos, G. (2018). Research methodology. In K. Pócza (Hrsg.), *Constitutional politics and the judiciary: Decision-making in Central and Eastern Europe* (S. 8–31). London: Routledge.

Pócza, K., Dobos, G., & Gyulai, A. (2017). How to measure the strength of judicial decisions? A methodological framework. *German Law Journal, 18*(6), 1557–1586. https://papers.ssrn.com/sol3/papers.cfm?abstract_id=3082168. Zugegriffen: 10. Sept. 2019.

Pritchett, C. H. (1948). *The Roosevelt Court. A Study in Judicial Politics and Values 1937-1947.* New Orleans: Quid Pro Books.

Rehder, B. (2007). *What is political about jurisprudence. Courts, politics and political science in Europe and the United States.* Discussion Paper 07/5. Köln: MPIfG.

Reutter, W. (2017a). Landesverfassungsgerichte in der Bundesrepublik Deutschland. Eine Bestandsaufnahme. In W. Reutter (Hrsg.), *Landesverfassungsgerichte. Entwicklung – Aufbau – Funktionen* (S. 1–26). Wiesbaden: Springer VS.

Reutter, W. (Hrsg.). (2017b). *Landesverfassungsgerichte. Entwicklung – Aufbau – Funktionen*. Wiesbaden: Springer VS.

Reutter, W. (2018). Landesverfassungsgerichte: „Föderaler Zopf" oder „Vollendung des Rechtsstaates"? *Recht und Politik, 54*(2), 195–207.

Reutter, W. (2019). Subnational Constitutional Adjudication and Judicial Activism in Germany. *Perspectives on Federalism, 11*(2), 95–125. http://www.on-federalism.eu/attachments/331_download.pdf. Zugegriffen: 27. Jan. 2020.

Sacksofsky, U. (2019). § 2 Verfassungsrecht. In G. Hermes & F. Reimer (Hrsg.), *Landesrecht Hessen* (9. Aufl., S. 33–69). Baden-Baden: Nomos.

Schlesinger, A., Jr. (1947). The Supreme Court. *Fortune, 35*(1), 73–79 und 201–211.

Schmitt, C. (1996). *Der Hüter der Verfassung* (4. Aufl.). Berlin: Duncker & Humblot (Erstveröffentlichung: 1931).

Segal, J. A., & Spaeth, H. J. (2002). *The Supreme Court and the attidudinal model revisited*. Cambridge: Cambridge University Press.

Sommer, C. (2017). Das sachsen-anhaltische Landesverfassungsgericht: „Hüter der Verfassung". In H. Träger & S. Priebus (Hrsg.), *Politik und Regieren in Sachsen-Anhalt* (S. 89–102). Wiesbaden: Springer VS.

Stone, A. (1994). Judging socialist reform. The politics of coordinate construction in France and Germany. *Comparative Political Studies, 26*(4), 443–469.

Stone Sweet, A. (2000). *Governing with Judges. Constitutional politics in Europe*. Oxford: Oxford University Press.

Voßkuhle, A. (2011). Die Landesverfassungsgerichtsbarkeit im föderalen und europäischen Verfassungsgerichtsverbund. *Jahrbuch des öffentlichen Rechts der Gegenwart, 59*, 215–243.

Theoretische Perspektiven und methodische Überlegungen

Verfassungsgerichte und Demokratie in Bund und Ländern

Sascha Kneip

1 Einleitung[1]

Es steht wohl außer Frage, dass das Bundesverfassungsgericht ein für die Entwicklung und Stabilität der demokratischen Ordnung der Bundesrepublik Deutschland überaus wichtiger, ihre Geschichte prägender und diese insgesamt positiv beeinflussender Akteur ist. Trotz gelegentlicher Kritik an einzelnen Beschlüssen und Urteilen oder der Art und Weise seiner Funktionsausübung (Jestaedt et al. 2011) hat das Gericht in den letzten gut sechzig Jahren mit dafür gesorgt, dass sich die Bundesrepublik zu einer funktionierenden Demokratie entwickeln konnte (Bryde 2006; Kneip 2009, 2013b). Zudem genießt das Gericht in der Bevölkerung überaus großes Vertrauen, das höchstens noch von den Beliebtheitswerten des Bundespräsidenten übertroffen wird. Kurzum: Das Bundesverfassungsgericht ist ein zentraler Akteur der bundesdeutschen Demokratie, der von den übrigen politischen Akteuren respektiert und von den Bürgerinnen und Bürgern geschätzt wird – und der maßgeblich an der Ausgestaltung der bundesdeutschen Demokratie beteiligt war und ist.

Allerdings: Spricht man vom Bundesverfassungsgericht und „der" deutschen Demokratie, gerät allzu leicht aus dem Blick, dass es sich bei der Bundesrepublik

---

[1]Ich danke Werner Reutter für wertvolle Anmerkungen zu einer früheren Version dieses Textes. – Abgeschlossen wurde das Manuskript im Februar 2019; Rechtsprechung, die nach diesem Zeitpunkt erfolgte, konnte naturgemäß nicht berücksichtigt werden.

S. Kneip (✉)
Abteilung: Demokratie und Demokratisierung,
Wissenschaftszentrum Berlin für Sozialforschung (WZB), Berlin, Deutschland
E-Mail: sascha.kneip@wzb.eu

© Springer Fachmedien Wiesbaden GmbH, ein Teil von Springer Nature 2020
W. Reutter (Hrsg.), *Verfassungsgerichtsbarkeit in Bundesländern*,
https://doi.org/10.1007/978-3-658-28961-4_2

nicht um einen Einheitsstaat mit einer ausschließlich zentralisierten Verfassungsgerichtsbarkeit, sondern um einen Bundesstaat mit (auch) dezentralisierten Landesverfassungsgerichten handelt. Die Frage nach verfassungsgerichtlichem Agieren und der Qualität der Demokratie stellt sich also nicht nur für die bundesstaatliche Ebene, sondern ebenso für die Landesebene bzw. für die Verschränkung von Bundes- und Landesebene. Bislang spielten Vorgänge auf Landesebene für die Frage der demokratischen Qualität der Bundesrepublik allerdings sowohl in der wissenschaftlichen als auch in der öffentlichen Debatte eine nur untergeordnete Rolle: Demokratiequalität etwa wird empirisch in allen gängigen Demokratieindizes (z. B. Demokratiebarometer, Varieties of Democracy-Index (V.Dem), Bertelsmann Transformationsindex (BTI)) in der Regel auf gesamtstaatlicher Ebene und nicht auf substaatlicher Ebene gemessen; Landesverfassungen und ihre Gerichtsbarkeiten sind, zumindest in der Politikwissenschaft, über lange Zeit kaum erforscht worden (siehe allerdings z. B. Flick 2008, 2009, 2011; Reutter 2017, 2018); öffentliche Debatten über die Rolle der Landesverfassungsgerichte in der Landespolitik finden – anders als beim Bundesverfassungsgericht – nur in Ausnahmefällen statt; Umfragen zum Vertrauen der Bürgerinnen und Bürger in ihre Landesverfassungsgerichte liegen kaum vor; und ob Landesverfassungen und Landesverfassungsgerichte überhaupt im Bewusstsein einer Mehrheit der Bürgerinnen und Bürgern verankert sind, ist ebenfalls fraglich. Für die Frage des Einflusses von Verfassungsgerichten auf das Funktionieren von Demokratie spielt die subnationale Ebene also bislang keine oder höchstens eine untergeordnete Rolle.[2]

Nun könnte man den fehlenden Blick auf die Landesebene angesichts der dem bundesdeutschen Föderalismus eigenen Ausgestaltung als Verbundföderalismus mit starken Homogenisierungstendenzen zugunsten des Bundes für durchaus verzeihlich halten. In der Tat sorgt ja Art. 31 GG („Bundesrecht bricht Landesrecht") trotz aller betonten Staatsqualität der Bundesländer in Verbindung mit Art. 28 Abs. 1 GG („Die verfassungsmäßige Ordnung in den Ländern muss den Grundsätzen des republikanischen, demokratischen und sozialen Rechtsstaates im Sinne des Grundgesetzes entsprechen") für eine grundsätzliche Hierarchiebeziehung zwischen Bund und Ländern. Eine solche Sichtweise übersieht jedoch, dass die Länder über autonome Handlungsspielräume verfassungsrechtlicher Art verfügen und die angesprochene Hierarchie in der verfassungsrechtlichen Praxis

---

[2]Das ist insofern erstaunlich, als die Verfassungsgerichtsbarkeit europäischer Prägung ihren Ursprung ja gerade in föderalen Staaten – in Form der Staatsgerichtshöfe – als Schiedsinstanz für Streitigkeiten zwischen Bund und Ländern hatte, die Landesebene also bereits von Beginn an präsent war (Lhotta 2003).

mitunter durchbrochen wird. Mehr noch: Sie steht in einem merklichen Kontrast zur tatsächlichen Konfiguration des bundesdeutschen Föderalismus. Nicht nur historisch, sondern auch verfassungssystematisch konstituiert das Grundgesetz die Bundesrepublik Deutschland bekanntlich als einen aus Gliedstaaten bestehenden Bundesstaat (Art. 20 GG). Die Bundesverfassung garantiert die Eigenstaatlichkeit der Länder, die sich nicht zuletzt in grundsätzlich autonomen Landesverfassungen und eigenständigen Landesverfassungsgerichten konkretisiert. Die Verfassungsräume des Bundes und der Länder, so das Bundesverfassungsgericht schon in einer frühen Entscheidung aus dem Jahr 1955, stehen „grundsätzlich selbstständig nebeneinander." Entsprechendes gilt für die Verfassungsgerichtsbarkeit des Bundes und der Länder (BVerfGE 4, 178 (189)). Die Frage nach dem Verhältnis von Verfassungsgerichtsbarkeit und demokratischer Politik und nach dem Einfluss von Verfassungsgerichten auf die Qualität einer Demokratie stellt sich damit nicht nur mit Blick auf den Bund, sondern auch mit Blick auf die Länder – und mit Blick auf die Beziehungen zwischen beiden Ebenen. Die Perspektive auf das verfassungsgerichtliche Agieren in Bund *und* Ländern scheint daher nicht nur interessant und relevant, sondern für die Frage nach dem Einfluss von Verfassungsgerichten auf die demokratische Qualität der Bundesrepublik Deutschland schlichtweg angemessen.

Der vorliegende Beitrag gliedert sich in drei Schritte. In einem ersten Schritt werden, ausgehend von einem generellen Blick auf die Funktion der Verfassungsgerichtsbarkeit in der Demokratie, die spezifischen institutionellen Verschränkungen der bundesdeutschen föderalen Ordnung in den Blick genommen, und es soll danach gefragt werden, welchen Beitrag Landesverfassungsgerichte prinzipiell zur Qualität der Demokratie und des föderalen bundesdeutschen Verfassungsverbunds leisten können (Abschn. 2). In einem zweiten Schritt wird anhand ausgewählter Beispiele konkret danach gefragt, inwiefern Landesverfassungsgerichte tatsächlich zur Qualität der bundesdeutschen Demokratie beitragen und wo Grenzen dieses Beitrags liegen (Abschn. 3). Ein kurzes Fazit zum „föderalen Verfassungsgerichtsverbund" und zum Zusammenspiel von Bundes- und Landesverfassungsgerichtsbarkeit hinsichtlich einer möglichen Qualitätssteigerung der Demokratie schließt den Beitrag ab (Abschn. 4).

2 Verfassungsgerichtsbarkeit und Demokratie im Bundesstaat

Wären Bundes(verfassungs)recht und seine Auslegung durch das Bundesverfassungsgericht immer und in jedem Fall letztverbindlich, stellte sich die Frage nach der demokratischen Qualität landesverfassungsrechtlicher und

-gerichtlicher Regelungen und Handlungen im Grunde nicht. Auch Unkenntnis über oder Desinteresse an verfassungspolitischen und verfassungsgerichtlichen Entwicklungen auf Landesebene wären dann nicht weiter problematisch, weil diese letztlich keinen Einfluss auf die demokratische Qualität des föderalen Gesamtsystems hätten. Ganz so einfach ist es aber natürlich nicht, wie das oben schon angesprochene komplexe Verhältnis von „Eigenstaatlichkeit der Länder" auf der einen und „homogenisierendem Bundesstaat" auf der anderen Seite andeutet. Zunächst sei daher kurz auf die Verschränkung von Bund und Ländern bzw. Bundes- und Landesverfassungsrecht im deutschen Verbundföderalismus eingegangen (Abschn. 2.1), bevor nach der Funktion der Verfassungsgerichtsbarkeit in der Demokratie (Abschn. 2.2) und nach den Funktionen und der institutionellen Ausgestaltung der Landesverfassungsgerichte in der politischen Ordnung der Bundesrepublik gefragt werden kann (Abschn. 2.3).

2.1 Föderaler Verfassungsverbund und Verfassungsgerichtsbarkeit

Das bundesdeutsche Verfassungsrecht ist gekennzeichnet durch ein „komplexes Neben-, In- und Übereinander" dreier miteinander verwobener Verfassungsebenen: den Landesverfassungen, dem Grundgesetz und den sich herausbildenden Strukturen einer europäischen Verfassungsordnung[3] (Möstl 2005, S. 351). Kennzeichen dieses Verfassungsverbundes (siehe zum Begriff des „Verbundes" z. B. Voßkuhle 2009, 2011) ist, dass die Ebenen „einerseits autonom nebeneinander stehen, andererseits den Charakter komplementärer Teilordnungen haben und schließlich in vielfacher Weise normativ verklammert sind" (Möstl 2005, S. 351). Für die hier interessierende Frage nach dem Einfluss von (Landes-)Verfassungsgerichten auf die Qualität der Demokratie ist also zunächst einmal zu klären, welche Stellung die Landesverfassungsgerichte in diesem Verfassungsverbund einnehmen und was sie zu entscheiden befugt sind, bevor die Frage erörtert werden kann, welche Folgen ihr Agieren für die bundesdeutsche „Mehrebenendemokratie" hat. Welche Rolle spielen also Landesverfassungsgerichte innerhalb der föderalen Verfassungsordnung?

---

[3]Ob die Europäische Union bereits eine Verfassungsordnung im strikten Sinne besitzt, muss hier nicht diskutiert werden. Siehe hierzu aber z. B. Grimm (2012, S. 203 ff.).

Aus der Eigenstaatlichkeit und der Verfassungsautonomie der Länder folgt zunächst vor allem (und wenig überraschend), dass Landesverfassungsgerichte die Hüter ihrer jeweiligen Landesverfassung sind (Voßkuhle 2011). Schon hiermit übernehmen sie eine zentrale demokratiefunktionale Aufgabe: den Schutz und die letztverbindliche Auslegung der rechtlichen Grundordnungen in den bundes- und landesverfassungsrechtlich zugewiesenen Bereichen. Ihre Kernkompetenzen liegen vor allem in der Entscheidung von Organstreitverfahren (zwischen Landesorganen), Wahlprüfungsverfahren (auf Landes- oder kommunaler Ebene), abstrakten und konkreten Normenkontrollen (von Landesrecht) und z. T. auch Verfassungsbeschwerden (Schlaich und Korioth 2004, Rn. 347 ff. und ausführlich unten unter Abschn. 2.3). Abgrenzungsprobleme zum Bundesverfassungsgericht bestehen insbesondere bei Normenkontrollverfahren und der Verfassungsbeschwerde: Die Richtervorlage eines vermeintlich verfassungswidrigen Gesetzes nach Art. 100 Abs. 1 GG wie auch die abstrakte Normenkontrolle von Landesrecht kann sowohl zum Landes- wie auch zum Bundesverfassungsgericht erfolgen (ebd.); beide Gerichte können also – zumindest eine Zeitlang – parallel mit dem gleichen Klagegegenstand befasst sein. Gleiches gilt im Prinzip auch für die Verfassungsbeschwerde (sofern die Landesverfassung und/oder die ausführenden Landesgesetze diese Möglichkeit vorsehen): Die Übereinstimmung von Landes- und Bundesgrundrechten vorausgesetzt, können Grundrechtsverletzungen durch die öffentliche Gewalt eines Landes ebenfalls sowohl vor dem Landes- als auch vor dem Bundesverfassungsgericht beanstandet werden. Die dadurch entstehenden Abgrenzungs- und Zuständigkeitskonkurrenzen sind durchaus komplex, für die hier interessierenden Fragen zunächst aber zweitrangig (siehe dazu aber Schlaich und Korioth 2004, Rn. 348 ff.; Möstl 2005; Starck 2008; Tietje 1999; Voßkuhle 2011). Wichtig ist vor allem, dass seit einem Bundesverfassungsgerichtsurteil aus dem Jahr 1998 (BVerfGE 99, 1) landesverfassungsrechtlich abschließend geregelte Sachverhalte – etwa die landesrechtlichen Wahlgesetze – nicht mehr ohne Weiteres vor dem Bundesverfassungsgericht angegriffen werden können, was die demokratietheoretischen Ansprüche an die Landesverfassungsgerichtsbarkeit deutlich erhöht.

Insgesamt bedeutet die Verschränkung von Landes- und Bundesverfassungsrecht im bundesdeutschen Föderalismus zunächst aber einen doppelten Grundrechtsschutz: einmal auf Landes- und einmal auf Bundesebene. Die Dichte rechtlicher und gerichtlicher Kontrolle staatlichen Handelns ist dadurch höher als in unitarischen Staatsverfassungen, was aus demokratietheoretischer Sicht grundsätzlich zu begrüßen ist. Für die Landesverfassungsgerichte heißt dies gerade vor dem Hintergrund ihres autonomen Handlungsspielraums wiederum, dass

30 S. Kneip

sie hinsichtlich ihrer Funktion in der Demokratie grundsätzlich an den gleichen Kriterien zu messen sind wie das Bundesverfassungsgericht oder andere höchste Gerichte.

2.2 Die Funktion(en) der Verfassungsgerichtsbarkeit in der Demokratie

Was aber sind nun die Funktionen der Verfassungsgerichtsbarkeit in der Demokratie? Und was benötigen Gerichte institutionell, um diese Funktionen ausfüllen zu können?

Aus demokratietheoretischer Perspektive sollen Verfassungsgerichte vor allem drei Aufgaben erfüllen: Sie sollen erstens – in Weiterführung der klassischen Staatsgerichtsbarkeit – Kompetenzkonflikte zwischen Staatsorganen schlichten bzw. autoritativ beilegen (vgl. zu den Rollen und Funktionen von Verfassungsgerichten Boulanger 2013). Sie sollen zweitens den demokratischen Prozess verfahrensrechtlich funktionsfähig halten und die Rechte und verfassungsmäßigen Kompetenzen der beteiligten Akteure (Bürger, Parteien, Parlamente etc.) in diesem Bereich schützen. Und sie sollen drittens – im Zusammenspiel mit den anderen relevanten Akteuren, aber mit der Kompetenz zur Letztentscheidung – für eine ausreichende Qualität der verfassungsrechtlich verbrieften Grundrechte auch jenseits des demokratischen Prozesses sorgen und verfassungswidrige Eingriffe in diese Grundrechte wirksam sanktionieren. Kurzum: *Idealiter* soll ein Verfassungsgericht in der Demokratie für ihr wirksames Funktionieren sorgen, indem es potenzielle Konflikte zwischen demokratischen Akteuren einer autoritativen Lösung auf Basis der Verfassung zuführt und die Einhaltung der die Demokratie definierenden Grundrechte und Institutionen gewährleistet. Kernfunktion der Verfassungsgerichtsbarkeit in der Demokratie ist also zum einen die Beilegung von Kompetenzkonflikten zwischen Staatsorganen, vor allem aber der Schutz der Grundrechte und der fundamentalen Verfassungsprinzipien, die wiederum selbst Kern der liberalen Demokratie sind (siehe zu den Funktionen allgemein und mit Bezug zum Bundesverfassungsgericht Brohm 2001; Cardoso da Costa 1988; Grimm 1977; Kranenpohl 2004).

Was aber versetzt Verfassungsgerichte in die Lage, diese anspruchsvolle Funktionserwartung erfüllen zu können? Was brauchen Verfassungsgerichte, um als demokratieschützende, „demokratiefunktionale" Akteure (Kneip 2011) tätig werden zu können? Auf institutioneller Ebene benötigen sie – erstens – ausreichende Kompetenzen, Unabhängigkeit und Implementierungsstärke; auf der Handlungsebene muss ihre Kompetenzausübung – zweitens – funktional

Verfassungsgerichte und Demokratie in Bund und Ländern 31

erfolgen, damit diese die Demokratie nicht schwächt, sondern stärkt. Was ist damit konkret gemeint?

2.2.1 Institutionelle Ebene

Verfassungsgerichte sind nur dann relevante Mitspieler im demokratischen Prozess, wenn sie über ausreichende institutionelle Machtressourcen, also institutionelle Stärke und Unabhängigkeit verfügen.

Die *institutionelle Stärke* eines Verfassungsgerichts zeigt sich in erster Linie an seinen formalen Kompetenzen und der Offenheit des Gerichtszugangs (vgl. statt vieler Ginsburg 2003, S. 34–65; Hönnige 2007, S. 101–103; Kneip 2009, S. 158–164). Zu den relevanten formalen Kompetenzen gehören die bekannten Entscheidungsbefugnisse in konkreten und abstrakten Normenkontrollverfahren, in Verfassungsbeschwerdeverfahren und in horizontalen und vertikalen Kompetenzstreitverfahren. Auch Kompetenzen im Bereich des objektiven Verfassungsschutzes – wie die Entscheidungsbefugnis über Parteiverbote, die Wahlgerichtsbarkeit oder Amtsenthebungsverfahren – entscheiden mit darüber, ob Verfassungsgerichte ihre Funktionen adäquat ausüben können oder nicht (siehe für einen Überblick die rechtsvergleichende Studie von Brünneck 1992). Die Offenheit des Gerichtszugangs – das zweite relevante Merkmal für die institutionelle Stärke eines Verfassungsgerichts – lässt sich an der Anzahl antragsberechtigter bzw. beteiligtenfähiger Akteure (z. B. Exekutive, Legislative, föderale Ebenen, Bürgerinnen und Bürger, ordentliche Gerichte, Ombudspersonen, Parteien, Verbände etc.) in Verbindung mit faktischen Antragshürden ablesen. Der wichtigste Indikator für die Offenheit des Gerichtszugangs (und damit auch für die faktische Wirkmächtigkeit eines Verfassungsgerichts) ist dabei die Beschwerdeberechtigung für Bürgerinnen und Bürger über das Institut der Verfassungsbeschwerde: Sie erweitert sowohl den möglichen Personenkreis mit Gerichtszugang beträchtlich als auch die Inhalte und Themen, die von einem Verfassungsgericht behandelt werden können. *Ceteris paribus* gilt: Je stärker die Kompetenzausstattung eines Gerichts und je offener der Gerichtszugang ausgestaltet ist, desto wirkmächtiger ist das jeweilige Gericht im politischen Prozess – und desto eher wird es in der Lage sein, seine demokratiefunktionalen Aufgaben zu erfüllen.

Nun stellt formale und institutionelle Macht noch keine faktische Macht dar. Formal vorhandene Kompetenzen müssen erst durch aktives Agieren „aktualisiert" werden. Hierfür ist neben der konkreten Rollenorientierung eines Gerichts (siehe unten) ein weiterer Faktor von entscheidender Bedeutung: seine empirische Legitimität, also das Vertrauen, das ihm in der Bevölkerung entgegengebracht wird. Nur dann, wenn ein Gericht über ausreichenden Rückhalt in der Bevölkerung (und unter den politischen Eliten) verfügt, wird es in der Lage sein, seine Urteile – für deren Vollstreckung es auf die Mithilfe anderer Akteure angewiesen ist – auch gegen Widerstände zu implementieren. Erst empirische Legitimität – oder in den Worten David Eastons (1965): diffuser und spezifischer *support* – macht also aus potenzieller Macht eines Gerichts faktische Macht. Die institutionelle Unabhängigkeit eines Verfassungsgerichts zeigt sich vor allem an der Inklusivität des Richterwahlverfahrens, der Ausgestaltung der Amtszeiten, möglichen Wieder- und Abwahlmöglichkeiten sowie der Isolierung der Richterinnen und Richter von politischem Druck. Je inklusiver das Richterwahlverfahren, also je „konsensdemokratischer" der Richterbestellungsmodus ausgestaltet ist, umso unabhängiger sollten *ceteris paribus* auch die gewählten oder ernannten Richterinnen und Richter sein, da es unter diesen Umständen keiner politischen Instanz gelingen sollte, einseitig „ihre" Parteigänger in einem höchsten Gericht zu platzieren. Die potenzielle Unabhängigkeit der Richterinnen und Richter steigt, zweitens, mit der Länge der Amtszeiten. Lange oder sogar lebenslange Amtszeiten in Verbindung mit der Unmöglichkeit einer Ab- oder Wiederwahl erhöhen die Unabhängigkeit eines Gerichts und seiner Richterinnen und Richter beträchtlich. Institutionell ebenso von Bedeutung für die Unabhängigkeit eines Gerichts ist schließlich seine Isolierung von politischem Druck jenseits möglicher Richterabberufungen. Hier ist etwa relevant, ob ein Gericht formal den Status eines Verfassungsorgans besitzt und ob es autonom über sein Budget verfügen kann – ob es also über finanzielle und dienstrechtliche Anreize und Sanktionen politisch diszipliniert werden kann oder nicht.

2.2.2 Handlungsebene

Welche Rolle ein Verfassungsgericht für die Demokratie spielt bzw. spielen kann, entscheidet sich aber nicht nur anhand der institutionellen Ausprägung eines Gerichts, sondern auch daran, wie es mit seinen institutionellen Kompetenzen und seiner Unabhängigkeit in der Praxis verfährt. Ein Gericht, das trotz großer institutioneller Stärke und Unabhängigkeit nie oder nur selten verfassungswidriges Agieren politischer Akteure moniert und Verletzungen der Verfassung sanktioniert, ist aus demokratietheoretischer Sicht ebenso überflüssig wie ein Gericht, das zwar bestrebt ist, solche Verletzungen zu verhindern, mangels institutioneller Kompetenzen dazu aber nicht in der Lage ist. Mit anderen Worten: Ein Verfassungsgericht hat nur dann positiven Einfluss auf das Funktionieren einer Demokratie, wenn es dort interveniert, wo Verfassungsnormen verletzt werden, und zugleich dem politischen Prozess und seinen Akteuren jene Spielräume überlässt, die ihnen demokratietheoretisch und von Verfassungs wegen zustehen. Dazu gehört zum Beispiel, dass sich ein Verfassungsgericht nicht selbst als Gesetzgeber und „Erstinterpret" der Verfassung versteht, sondern als „Zweitinterpret"

Verfassungsgerichte und Demokratie in Bund und Ländern 33

nur dann eingreift, wenn die Erstinterpreten – Exekutive und Legislative – ihre verfassungsmäßigen Kompetenzen überschritten haben (Kirchhof 1998, S. 16). Verfassungsgerichte tragen auf der Handlungsebene also prinzipiell auf zweierlei Weise zur Qualität einer Demokratie bei: indem sie einerseits innerhalb der eigenen Funktionsgrenzen operieren und insbesondere Policyentscheidungen zunächst jenen Instanzen überlassen, die in Demokratien dafür eigens legitimiert sind – Volk, Parlamente, Regierungen; und indem sie andererseits verfassungswidrige Verletzungen von Rechten und Verfahren wirksam kontrollieren und sanktionieren.[4] Verfassungsgerichte können also sowohl durch ihr *Agieren* als auch durch ihr *Nicht-Agieren* die Qualität demokratischen Regierens beeinflussen – und zwar sowohl positiv als auch negativ.[5]

Von Verfassungsgerichten auf Bundes- und Landesebene, so könnte man zusammenfassen, ist also dann ein prinzipiell positiver Einfluss auf die Demokratie zu erwarten, wenn sie mit ausreichenden Kompetenzen ausgestattet und hinreichend unabhängig sind und wenn sie in ihrer Kompetenzausübung einem Rollenverständnis folgen, dem eine demokratiefunktionale Abgrenzung der Handlungsräume von Gesetzgeber und Verfassungsgericht zugrunde liegt. Was lässt sich anhand dieser Kriterien über die Landesverfassungsgerichtsbarkeit im Allgemeinen und die Verfassungsgerichte der deutschen Bundesländer im Besonderen sagen?

2.3 Landesverfassungsgerichte in der bundesdeutschen Demokratie

Hinsichtlich der Kompetenzausstattung der Landesverfassungsgerichtsbarkeit wurde oben schon erwähnt, dass diese prinzipiell über ähnliche Kompetenzen

---

[4]Dies bedeutet auch, dass *judicial self-restraint* keineswegs per se gut für demokratisches Regieren ist. Im Gegenteil: Richterliche Zurückhaltung könnte sogar ausgesprochen negativ auf die Demokratie wirken, wenn durch diese Zurückhaltung verfassungswidrige Gesetze oder Handlungen unbeanstandet blieben.

[5]Idealtypisch können damit vier Kategorien verfassungsgerichtlichen Agierens in Bezug auf demokratische Qualität unterschieden werden (siehe ausführlich Kneip 2006, 2009, S. 80–88): Funktionale Interventionen und Nicht-Interventionen auf der einen Seite (positiver Effekt durch Intervention, wenn nötig, und Zurückhaltung, wenn geboten und möglich) und dysfunktionale Interventionen und Nicht-Interventionen auf der anderen Seite (negativer Effekt durch unnötige – d. h. von Verfassung und Demokratie- bzw. Gewaltenteilungsprinzip nicht veranlasste – Intervention und durch fehlerhafte Zurückhaltung, wenn eine Intervention eigentlich geboten gewesen wäre).

verfügen wie das – im internationalen Vergleich sehr robust ausgestattete (Kneip 2013a) – Bundesverfassungsgericht. Lediglich Parteiverbotsverfahren, Bund-Länder-Streitigkeiten und Richteranklagen sind exklusiv dem Bundesverfassungsgericht übertragen (Schlaich und Korioth 2004, Rn. 348). Allerdings besteht durchaus Varianz zwischen den Landesverfassungsgerichten hinsichtlich der übrigen Kompetenzen (vgl. zum Folgenden auch Reutter 2018 sowie die Beiträge in Reutter 2017): So fehlt insbesondere fünf der 16 Landesverfassungsgerichte (Bremen, Hamburg, Niedersachsen, Nordrhein-Westfalen und Schleswig-Holstein) die Kompetenz zur Entscheidung von individuellen Verfassungsbeschwerden. *Grosso modo* wird man diesen Gerichten einen etwas geringeren Einfluss auf die demokratische Entwicklung ihres Bundeslandes unterstellen können, zumal damit auch der Gerichtszugang auf politische Akteure und Gerichte beschränkt ist, Bürgerinnen und Bürger also keine Möglichkeit besitzen, das jeweilige Landesverfassungsgericht für ihre Zwecke anzurufen. In der Tat zeigen die jährlichen Verfahrenszahlen, dass die aktiveren Gerichte jene mit Verfassungsbeschwerdekompetenz sind (insbesondere gilt dies für Bayern, Berlin, Sachsen und Brandenburg; kaum eine Rolle spielen Verfassungsbeschwerden trotz seit April 1993 gegebener Beschwerdemöglichkeit in Baden-Württemberg; in Bayern sorgt die Möglichkeit der Popularklage zusätzlich für deutlich höhere Verfahrenszahlen als in anderen Bundesländern).

Eine bislang wenig beachtete, für die Demokratie in den Ländern aber überaus wichtige Kompetenz besitzen die Landesverfassungsgerichte mit der Prüfkompetenz bei direktdemokratischen Verfahren (Volksinitiative, Volksbegehren, Volksentscheid). Während dieser Bereich für das Bundesverfassungsgericht mangels entsprechender rechtlicher Ausgestaltung auf Bundesebene bedeutungslos ist, üben Landesverfassungsgerichte hier wichtige Vermittlungsfunktionen zwischen (direkter) Demokratie und (liberalem) Rechtsstaat aus. Indem sie im Zweifelsfall prüfen müssen, ob die formalen wie materiellen Voraussetzungen für die unterschiedlichen Formen der Volksgesetzgebung gegeben sind und ob etwa eine Nichtzulassung eines Volksbegehrens durch ein Parlament oder die Exekutive mit der jeweiligen Landesverfassung vereinbar ist, prägen und beeinflussen sie unmittelbar die direkten Partizipationsmöglichkeiten der Bürgerinnen und Bürger in ihrem jeweiligen Bundesland. Sie sind insofern an der Ausgestaltung der direkten Demokratie auf Landesebene beteiligt. Mittelbar haben sie dabei die mitunter schwierige Aufgabe, den Anspruch auf Selbstgesetzgebung der Bürgerinnen und Bürger auf der einen Seite und die Einschränkung derselben durch die Vorgaben der Landesverfassung auf der anderen

Seite zum Ausgleich zu bringen. Indem sie dies tun, präzisieren sie das zentrale Prinzip liberaler Demokratie – Selbstgesetzgebung im Rahmen verfassungsrechtlicher Grenzen – und sorgen im Idealfall gleichzeitig für eine angemessene Verfahrenslegitimität im Bereich der direkten Demokratie. Damit stärken und unterfüttern sie prinzipiell solche direktdemokratischen Partizipationsformen, die auf Bundesebene faktisch nicht existieren.

So hat beispielsweise der hier besonders involvierte Bayerische Verfassungsgerichtshof[6] unter anderem das Sachlichkeits- und Objektivitätsgebot für staatliche Stellen und kommunale Organe im Zusammenhang mit Volksentscheiden präzisiert (BayVerfGHE 47, 1); die Grenzen der Volksgesetzgebung in Bezug auf die Haushaltshoheit des Parlamentes definiert (BayVerfGHE 47, 276 und BayVerfGHE 61, 78); die Kopplung sachlich nicht zusammenhängender Materien in einem Volksbegehren untersagt (BayVerfGHE 53, 23); den Begriff des „Staatshaushalts" definiert (BayVerfGHE 65, 226); die (Alimentations-) Rechte der Landtagsabgeordneten gegenüber direktdemokratischer Intervention geschützt (BayVerfGHE 58, 113); den Bund wegen mangelnder Landesgesetzgebungskompetenz vor der Einführung eines eigenen bayerischen Mindestlohnes bewahrt (BayVerfGHE 62, 1) und, aus dem gleichen Grund, die Legalisierung von Cannabis in Bayern verhindert (BayVBl. 2016, 337). Auch zu den Grenzen der Änderung der bayerischen Verfassung selbst durch Volksbegehren hat sich der Verfassungsgerichtshof wiederholt geäußert, so zum Beispiel zur Frage notwendiger Quoren (BayVerfGHE 52, 104) oder zur generellen Erweiterung des Anwendungsbereichs von Volksbegehren und Volksentscheid (BayVerfGHE 53, 42). Wie immer man auch im Einzelnen materiell zu den ergangenen Entscheidungen stehen mag: sie machen deutlich, welch wichtige Funktion die Landesverfassungsgerichte im Bereich der Volksgesetzgebung ausüben. Indem sie Volks- und Parlamentsgesetzgebung gegeneinander abgrenzen und miteinander verzahnen, sorgen sie einerseits für Klarheit und Eindeutigkeit der Rechtsordnung und andererseits für ein Funktionieren des Nebeneinanders von direkter und repräsentativer Demokratie (vgl. Pautsch in diesem Band). Das ist nicht wenig für

---

[6]Soweit nicht anders angegeben, finden sich die im Weiteren zitierten Entscheidungen auf den Webseiten der Landesverfassungsgerichte; Entscheidungen des Bayerischen Verfassungsgerichtshofes sind zudem seit 1947 veröffentlicht in: Sammlung von Entscheidungen des Bayerischen Verwaltungsgerichtshofes, des Bayerischen Verfassungsgerichtshofs und des Bayerischen Dienstgerichtshofs für Richter, hrsg. vom Bayerischen Verwaltungsgerichtshof in München. München: J. Schweizer Sortiment.

einen Akteur, der häufig unterhalb der öffentlichen (und auch wissenschaftlichen) Aufmerksamkeitsschwelle segelt.[7]

Wie steht es, zweitens, um die institutionelle Unabhängigkeit der Landesverfassungsgerichte? Wenn diese Gerichte komplementär zum Bundesverfassungsgericht wichtige Aufgaben in der Demokratie übernehmen, sollten sie auch hinreichend unabhängig von der Politik sein. Hier allerdings sind einige Defizite zu konstatieren. So genügt beispielsweise für die Wahl von Richterinnen und Richtern in fünf von 16 Landesverfassungsgerichte (Baden-Württemberg, Bayern, Bremen, Hamburg und Nordrhein-Westfalen) die absolute (Bremen) oder sogar nur die einfache Mehrheit. Mehrheitserfordernisse diesseits übergroßer Mehrheiten vergrößern prinzipiell die Gefahr, dass die jeweils regierenden politischen Akteure ideologisch nahestehende Kandidatinnen und Kandidaten zu Richtern des Landesverfassungsgerichts machen. Insbesondere für das oben als eher aktiv beschriebene Gericht in Bayern muss dies als suboptimal bezeichnet werden, da gerade in diesem Bundesland die Landesregierung und ihre parlamentarische Mehrheit bekanntlich über lange Zeit von nur einer Partei dominiert waren.[8] *Ceteris paribus* darf zumindest davon ausgegangen werden, dass hier die Richterinnen und Richter der Regierungspartei näher stehen als wenn etwa

---

[7]Ein Aufmerksamkeitsdefizit der Öffentlichkeit für das Agieren von Landesverfassungsgerichten, so wurde oben argumentiert, kann dann problematisch sein, wenn Gerichte in Konflikt mit der Politik geraten bzw. Urteile gegen deren Widerstand durchsetzen müssen. Inwiefern dies für die Verfassungsgerichte der deutschen Bundesländer empirisch ein Problem darstellt, kann an dieser Stelle mangels empirischer Daten nicht seriös beurteilt werden. Der Bekanntheitsgrad der Gerichte in der Bevölkerung dürfte mit der Anzahl der Gesamtverfahren und der Häufigkeit politisch brisanterer Fälle korrelieren. Folgt man den Darstellungen in Reutter (2017), scheint ein Mangel an empirischer Legitimität derzeit aber kein relevantes Thema für die jeweiligen Gerichte zu sein.

[8]Zwar werden die Richterinnen und Richter in Bayern nach den Prinzipien der Verhältniswahl gewählt, wodurch auch Oppositionsfraktionen ihnen nahestehende Personen ins Gericht bringen können. Allerdings führte die über lange Zeit dominierende Stellung der CSU im bayerischen Parteiensystem zu einer Mehrheit CSU-naher Richter im Gericht, was nicht nur die parlamentarische Opposition immer wieder kritisierte (Weigl 2017). Ebenso nachteilig ist auch die mit dieser Regelung verbundene Politisierung des Gerichts. So brüstet sich die bayerische AfD beispielsweise auf ihrer Website damit, „vier Afd-Politiker als Verfassungsrichter" in den Verfassungsgerichtshof gebracht zu haben (https://www.afdbayern.de/vier-afd-politiker-als-verfassungsrichter-vereidigt/, abgerufen am 07.03.2019). Die damit verbundene Konnotation des Verfassungsgerichtshofs mit Parteipolitik trägt sicher nicht zu einer erhöhten Perzeption des Gerichts als neutralem Akteur bei.

übergroße Mehrheiten für ihre Wahl erforderlich gewesen wären, da ein Vetorecht oppositioneller Parteien gegen bestimmte Kandidaten wegfällt.[9] Nicht ganz unproblematisch ist auch die Regelung in Hessen, nach der nur die (fünf) Berufsrichter des Gerichts mit Zweidrittelmehrheit durch einen Wahlausschuss, die restlichen (sechs) Mitglieder aber mit einfacher Mehrheit zu Beginn jeder Wahlperiode durch den Landtag gewählt werden.

Noch schlechter ist es um die institutionelle Unabhängigkeit in Bezug auf mögliche Wiederwahlmöglichkeiten der Richterinnen und Richter bestellt. In nur vier Ländern (Berlin, Brandenburg, Mecklenburg-Vorpommern und in Nordrhein-Westfalen seit 2017) ist eine Wiederwahl der Verfassungsrichter nicht möglich; in allen anderen Fällen ist mindestens eine einmalige Wiederwahl erlaubt, mitunter sogar – wiederum auch in Bayern – die unbegrenzte Wiederwahl. Wiederwahlmöglichkeiten schränken prinzipiell die faktische Unabhängigkeit der Richterinnen und Richter ein, da diese in ihrer Amtsführung zumindest beachten müssen, dass ein allzu widerspenstiges Agieren (etwa regelmäßige Interventionen in die Politik, allzu häufige Entscheidungen gegen eine bestimmte Regierung etc.) ihre Wiederwahl verhindern könnte – insbesondere dann, wenn einfache Mehrheiten für die Richterwahl ausreichen. Sind darüber hinaus die Amtszeiten der Richterinnen und Richter kurz oder gar an die Dauer der Legislaturperiode gekoppelt, erhöht sich die Gefahr politischer Einflussnahme bzw. verringerter richterlicher Unabhängigkeit weiter. Die bayerische Regelung, nach der die Amtszeit der Nicht-Berufsrichter – bei möglicher Wiederwahl – an die Dauer

---

[9]Das Bundesverfassungsgericht kann hierin gleichwohl kein (verfassungsrechtliches) Problem erkennen. Laut eines Kammerbeschlusses aus dem Jahr 1998 gilt explizit auch für den Bayerischen Verfassungsgerichtshof, dass eine Richterwahl mit einfacher Mehrheit die sachliche Unabhängigkeit und Unparteilichkeit seiner Richterinnen und Richter nicht verletzt. Vielmehr komme es auf das „Selbstverständnis des Richters, seine innere Integrität und die Art seiner Amtsführung" an (BVerfG, Beschl. vom 23.07.1998, Az. 1 BvR 2470/94, Rn. 31 ff., http://www.bverfg.de/e/rk19980723_1bvr247094.html; ich danke Werner Reutter für diesen Hinweis). Verfassungsrechtlich ist hiergegen wenig einzuwenden, empirisch überzeugt das Argument jedoch nur zum Teil. Politische Akteure werden in jenen Fällen, in denen es ihnen möglich ist, ihnen nahestehende Personen per einfacher Mehrheit in ein Verfassungsgericht zu entsenden, dies tendenziell auch tun. Der faktischen wie perzipierten Neutralität eines Gerichts ist dies nicht zuträglich. Zudem erleichtert es den politischen Akteuren die Möglichkeit, solche Personen auszuwählen, denen es an „innerer Unabhängigkeit und Integrität" gerade fehlt, wie es die beiden europäischen Extremfälle Polen und Ungarn gerade auf so unschöne Weise demonstrieren.

der Legislaturperiode geknüpft ist, kann einmal mehr nicht als „best practice" bezeichnet werden.[10]

Ebenfalls eher kritisch zu sehen ist die vermutlich als Konsensinstrument gedachte Vorgabe in manchen Ländern, dass in der Richterschaft eines Landesverfassungsgerichts die Fraktionen (Bremen) bzw. die „politischen Kräfte" (Brandenburg) angemessen repräsentiert sein sollen (Reutter 2018, S. 199). In der Praxis führt eine solche (partei)politische Repräsentation in einem Verfassungsgericht nicht selten zu Gruppenbildung und – gerade bei politisch bedeutsamen Verfahren – im Extremfall zur Spaltung eines Gerichts, was einem diskursiven Entscheidungsfindungsprozess und einer konsensorientierten Entscheidungsfindung eher abträglich ist.[11]

Hinsichtlich ihrer organisatorischen Stellung sind die Landesverfassungsgerichte hingegen wiederum ausreichend gestärkt. Ihre Stellung als Verfassungsorgane ist landesverfassungsrechtlich abgesichert, sie regeln als selbstständige und unabhängige Organe ihre inneren Angelegenheiten selbst, „besitzen grundsätzlich Personalhoheit und bewirtschaften eigenständig ihre Mittel" (Reutter 2018, S. 197). Dass diese Mittel insgesamt eher bescheiden ausfallen, erscheint angesichts der vergleichsweise geringen Anzahl zu entscheidender Verfahren eher unproblematisch.

Insgesamt lässt sich für die institutionelle Seite also konstatieren, dass die Verfassungsgerichte der Länder wichtige Voraussetzungen für eine (positive) Beeinflussung der bundesdeutschen Demokratie mitbringen, da sie grundsätzlich in ihrer Organeigenschaft unabhängig und mit vielen wesentlichen Kompetenzen ausgestattet sind. Allerdings fehlt manchen Gerichten die wichtigste Kompetenz: die Möglichkeit, Verfassungsbeschwerden zu hören und zu entscheiden; ihr Einfluss auf die Demokratie ist damit von vornherein begrenzt. Im Bereich der direkten Demokratie übernehmen die Gerichte wichtige Vermittlungsfunktionen

---

[10]Nun könnte man meinen, dass diese Einschränkungen richterlicher Unabhängigkeit in der Praxis nicht allzu relevant sind, da die Richterinnen und Richter als Landesverfassungsrichter ehrenamtlich tätig sind, ihr sozioökonomischer Status also beispielsweise nicht von dieser Tätigkeit abhängt und sie insofern frei agieren können. Das stimmt, verkennt aber, dass auch andere Gründe für erwartungskonformes Verhalten sorgen können, etwa die Angst vor Prestige-, Amts- oder Ansehensverlust.

[11]Man kann sicher darüber streiten, wie wichtig ein einheitliches Auftreten eines Verfassungsgerichts ist und welche Vor- und Nachteile die Offenlegung von Meinungsverschiedenheiten innerhalb eines Verfassungsgerichts (etwa über Sondervoten) hat (Lietzmann 2006; Roellecke 2001). Für die Autorität eines Gerichts ist ein einstimmiges Urteil aber sicherlich nicht von Nachteil.

zwischen Volks- und Parlamentsgesetzgebung bzw. zwischen direkter und repräsentativer Demokratie. Allerdings sind in manchen Fällen deutliche Defizite in der (formalen) institutionellen Unabhängigkeit der Richterinnen und Richter zu erkennen, die aus demokratietheoretischer Sicht problematisch sind. Die mitunter mögliche Wiederwahl der Richterinnen und Richter und vor allem die manchmal sehr niedrigen Quoren zur Wahl der Richterinnen und Richter bleiben deutlich hinter dem Standard moderner Verfassungsgerichtsbarkeit zurück.

Wie sehr die Landesverfassungsgerichte ihrer demokratiefunktionalen Aufgabe nachkommen (können), Grundrechte und Verfahren ausreichend zu schützen, ohne den demokratischen Prozess unnötig zu beschneiden, bleibt mit der Betrachtung ihrer institutionellen Ausstattung zunächst aber noch offen. Die beschriebenen Defizite können, müssen sich aber nicht auf das tatsächliche Agieren der Landesverfassungsgerichte auswirken. Um beurteilen zu können, inwieweit diese tatsächlich „demokratiefunktional" agieren – und in diesem Sinne, wie verschiedentlich erhofft (Bundesministerium der Justiz 1998), das Bundesverfassungsgericht entlasten können –, ist ein genauerer Blick auf die Urteile der Gerichte notwendig. Eine umfassende empirische Analyse kann an dieser Stelle nicht erfolgen; ein kursorischer Blick auf ausgewählte Beispiele vermag aber zumindest erste Antworten auf diese Frage zu geben.

3 Demokratie(dys)funktionales Agieren von Landesverfassungsgerichten

Angesichts der insgesamt niedrigen Verfahrenszahlen vor deutschen Landesverfassungsgerichten wird man ihren Einfluss auf die Demokratie von vorneherein sicher nicht überbewerten dürfen; 20.000 Verfahren in 16 Ländern über einen Zeitraum von 70 Jahren sind nicht übermäßig viel, selbst wenn man die kürzeren Arbeitszeiträume in den ostdeutschen Bundesländern, Berlin und Schleswig-Holstein berücksichtigt (solche Verfahrenszahlen „erarbeitet" sich das Bundesverfassungsgericht in drei bis vier Jahren; vgl. zu den Verfahren vor den Landesverfassungsgerichten Reutter 2018, Tab. 3). Dies bedeutet umgekehrt jedoch nicht, dass vor den Landesverfassungsgerichten keine für Demokratie und Rechtsstaat wichtigen Entscheidungen ergangen wären. Auf die Ausgestaltung der direkten Demokratie in den Ländern ist oben schon hingewiesen worden. Zwei wichtige Verfahren mit Grundrechtsbezug sollen vor dem Hintergrund der Frage demokratiefunktionalen Handelns hier nun noch einmal genauer unter die Lupe genommen werden: der Honecker-Beschluss des Verfassungsgerichtshofs des Landes Berlin aus dem Jahr 1993 und die Entscheidung des Bayerischen

Verfassungsgerichtshofs zum Verbot des islamischen Kopftuchs bei Lehrerinnen von 2007.

Der *Honecker-Beschluss* des Verfassungsgerichtshofs Berlin ist aus mindestens zwei Gründen bemerkenswert: einerseits deshalb, weil das Gericht mit ihm seinem demokratiefunktionalen Auftrag zum Grundrechtsschutz der Bürgerinnen und Bürger – in einem politisch denkbar aufgeladenen Fall – in beachtlicher Weise nachkam; andererseits, weil es zu seiner Entscheidungsfindung und in seiner Interpretation der Landesverfassung grundgesetzliche Normen – hier die Menschenwürdegarantie aus Art. 1 Abs. 1 GG – miteinbezog und insofern die enge Verzahnung von Bundes- und Landes(verfassungs)recht aufzeigte. Der Beschluss des Gerichts, die Aufrechterhaltung der Untersuchungshaft des ehemaligen DDR-Staatsratsvorsitzenden Erich Honecker wegen dessen sich im Endstadium befindender Krebserkrankung für verfassungswidrig zu erklären, ist in Öffentlichkeit und Wissenschaft seinerzeit auf wenig Verständnis gestoßen (vgl. zu den Auswüchsen der öffentlichen Diskussion z. B. Friedrichsen 1993; Wesel 1993). Angesichts der Honecker als einem der Hauptverantwortlichen für das DDR-Grenzregime vorgeworfenen 68 Tötungshandlungen an der deutsch-deutschen Grenze mag die mitunter geäußerte Empörung über den Beschluss nachvollziehbar sein; es steht aber außer Frage, dass der damals noch junge Verfassungsgerichtshof mit diesem Beschluss seiner Rolle als Grundrechtsgericht auf vorbildliche Art und Weise nachgekommen ist. Indem er schlüssig argumentierte, warum die Menschenwürdegarantie des Grundgesetzes in Verbindung mit der Berliner Landesverfassung eine Aufrechterhaltung der Untersuchungshaft verfassungswidrig machte, schrieb er, quasi über Nacht, Rechtsgeschichte (Wesel 1993, S. 203). Die Ausführungen des Gerichts sind es wert, etwas länger zitiert zu werden:

„Nach der Rechtsprechung des Bundesverfassungsgerichts [...], der der Verfassungsgerichtshof folgt, widerspricht es der Würde des Menschen, ihn zum bloßen Objekt von Strafverfahren und Untersuchungshaft zu machen. Dies gilt [...] selbst gegenüber einem verurteilten Straftäter, der sich in schwerer und unerträglicher Weise gegen alles vergangen hat, was die Wertordnung der Verfassung unter ihren Schutz stellt. Ungeachtet der besonderen Schwere der dem Beschwerdeführer zur Last gelegten Taten greift deshalb auch zu seinen Gunsten das Grundrecht auf Achtung der Menschenwürde ein. Im übrigen versteht es sich von selbst, daß dem nicht entgegengehalten werden kann, daß die DDR den Angeklagten und Untersuchungsgefangenen einen auch nur annähernd gleichen Schutz der Menschenwürde nicht gewährt hat. Der Mensch wird zum bloßen Objekt staatlicher Maßnahmen insbesondere dann, wenn sein Tod derart nahe ist, daß die Durchführung eines Strafverfahrens ihren Sinn verloren hat. Der Verfassungsgerichtshof folgt der Auffassung des Bundesverfassungsgerichts auch darin, daß es mit dem Gebot der Achtung der Würde des Menschen unvereinbar ist, einen Menschen, der von schwerer und unheilbarer Krankheit und von Todesnähe gekennzeichnet ist, weiter in Haft zu halten" (BerlVerfGH, Beschl. v. 12.01.1993, Az. 55/92, Rn. 23; LVerfGE 1, 56, 64).

Mit seinem Beschluss erwies sich der Verfassungsgerichtshof als funktionaler Hüter der liberaldemokratischen Grundrechte und der demokratischen Verfassung. Er griff gut begründet und mit ideell-rechtlicher Rückendeckung durch das Bundesverfassungsgericht in ein politisch heikles Verfahren ein und beendete damit eine aus seiner Sicht offenkundige Grundrechtsverletzung durch die Instanzgerichte und die Staatsgewalt. In den oben diskutierten Kategorien übte er eine „funktionale Intervention" aus – hier allerdings nicht in den politischen Prozess hinein, sondern in den gerichtlichen –, indem er genau das tat, was von Verfassungs wegen sein Auftrag ist: die Grundrechte derer zu schützen, die staatlicher Macht ausgesetzt sind – und seien diese Personen auch, wie im Fall Honeckers, selbst die denkbar schlechtesten Advokaten demokratischer Grundrechte.

Bemerkenswert ist die Entscheidung aber nicht nur wegen ihres effektiven Grundrechtsschutzes, sondern auch wegen der Art und Weise, wie der Verfassungsgerichtshof das Grundgesetz als Entscheidungsgrundlage heranzog und mit der Berliner Landesverfassung verzahnte. Unter Zuhilfenahme der sog. „Bestandteils-Formel" des Bundesverfassungsgerichts, nach der im Bundesstaat die Verfassung eines Gliedstaats nicht nur den geschriebenen Text der Landesverfassung enthält, sondern in diese auch die Bestimmungen der Bundesverfassung hineinwirken (und erst beides zusammen die Verfassung des Gliedstaats ausmacht), erklärte der Verfassungsgerichtshof die Menschenwürdegarantie des Grundgesetzes kurzerhand zum ungeschriebenen Verfassungsgrundsatz, der auch die staatlichen Berliner Gewalten uneingeschränkt bindet (BerlVerfGH, Beschl. vom 12.01.1993, Az. 55/92, Rn. 15 f.). Er verschränkte damit Landes- und Bundesverfassung und veranschaulicht so die hohe Prüfdichte grundrechtsbezogener Entscheidungen, die durch das Ineinandergreifen von Bundes- und Landesverfassungsrecht bzw. Bundes- und Landesverfassungsgerichtsbarkeit entsteht. Tatsächlich war auch im Honecker-Verfahren das Bundesverfassungsgericht im Nachgang des Berliner Beschlusses mehrmals mit der Sache befasst (BVerfG vom 21.01.1993, Az. 2 BvQ 1/93 und 2 BvR 236/93 vom 31.03.1993), beanstandete den Beschluss jedoch letztlich nicht. Diese potenzielle Dopplung und Verschränkung der Zuständigkeiten durch Landes- und Bundesverfassungsgericht mag man aus Rechtsperspektive durchaus kritisch sehen; unter demokratietheoretischen Gesichtspunkten und aus Sicht der Betroffenen ist sie grundsätzlich zu begrüßen: Zwei Verfassungsgerichte „erkennen" im Zweifelsfall mehr als nur eines. Im Bereich des Grundrechtsschutzes ist aus liberaldemokratischer Perspektive hiergegen nur schwerlich etwas einzuwenden.

Dass Landesverfassungsgerichte nicht notwendigerweise grundrechtsfreundlich auftreten müssen, zeigt der zweite hier zu diskutierende Fall: die Entscheidung des Bayerischen Verfassungsgerichtshofs zum Verbot des islamischen Kopftuchs bei bayerischen Lehrerinnen. Nachdem das Bundesverfassungsgericht im Jahr 2003 die Frage, ob Lehrerinnen im Schulunterricht das Kopftuch tragen dürfen, faktisch an die Bundesländer zurückgespielt hatte, nutzte der bayerische Gesetzgeber die Möglichkeit, den Umgang mit religiösen Symbolen in Schulen neu zu regeln. Mit der Neufassung des „Bayerischen Gesetzes über das Erziehungs- und Unterrichtswesen" (BayEUG) legte er fest, dass „äußere Symbole und Kleidungsstücke, die eine religiöse oder weltanschauliche Überzeugung ausdrücken, von Lehrkräften im Unterricht nicht getragen werden dürfen, sofern die Symbole oder Kleidungsstücke bei den Schülerinnen und Schülern oder den Eltern auch als Ausdruck einer Haltung verstanden werden können, die mit den verfassungsrechtlichen Grundwerten und Bildungszielen der Verfassung einschließlich den christlich-abendländischen Bildungs- und Kulturwerten nicht vereinbar ist" (BayVerfGH 2007). Die Regelung zielte offenkundig auf eine Ungleichbehandlung islamischer und christlicher religiöser Symbole, obwohl das Kopftuch im Gesetzestext keine explizite Erwähnung fand. Der Bayerische Landtag und die Bayerische Staatsregierung argumentierten im Verfahren vor dem Verfassungsgerichtshof dann auch, dass eine Ungleichbehandlung gerechtfertigt sei, da das muslimische Kopftuch als Ausdruck einer Haltung verstanden werden könne, die mit den Grundwerten und Bildungszielen der bayerischen Verfassung nicht vereinbar sei. Eine kopftuchtragende Lehrerin sei „nicht in der Lage, die verfassungsmäßigen Bildungs- und Erziehungsziele, insbesondere die Gleichberechtigung von Frau und Mann, glaubhaft zu vermitteln und zu verkörpern" (ebd.). Klosterschwestern mit Nonnenhabit hingegen sei dies problemlos möglich, da das Nonnenhabit christlichen und abendländischen Bildungs- und Kulturwerten entspreche.

Die Neufassung des Gesetzes widersprach damit in eindeutiger Weise der Entscheidung des Bundesverfassungsgerichts aus dem Jahr 2003 (BVerfGE 103, 282). Dieses hatte zwar in seiner Entscheidung nicht wenige Fragen zur Neuregelung des Umgangs mit religiösen Symbolen im Öffentlichen Dienst offen gelassen und unter anderem damit unterschiedliche Regelungen in den Bundesländern ermöglicht (Henkes und Kneip 2009, 2010). In einem Punkt waren die Karlsruher Richterinnen und Richter aber strikt und eindeutig: Der Gesetzgeber hatte bei einer Neuregelung alle Religionsgemeinschaften gleich zu behandeln. Der Bayerische Verfassungsgerichtshof hingegen entschied auf die Popularklage einer islamischen Religionsgemeinschaft mit Sitz in Berlin hin, dass das Gleichheitsprinzip durch das Gesetz nicht verletzt sei. Die Regelung sei hinreichend abstrakt und es sei nicht die Aufgabe des Verfassungsgerichtshofs zu prüfen, welche Kleidungsstücke konkret unter die Regelung fallen; dies sei Sache der Fachgerichte. Der Gerichtshof könne nur prüfen, ob die Norm von den Fachgerichten ausgelegt werden könne. Darüber hinaus bevorzuge das Gesetz keine christlichen Glaubensinhalte, sondern ziele lediglich auf grundlegende Verfassungswerte ab. Der Gesetzgeber dürfe daher Kleidungsstücke zulassen, die mit den Bildungszielen der Verfassung übereinstimmten – und andere untersagen, die dies nicht täten (BayVerfGH vom 15.01.2007, Az. Vf. 11-VII-05; BayVerfGHE 60, 1).

Nicht nur missachtete der Verfassungsgerichtshof mit dieser Entscheidung das in diesem Punkt eindeutige Urteil des Bundesverfassungsgerichts von 2003 (das, wie gesagt, im Falle eines abstrakten Verbotes religiöser Kleidung strikte Gleichbehandlung forderte), er versagte auch in seiner Funktion als Hüter der Bayerischen Verfassung – die ja sogar einen eigenen Abschnitt zur Freiheit von Religion und Religionsgemeinschaften kennt (3. Abschn., Art. 142–150) – und in seiner Rolle als Hüter der mit dem Grundgesetz inhaltsgleichen Landesgrundrechte. Die Nichtbeanstandung des Gesetzes ist nach der oben diskutierten Unterscheidung ein prototypischer Fall dysfunktionaler Nichtintervention: Das Nichteinschreiten des Gerichts verletzt das Recht auf gleiche Religionsfreiheit, indem es eine politisch gewollte Ungleichbehandlung der christlichen und islamischen Religion unbeanstandet lässt. Es war damit wiederum am Bundesverfassungsgericht, die Ungleichbehandlung wieder einzufangen – was es mit seinem zweiten „Kopftuchurteil" im Jahr 2015 indirekt dann auch tat (konkret ging es im Verfahren allerdings um das Schulgesetz Nordrhein-Westfalens; BVerfGE 138, 296). Interessanterweise folgte auch das zweite mit der „Kopftuchfrage" befasste Landesverfassungsgericht, der Hessische Staatsgerichtshof, im Jahr 2007 mehrheitlich der Linie der bayerischen Kollegen (HessStGH vom 10.12.2007, Az. P.St. 2016) und erklärte im Ergebnis, dass christliche Kleidungsstücke so lange zugelassen werden dürften, wie sie Neutralität und Schulfrieden nicht störten.[12] Während die meisten mit dieser Frage befassten Fachgerichte das vom Bundesverfassungsgericht geforderte Gleichbehandlungsgebot in der Folge strikt

---

[12]Anders als im bayerischen Fall sah der Hessische Staatsgerichtshof allerdings – im Rahmen einer verfassungskonformen Auslegung der geprüften Landesgesetze – „auffällige" christliche Symbole als die Neutralitätspflicht möglicherweise verletzend an. Dies zu entscheiden sei aber Sache der Behörden und Fachgerichte (HessStGH vom 10.12.2007, Az. P.St. 2016, Rn. 111).

durchsetzten (Henkes und Kneip 2009, S. 34 ff.), verweigerten ausgerechnet die beiden involvierten Landesverfassungsgerichte dem Bundesverfassungsgericht die Gefolgschaft und schwächten damit im Ergebnis Demokratie und Rechtsstaat. Inwieweit dies auch eine Folge ihrer – politischen Mehrheiten folgenden – Zusammensetzung war (siehe oben), bleibt Spekulation. Die im hessischen Fall veröffentlichten Sondervoten zeigen aber eine deutliche Spaltung des Gerichts entlang der Parteigrenzen bzw. zwischen den konservativ und den rot-grün nominierten Richterinnen und Richtern.

Die hier nur kurz andiskutierten Fälle zeigen, dass Landesverfassungsgerichte grundsätzlich, wie andere Verfassungsgerichte auch, sowohl funktional als auch dysfunktional tätig werden. Sie beeinflussen damit unweigerlich die Qualität des demokratischen Rechtsstaats innerhalb ihres jeweiligen Zuständigkeitsbereichs. Der Kopftuchfall zeigt überdies die Wichtigkeit einer übergeordneten Kontrolle auch der Landesverfassungsgerichtsbarkeit durch das Bundesverfassungsgericht. Die Einheitlichkeit der Rechtsordnung und die Qualität der Demokratie und ihrer Grundrechte hätten zweifellos gelitten, hätte das Bundesverfassungsgericht im Jahr 2015 nicht die gleichheitsverletzende Rechtsprechung des Bayerischen Verfassungs- und des Hessischen Staatsgerichtshofs indirekt wieder eingefangen. Dies führt abschließend und zusammenfassend zur Frage, wie es um die demokratische Qualität dieses bundesdeutschen „Verfassungsgerichtsverbundes" bestellt ist.

4 Fazit: Verfassungsgerichtsverbund 2.0? Qualität von Rechtsstaat und Demokratie im Zusammenspiel von Bundes- und Landesebene

Die Verfassungsgerichte der deutschen Bundesländer übernehmen wichtige demokratie- und rechtsstaatsrelevante Funktionen innerhalb der ihnen zugewiesenen Verantwortungsbereiche. In ihrer Eigenschaft als Staatsgerichtshöfe der Länder führen sie Streitigkeiten zwischen politischen Akteuren autoritativ und autonom einer Lösung zu, und auch in Grundrechtsfragen sind sie wichtige Akteure innerhalb der Zuständigkeitsbereiche ihrer jeweiligen Landesverfassungen. Mit beidem erfüllen sie wichtige Aufgaben in der liberalen Demokratie und sorgen so vielleicht zwar nicht gleich für eine „doppelte Grundrechtsgewährleistung" (Tietje 1999, S. 284), aber doch für eine prinzipiell hohe Prüfdichte auf dem Gebiet der Grundrechte. Im Bereich der Volksgesetzgebung und direkten Demokratie kommt ihnen faktisch sogar exklusiv die Aufgabe zu, direktdemokratische Selbstgesetzgebungsansprüche der Bürgerinnen und Bürger, repräsentative Entscheidungsprozeduren in Exekutive und Legislative und verfassungsrechtlich verbriefte Grundrechte und Prinzipien miteinander in Einklang zu bringen. Insbesondere in diesem Bereich sind den Landesverfassungsgerichten zentrale demokratietheoretische und -praktische Aufgaben übertragen, die im Falle zukünftig zunehmender Forderungen nach direktdemokratischer Beteiligung noch wichtiger werden könnten. Die oben beispielhaft angeführten Entscheidungen des Bayerischen Verfassungsgerichtshofs zeigen, wie umfangreich und relevant die in diesem Zusammenhang schon entwickelte Judikatur der Landesverfassungsgerichte ist – und auch, wie groß das Konfliktpotenzial in diesem Bereich ist.

Umso wichtiger wäre es, die institutionelle Ausgestaltung der Landesverfassungsgerichtsbarkeit dort, wo dies noch nicht der Fall ist, dem internationalen Standard anzupassen. Die Implementierung der Verfassungsbeschwerde etwa wäre eine Möglichkeit, die Demokratiefunktionalität jener Gerichte zu erhöhen, die einen solchen Rechtsweg bislang nicht kennen. Vor allem aber müsste die formale Unabhängigkeit jener Gerichte erhöht werden, deren Richterinnen und Richter bislang noch mit einfacher Mehrheit gewählt und/oder wiedergewählt werden können. Was die internationale Gemeinschaft zu Recht von Ländern wie Polen oder Ungarn fordert – dass Richterinnen und Richter weitestmöglich unabhängig von der sie berufenden Instanz sein sollen –, müsste ganz selbstverständlich auch für die Verfassungsgerichte der Bundesländer gelten.

Dies ist umso wichtiger, als diese Landesverfassungsgerichte (zumindest zum Teil) längst auch in die Rolle von Grundrechtsgerichten hineingewachsen sind. Hier entschärft zwar die „Lender-of-last-resort"-Rolle des Bundesverfassungsgerichts die Problematik etwas, dies gilt aber nur so lange, wie die Landesverfassungsgerichte keine in die ausschließliche Autonomie der Landesverfassung fallenden Sachverhalte regeln. Landesrechtliche Regelungen zu Wahlen und Abstimmungen etwa – wenn man so will also der Kern des Demokratieprinzips – können seit einer Rechtsprechungsänderung des Zweiten Senats im Jahr 1998 vor dem Bundesverfassungsgericht nicht mehr angegriffen werden (BVerfGE 99, 1). Eine demokratieadäquate institutionelle Ausgestaltung von Kompetenzen und die Unabhängigkeit der Gerichte ist also in jedem Fall angeraten.

Solange dies nicht in allen Fällen so ist, erweist es sich als kluge Konstruktion des bundesdeutschen Verfassungsgerichtsverbundes, dass das Bundesverfassungsgericht in vielen Fällen das letzte Wort in Demokratie- und Grundrechtsfragen behält. Damit unterscheidet sich dieser Verbund deutlich vom Verfassungsgerichtsverbund europäischer Provenienz. Während dieser von einem grundsätzlich gleichberechtigten Miteinander von Europäischem Gerichtshof und Bundesverfassungsgericht ausgeht, verbleibt im bundesdeutschen Fall das letzte Wort – außer in den landesverfassungsrechtlich abschließend geregelten

Sachverhalten (s. o.) – beim Bundesverfassungsgericht. Angesichts der diskutierten demokratisch-rechtsstaatlichen Defizite mancher Landesverfassungsgerichte scheint dies nicht die schlechteste Lösung zu sein.

Literatur

BayVerfGH (2007). Pressemitteilung zur Entscheidung des Bayerischen Verfassungsgerichtshofs vom 15.01.2007 zum Verfahren Vf. 11-VII-05. https://www.bayern.verfassungsgerichtshof.de/media/images/bayverfgh/11-vii-05-presse-entscheidung.pdf. Zugegriffen: 21. Febr. 2019.

Boulanger, C. (2013). Rolle und Funktion von Verfassungsgerichten. Eine theoretische Annäherung. In M. Wrase & C. Boulanger (Hrsg.), *Die Politik des Verfassungsrechts Interdisziplinäre und vergleichende Perspektiven auf die Rolle und Funktion von Verfassungsgerichten* (S. 67–87). Baden-Baden: Nomos.

Brohm, W. (2001). Die Funktion des BVerfG – Oligarchie in der Demokratie? *Neue Juristische Wochenschrift, 54*(1), 1–10.

Bryde, B.-O. (2006). Der Beitrag des Bundesverfassungsgerichts zur Demokratisierung der Bundesrepublik. In R. C. van Ooyen & M. H. W. Möllers (Hrsg.), *Das Bundesverfassungsgericht im politischen System* (S. 321–331). Wiesbaden: VS Verlag.

Bundesministerium der Justiz. (1998). *Entlastung des Bundesverfassungsgerichts. Bericht der Kommission.* Bonn: Moser.

Cardoso da Costa, J. M. M. (1988). Die Verfassungsrechtsprechung im Rahmen der staatlichen Funktionen. Arten, Inhalt und Wirkungen der Entscheidungen über die Verfassungsmäßigkeit von Rechtsnormen. Generalbericht. *Europäische Grundrechte-Zeitschrift, 15*(8/9), 236–248.

Easton, D. (1965). *A systems analysis of political life.* New York: Wiley.

Flick, M. (2008). Landesverfassungsgerichtsbarkeit. In M. Freitag & A. Vatter (Hrsg.), *Die Demokratien der deutschen Bundesländer: Politische Institutionen im Vergleich* (S. 209–229). Wiesbaden: VS Verlag.

Flick, M. (2009). Oppositionelle Akteure als Kläger vor den Landesverfassungsgerichten. *Zeitschrift für Vergleichende Politikwissenschaft, 3*(2), 283–302.

Flick, M. (2011). *Organstreitverfahren vor den Landesverfassungsgerichten. Eine politikwissenschaftliche Untersuchung.* Bern: Peter Lang.

Friedrichsen, G. (1993). Moabiter Satyrspiele. *Der Spiegel, 47*(3), 76–77.

Ginsburg, T. (2003). *Judicial review in new democracies. Constitutional courts in Asian cases.* Cambridge: Cambridge University Press.

Grimm, D. (1977). Verfassungsgerichtsbarkeit – Funktion und Funktionsgrenzen im demokratischen Staat. In W. Hoffmann-Riem (Hrsg.), *Sozialwissenschaften im Studium des Rechts* (Bd. 2, S. 83–108). München: Beck.

Grimm, D. (2012). *Die Zukunft der Verfassung II. Auswirkungen von Europäisierung und Globalisierung.* Berlin: Suhrkamp.

Henkes, C., & Kneip, S. (2009). *Das Kopftuch im Streit zwischen Parlamenten und Gerichten. Ein Drama in drei Akten.* (Discussion Paper SP IV 2009-201). Berlin: Wissenschaftszentrum Berlin für Sozialforschung (WZB).

Henkes, C., & Kneip, S. (2010). Von offener Neutralität zu (unintendiertem) Laizismus. Das Kopftuch zwischen demokratischem Mehrheitswillen und rechtsstaatlichen Schranken. *Leviathan, 38*(4), 598–616.

Hönnige, C. (2007). *Verfassungsgericht, Regierung und Opposition. Eine vergleichende Analyse eines Spannungsdreiecks*. Wiesbaden: VS Verlag.

Jestaedt, M., Lepsius, O., Möllers, C., & Schönberger, C. (2011). *Das entgrenzte Gericht. Eine kritische Bilanz nach sechzig Jahren Bundesverfassungsgericht*. Berlin: Suhrkamp.

Kirchhof, P. (1998). Verfassungsgerichtsbarkeit und Gesetzgebung. In P. Badura & R. Scholz (Hrsg.), *Verfassungsgerichtsbarkeit und Gesetzgebung. Symposion aus Anlaß des 70. Geburtstages von Peter Lerche* (S. 5–22). München: Beck.

Kneip, S. (2006). Demokratieimmanente Grenzen der Verfassungsgerichtsbarkeit. In M. Becker & R. Zimmerling (Hrsg.), *Politik und Recht PVS-Sonderheft 36* (S. 259–281). Wiesbaden: VS Verlag.

Kneip, S. (2009). *Verfassungsgerichte als demokratische Akteure. Der Beitrag des Bundesverfassungsgerichts zur Qualität der bundesdeutschen Demokratie*. Baden-Baden: Nomos.

Kneip, S. (2011). Gegenspieler, Vetospieler oder was? Demokratiefunktionales Agieren des Bundesverfassungsgerichts 1951–2005. *Politische Vierteljahresschrift, 52*(2), 220–247.

Kneip, S. (2013a). Rolle und Einfluss des Bundesverfassungsgerichts in international vergleichender Perspektive. *Zeitschrift für Politik, 60*(1), 72–89.

Kneip, S. (2013b). Verfassungsgerichte im Prozess der Demokratisierung – Der Einfluss des Bundesverfassungsgerichts auf Konsolidierung und Qualität der bundesdeutschen Demokratie. In M. Wrase & C. Boulanger (Hrsg.), *Die Politik des Verfassungsrechts. Interdisziplinäre und vergleichende Perspektiven auf die Rolle und Funktion von Verfassungsgerichten* (S. 139–166). Baden-Baden: Nomos.

Kranenpohl, U. (2004). Funktionen des Bundesverfassungsgerichts. Eine politikwissenschaftliche Analyse. *Aus Politik und Zeitgeschichte, 50–51*, 39–46.

Lhotta, R. (2003). Verfassungsgerichtsbarkeit im Bundesstaat: Überlegungen zu einer neoinstitutionalistischen Ergänzung der Forschung. In Europäisches Zentrum für Föderalismus-Forschung Tübingen (Hrsg.), *Jahrbuch des Föderalismus 2003* (S. 49–65). Baden-Baden: Nomos.

Lietzmann, H. J. (2006). Kontingenz und Geheimnis. Die Veröffentlichung der Sondervoten beim Bundesverfassungsgericht. In R. C. van Ooyen & M. H. W. Möllers (Hrsg.), *Das Bundesverfassungsgericht im politischen System* (S. 269–282). Wiesbaden: VS Verlag.

Möstl, M. (2005). Landesverfassungsrecht – zum Schattendasein verurteilt? Eine Positionsbestimmung im bundesstaatlichen und supranationalen Verfassungsverbund. *Archiv des öffentlichen Rechts, 130*(3), 350–391.

Reutter, W. (Hrsg.). (2017). *Landesverfassungsgerichte. Entwicklung, Aufbau, Funktionen*. Wiesbaden: Springer VS.

Reutter, W. (2018). Landesverfassungsgerichte: „Föderaler Zopf" oder „Vollendung des Rechtsstaats"? *Recht und Politik, 54*(2), 195–207.

Roellecke, G. (2001). Sondervoten. In P. Badura & H. Dreier (Hrsg.), *Festschrift 50 Jahre Bundesverfassungsgericht. Erster Band* (S. 363–384). Tübingen: Mohr Siebeck.

Schlaich, K., & Korioth, S. (2004). *Das Bundesverfassungsgericht. Stellung, Verfahren, Entscheidungen*. München: Beck.

Starck, C. (2008). Verfassungsgerichtsbarkeit der Länder. In J. Isensee & P. Kirchhof (Hrsg.), *Handbuch des Staatsrechts der Bundesrepublik Deutschland* (Bd. IV, S. 317–382). Heidelberg: C.F. Müller.

Tietje, C. (1999). Die Stärkung der Verfassungsgerichtsbarkeit im föderalen System Deutschlands in der jüngeren Rechtsprechung des BVerfG. *Archiv des öffentlichen Rechts, 124*(2), 282–305.

v. Brünneck, A. (1992). *Verfassungsgerichtsbarkeit in den westlichen Demokratien.* Baden-Baden: Nomos.

Voßkuhle, A. (2009). *Der europäische Verfassungsgerichtsverbund.* (TranState working papers No. 106). Bremen: Universität Bremen, Sonderforschungsbereich 597.

Voßkuhle, A. (2011). Die Landesverfassungsgerichtsbarkeit im föderalen und europäischen Verfassungsgerichtsverbund. In P. Häberle (Hrsg.), Jahrbuch des öffentlichen Rechts der Gegenwart (Bd. 59., S. 215–243). Tübingen: Mohr Siebeck.

Weigl, M. (2017). Der Bayerische Verfassungsgerichtshof. In W. Reutter (Hrsg.), *Landesverfassungsgerichte. Entwicklung, Aufbau, Funktionen* (S. 53–76). Wiesbaden: Springer VS.

Wesel, U. (1993). Der Honecker-Prozeß. Über den Rechtsstaat, seine Peinlichkeiten und seine Schwierigkeiten. *Kritische Justiz, 26*(2), 198–206.

Der Beitrag der Landesverfassungsgerichte zur Unitarisierung des Bundesstaates

Marcus Höreth

In diesem Beitrag wird untersucht, wie sich die Verfassungsgerichtsbarkeit in den Ländern zur Funktionsweise des (unitarischen) Bundesstaates verhält. Damit wird ein Aspekt beleuchtet, der von der politikwissenschaftlichen Föderalismusforschung bisher vernachlässigt wurde. In ihren Analysen zum Föderalismus rekurriert die Politikwissenschaft für gewöhnlich nur auf zwei verfassungsrechtliche Strukturprinzipien – das Demokratie- und das Bundesstaatsprinzip –, ohne das Rechtsstaatsprinzip zu berücksichtigen. Während also die Politikwissenschaft sich vor allem für die in der Rahmenordnung des *demokratischen Bundesstaates* (Höreth 2017, S. 99–116) angelegten Wechselwirkungen und Spannungsverhältnisse interessiert und in diesem Kontext insbesondere für Interessenkonflikte und Kooperationszwänge zwischen Bund und Ländern, wird im Weiteren das Augenmerk auf die Wechselwirkungen im *föderalen Rechtsstaat* gelegt, wobei vor allem die Rolle der Landesverfassungsgerichte untersucht wird.[1] In einem ersten Schritt wird die Rahmenordnung des föderalen Rechtsstaats skizziert und ihr Beitrag zur

---

[1]An dieser Stelle sei Werner Reutter herzlich gedankt, der mich mit seinen Anregungen zum Thema gewissermaßen „zum Jagen getragen" hat. Hätte er mich nicht freundlich gedrängt, die in meiner Rezension des von ihm herausgegebenen Bandes zur Landesverfassungsgerichtsbarkeit (2017) konstatierten Forschungslücken doch selbst einmal anzugehen, wäre der Beitrag nie entstanden. – Abgeschlossen wurde das Manuskript im Februar 2019; spätere Rechtsprechung bleibt unberücksichtigt.

M. Höreth (✉)
Fachgebiet Politikwissenschaft,
Universität Kaiserslautern, Kaiserslautern, Deutschland
E-Mail: marcus.hoereth@sowi.uni-kl.de

© Springer Fachmedien Wiesbaden GmbH, ein Teil von Springer Nature 2020
W. Reutter (Hrsg.), *Verfassungsgerichtsbarkeit in Bundesländern,*
https://doi.org/10.1007/978-3-658-28961-4_3

Entwicklung des unitarischen Bundesstaates vorgestellt (Höreth 2017, S. 116–124). Auf dieser Grundlage werden in einem nächsten Schritt Rolle und Funktion der Landesverfassungsgerichtsbarkeit im föderalen „Verfassungsgerichtsverbund" (Voßkuhle 2011) herausgearbeitet. Oft wird von staatsrechtlicher Seite betont, dass ohne die Landesverfassungsgerichtsbarkeit die bundesstaatliche Architektur des Grundgesetzes unvollständig bliebe (Papier 2002, S. 20), ohne jedoch die den bundesdeutschen Föderalismus prägende Tendenz zum „Unitarismus" (Hesse 1962; Lehmbruch 2002) einzubeziehen. Auch von politikwissenschaftlicher Seite wurde bisher kaum untersucht, welchen Beitrag die Landesverfassungsgerichtsbarkeit für den unitarischen Bundesstaat in Deutschland leistet (Reutter 2017, S. 3–7). Aus diesem Grund wird im Weiteren die Rolle der Landesverfassungsgerichte näher beleuchtet und die Frage analysiert, ob diese sich der Logik des unitarischen Bundesstaates bruchlos fügen. Abgerundet wird der Beitrag durch die Diskussion von Erklärungsansätzen, mit denen sich die Rolle der Landesverfassungsgerichtsbarkeit im unitarischen Bundesstaat theoretisch einordnen lässt.

1 Die Rahmenordnung des föderalen Rechtsstaates

Während das Verhältnis von Bundesstaat und Demokratie vielfältige Spannungen aufweist, unterliegen das Bundesstaats- und das Rechtsstaatsprinzip in ihrem Verhältnis zueinander – im föderalen Rechtsstaat – kaum Störungen. Vor allem Verfassungsrechtler weisen darauf hin, dass das Rechtsstaatsprinzip mit dem Bundesstaatsprinzip harmonisch verbunden sei, da sich diese beiden Staatsfundamentalnormen nicht widersprechen, sondern ergänzen (Möstl 2012, S. 53 f.). Dies gilt schon, wenn man die vertikale Dimension der Gewaltenteilung im Bundesstaat als ein wirksames Instrument des Rechtsstaats begreift, das sich über den Bundesrat sogar auf die horizontale Gewaltenteilung auswirkt (Möstl 2012, S. 48). Es ist seit Konrad Hesse (1962, S. 27, 1995a, S. 101 f.) bekannt, dass der Bundesrat auf Basis seiner sich aus dem Sachverstand der Landesexekutiven speisenden Kontrollkompetenzen modifizierende Wirkungen auf die mehrheitsbestimmte parlamentarische Demokratie entfaltet.

Der Bundesstaat ist als Prinzip der territorialen Staatsorganisation auf die Durchsetzung des Rechtsstaatsprinzips dringend angewiesen, weil politische Streitschlichtung bei föderalen Konflikten nicht funktionieren kann (Steffani 1968, S. 3). Ohne die „Herrschaft des Rechts" und entsprechende justizförmige Verfahren föderaler Streitschlichtung könnte ein Bundesstaat kaum existieren – es gibt hierfür, mit Ausnahme der Schweiz, auch kein erfolgreiches Beispiel in der internationalen Staatenwelt oder im historischen Rückblick. Folgerichtig verpflichten sich alle Bundesländer in ihren Landesverfassungen zur Rechtsstaatlichkeit, so wie es im Übrigen auch das Homogenitätsgebot in Art. 28 Abs. 1 S. 1 GG von ihnen verlangt (Möstl 2012, S. 83). Der Rechtsstaat wiederum kann mit dem föderalen Prinzip harmonieren, solange die daraus resultierenden Prinzipien, wie sie in jeder Föderation notwendig sind (wie z. B. Art. 31 GG: „Bundesrecht bricht Landesrecht"), vorbehaltlos anerkannt werden (BVerfGE 2, 380, 403).[2]

Das Zusammenwirken von Bundesstaats- und Rechtsstaatsprinzip im föderalen Rechtsstaat der Bundesrepublik ergibt sich jedoch aus recht komplizierten verfassungsrechtlichen Weichenstellungen insbesondere in der Kompetenzordnung des Grundgesetzes. Für den Schutz des Bundesstaatsprinzips besonders wichtig sind Urteile des Bundesverfassungsgerichts, die im Rahmen von Bund-Länder-Streitigkeiten, Organstreitigkeiten und abstrakten Normenkontrollverfahren ergingen. In der Geschichte der Bundesrepublik betrieb das BVerfG keineswegs immer eine besonders länderfreundliche Rechtsprechung. Wesentlicher Grund hierfür ist die jahrzehntelang dominierende weite Auslegung des Art. 72 Abs. 2 GG a.F. gewesen, der im Bereich der konkurrierenden Gesetzgebung dem Bund eine Regelungszuständigkeit zusprach, wenn und soweit er das „Bedürfnis" nach einer bundeseinheitlichen Regelung geltend machte, um etwa die „Einheitlichkeit der Lebensverhältnisse" oder die „Rechts- und Wirtschaftseinheit" in Gesamtdeutschland herzustellen bzw. zu sichern. Das Gericht weigerte sich lange Zeit, diesen Kompetenzanspruch des Bundes juristisch überhaupt zu prüfen, geschweige denn ernsthaft infrage zu stellen. Das Bild änderte sich erst nach 1994 durch die damals eingeführte Erforderlichkeitsklausel, die ein gesetzgeberisches Tätigwerden des Bundes im Bereich der konkurrierenden Gesetzgebung nur dann zulässt, wenn dies zur „Herstellung gleichwertiger [d. h. nicht mehr einheitlicher: MH] Lebensverhältnisse" oder zur Wahrung der „Rechts- und Wirtschaftseinheit" nachweisbar erforderlich ist. Es dauerte jedoch

---

[2]Urteile des Bundesverfassungsgerichtes werden lediglich mit der Fundstelle zitiert. Zur leichteren Auffindbarkeit werden Entscheidungen der Landesverfassungsgerichte mit Datum und Aktenzeichen angegeben. Die Landesverfassungsgerichte stellten mir freundlicherweise Kopien der im Weiteren zitierten Entscheidungen zur Verfügung. Urteile und Beschlüsse finden sich auch auf den Webseiten der Landesverfassungsgerichte; der Bayerische Verfassungsgerichtshofes veröffentlicht seine Entscheidungen in: Sammlung von Entscheidungen des Bayerischen Verwaltungsgerichtshofes und Entscheidungen des Bayerischen Verfassungsgerichtshofs und des Bayerischen Dienstgerichtshofs für Richter, hrsgg. vom Bayerischen Verwaltungsgerichtshof in München. München: J. Schweizer Sortiment; darüber hinaus existiert seit 1992/3: Entscheidungen der Verfassungsgerichte der Länder. Herausgegeben von den Mitgliedern der Gerichte. Berlin: Walter de Gruyter.

noch Jahre, bis das Gericht die Gelegenheit nutzte, die Abgrenzung der Gesetzgebungskompetenzen zwischen Bund und Ländern auf dieser Basis neu zu justieren (Höreth 2017, S. 118–123; BVerfGE 106, 62; BVerfGE 110, 141; BVerfGE 111, 226; BVerfGE 112, 226).

Es sind im föderalen Rechtsstaat Konstellationen denkbar, in denen das Bundesstaats- und das Rechtsstaatsprinzip miteinander in Konflikt geraten, weil die Länder unter Berufung auf den Föderalismus rechtsstaatliche Prinzipien verletzen, indem sie entweder selbst Kompetenzen in Anspruch nehmen, die ihnen laut Grundgesetz nicht zustehen, oder aber wahrgenommene Kompetenzen des Bundes nicht anerkennen wollen. Umgekehrt kann sich der Bund Kompetenzen anmaßen, die eigentlich den Ländern zustehen. Solche Beispiele gab es in der Geschichte der USA zur Genüge (347 U.S. 483 – Brown v. Board of Education (1954); 163 U.S. 537 – Plessy v. Ferguson (1896); Höreth 2014, S. 85–88). Zu vergleichbaren harten Auseinandersetzungen zwischen Bund und Ländern ist es in Deutschland jedoch noch nicht gekommen. Für die Nichteinhaltung bundesrechtlicher Vorgaben durch Landesexekutiven oder aber evident kompetenzwidrige Anmaßungen der Länder besteht im unitarischen Bundesstaat kaum ein Anlass. Wesentlicher politischer Grund hierfür dürfte zum einen sein, dass die Bürgerinnen und Bürger aller Bundesländer eine übermäßige regionale Vielfalt und eine damit einhergehende Rechtszersplitterung ohnehin ablehnen. Zum anderen sind die Landesexekutiven über Art. 50 GG in der Regel so umfassend an der unitarischen Gesetzgebung des Bundes beteiligt, dass sie kein Interesse daran haben, von dieser abzuweichen.

2 Landesverfassungsgerichte im unitarischen Bundesstaat

2.1 Die Annahme zweier getrennter Verfassungsräume

Fraglich ist vor diesem Hintergrund, welcher Beitrag im unitarischen Bundesstaat noch den Landesverfassungsgerichten zukommen kann. Die Befunde könnten hinsichtlich ihrer Bedeutung in der Bundesrepublik kaum widersprüchlicher sein. Einerseits wird konstatiert, dass es den Landesverfassungsgerichten zunehmend gelingt, aus dem Schatten des Bundesverfassungsgerichts zu treten (Hesse 1995b, S. 269; Körting und Schmidt 1998, S. 127). Andererseits wird darauf insistiert, dass der Landesverfassungsgerichtsbarkeit bestenfalls eine sekundäre Bedeutung zukomme, da sie von der Bundesrechtsprechung dominiert werde (Bachof 1968; Reutter 2017, S. 1). Unumstritten ist immerhin, dass

„Bundesverfassungsgericht und Landesverfassungsgerichte gemeinsam die Verfassungsstaatlichkeit in Deutschland (sichern)" (Bryde 2005, S. 5) sollen. So wie sich in der verfassungsrechtlichen Lehre vom Bundesstaat Bund und Länder wechselseitig funktional ergänzen sollen, so sollte ein solches Ergänzungsverhältnis auch zwischen Bundes- und Landesverfassungsgericht existieren. Insoweit wäre die vereinzelt anzutreffende kritische Einschätzung abzulehnen, wonach die Landesverfassungsgerichte kaum mehr als Landesverfassungsfolklore darstellen und – zusammen mit dem Landesverfassungsrecht allgemein – zum „Schattendasein" (Möstl 2005) verurteilt seien.

Stellung und Aufgaben der LVerfG im Bundesstaat werden im Verfassungsrecht durch die „Eigenstaatlichkeit" und „Verfassungsautonomie" der Länder bestimmt: „In der Einrichtung von Landesverfassungsgerichten findet sie einen wichtigen Ausdruck, vielleicht ihre eigentliche Pointe" (Voßkuhle 2011, S. 216). Vereinfacht ausgedrückt lautet die Aufgabenteilung der Verfassungsgerichtsbarkeit in Deutschland wie folgt: Das BVerfG wacht über die Einhaltung des Grundgesetzes und prüft am Maßstab des Grundgesetzes; die LVerfG wachen über die Einhaltung der Landesverfassungen und prüfen am Maßstab ihrer Landesverfassungen (Steinberg 1997, S. 359, BVerfGE 6, 376 (382); BVerfGE 11, 89 (94); Möstl 2012, S. 54). Das BVerfG führte hierzu aus: „Das Eigentümliche des Bundesstaates ist, daß der Gesamtstaat Staatsqualität und daß die Gliedstaaten Staatsqualität besitzen. Das heißt aber, daß sowohl der Gesamtstaat als auch die Gliedstaaten je ihre eigene, von ihnen selbst bestimmte Verfassung besitzen. Und das wiederum heißt, daß die Gliedstaaten ebenso wie der Gesamtstaat in je eigener Verantwortung ihre Staatsfundamentalnormen artikulieren." (BVerfGE 36, 342 (360 f.)) Knapp 20 Jahre zuvor hatte das BVerfG bereits postuliert: „In einem so betont föderativ gestalteten Staat wie der Bundesrepublik Deutschland stehen die Verfassungsräume des Bundes und der Länder grundsätzlich selbständig nebeneinander." (BVerfGE 4, 178 (189)). Entsprechendes gilt für die Verfassungsgerichtsbarkeit der Länder.

Landesverfassungsgerichte können dem Postulat, „ihre Staatsfundamentalnormen (zu) artikulieren", vor allem dadurch Rechnung tragen, dass sie ihrer jeweiligen Verfassung ein eigenes Profil verleihen (Dreier 2006, Rn. 56). Dabei wird ihnen „von oben" scheinbar ein durchaus beachtlicher Spielraum eingeräumt (BVerfGE 99, 1 (11); Möstl 2005, S. 357). Hier wirkt die – möglicherweise „fragile" (Voßkuhle 2011, S. 226) und der Korrektur bedürftige (Steinberg 1997, S. 360) – Vorstellung nach, dass die jeweils von den Verfassungsgerichten auf Bundes- und Landesebene zu hütenden „Verfassungsräume" voneinander getrennt seien (BVerfGE 36, 342 (357)). Offensichtlich steht hinter dieser Feststellung die Absicht des Gerichts, ein gewisses Maß an Autonomieschonung der Länder und ihrer Verfassungsgerichte sicherzustellen. Allerdings bleiben die Länder gebunden an die grundgesetzlich gegebene Kompetenzordnung gem. Art. 70 ff. und gleich mehrere Grundgesetzartikel, von denen nur Art. 1 Abs. 3 GG; Art. 20 Abs. 3 GG, Art. 21 GG, Art. 31 GG und Art. 28 GG genannt seien (BVerfGE 1, 208 (227)).

In die vom Grundgesetz vorgegebene Architektur des Bundesstaates ist ein Widerspruch eingebaut, ein „Grundkonflikt" (Möstl 2005, S. 367), der sich nicht einfach auflösen lässt. Auf der einen Seite findet sich – wie gezeigt – die Vorstellung eines Nebeneinanders zweier (getrennter) Verfassungsräume, die einander gleichgeordnet und autonom gegenüberstehen, was Übergriffe des einen Raumes in den anderen Raum als übergriffig erscheinen lässt. Folgt man diesem Leitbild, so dürften diese Übergriffe nur als begründungsbedürftige Ausnahme erfolgen. Worauf es hier also ankommt, ist „Nebeneinander und Schonung" (Möstl 2005, S. 370). Auf der anderen Seite erzeugen Art. 31 GG, die Homogenitätsvorgaben des Art. 28 GG sowie die den Vorrang des Bundes sichernde „konkurrierende Gesetzgebung" des Grundgesetzes (Art. 72 GG) die völlig plausible Überzeugung von der Höherrangigkeit und des Vorrangs der einen Verfassungsordnung über die andere – sie erzeugen ein Leitbild von Über- und Unterordnung, von einseitiger Auflösung konfligierender Regelungsansprüche und von eindeutiger Überlagerung. Hier kommt es also auf „Vorrang und Verdrängung" an (Möstl 2005, S. 370). Obwohl widersprüchlich, müssen beide Leitbilder koexistieren, damit das spezifisch deutsche Bundesstaatsmodell erhalten bleibt. In diesem Spannungsfeld operieren die Landesverfassungsgerichte. Folgten sie zu sehr dem ersten Leitbild, müssten sie sich frei machen von bundesverfassungsrechtlichen Bindungen und einem Trennföderalismus huldigen, der am Ende rechtlich und politisch nur zu einem asymmetrischen Bundesstaat führen müsste, in dem die föderale Vielfalt auf Kosten der Rechtseinheit geht. Folgten Landesverfassungsgerichte zu sehr dem zweiten Leitbild, so würden sie sich selbst überflüssig machen und damit ihrem institutionellen Eigeninteresse zuwiderhandeln. Was für sie bleibt, ist, sich in den Dienst einer gesamtstaatlichen Verfassungsentwicklung eines Bundesstaates unter unitarischem Vorzeichen zu stellen und dabei nach dem Prinzip der praktischen Konkordanz den „schonenden Ausgleich" zwischen diesen beiden Leitbildern anzustreben (Hesse 1995a, Rn. 72; Höreth 2017, S. 150).

Die Rechtswissenschaft versucht das Problem zu lösen, indem sie konzediert, dass vor allem in staatsorganisatorischen Fragen die Landesverfassungen ein breites Betätigungsfeld bieten. So wird erklärt, dass die Verfassungsgerichtsbarkeit der Länder zunehmend an Bedeutung gewonnen hat (so schon Hesse 1995b, S. 269; Voßkuhle 2011, S. 218). Fraglich ist allerdings, wie weit dieser Spielraum der Landesverfassungsgerichte tatsächlich reicht – und wie dieser genutzt wird. Wenn er genutzt wird, stellt sich die Frage, ob und wie diese Judikate einen Beitrag zum unitarischen Bundesstaat leisten. Landesverfassungsgerichte können im unitarischen Bundesstaat theoretisch in dreierlei Richtung wirken. Erstens können ihre Judikate und deren Reichweite auf den Rechtsraum ihres Landes beschränkt bleiben. In diesem Bereich ist anzunehmen, dass Landesverfassungsgerichte weitgehend autonom sind. Diese beschränkte Reichweite verträgt sich durchaus mit der Logik des (unitarischen) Bundesstaates, dem föderale Vielgestaltigkeit nicht völlig abhanden kommen darf, um noch den Anspruch erheben zu können, Bundesstaat zu sein. Zweitens könnten Landesverfassungsgerichte Entscheidungen treffen, die sich aufgrund ihrer Bedeutung und Innovationskraft zur Übernahme durch andere Gerichte anbieten – für andere LVerfG durch horizontales Lernen im „Lernverbund innerstaatlicher Verfassungsvergleichung" (Möstl 2018, S. 539; Menzel 2002, S. 239) und insbesondere auch für das Bundesverfassungsgericht *(bottom up)*. Drittens aber können Landesverfassungsgerichte auch die Suprematie der Bundesverfassungsrechtsprechung stärken, indem sie im und für das Landesverfassungsrecht Entscheidungen des BVerfG übernehmen *(top down)*, dem BVerfG also bei seiner Mission gemäß dem Leitbild „Vorrang und Verdrängung" gewissermaßen assistieren.

2.2 Wo gehen Landesverfassungsgerichte ihren eigenen Weg?

Die wenigen Rechtsmaterien, die durch die Rechtsprechung der LVerfG geprägt werden, sind schnell identifiziert, da sie sich auf Bereiche beschränken, für die die Länder auch im Bereich der Gesetzgebung ausschließlich zuständig sind: Polizei-und Ordnungsrecht sowie Kommunal- und Schulrecht (Huber 2003, S. 75 f.). Für andere Bereiche gilt: Landesverfassungsgerichte mögen im unitarischen Bundesstaat als „Hüter der Landesverfassung" (Schumann 1983; Huber 2003, S. 73 f.) gelten, doch sie sind eben gerade nicht die Kontrolleure der Landesstaatsgewalt „hinsichtlich *aller* für sie bestehenden Bindungen" (Steinberg 1997, S. 373, Hervorhebung d.Verf.). Selbstverständlich können LVerfG Akte der Landesstaatsgewalt überprüfen, insoweit die Landesorgane bei den betreffenden Maßnahmen (ausschließlich) Landesrecht anwenden. Es wird jedoch bezweifelt, ob die Landesorgane bei der Anwendung von Bundesrecht überhaupt an die Landesverfassung gebunden sind oder ob sie davon auszugehen haben, dass in diesem Fall die Landesverfassung gem. Art. 31 GG schon als „gesperrt" (Dietlein 1993, S. 44 f.) und damit als unanwendbar betrachtet werden muss

(HessStGH, Beschl. vom 13.07.1994 – P.St. 1185, 1. Leitsatz). Bejaht man dies (dafür Steinberg 1997, S. 376–378, dagegen Möstl 2005, S. 383), so ergibt sich keine Prüfungskompetenz seitens eines Landesverfassungsgerichts in dieser Konstellation (Steinberg 1997, S. 382), die im Exekutivföderalismus häufig zu finden ist. Insoweit kommen auch Landesgrundrechte bei der Anwendung materiellen Bundesrechts durch Landesorgane – vor allem beim landeseigenen Vollzug von Bundesgesetzen – nicht zur Anwendung. Lediglich die Verfassungsgerichte von Berlin und Sachsen nehmen für sich diese weitreichenden Prüfungskompetenzen in Anspruch. Sie überprüfen die Anwendung von Bundesrecht an allen Grundrechten der Landesverfassung, aber nur soweit diese mit entsprechenden Grundrechten im Grundgesetz übereinstimmen (Pestalozza 1993, S. 344). Dies wurde stark kritisiert (Steinberg 1997, S. 381; Huber 2003, S. 76), weshalb es als illusorisch erscheint, darauf die Hoffnung auf eine föderale Belebung der Verfassungsrechtsentwicklung (und womöglich auch eine Abkehr von einem zu starken Rechtsunitarismus) zu gründen (so noch Konrad Hesse 1995b, S. 269). Selbst wenn ein Landesverfassungsgericht diese Prüfung durchführt, bleibt es doch aufgrund seiner starken Bindung an das BVerfG als dem maßgeblichen Interpreten der Grundrechte des Grundgesetzes gebunden. Weicht es von dieser Bindung ab, so büßt es letztlich seine Prüfungskompetenz ein, da „seine Entscheidung auf Verfassungsbeschwerde hin vom Bundesverfassungsgericht aufgehoben" (Lange 2001, S. 307) wird.

„Raum für lebendige Eigenverfasstheit" besteht in den Landesverfassungen und ihrer Gerichtsbarkeit somit nur im Bereich der Staatsorganisation (Möstl 2018, S. 545). Dies gilt vor allem bezüglich plebiszitärer Elemente auf Landesebene (Volksgesetzgebung, Verfassungsänderung), bei der Ausgestaltung des Wahlsystems (Stimmkreiseinteilung; BayVerfGH, Beschl. vom 20.12.2001, Vf. 14-VII-01, BayVerfGHE 54, 181) und des Parlamentsrechts (z. B. Oppositionsartikel, Abgeordnetenrecht, Selbstauflösungsrecht), beim Zugang zum Verfassungsgericht (Popularklage in Bayern) und bei den Staatszielbestimmungen. Kommt es in diesen Bereichen zu Verfassungsstreitigkeiten, verbleiben den Landesverfassungsgerichten relativ viele Freiräume (Huber 2003, S. 74 f.), wie auch das BVerfG 1997 bestätigte (BVerfGE 96, 231 (242 f.)). Damals ging es um das in der Bayerischen Verfassung statuierte Volksbegehren, genauer: um das „unmittelbare Gesetzgebungsrecht des Volkes", wie es in Art. 71 BayVerf vorgesehen ist, und um die Neutralitätspflicht des Staates bei derartigen Abstimmungen. Per Volksentscheid abgestimmt wurde über ein „Müllkonzept", das von der Landesregierung und den zuständigen Landesbehörden abgelehnt wurde. Klagen bezüglich einer Verletzung der Neutralitätspflicht wies das Landesverfassungsgericht zuvor als unbegründet zurück (BayVerfGH, Beschl.

vom 19.01.1994, Vf. 89-III-92/Vf. 92-III-92, BayVerfGHE, 47, 1 (14)). Gegen diese Entscheidung wurde Verfassungsbeschwerde beim BVerfG eingelegt. Das BVerfG stellte zunächst fest, dass die Entscheidungen der Landesverfassungsgerichte mit der Verfassungsbeschwerde angreifbare Akte „öffentlicher Gewalt" darstellen (BVerfGE 96, 231 (242)), die einer Überprüfung durch das BVerfG zugänglich sind. Das setze aber voraus, „daß es im Ausgangsverfahren um Rechte ging, die dem Beschwerdeführer als Grundrechtsträger zustehen." Nur solche Rechte könnten:

> „mit der Verfassungsbeschwerde verteidigt werden. Streitigkeiten hingegen, bei denen es um Funktionen bei Ausübung des Gesetzgebungsrechts im Land geht, entscheidet das Landesverfassungsgericht endgültig (vgl. BVerfGE 6, 445 [448 f.]). Gemäß Art. 93 Abs. 1 Nr. 4 GG und § 13 Nr. 8 BVerfGG ist für solche Streitigkeiten innerhalb eines Landes ein Rechtsweg zum Bundesverfassungsgericht nicht eröffnet, soweit hierfür die Zuständigkeit eines Landesverfassungsgerichts begründet ist" (BVerfGE 96, 231 (242 f.)).

Daher wurde entschieden: „Rügen der Verletzung von grundrechtsgleichen Gewährleistungen (können) dann nicht mit der Verfassungsbeschwerde zum Bundesverfassungsgericht geltend gemacht werden [...], wenn sie sich auf ein Verfahren des Landesverfassungsgerichts beziehen, in dem eine landesverfassungsrechtliche Streitigkeit in der Sache abschließend entschieden wird" (BVerfGE 96, 231 (243)). Man kann darüber spekulieren, ob sich das BVerfG auch dann zurückgehalten hätte, wenn die Wirkungen des Volksentscheids nicht auf Bayern beschränkt geblieben wären. So aber hatte der Fall „Müllkonzept" keinerlei Auswirkungen auf die Grundarchitektur des unitarischen Bundesstaates – und das BVerfG kein Motiv zur Intervention.

Komplizierter war 1982 der Fall „Startbahn West" in Hessen, bei dem das BVerfG prüfte, ob ein von der Landesregierung abgelehnter Antrag auf Zulassung eines Volksbegehrens als Verfassungsstreitigkeit nach Art. 93 Abs. 1 Nr. 4 GG, §§ 13 Nr. 8, 71 Abs. 1 Nr. 3 BVerfGG betrachtet werden kann, was Karlsruhe verneinte. Die Sache zu entscheiden, sollte laut BVerfG alleine und abschließend dem Hessischen Staatsgerichtshof überlassen bleiben, der sich zuvor bereits auf die Seite der Landesregierung geschlagen hatte (HessStGH, Beschl. vom 14.01.1982, P.St. 947, 5. Leitsatz), seine Ablehnung gegen ein solches Volksbegehren jedoch – wie die Landesregierung – damit begründete, dass hier betroffene Fragen der Zivilluftfahrt in den Zuständigkeitsbereich des Bundes fallen würden (Koch-Baumgarten 2017, S. 192 f.). Hier hat der Staatsgerichtshof insofern eine wichtige Leitentscheidung getroffen, als das Prüfungsrecht von Landesverfassungsgerichten in Fragen direkter Demokratie bestätigt wurde

(Fiedler 2006, S. 155). Hierfür mussten aber vorab die Vorschriften des Grundgesetzes über die Verteilung der Gesetzgebungskompetenzen auf den Bund und die Länder als Prüfungsmaßstab genommen werden (Lange 2001, S. 305). Laut BVerfG durfte der Hessische Staatsgerichtshof dies nicht nur tun, sondern er musste es sogar (BVerfGE 60, 175 (205)). Indem das BVerfG die Kompetenzordnung des Grundgesetzes als Bestandteil der Landesverfassung identifizierte, konnte es verfügen, dass das LVerfG sich (auch) als Wächter der grundgesetzlichen Kompetenzordnung zu betrachten hat. Landesverfassungsgerichte können damit die Kompetenz, Streitigkeiten in Fragen der direkten Demokratie zu entscheiden, zwar erfolgreich für sich beanspruchen, aber nur unter der Maßgabe, vorab eine Prüfung am Maßstab der Kompetenzverteilung im GG vorzunehmen. Landesverfassungsgerichte können im unitarischen Bundesstaat somit grundsätzlich ihren eigenen Weg gehen, wenn sie sich dabei in Bahnen bewegen, die ihnen das BVerfG ebnet. Insoweit folgte das Gericht in Hessen letztlich auch in diesem Fall dem „Unitarismusmodell und einer Politik der Selbstbeschränkung" (Koch-Baumgarten 2017, S. 194).

Es gibt einen weiteren wichtigen Bereich, in dem die Länder und ihre Verfassungsgerichte einen großen Freiraum genießen, nämlich in der Kulturhoheit der Länder und der Schulpolitik (BVerfGE 34, 165 (181 f.)). Augenscheinlich wird dies beim „Kopftuchverbot", bei dem das BVerfG eine „föderalistische" Entscheidung traf, die tatsächlich eine große Varianz unterschiedlicher Landesregelungen ermöglichen sollte (BVerfGE 108 (282)). Im Anschluss an die Entscheidung des BVerfG ergingen viele Urteile weiterer Gerichte – darunter waren zwei von Landesverfassungsgerichten –, die alle die jeweils zu prüfenden Landesregelungen als verfassungsgemäß einstuften (Sacksofsky 2009, S. 281). Der hessische Staatsgerichtshof stellte in seiner mit 6:5-Mehrheit getroffenen Entscheidung ebenfalls fest, dass das hessische Gesetz, welches das Kopftuchverbot besonders streng regelte, verfassungsmäßig sei (HessStGH, Beschl. vom 10.12.2006, P.St. 2016). Er bediente sich dabei einer recht gewagten Argumentation, die auf heftige Kritik stieß, weil sie die Glaubensfreiheit als zentrales Menschenrecht nicht hinreichend berücksichtigt habe (Sacksofsky 2009, S. 281–288). Es ist jedenfalls aus bundesverfassungsrechtlicher Sicht durchaus erstaunlich, dass die ansonsten zu konstatierende Unitarisierung des Grundrechtsschutzes bei der Ausübung der Glaubensfreiheit ihre Grenzen an der föderalen Ordnung findet.

Zur Ausnutzung gegebener Spielräume braucht es selbstbewusste LVerfG. Dem Bremischen Staatsgerichtshof (Ketelhut 2017) wurde dies attestiert (Voßkuhle 2011, S. 233) anlässlich eines Urteils zum Wahlrecht von EU-Bürgern, in dem der Grundsatz der Gleichheit der Wahl gem. Art. 28 Abs. 1 Satz 2 GG angewandt werden musste (BremStGH, Beschl. vom 29.08.2000, St 4/99). In Bremen wird mit dem Landesparlament (die „Bürgerschaft") zugleich die Stadtbürgerschaft als Kommunalorgan gewählt. Das Wahlrecht der EU sieht aber für EU-Ausländer nur die Möglichkeit vor, an Kommunalwahlen teilzunehmen, nicht jedoch an Landtagswahlen. Der Bremische Staatsgerichtshof hatte nun zu entscheiden, ob die EU-Bürger auch den Landtag mitwählen dürften. Er entschied, dass der Landesgesetzgeber den Spielraum besaß, auch nach Einführung des Kommunalwahlrechts für EU-Ausländer am traditionellen Modell der Stadtstaatlichkeit Bremens festzuhalten. Die ausländischen Unionsbürger dürften weiterhin die „Stadtbürgerschaft" (wie vom EU-Recht gewollt) wählen, jedoch nur die deutschen Bürger die Bürgerschaft, also die Volksvertretung Bremens. Dies läuft freilich für beide Wählergruppen auf dasselbe hinaus, weil die Landtagswahl eben zugleich über die Zusammensetzung der Stadtbürgerschaft entscheidet. Allerdings blieben in Bremen nunmehr sowohl für die Bürgerschaftswahlen (Landtagswahlen) wie auch für die Kommunalwahlen auf Basis dieses Urteils bis heute die 5-%-Sperrklauseln bestehen, obwohl das BVerfG 2008 feststellte, dass diese Sperrklausel bei Kommunalwahlen gegen die Wahlrechts- und Chancengleichheit verstoße (BVerfGE 120, 82 (125)).[3]

2.3 Bottom up: der Beitrag der Landesverfassungsgerichte zum gesamtstaatlichen Verfassungsrecht

Es stellt sich die Frage, ob es neben den Verweisen der LVerfG untereinander, die ebenfalls unitarisierende Wirkung in horizontaler Richtung entfalten können (Voßkuhle 2011, S. 235 f.), auch zu einem Judikate-Transfer von unten nach oben kommt. Zwar bestimmt die Auslegung des Verfassungsrechts durch das Bundesverfassungsgericht diejenige der Landesverfassungsgerichte stärker als umgekehrt (Lange 2001, S. 293). Dennoch könnten Landesverfassungen zumindest eine Ergänzungsfunktion für das Grundgesetz haben (Wahl 1987, S. 33). Immerhin wird den Landesverfassungen, die verfassungsgeschichtlich dem Grundgesetz vorausgingen, einige Originalität konzediert, da vieles, „was später als genuine Leistung des Grundgesetzes erscheint, […] hier vorgedacht" wurde (Bryde 2005, S. 5).

---

[3]Das BVerfG traf diese Entscheidung im Rahmen der Organleihe als schleswig-holsteinisches Landesverfassungsgericht.

Vor diesem Hintergrund sollte zu erwarten sein, dass bis in die Gegenwart hinein ein Rechtsprechungstransfer „von unten nach oben" existiert. Tatsächlich griffen einige Judikate des BVerfG auf die innovative Rechtsprechung einzelner LVerfG zurück. Häufig verzichtete das Karlsruher Gericht jedoch auf einen entsprechenden Verweis (Möstl 2005, S. 356). Auf die Autorität von LVerfG – so muss man das wohl interpretieren – beruft sich das BVerfG eher ungerne (Möstl 2018, S. 532 f.). Auf der Hand liegt die Rezeption von LVerfG-Urteilen für das BVerfG lediglich bei Entscheidungen, die sich auf das Recht der kommunalen Selbstverwaltung bzw. das kommunale Verfassungsrecht beziehen, deren dort entwickelten Definitionen gerne übernommen wurden, auch um die eigene „Anschlussfähigkeit" (Mehde 2017, Rn. 27) unter Beweis zu stellen (BVerfGE 8, 122 (132). Doch auch andere LVerfG-Urteile wurden rezipiert. So geht das bekannte Konzept der „verfassungskonformen Auslegung" originär auf Ideen des Bayerischen Verfassungsgerichtshofs zurück (BayVerfGHE, 5, 19; hierauf verweisend BVerfGE 2, 266 (282)). In der Frage der Wählbarkeitsbeschränkungen für den öffentlichen Dienst ließ sich das BVerfG leiten durch die LVerfG in Bayern und Baden-Württemberg (BVerfGE 48, 64 (88); BayVerfGH, Beschl. vom 23.07.1971, Vf. 45-VII-67, BayVerfGHE, 24, 137; VerfGH BW, Beschl. vom 13.12.1969, Reg.Nr. 1 und 2/69). Bei der in ihrer rechtlichen und politischen Bedeutung kaum zu unterschätzenden Entscheidung des ersten Senats zum sogenannten Großen Lauschangriff beriefen sich die Richter am BVerfG auf eine Entscheidung des Sächsischen Verfassungsgerichtshofs (BVerfGE 109, 279 (327); SächsVerfGH, Beschl. vom 14.05.1996, Vf. 44-II-94). Auch eine Entscheidung zur Brief- und Telefonüberwachung durch das Zollkriminalamt stützte das Karlsruher Gericht auf die Rechtsprechung der Landesverfassungsgerichte (BVerfGE 110, 33 (65); SächsVerfGH, Beschl. vom 14.05.1996, Vf. 44-II-94; BbgVerfG, Beschl. vom 30.06.1999, 3/98). Nicht unerwähnt bleiben sollte in diesem Zusammenhang die 1999 getroffene Entscheidung des nordrhein-westfälischen Verfassungsgerichtshofs zur Abschaffung der 5-%-Klausel im Kommunalwahlrecht (VerfGHNRW, Beschl. vom 06.07.1999, VerfGH 14/98 und 15/98), die wertvolle argumentative Munition lieferte für die 2008 vom BVerfG beschlossene Abschaffung der Sperrklausel in Schleswig-Holstein (BVerfGE 82, 322) sowie für die Entscheidung zur Verfassungswidrigkeit der 3-%-Sperrklausel bei Europawahlen aus dem Jahre 2014 (BVerfGE 135, 259) zur 5-%-Sperrklausel). Das BVerfG verwies jedoch bezeichnenderweise in keiner seiner Entscheidungen zur Sperrklausel auf die Entscheidung des NRW-Verfassungsgerichtshofs.

Festzuhalten bleibt, dass explizite oder implizite Übernahmen der Landesverfassungsrechtsprechung nur selten zu einer Korrektur der eigenen Rechtsprechung führen, sondern nur deren Verstärkung dienen. Diese Strategie verstärkt die Homogenisierung landesverfassungsrechtlicher und bundesverfassungsrechtlicher Anschauungen. Der bottom-up-Transfer wird in zweifacher Hinsicht behindert. Zum einen bemühen sich LVerfG oft nicht um eine eigene, möglicherweise auch „nach oben" abweichende Grundrechtsauslegung, sondern zitieren in ihren Entscheidungen lieber ihre Landesverfassungsnormen neben den parallelen Grundgesetznormen und übernehmen bei deren Interpretation exakt die Auslegung durch das BVerfG (Steinberg 1997, S. 371 m. w. N.). Zum anderen ist der Freiraum der LVerfG auch im Bereich der Staatsorganisation beschränkter als angenommen, wie sich etwa beim Wahlrecht zeigt: In der Praxis neigt das BVerfG immer wieder dazu, die Länder und deren Besonderheiten im Wahlrecht als null und nichtig zu erklären und so auf seine bundesverfassungsrechtliche Linie festzulegen (Bryde 1997, S. 433 f.). So hat das BVerfG zwei Jahre, bevor ein kommunales Wahlrecht für EU-Ausländer europaweit beschlossen wurde, ein Landesgesetz aus Schleswig-Holstein für „null und nichtig" erklärt, das 1989 ein Wahlrecht für bestimmte Ausländer bei Gemeinde- und Kreiswahlen einführen wollte (BVerfGE 83, 37). Gleiches widerfuhr einem hamburgischen Gesetz über die Wahl zu den Bezirksversammlungen (BVerfGE 83, 60). Eine innovative, kreative und für das BVerfG rezeptionsfähige Landesverfassungsrechtsprechung kann so nur selten zustande kommen. Und dort, wo sie dann doch entwickelt wird, wird sie vom BVerfG in der Regel nicht hinreichend gewürdigt (Möstl 2018, S. 537).

2.4 Top-down: Suprematie und Kontrolle des Bundesverfassungsgerichtes über die Landesverfassungsgerichte

Staatsorganisation mag die „zentrale Domäne des Landesverfassungsrechts" (Möstl 2018, S. 545) sein, doch das Grundgesetz wirkt so stark in die Landesverfassungen hinein, dass auch das Staatsorganisationsrecht der Länder davon nicht unbeeindruckt bleibt (Rozek 1993; Friesenhahn 1976, S. 753). Gerade die in die Landesverfassungen „hineinwirkenden" (Huber 2003, S. 77) Grundgesetznormen „haben auch in den Ländern ihren im Grundgesetz bestimmten Inhalt, so dass ihr materieller Gehalt, ausgeformt durch die Rechtsprechung des Bundesverfassungsgerichts, auch einheitlich in der Rechtsprechung der Landesverfassungsgerichte gelten muss" (Steinberg 1997, S. 365). Wenn ein Landesverfassungsgericht der Rechtsprechung des BVerfG nicht folgen will, muss eine Vorlage beim BVerfG nach Art. 100 Abs. 3 GG erfolgen. Dies kommt aber eher selten vor (Menzel 2002, S. 306).

Selbst in staatsorganisatorischen Fragen wie etwa bei der Höhe und Berechnung von Abgeordnetendiäten in den Landesparlamenten folgen die Landesverfassungsgerichte „im Wesentlichen der aus Karlsruhe vorgegebenen Linie" (Huber 2003, S. 75).

Zu Recht wurde daher festgestellt, dass sich die Verfassungsgerichtsbarkeit von Bund und Ländern gar nicht in „strikt getrennten Räumen" vollziehen kann (Steinberg 1997, S. 363). Hier bietet sich eine Analogie auf die Politikgestaltung, die Gesetzgebung und den Gesetzesvollzug im unitarischen Bundesstaat, an: So wie die Länder beim Vollzug der Bundesgesetze als „eigene Angelegenheit" sich dem Diktat bundesrechtlicher Vorgaben bei der Einrichtung der Behörden und der Regelung des Verwaltungsverfahrens gerne beugen (weil sie politisch hierfür im Gegenzug wichtige Zustimmungsrechte bei der Bundesgesetzgebung gewinnen), orientieren sich Landesverfassungsgerichte bei der Rechtsprechung gerne an bundesverfassungsrechtlichen Vorgaben (allerdings *ohne* hierfür etwas im Gegenzug auf der Bundesebene zu „gewinnen"). Einen wichtigen Unterschied gilt es daher zu beachten: Im Gegensatz zu den Landesregierungen, die gem. Art. 50 GG bei der „Gesetzgebung und Verwaltung des Bundes und in Angelegenheiten der Europäischen Union" tatsächlich mitwirken können (Möllers 2007, S. 493), sind die LVerfG an der Rechtsprechung des Bundesverfassungsgerichts in keiner Weise beteiligt. Damit wiederholt sich partiell ein in der legislativen Gewalt im unitarischen Bundesstaat bekanntes Muster bei den Verfassungsgerichten in Bund und Ländern. Ähnlich wie die gesetzgebende Gewalt soll die Rechtsprechung nach Art. 92 GG zwar wesentlich eine Angelegenheit der Länder bleiben, denn die rechtsprechende Gewalt wird mit Ausnahme der im Grundgesetz enumerativ aufgeführten Bundesgerichte „durch die Gerichte der Länder ausgeübt". Doch schon für die „einfache" Gerichtsbarkeit gilt, dass „das materielle Recht, das die Gerichte anwenden, wie auch das Gerichtsverfassungs- und Verfahrensrecht einschließlich der Rechtsstellung der Richter […] heute überwiegend bzw. durchweg Bundesrecht" darstellen (Hesse 1962, S. 16). Insofern passt es durchaus in die Logik des unitarischen Bundesstaates, dass sich die Landesverfassungsgerichte in „ihren" Verfassungsfragen am Bundesverfassungsrecht und am maßgeblichen Interpreten der Bundesverfassung, dem BVerfG, orientieren. Karlsruhe stellt gewissermaßen die „zentrale Quelle" der eigenen Rechtsprechung dar (Lembcke 2017, S. 415).

Vor diesem Hintergrund erscheint die Verbundthese von Voßkuhle in einem neuen Licht. Zwar agieren Landesverfassungsgerichte, wie auch das BVerfG sowie die europäischen Höchstgerichte, allesamt in einer Art „Verbund". Mit dieser „Ordnungsidee" (Schmidt-Aßmann 2004, S. 1) wird ein Zusammenspiel der „Funktionsweisen eines verknüpften Mehrebenensystems" (Voßkuhle 2011, S. 219 f.) beschrieben, ohne dabei von vornherein in hierarchischen Kategorien wie Überordnung, Unterordnung etc. zu denken. Zwar deutet der Verbundbegriff darauf hin, dass beide Rechtsebenen nicht (vollständig) getrennt voneinander zu denken sind – zu vielfältig sind die Verbindungen und Überschneidungen. Allerdings ist eine Unterordnung der LVerfG unter das BVerfG schon dadurch gegeben, dass neben dem LVerfG auch das BVerfG Akte der Landesgewalt kontrollieren kann – und im Zweifel bei unterschiedlichen Auffassungen Vorrang beansprucht. Dieses Problem umgeht man, indem vor Anrufung des BVerfG ausdrücklich keine vorherige Anrufung des Landesverfassungsgerichts verlangt wird. Beschwerdeführer können jedoch gem. § 90 Abs. 3 BVerfGG Rechtsbehelfe parallel einlegen, während einige Bundesländer in „umgekehrten Subsidiaritätsregelungen" (Bryde 2005, S. 7) zugunsten einer vorrangigen Zuständigkeit des BVerfG jedem möglichen Grundrechtskonflikt mit Karlsruhe von vornherein ausweichen (Lange 2001, S. 309). Im Bereich der Grundrechte und ihrer autoritativen Interpretation wird auch auf diese Weise die Unitarisierung durch Verfassungsrechtsprechung sichergestellt. Inhaltlich gilt ohnehin: „Gerade im deutschen Bundesstaat haben sich die Grundrechte im Verbund mit rechtsstaatlichen Prinzipien wie Verhältnismäßigkeit, Gesetzesvorbehalt, Vertrauensschutz etc., denen unter dem Grundgesetz allesamt Durchgriffswirkung in das Landesrecht zukommt, als äußerst wirkkräftige, das Landesrecht überformende und zu einem bundeseinheitlichen Standard verschmelzende Instrumente erwiesen" (Möstl 2012, S. 61 f.). Die Auslegung von Grundrechten ist im Zweifel dann doch als „Chefsache" beim BVerfG angesiedelt, denn nur so lasse sich die „Einheit bundesrechtlicher Grundrechtsjudikatur" (Lange 2001, S. 310) aufrechterhalten. In diesem Sinne besteht eine enge Verwandtschaft des Konzepts des Verfassungsgerichtsverbunds mit dem in der Föderalismusforschung gerne verwendeten Konzept des Verbundföderalismus, da nach beiden Konzepten – bei aller sonst im juristischen Schrifttum so wohlfeilen, aber empirisch genauso falschen Postulierung der Eigenständigkeit der beiden Ebenen und ihrer jeweiligen Organe – der Bund gegenüber der Landesebene eine dominante Stellung genießt.

Diese Dominanz ergibt sich schon aus Art. 31 GG, der den Vorrang des Grundgesetzes vor den Landesverfassungen festlegt. Der hier formulierte Geltungsvorrang lässt sich kaum anders als „normhierarchisch" (Oeter 2007, S. 382; Möstl 2018, S. 539) interpretieren: Ober sticht Unter. In den Ländern gibt es lediglich „eine besondere, im Vergleich zur souveränen Staatlichkeit mindere Form der Verfassunggebung" (Möstl 2012, S. 78). Daraus wiederum ergibt sich: Die Landesverfassung muss im Einklang mit dem Grundgesetz und dem einfachen Bundesrecht stehen. Da Landesverfassungsgerichte aufgrund dieses Geltungsvorrangs des Grundgesetzes (und der Rechtsprechung des BVerfG) antizipieren, dass die von ihnen angelegten Entscheidungsmaßstäbe jederzeit auf Basis autoritativer BVerfG-Entscheidungen verdrängt werden könnten, führen sie bei ihnen vorgelegten Fällen in der Regel eine „Vorprüfung" ihres eigenen Entscheidungsmaßstabs – der Landesverfassung – am Maßstab des Grundgesetzes durch. Sie müssen dies also nicht nur aus juristischen Gründen tun, sondern sie machen das auch in ihrem wohlverstandenen institutionellen Eigeninteresse. Haben sie Zweifel an der Grundgesetzkonformität oder auch nur an der Bundesrechtmäßigkeit einer Landesverfassungsnorm, so verwerfen sie die entsprechende Norm, legen sie dem BVerfG nach Art. 100 Abs. 1 GG zur Prüfung vor oder aber sie interpretieren – als dritte Möglichkeit (BayVerfGH, Beschl. vom 28.03.1973, 66-VII-71, BayVerfGHE, 26, 28 (34 f.)) – die Norm grundgesetzkonform (Olshausen 1980, S. 31 f.). Es kann daher kaum bezweifelt werden, dass Landesverfassungsgerichte in der Praxis auf diese Weise vor allem eine Kollision ihrer Urteile mit Bestimmungen des Grundgesetzes vermeiden wollen – entsprechend eng folgen sie in ihrer Rechtsprechung derjenigen des BVerfG. Dies vor allem dann, wenn ein LVerfG bei seiner Fallbearbeitung erkennt, dass eine Kollision mit Bestimmungen des Grundgesetzes droht, wenn an Entscheidungsmaßstäben der Landesverfassung festgehalten wird. Der weitreichende Verzicht auf Anwendung eigener, der Landesverfassung entnommener Entscheidungsmaßstäbe führt dann wenigstens dazu, dass die entsprechende Landesverfassungsnorm bestehen bleiben kann. Indem auf eine Auslegung der eigenen Landesverfassung verzichtet wird, bleibt sie verschont von späterer Intervention aus Karlsruhe. Insgesamt zeigt sich, dass Bundes- und Landesverfassungsgerichte mit solchen „Homogenisierungstechniken" (Voßkuhle 2011, S. 226) arbeiten, die die Gleichgerichtetheit der Rechtsprechung in den bedeutenden Rechtsfeldern sicherstellen, die sich eben nicht nach „Verfassungsräumen" trennen lassen.

Will ein Landesverfassungsgericht sich bei der ihm abverlangten Auslegung des Grundgesetzes nicht in diesem doch sehr speziellen „judicial restraint" üben, so wird im Grundgesetz eindeutig festgelegt, wer das letzte Wort haben muss. Art. 100 Abs. 3 GG kennt eine besondere Divergenzvorlage, die weniger ein Vorlagerecht des Landesverfassungsgerichts statuiert, als eine Vorlagepflicht. Diese besteht vor allem dann, wenn Landesgrundrechte durch die Landesverfassungsgerichte anders ausgelegt werden als die inhaltlich übereinstimmenden Bundesgrundrechte durch das BVerfG. Dann muss eine Vorlage nach Art. 100 Abs. 3 GG erfolgen, denn nur so – top down – kann eine einheitliche Auslegung ein und desselben Grundrechts letztlich gesichert werden (Burmeister 1983, S. 431; Denninger 1979, S. 209; Kunig 1994, S. 689). Die Divergenzvorlage dient somit in hohem Maße der Homogenisierung und Unitarisierung der Rechtsprechung (Bryde 2005, S. 5) – und zwar in vertikaler als auch in horizontaler Hinsicht. So sind die Landesverfassungsgerichte, was häufig übersehen wird, nicht nur dazu verpflichtet, die Entscheidung des Bundesverfassungsgerichts einzuholen, wenn sie „bei der Auslegung des Grundgesetzes von einer Entscheidung des Bundesverfassungsgerichts" abzuweichen gedenken, sondern auch dann, wenn sie von einer Entscheidung „des Verfassungsgerichts eines anderen Landes abweichen" wollen. Spätestens hier wird deutlich, dass die Rede von den getrennten Verfassungsräumen weit hergeholt ist, da die Bestimmungen des Grundgesetzes eben auch („ungeschriebene") Bestandteile der Landesverfassungen sind (BVerfGE 120, 82; Möstl 2005, S. 378; Huber 2003, S. 77). Diese „Bestandteil-Theorie" (BVerfGE 1, 208 (232)) haben sich die meisten Landesverfassungsgerichte zu eigen gemacht (Huber 2003, S. 77). Manche Landesverfassung bekennt sich sogar explizit dazu, dass die Grundrechte des Grundgesetzes Bestandteil ihrer Verfassung und unmittelbar geltendes Landesrecht sind (z. B. Art. 4 Abs. 1 NRWVerf).

Zur Wahrung der Rechtseinheit in der EU sind Landesverfassungsgerichte sogar bereit, sich den Vorschriften des EU-Rechts zu beugen, selbst wenn die Landesverfassung eigentlich Gegenteiliges verlangt. So hatte der Verfassungsgerichtshof in Rheinland-Pfalz in einem Fall die Verdrängung der landesverfassungsrechtlichen Garantie der kommunalen Selbstverwaltung mit dem Argument hingenommen, dass nicht nur Bundes-, sondern eben auch Gemeinschaftsrecht zwingend umgesetzt werden müsse (VerfGH Rh.-Pf., Beschl. vom 11.07.2005, N 25/04). Zwar blieb die Landesverfassung hier Maßstab für die öffentliche Gewalt des Landes, fand jedoch in diesem speziellen Fall – wegen des Anwendungsvorrangs des supranationalen Rechts – keine Anwendung, weil hierfür insoweit keine Entscheidungsräume offenblieben. Homogenisierung erfolgt in einem solchen Fall durch die Inkorporation von Entscheidungsmaßstäben einer weiteren rechtlich höheren Ebene – hier der EU – in die Rechtsprechung des Landesverfassungsgerichts. So gesehen sind wesentliche Bestimmungen des europäischen Primär- und Sekundärrechts, allen voran der Anwendungsvorrang, genauso wie die wesentlichen Bestimmungen des Grundgesetzes, (ungeschriebener) konstitutioneller Bestandteil der Landesverfassungen.

Die (top down) Übernahme „höheren Rechts" in der Rechtsprechung der Landesverfassungsgerichte muss nicht immer als Kotau vor dem BVerfG interpretiert werden, sondern kann im Gegenteil sogar kompetenzerweiternde Effekte für die LVerfG entfalten. So hat der Berliner Verfassungsgerichtshof in seinem „Honecker-Beschluss" (Steinberg 1997, S. 362) weitreichende Prüfungskompetenzen für sich in Anspruch genommen und unter Verweis auf Art. 1 Abs. 1 GG entschieden, dass das prozessual rein nach Bundesrecht geregelte (StPO) Strafverfahren wegen des Schießbefehls an der Mauer gegen den 80-jährigen und schwerkranken Honecker einzustellen sei, weil dieser das Ende des Verfahrens mit an Sicherheit grenzender Wahrscheinlichkeit nicht mehr erleben würde (BerlVerfGH, Beschl. vom 12.01.1993, 55/92). Indem das Berliner Gericht den Inhalt des Art. 1 GG als Bestandteil seiner eigenen Landesverfassung – gewissermaßen als „Berliner Grundrecht" (eine inhaltsgleiche Grundrechtsnorm zum Schutz der Menschenwürde existierte in der damaligen Landesverfassung noch nicht) – interpretierte, schuf es nach Auffassung vieler Juristen mittels dieser „Bestandteiltheorie" eine „unverhüllte Zweckkonstruktion zur Erweiterung der landesverfassungsgerichtlichen Kontrollbefugnisse" (Dietlein 2002, S. 216). Tatsächlich diente hier die Konzeption eines zusätzlichen Berliner Landesgrundrechts unter Rückgriff auf die Menschenwürdegarantie in Art. 1 GG dem landesverfassungsgerichtlichen Ziel, die Kompetenz zur Überprüfung einer fachgerichtlichen Entscheidung eines Landesgerichts zu beanspruchen, obwohl diese auf der Anwendung von Bundesrecht beruhte (Wilke 1993, S. 889).

Trotz späterer Absegnung durch das BVerfG (BVerfGE 96, 345) wurde der „Honecker-Beschluss" vielfach kritisiert, weil LVerfG auf der Anwendung von Bundesrecht beruhende Gerichtsurteile nicht auf eine mögliche Verletzung der Landesverfassung hin überprüfen dürften (Pestalozza 1993; Zierlein 1995; Steinberg 1997, S. 356). Zudem erscheint es vielen Juristen problematisch, wenn Landesverfassungsgerichte die Menschenwürdegarantie des Art. 1 GG zum eigenen Prüfungsmaßstab machen (Berkemann 1993; Steinberg 1997, S. 364). Womöglich befürchten die Kritiker einer solchen Vorgehensweise durch ein LVerfG (auch) vor allem Störungen des unitarischen Bundesstaats. Insistiert man verfassungsrechtlich und -politisch auf einer Überordnung des Bundes über die Länder (Stern 1984, S. 720), kommen diese Bedenken sicher nicht von ungefähr, da aus dieser Sicht natürlich auch das Bundesrecht dem Landesverfassungsrecht und den mit ihm verbundenen Landesverfassungsgerichtentscheidungen immer übergeordnet bleiben muss.

Zusammenfassend überrascht es nicht, dass trotz aller in den Landesverfassungen betonten Eigenständigkeit bei der Ausweisung von Staatszielbestimmungen oder sozialen Grundrechten (Menzel 2002, S. 126 f.) das Landesverfassungsrecht in Deutschland im Vergleich etwa zum Verfassungsrecht der Schweizer Kantone oder der amerikanischen Einzelstaaten eine deutlich geringere Variationsbreite aufweist. Die früher von Juristen geäußerte Sorge, dass Landesverfassungsgerichte die Einheitlichkeit der Rechtsprechung und mit ihr Rechtseinheit und Rechtssicherheit gefährden könnten, war unbegründet. Die Landesverfassungsgerichte gefährden mitnichten den unitarischen Bundesstaat, sondern helfen im Gegenteil dabei, dass er nachhaltig Bestand haben kann.

3   Erklärungsansätze

Soweit von Staatsrechtlern in der Bundesrepublik generell eine „unitarisierende Verfassungsrechtsdogmatik" (Bryde 2005, S. 5; Badura 2007, S. 195) konstatiert wird, haben die Landesverfassungsgerichte – wie gesehen – dabei einen nicht unwichtigen Anteil. Es ist jedoch ungenau zu behaupten, die LVerfG stünden „auf der Verlustliste des Föderalismus" (Lange 2001, S. 294). Die Bereitschaft der LVerfG, sich an den grundgesetzlichen Standards und der Rechtsprechung des BVerfG zu orientieren, ist zwar ausgeprägt (Möstl 2018, S. 559), doch sie entspricht weitgehend der Logik des Verhaltens aller (anderen) staatlichen Akteure im unitarischen Bundesstaat, die sich an dem ausrichten, was auf Bundesebene durch Regierungshandeln, Gesetzgebung und Rechtsprechung passiert. Es ist daher kaum überraschend, dass Landesverfassungsgerichte bei Grundrechtsprüfungen inhaltsgleicher Landesgrundrechte auf die elaborierte Grundrechtsdogmatik des BVerfG zurückgreifen und sich auch sonst stark an der Judikatur aus Karlsruhe ausrichten. Manche föderalismusfreundlichen Juristen postulieren zwar eine Abkehr vom hieraus resultierenden Unitarismus in der Rechtsprechung, weil föderale Vielfalt ein „Gewinn für das Ganze" sei (Möstl 2005, S. 388 f.). Sie können und wollen dabei aber nicht „wirklichkeitswissenschaftlich" (Hermann Heller) erklären, welche empirischen und auch ‚außerrechtlichen' Hindernisse einem solchen Kurswechsel im Wege stehen.

3.1   Bundesfreundliches Verhalten

Eine erste Erklärung ist, dass sich die LVerfG bei ihrer Rechtsprechung implizit vom Grundsatz des „bundesfreundlichen Verhaltens" leiten lassen, ein „Zentralsatz der bundesstaatlichen Ordnung des Grundgesetzes" (Hesse 1962, S. 6), der trotz aller Kritik auch im Bereich der Exekutive und Legislative unzweifelhaft stark zur Unitarisierung des Bundesstaates beiträgt, wie bereits Konrad Hesse Anfang der 60er-Jahre eindrucksvoll nachwies. Als Handlungsimperativ wirkt dieser Grundsatz fast ausschließlich in eine Richtung: *in dubio pro* Bund. Für ein LVerfG bedeutet bundesfreundliches Verhalten, sich den Vorgaben des BVerfG nicht nur zu beugen, sondern gewissermaßen im vorauseilenden Gehorsam gar nicht erst zu versuchen, eigene Spielräume für sich zu gewinnen und (juristisch) zu verteidigen. Dies geht sogar so weit, dass selbst landesverfassungsrechtliche Regelungen zum parlamentarischen Regierungssystem und zu den Grundrechten, insoweit sie zunächst landesspezifische Besonderheiten aufweisen, „in der Praxis durch Interpretation dem Bundesmodell angeglichen" werden (Bryde 2005, S. 5). Die Rechtsprechung zum Wahlrecht in Bremen mag hier als Ausnahme gelten. Die Orientierung von LVerfG am Grundgesetz (und damit an der Rechtsprechung des BVerfG), mag „in der Praxis bisweilen zu weit getrieben worden sein" (Möstl 2018, S. 537), doch auch sie ist nur konsequentes „bundesfreundliches Verhalten". Dieses erklärt zudem, dass Judikaten des BVerfG von LVerfG nie widersprochen bzw. von ihnen signifikant abgewichen wird. Den „unitarischen Blickwinkel der Bundesgrundrechte" (Möstl 2018, S. 540) haben sich LVerfG „natürlich und mit Recht" (Bryde 2005, S. 5) zu eigen gemacht.

3.2 Normenhierarchie und juristische Ausbildung

Neben dem Postulat des „bundesfreundlichen Verhaltens" vermag die hier als Korollarium dienende „Normenpyramide" der Juristen, wonach Landesver-fassungsrecht noch unter einfachem Bundesrecht steht, die unitarisierende Rechtsprechung der LVerfG erklären. Sicher wird die Homogenisierung von Landes- und Bundesverfassungsrecht durch die hierarchische Dogmatik im Ver-fassungsrecht und durch das typische Systemdenken deutscher Juristen gefördert. Vor diesem Hintergrund wird das Landesverfassungsrecht gerne als bloße „Kon-kretisierung" der grundlegenden Staatsfundamentalnormen in Art. 20 und 28 GG gesehen. Originelle Lösungen auf Landesverfassungsebene werden hingegen schnell dem Vorwurf der Grundgesetzverletzung ausgesetzt, wie z. B. manch ein Kommentar zur Verfassungsgebung der neuen Bundesländer beweist (Diet-lein 1993). Der ehemalige Richter am Bundesverfassungsgericht Bryde hat hier-für eine schlüssige Erklärung parat: „Verfassungssoziologisch wird diese auf der Basis des Grundgesetzes unitarisierende Verfassungsrechtsdogmatik durch die bundesweit einheitliche verfassungsjuristische Sozialisation gesichert: Die Aus-bildung im Verfassungsrecht erfolgt (natürlich und mit Recht) am Grundgesetz, und von daher ist es fast zwangsläufig, dass der deutsche Jurist auch dann in den Begriffen und Lösungen des Grundgesetzes denkt, wenn er mit landesverfassungs-rechtlichen Problemen konfrontiert wird" (Bryde 2005, S. 5; Möstl 2018, S. 540). Diese These von Bryde muss jedoch – wie das vorangegangene Beispiel aus Rheinland-Pfalz zum Vorrang des EU-Rechts gegenüber Vorgaben der kommu-nalen Landesverfassung eindrucksvoll zeigt – noch um eine weitere Beobachtung ergänzt werden. In landesverfassungsrechtlichen Streitfällen haben die LVerfG (wie auch mit Ausnahme des BVerfG andere nationale Gerichte) bereitwillig gelernt, die „Begriffe" und „Lösungen" des EU-Rechts zu akzeptieren und den mit „Anwendungsvorrang" ausgestatteten supranationalen Rechtsvorgaben Bestandteile ihrer Landesverfassungen gegebenenfalls unterzuordnen – wenn nicht in der generellen „Geltung", so doch immer in der „Anwendung" im Einzelfall. Es kann daher konstatiert werden, dass Landesverfassungsgerichte nicht unbedingt und nicht vorbehaltlos als „Hüter" ihrer Landesverfassungen betrachtet werden sollten, sondern eher als Hüter der Normenhierarchie im EU-Mehrebenensystem.

3.3 Einheitlichkeit bzw. Gleichwertigkeit der Lebensverhältnisse und Rechtseinheit

Ein weiterer Erklärungsansatz ist, dass die im juristischen Mehrebenensystem handelnden Akteure, insbesondere die Gerichte, zutiefst vom Grundsatz der „Einheitlichkeit" bzw. seit 1994 „Gleichwertigkeit" der Lebensverhältnisse durchdrungen sind, einem Grundsatz, von dem Peter M. Huber sagt, gegen ihn sei „kein Kraut gewachsen" (Huber 2003, S. 73). Für Juristen übersetzt sich der Grundsatz der „Einheitlichkeit" bzw. „Gleichwertigkeit" der Lebensverhältnisse bruchlos in das Postulat, ein „Wirrwarr unterschiedlicher Interpretationen gleichlautender Grundrechte" zu verhindern, weil ein solches „für den Bürger kaum nachvollziehbar und der Akzeptanz des Rechts abträglich" wäre (Lange 2001, S. 294). Nichts scheinen Juristen mehr zu fürchten als die „oft heraufbeschworene Einbuße an Rechtseinheit" (Steinberg 1997, S. 369). Es kann festgehalten werden, dass sich Juristen in einem wichtigen Punkt kaum von Nichtjuristen in Deutschland unterscheiden: Föderalismus wird in Deutschland kaum als Chance zur Rechtsvielfalt begriffen, weil die Sehnsucht nach Rechtseinheit so stark ausgeprägt ist (Möstl 2018, S. 545). Vor diesem Hintergrund ist es wenig überraschend, dass der vom BVerfG den LVerfG eingeräumte Spielraum für autonome Landesverfassungsrechtsprechung nicht ausgeschöpft wird. Beim Grundrechtsschutz ist es recht einfach zu erklären, warum die LVerfG den Spielraum nicht nutzen, denen ihnen z. B. Landesgrundrechte bieten, die vom Wortlaut her sogar ein höheres Schutzniveau aufbieten als die entsprechenden Grundrechte des Grundgesetzes. Die richterrechtlich bestätigte Erhöhung des Grundrechtsschutzniveaus für den Einen (z. B. eines Mieters) könnte „allzu leicht" (Möstl 2005, S. 361) zu einer Reduktion des Grundrechtsschutzes für den Anderen (z. B. eines Vermieters) führen (Dreier 1994, S. 132 f.; Lange 2001, S. 307 f.)

und damit einen landes- und bundesweit uneinheitlichen Grundrechtsschutz verursachen. Beides lehnen unitarisch geschulte Juristen ab: So kann mit Hilfe der Landesverfassungsgerichte der – unitarische – Grundrechtsschutz zwar noch verstärkt werden, weil sie die Rechtsschutzmöglichkeiten des Bürgers um eine zusätzliche Instanz erweitern (Huber 2003, S. 77; Lange 2001, S. 307). Zu einer Ausbalancierung der Bundes- und der Landesverfassungsgerichtsbarkeit im Sinne der oben vorgestellten Leitbilder des „Nebeneinanders" und der „Schonung" kann es jedoch kaum kommen, solange sich die Landesverfassungsgerichtsbarkeit im unitarischen Gehorsam eng an die Judikatur des BVerfG bei der Grundrechtsinterpretation und auch bei der Staatsorganisation anlehnt.

3.4 Prinzipal und Agenten im „Verfassungsgerichtsverbund"

Das Verhältnis zwischen BVerfG und LVerfG lässt sich als Beziehung zwischen Prinzipal und Agent begreifen. Dort, wo es für die Stabilität des unitarischen Bundesstaats von Bedeutung ist, also bei salienten Rechtsfragen, in denen die Rechtseinheit und die Mindeststandards einer möglichst einheitlichen Grundrechtsinterpretation auf dem Spiel stehen, fungieren LVerfG wie Agenten des Prinzipals BVerfG und helfen diesem dabei, die rechtliche Unitarisierung zu stabilisieren und, wo nötig, voranzutreiben. Das BVerfG beschreibt auf dem Feld des Grundrechtsschutzes sein Verhältnis zu den Landesverfassungsgerichten – ähnlich wie das zum EuGH – zwar als ein Kooperationsverhältnis. Doch ungeachtet „der länderfreundlichen Floskeln [...] geht es dem Bundesverfassungsgericht [...] nur darum, [...] Landesverfassungsgerichte in der Hoffnung auf eigene Entlastung in die Pflicht zu nehmen. Mit ‚Respekt' vor der Verfassungsautonomie der Länder hat dies weniger zu tun" (Huber 2003, S. 77). Im Zweifel darüber, ob die Auslegung von Landesgrundrechten am Maßstab des Grundgesetzes der vom BVerfG entwickelten Grundrechtsdogmatik entspricht, sollen die Landesverfassungsgerichte Vorlagen gem. Art. 100 Abs. 3 GG unterbreiten. Das BVerfG versteht sich hier ausdrücklich als „Prinzipal" gegenüber den LVerfG als deren „Agenten", die sich in den Dienst eines möglichst dichtmaschigen und unitarischen Grundrechtsschutzes stellen sollen, an dessen Spitze sich das BVerfG jederzeit vorbehält, homogenisierende Leitentscheidungen von oben nach unten zu dekretieren. Auch die Wahrung der grundgesetzlichen Kompetenzordnung durch die Länder sollen die Landesverfassungsgerichte mitüberwachen – und bei entsprechenden Zweifeln eine Vorlage in Karlsruhe unternehmen (BVerfGE 60, 175 (205)). Nach derselben

Logik operiert der supranationale EuGH, der die nationalen Gerichte insofern als „Gemeinschaftsgerichte" ansieht, als sie ihm durch das Vorabentscheidungsverfahren nach Art. 267 AEUV helfen sollen, die europarechtlichen Vorgaben mit Vorrang, Direktwirkung und „effet utile" durchzusetzen (Höreth 2008). Im Verhältnis EuGH-nationale Gerichte[4] sowie BVerfG-LVerfG gilt im Prinzip dasselbe: Wenn und soweit das niederrangige Gericht (der „Agent") auf eine Vorlage beim höherrangigen Gericht verzichten will, ist es aus Sicht des höherrangigen Gerichts („Prinzipal") dazu verpflichtet, das niederrangige Recht grundgesetzkonform bzw. gemeinschaftsrechtskonform auszulegen. Maßstab ist dabei für nationale Gerichte in Europarecht tangierenden Fällen immer das europäische Primär- und Sekundärrecht (und die Interpretationen durch den EuGH); Maßstab ist für Landesverfassungsgerichte in Grundrechtsfällen immer das Grundgesetz (in der Auslegung durch das Bundesverfassungsgericht). Dieser Pflicht kommen die niederrangigen Gerichte möglicherweise aus Prestigegründen gerne nach: In beiden Fällen kann sich das jeweils niederrangige Gericht durch Anwendung der höherrechtlichen Maßstäbe wie ein Höchstgericht fühlen.

4   Fazit

Sobald im unitarischen Bundesstaat befürchtet wird, dass der Rechtsstaat und seine Rechteinheit gefährdet sein könnten, stößt die föderale Vielfalt schnell an ihre Grenzen. Prüfungen nach dem Prinzip der „praktischen Konkordanz" kommen dann zu einem eindeutigen Ergebnis: Der Rechtsstaat – und mit ihm das vermeintlich wichtigste Gut, dass er hervorbringt, die Rechteinheit – geht dann vor Bundesstaat, da letztlich auch der Bundesstaat ohne Rechtsstaat nicht funktionieren kann. Spätestens wenn es um die Erhaltung der Rechteinheit geht, wirkt sich die auch von Juristen eingeräumte „tendenziell am Vorbild des Einheitsstaates orientierte Ausrichtung von Teilen der Staatsrechtslehre" aus (Möstl 2012, S. 22; Oeter 1998, S. 381). Unterhalb der Schwelle dessen, was den unitarischen Bundesstaat und seine Rechteinheit stören könnte, darf sich föderale Vielfalt hingegen frei entfalten (Möstl 2005, S. 384). Die von vielen Verfassungsjuristen betonte Eigenständigkeit der Länder vor allem im Staatsorganisationsrecht ist somit eine

---

[4]Das gilt aus Sicht des BVerfG prinzipiell für alle deutschen Gerichte, nur für sich selbst macht es eine Ausnahme, da es sich in unionsrechtlich determinierten Fragestellungen weiterhin eine Prüfungskompetenz insbesondere bei ausbrechenden Rechtsakten und bei unzureichendem Grundrechtsschutz vorbehält – und diese Prüfung selbstverständlich am Maßstab des Grundgesetzes unternimmt (Höreth 2014, S. 95–101).

unverzichtbare normative Ressource für den Bundesstaat. Nur durch diese juristische Doppelstrategie kann im politikverflochtenen unitarischen Bundesstaat das Postulat der Eigenstaatlichkeit der Länder überhaupt nur aufrecht erhalten bleiben, während zugleich eine unitarische Ausrichtung, „wie sie für den Mainstream der deutschen Staatsrechtslehre kennzeichnend ist" (Möstl 2018, S. 538), legitimiert wird. Es mag möglicherweise für manche Beobachter normativ wünschenswert sein, dass die Orientierung am Grundgesetz in der landesverfassungsgerichtlichen Judikatur zurückgeschraubt werden müsste, um das Bewusstsein für die jeweiligen Besonderheiten der Landesverfassungen zu stärken (Möstl 2018, S. 562). Doch die von manchen Beobachtern beklagte Ausrichtung der Staatsrechtslehre und der verfassungsrechtlichen Rechtsprechung in den Ländern am Bundesverfassungsrecht erscheint lediglich als Ausdruck eines Unitarismus, der auch die politische Realität der Bundesrepublik empirisch genau widerspiegelt. Insofern fügen sich die LVerfG passgenau in die Logik des unitarischen Bundesstaates. Sich darüber zu beklagen, bedeutet nichts weiter, als Eulen nach Athen zu tragen.

Literatur

Bachof, O. (1968). Der Staatsgerichtshof für das Land Baden-Württemberg. In Rechtswissenschaftliche Abteilung der Rechts- und Wirtschaftswissenschaftlichen Fakultät der Universität Tübingen (Hrsg.), *Tübinger Festschrift für Eduard Kern* (S. 1–19). Tübingen: Mohr Siebeck.

Badura, P. (2007). Stellenwert von Länderverfassungen und Verfassungskonflikten am bayerischen Beispiel. *Bayerische Verwaltungsblätter, 138*(7), 193–197.

Berkemann, J. (1993). Ein Landesverfassungsgericht als Revisionsgericht – Der Streitfall Honecker. *Neue Zeitschrift für Verwaltungsrecht, 12*(5), 409–419.

Bryde, B.-O. (1997). Verfassungsreformen der Länder unter bundesverfassungsrechtlichem Unitarisierungsdruck. In H. Eichel (Hrsg.), *50 Jahre Verfassung des Landes Hessen: Eine Festschrift* (S. 433–444). Wiesbaden: VS Verlag.

Bryde, B.-O. (2005). Bundesverfassungsgericht und Landesverfassungsgerichte. *Niedersächsische Verwaltungsblätter, 12*(Sonderheft), 5–7.

Burmeister, J. (1983). Vorlagen an das Bundesverfassungsgericht nach Art. 100 Abs. 3 GG. In C. Starck & K. Stern (Hrsg.), *Landesverfassungsgerichtsbarkeit Teilband 2: Zuständigkeiten und Verfahren der Landesverfassungsgerichte. Studien und Materialien zur Verfassungsgerichtsbarkeit* (S. 399–466). Baden-Baden: Nomos.

Denninger, E. (1979). *Staatsrecht 2: Einführung in die Grundprobleme des Verfassungsrechts der Bundesrepublik Deutschland. Funktionen und Institutionen.* Reinbek: Rowohlt.

Dietlein, J. (1993). *Die Grundrechte in den Verfassungen der neuen Bundesländer – Zugleich ein Beitrag zur Auslegung der Art. 31 und 142 GG* (Schriftenreihe Studien zum öffentlichen Recht und zur Verwaltungslehre Bd. 54). München: Vahlen.

Der Beitrag der Landesverfassungsgerichte ... 73

Dietlein, M. (2002). Das Verhältnis von Bundes- und Landesverfassungsrecht. In M. Dietlein (Hrsg.), *Verfassungsgerichtsbarkeit in Nordrhein-Westfalen: Festschrift zum 50-jährigen Bestehen des Verfassungsgerichtshof für das Land Nordrhein-Westfalen* (S. 203–224). Stuttgart: Richard Boorberg.

Dreier, H. (1994). Einheit und Vielfalt der Verfassungsordnungen im Bundesstaat. In K. Schmidt (Hrsg.), *Vielfalt des Rechts – Einheit der Rechtsordnung?* (S. 113–146). Berlin: Duncker & Humblot.

Dreier, H. (2006). Art. 28 GG. In H. Dreier (Hrsg.), *Grundgesetz-Kommentar Bd. 2* (2. Aufl., S. 584–694). Tübingen: Mohr Siebeck.

Fiedler, K. (2006). *Verfassungsgerichtsbarkeit im Bundesstaat.* Frankfurt a. M.: Lang.

Friesenhahn, E. (1976). Zur Zuständigkeitsabgrenzung zwischen Bundesverfassungsgerichtsbarkeit und Landesverfassungsgerichtsbarkeit. In C. Starck (Hrsg.), *Bundesverfassungsgericht und Grundgesetz. Bd. 1: Verfassungsgerichtsbarkeit* (S. 748–799). Tübingen: Mohr-Siebeck.

Hesse, K. (1962). *Der unitarische Bundesstaat.* Karlsruhe: C.F. Müller.

Hesse, K. (1995a). *Grundzüge des Verfassungsrechts der Bundesrepublik Deutschland* (20. Aufl.). Heidelberg: C.F. Müller.

Hesse, K. (1995b). Verfassungsrechtsprechung im geschichtlichen Wandel. *Juristen Zeitung, 50*(5), 265–272.

Höreth, M. (2008). *Die Selbstautorisierung des Agenten. Der Europäische Gerichtshof und der US Supreme Court.* Baden-Baden: Nomos.

Höreth, M. (2014). *Verfassungsgerichtsbarkeit in der Bundesrepublik Deutschland.* Stuttgart: Kohlhammer.

Höreth, M. (2017). *Die komplexe Republik: Staatsorganisation in Deutschland.* Stuttgart: Kohlhammer.

Huber, P. M. (2003). Die Landesverfassungsgerichtsbarkeit zwischen Anspruch und Wirklichkeit. *Thüringer Verwaltungsblätter, 12*(4), 73–79.

Ketelhut, J. (2017). Verfassungsgerichtsbarkeit im Zwei-Städte-Staat: Der Staatsgerichtshof der Freien Hansestadt Bremen. In W. Reutter (Hrsg.), *Landesverfassungsgerichte in der Bundesrepublik Deutschland. Eine Bestandsaufnahme* (S. 129–148). Wiesbaden: Springer VS.

Koch-Baumgarten, S. (2017). Der Staatsgerichtshof in Hessen zwischen unitarischem Bundesstaat, Mehrebenensystem und Landespolitik. In W. Reutter (Hrsg.), *Landesverfassungsgerichte. Entwicklung – Aufbau – Funktionen* (S. 175–198). Wiesbaden: Springer VS.

Körting, E., & Schmidt, D. (1998). Der Verfassungsgerichtshof des Landes Berlin. *Landes- und Kommunalverwaltung, 8*(4), 121–160.

Kunig, P. (1994). Die rechtsprechende Gewalt in den Ländern und die Grundrechte des Landesverfassungsrechts. *Neue juristische Wochenschrift, 47*(11), 687–690.

Lange, K. (2001). Das Bundesverfassungsgericht und die Landesverfassungsgerichte. In P. Badura (Hrsg.), *Festschrift 50 Jahre Bundesverfassungsgericht: Bd. I: Verfassungsgerichtsbarkeit – Verfassungsprozeß* (S. 289–310). Tübingen: Mohr Siebeck.

Lehmbruch, G. (2002). *Der unitarische Bundesstaat in Deutschland. Pfadabhängigkeit und Wandel.* Köln: Max-Planck-Institut für Gesellschaftsforschung.

Lembcke, O. W. (2017). Thüringer Verfassungsgerichtshof. In W. Reutter (Hrsg.), *Landesverfassungsgerichte in der Bundesrepublik Deutschland. Eine Bestandsaufnahme* (S. 389–420). Wiesbaden: Springer VS.

Mehde, V. (2017). Art. 28 GG. In T. Maunz & G. Dürig (Hrsg.), *Kommentar zum Grundgesetz*. München: Beck.

Menzel, J. (2002). *Landesverfassungsrecht: Verfassungshoheit und Homogenität im grundgesetzlichen Bundesstaat*. Stuttgart: Boorberg.

Möllers, C. (2007). Dogmatik der grundgesetzlichen Gewaltengliederung. *Archiv des öffentlichen Rechts, 132*(4), 493–538.

Möstl, M. (2005). *Landesverfassungsrecht – Zum Schattendasein verurteilt? Eine Positionsbestimmung im bundesstaatlichen und supranationalen Verfassungsverbund.* Tübingen: Mohr Siebeck.

Möstl, M. (2012). *Bundesstaat und Staatenverbund. Staats- und Verfassungsrecht im Föderalismus.* Paderborn: Schöningh.

Möstl, M. (2018). Innerbundesstaatliche Verfassungsvergleichung. Ein Bericht aus Deutschland. *Jahrbuch des öffentlichen Rechts der Gegenwart, 66,* 531–563.

Oeter, S. (1998). *Integration und Subsidiarität im deutschen Bundesstaatsrecht. Untersuchungen zu Bundesstaatstheorie unter dem Grundgesetz.* Tübingen: Mohr Siebeck.

Oeter, S. (2007). Rechtsprechungskonkurrenz zwischen nationalen Verfassungsgerichten, Europäischem Gerichtshof und Europäischen Gerichtshof für Menschenrechte. *Veröffentlichungen der Vereinigung der Deutschen Staatsrechtslehrer, 66,* 361–457.

Olshausen, H. (1980). *Landesverfassungsbeschwerde und Bundesrecht. Zur Geltung und prozessualen Aktualisierung von Landesgrundrechten im Bundesstaat des Grundgesetzes.* Baden-Baden: Nomos.

Papier, H.-J. (2002). Die Bedeutung der Landesverfassungsgerichtsbarkeit im Verhältnis zur Bundesverfassungsgerichtsbarkeit. In H. Sodan (Hrsg.), *Zehn Jahre Berliner Verfassungsgerichtsbarkeit. Ansprachen anlässlich des Festaktes am 24. Mai 2002* (S. 19–34). Köln: Carl Heymanns Verlag.

Pestalozza, C. (1993). Der, Honecker-Beschluß' des Berliner Verfassungsgerichtshofs. *Neue Zeitschrift für Verwaltungsrecht, 12*(4), 340–345.

Reutter, W. (2017). Landesverfassungsgerichte in der Bundesrepublik Deutschland Eine Bestandsaufnahme. In W. Reutter (Hrsg.), *Landesverfassungsgerichte Entwicklung – Aufbau – Funktionen* (S. 1–26). Wiesbaden: Springer VS.

Rozek, J. (1993). *Das Grundgesetz als Prüfungs- und Entscheidungsmaßstab der Landesverfassungsgerichte.* Baden-Baden: Nomos.

Sacksofsky, U. (2009). Kopftuchverbote in den Ländern – Am Beispiel des Landes Hessen. In S. Berghahn & P. Rostock (Hrsg.), *Der Stoff, aus dem Konflikte sind: Debatten um das Kopftuch in Deutschland, Österreich und der Schweiz* (S. 275–293). Bielefeld: transcript.

Schmidt-Aßmann, E. (2004). *Das allgemeine Verwaltungsrecht als Ordnungsidee. Grundlagen und Aufgaben der verwaltungsrechtlichen Systembildung* (2. Aufl.). Berlin: Springer.

Schumann, E. (1983). Verfassungsbeschwerde (Grundrechtsklage) zu den Landesverfassungsgerichten. In C. Starck & K. Stern (Hrsg.), *Zuständigkeiten und Verfahren der Landesverfassungsgerichte* (S. 149–230). Baden-Baden: Nomos.

Steffani, W. (1968). Verfassungsgerichtsbarkeit und demokratischer Entscheidungsprozess. *Aus Politik und Zeitgeschichte, 18*(21), 3–14.

Steinberg, R. (1997). Landesverfassungsgerichtsbarkeit und Bundesrecht. In H. Eichel (Hrsg.), *50 Jahre Verfassung des Landes Hessen* (S. 356–382). Wiesbaden: Springer VS.

Stern, K. (1984). *Das Staatsrecht der Bundesrepublik Deutschland. Grundbegriffe und Grundlagen des Staatsrechts. Strukturprinzipien der Verfassung* (2. Aufl.). München: Beck.

Voßkuhle, A. (2011). Die Landesverfassungsgerichtsbarkeit im föderalen und europäischen Verfassungsgerichtsverbund – Am Beispiel des Staatsgerichtshofs der Freien Hansestadt Bremen. In P. Häberle (Hrsg.), *Jahrbuch des öffentlichen Rechts der Gegenwart 59* (S. 215–243). Tübingen: Mohr Siebeck.

Wahl, R. (1987). Grundrechte und Staatszielbestimmungen im Bundesstaat. *Archiv des öffentlichen Rechts, 112*(1), 26–53.

Wilke, D. (1993). Landesverfassungsgerichtsbarkeit und Einheit des Bundesrechts Bemerkungen aus Anlaß des Honecker-Beschlusses des Berliner Verfassungsgerichtshofs. *Neue juristische Wochenschrift, 46*(14), 887–889.

Zierlein, K. G. (1995). Prüfungs- und Entscheidungskompetenzen der Landesverfassungsgerichte bei Verfassungsbeschwerden gegen landesrechtliche Hoheitsakte, die auf Bundesrecht beruhen oder in einem bundesrechtlich geregelten Verfahren ergangen sind. *Archiv des öffentlichen Rechts, 120,* 205–247.

Neue Wege der empirischen Verfassungsgerichtsforschung am Beispiel des Bundesverfassungsgerichts

Oliver W. Lembcke und Kálmán Pócza

Das BVerfG hat nach wie vor Konjunktur unter deutschen Rechtswissenschaftlern. Die Fülle an Literatur ist kaum noch zu überblicken (Farahat 2016); und der fachwissenschaftliche Diskurs hat aufgrund der Autorität (Lembcke 2007, 2013) dieser Institution im In- und Ausland längst schon eine transnationale Dimension erreicht (Beyme 2015). Im Vergleich mit der Rechtswissenschaft hatte sich die deutsche Politikwissenschaft lange Zeit etwas schwergetan, einen Zugang zur Verfassungsgerichtsbarkeit zu finden, bis institutionelle Ansätze den Weg dazu geebnet haben (z. B. Vorländer 2006). Mittlerweile sind einige grundlegende methodologische und theoretische Ansätze publiziert worden (Boulanger 2015; Boulanger und Wrase 2013; van Ooyen und Möllers 2015). Und auch in der quantitativ-empirischen Ausrichtung lässt sich ein Aufschwung beobachten (Boulanger 2013; Hönnige 2007). An diese Richtung möchte der vorliegende Ansatz anschließen, um in einer strukturellen Betrachtung der Rechtsprechung des Bundesverfassungsgerichtes einen Beitrag zur Analyse der Mechanismen richterlicher Entscheidungstätigkeit zu leisten. Die Methode, die hierbei zur Anwendung kommt, ist nicht länderspezifisch. Das BVerfG dient als ein Beispiel, um die Möglichkeiten zu illustrieren, die im Kontext eines größeren Projekts – JUDICON – entwickelt worden sind.

O. W. Lembcke (✉)
Fakultät für Sozialwissenschaft, Sektion Politikwissenschaft, Ruhr Universität, Bochum, Deutschland
E-Mail: oliver.lembcke@rub.de

K. Pócza
Centre for Social Sciences, Hungarian Academy of Sciences, Budapest, Ungarn
E-Mail: pocza.kalman@btk.ppke.hu, pocza.kalman@tk.mta.hu

© Springer Fachmedien Wiesbaden GmbH, ein Teil von Springer Nature 2020
W. Reutter (Hrsg.), *Verfassungsgerichtsbarkeit in Bundesländern*,
https://doi.org/10.1007/978-3-658-28961-4_4

Das JUDICON-Projekt zielt auf eine methodisch angeleitete Analyse verfassungsgerichtlicher Rechtsprechungspraxis. Es ist eine Reaktion auf den immensen Bedeutungszuwachs, den die Verfassungsgerichtsbarkeit im globalen Maßstab erfahren hat (Stone Sweet 2000; Hirschl 2004; Ginsburg 2008) – darunter auch und vor allem infolge der demokratischen Transformationsprozesse von 1989/1990 die Verfassungsgerichte in Mittel- und Osteuropa. Die Performanz der Verfassungsgerichte in dieser Region war jedoch sehr unterschiedlich: Einige von ihnen spielten bei diesen Transitions- und Konsolidierungsprozessen nur eine marginale Rolle, während andere zu den wichtigsten politischen Akteuren der demokratischen Ordnungen Mittel- und Osteuropas zählten.

1 Forschungsperspektive

Sowohl die institutionelle Entwicklung und deren Bedeutung für die Transition als auch die Rechtsprechungspraxis in den verschiedenen Politikfeldern sind in der Literatur zur Verfassungsgerichtsbarkeit in Mittel- und Osteuropa ausführlich diskutiert worden (Sadurski 2002, 2014; Luchterhandt et al. 2007; Schwartz 2002; Procházka 2002). Es fehlt jedoch nach wie vor an empirischen Analysen, die über eine kohärente methodische Anleitung verfügen (anders Bricker 2016). Das Bild wird nach wie vor dominiert von Sammelbänden, die nach inhaltlichen Vorgaben strukturiert sind, sowie von Fallstudien, die vornehmlich mit illustrativen Beispielen arbeiten. Für eine an Hypothesen orientierte Forschungspraxis reicht das jedoch nicht aus. Das JUDICON-Projekt setzt hier an und möchte zur Entwicklung einer Methode zur Analyse verfassungsgerichtlicher Entscheidungen beitragen.[1] Es verfolgt dabei ein doppeltes Ziel: Zum einen wird angestrebt, ein möglichst differenziertes Leistungsprofil der Rechtsprechungspraxis in Mittel- und Osteuropa zu gewinnen; zum anderen sollen allgemeine Aussagen über die Performanz von Verfassungsgerichten in vergleichender Absicht aufgestellt und überprüft werden. Um den Vergleich zu ermöglichen, beschränkt sich das Projekt auf einen spezifischen Fokus, nämlich auf die Analyse der Beziehung zwischen der Verfassungsgerichtsbarkeit einerseits und der Gesetzgebung andererseits; eine

---

[1]Angesiedelt ist das Projekt an der Ungarischen Akademie der Wissenschaften; weitere Informationen finden sich unter: https://judicon.tk.mta.hu. – Die weiteren Ausführungen stützen sich teilweise auf andernorts veröffentlichten Aufsätzen; zu den methodischen Aspekten vgl. insbesondere Pócza et al. 2017 sowie Pócza und Dobos 2018; zum Bundesverfassungsgericht vgl. Lembcke 2018.

Beziehung, die mit folgendem Erkenntnisinteresse untersucht wird: Wie stark trachten Verfassungsgerichte danach, den politischen Handlungsspielraum des Gesetzgebers durch ihre Entscheidungen einzuschränken? Welcher Instrumente innerhalb ihrer Rechtsprechung bedienen sie sich dafür? Und wie lässt sich die Stärke verfassungsgerichtlicher Entscheidungen messen (Pócza 2018)?

Es liegt auf der Hand, dass der Begriff „Stärke" einer verfassungsgerichtlichen Entscheidung wie ein „Fremdkörper" im Kontext einer juristischen Terminologie wirkt. Er bringt jedoch das Vorhaben auf den Begriff, das im Zentrum des JUDICON-Projekts steht: Es geht darum, ein Messkonzept zu entwickeln, das Antworten auf die Frage ermöglicht, wie „stark" Verfassungsgerichte den gesetzgeberischen Spielraum einschränken. Während verfassungsgerichtliche Entscheidungen stets verbindlich für die Politik sind, können sie die legislativen Optionen in unterschiedlichem Ausmaß einschränken. Werden vom Gericht etwa nur Verfahrensfehler moniert, könnte der Gesetzgeber sein politisches Programm neuerlich und unverändert in Gesetzesform erlassen. In den anderen Fällen, in denen materielle Aspekte vom Gericht als verfassungswidrig beanstandet werden, müsste das Gesetzesvorhaben auch in inhaltlicher Hinsicht eine Veränderung erfahren, um vor den Augen der Richter Bestand zu haben – eine vergleichsweise „stärkere" Beschränkung des gesetzgeberischen Handlungsspielraums. Deutlich wird an diesen Hinweisen, dass der Ansatz nicht intendiert, die Effekte einer gerichtlichen Entscheidung zu messen. Der Begriff „Stärke", wie er in diesem Forschungsprojekt verwendet wird, lässt sich am besten mit der Metapher aus dem Bereich des Boxens fassen: Es geht um den „Punch" und dessen Stärke, nicht darum, welchen Effekt der Schlag auf den anderen Boxer besitzt (ob er mit einem Sidestep ausweicht oder durch einen Knockout zu Boden geht).

2 Methodischer Ansatz

Seinen Ausgangspunkt nimmt das Messkonzept bei der Dekomposition verfassungsgerichtlicher Entscheidungen (Pócza et al. 2017; Lembcke 2017). Im Unterschied zu bisherigen Ansätzen dient als Beobachtungseinheit die Anordnung innerhalb einer Entscheidung, die ihrerseits mehrere Anordnungen enthalten kann. In der Praxis der Verfassungsgerichte zeigen sich hier bereits im Ländervergleich erhebliche Unterschiede (Pócza und Dobos 2018). Diese Unterschiede zu identifizieren und ihre Bedeutung zu analysieren, steht im Zentrum der Strukturanalyse, die nachfolgend kurz skizziert werden soll.

2.1 Vielfalt gerichtlicher Verfügungen

Verfassungsgerichtliche Entscheidungen lassen sich in drei grundsätzliche Komponenten zerlegen: (i) in eine operative Komponente (Tenor), den wichtigsten Teil der Entscheidung; (ii) in eine Komponente, die potenziell Anweisungen enthält, d. h. Regelungsvorgaben formuliert, wie die Verfassungswidrigkeit zu korrigieren oder ihr vorzubeugen ist; und (iii) schließlich in eine Begründungskomponente. Obwohl die Begründung eine eigene Relevanz für die Befriedungswirkung gerichtlicher Entscheidungen besitzt und zudem vermittelt über Dogmatik und Rationalität ein entscheidender Gradmesser für deren Qualität darstellt, die u. a. für den intragerichtlichen Abstimmungsprozess Wirkungen zeitigt, konzentriert sich das JUDICON-Projekt auf Basis der Fragestellung auf die ersten beiden Komponenten. Denn Vielfalt und Stärke der Anordnungen hängen vor allem von diesen beiden Komponenten ab, sofern man deren Wirkungen mit Blick auf den Gesetzgeber und dessen Handlungsspielraum analysieren will (Tab. 1). Auf der Grundlage lassen sich dann vier Dimensionen einer Entscheidung identifizieren, die ihrerseits über weitere Elemente verfügen, nämlich Anordnung, Reichweite, Temporalität und Regelungsvorgaben.

2.1.1 Anordnung – Dimension I

Eine Entscheidung des Verfassungsgerichts kann mehrere Anordnungen enthalten und bezieht sich auf den Urteilstenor und die darin enthaltene Feststellung, ob die Klagen und Anträge für verfassungsmäßig/verfassungswidrig erklärt wurden. Der Tenor gibt überdies Auskunft über die Art der Anordnung; folgende Typen lassen sich unterscheiden:

a) *Zurückweisung und Ablehnung* (Rejection/Refusal – RJEC): Anträge werden abgelehnt, sofern das Gesetz in vollem Einklang mit der Verfassung steht. Sie können aber auch ohne inhaltliche Prüfung wegen Unzulässigkeit zurückgewiesen werden.[2]

b) *Verfassungswidrigkeit aufgrund gesetzgeberischen Unterlassens* (legislative omission – LOM): Verfassungswidrigkeit kann nicht nur durch die Aktivität des Gesetzgebers, sondern auch durch gesetzgeberisches Unterlassen

---

[2]Wird der Prozess der verfassungsrechtlichen Kontrolle ausgesetzt, wird dieser Befund aufgrund seiner Wirkungslosigkeit gegenüber dem Gesetzgeber einer Ablehnung gleichgestellt.

Tab. 1 Dimensionen und Elemente gerichtlicher Entscheidungen

	(a)	(b)	(c)	(d)	(e)	(f)
I Anordnung	(Ia) Zurückweisung oder Ablehnung	(Ib) Legislatives Versäumnis	(Ic) Prozedurale Verfassungswidrigkeit	(Id) Verfassungskonforme Interpretation	(Ie) Substanzielle Verfassungswidrigkeit	(If) Abstrakte Verfassungsinterpretation
II Reichweite	(IIa) Qualitative partielle Annullierung		(IIb) Quantitative partielle Annullierung		(IIc) Komplette Annullierung	
III Temporaler Effekt	(IIIa) *Pro futuro*		(IIIb) *ex nunc*		(IIIc) *ex tunc*	
IV Anweisung	(IVa) Keine Anweisung	(IVb) Unverbindliche Hinweise		(IVc) Hinweise In den Leitsätzen	(IVd) Verbindliche Anweisung	

Quelle: Eigene Darstellung; Pócza und Dobos 2018, S. 13; Lembcke 2017, S. 412.

entstehen. Solche „Gesetzeslücken" können entweder durch Untätigkeit oder infolge mangelhafter bzw. unvollständiger Gesetzgebung entstehen. In beiden Fällen beschränkt sich das Gericht jedoch darauf, an den Gesetzgeber zu appellieren, den verfassungswidrigen Zustand zu beheben („Appellentscheidung").[3]

c) *Prozedurale Verfassungswidrigkeit* (procedural unconstitutionality – PROC): Der Typus der prozeduralen Verfassungswidrigkeit bezieht sich auf Normen, die wegen eines verfahrensrechtlichen Fehlers im Gesetzgebungsprozess annulliert werden. Gegenstand ist mithin die Feststellung eines Verfahrensfehlers (und nicht eines „Fehlers" bezogen auf den Norminhalt), sodass für den Gesetzgeber die Möglichkeit besteht, ein Gesetz gleichen Inhalts – aber im Einklang mit dem dafür vorgesehenen Verfahren – noch einmal zu verabschieden. Darin besteht der Lackmustest. Erfolgt die Feststellung der Verfassungswidrigkeit aufgrund der Verletzung von Rechtsstaatsprinzipien (z. B. Bestimmtheitsgrundsatz, Rückwirkungsverbot etc.), gehören diese Fälle zur materiellen Verfassungswidrigkeit.[4] Zwar ist in solchen Fällen auch eine formale Seite der Norm betroffen, aber mit der Folge, dass diese nicht inhaltsgleich wieder in den Gesetzgebungsprozess eingespeist werden kann. Das ist anders beim Typus der prozeduralen Verfassungswidrigkeit, zu dem Fälle wie die Verletzung der verfahrensrechtlichen Vorschriften der Gesetzgebung, der Verletzung des Prinzips der Hierarchie der Rechtsquellen, die Unterlassung der vorgeschriebenen Konsultation im Gesetzgebungsprozess oder das Versäumnis einer inhaltlichen Debatte im Gesetzgebungsverfahren gehören.

d) *Verfassungskonforme Interpretation des Gesetzes* (constitutional requirement – CREQ): Dieser Typus ermöglicht es dem Gericht, den Handlungsspielraum des Gesetzgebers auch im Falle einer Ablehnung des Antrags einzuschränken, und zwar erstens durch eine verfassungskonforme Interpretation des Gesetzes

---

[3]Man könnte einwenden, dass die Erklärung eines legislativen Versäumnisses einen stärkeren Eingriff in die Kompetenzen der Gesetzgebung bedeutet. Es gilt jedoch zu beachten, dass eine Anordnung infolge legislativen Unterlassens ihrer Wirkung nach keine der bestehenden Rechtsnormen aufhebt. Daher besteht für den Gesetzgeber kein (unmittelbarer) Handlungszwang, weshalb der Gesetzgeber die verfassungsgerichtliche Entscheidung ignorieren kann und der Status quo im Ergebnis erhalten bleibt; eine Konstellation, die in den MOE-Staaten keine Seltenheit ist.

[4]Im Einzelfall mag es Schwierigkeiten bei der Abgrenzung geben. Sonderfälle bedürfen dann ggfs. einer qualitativen Analyse. Dieser Fall kann etwa im Kontext des Rückwirkungsverbots im Zuge demokratischer Transformationsprozesse eintreten, sofern sensible Fragen der transitional justice berührt sind.

und/oder zweitens durch Festlegung verfassungsrechtlicher Anforderungen (entweder für die Gerichte oder für den Gesetzgeber). Verfassungsrechtliche Anforderungen im Tenor der Entscheidung können ein Gesetz erheblich beeinflussen, ohne es zu annullieren. Indem das Gericht Richtlinien oder Weisungen erteilt, ergänzt es den Wortlaut des Gesetzes und wird dadurch selbst zu einem positiv gestaltenden Rechtssetzer. Dieses Instrument ist ambivalent, weil das Gericht entweder vorsichtig, zurückhaltend oder dezidiert machtvoll auftreten kann – mit entsprechender Wirkung auf die Gestaltungsmöglichkeiten des Gesetzgebers.

e) *Materielle Verfassungswidrigkeit* (substantial unconstitutionality – SUBST): Die Feststellung einer materiellen Verfassungswidrigkeit schränkt den Spielraum des Gesetzgebers nachhaltig ein, weil seiner Gestaltungsmacht inhaltliche Schranken gezogen werden. Während beim gesetzgeberischen Unterlassen das Gericht die Politik zum Handeln auffordert, bei einer verfassungskonformen Auslegung der Gesetzgeber weitgehend „geschont" werden soll und die prozedurale Verfassungswidrigkeit die Option, ein inhaltsgleiches Gesetz zu erlassen, nicht ausschließt, verändert die substantielle Verfassungswidrigkeit den *Status quo* innerhalb eines Rechtsgebiets, mitunter sogar in drastischer Art und Weise.

f) *Abstrakte Verfassungsinterpretation* (constitutional interpretation in abstracto – CIIA): Das schärfste Schwert, das einem Verfassungsgericht zur Verfügung steht, ist die abstrakte Verfassungsinterpretation. Hier tritt das Gericht nicht nur als Gesetzgeber auf, sondern als Verfassunggeber *(pouvoir constituant),*[5] weil es den Verfassungstext durch eigene Interpretation verändert, etwa durch Ergänzung oder Erweiterung.[6]

---

[5]In diesem Sinne Vorländer (2006, S. 20): „Unter den Bedingungen der demokratischen Moderne ist die Rückbindung an die Gründung des politischen Gemeinwesens im Medium der Verfassung vorstellbar. Die Verfassung ist die Gründungsurkunde. Sie geht dem politischen Gemeinwesen voran. Und so wie die römischen Senatoren die ‚Stellvertreter der Gründer' waren, können die Richter eines Verfassungsgerichtes als die Stellvertreter der Verfassungsgeber verstanden werden."

[6]Stone Sweet (2012, S. 826): „Constitutional judges make law through interpreting the constitution. Constitutional lawmaking is typically registered on two levels, simultaneously. In resolving a specific policy dispute under the constitutional law, the constitutional court will help to make that policy; at the same time, the constitutional court will construct the constitutional law, clarifying, supplementing, or amending it outright."

2.1.2 Reichweite – Dimension II

Anordnungen des Verfassungsgerichts unterscheiden sich nach ihrer Reichweite, d. h. in dem Ausmaß, in dem sie sich auf die infrage stehende Rechtsmaterie bzw. auf den Rechtssatz beziehen: Gesetz, einzelne Norm, Teilregelung innerhalb einer Norm. Eine vollständige Annullierung, die de facto selten ist, bedeutet in diesem Zusammenhang, dass ein Gesetz in toto vom Verfassungsgericht aufgehoben wird. Üblicher ist es, dass nur bestimmte Teile außer Kraft gesetzt werden. Zudem sollte zwischen qualitativ-partieller und quantitativ-partieller Annullierung unterschieden werden: Die qualitativ-partielle Annullierung, verstanden als eine Art negative Anordnung, meint, dass das Verfassungsgericht das Gesetz oder einen Teil des Gesetzes nur *insoweit* für verfassungswidrig erklärt, als die Norm verfassungswidrig ausgelegt werden *kann*. Mithin ist nach Lesart des Gerichts auch eine andere Auslegung derselben Norm oder des gleichen Gesetzgebungsakts denkbar, die mit der Verfassung in Einklang steht. Zur Behebung des verfassungswidrigen Zustandes drängt sich daher typischerweise für den Gesetzgeber eine ziemlich einfache Lösung auf. Er muss im Grunde nur mit gesetzgeberischen Mitteln die verfassungswidrige Auslegungsvariante ausschließen. Im Gegensatz dazu bedeutet die quantitativ-partielle Annullierung, dass nicht nur eine bestimmte Auslegung der Norm, sondern sämtliche Normen verfassungswidrig sind – mit der Folge, dass das Verfassungsgericht diesen Teil des Gesetzes insgesamt für nichtig erklärt.

2.1.3 Temporaler Effekt – Dimension III

Verfassungsgerichtliche Anordnungen treffen überdies Aussagen über die Zeitstruktur der Verfassungswidrigkeit, die ihrerseits Auswirkungen auf den Gesetzgeber hat: So gewähren Anordnungen, die die Behebung der Verfassungswidrigkeit *pro futuro* vorschreiben, dem Gesetzgeber eine Übergangszeit. Die Entscheidung des Gerichts mag eine politische oder rechtliche Zäsur zur Folge haben; diese wirkt sich jedoch nicht unmittelbar auf die Gesetzgebung aus, sondern belässt den politischen Akteuren Zeit. Dies ist bei Anordnungen *ex nunc* nicht der Fall und noch weniger bei der radikalsten Form, in der das Gericht die Norm von Anfang an für „nichtig" erklärt *(ex tunc)*. Während eine Anordnung *ex nunc* unmittelbar in Kraft tritt und dem Gesetzgeber keinen Spielraum gewährt, hebt eine Anordnung *ex tunc* eine Norm rückwirkend auf.

2.1.4 Anweisungen – Dimension IV

Sofern Verfassungsgerichte nicht darauf verzichten, dem Gesetzgeber Anweisungen zur Regelung von verfassungswidrigen Zuständen vorzugeben, haben die Richterinnen und Richter einen relativ großen Spielraum: Sie können Empfehlungen aussprechen oder Hinweise geben, verfassungsrechtliche Anforderungen oder Leitlinien formulieren; sie können überdies antizipieren, welche Art von Gesetzgebungsakten sich in Zukunft als verfassungswidrig erweisen könnte; und sie können konkrete(re) Anweisungen geben, was der Gesetzgeber bei der Neuregelung (in jedem Fall) zu beachten hat – und sei es nur, um einer neuerlichen Verfassungswidrigkeit vorzubeugen. Da die Vorschriften je nach ihrer Verbindlichkeit variieren, ist es sinnvoll, vier Kategorien zu unterscheiden, die die Vielfalt der Vorschriften widerspiegeln: Anweisungen, die im Tenor einer verfassungsgerichtlichen Entscheidung enthalten sind, haben einen eindeutigen rechtsverbindlichen Charakter und sind, funktional betrachtet, ein Äquivalent zu einer verfassungskonformen Auslegung des Gesetzes. Im Gegensatz dazu stehen Hinweise, die ihrem Sinn nach eine Regelungsvorgabe darstellen, sich aber ausschließlich in der Begründung finden. Handelt es sich nur um ein *obiter dictum* oder sind die Gründe durch einen formelhaften Verweis doch als Teil des Tenors zu begreifen? De facto darf man davon ausgehen, dass solche Hinweise sehr wohl von den politischen Akteuren gelesen und berücksichtigt werden (was nicht bedeutet, dass man ihnen auch folgt). Dies gilt um so mehr, sofern sich solche Hinweise an hervorgehobener Stelle der Entscheidung finden, etwa den Leitsätzen. In solchen Fällen erheben sie einen größeren normativen Anspruch verglichen mit jenen Hinweisen in der Begründung, aber einen geringeren als jene, die ihren Platz im Tenor der Entscheidung gefunden haben.

2.2 Die Stärke gerichtlicher Verfügungen

Um die Stärke der gerichtlichen Anordnungen messen zu können, müssen die oben dargestellten Elemente zueinander in Beziehung gesetzt und gewichtet werden. Dabei sind folgende Prinzipien zu beachten (Tab. 2).

(I) *Anordnung:* Es ist offensichtlich, dass Anordnungen den zentralen Teil einer gerichtlichen Entscheidung darstellen. Die Skala reicht von Anordnungen, die den Antrag aus formalen Gründen ablehnen oder das Gesetz ohne weitergehende Prüfung als verfassungsgemäß beurteilen, bis zu Anordnungen, bei denen das Verfassungsgericht zur verfassungsgebenden Gewalt erstarkt. Das relative Gewicht der Anordnungen lässt sich nach den folgenden Prinzipien bestimmen:

- (Ia) Eine *Zurückweisung und Ablehnung* beschränkt den Spielraum des Gesetzgebers nicht [0,00].

Tab. 2 Stärke gerichtlicher Entscheidungen

I Anordnung	(Ia) Zurück-weisung oder Ablehnung [0]	(Ib) legislatives Versäumnis [0.5]		(Ic) prozedurale Verfassungs-widrigkeit [1]	(Id) verfassungs-konforme Interpretation [2]	(Ie) substantielle Verfassungswidrigkeit [6]	(If) abstrakte Verfassungs-interpretation [10]
II Reichweite	(IIa) qualitative partielle Annullierung [0]			(IIb) quantitative partielle Annullierung [0.5]		(IIc) komplette Annullierung [1]	
III Temporaler Effekt	(IIIa) *pro futuro* [0]			(IIIb) *ex nunc* [0.5]		(IIIc) *ex tunc* [1]	
IV Anweisung	(IVa) keine Anweisung [0]	(IVb) unverbindliche Hinweise [1]		(IVc) Hinweise in den Leitsätzen [1.5]		(IVd) verbindliche Anweisung [2]	

Quelle: Eigene Darstellung; Pócza und Dobos 2018, S. 22; Lembcke 2017, S. 42.

- (Ib) Die Feststellung einer *Verfassungswidrigkeit aufgrund gesetzgeberischen Unterlassens* (legislative omission – LOM) appelliert nur an den Gesetzgeber, eine neue Regelung zu erlassen oder ein Gesetz zu ergänzen, sie macht aber keine inhaltlich verbindlichen Vorgaben [+0,50].
- (Ic) Eine *prozedurale Verfassungswidrigkeit* impliziert, dass die gesetzliche Regelung aufgrund eines Verfahrensfehlers annulliert wird. Im Falle der Fehlerbeseitigung bedarf die gesetzliche Regelung keiner inhaltlichen Änderung [+1,00].
- (Id) Die *verfassungskonforme Interpretation* des Gesetzes beschränkt den Handlungsspielraum des Gesetzgebers stärker als im Falle einer prozeduralen Verfassungswidrigkeit, da das Verfassungsgericht den Inhalt der gesetzlichen Regelung entweder ergänzt oder verändert, das inkriminierte Gesetz aber ansonsten schont [+2,00].
- (Ie) Stellt das Gericht eine *materielle Verfassungswidrigkeit* fest, muss die gesetzliche Regelung annulliert werden. Diese Anordnung greift stärker in den gesetzgeberischen Handlungsspielraum ein als die vorangegangenen Formen, weshalb sie auch stärker gewichtet werden muss. Die Regel muss daher lauten, dass die schwächste Kombination der substantiellen Verfassungswidrigkeit immer noch schwerer wiegen sollte als die stärkste Form der prozeduralen Verfassungswidrigkeit[7] [+6,00].
- (If) Die *abstrakte Verfassungsinterpretation* gilt als stärkste Einschränkung des Gesetzgebers. Aus diesem Grund ist die abstrakte Verfassungsinterpretation mindestens grundsätzlich so stark zu gewichten wie die stärkste Form der materiellen Verfassungswidrigkeit [+10,00].[8] Das gilt jedoch nicht vorbehaltlos, denn nicht immer *schränkt* die abstrakte Verfassungsinterpretation die Gesetzgebung ein; sie kann stattdessen auch den Spielraum des Parlaments gegenüber anderen politischen Akteuren erweitern. Daher ist aus

---

[7]Die stärkste Kombination der prozeduralen Verfassungswidrigkeit ist aus den folgenden Elementen zusammengesetzt: prozedurale Verfassungswidrigkeit (Ic)+komplette Annullierung (IIc)+ex tunc temorale Effekt (IIIc)+verbindliche Vorschriften (IVd), das macht insgesamt 5 Punkte aus (1+1+1+2). Die schwächste Kombination der substanziellen Verfassungswidrigkeit ist aus den folgenden Elementen zusammengesetzt: substanzielle Verfassungswidrigkeit (Ie)+qualitative partielle Annullierung (IIa)+pro futuro temporale Effekt (IIIa)+keine Vorschrift (IVa), das macht insgesamt 6 Punkte aus (6+0+0+0).

[8]Die stärkste Kombination der substanziellen Verfassungswidrigkeit ist aus den folgenden Elementen zusammengesetzt: substanzielle Verfassungswidrigkeit (Ie)+komplette Annullierung (IIc)+ex tunc temorale Effekt (IIIc)+verbindliche Vorschriften (IVd) das macht insgesamt 10 Punkte aus (6+1+1+2).

der Perspektive des Gesetzgebers zwingend zwischen einer einschränkenden und einer nicht-einschränkenden abstrakten Verfassungsinterpretation zu unterscheiden, die im Einzelfall bewertet werden muss [+10,00 oder 0,00].[9]

(II) *Reichweite:* Die Frage, ob das Verfassungsgericht das ganze Gesetz für nichtig erklärt (komplette Annullierung), bestimmte Normen oder Teilregulierungen (quantitativ-partielle Annullierung) oder lediglich bestimmte Interpretationen einer Rechtsbestimmung (qualitative Teilaufhebung) für verfassungswidrig hält, stellt einen geringeren Eingriff dar als die Anordnung, soweit diese inhaltliche Vorgaben macht. Dem hat die Gewichtungsregel zu entsprechen, und zwar sowohl mit Blick auf die Anordnung als auch auf die Anweisung. So wird die qualitative-partielle Annullierung als schwächste Form [0] gewichtet, die quantitative partielle Annullierung als mittlerer Bereich [0,5] und die vollständige Nichtigerklärung als stärkste Form [+1] betrachtet.

(III) *Temporaler Effekt:* Der temporale Effekt entspricht dem Gewicht der Reichweite der Anordnung. Daher sind die drei Kategorien wie folgt gewichtet: *pro futuro* [0]; *ex nunc* [0,5] und *ex tunc* [+1].

(IV) *Anweisung:* Da Verfassungsgerichte die Gesetzgebung in gewissem Umfang durch die Festlegung verbindlicher Regelungsvorgaben ersetzen können, besitzt dieses vierte Element – analog zur verfassungskonformen Interpretation des Gesetzes – inhaltliche Wirkung, die sich in der Gewichtung widerspiegeln sollte. Je nach Ort innerhalb der Anordnung steigt der Grad an Verbindlichkeit: Hinweise in der Begründung können, müssen aber nicht vom Gesetzgeber als verbindlich verstanden werden [+1]; das trifft auch auf jene Anweisungen zu, die sich im Leitsatz finden, mit denen jedoch seitens des Verfassungsgerichts eine größere Relevanz signalisiert wird [+1,5]. Verbindlichkeit erlangen die Anweisungen im und durch den Tenor, weshalb sie im Effekt einer verfassungskonformen Entscheidung gleichzustellen sind [+2,00].[10]

---

[9]In bestimmten Fällen kann das Verfassungsgericht den Handlungsspielraum des Gesetzgebers erweitern. Da sich dieses Projekt jedoch auf das Ausmaß konzentriert, in dem das Verfassungsgericht den Gesetzgeber einschränkt, sind keine negativen Werte verwendet worden, um Anordnungen zu bewerten, die den Handlungsspielraum des Gesetzgebers erweitern. Da die abstrakte Verfassungsinterpretation ein Instrument ist, die von den Verfassungsgerichten nur selten verwendet wird, kann mit Hilfe von qualitativen Analysen festgestellt werden, ob man von einer Erweiterung oder einer Beschränkung des Handlungsspielraumes des Gesetzgebers sprechen kann.

[10]Wie erwähnt, betrachten wir die verbindliche Vorschrift (IVd) und die verfassungskonforme Interpretation im operativen Teil der Verfügung funktional äquivalent.

3 Fallbeispiel: Bundesverfassungsgericht

Das BVerfG ist bekanntlich ein vielbeschäftigtes Gericht. Bereits kurze Zeit nachdem die Richter ihre Arbeit aufgenommen hatten, wurde die institutionelle Innovation der deutschen Rechtsstaatlichkeit bei den Bürgern populär, die schnell von ihrer neuen Option erfuhren, „nach Karlsruhe" gehen zu können. Seit der Wiedervereinigung Deutschlands ist die Fallzahl im Durchschnitt noch einmal stärker gestiegen als in der Zeit vor 1989. Bisher ist die institutionelle Funktionsfähigkeit durch diese Erhöhung jedoch nicht beeinträchtigt worden. Stattdessen hat das BVerfG ein relativ stabiles Gleichgewicht zwischen den vor Gericht anhängigen Rechtssachen (Eingänge) und den vom Gericht entschiedenen Fällen (Erledigungen) hergestellt (Abb. 1).

Das vorliegende Beispiel konzentriert sich auf den Zeitraum von 1990 bis 2015. Innerhalb dieser fünfundzwanzig Jahre ist nur ein kleiner Teil der Fälle Gegenstand der Forschungsfrage (Tab. 3). Zudem zeigt der Vergleich mit den Daten der allgemeinen Statistik des BVerfG, dass das Sample, das für die vorliegende Studie verwendet wird, nicht für sich in Anspruch nehmen kann, die Tätigkeit des Verfassungsgerichts insgesamt zu repräsentieren. Dagegen spricht bereits der geringe Anteil an Verfassungsbeschwerden, die nur insoweit Eingang in den Datensatz gefunden haben, als sie sich unmittelbar gegen ein Gesetz rich-

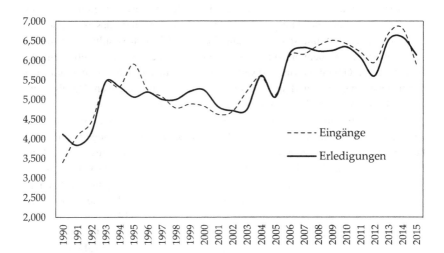

Abb. 1 Eingänge und Erledigungen des BVerfG pro Jahr (1990–2015). (Quelle: Amtliche Statistik des BVerfG 2019)

Tab. 3 Verfahren und Erfolgsquoten

Verfahrenstyp (Auswahl)	Allgemeine Statistik (bis 2015)		Datensatz (bis 2015)		
	Verfahren (N)	Anteil (%)	Entscheidungen (N)	Anordnungen (N)	Erfolgsquote (%)
Konkrete Normenkontrolle (BvL)	3.544	1,6	148	172	38,4
Abstrakte Normenkontrolle (BvF)	173	<0,1	48	76	46,0
Organstreitigkeit (BvE)	208	0,1	21	32	56,3
Verfassungsbeschwerde (BvR)	209.374	96,6	5	7	42,9[a]
Andere Verfahren	3.650	1,7	—	—	—
insgesamt	216.741	100	222	287	—

Quelle: Offizielle Statistik des BVerfG 2019 – [a]Die Erfolgsquote der Verfassungsbeschwerden liegt insgesamt deutlich niedriger (Stand 2015: 2,3 %)

ten (und dabei typischerweise mit Normenkontrollverfahren gebündelt sind). Ebensowenig repräsentativ ist deren Erfolgsquote in diesem Sample, die sich aus dem Anteil an Anordnungen ergibt, die positiv im Sinne des Antragstellers ergangen sind. Im Sinne der Forschungsfrage sind jedoch sämtliche abstrakten und konkreten Normenkontrollverfahren aufgenommen worden; außerdem die Verfahren der Organkontrolle, soweit sie sich auf den Handlungsspielraum des Gesetzgebers beziehen und sich auf die Bundesebene beschränken. Darüber hinaus sind keine weiteren Verfahren berücksichtigt worden.

Die Untersuchungseinheit des Datensatzes ist, wie bereits dargelegt, nicht der Fall vor Gericht, sondern es sind die einzelnen Anordnungen einer verfassungsgerichtlichen Entscheidung. Das ist deswegen von Relevanz, weil ein Fall mehr als eine Anordnung enthalten kann. Was das BVerfG betrifft, so ist das Verhältnis 1:1,3 zwischen Fällen und Anordnungen, eine im Vergleich zu anderen Verfassungsgerichten, z. B. dem polnischen Gericht, kleine Relation (Wołek und Kender-Jeziorska 2018). Auch die Gesamtzahl der Anordnungen ist verhältnismäßig gering, vergleichbar etwa dem slowakischen Gericht (Láštic und Steuer 2018), wobei einige Jahre eine besonders kleine Fallzahl aufweisen (Abb. 2).

Neue Wege der empirischen Verfassungsgerichtsforschung …

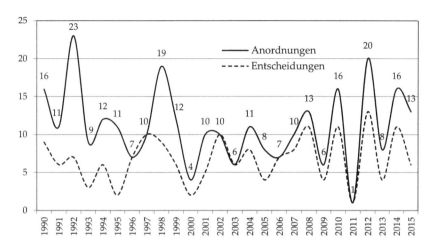

Abb. 2 Entscheidungen und Anordnungen. (Quelle: JUDICON Datensatz)

3.1 Konfigurationen bundesverfassungsgerichtlicher Anordnungen

Eine weitere Differenzierung der Verfahrenstypen lässt weitere Rückschlüsse über die Kombination von Elementen zu, die typischerweise die Stärke einer Anordnung indizieren: Schließt man etwa die aus formalen Gründen abgelehnten Verfahren aus, sind 50 % der verbliebenen Anträge zumindest teilweise erfolgreich (Lembcke 2018, S. 69). Mit anderen Worten, sofern das BVerfG über die Begründetheit entscheidet, sind die Chancen recht hoch, dass „an dem Fall auch etwas dran ist". Und unter den verschiedenen Arten der Verfassungswidrigkeitsfeststellung überwiegt deutlich jener Anteil, bei dem eine substanzielle Verletzung des Verfassungsrechts festgestellt wird (43 %), während andere Typen hingegen keine Rolle spielen. Auch ein genauerer Blick auf den Typus der Feststellung substanzieller Verfassungswidrigkeit ist erhellend, denn es zeigt sich, dass rund 85 % dieser Fälle zu starken verfassungsgerichtlichen Anordnungen führen. Damit stellt sich die Frage, aus welchen Elementen sich diese im Unterschied zu den eher schwachen Anordnungen zusammensetzen. Eine Antwort darauf gibt die Konfigurationsanalyse (Abb. 3).

Eine solche Analyse der starken *substantiellen Verfassungswidrigkeit* (SUBST) zeigt, dass sie typischerweise mit der Kombination aus *pro futuro*

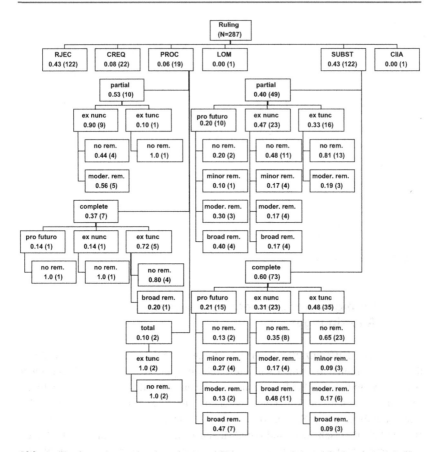

Abb. 3 Konfigurationen der Anordnungen (Prozentsatz und Anzahl). Lesebeispiel: Von 287 Anordnungen („rulings") stellten 122 (=43 %) eine materielle Verfassungswidrigkeit (SUBST) fest, von denen wiederum 49 einen Teil eines Gesetzes („partial") und 73 ein vollständiges Gesetz („complete") mit der Verfassung für unvereinbar erklärten. (Quelle: Eigene Darstellung; JUDICON Datensatz; Lembcke 2018, S. 70)

nebst verbindlicher Vorgabe verbunden ist, wobei es zwischen einer partiellen und einer vollständigen SUBST kaum relevante Unterschiede gibt.[11] Die Wirkungsweise dieser Konfiguration liegt auf der Hand: Wenn das BVerfG

---

[11]Die Kombinationen tritt bei partieller Verfassungswidrigkeit wie folgt auf: pro futuro 20 % und verbindliche Vorgabe 40 %; bei vollständiger Verfassungswidrigkeit: pro futuro 21 %, verbindliche Vorgabe 47 %.

eine Änderung des rechtlichen *Status quo* vorschreibt und für diese Änderungen Vorgaben macht, gesteht es dem Gesetzgeber in der Regel Zeit zu, um entsprechende Regelungen ins Werk zu setzen. In Fällen hingegen, in denen das BVerfG dem Gesetzgeber keine Zeit lässt, sondern die entsprechende Norm sofort aus dem Verkehr zieht und so behandelt, als ob es die Norm nie gegeben hätte (*ex* tunc-Anordnungen), verzichten die Richter in der Regel auch auf verbindliche Regelungsvorgaben.[12] Darüber hinaus bedient sich das BVerfG gern des Instruments der *verfassungskonformen Auslegung* (CREQ), das – wie bereits erwähnt – ein janusköpfiges Instrument ist: Entwickelt mit dem Ziel der „Schonung" des Gesetzgebers kann es die Möglichkeit eröffnen, starke oder schwache Regelungsvorgaben zu machen. Aus diesem Grund bedarf dieses Instrument auch der qualitativen Analyse, um die Wirkungen richtig einschätzen zu können (Lembcke 2018, S. 70, 81 ff.).

Appellentscheidungen an den Gesetzgeber wegen legislativen Unterlassens (LOM) spielen hingegen im deutschen Kontext ebensowenig eine Rolle wie die Feststellung der Verfassungswidrigkeit aus *prozeduralen Gründen* (PROC) oder der Grundgesetzinterpretation *in abstracto* (CIIA). Die abstrakte Verfassungsinterpretation setzt eine Situation voraus, in der die Verfassung keine wesentlichen normativen Vorgaben oder Orientierungspunkte bietet. Dies ist offensichtlich nicht die Standardposition des BVerfG. Im Gegenteil, das BVerfG hat das *Grundgesetz* als Ausdruck normativer Prinzipien – und zunächst sogar als Ausdruck „objektiver Werte" – vor allem aufgrund von Grund- und Menschenrechten, insbesondere wegen des Grundsatzes der Menschenwürde, verstanden. In dieser Perspektive ist das Konzept der CIIA bestenfalls von marginaler Bedeutung.

Was die *prozedurale Verfassungswidrigkeit* betrifft, so ist dieser Typ mit nur 6 % aller herrschenden Typen fast ein *Quantité négligeable*. Eine Erklärung dafür ist, dass Deutschland seit 1945 zu einer verfestigten rechtsstaatlichen Verfassungsdemokratie geworden ist, die in den Verfahrensregeln der Rechtssetzung von den politischen Akteuren allgemein anerkannt und respektiert werden. Die Tatsache, dass die Richter in den ersten drei Jahren nach der Wiedervereinigung zu 50 % diese Entscheidungsform anwandten, deutet darauf hin, dass der Kontext des Regimewechsels zumindest im deutschen Fall ein Faktor sein könnte, der die Relevanz (und das Fehlen derselben) dieser Art erklärt.

---

[12]Auch hier gilt dies für partielle (ex tunc: 33 %, keine Regelungsvorgaben: 81 %) sowie für vollständige Annullierungen (ex tunc: 48 %, keine Regelungsvorgabe: 65 %) in ganz ähnlicher Weise.

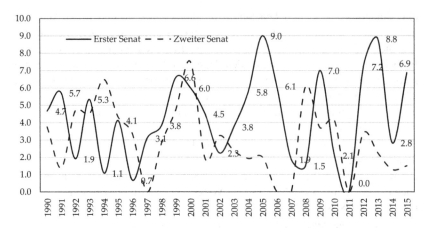

Abb. 4 Stärke der Entscheidungen der beiden Senate (1990–2015). (Quelle: JUDICON Datensatz)

Angesichts der vielfältigen Instrumente mag es überraschen, dass sich das BVerfG auf ein paar Typen der Anordnungen beschränkt. Die Aufteilung zwischen Ablehnungen (RJEC) und materieller Verfassungswidrigkeit ist nahezu pari; und zusammengenommen machen diese beiden Typen mehr als 80 % aller Urteile aus. Das bedeutet jedoch nicht, dass die verfassungsgerichtlichen Anordnungen „entweder schwarz oder weiß" ausfallen. Stattdessen zeigt die Analyse, dass hier Anpassungstechniken am Werk sind, mit denen die Verfassungsrichter die Konfiguration ihrer Entscheidung abstimmen, um Raum für die Berücksichtigung von Kontexten und Folgen ihrer Entscheidungen berücksichtigen zu können.

3.2 Stärke bundesverfassungsgerichtlicher Anordnungen

Als Ausgangspunkt für eine Strukturanalyse der Stärke verfassungsgerichtlicher Anordnungen ist es notwendig, zwecks Periodisierung die Messwerte zu aggregieren und den Jahresdurchschnitt über einen längeren Zeitraum abzubilden. Die folgende Grafik bietet einen Überblick für die beiden Senate (Abb. 4). Anstelle eines robusten Trends über den Zeitraum hinweg zeigen die Kurvenverläufe zahlreiche „ups and downs" in relativ kurzer Zeit. Der erste Zeitraum von 1990 bis 1995 beginnt mit einer fast antizyklischen Dynamik, in denen sich die Phasen mit deutlichen Unterschieden in der durchschnittlichen Stärke (z. B. 1991, 1994) mit solchen abwechseln, in denen die Werte für beide Senate nahe beieinanderliegen (z. B. 1993, 1995). Die zweite Periode dauert von 1996 bis 2002, in der die Durchschnittswerte in jedem dieser Jahre jeweils mit einer kleinen Verzögerung "gespiegelt" wird. Darauf folgt eine dritte Phase kurzer antizyklischer Dynamiken (2003–2006), wobei es in den Jahren 2005–2006 zu einer starken Diskrepanz zwischen beiden Senaten kommt. Dieses Muster wiederholt sich zweimal mit Sequenzen von Anpassung (2007–2011, 2014) und Abweichung (2012–2013, 2015).

Welche Schlussfolgerungen lassen sich aus diesen Beobachtungen ziehen? Erstens üben beide Senate ihre Macht durch starke Entscheidungen aus, ohne dass sich diese Phasen zu einem Trend verstetigen; stets zeigen sich Gegenbewegungen. Zweitens deutet die Tatsache, dass die Daten keine Trends über einen längeren Zeitraum anzeigen, darauf hin, dass das BVerfG im Allgemeinen nicht von einer aktivistischen Agenda angetrieben wird. Aus Warte dieser Strukturanalyse ist nicht auszuschließen, dass das Gericht seine Macht eingesetzt hat, um eine spezifische politische Agenda durchzusetzen, aber zumindest lässt sich sagen, dass weder der Erste Senat noch der Zweite Senat eine solche Rolle als Policy-maker über einen längeren Zeitraum ausgeübt hätten.

Um eine differenziertere Bewertung zu ermöglichen, ohne zu sehr in die ausführliche Diskussion über den Begriff des gerichtlichen Aktivismus einzutauchen (z. B. Green 2009), können die folgenden Mindestanforderungen als Hypothese für eine quantitative Analyse aufgestellt werden. Wenn das BVerfG ein aktivistisches Gericht wäre, dann müsste man erwarten dürfen, dass sowohl die Anzahl der Anordnungen als auch deren Messwerte des Stärkeindikators hoch sind.

Mithilfe eines Scatterplots, mit dem diese Hypothese für die Durchschnittswerte pro Jahr getestet wird (Abb. 5), lässt sich die Verteilung veranschaulichen, wobei sich die Aufmerksamkeit auf den ersten Quadranten zu richten hat, denn hier werden jene Fälle abgebildet, die im Jahresdurchschnitt eine hohe Anzahl an starken Anordnungen aufweisen. Es findet sich jedoch nur eine relativ kleine Zahl von Fällen in diesem Quadranten. Mithin liefern die Daten keine Hinweise, mit der sich die Hypothese stützen lässt. Tatsächlich sind die Fälle mehr oder weniger gleichmäßig über alle vier Quadranten verteilt, was einige Belege für die These liefert, dass die Richter die Macht nutzen, um starke Entscheidungen zu treffen – und gleichzeitig aber auch ein institutionelles Selbstverständnis entwickelt zu haben scheinen, das sie davor bewahrt, strukturell die Rolle eines aktiven Gerichts einzunehmen.

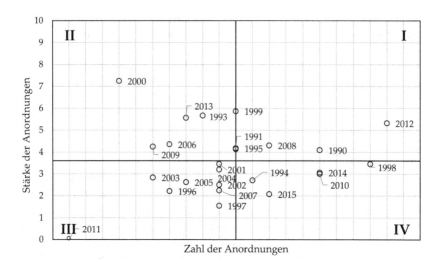

Abb. 5 Gerichtlicher Aktivismus vs. gerichtliche Selbstbeschränkung. (Quelle: JUDICON Datensatz)

4 Zusammenfassung

Seit seiner Umsetzung im Jahr 1951 verfolgt das BVerfG das institutionelle Interesse, seine umfassenden Kompetenzen des Gerichts zur Geltung zu bringen (Lembcke 2007). Mit hohem Vertrauen ausgestattet (Lembcke 2006), hat es sich zu einem der mächtigsten Verfassungsgerichte in Europa und darüber hinaus entwickelt. Wie die empirischen Ergebnisse dieses Kapitels zeigen, hat sich das Gericht jedoch dagegen gewehrt, seine Macht in einen gerichtlichen Aktivismus umzusetzen. Zweifellos hat das BVerfG die Gelegenheiten wahrgenommen, um starke Entscheidungen zu treffen, ohne jedoch eine solche Machtausübung zu verstetigen. Stattdessen scheinen die Richter eine Technik entwickelt zu haben, Herausforderungen und Kontexte bei ihrer Entscheidungstätigkeit zu berücksichtigen. Manchmal haben diese Anordnungen den Charakter eines „harten Punch", manchmal besitzen sie eher den Charakter einer Warnung und manchmal sind es Hilfestellungen für ein ineffektives politisches System. Zweifellos ist die Kombination aus politisch bedeutsamen Fällen und starken Anordnungen das Material, aus dem gerichtlicher Aktivismus entsteht; und es gibt Spuren davon auch beim BVerfG (Lembcke 2018, S. 87). Über den Untersuchungszeitraum hinweg betrachtet, gelangt man auf Grundlage des Stärkeindikators zu dem Schluss, dass das Gericht seine Kompetenzen nicht dazu genutzt hat, um die gewalten-teilige Struktur des politischen Systems zu ändern und sich selbst als Policy-ma-ker zu etablieren.

Literatur

Boulanger, C. (2013). *Hüten, richten, gründen: Rollen der Verfassungsgerichte in der Demokratisierung Deutschlands und Ungarns.* Berlin: Republik.

Boulanger, C. (2015). Vergleichende Verfassungsgerichtsforschung: Konjunkturen verfassungsgerichtlicher Autorität am Beispiel Bundesverfassungsgericht und ungarisches Verfassungsgericht. In R. C. van Ooyen & M. H. W. Möllers (Hrsg.), *Handbuch Bundesverfassungsgericht im politischen System* (2. Aufl., S. 911–926). Wiesbaden: Springer VS.

Boulanger, C., & Wrase, M. (2013). *Politik des Verfassungsrechts. Interdisziplinäre und vergleichende Perspektiven auf die Rolle und Funktion von Verfassungsgerichten.* Baden-Baden: Nomos.

Bricker, B. (2016). *Visions of judicial review. A comparative examination of Courts and policy in democracies.* Colchester: ECPR Press.

BVerfG. (2019). *Jahresstatistiken.* https://www.bundesverfassungsgericht.de/DE/Verfahren/Jah-resstatistiken/2018/statistik_2018_node.html. Zugegriffen: 18. Juni 2019.

Farahat, A. (2016). Das Bundesverfassungsgericht [§ 97]. In A. von Bogdandy, P. M. Huber, & C. Grabenwarter (Hrsg.), *Ius Publicum Europaeum* (Bd. VI, S. 81–158). Heidelberg: C. F. Müller.

Ginsburg, T. (2008). The global spread of constitutional review. In K. E. Whittington, G. A. Caldeira, & R. D. Kelemen (Hrsg.), *The Oxford handbook of law and politics* (S. 81–99). Oxford: Oxford University Press.

Green, C. (2009). An Intellectual History of Judicial Activism. *Emory Law Journal* 58(5), 1195-1263. http://ssrn.com/abstract=1410728. Zugegriffen: 18. Juni 2019.

Hirschl, R. (2004). *Towards juristocracy, the origins and consequences of the new constitutionalism.* Cambridge: UP.

Hönnige, C. (2007). *Verfassungsgericht, Regierung und Opposition: Die vergleichende Analyse eines Spannungsdreiecks.* Wiesbaden: VS Verlag.

Láštic, E., & Steuer, M. (2018). The Slovak Constitutional Court: The third legislator? In K. Pócza (Hrsg.), *Constitutional politics and the judiciary: Decision-making in central and eastern Europe* (S. 184–212). London: Routledge.

Lembcke, O. W. (2006). *Über das Ansehen des Bundesverfassungsgerichts. Ansichten und Meinungen in der Öffentlichkeit 1951–2001.* Berlin: BWV.

Lembcke, O. W. (2007). *Hüter der Verfassung: Eine institutionentheoretische Studie zur Autorität des Bundesverfassungsgerichts.* Tübingen: Mohr Siebeck.

Lembcke, O. W. (2013). Autorität der Verfassungsgerichtsbarkeit – Eine Skizze in vergleichender Absicht. In C. Boulanger & M. Wrase (Hrsg.), *Politik des Verfassungsrechts. Interdisziplinäre und vergleichende Perspektiven auf die Rolle und Funktion von Verfassungsgerichten* (S. 34–62). Baden-Baden: Nomos.

Lembcke, O. W. (2017). Thüringer Verfassungsgerichtshof. In W. Reutter (Hrsg.), *Landesverfassungsgerichte. Entwicklung – Aufbau – Funktionen* (S. 389–420). Wiesbaden: Springer VS.

Lembcke, O. W. (2018). The German federal constitutional court: Authority transformed into power? In K. Pócza (Hrsg.), *Constitutional politics and the judiciary: Decision-making in central and eastern Europe* (S. 61–95). London: Routledge.

Luchterhandt, O., Starck, C., & Weber, A. (Hrsg.). (2007). *Verfassungsgerichtsbarkeit in Mittel- und Osteuropa. 2 Bde*. Baden-Baden: Nomos.

Pócza, K. (2018). Introduction. In K. Pócza (Hrsg.), *Constitutional politics and the judiciary: Decision-making in central and eastern Europe* (S. 1–7). London: Routledge.

Pócza, K., & Dobos, G. (2018). Research methodology. In K. Pócza (Hrsg.), *Constitutional politics and the judiciary: Decision-making in central and eastern Europe* (S. 8–31). London: Routledge.

Pócza, K., Dobos, G., & Gyulai, A. (2017). How to measure the strength of judicial decisions? *A Methodological Framework. German Law Journal, 18*(6), 1557–1586.

Procházka, R. (2002). *Mission accomplished. On founding constitutional adjudication in central Europe*. New York: CEU Press.

Sadurski, W. (Hrsg.). (2002). *Constitutional justice east and west*. The Hague: Kluwer Law International.

Sadurski, W. (2014). *Rights before courts. A study of constitutional courts in post-communist states of central and eastern Europe*. Dordrecht: Springer.

Schwartz, H. (2002). *The struggle for constitutional justice in post-communist Europe*. Chicago: University of Chicago Press.

Stone Sweet, A. (2000). *Governing with judges. Constitutional politics in Europe*. Oxford: Oxford University Press.

Stone Sweet, A. (2012). Constitutional courts. In M. Rosenfeld & A. Sajó (Hrsg.), *The Oxford handbook of comparative constitutional law* (S. 816–830). Oxford: Oxford University Press.

v. Beyme, K. (2015). Modell für neue Demokratien? Die Vorbildrolle des Bundesverfassungsgerichts. In R. C. van Ooyen & M. H. W. Möllers (Hrsg.), *Handbuch Bundesverfassungsgericht im politischen System* (2. Aufl., S. 927–943). Wiesbaden: Springer VS.

v. Ooyen, R. C., & Möllers, M. H. W. (2015). Recht gegen Politik – politik- und rechtswissenschaftliche Versäumnisse bei der Erforschung des Bundesverfassungsgerichts. In R. C. v. Ooyen & M. H. W. Möllers (Hrsg.), *Handbuch Bundesverfassungsgericht im politischen System* (2. Aufl., S. 3–13). Wiesbaden: Springer VS.

Vorländer, H. (Hrsg.). (2006). *Die Deutungsmacht der Verfassungsgerichtsbarkeit*. Wiesbaden: VS Verlag.

Wołek, A., & Kender-Jeziorska, I. (2018). The polish constitutional tribunal: Deference beyond the veil of activism. In K. Pócza (Hrsg.), *Constitutional politics and the judiciary: Decision-making in central and eastern Europe* (S. 126–154). London: Routledge.

Historische, institutionelle und soziologische Voraussetzungen der Verfassungsgerichtsbarkeit in Bundesländern

Zwischen Kontinuität und Neubeginn: Richter ausgewählter Landesverfassungsgerichte in den Nachkriegsjahrzehnten

Peter Rütters

Nach dem Zweiten Weltkrieg erfolgte der Neuaufbau des Justizwesens in den Westzonen in den ersten zwei Jahren unter unmittelbarer Kontrolle der Besatzungsmächte (Raim 2013), die diesen Kernbereich des zu errichtenden demokratischen Systems sowohl von einem Nachwirken des ideologischen Einflusses des Nationalsozialismus befreien als auch ein Fortwirken des Einflusses der in den Institutionen des Justizwesens während der Zeit des Nationalsozialismus Tätigen (Richter, Staatsanwälte, Beamte in den Ministerialverwaltungen usf.) verhindern wollten. Das von den Besatzungsmächten vereinbarte Entnazifizierungsverfahren in Form einer individuellen Überprüfung der Mitverantwortung und Mitwirkung insbesondere der Funktionseliten für die Politik des NS-Regimes blieb in den Westzonen letztlich wirkungslos.

Nach der anfänglichen Schließung der Gerichte und Entlassung des Justizpersonals gelang es nicht, die Gerichte mit überwiegend unbelasteten Juristen personell zu erneuern (Miquel 2001). Der Bedarf an qualifiziertem juristischem Fachpersonal, Richtern und Staatsanwälten, konnte nicht durch die Mobilisierung anderer Personalressourcen (von unbelasteten Anwälten, 1933 aus dem Justizdienst Entlassenen, vor 1933 pensionierten Juristen und von Remigranten) gedeckt werden. Der Bedarf an erfahrenen Fachjuristen, parallel dazu die Abschwächung der Entnazifizierungsverfahren – spätestens nachdem deren Durchführung in Spruchkammerverfahren 1947 deutschen Stellen übergeben

---

P. Rütters (✉)
Otto-Suhr-Institut für Politikwissenschaft, Freie Universität Berlin, Berlin, Deutschland
E-Mail: ruetters@zedat.fu-berlin.de

© Springer Fachmedien Wiesbaden GmbH, ein Teil von Springer Nature 2020
W. Reutter (Hrsg.), *Verfassungsgerichtsbarkeit in Bundesländern,*
https://doi.org/10.1007/978-3-658-28961-4_5

worden war –, eine offensichtlich hohe Bereitschaft unter den Juristen, entlastende Erklärungen für Kollegen abzugeben („Persilscheine"), sowie von juristischer Finesse geprägte Widerspruchsverfahren trugen dazu bei, dass es zu einer Wiedereingliederung belasteter Juristen (zu einem hohen Anteil NSDAP-Mitglieder und Mitglieder anderer NS-Organisationen wie dem NS-Rechtswahrerbund) in das Justizsystem kam. Die Weichen für diese Entwicklung wurden bereits im Herbst 1945 gestellt, indem mit der sogenannten Huckepack-Klausel bei Neueinstellungen die Hälfte der Juristen auch (formal) belastete Personen sein konnten (Mitglieder der NSDAP oder einer Nebenorganisation). Nach der Gründung der Bundesrepublik erweiterte das „Gesetz zur Regelung der Rechtsverhältnisse der unter Artikel 131 des Grundgesetzes fallenden Personen" vom 11. Mai 1951 den vom Parlamentarischen Rat intendierten Kreis der Betroffenen (v. a. Flüchtlinge und Vertriebene) deutlich und schuf die Möglichkeit für belastete Juristen der NS-Zeit, in den Justizdienst zurückzukehren (Wengst 1988, S. 152–252).

Ein Ergebnis dieser sich einander verstärkenden Prozesse bestand darin, dass rund 80 % der Richter fast aller Gerichtsebenen ihre juristische Karriere der NS-Zeit spätestens nach Gründung der Bundesrepublik fortsetzen konnten (Herbst 2013). Ein nicht geringer Teil von ihnen hatte die Juristenausbildung und juristische Praxis bereits in der Zeit des Kaiserreichs oder während der Weimarer Republik absolviert und gehörte zu den circa 85 % der im Justizdienst am Ende der Weimarer Republik beschäftigten Juristen, die ihre Tätigkeit nach 1933 überwiegend durch Anpassung an die politisch-institutionellen Anforderungen des NS-Regimes im Justizdienst fortsetzen konnten. Politisch (v. a. Sozialdemokraten, einige Liberale und manche Zentrumsanhänger) und nach den Rassenvorstellungen des Nationalsozialismus (in erster Linie Personen jüdischer Herkunft) nicht in die NS-Ideologie passende Juristen stellten die 15 %, die u. a. mit Hilfe des Gesetzes zur Wiederherstellung des Berufsbeamtentums vom 7. April 1933 aus dem Justizdienst des NS-Regimes entlassen wurden oder aufgrund der seit der „Machtergreifung" der NSDAP am 30. Januar 1933 einsetzenden Repressionsmaßnahmen emigrieren mussten.

Die – abgesehen von einer zeitlichen Verzögerung in den ersten Nachkriegsjahren – fast bruchlose Kontinuität der Berufskarrieren der juristischen Funktionselite im Staatsdienst von der NS-Zeit zur Bundesrepublik erreichte fast sämtliche Gerichtsebenen, die Justizverwaltung und die Justizministerien ebenso wie andere staatliche Institutionen (Bösch und Wirsching 2018; Conze et al. 2010). Eine Ausnahme bildete (anfangs) das erst 1951 gegründete Bundesverfassungsgericht (BVerfG) (Rottleuthner 2010). Von der personellen Erstausstattung des BVerfG waren von den insgesamt 24 Richtern, die vom Bundestag oder vom Bundesrat mit Zwei-Drittel-Mehrheit gewählt werden mussten, mehr als ein Drittel aus politischen Gründen und/oder aus Gründen der NS-Rassengesetze sanktioniert oder verfolgt worden, zur Emigration gezwungen gewesen oder konnten sich anderweitig Repressionsmaßnahmen des NS-Systems entziehen (Stolleis 2012, S. 146–155). Auch die meisten anderen 1951 ins Richteramt gewählten Verfassungsrichter vermochten Distanz zum Nationalsozialismus zu wahren (Rottleuthner 2010, S. 86–94).

Im Gegensatz zum Bundesverfassungsgericht, das entsprechend seiner hochrangigen rechtlichen, politischen und gesellschaftlichen Bedeutung nicht nur eine intensive juristische Beachtung gefunden hat, sondern auch Gegenstand geschichts- und politikwissenschaftlicher Untersuchungen geworden ist, verharren die nach 1945 gegründeten Staats- und Verfassungsgerichte der Länder in den Westzonen bzw. der Bundesrepublik im Windschatten dieser Beachtung (Starck und Stern 1983; Reutter 2017). Dies gilt, was nicht überraschen dürfte, auch für die Frage, ob und wie weit sich die personelle Ausstattung dieser Gerichte von den erwähnten hochgradigen personellen Kontinuitäten der Richterschaft vom Nationalsozialismus zu den Nachkriegsgesellschaften und zur Bundesrepublik unterscheidet. Systematische Untersuchungen über die personelle Ausstattung der Landesverfassungsgerichte fehlen. Dieses Desiderat kann in diesem Beitrag nicht kompensiert werden. Ziel (und Möglichkeit) dieses Aufsatzes ist es, schlaglichtartig, an einigen Beispielen von Landesverfassungsgerichten, der Frage nachzugehen, ob die für das Justizsystem hochgradige, die politischen Systeme übergreifende personelle Kontinuität angesichts der Bedeutung von Verfassungsgerichten durchbrochen wurde oder ob die spezifische Regelung der personelle Rekrutierung, verbunden mit anderen Besetzungsvorschriften, mit dazu beigetragen hat, eine personelle Kontinuität zwischen den politischen Systemen zu ermöglichen.

Dieser Problematik soll im Folgenden nachgegangen werden. Zunächst werden die Debatten und Regelungen in den (Bundes-)Ländern vorgestellt, wobei Maßnahmen, mit denen die Einsetzung von ns-belasteten Personen (Juristen/Richtern) als Staats- und Verfassungsrichter verhindert werden sollten, eine besondere Beachtung finden werden (1). Explorativ und exemplarisch (an vier Staats- und Verfassungsgerichten von Ländern) soll danach untersucht werden, in welchem Maße diese Einrichtungen sich durch einen personellen Kontinuitätsbruch mit der ns-belasteten Richterschaft auszeichnen (2). Im Fazit soll resümiert werden, warum trotz „guter Vorsätze" in den unmittelbaren Nachkriegsjahren auch für die Staats- und Verfassungsgerichte der Länder eine die politischen Systeme übergreifende personelle Kontinuität überwog (3).

1 Staats- und Verfassungsgerichte in der Nachkriegsperiode: verfassungsrechtliche und einfachgesetzliche Grundlagen

Sowohl die Beratung über Landesverfassungen und deren Verabschiedung als auch die Entscheidung über die Einrichtung von Staats- und Verfassungsgerichtshöfen hing vor der Gründung der Bundesrepublik vor allem von den jeweiligen Besatzungsmächten ab (vgl. Tab. 1). In der britischen Besatzungszone wurden zwar 1946 die späteren Bundesländer Niedersachsen, Nordrhein-Westfalen, Schleswig-Holstein, Hamburg und Bremen (das 1947 der amerikanischen Zone eingegliedert wurde) eingerichtet, zu einer abschließenden Verfassunggebung kam es jedoch bis zur Gründung der Bundesrepublik am 23. Mai 1949 nicht (Pfetsch 1990, S. 194–213). Die im Herbst 1946 (Hamburg, Bremen) und im Frühjahr 1947 (NRW, Niedersachsen, Schleswig-Holstein) gewählten Landtage arbeiteten anfangs auf der Grundlage einer „vorläufigen Verfassung" oder von „Notverfassungen", die von den ernannten Landtagen (Bürgerschaft) im Einvernehmen mit der Militärregierung beschlossen worden waren. Die „vorläufigen" Verfassungen sahen, entsprechend den Vorgaben der britischen Militärregierung, keine Staats- oder Verfassunggerichte vor (Fiedler 1983, S 106), was die 1946/47 gewählten Landesparlamente jedoch nicht hinderte, die Verfassunggebung vorzubereiten und in diesem Zusammenhang auch die Notwendigkeit von Verfassungsgerichten und gegebenenfalls deren Aufgaben und Organisation zu debattieren (Fiedler 1983). Festlegungen insbesondere über die personelle Zusammensetzung der Mitglieder der VerfGH/StGH, deren Bestellung oder Wahl sowie über Vorkehrungen gegen Juristen mit einschlägiger Belastung durch ihre Tätigkeit während des NS-Regimes konnten erst nach 1949 erfolgen.

In den beiden anderen Besatzungszonen fand die Verfassunggebung, gefordert von der französischen und der amerikanischen Militärregierung, bereits 1946 und 1947 statt. Deren Vorgaben sahen nicht zwingend vor, Staats- oder Verfassungsgerichtshöfe einzurichten. Dennoch wurden in den Verfassungsberatungen dieser Länder deren Einrichtung erörtert und beschlossen. Auch wenn hierbei auf Traditionen der Staatsgerichtsbarkeit in einzelnen Ländern Bezug genommen wurde, können die VerfGH und StGH nicht „als unmittelbare institutionelle Fortführung" gesehen werden (Fiedler 1983, S. 110).

Interventionen der Besatzungsmächte beschränkten sich nicht auf Grundsatzentscheidungen im Zuge der Verfassunggebung, sondern erfassten auch die Gesetzgebung zur Organisation und zum Verfahren der Staats- und Verfassungsgerichte. Neben Fragen der Kompetenzausstattung (v. a. Verfassungsbeschwerde) betraf

Tab. 1 Staats-/Verfassungsgerichte in den Ländern nach 1945 (bis 1959)

Land	Verfassung	Gesetz über StGH/VerfGH	Regelung wg. NS-Belastung	Mitglieder des StGHG/VerfGH			
				Alle	BR	LR	Qua Amt
Amerikanische Besatzungszone							
• Bayern	02.12.1946	22.07.1947	–	35	20	15	Präsident
• Württemberg-Baden	28.11.1946	18.08.1948	Ja	9	4	5	4
• Bremen	21.10.1947	17.06.1949	–	7	3	4	3
• Hessen	01.12.1946	12.12.1947	Ja	11	5	6	–
Britische Besatzungszone							
• Hamburg[a]	06.06.1952	02.10.1953	–	9	3	6	3
• Niedersachsen[b]	13.04.1951	31.03.1955	–	9	3	6	–
• Nordrhein-Westfalen	18.06.1950	04.03.1952	–	7	3	4	3
Französische Besatzungszone							
• Rheinland-Pfalz	18.05.1947	23.07.1949	–	9	4	5	4
• Saarland (I)	17.12.1947	19.07.1950/10.04.1954	–	17	4	13	–
• Saarland (II)[c]	20.12.1956	17.07.1958	–	7	2	5	2
• Württemberg-Hohenzollern	18.05.1947	11.01.1949	–	9	4	5	3

(Fortsetzung)

Tab. 1 (Fortsetzung)

| Land | Verfassung | Gesetz über StGH/VerfGH | Regelung wg. NS-Belastung | Mitglieder des StGHG/VerfGH | | | |
				Alle	BR	LR	Qua Amt
• Baden (StGH)	18.05.1947	07.09.1948	–	5	5	–	–
• Baden (Hoher StGH)[d]	18.05.1947	07.09.1948	–	7	–	–	7
Baden-Württemberg[e]	11.11.1953	13.12.1954	–	9	3	6	–

[a]Die Vorläufige Verfassung von Hamburg (1946–1952) sah keinen VerfGH vor.

[b]Die Notverfassung in Niedersachsen (1947–1951) sah keinen VerfGH vor.

[c]Am 20.12.1956 novellierte Verfassung, die u. a. die Abschaffung der Verfassungskommission und die Kompetenzausweitung des Verfassungsgerichts regelte, vgl. *Amtsblatt des Saarlandes,* 1956, Nr. 130 vom 31.12.1956, S. 1657.

[d]Zuständigkeit des Hohen Staatsgerichtshofs von Baden: Anklage gegen den Staatspräsidenten oder ein anderes Mitglied der Landesregierung wegen Verletzung der Verfassung oder eines anderen Gesetzes (Art. 87 und 88 der Verfassung von Baden), § 4 Landesgesetz über die Staatsgerichtsbarkeit vom 7.9.1948. *Badisches Gesetz- und Verordnungsblatt,* 3. Jg., 1948, Nr. 35 v. 9.10.1948, S. 154–158.

[e]Die Verfassung von Baden-Württemberg ersetzte die Verfassungen von Württemberg-Baden, Württemberg-Hohenzollern und (Süd-) Baden. Deren Verfassungsgerichte wurden zunächst zusammengelegt, indem mit dem Überleitungsgesetz vom 15.2.1952 ein „Vorläufiger Staatsgerichtshof" geschaffen wurde, der bis 1955 bestand, als sich der Baden-Württembergische Staatsgerichtshof konstituierte, basierend auf dem Gesetz vom 13.12.1954 (Obrecht 2017, S. 29).

[f]BR = Berufsrichter; LR = Laienrichter (Verfassungsrichter ohne Richteramt im Hauptberuf; Professoren, Rechtsanwälte und ohne Befähigung zum Richteramt).

Quelle: Eigene Erhebung und Zusammenstellung.

dies die Wahl der Verfassungsrichter und deren Qualifikation sowie Kompatibilitätsregeln mit Funktionen in anderen Verfassungsorganen (Fiedler 1983, S. 111). Gerichtet waren solche Interventionen u. a. gegen frühe Bestrebungen in den Verfassungsberatungen und bei den Debatten über die Organisationsgesetze für die Staats- und Verfassungsgerichtshöfe, das „Laienelement" gegenüber Berufsrichtern zu stärken. Zweifel bestanden in diesen frühen Beratungen an der politischen, der Demokratie verpflichteten Vertrauenswürdigkeit und Zuverlässigkeit vieler Berufsjuristen. Nicht ohne Grund wurden vielen von ihnen nicht nur von sozialdemokratischen und kommunistischen Abgeordneten der Landesparlamente eine antidemokratische Haltung während der Weimarer Republik und eine zumindest opportunistische Anpassung an das NS-Regime attestiert. Skepsis bestand auch gegenüber der Fähigkeit von Berufsrichtern, den politischen Anforderungen, die mit den Aufgaben eines Verfassungsgerichts verbunden waren, gerecht werden zu können (Fiedler 1983, S. 121 f.).

Für die Ausgestaltung der Staats- oder Verfassungsgerichte war eine Anzahl von Aspekten zu berücksichtigen, die mit erheblichen Unterschieden in den Verfassungsvorschriften und in den Ausführungsgesetzen Berücksichtigung fanden. Nicht jeder dieser Aspekte hatte unmittelbare Relevanz für den Zweck, Personen für das Amt des Verfassungsrichters zu verhindern, die aktiv mit dem NS-Regime verbunden waren und sich in einschlägiger Weise engagiert hatten.[1] Trotz manch kritischer Debatte während der Verfassunggebung über die politische und demokratische Eignung von Berufsrichtern für die Wahrnehmung der Aufgaben eines Verfassungsrichters mag es erstaunen, dass in den meisten Verfassungen und den jeweiligen Ausführungsgesetzen für die Einrichtung von Staats- oder Verfassungsgerichten keine expliziten Regelungen für eine Überprüfung der Kandidaten für das Richteramt an einem Staats- oder Verfassungsgericht hinsichtlich ihrer Positionen und Aktivitäten während der NS-Zeit aufgenommen wurden. Auf Ergebnisse von Entnazifizierungs- und Spruchkammerverfahren wurde ausdrücklich nur in zwei Ausführungsgesetzen in der US-Zone, in Hessen und in Württemberg-Baden, Bezug genommen.[2] Ansonsten finden sich nur noch in den

---

[1]Bezugspunkt war in der Regel die Direktive Nr. 24 des Kontrollrats vom 12.1.1946: Entfernung von Nationalsozialisten und Personen, die den Bestrebungen der Alliierten feindlich gegenüberstehen, aus Ämtern und verantwortlichen Stellungen.

[2]Vgl. für Württemberg-Baden: Gesetz Nr. 154 über den Staatsgerichtshof vom 18.8.1948, Art. 3, Abs. 3 (Regierungsbl. 1948, Nr. 16, 30.9.1948, S. 121) – hier nur bezogen auf „nichtrichterliche Mitglieder des Staatsgerichtshofs"; für Hessen: Gesetz über den Staatsgerichtshof vom 12.12.1947, § 50 (GVBl. für das Land Hessen, 1948, Nr.1/2, 10.1.1948, S. 3).

bei der Ernennung geforderten Eidesformeln Verpflichtungen, die Grundsätze der Verfassung (gegebenenfalls auch des Grundgesetzes) zu wahren und für die Demokratie einzutreten.

Hürden gegen einen nicht gewünschten Einfluss von politisch skeptisch betrachteten Berufsrichtern – und letztlich auch gegen eine (fast) bruchlose Karrierekontinuität der Juristen und Richterschaft vom Nationalsozialismus in die nach dem Ende des Zweiten Weltkriegs neu geordneten politischen Verhältnisse – wurden vor allem durch organisatorische Regulierungen errichtet, was an drei Beispielen (Saarland, Bayern und Baden) skizziert werden soll.

Saarland: Im Saarland diente hinsichtlich der in Zweifel gezogenen politischen und demokratischen Zuverlässigkeit von Berufsrichtern die Funktionstrennung von Verfassungskommission (VK) und Verfassungsgerichtshof (VerfGH) dazu, die wesentlich politisch gedachte Aufgabe der Normenkontrolle der Verfassungskommission zu überlassen. Deren Mitglieder sollten ausschließlich (so zunächst die Regelung der Verfassung) oder – so die Regelung des Ausführungsgesetzes von 1950 – überwiegend vom Parlament gewählte Abgeordnete sein.[3] Den im Ausführungsgesetz von 1950 für die VK vorgesehenen vier außerordentlichen Mitgliedern, die zum Richteramt oder zum höheren Verwaltungsdienst befähigt sein sollten, wurde nur eine beratende Rolle zugewiesen. Mit der Gesetzesänderung von 1951 erfuhren diese außerordentlichen Mitglieder der VK eine funktionale Gleichstellung mit den Parlamentsmitgliedern in der VK; deren Bestellung sollte nunmehr durch die Landesregierung erfolgen.[4] Die Prüfung der politischen und demokratischen „Zuverlässigkeit" der Mitglieder der VK lag in den Händen des Landtags und der Landesregierung und war folglich von deren (veränderlichen) Zusammensetzung nach einer Wahl beeinflusst. Im Saarland führte die Landtagswahl im Dezember 1955 nach der Volkabstimmung über das Saarstatut und der Zulassung von Parteien, die für den Beitritt des Saarlandes zur Bundesrepublik und gegen eine enge wirtschaftliche und politische Kooperation mit Frankreich votierten, zu einer fast hundertprozentigen Änderung der personellen Zusammensetzung der VK im Jahr 1956 und im weiteren zu deren Abschaffung und Ersetzung durch den bis Mitte der 1950er Jahre noch nicht etablierten Verfassungsgerichtshof (VerfGH). Verbunden war mit der zweiten Veränderung (Abschaffung der VK und Alleinstellung des VerfGH), dass der Präsident des Oberlandesgerichts (OLG) qua Amt Mitglied und Präsident des neu geschaffenen VerfGH wurde.

---

[3]Vgl. Verfassung des Saarlandes vom 15.12.1947. *Amtsbl.* 1947, 67, S. 1077; Gesetz über die Verfassungskommission des Saarlandes vom 19.7.1950. Amtsbl. 1950, 54, S. 82.

[4]Vgl. § 1 Gesetz zur Abänderung des Gesetzes über die Verfassungskommission des Saarlandes vom 10.7.1951. *Amtsbl.* 1951, 35, S. 945.

Bayern: Zwar keine institutionelle Differenzierung nach Aufgabenbereichen, sondern eine Auffächerung der Zusammensetzung der Richterschaft nach Regelungsbereichen wurde 1946/47 für den Bayerischen Verfassungsgerichtshof (BayVerfGH) etabliert (Art. 60–69 BayVerf a. F.; BayVerfGHG a. F.). Doch teilte diese Regelung nicht die Skepsis gegenüber einem als politisch unsachgemäß befürchteten Eingriff in das Gesetzgebungsprivileg des Parlaments durch Berufsrichter, die im Saarland zur institutionellen Differenzierung Anlass gab. Insbesondere für Normenkontrollverfahren und Verfassungsbeschwerden gegen Gesetze und Verordnungen wurde eine VerfGH-Kammer eingerichtet, die sich ausschließlich aus neun Berufsrichtern (dem Präsidenten des BayVerfGH und acht weiteren Berufsrichtern, davon drei von einem Verwaltungsgericht) zusammensetzen sollte. Die beiden anderen Kammern, die sich zum einen mit Minister- und Abgeordneten-Anklagen, zum anderen mit Parteiverbotsanträgen, Wahl- und Mandatsprüfung, Organstreitigkeiten, Verfassungsbeschwerden wegen Verletzung von verfassungsmäßigen Rechten durch eine Behörde zu befassen haben, setzten sich aus neun Berufsrichtern und neun „weiteren Mitgliedern" bzw. vier Berufsrichtern und fünf „weiteren Mitgliedern" zusammen. Von den „weiteren Mitgliedern" wurde verlangt, dass sie „in der Regel die Befähigung zum Richteramt haben oder Lehrer der Rechtswissenschaft an einer bayerischen Universität sein" sollten. Inkompatibilität mit dem Landtagsmandat wurde nur für die als Berufsrichter dem BayVerfGH angehörenden Richter festgelegt (§§ 3–7 BayVerfGHG a. F.). Als Mittel einer politischen Kontrolle gegenüber den Berufsrichtern diente allein deren Wahl durch den Landtag. Hinsichtlich der Berufsrichter wurde die Wahlfreiheit des Landtags durch Bestimmungen der Verfassung und des Ausführungsgesetzes begrenzt. Der Präsident des BayVerfGH musste aus dem Kreis der Präsidenten der bayerischen OLG bestimmt werden; für die übrigen Berufsrichter finden sich Vorgaben, dass einige von ihnen dem Verwaltungsgerichtshof angehören müssen.

Baden: Eine institutionelle Differenzierung wurde auch in Baden festgelegt. Neben dem Staatsgerichtshof, der über Normenkontrollklagen, Parteiverbot und Grundrechtsverwirkung zu entscheiden hatte und sich aus fünf vom Landtag zu wählenden Berufsrichtern zusammensetzte, wurde ein Hoher Staatsgerichtshof eingerichtet, der Anklagen gegen den Staatspräsidenten und Regierungsmitglieder verhandeln sollte und der sich aus sieben vom Landtag gewählten Abgeordneten zusammensetzte (Tabelle).[5] Auch in Baden wurden offensichtlich die saarländischen

---

[5]Streitigkeiten zwischen Gerichten sollten von einem Kompetenzgerichtshof entschieden werden.

Vorbehalte gegen Berufsrichter nicht geteilt, sondern die Verteilung der Zuständigkeit und die Zusammensetzung der Staatsgerichtshöfe nach dem Prinzip der Gewaltentrennung sortiert.

Beinahe ohne Ausnahme[6] setzten sich die Staats- und Verfassungsgerichte aus Berufsrichtern und sonstigen Mitgliedern („Laien", „Beisitzern", „weiteren Mitglieder") zusammen (vgl. Tabelle). Durch das Laienelement sollte der Einfluss der Berufsrichter gehemmt werden und andere als ausschließlich juristische Kriterien in die Rechtsprechung der Staats- und Verfassungsgerichte eingehen. Trotzdem wurde, bezogen auf die „Laien", „weiteren" oder „sonstigen" Mitglieder, eine juristische und fachliche Qualifikation in der Weise verlangt, dass teils für sämtliche, teils für einige Kandidaten die Befähigung zum Richteramt oder zum höheren Verwaltungsdienst gefordert wurde.[7] Sofern diese nicht als Qualifikationsvoraussetzung galt, sollte die Eignung als Mitglieder des StGH/VerfGH zumindest durch „Erfahrung im öffentlichen Leben" ausgewiesen sein.[8]

Ob das Ziel, eine Mitgliedschaft „belasteter" Berufsjuristen in den Landesverfassungsgerichten zu verhindern, erreicht werden konnte, hing nicht zuletzt davon ab, wie die Auswahl- und die Wahlverfahren für die Besetzung der Richterstellen geregelt wurden. Einer direkten politischen Kontrolle durch den Landtag waren die Personalentscheidungen für die Richter entzogen, die qua Amt als amtierende Präsidenten von Oberlandesgerichten oder Oberverwaltungsgerichten die Funktion des Präsidenten eines StGH oder VerfGH zu übernehmen hatten.[9]

---

[6]Ausnahmen sind Baden, dessen Staatsgerichtshof sich ausschließlich aus Berufsrichtern und dessen Hoher Staatsgerichtshof sich nur aus Abgeordneten des Landtags zusammensetzte, sowie Bayern, dessen drei Kammern des Verfassungsgerichtshofs sich unterschiedlich zusammensetzten. Zwei Kammern gehörten Berufsrichter und „weitere Mitglieder" an, eine Kammer, befasst mit Normenkontrollverfahren, bestand ausschließlich aus Berufsrichtern.

[7]Entsprechende Anforderungen wurden u. a. für den Staatsgerichtshof in Baden-Württemberg, den VerfGH in Bayern, Hamburg, Nordrhein-Westfalen und im Saarland (1958) gesetzlich festgeschrieben.

[8]Gesetz über den Staatsgerichtshof vom 31.3.1955, § 2, Abs. 1. *Niedersächsisches Gesetz- und Verordnungsblatt*, 1955, 11 vom 4.4.1955, S. 141; ähnlich auch die Formulierungen in § 4 Landesgesetz über den Verfassungsgerichtshof von Rheinland-Pfalz vom 23.7.1949; § 4 Gesetz über den Staatsgerichtshof von Bremen vom 21.6.1949, oder § 4 Abs. 1 Gesetz über das Hamburgische Verfassungsgericht vom 2.10.1953.

[9]Entsprechende Automatismen finden sich im VerfGH oder StGH in Württemberg-Hohenzollern, Württemberg-Baden, Bremen, Hamburg, NRW, Rheinland-Pfalz und das Saarland (1958); bei einigen StGH und VerfGH erfasst dieser Besetzungsautomatismus für Berufsrichter auch weitere Positionen; in NRW wurden neben dem VerfGH-Präsidenten auch die

Dieser Umstand musste nicht zwangsläufig „belasteten" Richtern den Weg zur Leitung von Verfassungsgerichtshöfen ebnen, solange Entnazifizierungs- und Spruchkammerverfahren effizient waren, sofern die Personalengpässe bei der Reorganisation des Justizwesens nicht dazu führten, das Toleranzniveau gegenüber den NS-Belastungen von Juristen abzusenken (z. B. „Huckepack-Verfahren" in Niedersachsen) (Drecktrah 2008) und soweit nicht eine Art Rückkehrautomatismus auch für (belastete) Juristen in den Staatsdienst etabliert wurde (Art. 131 GG und dessen inflationäre Anwendung mit dem Ausführungsgesetz von 1951).[10] Schließlich ist auch nicht zu übersehen, dass die seit der Gründung der Bundesrepublik 1949 zügig verlaufende Veränderung der politischen und personellen Zusammensetzung der Landesparlamente, in die (u. a.) ehemalige NSDAP-Mitglieder auch über CDU, CSU, SPD und FDP gelangten – ganz abgesehen von rechtskonservativen, offen nationalistischen oder sogar auf eine Revitalisierung nationalsozialistischer Ideologie und Politik setzenden Parteien (SRP, GB/BHE, DP, DKP-DRP) –, dazu beitrug, dass eine anfangs noch vorhandene Sensibilität gegenüber der politisch-ideologischen Belastung der Richterschaft im NS-Staat verloren ging (Klausch o. J.; Klausch 2013; Kartmann 2014).

Bei den nicht qua Amt in ein Staats- oder Verfassungsgericht gelangten Berufsrichtern variierten die Verfahren für die Nominierung, Wahl oder Bestellung. Wenn nicht die Ernennung von Berufsrichtern in der Hand der Landesregierung (so in Hamburg beim Senat) oder des Staatspräsidenten (Württemberg-Hohenzollern) lag, erfolgte die Wahl der Berufsrichter, aber auch der weiteren Mitglieder durch das Landesparlament. Sofern eine konkrete

---

beiden weiteren Berufsrichter-Positionen durch die beiden lebensältesten Präsidenten der Oberlandesgerichte besetzt. Ähnlich erfolgte im Saarland für den VerfGH (1956/1959) die Besetzung der zweiten Position für den Berufsrichter qua Amt mit dem amtierenden Präsidenten des OVG.

[10]Als exemplarisch kann die ex officio Bestellung von Erich Lawall, der von 1956–1964 Präsident des OLG Saarbrücken war, zum Präsidenten des saarländischen VerfGH angesehen werden; Lawall hatte während der NS-Zeit eine mäßige juristische, aber die politischen Anforderungen der NSDAP unterstützende Karriere durchlaufen, sein besonderes Engagement zeigte er bei seinen Aktivitäten als Wehrmachtsoffizier während des Zweiten Weltkrieges. Seine juristische Karriere konnte er nach 1945, verzögert durch Inhaftierung und Verurteilung in einem Kriegsgerichtsprozess in Jugoslawien, erst 1950/51 wieder aufnehmen, nachdem seine Einstufung als „Mitläufer" (Kategorie IV) in einem Spruchkammer-Verfahren in Saarbrücken (1950) ein Jahr später von einer Düsseldorfer Entnazifizierungskammer (1951) in die Kategorie V „Entlasteter" herabgestuft wurde (Köckritz 2011, S. 251–259).

Regelung für eine Auswahlliste für Berufsrichter bestand (z. B. Vorschlagsliste des OLG in Württemberg-Baden, Beschränkung des Kandidatenkreises für die Wahl des Präsidenten des VerfGH auf die Präsidenten der OLG in Bayern; Kreis der Gerichts- und Senatspräsidenten für die Wahl der drei Berufsrichter in Niedersachsen; Vorschlagsliste des Präsidenten des Landesverwaltungsgerichts für die Wahl von drei Berufsrichtern in Rheinland-Pfalz), handelt es sich um Vorgaben, die einen kleinen Kreis von Berufsrichtern umfassten oder um die Benennung einer vorschlagenden Instanz. Durch diese Vorgaben und Vorschläge für die Wahl der Berufsrichter wurden die personelle Auswahl und der Entscheidungsspielraum für die Landesparlamente erheblich eingeschränkt.

Hinsichtlich der „weiteren Mitglieder" bestanden für die Landesparlamente geringere Vorgaben. Die Qualifikationsanforderungen, sofern nicht die Befähigung zum Richteramt oder zum höheren Verwaltungsdienst verlangt wurde, beschränkten sich meist auf die Anforderung von „Erfahrungen im öffentlichen Leben". Die konkreten Wahlvorschläge, sofern in den Ausführungsgesetzen eine Regelung festgelegt wurde, sollten von Fraktionen, Parteien, einem Landtagsausschuss oder über eine vom Ältestenrat des Parlaments aufgestellte Liste erfolgen. Auch die jeweils festgelegten Quoren für die Richterwahl – einfache, absolute oder qualifizierte Mehrheit – konnten den Entscheidungsprozess dahin lenken, dass bei der Wahl der Verfassungsrichter der Parteienproporz im jeweiligen Landesparlament berücksichtigt werden musste oder Kompromisse erforderlich wurden.

Weder die Verfahren für die Bestellung oder Wahl der Berufsrichter noch die für die Auswahl und Wahl der Laienrichter waren für sich ausreichend für ein Auswahl- und Kontrollverfahren, mit dem Personen mit erheblicher Belastung aufgrund ihrer Positionen und Aktivitäten im NS-System als Verfassungsrichter verhindert werden konnten. Entscheidend für eine wirksame politische Kontrolle blieben letztlich die Abgeordneten der Parlamente und die Mitglieder der Regierungen der Länder und bis zur Gründung der Bundesrepublik auch die jeweilige Militärregierung.

2 Personelle Kontinuität und Neuanfang in den nach 1945 neu geschaffenen Staats- und Verfassungsgerichtshöfen

Ähnlich wie beim Bundesverfassungsgericht handelte es sich bei den Staats- und Verfassungsgerichten der Länder trotz einiger Vorläuferorganisationen um neu geschaffene Institutionen hinsichtlich der Organisation, der Kompetenzen und der personellen Ausstattung. Ähnlich wie beim Bundesverfassungsgericht eröffneten diese Konstitutionsbedingungen die Chance für eine „unbelastete" Personalausstattung der Staats- und Verfassungsgerichte, da eine personelle Kontinuität oder rasche Rückkehr von Richtern, die durch ihre Berufskarriere und ihre Berufspraxis während der NS-Zeit als belastet gelten konnten, nicht bestand. Im Unterschied zum Bundesverfassungsgericht, das nur gewählte Richter kennt, die hauptamtlich diese Funktion ausüben, zeichnen sich die Staats- und Verfassungsgerichtshöfe der Länder durch eine teils nebenamtliche (bei Berufsrichtern), teils nebenberufliche und ehrenamtliche Ausübung der Richterpositionen („Laienrichter") aus. Hinzu kommt noch bei verschiedenen Landesverfassungsgerichten die Besetzung des Gerichtsvorsitzes (häufig) qua Amt, was eine Wahlentscheidung durch das Landesparlament ausschließt oder verengt. Die in Debatten der Landesparlamente geäußerten Vorbehalte gegen Berufsrichter aufgrund ihrer konservativen bis antidemokratischen Positionen während der Weimarer Republik und wegen ihrer verbreiteten Anpassung an das NS-Regime konnte nur bedingt umgesetzt werden gegen Vorgaben der amerikanischen und der französischen Militärregierungen, die eine hohe fachliche Kompetenz in den Verfassungsgerichten sichergestellt sehen wollten.

Angesichts fehlender Vorarbeiten (und zeitlich begrenzter Recherchemöglichkeiten) soll im Folgenden eher explorativ als exemplarisch anhand der Personalausstattung von vier Staats- und Verfassungsgerichtshöfen der Länder – Bremen, Rheinland-Pfalz, Nordrhein-Westfalen und Niedersachsen – der Kontinuitätsproblematik nachgegangen werden. Die Auswahl kombiniert die Repräsentation der drei hier zu berücksichtigenden Besatzungszonen und die zeitliche Dimension vor und nach der Gründung der Bundesrepublik hinsichtlich der Konstituierung der Landesverfassungsgerichte. Basis der Darstellung sind nur publizierte Informationen in Sekundärstudien oder anderen öffentlich zugänglichen Quellen; nicht recherchiert wurde in Personal-, Entnazifizierungs- und Wiedergutmachungsakten.

2.1 Bremen – Staatsgerichtshof (BremStGH)

Die Bremer Verfassung von 1947 (Art. 139 f.) und das Ausführungsgesetz vom 21. Juni 1949 (BremStGHG) legten die Anzahl der Richter des BremStGH auf sieben fest sowie eine gleiche Anzahl von Stellvertretern (Ketelhut 2017, S. 134–136). Um dem (partei-)politischen Einfluss bei der Bestellung der Richter Geltung zu verschaffen – durchaus geprägt von Skepsis gegenüber der Einstellung der Richterschaft zur pluralistischen Gesellschaft und Demokratie angesichts

deren zweifelhafter Rolle während der Weimarer Republik und der system-
stützenden Funktion während der NS-Zeit – wurde nur eine Richterposition qua
Amt besetzt durch den Präsidenten des höchsten bremischen Gerichts, das war
der Präsident des Oberlandesgerichts. Sechs Richter waren von der Bürgerschaft
zu Beginn jeder Legislaturperiode zu wählen, davon zwei Berufsrichter, um die
fachliche Expertise des Gerichts zu gewährleisten, die aber auch von den vier
weiteren Mitgliedern in der Weise verlangt wurde, dass sie „geeignete Kenntnisse
und Erfahrungen im öffentlichen Recht" haben sollten. Angeregt wurde auch,
dass bei der Auswahl der ins Richteramt zu wählenden Kandidaten möglichst alle
Parteien (Fraktionen) nach ihrer Stärke berücksichtig werden sollten. Nicht mehr-
heitsfähig bei der Gesetzesberatung war der Vorschlag, ehemalige Mitglieder der
NSDAP oder deren Nebenorganisationen als Richter am BremStGH auszuschließen, stattdessen wurde die Verpflichtung auf die „demokratische Staatsform im
Sinne der Landesverfassung" (§ 4 BremStGHG) verlangt.[11]

Für den hier berücksichtigten Zeitraum zwischen 1949 und Mitte der 1970er
Jahre dominierte die SPD die Bürgerschaft und den Senat von Bremen in Koali-
tionen mit der Bremer Demokratischen Volkspartei (1945–1951), die sich 1951
der FDP anschloss, der FDP als beständiger Koalitionspartner bis 1971 und
mit zeitweiliger Beteiligung der CDU (1951–1959). Aufgrund der Vorgaben
des Staatsgerichtshofgesetzes für die Zusammensetzung der Richterschaft, der
Koalitionsbildungen in der Bremer Bürgerschaft sowie einer bereits gegen Ende
der 1940er Jahre wachsenden Toleranz auch gegenüber Juristen, die aus Überzeugung oder aus Opportunismus im NS-System ihre berufliche Karriere verfolgten, veränderte sich seit Anfang der 1950er Jahre die Zusammensetzung der
Richterschaft des BremStGH. Zunehmend fanden sich bereits seit 1951 (3. Wahlperiode) Juristen in diesem Gericht, die ihre berufliche Karriere in der NS-Zeit
begannen oder zu intensivieren vermochten, ob nun karriere-opportunistisch oder
wegen einer politisch-gesellschaftlichen Übereinstimmung mit dem autoritären,
nationalistischen und völkischen Charakter des NS-Regimes.

Von den 22 Mitgliedern des BremStGH (ohne Stellvertreter), die der hier
beachteten Altersgruppe (geboren vor 1920) angehörten, finden sich nicht für
jeden veröffentlichte detaillierte biografische Angaben. Daher kann hier nur auf

---

[11]Bereits bei der Besetzung der Spruchkammern im Rahmen der Entnazifizierungsverfahren bestand 1947/48 das Problem, Juristen in Bremen zu finden, die die Voraussetzung
erfüllten, völlig unbelastet zu sein und als Gegner des Nationalsozialismus und Militaris-
mus bekannt waren; in Bremen galten die meisten Juristen in diesem Sinne als belastet und
nur ca. 12 % „ohne Belastung" (Richter 1992, S. 44).

Zwischen Kontinuität und Neubeginn … 115

besonders markante Veränderungen hingewiesen werden, ausgehend von der Zusammensetzung des BremStGH, wie er erstmals 1949 bestellt wurde.

Unter den sieben Richtern des 1949 konstituierten BremStGH finden sich Juristen wie der bekannte Staatsrechtler *Walter Jellinek* (1885–1955), der 1935 u. a. mit Hilfe der NS-Rassengesetze aus seiner Professur an der Universität Heidelberg gedrängt wurde, oder *Wolfgang Abendroth* (1906–1985), der wegen seines Widerstands gegen das NS-Regime u. a. zu einer vierjährigen Zuchthausstrafe verurteilt worden war und danach berufliche Beschränkungen erfuhr. Zum Zeitpunkt seiner Ernennung war Abendroth noch Professor für öffentliches Recht und Politik an der Hochschule Wilhelmshaven-Rüstersiel und Jellinek war Hochschullehrer in Heidelberg, Mitglied des Verwaltungsgerichtshofs und des Staatsgerichtshofs in Württemberg-Baden. *Kurt Supplieth,* ein Möbeltischler, wurde – wahrscheinlich auf Vorschlag der KPD – in den BremStGH gewählt. Ähnlich renommiert wie Walter Jellinek war der Völkerrechtler *Rudolf Laun* (1982–1975), der u. a. ab 1919 als Hochschullehrer die juristische Fakultät der neu gegründeten Universität Hamburg aufbaute und neben seiner Professur auch als Richter am Hamburgischen Oberverwaltungsgericht tätig war. Trotz seiner pazifistischen Einstellung und seiner SPD-Mitgliedschaft seit 1922 gelang es ihm, während der NS-Zeit, wenn auch mit Begrenzungen seines wissenschaftlichen Wirkungsfeldes, seinen Lehrstuhl an der Hamburger Universität zu bewahren. Nach 1945 galt er gleichwohl als persönlich und politisch integer und geeignet für eine maßgebende Beteiligung am demokratischen Neuaufbau der Gesellschaft. In diesem Sinne weniger eindeutig scheint die juristische Karriere von *Arnold Appel* (1884–1996) verlaufen zu sein, der vor dem Ersten Weltkrieg sein Jurastudium und die Staatsexamen absolvierte, seit 1915 als Rechtsanwalt und seit 1919 als Amtsgerichtsrat tätig war, bevor er von 1920 bis März 1933 die Funktion des Senatssyndikus (als Staatsrat) in Bremen ausübte; der Entlassung aus dieser Funktion folgte die Versetzung an das Amtsgericht Bremen mit der Funktion eines Amtsgerichtsdirektors (1933–1937) und seit 1937 angeblich in der Funktion eines Amtsgerichtsrats.[12] Etwa zeitlich parallel dazu fungierte er von 1933 bis 1940 als Beisitzer beim OVG Bremen, musste aber von dieser Funktion zurücktreten, nachdem bekannt geworden war, dass er von 1920 bis 1934 einer Freimaurerloge angehört hatte. Vermutet wird, dass er wegen dieses erzwungenen Rücktritts nach 1945 als politisch unbelastet angesehen wurde und eine schnelle juristische Karriere

---

[12]Vgl. den Hinweis auf eine Beteiligung an einem Zwangssterilisation-Verfahren 1934 (nachträglich erfolgte Entmündigung) in: Hesse 2005, S. 391, hier (S. 40, Anm. 64) auch ein Hinweis auf seine Einstufung als „unbelastet" im Juni 1945.

absolvieren konnte: Juni 1945 wieder als Amtsgerichtsrat eingestellt, seit November 1945 zum kommissarischen Präsidenten des Verwaltungsgerichts ernannt, 1947–1953 Präsident des Verwaltungsgerichtshofs. Keine substantiellen Informationen konnten für *Carl Springstub* (1899–1986) gefunden werden, der 1949 aus der Position eines Amtsgerichtsrats in den BremStGH gewählt wurde, in den folgende Jahren zum Verwaltungsgerichtshof-Direktor aufstieg und von 1961–1965 in der Funktion eines Senatsdirektors Stellvertreter des Bremer Senators für Wirtschaft und Außenhandel Carl Eggers (SPD) war. Qua Amt aufgrund der Position des Präsidenten des Hanseatischen Oberlandesgerichts in Bremen wurde *Hellmuth Stutzer* (geb. 1890) zum stellvertretenden Präsidenten des BremStGH ernannt. Er war vor 1945 als Rechtsanwalt tätig und hatte während der NS-Zeit durch seine umsichtige Tätigkeit als Rechtsberater der Jüdischen Gemeinde und Fluchthelfer seine moralische Integrität erwiesen. Nach 1945 wurde er nach der Errichtung des OLG in Bremen (vermutlich) dessen erster Präsident.

Überwiegend weisen die – nicht immer befriedigenden – biografischen Informationen der 1949 bestellten Mitglieder des BremStGH Distanz zum NS-Regime, zu dessen Ideologie und Rechtsverständnis aus.

Mit dem Ausscheiden dieser Mitglieder des BremStGH zwischen 1951 (Walter Jellinek) und 1962 (Wolfgang Abendroth) – parallel zur Rückkehr „belasteter" Juristen in den Justizdienst oder an die Hochschulen – eröffnete sich die Option, freiwerdende Stellen auch mit Juristen zu besetzen, die ihre berufliche Karriere mit deutlicher Affinität zum NS-Regime begonnen oder nach 1933 fortgesetzt hatten. Als kennzeichnend für diese Veränderung kann die Wahl von *Hermann von Mangoldt* (1895–1953) und *Hermann Raschhofer* (1905–1979), aber auch von *Werner Weber* (1904–1976), *Robert Philip Nöll von der Nahmer* (1899–1986) und *Karl Arndt* (1904–1990) in den BremStGH gesehen werden. – *Von Mangoldt,* der im November 1951 in den BremStGH gewählt wurde, hatte seine juristische Ausbildung noch während der Weimarer Republik absolviert, einschließlich der Promotion (1928). Seine wissenschaftliche Karriere, angefangen mit seiner Habilitation (1934), absolvierte er während der NS-Zeit mit außerplanmäßigen und ordentlichen Professuren in Königsberg (1935), Tübingen (1935), Jena (1941) und Kiel (1943 – Lehrstuhl für öffentliches Recht sowie Direktor des Instituts für internationales Recht). Die Affinität zur NS-Ideologie zeigte sich in dieser Karriere, die die Publikation antisemitischer Positionen (Anerkennung der NS-Rassengesetze) einschloss (Mangoldt 1939). Bruchlos vermochte es Hermann von Mangold, seine juristische Karriere als Hochschullehrer an der Universität Kiel ab November 1945 fortzusetzen (als Dekan der Juristischen Fakultät, 1947–1948 als Rektor der Universität) und eine politische Karriere (seit 1946 Mitglied der CDU) aufzunehmen als Mitglied des Landtags von Schleswig-Holstein

Zwischen Kontinuität und Neubeginn ... 117

(1946–1950), für einige Monate im Jahr 1946 als Innenminister von Schleswig-Holstein (Kabinett Theodor Stelzer) und 1948/49 sogar als Mitglied des Parlamentarischen Rates. – *Hermann Raschhofer,* von 1956–1962 Mitglied des BremStGH, absolvierte bereits in den 1920er Jahren eine juristische Ausbildung (Rechts- und Staatswissenschaften) teils in Deutschland, teils in Österreich und schloss das Studium mit beiden Staatsexamen sowie mit den parallel erfolgten Promotionen (Dr. rer. pol. und Dr. jur.) ab. Mit seinen Forschungsschwerpunkten Völkerrecht und Nationalitätenfrage („Volksgruppenrecht") konnte er bereits gegen Ende der Weimarer Republik seine wissenschaftliche Karriere einleiten und mit hoher Affinität zum NS-Regime (Beratung u. a. von Konrad Henlein, Karl Hermann Frank, Hanns Ludin, Theodor Oberländer) in den 1930er und 1940er Jahren mit Erfolg fortsetzen (u. a. 1933–1937 Referent am KWI für ausländisches und öffentliches Recht, Habilitation 1937, Vertretungsprofessur in Göttingen 1937–1939, dann 1940 Professor an der Deutschen Universität in Prag). Ab 1952 war es Raschhofer möglich, seine wissenschaftliche Karriere mit einer Professur an der Universität in Kiel und ab 1955 in Würzburg wieder aufzunehmen; politisch engagierte er sich für die Interessenpolitik der Vertriebenenverbände (v. a. der Sudetendeutschen). – *Werner Weber,* von 1953–1967 Mitglied des StGH[13], hatte sein Jurastudium, das Assessorexamen und die Promotion in der Weimarer Republik abgeschlossen und war danach von 1931–37 als Referent im preußischen Ministerium für Wissenschaft, Kunst und Volksbildung bzw. (seit 1934) im Reichsministerium für Wissenschaft, Erziehung und Volksbildung tätig. Seit 1935 verfolgte er parallel eine wissenschaftliche Karriere als Hochschullehrer für öffentliches Recht an der Wirtschaftshochschule in Berlin, 1942 erhielt er eine Professur an der Juristischen Fakultät der Universität Leipzig. Durch den Beitritt zur NSDAP (1.5.1933) hatte Weber diese Karriere frühzeitig abgesichert, geriet jedoch von Zeit zu Zeit in Konflikt mit Funktionären des NS-Regimes. Wegen seiner NSDAP-Mitgliedschaft wurde Weber nach dem Kriegsende 1945 zunächst entlassen, konnte aber bereits 1946 wieder an der Universität Leipzig und von 1948 bis 1972 an der Göttinger Universität als Hochschullehrer unterrichten. – *Robert Philip Nöll von der Nahmer,* von 1952–1955 Mitglied des StGH, absolvierte während der Weimarer Republik ein Studium der Rechts- und Wirtschaftswissenschaften und schloss beide Fächer mit einer Promotion ab. Nach kurzer Tätigkeit u. a. als Gerichtsreferendar war er von 1926–1934 Direktor des Vereinigten Finanzkontors und der Ostsee-Handels- und Finanzgesellschaft in

---

[13]Werner Weber gehörte von 1957 bis 1976 auch dem niedersächsischen Staatsgerichtshof an.

Berlin. Nach der Habilitation 1934 gelang ihm eine wissenschaftliche Karriere mit wirtschaftswissenschaftlichem Schwerpunkt: an der Universität Breslau als a. o. Professor (1935–1940), dann als ordentlicher Professor an der Hochschule für Welthandelt in Wien (1940–1943). Er war in dieser Zeit Mitglied der von Hans Frank 1933 initiierten Akademie für Deutsches Recht. Nach 1945 konnte er seine wissenschaftliche Karriere mit einer ordentlichen Professur an der Rechts- und Wirtschaftswissenschaftlichen Fakultät der Universität Mainz (1946–1964) fortsetzen. Von 1945 bis 1947 war er auch als Dezernent und Ministerialdirektor im Hessischen Ministerium für Finanzen tätig. – *Karl Arndt*, von 1956–1969 Mitglied des BremStGH, studierte Rechts- und Staatswissenschaften noch während der Weimarer Republik, absolvierte in dieser Zeit das erste (1925) und zweite (1929) Staatsexamen sowie die Promotion (1932). Ab 1929 wurde er in den preußischen Justizdienst (Gerichtsassessor) übernommen und zunächst (bis 1937) für eine Tätigkeit als Referent am Kaiser-Wilhelm-Institut für ausländisches und internationales Recht (Institutsleiter Ernst Rabel, der durch die NS-Rassengesetze 1935 seine Professur an der Humboldt-Universität zu Berlin und 1937 die Institutsleitung verlor und 1939 emigrieren musste und noch konnte) freigestellt. (Als Anpassungsleistung an das NS-Regime war Arndt 1933 Mitglied der SS geworden.) Danach wechselte er als Landgerichtsrat an das Landgericht Berlin, konnte aber 1937/38 für zwei Semester an der Harvard Law School studieren. 1939 (bis zur Einberufung 1943) wurde er als Referent für Zivilrecht und Zivilprozessrecht an die Behörde des Reichsprotektors in Prag abgeordnet; er wurde in dieser Zeit zum Kammergerichtsrat befördert. Nach 1945, im Entnazifizierungsverfahren als „entlastet" eingestuft, konnte er seine wissenschaftliche Karriere als Lehrbeauftragter (1951) und als Honorarprofessor (1959) für ausländisches Recht und internationales Privatrecht wieder aufnehmen, und seine juristische Karriere als Oberlandesgerichtsrat (1950), als Senatspräsident (1951) und Präsident (1956–1969) des Oberlandesgerichts Bremen fortsetzen. Zuvor (1947–1949) gehörte er zum Verteidiger-Team, das Hellmut Becker für den im sogenannten Wilhelmstraßen-Prozess (wichtiger NS-Nachfolgeprozess) angeklagten Diplomaten Ernst von Weizsäcker zusammengestellt hatte (Raulff 2009, S. 384 und 477; Brachmann 2015, S. 204, Fn. 106).

Nur wenige Richter, die nach der ersten „Besetzung" des BremStGH in diese Funktion gewählt wurden, weisen berufliche Karrieren aus, die nicht durch aktive Mitgestaltung des NS-Regimes, dessen Affirmation oder dessen berufsopportunistische Akzeptanz geprägt sind. Zu diesen Mitgliedern des StGH zählen *Alexander Lifschütz* (1890–1969; Präsident des StGH 1956–1969) und *Gustav Heinemann* (1899–1976; Mitglied des StGH 1962–1969). – *Alexander Lifschütz* war bis 1933 als national und international renommierter Rechtsanwalt

Zwischen Kontinuität und Neubeginn ...

in Bremen tätig. Aufgrund der NS-Rassengesetze (jüdische Herkunft) verlor er bereits 1933 seine Zulassung, so dass er 1934 in die Niederlande emigrierte und dort als Anwalt tätig war. Er kehrte nach 1945 nach Bremen zurück. 1947 wurde er vom Bremer Senat zum Vorsitzenden der Berufungskammer für die Entnazifizierung bestellt, anschließend war er für etwa zwei Jahre als Senator für politische Befreiung (1947–1949) mit der schwierigen Aufgabe befasst, die personelle Entnazifizierung der politischen Institutionen Bremens durchzuführen (Richter 1992). – Die politische Biographie und die Position und Haltung von *Gustav Heinemann* gegenüber dem NS-Regime darf als bekannt vorausgesetzt werden.

Für andere hier berücksichtigte Mitglieder des Bremer StGH – den Landgerichtsdirektor *Günther Mehne* (1895–1970; Mitglied des StGH 1953–1956), den Präsidenten des Landessozialgerichts *Harry Rohwer-Kahlmann*[14] (1908–1992; stellvertretender Präsident und Präsident des StGH 1956–1979), den Verwaltungsgerichtsrat *Werner Lang* (1913–1998; Mitglied des StGH 1961–1979), den Präsidenten des Oberverwaltungsgerichts *Conrad Kirchmeyer* (geb. 1908; Mitglied und stellvertretender Präsident des StGH 1967–1971), die Landessozialgerichtspräsidentin *Louise Frentzel* (geb. 1902; Mitglied des StGH 1962–1967), den Präsidenten des Oberlandesgerichts *Walther Richter* (geb. 1916; Mitglied des StGH 1969–1984), den Amtsgerichtsrat *Christoph Friese* (geb. 1912; Mitglied des StGH 1967–1979) sowie den beamteten Staatssekretär *Hans Schäfer*[15] (1910–1980;

---

[14]Für Harry Rohwer-Kahlmann finden sich biografische Hinweise in seiner 1936 publizierten Dissertation „Aufbau und Hoheitsbefugnisse der Reichsfilmkammer", Leipzig 1936; danach war er zu diesem Zeitpunkt Gerichtsreferendar in Halle (Saale); im Vorwort (S. V) der Arbeit verweist er auf seine praktischen Erfahrungen in der „Filmwirtschaft", in der „berufsständischen Filmverwaltung" und in der „unmittelbaren Staatsverwaltung". Die beiden Festschriften, die die „Zeitschrift für Sozialreform" zu seinem 70. und zu seinem 75. Geburtstag 1978 bzw. 1983 veröffentlichte, erwecken den Eindruck, dass seine wissenschaftliche Tätigkeit und sein sozialgerichtliches Engagement voraussetzungslos Anfang der 1950er begann, vgl. *Zeitschrift für Sozialreform*, 24. Jg., 1978, H. 9/10, S. 505–672 sowie 29. Jg., 1983, H. 9/10 (Teil I) und H. 11 (Teil II).

[15]Hans Schäfer absolvierte sein Jura-Studium noch z. T. während der Weimarer Republik und promovierte 1934 mit einer Studie über *„Die Gemeinde in ihrer Mitwirkung bei der Gerichtsbarkeit"*. Als Verwaltungsjurist war er von 1937–1939 im Reichsinnenministerium und von 1942–1945 in der Position eines Oberregierungsrates im Reichsministerium für die besetzten Ostgebiete tätig, unterbrochen durch den Kriegsdienst. Nach 1945 konnte er seit 1947 als Verwaltungsjurist wieder tätig werden, zunächst als Beamter im Justizministerium in Rheinland-Pfalz, seit 1955 im Bundesinnenministerium, phasenweise als beamteter Staatssekretär (1962–1966 und 1969–1971), schließlich als Präsident des Bundesrechnungshofes.

Mitglied des StGH 1969–1979) – finden sich kaum substantielle Angaben über den Verlauf der juristischen Karriere in der Weimarer Republik und in der NS-Zeit.

Die Entwicklung der personellen Zusammensetzung des Bremer StGH seit 1949 zeigt hinsichtlich der „Belastung" der Richter durch ihr Handeln während der NS-Zeit ein mehrschichtiges Bild:

1. Die sieben 1949 gewählten und bestellten Richter des StGH zeichnen sich überwiegend aus durch Distanz zum NS-Regime, durch erfahrene Ausgrenzung, durch Verfolgung und Inhaftierung aufgrund von Widerstandsaktivitäten. Für zwei Mitglieder des StGH konnten keine ausreichenden biografischen Informationen ausgewertet werden.

2. Mit der Ersetzung dieser ersten Richtergruppe zwischen 1951 und 1962 werden, nicht ohne Ausnahmen, vor allem Hochschullehrer in den StGH gewählt, die autoritäre, nationalistische und rassistische Elemente (Ideologie und Politik) des NS-Regimes teilten (Hermann von Mangoldt, 1951–1953; Hermann Raschhofer, 1956–1962) oder zumindest – was nicht immer eindeutig zu belegen ist – durch Beitritt zur NSDAP oder zu NS-Nebenorganisationen karriere-opportunistisch affirmierten (Robert Philip Nöll von der Nahmer, 1952–1955; Werner Weber, 1953–1967). Diesen Hochschullehrern gelang es, während der NS-Zeit die Basis ihrer wissenschaftlichen Laufbahn zu legen und nach 1945 auf dieser Grundlage weiterhin (sehr) einflussreich zu agieren. Zu dieser Gruppe ist auch eine Anzahl von Juristen zu rechnen, die während der NS-Zeit um eine wissenschaftliche Laufbahn bemüht (Karl Arndt, 1956–1969) oder als Verwaltungsjuristen tätig waren (Hans Schäfer, 1969–1979).

3. Für eine größere Gruppe von Juristen (etwa ein Drittel der hier berücksichtigten Mitglieder des StGH) konnten keine aussagekräftigen biografischen Daten für die Zeit vor 1945 gefunden werden (Günther Mehne, 1953–1956; Harry Rohwer-Kahlmann, 1956–1979; Werner Lang, 1961–1979; Conrad Kirchmeyer, 1967–1971; Louise Frentzel, 1962–1967; Walther Richter, 1969–1979; Christoph Friese, 1967–1979).

4. Die vierte Gruppe, die durch ihre Distanz zum NS-Regime biografisch ausgewiesen ist und bei denen die politische Intention der Richterwahl von 1949 auch in den 1950er und 1960er Jahren zum Ausdruck kam, umfasste – soweit biografisch rekonstruierbar – nur noch zwei Juristen: Alexander Lifschütz und Gustav Heinemann.

Da der Anteil der qua Amt in den BremStGH gelangten Juristen mit zwei Personen gering ist, beruht die Auswahl und Bestellung der Mitglieder des StGH ganz überwiegend auf Personalvorschläge der in der Bürgerschaft vertretenen Parteien und auf Personalentscheidungen der Bremer Bürgerschaft. In der markanten personellen Veränderung der Zusammensetzung des StGH seit Anfang der 1950er Jahre drückt sich vor allem eine in der Bürgerschaft und im Senat zunehmende Toleranz gegenüber einer affirmativen Haltung zum NS-Regime bis hin zu dessen aktiver Unterstützung aus. Diese Einstellung wuchs offensichtlich seit der Wahl zur 3. Legislaturperiode (1951–1955), die – mit Ausnahme der KPD – durch alle Parteien Abgeordnete in die Bürgerschaft brachte, die für ein Ende der Entnazifizierungsverfahren eintraten.

2.2 Verfassungsgerichtshof von Rheinland-Pfalz (VerfGH Rh.-Pf.)

Vorgaben für die Besetzung des Verfassungsgerichtshofs von Rheinland-Pfalz (VerfGH Rh.-Pf.) machten sowohl die Landesverfassung von 1947 in Art. 134 sowie das ausführende Landesgesetz über den Verfassungsgerichtshof vom 23. Juli 1949 in den §§ 3 bis 8. Vorgegeben wurde eine Besetzung des VerfGH mit insgesamt neun Richtern, von denen vier Berufsrichter sein mussten, um die juristische Qualität des VerfGH sicherzustellen, und fünf weitere Mitglieder (Laien), die nicht über die Befähigung zum Richteramt verfügen mussten, aber „im öffentlichen Leben erfahrene Personen des allgemeinen Vertrauens und für das Amt eines Mitglieds des Verfassungsgerichtshofes besonders geeignet sein" (§ 4 RhPfVerfGHG) sollten. Inkompatibilität des Richteramts bestand mit der Mitgliedschaft in der Regierung und im Landtag. Mit Ausnahme des Präsidenten des Landesverwaltungsgerichts, der qua Amt dem VerfGH angehörte und dessen Vorsitzender war, wurden alle weiteren Mitglieder vom Landtag für vier Jahre gewählt. Die Wahlfreiheit des Landtags war hinsichtlich der drei Berufsrichter insofern eingeschränkt, als der Wahl Personalvorschläge des Präsidenten des Landesverwaltungsgerichts (Liste mit mindestens der doppelten Anzahl von Kandidaten) zugrunde lagen und die Vorgabe bestand, dass mindestens zwei der drei berufsrichterlichen Beisitzer der „ordentlichen Gerichtsbarkeit angehören" mussten (§ 4 RhPfVerfGHG). Für die fünf übrigen Mitglieder des VerfGH lag der Wahl eine vom Ältestenrat des Landtags vorzulegende Kandidatenliste vor, die mindestens die doppelten Anzahl der zu Wählenden enthielt (§ 5 RhPfVerfGHG). Nähere Vorgaben zur Zusammenstellung dieser Liste, zu Vorschlagsberechtigten usw. wurden weder in der Verfassung noch im Ausführungsgesetz gemacht.

Zwar wurde das Organisationsgesetz für den VerfGH Rh.-Pf. erst 1949 erlassen, doch konstituierte sich das Gericht – unkonventionell – bereits am

27. September 1947 auf der Grundlage der Rheinland-Pfälzischen Verfassung (Glaab 2017, S. 270; Ley 2015, S. 176). Da weder die Verfassung noch das zwei Jahre später beschlossene Gesetz über den Verfassungsgerichtshof konkrete Mehrheitsanforderungen für die Wahl der Verfassungsrichter vorsahen, bedurfte es (bis zur Novellierung im Jahr 2000) offensichtlich nur einer einfachen Mehrheit der abgegebenen gültigen Stimmen der Parlamentsmitglieder für eine Legitimation (Knöpfle 1983, S. 260).

Mit Ausnahme der ersten Legislaturperiode (1947–1951), in der eine Allparteien-Regierung gebildet wurde, dominierten in dem hier relevanten Zeitraum (1947 bis Anfang der 1970er Jahre) von der CDU beherrschte Koalitionsregierungen mit der FDP (Koch-Baumgarten 2012, S. 440 und 443). Es wird zu untersuchen sein, ob diese Veränderung in der Koalitionsbildung, der nur in relativ geringem Umfang auch Verschiebungen in den Sitzanteilen der im Landtag vertretenen Fraktionen zugrunde liegen, Auswirkungen auf die Rekrutierung der Mitglieder des VerfGH hatte und ob auch in Rheinland-Pfalz seit Ende der 1940er Jahre eine zunehmende „Toleranz" gegenüber Kandidaten (insbesondere Juristen) festzustellen ist, die karriere-opportunistisch oder aus politischer Überzeugung sich dem NS-Regime untergeordnet hatten.[16]

Einer direkten Bestätigung des Landtags bedurfte der Vorsitzende/Präsident des VerfGH Rh.-Pf. nicht, da diese Funktion der Präsident des Landesverwaltungsgerichts (LVerwG) qua Amt bekleidete.[17] Bei den beiden Präsidenten des LVerwG, die dieses Amt nach 1945 zunächst vertraten und aufgrund dieses

---

[16]Den Rahmen für diese Art „Toleranz" markierte eine Rede von Adolf Süsterhenn im Landtag von Rheinland-Pfalz Anfang 1948, in der er zum Verhältnis der Justiz zum Nationalsozialismus (legitimatorisch und legendenbildend) Folgendes ausführte: „Die Justiz ist diejenige Institution, die zwischen 1933 und 1945 nächst der Kirche am meisten vom Nationalsozialismus angegriffen und bekämpft worden ist, jedenfalls unter den Organisationen und Institutionen, die zurzeit des Nationalsozialismus noch real vorhanden waren. Ich bitte das zu bedenken. Ich bitte Sie, mir einen Berufsstand, ich bitte Sie, mir eine Verwaltung zu nennen, die derart den nationalsozialistischen Angriffen ausgesetzt war wie gerade die Justiz, und ich bitte Sie, mir erst recht einen anderen Teil der Staatsverwaltung zu nennen, der die Ehre gehabt hat, durch Herrn Hitler persönlich im Reichstag derart gebrandmarkt zu werden, wie es mit der Justiz geschehen ist. Diese dauernden Angriffe gegen die Justiz wären niemals erfolgt, wenn die Justiz nicht in ihrer Art genügend Widerstand geleistet und dem Nationalsozialismus mehr Sand in die Maschine gestreut hätte, als ihm lieb gewesen ist"; Hennig 2018; vgl. dazu die weniger standeseuphemistischen Untersuchungen von Angermund 1990 und von Gruchmann 1990.

[17]Eine indirekte Auswahl und Legitimation fand insofern statt, als der jeweilige Präsident des Landesverwaltungsgerichts durch den Richterwahlausschuss bestellt wurde.

Amtes Präsidenten des VerfGH waren, *Ernst Biesten* (1884–1953) von 1947 bis 1951 und *Adolf Süsterhenn* (1905–1974) von 1951–1961, bestanden keine Zweifel an ihrer Ablehnung des Nationalsozialismus. Der Verwaltungsjurist *Ernst Biesten,* der seit 1930 Polizeipräsident von Koblenz war, wurde im Zuge der nationalsozialistischen „Machtergreifung" und „Gleichschaltung" bereits im Februar 1933 beurlaubt, dann – mit Hilfe des „Gesetzes zur Wiederherstellung des Berufsbeamtentums" vom 7. April 1933 – in den einstweiligen Ruhestand versetzt und schließlich 1934 aus dem Beamtenverhältnis entlassen (Hennig 1997, 2018). Ab 1945 konnte er sich am Wiederaufbau demokratischer und rechtsstaatlicher Verwaltungsstrukturen beteiligen, gehörte 1945 zu den Gründungsmitgliedern der CDU (zunächst CDP genannt) und war 1946 an der Verfassungsdiskussion beteiligt. Im August 1946 wurde er zum Präsidenten des neu geschaffenen Landesverwaltungsgerichts mit Sitz in Koblenz ernannt und mit dem Inkrafttreten der Verfassung von Rheinland-Pfalz am 18. Mai 1947 qua Amt Präsident des VerfGH. Auch *Adolf Süsterhenn,* der noch während der Weimarer Republik seine juristische Ausbildung mit beiden Staatsexamen beendet hatte und für kurze Zeit als Gerichtsassessor tätig war, bevor er sich 1932 als Rechtsanwalt in Köln niederließ (Schwerpunkt Wirtschaftsrecht, z. T. auch Strafrecht), blieb in Distanz zum NS-Regime (Bickel 1997). Als Mitglied des Zentrums war er bei den März-Wahlen 1933 in die Stadtverordnetenversammlung von Köln gewählt worden, legte aber wegen des von ihm abgelehnten „Gleichschaltungsprozesses" bereits nach wenigen Monaten sein Mandat nieder. Nach 1945 begann Süsterhenn zunächst eine politische Karriere als Mitgründer der CDU (CDP), Vorsitzender des Vorbereitenden Verfassungsausschusses für Rheinland-Pfalz (1946), Mitglied der beratenden Landesversammlung (1946/47), des Landtags von Rheinland-Pfalz (1947–1951) sowie der Landesregierungen (1946–1951), bevor er für ein Jahrzehnt Präsident des Oberverwaltungsgerichts von Rheinland-Pfalz wurde. Er übernahm diese Position von Ernst Biesten, dem er auch im Amt des Präsidenten des VerfGH folgte.

Mit *Gerhard Meyer-Hentschel* (1911–2005) kam ein Jurist nach 1945 in den Justizdienst, dem nach einigen Anfangsproblemen seit 1951 ein schneller Aufstieg gelang (Schwarz 1997). Er hatte seine Juristen-Ausbildung (Studium) noch gegen Ende der Weimarer Republik begonnen, während der NS-Zeit mit den entsprechenden Examen abgeschlossen (1. Staatsexamen 1934, Promotion 1935 [Meyer 1935], Großes Staatsexamen 1938) und seit 1938 zunächst als „Hilfsrichter" beim Landgericht Koblenz seine Karriere im Justizdienst eingeleitet. Im Februar 1939 wurde er zum Wehrdienst eingezogen und musste im Anschluss daran von 1939–1945 Kriegsdienst leisten. Erst 1947 erfolgte die Entlassung aus französischer Kriegsgefangenschaft. Im Rahmen des Kriegsdienstes war er als Kriegsgerichtsrat tätig, was – vermutlich – zu seiner Ernennung zum Landgerichtsrat beim Landgericht Koblenz 1941 beitrug. Nach seiner Rückkehr nach Rheinland-Pfalz im Juni 1947 war es ihm möglich, als Referent (Regierungsrat, Oberregierungsrat) in das Justizministerium übernommen zu werden, bevor er 1951 in den Justizdienst beim Landesverwaltungsgericht (Oberverwaltungsgericht) wechselte. Er begann hier als Senatspräsident, wurde 1957 dessen Vizepräsident und leitete von 1961 bis 1976 in der Funktion des Präsidenten das OVG. Der Umstand, dass er 1948 von der französischen Sûreté verhaftet und für einige Monate in Paris mit einer Untersuchung wegen seiner Mitwirkung in Kriegsgerichtsverfahren in Frankreich konfrontiert worden war, spielte für seine Nachkriegskarriere offensichtlich keine Rolle (Raim 2013, S. 437; Hennig 2018).

Symptomatisch für die Beziehung zwischen dem Justizpersonal vor und nach 1945 findet sich bereits bei zwei dieser drei Präsidenten des VerfGH zum einen eine systematische und dem Nachkriegsjustizwesen weitgehend inhärente und selbstlegitimierende Fehlbewertung des Justizwesens im „Dritten Reich", verbunden mit einer Verkennung der ausgeprägten Bereitschaft sehr vieler Juristen, mit dem NS-Regime zu kooperieren und sich den Anforderungen des NS-Regime an die Richterschaft ein- und unterzuordnen (Süsterhenn), und zum anderen auch eine aktive Beteiligung am hypertrophen Militärgerichtswesen des NS-Staates (Meyer-Hentschel).

Mit Blick auf die 15 Berufsrichter, die zwischen 1947 und 1970 in den VerfGH gewählt wurden und vor 1920 geboren worden waren,[18] sind Aussagen über die Einstellung und Aktivitäten der einzelnen Juristen während des NS-Regimes aufgrund der wenigen verfügbaren biografischen Daten nur mit Vorbehalten zu machen. Nur ein berufsrichterlicher Beisitzer, *Egon Schunck* (1890–1981), wurde 1933 im Zuge der nationalsozialistischen „Machtergreifung" und „Gleichschaltung" aus seinem Amt als Vizepräsident des Oberpräsidiums der preußischen Provinz Hessen-Nassau entlassen; er konnte aber seit 1933 als Oberverwaltungsgerichtsrat am OVG in Berlin „überwintern" (Stolleis 2012, S. 150) und nach 1945 unbelastet zunächst in der Staatskanzlei von Rheinland-Pfalz, von 1948 bis 1952 als Richter und Senatspräsident des Landes- bzw. Oberverwaltungsgerichts von Rheinland-Pfalz und von 1952 bis 1963 als Richter am Bundesverfassungsgericht seine juristische Karriere fortsetzen. Von 1949 bis 1952 war er berufsrichterliches

---

[18]Hier ist auch Gerhard Meyer-Hentschel einbezogen, der vor seiner Präsidentschaft qua Amt beim VerfGH bereits von 1952 bis 1961 als Berufsrichter in das Verfassungsgericht gewählt worden war.

Mitglied des VerfGH. *Schunck* und *Otto Walther* (geb. 1892; Landgerichtsdirektor in Mainz, Richter am VerfGH 1949–1953) wurden 1949 in diese Position gewählt, weil sich nach der Konstituierung des VerfGH Rh.-Pf. die Wahl von drei Richtern (davon einer als stellvertretendes Mitglied) als korrekturbedürftig erwiesen hatte und diese Richter veranlasst wurden, in den Ruhestand zu treten.[19]

Die 17 berufsrichterlichen Mitglieder des VerfGH, die zwischen 1947 und 1970 in das Verfassungsgericht gewählt wurden, repräsentieren eine bemerkenswerte personelle und juristische Kontinuität von ganz überwiegend im Justizdienst (als Richter) tätigen Juristen. Die Geburtsjahre liegen zwischen 1877 und 1912. Entsprechend erstrecken sich Studium und Abschluss der Ausbildung (Referendariat, 2. Staatsexamen/Große Staatsprüfung) bis zum Eintritt in den Justizdienst (Gerichtsassessor, beamtete Aufnahme in den Justizdienst) vom Kaiserreich über die Weimarer Republik bis zur NS-Zeit. Von den 17 VerfGH-Richtern (einschließlich der drei Präsidenten des VerfGH) waren 13 (auch) während der NS-Zeit im Justizdienst tätig[20] (für einige durch den Kriegsdienst unterbrochen) und konnten nach 1945, gelegentlich mit einer zeitlichen Verzögerung, ihre Wiederaufnahme erreichen und ihre Karriere fortsetzen. Wie bemerkt, wurde – als einziger – *Ernst Biesten,* der Polizeipräsident in Koblenz war, 1933 in den Ruhestand versetzt und 1934 aus dem Justizdienst entlassen. Zwar konnte nicht jeder seine bisherige Karriere im öffentlichen Dienst *(Egon Schunck)* oder im Justizvollzugssystem *(E. Hainer)* fortsetzen, doch gelang es dennoch, sofern dies notwendig war, innerhalb des Justizsystems zu „überwintern".[21] Die Richter-Tätigkeit im Justizdienst des NS-Regimes und die

---

[19]Vermutlich wegen ihrer Mitwirkung an NS-Sondergerichten; zwei dieser Richter gehörten als ordentliche Mitglieder, einer als stellvertretendes Mitglied dem VerfGH an (Ley 2015, S. 176; Meyer 1997, S. 30 f.). – Von den ordentlichen Mitgliedern wurden *E. Hainer* (geb. 1877), seit 1934 Direktor am Amtsgericht in Bingen, und *Eduard Güntzel* (1877–1954), vor allem als Rechtsanwalt tätig, im Oktober 1945 erfolgte die Ernennung zum Präsidenten des Landgerichts in Trier, 1949 zum Rücktritt veranlasst.

[20]Zwei Richter am VerfGH Rh.-Pf. (*Süsterhenn* und *Güntzer*) waren bis 1945 vor allem als Rechtsanwälte tätig. Für einen Richter (*Fritz Krüger,* geb. 1898; Mitglied des VerfGH 1955–1963, seit 1950 Präsident des OLG Neustadt a.d.W) konnten keine biografischen Daten für die Zeit vor 1945 gefunden werden.

[21]Auf *Egon Schunck,* der 1933 im Zug der „Machtergreifung" des NS-Regimes als Vizepräsident des Oberpräsidiums der preußischen Provinz Hessen-Nassau entlassen wurde und als Oberverwaltungsgerichtsrat in Berlin tätig war, wurde bereits verwiesen; vermutlich wurde E. Hainer, von 1919 bis 1933 als Oberregierungsrat in den JVA Rockenberg und Butzenbach tätig, ebenfalls im Zuge der „Machtergreifung" aus dieser Position gedrängt, so dass er von 1934 bis 1945 und auch danach Direktor des Amtsgerichts Bingen war.

kleinen Karrieren, die der eine oder der andere absolvierte,[22] waren kaum möglich, ohne eine zumindest regime-opportune Anpassung durch Beitritt zur NSDAP oder zu einer der Nebenorganisationen (u. a. SA oder SS, durch Fördermitgliedschaft in diesen Organisationen, Mitgliedschaft im Bund Nationalsozialistischer Deutscher Juristen bzw. im Nationalsozialistischen Rechtswahrerbund).

Unter den berufsrichterlichen Mitgliedern des VerfGH, die zwischen 1947 und 1970 in diese Funktion gewählt wurden, findet sich kein Remigrant, der nach 1933 aus politischen Gründen oder (auch) wegen der NS-Rassengesetze (jüdische Herkunft) gezwungen war, zu emigrieren. Auch war anscheinend keiner dieser VerfGH-Richter, mit ernsthaften Beeinträchtigungen, Verfolgungs- und Repressionsmaßnahmen konfrontiert. Die berufsrichterliche Besetzung des VerfGH in Rheinland-Pfalz in den zwei Nachkriegsjahrzehnten weist folglich eine ausgeprägte Kontinuität mit dem Richterpersonal auf, das bereits während des NS-Regimes im Justizdienst tätig war, meist in Fortsetzung der bisherigen Karriere oder (geburtsbedingt) durch Einstieg in die Juristenlaufbahn. Einen personellen Neuanfang repräsentierten – mit Ausnahme des ersten Präsidenten des VerfGH – weder die ersten, 1947 gewählten berufsrichterlichen Mitglieder des VerfGH und noch weniger die seit Anfang der 1950er Jahre in dieses Amt gewählten Berufsrichter.

Das Laienelement, das mit fünf Mitgliedern des VerfGH eine Ergänzung und ein Gegengewicht zur traditionell (überwiegend) etatistisch, konservativ und tendenziell antidemokratisch orientierten Richterschaft bilden sollte, konnte angesichts der aufgezeigten personellen Kontinuität bei den Berufsrichtern des VerfGH nur eingeschränkt die ihm zugedachte Aufgabe erfüllen. Die erste Besetzung der nicht-richterlichen Mitglieder des VerfGH hebt sich insofern von den Berufsrichtern ab und kommt dem Anspruch an ein demokratie-verpflichtetes

---

[22]Stagnierende Positionen im Justizdienst hatten: *Valentin Wallauer* (1899–1982; Mitglied VerfGH 1947–1955) als Amtsgerichtsrat in Baumholder und Bad Kreuznach; wie erwähnt *E. Hainer* (geb. 1877, Mitglied VerfGH 1947–1949) als Direktor des Amtsgerichts in Bingen (1934–1945/49); *Egon Schunck* (s. o.); kleine Karrieren erreichten *Otto Wather* (geb. 1892, Mitglied VerfGH 1949–1953); *August Deynet* (1893–1979; Mitglied VerfGH 1953–1958); *Johannes Jäckel* (geb. 1898; Mitglied VerfGH 1959–1963); *Herbert Busch* (geb. 1900; Mitglied VerfGH 1960–1965); *Jakob Gerner* (geb. 1900; Mitglied VerfGH 1963–1965). Um 1910 geborene VerfGH-Richter vermochten zumindest noch während der NS-Zeit nach dem Studium den Ausgangspunkt für ihre spätere Karriere im Justizdienst erreichen: *Gerhard Meyer-Hentschel* (1911–2005; Mitglied VerfGH 1952–1976); *Franz Lanters* (geb. 1910; Mitglied VerfGH 1962–1970); *Wilhelm Reinheimer* (1910–1973; Mitglied VerfGH 1965–73); *Herbert Kleinwefers* (1909–2006; Mitglied VerfGH 1965–1973) und *Horst Schramm* (geb. 1912; Mitglied VerfGH 1970–1977).

Gegengewicht entgegen, als zumindest zwei der 1947 gewählten VerfGH-Mitglieder, *Georg Rückert* (1901–1990; Mitglied VerfGH 1947–1975) und *Valentin Bauer* (1885–1974; Mitglied VerfGH 1947–1959), der SPD angehörten und bis 1933 u. a. kommunalpolitisch aktiv waren, aber im Zuge der nationalsozialistischen „Machtergreifung" aus ihren politischen Positionen gedrängt wurden. *Georg Rückert* hatte ein Jurastudium absolviert und promoviert. Nach einer Anstellung bei der Stadtverwaltung in Darmstadt wurde er 1931 zum hauptamtlichen Bürgermeister der Stadt Ober-Ingelheim bestellt. Im Zug der nationalsozialistischen „Machtergreifung" wurde er am 7. April 1933 aus diesem Amt entlassen. Politisch motivierte Angriffe auf seine Familie und seine Person konnte sich Rückert nur durch Wegzug nach Leipzig und den Wechsel in die Privatwirtschaft entziehen. Bereits 1945 (bis 1949) konnte er wieder das Bürgermeisteramt in Ingelheim übernehmen; von 1947 bis 1966 war er als Regierungspräsident von Rheinhessen tätig. *Valentin Bauer,* der eine Zimmererlehre absolviert hatte und nach der Wanderschaft bis 1933 bei der BASF in Ludwigshafen, zuletzt als Obermeister und Leiter der Holzwerkstadt, arbeitete, war in der sozialdemokratischen Arbeiterbewegung verwurzelt als Mitglied im Zentralverband der Zimmerer und als Mitglied der SPD. Neben seiner Berufstätigkeit übte er zahlreiche ehrenamtliche Funktionen aus, u. a. in der Betriebskrankenkasse der BASF, in der Gemeinnützigen Wohnungsbaugesellschaft, als Mitglied im Stadtrat von Ludwigshafen. Die nationalsozialistische „Machtergreifung" führte im März 1933 zu einer zeitweiligen Inhaftierung, der bis 1945 noch weitere Verhaftungen folgten, zum Verlust aller ehrenamtlichen Funktionen und zur Entlassung bei der BASF. Nach dem Zusammenbruch des NS-Regimes wurde er in den Beirat der Stadt Ludwigshafen berufen, von Dezember 1945 bis 1955 amtierte er als Oberbürgermeister der Stadt und gehörte 1946/47 der beratenden Landesversammlung an.

Diese *sozialdemokratische Repräsentanz* im VerfGH setzte sich nach dem Ausscheiden von Rückert und Bauer in dem hier betrachteten Zeitraum fort. *Eugen Hertel* (1893–1973, Mitglied VerfGH 1959–1968), ebenfalls ein Handwerker (Tischler, Tischlermeister) und SPD-Mitglied, übernahm in der Zeit der Weimarer Republik die Leitung einer SPD-Buchhandlung in Kaiserslautern, arbeitete als Buchhändler und war von 1931 bis 1933 Redakteur der sozialdemokratischen Lokalzeitung. Hinzu kam ein lokalpolitisches Engagement u. a. als Mitglied des Stadtrats von Kaiserslautern. Im Zuge der nationalsozialistischen „Machtergreifung" erlitt er Verhaftung, Verfolgungsmaßnahmen, ein mehrjähriges Berufsverbot sowie den Verlust ehrenamtlicher kommunalpolitischer Funktionen. Seit 1945 war er wiederum kommunalpolitisch in Kaiserslautern aktiv und von 1947 bis 1959 Abgeordneter im Landtag von Rheinland-Pfalz. – Auch diesem

Mitglied des VerfGH folgten im nächsten Jahrzehnt drei Sozialdemokraten als Beisitzer im VerfGH. Über deren berufliche und politische Entwicklung vor 1945 liegen nur wenige substantielle biografische Angaben vor.[23] Ein ähnliches Defizit an biografischen Informationen betrifft auch drei weitere (nicht sozialdemokratische) 1947 als Beisitzer (Laien) in den VerfGH gewählte Mitglieder.[24] Eine Rekonstruktion und Einordnung ihrer Tätigkeiten und ihres politischen Engagements vor 1945 ist daher nicht möglich.[25]

Detailliertere Aussagen erlauben biografische Daten zu *Hubert Armbruster* (1911–1995; Mitglied des VerfGH 1950–1970), *Fritz Melsheimer* (1887–1967, Mitglied des VerfGH 1952–1964) und *Rüdiger Hartmann* (geb. 1912, Mitglied des VerfGH 1976–1988). *Fritz Melsheimer* hatte vor dem Ersten Weltkrieg sein Jura-Studium, das anschließende Referendariat und eine Promotion (1912) absolviert und war bis 1920 im Staatsdienst tätig gewesen, unterbrochen durch seine Kriegsteilnahme. Anfang der 1920er Jahre übernahm er die Weingüter seiner Familie und entwickelte sich zu einem einflussreichen Weingut-Unternehmer. Politisch engagierte er sich, national-konservativ orientiert, im Stahlhelm (Gauführer Mosel 1930–1933) und kommunalpolitisch in Traben-Trarbach, bis er im Zuge der nationalsozialistischen „Gleichschaltung" seine kommunalpolitischen Funktionen (Beigeordneter in Traben-Trarbach, Mitglied der Stadtverordnetenver-

---

[23]Das sind: *Albrecht Rothländer* (Mitglied VerfGH 1969–1973), *Emil Bettgenhäuser* (1906–1982; Mitglied VerfGH 1973–1982), u. a. Mitglied des Landtags von 1947–1949 und des Bundestages von 1949–1961 sowie 1. Bürgermeister der Stadt Koblenz von 1959–1972, vor 1933 als Bergmann tätig, seit 1930 lange Zeit arbeitslos, Kriegsdienst von 1939–1945; sowie – als erste Frau im VerfGH – *Gertrud Wetzel* (1914–1994; VerfGH 1974–1987), neben kommunalpolitischen Aktivitäten seit 1948 auch Abgeordnete des Landtags von Rheinland-Pfalz von 1959–1971.

[24]Das sind: der Steuerberater Dr. *Paul Buchholz* (Mitglied VerfGH 1947–1963), der Bürgermeister von Asbach *Philipp Schönberg* (Mitglied des VerfGH 1947–1949; verstorben 1949) und der Kohlengroßhändler *Michael Schönberg* (Mitglied des VerfGH 1947–1952; verstorben 1952).

[25]Ähnliches gilt auch für den promovierten Juristen (1929), Unternehmensvorstand und Präsidenten der IHK für die Pfalz (1946) *Bernhard Landmesser* (geb. 1904, Mitglied des VerfGH 1963–1973), den promovierten Mainzer Rechtsanwalt Justizrat *Hermann Boeckel* (Mitglied des VerfGH 1964–1976), den Koblenzer Rechtsanwalt *Hans Schaffranek* (Mitglied des VerfGH 1970–1978), den Unternehmensmanager (Personalvorstand und stellvertretender Vorstandsvorsitzender der G.M. Pfaff AG von 1958–1973, Aufsichtsratsvorsitzender der Seitz-Filter Werke, Direktor der Kammgarnspinnerei Kaiserslautern, Vorstandsvorsitzender des Druckmaschinenherstellers Albert-Frankenthal AG sowie langjähriger Präsident des Arbeitgeberverbandes und Verbandes der rheinland-pfälzischen Industrie) *Hans C.W. Hartmuth* (1908–1983; Mitglied des VerfGH 1973–1983).

Zwischen Kontinuität und Neubeginn ... 129

sammlung und des Kreistags) aufgeben musste. Seit 1945 betätigte er sich wieder kommunalpolitisch, war für einige Monate eingesetzter Bürgermeister von Traben-Trarbach sowie Landrat und seit 1948 Mitglied des Stadtrates. – *Hubert Armbruster* begann seine juristische Ausbildung gegen Ende der Weimarer Republik und absolvierte die erforderlichen Examen, das Referendariat und die 2. Staatsprüfung sowie die Promotion während der NS-Zeit bis 1939 (Armbruster 1939), gefolgt von Lehraufträgen an der Universität Freiburg, Referenten-Tätigkeit bei der IHK Freiburg sowie bei der Bank für Internationalen Zahlungsausgleich in Basel (1941). Die Mitgliedschaft in der SA (1933–1936) und in der NSDAP (1937–1945) fundierte diese juristische Karriere. Inhaftierung,[26] Kriegsdienst und Kriegsgefangenschaft verzögerten von 1941/42 bis März 1946 deren Fortsetzung. Für zwei Monate war er 1946 als Leiter der Abteilung Information im Staatssekretariat von Württemberg-Hohenzollern in Tübingen beschäftigt, doch erhielt er bereits in diesem Jahr einen Ruf als a. o. Professor für öffentliches Recht und Wirtschaftswissenschaft an die Universität von Mainz, seit 1954 als ordentlicher Lehrstuhlinhaber. – *Rüdiger Hartmann* schloss sein Jura-Studium, einschließlich einer Promotion (Hartmann 1936), nach 1933 ab, gefolgt von der weiteren juristischen Ausbildung, der Übernahme in den Justizdienst als Gerichtsassessor (bis 1942) und der anschließenden Tätigkeit als Landgerichtsrat in Halberstadt. Über seine (wahrscheinliche) Kriegsteilnahme finden sich keine Angaben. Seit 1953 (nachgewiesen) war er Landgerichtsrat in Kaiserslautern und ab 1954 im Justizministerium von Rheinland-Pfalz in der Position eines Oberregierungsrats, zuletzt als Ministerialrat tätig.

Im Gegensatz zu den *sozialdemokratischen* Mitgliedern des VerfGH, die sich überwiegend durch eine Gegnerschaft zum NS-Regime und durch eine demokratische Grundposition auszeichnen, lässt sich diese politische Einstellung und Haltung bei den *bürgerlichen* nicht-berufsrichterlichen Mitgliedern des VerfGH

---

[26]Auf der biografischen Homepage zu Hubert Armbruster der Universitätsbibliothek der Universität Mainz „Gutenbergs Biographics" (http://gutenberg-biographics.ub.uni-mainz. de/personen/register/eintrag/hubert-armbruster.html) findet sich der Hinweis: „10.11.1941–04.12.1942, Gefangenschaft, aufgrund von Wehrkraftzersetzung unter Verlust der bürgerlichen Ehrenrechte", „05.12.1942–12.04.1945, Wehrdienst, Soldat, Angehöriger eines Strafbataillons" und „12.04.1945–12.02.1946, Gefangenschaft, Russische Kriegsgefangenschaft"; vgl. hierzu auch den Hinweis (mit Bezug auf Armbrusters Personalakte im Freiburger Universitätsarchiv, B 110/330), dass er „am 18.2.1942 von einem Feldkriegsgericht wegen Zersetzung der Wehrkraft rechtskräftig zu drei Jahren Zuchthaus verurteilt worden" war; ihm wurde vorgeworfen, dass er sich durch seinen Aufenthalt in der Schweiz der Wehrmacht auf unbestimmte Zeit entziehen wollte, Hollerbach 2007, S. 308.

nicht mit dieser Eindeutigkeit feststellen. Für einige dieser VerfGH-Mitglieder konnten keine aussagekräftigen biografischen Daten über die Zeit vor 1945 herangezogen werden (Paul Buchholz, Philipp Schönberg und Michael Kleinmann, aber auch für Bernhard Landmesser, Hermann Boeckel, Hans Schaffranek, Hans C.W. Hartmann und Rüdiger Hartmann). Nur für zwei VerfGH-Mitglieder dieser Gruppe (Fritz Melsheimer und Hubert Armbruster) sind qualifiziertere Aussagen möglich. Bei Melsheimer bestand aufgrund einer national-konservativen politischen Einstellung anscheinend eine Distanz zum oder Ablehnung des Nationalsozialismus, was 1933/34 zur Aufgabe seiner ehrenamtlichen kommunalpolitischen Ämter führte. Hingegen protegierte Hubert Armbruster seine juristische und wissenschaftliche Karriere durch Mitgliedschaften in NS-Organisationen (SA, NSDAP), geriet aber offensichtlich 1941 wegen eines berufsbedingten längeren Aufenthaltes in der Schweiz in Verdacht, sich dem Kriegsdienst entziehen zu wollen. Nicht eindeutig zu erkennen sind hier politische Motive, doch förderte das Kriegsgerichtsverfahren und dessen Folgen seine Hochschulkarriere nach 1946.

Bezogen auf eine ausbildungs- und berufsbedingte Qualifizierung und Prägung der nicht-berufsrichterlichen VerfGH-Mitglieder sticht der hohe Anteil von Juristen von knapp 44 % (sieben von 16) hervor, der mit 60 % (sechs von zehn) überwiegend von den VerfGH-Richtern der „bürgerlichen" Gruppe gestellt wurde. Für die Mehrzahl von ihnen wurde die juristische Ausbildung zum Berufsinhalt als Rechtsanwälte (Schaffranek, Boeckel), Hochschullehrer (Armbruster) und Justiz- bzw. Ministerialbeamter (Hartmann).

2.3 Verfassungsgerichtshof von Nordrhein-Westfalen (VerfGHNRW)

Obwohl die Diskussion über eine Verfassung für das Land Nordrhein-Westfalen wie in anderen späteren Bundesländern bereits 1946/47 begann, kam es in Nordrhein-Westfalen erst nach dem Inkrafttreten des Grundgesetzes am 23. Mai 1949 zur Belebung der Verfassungsdebatte. Der Landtag beschloss am 6. Juni 1950 mit knapper Mehrheit den vorliegenden Verfassungsentwurf, der in einem anschließenden Volksentscheid am 18. Juni 1950 mit ähnlich knapper Zustimmung gebilligt wurde, so dass die Verfassung am 11. Juli 1950 in Kraft treten konnte. In der Landesverfassung wurden nur die Grundzüge für den Verfassungsgerichtshof des Landes festgelegt (Art. 75 und 76) und detaillierte Regelungen einem Ausführungsgesetz vorbehalten (NRWVerfGHG a. F. vom 4. März 1952). Hinsichtlich der personellen Zusammensetzung legte die Verfassung (Art. 76) bereits fest, dass drei von den insgesamt sieben Mitgliedern des Verfassungsgerichts

Berufsrichter sein und qua Amt dem VerfGH angehören sollten (der Präsident des Oberverwaltungsgerichts und die beiden lebensältesten Präsidenten der Oberlandesgerichte) und vier Mitglieder für eine sechsjährige Amtszeit vom Landtag zu wählen sind (und Wiederwahl möglich ist). Von diesen sollten wiederum zwei die Befähigung zum Richteramt oder zum höheren Verwaltungsdienst haben, damit der juristische Sachverstand des VerfGH sichergestellt würde (Thierse und Hohl 2017, S. 243 f.).

Die aufgrund politischer Differenzen (Dästner 2002) eher minimalistischen Vorgaben zur personellen Ausstattung des VerfGH in der Verfassung hatten einem Ausführungsgesetz vorbehalten, das Wahlverfahren für die nicht-berufsrichterlichen Mitglieder des VerfGH, Voraussetzungen für die Wählbarkeit und Festlegung für den Vorsitz (Präsidenten) des VerfGH zu bestimmen. Das VerfGH-Gesetz von 1952 verlangte von den VerfGH-Kandidaten die Wählbarkeit zum Landtag, legte eine Inkompatibilität fest mit einem Abgeordnetenmandat und einem Regierungsamt auf Bundes- und Landesebene, einer Mitgliedschaft im Bundesrat sowie für Beamte und Verwaltungsmitarbeiter, mit Ausnahme von Richtern und Universitätsprofessoren (§ 5 NRWVerfGHG a. F.). Für die Wahl wurden zwei Quoren festgesetzt: mindestens eine Zwei-Drittel-Mehrheit, wenn sich die Mitglieder des Landtags auf eine gemeinsame Liste einigten, ansonsten bedurfte es bei der Wahl konkurrierender Kandidaten der einfachen Mehrheit der abgegebenen Stimmen (§ 3).[27] Auf eine Regelung über die Auswahl der Kandidaten verzichteten Verfassung und VerfGH-Gesetz. Bei der Bestimmung des Vorsitzes (Präsidenten) im VerfGH verzichtete das VerfGH-Gesetz auf ein Wahlverfahren oder eine Mitwirkung des Landtags. Von den „geborenen" VerfGH-Mitgliedern wurde dem Präsidenten des OVG das Präsidentenamt des VerfGH zugewiesen und den beiden Präsidenten von Oberlandesgerichten die Position des ersten und zweiten Vizepräsidenten (§ 8). Um eine Zwei-Drittel-Mehrheit bei den zu wählenden Mitgliedern des VerfGH zu erreichen, bedurfte es durchgehend einer Verständigung zwischen den beiden großen Parteien, der CDU und der SPD. Ob auch personelle Vorschläge kleiner Parteien berücksichtigt wurden – Zentrum (bis 1958 im Landtag vertreten) und FDP –, lag dann meistens an der Bereitschaft einer großen Partei, ihren Koalitionspartner bei der Personalentscheidung zu berücksichtigen. Notwendig war dies angesichts der von CDU und SPD vertretenen Stimmen rein rechnerisch nicht. Insgesamt werden die dem

---

[27]In der Praxis wurde bisher eine Verständigung zwischen den Fraktionen erreicht, so dass eine Wahl mit mindestens einer Zwei-Drittel-Mehrheit erfolgte (Bilda 2002, S. 63 f.).

Landtag zugestandenen „Mitwirkungsmöglichkeiten bei der Besetzung des Verfassungsgerichts" im Vergleich zu den Regelungen in anderen Bundesländern als „schwächer" bewertet (Bilda 2002, S. 59).

Seit der Konstituierung des VerfGH gelangten qua Amt zwei OVG-Präsidenten in das Amt des Präsidenten des Verfassungsgerichtshofs, die der hier berücksichtigten Altersgruppe (vor 1920 geboren) angehörten, *Paulus van Husen* (1891–1971; VerfGH-Präsident von 1952–1959) und *Wilhelm Pötter* (1904–2002; VerfGH-Präsident von 1959–1969). Daneben nahmen noch neun vor 1920 geborene Präsidenten eines OLG qua Amt die Funktion eines Vizepräsidenten des VerfGH (1. und/oder 2. Vizepräsident) ein:

- Josef Wiefels (1893–1977; 1. VP von 1952–1961)
- Werner Baerns (1896–1984; 2. VP von 1952–1961; 1. VP von 1961–1963)
- Werner Korintenberg (1898–1981; 2. VP von 1961–1962)
- Heinrich Rempe (1902–1990; 2. VP von 1962–1963; 1. VP von 1963–1967)
- Josef Wolffram (1910–1997; 2. VP von 1963–1975; 1. VP von 1975–1975)
- Franz Hense (1910–1997; 1. VP von 1967–1975)
- Herbert Asselborn (geb. 1913; 1. VP von 1975–1978)
- Hans Heinrich Thunecke (geb. 1913; 2. VP von 1975–1978; 1. VP von 1978–1978)
- Herbert Weltrich (1918–2006; 2. VP von 1978–1978; 1. VP von 1978–1983).

Mit *Paulus van Husen* (1891–1971), der als Präsident des OVG von 1952 bis 1959 Präsident des nordrhein-westfälischen VerfGH war, setzten sich politische Bemühungen der Nachkriegsjahre durch, (zumindest) leitende Positionen im Justizwesen mit „unbelasteten" Juristen zu besetzen (Präsident des Verfassungsgerichtshofs Nordrhein-Westfalen 2002, S. 483; Schindler 1995). Als Jurist gehörte van Husen (u. a.) seit 1927 der Gemischten Kommission für Oberschlesien in Kattowitz an, aus der er Anfang Januar 1934 wegen seiner politischen Haltung – er war Mitglied der Zentrumspartei bis zu deren erzwungenen Selbstauflösung im Juli 1933 und verweigerte einen Beitritt zur NSDAP – abberufen wurde. Als Ersatz erhielt er im Juni 1934 die Position eines Oberverwaltungsgerichtsrats am Preußischen Verwaltungsgericht in Berlin. Wegen seiner politischen und weltanschaulichen Einstellung als Katholik und der verweigerten Mitgliedschaft in der NSDAP wurde er nicht befördert. Seit 1940 leistete van Husen Kriegsdienst im Wehrmachtsführungsstab des OKW (Quartiermeisterabteilung) in Berlin. Hier fand er Kontakt zu führenden Personen des Kreisauer Kreises (Helmuth James Graf von Moltke, Peter Yorck Graf von Wartenburg) und beteiligte sich aktiv an diesem Widerstandskreis.

Diese Verbindungen führten nach dem gescheiterten Hitler-Attentat am 20. Juli 1944 zu van Husens Verhaftung und noch im April 1945 zu einer Verurteilung durch den Volksgerichtshof zu einer mehrjährigen Zuchthausstrafe. Nach der Befreiung aus der Haft im Zuchthaus Plötzensee am 26. April 1945 arbeitete er zunächst am Wiederaufbau der Verwaltungsgerichtsbarkeit in der amerikanischen Besatzungszone mit, wurde im Juli 1948 zum Obergerichtsrat am Deutschen Obergericht für das Vereinigte Wirtschaftsgebiet (Bizone) in Köln bestellt und Anfang Mai von der Landesregierung in NRW zum Präsidenten des Oberverwaltungsgerichts in Münster berufen.

Van Husens Nachfolger im Amt des OVG-Präsidenten und in der Position des Präsidenten des VerfGH, *Wilhelm Pötter* (1904–2002), war politisch und hinsichtlich seiner beruflichen Karriere weniger profiliert. Nach dem Jura-Studium, der Ablegung der beiden Staatsexamen und einer Promotion zum Grundsteuerrecht (Pötter 1928) trat er 1930 als Gerichtsassessor in den Justizdienst ein, von 1935 bis 1943 war er als Amtsgerichtsrat am Amtsgericht in Mönchengladbach tätig, ab 1943 als Oberamtsgerichtsrat am Amtsgericht in Neuss. Von 1939 bis 1945 leistete er Kriegsdienst. Ob und wie sich Wilhelm Pötter mit dem NS-Regime arrangiert hat, ist aus der biografischen Skizze in der VerfGH-Festschrift von 2002 nicht zu erkennen, auch lassen seine Berufsstationen zwischen 1933 und 1945 keine eindeutigen Rückschlüsse zu. Nach dem Ende des Zweiten Weltkriegs begann er 1946 wieder im Gerichtsdienst am Amts- und Landgericht in Mönchengladbach, konnte 1949 zum Oberlandesgericht nach Düsseldorf aufsteigen und war seit 1951 in der Ministerialverwaltung von NRW tätig: in der Staatskanzlei (Ministerialrat, Ministerialdirigent), als Abteilungsleiter im Justizministerium (ab 1957), als Staatssekretär im Kultusministerium (1958) und seit 1959 wieder im Justizdienst als Präsident des OVG und des VerfGH.

Bei den weiteren qua Amt (und Alter) zu Mitgliedern des VerfGH gewordenen Präsidenten von Oberlandesgerichten zeigt sich in Variation, was bereits in den Biografien der beiden VerfGH-Präsidenten zum Ausdruck kam. Die Juristen, die bereits in den ersten Jahren nach dem Kriegsende in die Spitzenpositionen der OLG gelangten, kennzeichnet in ihrer Haltung zum NS-Regime ein Spektrum zwischen Widerstand und Distanz. Für die späteren Berufsrichter verliert sich diese Eindeutigkeit und wird durch karriereorientierten Opportunismus gegenüber dem NS-Regime bis hin zu systemstützender Mitwirkung ersetzt.

Die biografischen Angaben zu *Josef Wiefels* (1893–1977), der bereits Anfang der Weimarer Republik als Gerichtsassessor (1919–1922) in den Justizdienst aufgenommen, seit 1922 als Landgerichtsrat und seit 1934 als Oberlandesgerichtsrat in Düsseldorf tätig war, weist keine besonderen Karrieresprünge auf. Er galt nach 1945 als unbelastet und war nicht Mitglied der NSDAP, so dass er 1946 wieder im Justizdienst beschäftigt wurde, und zwar 1946 zunächst als Vizepräsident am OLG Düsseldorf und seit Oktober 1946 als Präsident am OLG Hamm. Aufgrund dieser Position war er von 1952 bis 1961 erster Vizepräsident des VerfGH.

Als zunächst zweiter Vizepräsident des VerfGH (von 1961–1963 erster VP) wurde *Werner Baerns* (1896–1984) qua Amt ernannt, da er von 1948 bis 1963 Präsident des OLG Düsseldorf war (Hillner 2006; Wiesen 1981, S. 97 f.). Aufgrund „nichtarischer Vorfahren" wurde ihm während der NS-Zeit lange eine Planstelle verwehrt, so dass er zunächst nur als Gerichtsassessor am Landgericht Düsseldorf tätig war und dort erst 1939 als Landgerichtsrat eine Planstelle erhielt. Doch durfte er auch in dieser Funktion nur „Verwaltungsaufgaben" erledigen, „aber keine Spruchtätigkeit ausüben" (Raim 2013, S. 350). Nach 1945 war Baerns zunächst Mitarbeiter des Zentral-Justizamtes der Britischen Besatzungszone, bevor er 1948 zum Präsidenten des OLG Düsseldorf ernannt wurde.

Mit *Heinrich Rempe* (1902–1990), der als Präsident des OLG Hamm (1961–1967) qua Amt zuerst zweiter (1962–1963) und dann erster Vizepräsident des VerfGH wurde (1963–1967), beginnt ein Wechsel bezüglich der Berufskarrieren während der NS-Zeit. Rempe hatte Studium, Referendariat, die beiden Staatsexamen, eine Promotion und die Tätigkeit als Gerichtsassessor noch während der Weimarer Republik abgeschlossen. Anschließend war er von 1929 bis 1937 als Staatsanwaltschaftsrat am Landgericht Essen und ab 1937 als Oberlandesgerichtsrat am OLG Hamm etatisiert. Aber bereits von 1929 bis 1939 war er als Staatsanwaltschaftsrat zum Preußischen bzw. Reichsjustizministerium in Berlin abgeordnet.[28] Der Kriegsdienst folgte von 1939 bis 1945. Es scheint sehr unwahrscheinlich, dass die Tätigkeit im Justizministerium in Berlin seit 1933, angesichts dessen Aufgaben von Zentralisierung, Lenkung und Kontrolle des Justizwesens und angesichts der beabsichtigten ideologischen Umformung des Gesetzesbestandes, ohne Mitgliedschaft in NS-Organisationen oder in der NSDAP möglich war. Die Aktivitäten während des Krieges sind biografisch nicht ausgewiesen. Nach 1945 nahm Heinrich Rempe seine juristische Karriere als Amtsgerichtsdirektor in Paderborn 1946 wieder auf, war bereits 1948 Landgerichtspräsident in Paderborn und 1957 in gleicher Funktion in Essen. Der nächste Karriereschritt erfolgte 1961 mit der Ernennung zum Präsidenten des

---

[28]Vgl. den Hinweis in: Nationalrat der Nationalen Front des Demokratischen Deutschland 1968, S. 145 und 175; bis auf den Hinweis auf die Tätigkeit in der Abt. III im Justizministerium fehlen inhaltliche Angaben über Rempes Tätigkeit; ebenso bei Gruchmann 1990, S. 935.

OLG in Hamm, gefolgt von der ex officio Mitgliedschaft als Vizepräsident des VerfGH.

Eine weitere Gruppe von Berufsrichtern zeichnet sich dadurch aus, dass sie ihr Jura-Studium mitunter noch in der Weimarer Republik begonnen hatte, aber die folgenden Staatsprüfungen, das Referendariat, eine Promotion und Einstellung als Gerichtsassessor in der NS-Zeit absolvierte. Dies war kaum möglich ohne überzeugte oder opportunistische Mitgliedschaft in zumindest einer NS-Organisation. *Josef Wolffram* (1910–2001) hatte sein Jura-Studium von 1929–1933 absolviert, war Gerichtsassessor von 1936–1939 und wurde 1939 als Landgerichtsrat in Wuppertal in den Justizdienst eingestellt. Kriegsdienst und Kriegsgefangenschaft (1939–1950) folgten. Erst 1950 konnte die begonnene juristische Karriere als Amtsgerichtsrat in Kleve (1950) und Oberlandesgerichtsrat in Düsseldorf (1952) wieder aufgenommen, durch den Wechsel in die Ministerialverwaltung (1954 Ministerialrat in der Staatskanzlei in NRW, 1959 Ministerialdirigent im Justizministerium) fortgesetzt und mit der Ernennung zum Präsidenten des OLG von Köln (1962–1975) weitergeführt werden, begleitet von der Ernennung zum Vizepräsidenten des VerfGH (1963–1975). Ähnliche juristische Karrieren finden sich bei *Franz Hense* (1910–1997) und *Herbert Asselborn* (geb. 1913), die frühestens gegen Ende der 1930er Jahre die Phase des Gerichtsassessors absolvierten und eine Planstelle als Amtsgerichtsrat (Asselborn) oder als Landgerichtsrat (Hense) erhielten, wahrscheinlich gefolgt von Jahren im Kriegsdienst. Die Fortsetzung der juristischen Karriere nach 1945 scheint mit Verzögerung gestartet zu sein, führte aber zügig bis Anfang der 1960er Jahre zum Amt des Präsidenten eines OLG. *Herbert Weltrich* (1918–2006) ist bereits „zu spät" geboren, um noch während der NS-Zeit eine einschlägige juristische Karriere begonnen zu haben, und für *Hans-Heinrich Thunecke* (geb. 1913) sind nur Karrierestationen seit Anfang der 1950er Jahre ausgewiesen.

Wie bei den Präsidenten des VerfGH findet sich auch bei den Vizepräsidenten ein personeller Einstieg 1952 mit unbelasteten Berufsrichtern *(Wiefels, Baerns)*. Deren altersbedingtes Ausscheiden Anfang der 1960er Jahre brachte nun die Richter in Position, deren juristische Karriere überwiegend oder ausschließlich während der NS-Zeit verlief. Soweit erkennbar oder mit hoher Wahrscheinlichkeit vermutet werden kann, erfolgten Einstieg und Aufstieg im Justizsystem der NS-Zeit nicht ohne politisch-organisatorische Anpassung, wobei eine ideologische Affinität zur NS-Ideologie nicht auszuschließen ist.

Mit dem Wegfall der politischen Überprüfung des Richterpersonals auf ihre „Kontaminierung" mit dem Nationalsozialismus und mit dem Aufstieg der nächsten Richtergeneration in der juristischen Hierarchie – einer Generation, die weniger überprüft wurde, für die weniger exkludierende Maßstäbe angelegt wurden und die durch begünstigende Wiedereintrittsregelungen („131er"-Regelung) gefördert wurde – konnte sich dann auf allen Ebenen Juristen und Richter aus der NS-Zeit in den nächsten zwei Jahrzehnten nach Gründung der Bundesrepublik etablieren. Es bleibt zu prüfen, ob das „Laien-Element" ein Gegengewicht schuf.

Von den nicht-berufsrichterlichen Mitgliedern des VerfGH, die vom Landtag für sechs Jahre in ihr Amt gewählt wurden, sind für den Zeitraum von 1952 bis Mitte der 1970er Jahre (4 bis 5 Wahlperioden) nach dem Kriterium eines Geburtsjahres vor 1920 zehn bis elf Personen zu berücksichtigen.[29]

Hermann Busse (1903–1970; VerfGH-Mitglied 1952–1961) schloss sein Jura-Studium mit den beiden Staatsexamen ab und war danach als Rechtsanwalt in Herford tätig. Er nahm am Zweiten Weltkrieg teil und war bis 1949 in Kriegsgefangenschaft. Bis 1933 gehörte er der DDP und ab 1949 der FDP an. Diese Parteimitgliedschaft bot die Basis für ein kommunal- und bundespolitisches Engagement, u. a. als Abgeordneter des Bundestages (1961–1969). Seine Positionen und Aktivitäten während der NS-Zeit finden im *Biografischen Handbuch der Mitglieder des Deutschen Bundestages* keine Erwähnung (Vierhaus und Herbst 2002, S. 116 f.). - Für den Rechtsanwalt und Notar *Fritz Erhart* (VerfGH-Mitglied 1952–1958) liegen keine biografischen Daten vor, die hier hätten ausgewertet werden können. - Der promovierte Jurist *Hans Berger* (1909–1985; VerfGH-Mitglied 1952–1953) gehörte nur etwas länger als ein Jahr dem VerfGH an. Er wurde aus der Funktion des Präsidenten des Landgerichts Düsseldorf (1949–1953) in dieses Amt gewählt. Sein Jura-Studium begann Berger noch in der Weimarer Republik, in der Zeit des nationalsozialistischen Regimes absolvierte er beide Staatsexamen (1933, 1937), eine Promotion (Berger 1936), das Referendariat und die Tätigkeit als Gerichtsassessor (1937–1939) an verschiedenen Kölner Gerichten. Anschließend war er von 1939 bis 1944 als Referent beim Reichskommissar für Preisbildung in Berlin tätig. In diesen Jahren unterhielt er möglicherweise Verbindungen zu katholischen Oppositionskreisen

---

[29]Unklar ist, ob *Hans Carl Nipperdey* (1885–1968; Mitglied des VerfGH von 1952–1958) tatsächlich diese Mitgliedschaft ausübte. Zwar findet sich sein Name und seine Amtszeit in der Festschrift zum 50-jährigen Bestehen des VerfGH, ebenso in der Liste „Frühere Mitglieder" auf der Homepage des VerfGH, doch wird diese Funktion in einschlägigen Kurzbiografien (z. B. Munzinger) nicht erwähnt. Nipperdeys Professur an der Universität Köln war sicherlich kein Hindernis, aber die seit 1954 ausgeübte hauptamtliche Funktion als Präsident des Bundesarbeitsgerichts in Kassel vielleicht schon (Präsident des Verfassungsgerichtshofs für das Land Nordrhein-Westfalen 2002, S. 495; www.vgh.nrw.de/verfassungsgerichtshof/geschichte/fruehere_mitglieder/index.php; www.munzinger.de/document/00000006020).

(Nikolaus Groß, Prälat Hermann-Joseph Schmitt). Offensichtlich unbelastet konnte Berger bereits 1945 seine juristische Karriere als Amtsgerichtsrat in Köln fortsetzen, 1946 als Oberlandesgerichtsrat im Rechtsausschuss für die britische Zone in Hamburg und 1947 als Ministerialrat im Justizministerium von NRW. Weitere Stationen waren 1948/49 Richter am Obersten Gerichtshof für die britische Zone in Köln und von 1949–1953 Landgerichtspräsident in Düsseldorf. 1953 erfolgte ein Wechsel zum Bundesministerium des Innern und ab 1954 eine diplomatische Karriere im Auswärtigen Amt. - *Wilhelm Hintzen*, promoviert (1937) und als Wirtschaftsprüfer tätig, war als Nachfolger von Fritz Erhart kaum zwei Monate im Jahr 1958 Mitglied des VerfGH. Biografische Daten für die Zeit vor 1945 liegen nicht vor. Auch war mit den begrenzten Recherchen, die hier angewandt wurden, der Grund für seine Wahl zum VerfGH-Mitglied nicht eindeutig zu ermitteln. Nach 1945 war Hintzen CDU-Mitglied und als Wirtschaftsprüfer (in den 1970er Jahren) Berater bei und Vermittler von umstrittenen Groß-Spenden an die CDU. - Der promovierte Jurist *Martin Schwens* (geb. 1895; VerfGH-Mitglied 1953–1970) war Präsident des Landgerichts Dortmund, als er in den VerfGH gewählt wurde. Er absolvierte sein Studium und seine juristische Ausbildung, die beiden Staatsexamen, das Referendariat und die Promotion Anfang der 1920er Jahre, gefolgt von der Tätigkeit als Gerichtsassessor (1924–1928). Von 1928 bis 1940 war er Landgerichtsrat in Dortmund und anschließend Landgerichtsdirektor. Zu seiner juristischen Karriere nach 1945 finden sich Daten erst ab den 1950er Jahren, als er Präsident des Landgerichts Dortmund (bis 1962/63) war. Informationen darüber, ob und wie sich Schwens mit dem NS-Regime arrangierte, konnten nicht ermittelt werden.

Noch während der Weimarer Republik absolvierte *Otto Kunze* (1904–1982; VerfGH-Mitglied 1958–1976) sein Jura- und Ökonomie-Studium, beide juristische Staatsprüfungen (1927 und 1932) sowie eine sozialwissenschaftliche Promotion zur Angestelltenproblematik (Kunze 1929; vgl. auch Wassermann 2015). Im Jahr 1929 war er der SPD beigetreten. Nach der 2. Staatsprüfung wurde er in den Justiz- und Verwaltungsdienst des Provinzialverbandes der Provinz Sachsen aufgenommen, musste diesen aber 1934 aus politischen Gründen verlassen. Er arbeitete von 1935 bis 1949 als Rechtsanwalt und (seit 1945) als Notar in Halle. Er verließ Ende 1949 die DDR und konnte von 1951 bis 1969 beim DGB als Justiziar tätig werden und auch seinen sozialpolitischen und wirtschaftswissenschaftlichen Ambitionen nachkommen (Mitglied der Geschäftsführung des Wirtschaftswissenschaftlichen Instituts des DGB, Aufsichtsratsmitglied in verschiedenen Unternehmen, Mitbestimmungsfrage usf.). Auf Vorschlag der SPD (und des DGB) war Kunze von 1958 bis 1976 Mitglied des VerfGH.

Der Rechtsanwalt *Josef Bohnenkamp* (1905–1982; VerfGH-Mitglied 1958–1964) absolvierte noch in der Weimarer Republik sein Jura-Studium (1924–1928) und seine weitere juristische Ausbildung (1. und 2. juristisches Staatsexamen 1928 und 1932), einschließlich einer Promotion 1929. Er ließ sich als Rechtsanwalt und Notar in Borken nieder. Im Zweiten Weltkrieg leistete er Militärdienst bei der Kriegsmarine. Neben seiner Tätigkeit als Notar und Rechtsanwalt engagierte sich Bohnenkamp nach 1945 kommunalpolitisch und war Mitglied im Kreistag für den Landkreis Borken (1952–1961) und für zwei Jahre (1952–1954) Landrat dieses Kreises. Ob und wie sich Josef Bohnenkamp mit dem NS-Regime arrangierte, erlauben die wenigen ausgewerteten biografischen Daten nicht zu bewerten.

Georg Sauerborn (VerfGH-Mitglied 1961–1964) wurde 1961 als Landrat a. D. in den VerfGH gewählt; wahrscheinlich wurde er von der FDP im Landtag als Kandidat vorgeschlagen. In der Weimarer Republik war er bereits Mitglied der DVP und deren Vorsitzender im Wahlkreis Koblenz-Trier-Birkenfeld, er engagierte sich kommunalpolitisch und war stellvertretender Landrat. Nach 1945 beteiligte er sich an der Neugründung einer liberalen Partei, der FDP, in Düsseldorf.[30]

Richard van de Loo (1909–1990; VerfGH-Mitglied 1964–1976) studierte Jura noch gegen Ende der Weimarer Republik, absolvierte die juristischen Examen, das Referendariat und die Tätigkeit als Gerichtsassessor in der NS-Zeit. 1940 erlangte er die Zulassung als Rechtsanwalt in Kleve. Nach 1945 engagierte sich van de Loo in der CDU und wurde kommunalpolitisch aktiv, u. a. als Mitglied des Kreistags (1952–1969) und als Mitglied des Stadtrats von Kleve (1948–1984), der ihn 1955 (bis 1984) zum (ehrenamtlichen) Bürgermeister in Kleve wählte. Er war vielseitig kommunalpolitisch aktiv. Informationen über eine Anpassung an das NS-Regime und über den Kriegseinsatz finden sich in den wenigen ausgewerteten Quellen nicht.

Karl Schultes (1909–1982; VerfGH-Mitglied 1969–1976) absolvierte sein Jura-Studium ab 1928 in der Weimarer Republik, promovierte 1934 und legte 1938 sein 2. Staatsexamen ab. Eine Zulassung zum Staatsdienst scheiterte, vermutlich wegen seiner politischen Haltung. Er war 1928 der SPD beigetreten und 1932 zur SAP gewechselt. Anstelle einer Karriere im Justizdienst war er bis zu seiner

---

[30]Weitere gesicherte biografische Angaben zu Georg Sauerborn waren nicht zu recherchieren. Im Landesarchiv NRW, Abteilung Rheinland findet sich ein: Nachlass Sauerborn, Georg: RWN 0248; es handelt sich aber nur um einen Korrespondenzsplitter zur DVP-Auflösung.

Einberufung zum Kriegsdienst 1942 in der Metallindustrie tätig. Wegen „Zersetzung der Wehrkraft" wurde 1944 ein Kriegsgerichtsverfahren eingeleitet, dem er sich durch Desertion und amerikanische Kriegsgefangenschaft entziehen konnte. Von 1945 bis 1949/50 engagierte er sich in Thüringen für den Wiederaufbau politischer und rechtsstaatlicher Institutionen, geriet aber, obwohl er 1945 der KPD beigetreten war und für die Bildung der SED eintrat, in Konflikt mit der SMAD. Kurzzeitig war er Oberbürgermeister und Landrat von Nordhausen (1945/46), wurde 1946 Leiter der Abteilung Gesetzgebung im Justizministerium in Thüringen und stellvertretender Justizminister, trat für den Aufbau der Verwaltungsgerichtsbarkeit ein und war als Berater an der Ausarbeitung der Verfassung der DDR beteiligt. Einem zunehmenden politischen Druck entzog er sich 1950 durch Flucht nach Westdeutschland. 1952 wurde Schultes wieder in die SPD aufgenommen. Eine Aufnahme in den öffentlichen Dienst wurde aber wegen zu geringer Distanz zur KPD und SED bei seiner politisch-administrativen Tätigkeit in Thüringen verwehrt. Von 1952 bis 1957 studierte er an der LSE in London; ab 1959 war er als Rechtsanwalt tätig. Er gehörte von 1969 bis 1976 dem VerfGH an.

Die nicht-berufsrichterlichen Mitglieder des VerfGH, die zwischen 1952 und 1970 in diese Institution gewählt wurden und vor 1920 geboren worden waren, bildeten keinen Personenkreis, der sich überwiegend durch Distanz, Resistenz, Opposition oder Widerstand zum NS-Regime auszeichnete. Wie bei den Berufsrichtern des VerfGH fehlten auch hier Remigranten, die nach 1933 aufgrund der Repressionen der NS-Rassenpolitik und/oder aus politischen Gründen emigrieren mussten. Gleichzeitig bestand eine beachtliche Nähe zu den berufsrichterlichen Mitgliedern des VerfGH, denn mindestens neun von den hier Berücksichtigten elf gewählten Mitgliedern hatten eine juristische Ausbildung absolviert. Sechs waren als Rechtsanwälte tätig (gewesen), drei übten Richterfunktionen aus, als sie in den VerfGH gewählt wurden. Schließlich konnte bei zwei VerfGH-Mitgliedern die Berufsausbildung/Studienrichtung nicht eindeutig geklärt werden, doch könnten auch diese ein Jurastudium absolviert haben. Nur zwei der hier berücksichtigten elf VerfGH-Mitglieder wurden aufgrund ihrer politischen Haltung aus dem Staatsdienst entlassen *(Otto Kunze)* oder nicht in ihn aufgenommen *(Karl Schultes)*. Beide waren vor 1933 bereits Mitglieder der SPD (Karl Schultes auch der SAP) und politisch engagiert.

Mit erkennbar hoher Affinität zum NS-Regime und ungebrochener universitärer Karriere sticht nur ein 1952 in den VerfGH gewähltes Mitglied hervor: *Hans Carl Nipperdey.* Er setzte seine bereits in den 1920er Jahren begonnene Hochschullehrer-Karriere nach 1933 ungebrochen fort, profilierte sich u. a. als Mit-Autor eines einschlägigen Kommentars zum Arbeitsordnungsgesetz von

1934 und war Mitglied der von Hans Frank initiierten Deutschen Akademie des Rechts. Bereits ein Jahr nach Ende des Zweiten Weltkriegs vermochte Nipperdey seine Hochschullehrer-Karriere wieder aufzunehmen, fortzusetzen und mit der parallel zu seiner Professur an der Universität Köln 1954 übernommenen Präsidentschaft des neu geschaffenen Bundesarbeitsgerichts zu forcieren.

Ambivalent zwischen Anpassung und Opposition/Resistenz war anscheinend die juristische Karriere von *Hans Berger* angesiedelt, der nach dem Studium in der Weimarer Republik während der NS-Zeit zügig die Berufsausbildung mit den erforderlichen Examen, einer Promotion und der Tätigkeit als Gerichtsassessor absolvierte, um anschließend (1939–1944) eine Referentenstelle beim Reichskommissar für die Preisbildung zu übernehmen. Anscheinend bestanden Verbindungen zu oppositionellen katholischen Kreisen in den 1940er Jahren, was dazu beitrug, dass sich Berger seit 1945 vielseitig und in verschiedenen Institutionen und Bereichen engagieren konnte.

Für die Mehrzahl (7) der hier berücksichtigten gewählten VerfGH-Mitglieder kann – mangels biographischer Informationen – keine qualifizierte Aussage über deren Haltung während der NS-Zeit getroffen werden. Ohne – vielleicht nur opportunistische – Anpassungsleistungen wären ein Jura-Studium, ein Referendariat und die Einstellung als Gerichtsassessor kaum möglich gewesen. Auch die Zulassung als Rechtsanwalt oder die Fortsetzung dieser Tätigkeit verlangte in der Regel eine Anpassung in Form einer Mitgliedschaft in einer NS-Organisation. Mit welcher politischen Überzeugung dies geschah, kann – wie gesagt – hier nicht bewertet werden. Insgesamt zeigt sich – was nicht überraschen wird – eine bemerkenswerte Kontinuität zwischen der Berufsausübung während des NS-Regimes und der Berufspraxis in der Zeit nach 1945.

2.4 Niedersächsischer Staatsgerichtshof (NdsStGH)

Erst 1957 wurde der Staatsgerichtshof in Niedersachsen eingerichtet, basierend auf der Vorläufigen Niedersächsischen Verfassung von 1951 (Art. 42) und dem etwa vier Jahre später erlassenen Gesetz über den Staatsgerichtshof vom 31. März 1955 (NdsStGHG a. F.). Im Vergleich zu den ersten Nachkriegsjahren hatte sich inzwischen ein nicht mehr von den Besatzungsmächten lizensiertes und kontrolliertes Parteiensystem etablieren können, das neben der bereits seit 1945/46 in Niedersachsen bestehenden national-konservativen Deutschen Partei (DP) auch nationalistischen Vereinigungen wie dem Gesamtdeutschen Block/Bund der Heimatvertriebenen und Entrechteten (GB/BHE) und – bis zum Verbot durch das Bundesverfassungsgericht im Oktober 1952 – der Sozialistischen Reichspartei

(SRP) eine parlamentarische Repräsentation erlaubte (zu den Parteien vgl. Stöss 1983, Bd. 2, S. 1025–1111; Bd. 3, S. 1424–1459 und Bd. 4, S. 2274–2336).

Mit Blick auf die Überprüfung der bis zum Juni 1945 im Justizdienst beschäftigten Richter und Staatsanwälte hatten Entnazifizierungs- und Spruchkammerverfahren es letztlich nicht erreicht, die durch ihre Mitgliedschaft und Aktivitäten in NS-Organisationen (NSDAP, SA, SS usf.) politisch belasteten Justizbeschäftigten dauerhaft vom Justizdienst auszuschließen. Bereits das kurzzeitig (1945/46) angewandte „Huckepack-Verfahren" (Drecktrah 2008) und schließlich die Wiedereinstellungen in Folge des „131er-Gesetzes" führten im Weiteren dazu, dass das Gros der zwischen 1933 und 1945 unter den Bedingungen des Nationalsozialismus im Justizdienst Beschäftigten, deren Anstellung unmittelbar nach dem Kriegsende ausgesetzt worden war, wieder im Justizdienst tätig sein und seine Karrierewege fortsetzen konnte (Wengst 1988, S. 152–222; Frei 1995, S. 69–100).

Das niedersächsische Gesetz über den Staatsgerichtshof scheint eine hohe Hürde für die Bestellung (Wahl) der neun Verfassungsrichter errichtet zu haben, indem es für die Wahl ein Quorum von zwei Dritteln der anwesenden Abgeordneten des Landtags verlangte. Die Wahl erfolgte auf der Basis von Personalvorschlägen, die ein Ausschuss des Landtags erarbeitete und über den ohne Aussprache abzustimmen war (§ 3 NdsStGHG a. F.). Dieses Verfahren trug dazu bei, dass in der Regel Kandidaten aller im Landtag vertretenen veto-fähigen Parteien berücksichtigt werden mussten, und es konnte, bedingt durch „Kompromisszwänge", eine als wünschenswert erachtete Ablehnung von vorgeschlagenen Kandidaten blockieren. Eingeschränkt wurde die Kandidaten(aus)wahl noch durch die Vorgabe, dass drei Richter des NdsStGH aus dem Kreis der „Gerichts- und Senatspräsidenten des Landes" zu wählen waren (§ 4 NdsStGHG). Diese drei Berufsrichter wurden für die Dauer ihrer Amtszeit in dem Gerichtszweig, dem sie bei der Wahl angehörten, gewählt (§ 4); die sechs weiteren Mitglieder für acht Jahre (§ 5 NdsStGHG). Wie bei allen anderen Staats- und Verfassungsgerichten der Länder war die Aufgabe des Verfassungsrichters nebenamtlich oder nebenberuflich zu bewältigen.

Diese hier nur skizzierte Konstellation von Parteienentwicklung, die u. a. vor dem Hintergrund des hohen Anteils von Flüchtlingen und Vertriebenen an der niedersächsischen Bevölkerung nach dem Zweiten Weltkrieg (Anteil von ca. 40 %) zu sehen ist, von personellen Kontinuitäten im Justizdienst sowie von gesetzlicher Regelung der Wahl der Verfassungsrichter bildete den Rahmen für die personelle Zusammensetzung des NdsStGH in den 1950er und 1960er Jahren. Zur Zeit der Gründung des Niedersächsischen Staatsgerichtshofes war die personelle Reorganisation des Justizwesens in Niedersachsen, aus dem ein Teil der

Richter des StGH bestellt wurde, abgeschlossen. Einige Richter konnten in den Staatsgerichtshof gewählt werden, weil sie ihre vor 1945 begonnenen juristischen Karrieren in den Nachkriegsjahren fortsetzen konnten.

In der ersten Besetzung des NdsStGH (seit 1957) zeigte sich die juristisch-institutionelle Kontinuität zu Justiz- und rechtswissenschaftlichen Karrieren vor 1945 insbesondere bei den drei „aus der Zahl der Gerichts- und Senatspräsidenten des Landes" (§ 4 NdsStGHG) zu wählenden Berufsrichtern: *Bruno Heusinger* (Präsident), *Richard Neumann* (Vizepräsident) und – aufgrund des späteren Geburtsdatums abgeschwächter – *Werner Groß* (Richter, später auch Vizepräsident und Präsident).

Bruno Heusinger (1900–1987) hatte seine juristische Karriere vor 1933 begonnen und war bereits 1930 Oberlandesgerichtsrat am OLG Braunschweig. 1933 vermochte er seine Karriere bruchlos fortzusetzen. Im Verlauf der NS-Gleichschaltungsmaßnahmen befasste er sich als Referent im Justiz- und Finanzministerium des Freistaates Braunschweig vorübergehend u. a. mit der Durchsetzung der nationalsozialistischen Personalpolitik auf der Basis des Gesetzes zur Wiederherstellung des Berufsbeamtentums vom 7. April 1933. Ab 1. Juni 1933 agierte er als Präsident des OLG Braunschweig. Konflikte mit der NSDAP, u. a. seine zögernde Bereitschaft den geforderten „Führer-Eid" zu leisten und die Ablehnung von Terror-Maßnahmen von SS und SA in den ersten Monaten der nationalsozialistischen „Machtergreifung" in Braunschweig, führten zu einer Degradierung Heusingers zum Senatspräsidenten des OLG Braunschweig zum 1. Januar 1935. Zu einer grundsätzlichen Ablehnung der staats- und gesellschaftspolitischen Vorstellung des NS-Regime führte dies bei Heusinger offensichtlich nicht. Doch zog er es vor, sich während des Zweiten Weltkrieges als Wehrmachtsoffizier für das NS-Regime zu engagieren. Im Entnazifizierungsverfahren wurde Heusinger 1946 in die Kategorie V („nicht betroffen") eingestuft und konnte seine juristische Karriere (u. a.) am 1. August 1948 als Präsident des OLG Braunschweig wieder aufnehmen (Godau-Schüttke 2005, S. 268–273; Görtemaker und Safferling 2016, S. 272–274; Fotho 1989, S. 349–369). Er wechselte 1955 zum OLG Celle, und 1960 wurde er Präsident des Bundesgerichtshofs.

Auch bei *Richard Naumann* (1906–1987) lag der Beginn seiner juristischen Karriere (Studium, Referendariat, Beginn der Tätigkeit als Gerichtsassessor) noch in der Weimarer Republik, gefolgt von der Tätigkeit als Amtsrichter in den ersten Jahren des NS-Regimes. Er wechselte aber Mitte der 1930er Jahre zu einer wissenschaftlichen Karriere, habilitierte sich 1938 an der Juristischen Fakultät der Kieler Universität, die seit 1933 als „Zentrum der Rechtserneuerung im nationalsozialistische Sinne" (Eckert 2004, S. 4) diente („Kieler Schule" einer völkischen

Rechtserneuerung). Mit einigen Zwischenstationen erhielt Naumann 1940 eine außerordentliche und 1942 eine ordentliche Professur für öffentliches Recht an der Kieler Universität. Das Ende des Zweiten Weltkriegs beendete vorübergehend auch die Hochschullehrerkarriere für Naumann, der aber bereits ab 1946 Lehraufträge von der Universität Hamburg übernahm und später als Honorarprofessor ausgezeichnet wurde. Sein Arbeitsschwerpunkt lag seit 1946 wieder im Justizwesen, u. a. als Senatspräsident beim Hanseatischen Oberverwaltungsgericht in Hamburg und als Präsident des OVG von Niedersachsen und Schleswig-Holstein in Lüneburg (bis 1971). Von dieser Position wurde er 1957 zum Vizepräsidenten des NdsStGH gewählt.

Werner Groß (1910–1983) hatte sein Jurastudium noch während der Weimarer Republik begonnen; während der NS-Zeit (seit 1936) war er überwiegend als Verwaltungsjurist in Preußen und von 1945 bis 1951 in Schleswig-Holstein tätig. Als Senatspräsident beim OVG Lüneburg für Niedersachsen und Schleswig-Holstein (1951–1958) wurde er (als SPD-Mitglied) als Richter in den NdsStGH gewählt; weitere Karriereschritte waren die Positionen des Präsidenten des Verwaltungsgerichts Braunschweig (1958–1964) sowie eines Staatssekretärs in der Niedersächsischen Staatskanzlei unter Ministerpräsident Georg Diederichs (SPD). Groß gehörte dem StGH nach seiner Zeit als Richter (1957–1964) noch als Vizepräsident (1972–1974) und als Präsident (1974–1976) an.

Eine weitere Gruppe von Juristen (*Kurt Blanke* (Richter), *Heribert Kandler* (Richter) und *Werner Weber* (Richter) hatten noch vor 1933 das Jurastudium abgeschlossen und unterschiedliche juristische Karrieren angetreten: *Kurt Blanke* als Rechtsanwalt, *Heribert Kandler* war sehr lange Amtsgerichtsrat (1923–1940), dann Landgerichtsdirektor in Łódź (Litzmannstadt) (1940–45) und 1945 noch für einen Monate Landgerichtspräsident und Leiter des Verwaltungsstabs des Oberlandesgerichts Posen (Poznań). *Werner Weber* (Richter) war zunächst als Referent im preußischen Ministerium für Wissenschaft, Kunst und Volksbildung, von 1934–1937 im Reichskulturministerium tätig, ab 1935 verfolgte er auch eine wissenschaftliche Karriere als Hochschullehrer für öffentliches Recht an der Wirtschaftshochschule in Berlin, ab 1942 an der Juristischen Fakultät der Universität Leipzig.

Kurt Blanke (1900–1997) war nach dem Jurastudium und der Promotion (1922), einige Jahre als Amtsrichter in Bremerhaven und in Hannover sowie als „Hilfsrichter" in Celle tätig, bis er 1931 als Rechtsanwalt in eine renommierte Anwaltskanzlei in Celle eintrat. 1933 erfolgte der Beitritt zur NSDAP und zur SA (Jungius und Seibel 2008). Wegen der Nazi-Pogrome am 9./10. November 1938 gegen die jüdische Bevölkerung trat Blanke aus der SA aus. Während des Zweiten Weltkriegs war er (1940–1944) als Kriegsverwaltungsbeamter Leiter des Referats „Entjudung" in der Wirtschaftsabteilung des Militärbefehlshabers in Frankreich mit der Kontrolle und Durchführung der „Arisierung" beauftragt. Nach 1945 wurde er im Entnazifizierungsverfahren zunächst in die Kategorie IV („nominelle Nazi-Unterstützer") und im Berufungsverfahren im November 1948 in die Kategorie V („keine Bedenken") eingestuft. Damit war der Weg frei für die weitere Tätigkeit als Rechtsanwalt und Notar sowie für ein kommunalpolitisches Engagement in Celle als Mitglied der rechtskonservativen Deutschen Partei (DP), bis er 1961 zur CDU wechselte, für die er erfolgreich für die Position des Oberbürgermeisters von Celle (1964–1973) kandidierte. Blank, Mitglied des StGH von 1957–1977, wurde 1957 als Kandidat der DP gewählt, acht Jahres später auf Vorschlag der CDU.

Heribert Kandler (1890–1968) wurde 1957 vermutlich auf Vorschlag des Gesamtdeutschen Block/Bund der Heimatvertriebenen und Entrechteten (GB/BHE) als Richter für den StGH vorgeschlagen und für acht Jahre gewählt. Nach seinem Jurastudium und der Tätigkeit als Gerichtsassessor war Kandler von 1923 bis 1939 als Amtsgerichtsrat an Gerichten in Bublitz, Stargard und Stettin sowie 1939/40 nach der Okkupation Polens in Poznań (Posen) eingesetzt; in Łódź (Litzmannstadt) gelang ihm der Aufstieg zum Landgerichtsdirektor (1940–1945), dem auch das Sondergericht von Litzmannstadt untergeordnet war; 1945 war er noch für einen Monat Landgerichtspräsident und Leiter des Verwaltungsstabs des Oberlandesgerichts Posen. Abgestützt war die berufliche Karriere durch die Mitgliedschaften in der DNVP (1919–1933) und dem Stahlhelm während der Weimarer Republik, seit 1933 durch die Mitgliedschaft in der SA, 1936 in der NSDAP sowie in verschiedenen NS-Nebenorganisationen. Das intensive politische Engagement in der NS-Zeit verhinderten nach 1945 Kandlers Rückkehr in den Justizdienst, zumal er es erst 1948 erreichen konnte, als „Mitläufer" (Kategorie IV) im Entnazifizierungsverfahren (Berufung) eingestuft und 1951 in einem weiteren Wiederaufnahmeverfahren als „entlastet" (Kategorie V) umgestuft zu werden. Als Mitglied des BHE (seit 1950) gelang es ihm, bei der Landtagswahl 1951 in den Landtag (1951–1955) und 1957 als Richter in den StGH gewählt zu werden.

Werner Weber (1904–1976) gehörte dem Niedersächsischen StGH von 1957 bis 1976 (zeitweise gleichzeitig dem StGH Bremens von 1953–1967) an. (Zu seiner juristischen Karriere, die nicht ohne opportunistische Anpassung an das NS-Regime verlief trotz einiger Konflikte mit NS-Funktionären, siehe oben Abschn. 2.1).

Eine weitere Gruppe von Richtern am StGH rekrutierte sich aus Sozialdemokraten, die bereits vor 1933 Mitglieder der SPD waren und aufgrund ihres politischen Engagements Repressionen des NS-Regimes ausgesetzt waren. Sie wurden im Jahr 1933 als politische Gegner der NSDAP im Zuge der nationalsozialistischen „Machtergreifung" und Gleichschaltungspolitik aus ihren Positionen verdrängt und politisch verfolgt: der Jurist *Ernst Böhme* (Richter), zuletzt bis 1933 Oberbürgermeister von Braunschweig, sowie der Diplom-Volkswirt und Journalist *Wilhelm Korspeter* (Richter), seit 1946 Mitbegründer und Chefredakteur der Hannoverschen Presse und von 1947 bis 1951 Abgeordneter im Niedersächsischen Landtag.

Ernst Böhme (1892–1968) schloss sein Jurastudium 1917 mit dem ersten und 1922 mit dem zweiten Staatsexamen ab. Engagiert in der SPD war er seit 1923 Mitarbeiter in der Stadtverwaltung von Magdeburg, zeitweise als Stadtrat; von 1929 bis 1933 war er Oberbürgermeister von Braunschweig sowie von 1930 bis zur erpressten Mandats- und Amtsaufgabe im März/April 1933 auch Abgeordneter im Landtag von Braunschweig (Fotho 1989, S. 359). Nachdem ihm aus politischen Gründen eine Zulassung als Rechtsanwalt vom NS-Regime verweigert worden war, sah er sich genötigt, die Stadt zu verlassen und nach einem Studium der Betriebs- und Volkswirtschaft die Jahre bis 1945 als Steuer- und Devisenberater zu arbeiten. 1945 kehrte er nach Braunschweig zurück und wurde von der US-Militärregierung als Oberbürgermeister eingesetzt; nach Einführung der kommunalen Doppelspitze durch die britische Militäradministration blieb er noch bis 1948 ehrenamtlicher Oberbürgermeister. Seit 1948 war er als Rechtsanwalt und Notar tätig, von 1947 bis 1955 auch als Abgeordneter im Landtag von Braunschweig.

Wilhelm Korspeter (1897–1967), engagiert in der SPD, hatte während der Weimarer Republik ein Studium der Volkwirtschaftslehre absolviert (Dipl.), war von 1924–1933 als Journalist tätig. Seit Beginn der NS-Zeit war er mehrere Jahre aus politischen Gründen arbeitslos und gleichzeitig politischen Verfolgungsmaßnahmen ausgesetzt wegen illegaler politischer Aktivitäten. Nach dem Zweiten Weltkrieg wirkte er zunächst im ernannten Stadtrat von Magdeburg mit, geriet aber unter politischen Druck, weil er die Zwangsvereinigung von SPD und KPD ablehnte. Aus politischen Gründen floh er im Februar 1946 nach Niedersachsen und konnte in Hannover als Chefredakteur am Aufbau der Hannoverschen Presse teilnehmen. Von 1947–1951 war er zudem Abgeordneter im ersten Landtag von Niedersachsen.

Über *Peter Görres,* der als Rechtsanwalt und Notar 1957 in den StGH gewählt wurde, konnte keine aussagekräftige Biografie gefunden werden, obwohl er mehr als 25 Jahre (bis 1983) diese Funktion bekleidete.

Von den neun Richtern, die mit Gründung des NdsStGH in das Richteramt gewählt wurden, bzw. von den acht Richtern, von denen biografische Daten ausgewertet werden konnten, waren nur die beiden bereits in der Weimarer Republik politisch engagierten Sozialdemokraten Ernst Böhme und Wilhelm Korspeter nach 1933 in Distanz zum NS-Regime geblieben. Wenn auch nicht immer ohne

Konflikte mit der NSDAP konnten die übrigen späteren Richter des StGH ihre Position im Justizsystem auch nach 1933 behaupten (Heusinger, Kandler), nach dem Jurastudium (1936) anscheinend konfliktarm im Verwaltungsdienst arbeiten (Werner Groß) oder eine wissenschaftliche (universitäre) Karriere verfolgen (Richard Naumann, Werner Weber). Eine Variation stellt die Tätigkeit als Rechtsanwalt (Kurt Blanke) dar, die aber nicht als regime-oppositionelles Verhalten zu verstehen war, wie u. a. der Beitritt zur NSDAP (1933) und die Tätigkeit als Kriegsverwaltungsbeamter in Frankreich zeigten.

Auch die weiteren Richter des NdsStGH, auf die das hier zugrunde gelegte Altersschema zutrifft (vor 1920 geboren), weisen überwiegend juristische Karrieren auf, die innerhalb des NS-Regimes verliefen oder begannen. Es ist anzunehmen, dass meistens die erwarteten Anpassungen an das NS-Regime (Mitgliedschaft in der NSDAP oder in Nebenorganisationen) erfüllt wurden, ob aus Überzeugung oder aus Karriere-Opportunismus, sei dahingestellt. Bis etwa Mitte der 1970er Jahre waren folgende Personen als Mitglieder des NdsStGH gewählt worden:

- Friedrich Holland (1903–1979), Präsident des StGH von 1960–1968
- Karl Borrmann (geb. 1914), Richter am StGH von 1964–1979, davon Vizepräsident 1976–79
- Detlef Sagebiel (1913–2009), Richter am StGH von 1965–1983
- Friedrich Seitz (1908–1996), Richter am StGH von 1966–1977
- Horst Uffhausen (1909–1999), Präsident des StGH 1968–1974
- Hans Schrödter (1911–1996), Vizepräsident des StGH von 1974–1976.

Mit Ausnahme von Friedrich Seitz, der nach dem Abitur (1927) eine kommunale Verwaltungslaufbahn begann und von 1934 bis 1966 (anscheinend kontinuierlich) in verschiedenen kommunalpolitischen Funktionen tätig war, zuletzt als Regierungspräsident in Hannover (1959–1966), verfügten die weiteren fünf aufgelisteten Mitglieder des StGH über eine juristische Ausbildung (Studium und beide Staatsexamen), die spätestens Mitte der 1930er Jahre abgeschlossen worden war. Soweit differenzierte biografische Angaben vorliegen, finden sich Hinweise auf Promotionen (Borrmann,[31] Schrödter und Holland) und auf (beginnende)

---

[31]Zu Borrmann vgl. Kind-Krüger 2017, S. 183–190. Hier u. a. Hinweise auf seine HJ- und NSDAP-Mitgliedschaft. – Borrmanns Dissertation befasste sich mit der Notwendigkeit einer Verschärfung des Militärstrafrechts, um Ereignisse wie den Matrosenaufstand in Kiel 1918 zukünftig zu verhindern, vgl. Borrmann 1940.

Karrieren im Justizsystem (Borrmann, Uffhausen, Schrödter). Zwei spätere Mitglieder des StGH waren nach dem Studium und den Examen als Rechtsanwälte tätig. Detlef Sagebiel in Celle folgte dem Vorbild seines Vaters, der schon als Anwalt tätig war. Auch *Friedrich Holland* entschied sich nach den beiden Examen und der Zeit als Gerichtsassessor für eine Tätigkeit als Rechtsanwalt in Braunschweig. Er hatte die Ernennung zum Amtsgerichtsrat abgelehnt, weil von ihm verlangt worden war, sich von seiner jüdischen Braut zu trennen. Eine Karriere im Justizsystem konnte er erst nach dem Ende des Zweiten Weltkriegs aufnehmen, u. a. wurde er 1955 Präsident des OLG Braunschweig. Nach 1945 machten die meisten anderen der hier betrachten sechs Mitglieder des StGH ebenfalls Karrieren: *Karl Borrmann* wurde bereits 1952 Präsident des Landesarbeitsgerichts von Niedersachsen. *Friedrich Seitz* konnte seine Verwaltungslaufbahn mit der Position eines Regierungspräsidenten krönen. *Horst Uffhausen* war zeitweise Regierungsdirektor im Justizministerium von Niedersachsen (1955), Richter am Bundesverwaltungsgericht (1959) sowie Vizepräsident (1965) und Präsident des OLG Oldenburg (1968–74). *Hans Schrödter* erreichte nach einigen Zwischenstationen (u. a. Amtsgerichtsrat, Verwaltungsgerichtsrat) die Position des Präsidenten des Verwaltungsgerichts Hannover (1966–1976).

Die Einrichtung des Staatsgerichtshofs in Niedersachen 1957 erfolgte zu spät, um zumindest bei der personellen „Erstausstattung" für „unbelastete" Juristen und nicht-juristisch ausgebildete Mitglieder sorgen zu können. (1) Mehr als ein Jahrzehnt nach dem Ende des Zweiten Weltkrieges hatten Richter und Juristen, die in der NS-Zeit ihre Karriere fortsetzen oder beginnen konnten, sich wieder im Justizsystem, weiterhin als Rechtsanwalt oder als Hochschullehrer etabliert und eine Positionen wieder eingenommen oder erreicht, die ihre Wahl in den Staatsgerichtshof ermöglichte. (2) Auch wenn die Rückkehr in das Justizwesen wegen einer allzu offensichtlich gewordenen Unterstützung des NS-Systems nicht möglich wurde, wie bei *Heribert Kandler,* bedeutete das zu dieser Zeit in Niedersachsen nicht, dass eine Wahl in den StGH versperrt war. Die Öffnung der Parteien für ehemalige NSDAP-Mitglieder, deren Einzug in den Landtag sowie die Koalitionsbildung unter Einschluss des GB/BHE bildeten im Landtag die Voraussetzungen für die Wahl ehemaliger NSDAP-Mitglieder in den NdsStGH. (3) Die zwei sozialdemokratischen Kandidaten *(Ernst Böhme* und *Wilhelm Korspeter),* die 1957 – auch im Rahmen des Parteienproporzes – in den NdsStGH gewählt wurden, hatten während der NS-Zeit Repression, Verfolgung, Inhaftierung erlitten, sich im Widerstand organisiert oder resistent verhalten. Sie gehörten nicht zur Gruppe der Berufsrichter. (4) Auch für die nachfolgenden Richter des NdsStGH, die dem Altersschema entsprechen, wurde bei den vier Berufsrichtern, mit Ausnahme von *Friedrich-Wilhelm Holland,* die juristische

Karriere in der NS-Zeit eingeleitet und nach 1945 erfolgreich im Justizsystem (bis zum Präsidenten des Landesarbeitsgericht, des Oberlandesgerichts und des Verwaltungsgerichts) fortgesetzt. Der Landtag in Niedersachsen war in diesen Jahrzehnten offensichtlich nicht die politische Institution für eine differenzierte Auseinandersetzung mit den personellen Kontinuitäten des NS-Systems. (5) Auch bildeten die Richter, die nicht qua Amt in den NdsStGH gewählt wurden, bei denen es sich aber überwiegend um ausgebildete Juristen handelte, im Hinblick auf ihre juristische und berufliche Karriere in der Zeit des Nationalsozialismus nur in wenigen Fällen ein politisches Gegengewicht zu den Berufsrichtern, die qua Amt dem NdsStGH angehörten. Auch in dieser Hinsicht erwies sich die Richterwahl durch den Landtag nicht als politisch sensible Kontrollinstanz.

3   Fazit

Im Kontrast zu manchen Intentionen bei der Verfassunggebung und den Parlamentsdebatten über die Entwürfe der Ausführungsgesetze über die Einrichtung von Staats- und Verfassungsgerichten setzten sich frühe Erwartungen, die Besetzung dieser Gerichte mit nationalsozialistisch belasteten Personen (v. a. Richter) verhindern zu können, im Laufe der Zeit nicht durch.

Begünstig wurde diese Entwicklung durch verschiedene Faktoren. Bereits vor der Konstituierung der meisten Staats- und Verfassungsgerichtshöfe waren die Bemühungen der Militäradministrationen in den Westzonen gescheitert, mit Hilfe eines systematischen und umfassenden Entnazifizierungsverfahrens das Justizsystem frei von nationalsozialistisch belasteten Richtern und Staatsanwälten neu aufzubauen. Angesichts der geringen Anzahl unbelasteter Richter, Staatsanwälte und Rechtsanwälte erwies sich der Bedarf an juristischem Fachpersonal als viel zu hoch, um ohne das unmittelbar nach dem Krieg flächendeckend entlassene Justizpersonal aus der NS-Zeit auskommen zu können (1). Verstärkt wurde die Reaktivierung belasteter Juristen der NS-Zeit durch einen meist (spätestens) in den Spruchkammer- und Widerspruchsverfahren scheiternden Entnazifizierungsprozess (2). Zudem eröffnete das Ausführungsgesetz zum Art. 131 GG, mit dem die Wiedereinstellung von Beschäftigten des öffentlichen Dienstes, der Hochschulen und des Justizwesens seit 1951 geregelt wurde, für viele Richter eine Rückkehr in ihre früheren oder in vergleichbare Positionen (3). Innerhalb weniger Jahre gelangten durchaus Richter, die ihre Karriere im Justizwesen während der NS-Zeit nicht ohne Anpassung und Anpassungsbereitschaft an das Regime fortsetzen oder aufnehmen konnten, (wieder) in die Spitzenstellungen der Landesgerichte und zählten zu den Richtern, die qua Amt Mitglied von Staats- und

Verfassungsgerichten wurden oder die in diese Position gelangten, weil sie aufgrund der Leitungsfunktionen, die sie in führenden Landesgerichten einnahmen, zum Kreis der als fachlich kompetent geltenden Juristen gerechnet wurden, die für eine Wahl infrage kamen (4). Als wahlfähig zum Richter an Staats- und Verfassungsgerichten wurden auch Hochschullehrer meist von juristischen Fakultäten angesehen; der Umstand, dass sie nach 1945 wieder eine Professur erhalten hatten, schien auch für diejenigen Hochschullehre eine ausreichende Legitimation gewesen zu sein, die eine juristische Wissenschafts- und Hochschulkarriere im NS-Regime absolviert oder fortgesetzt hatten, nicht selten mit beachtlicher Affinität zur Politik und Ideologie des Nationalsozialismus (5).

Die hohe Kontinuitätsquote bei der Richterschaft korrespondierte mit den bald nach 1945 abnehmenden Vorbehalten gegen „Mitläufer", Anhänger und Aktivisten des Nationalsozialismus in der Gesellschaft und in den politischen Parteien (6). Nach der Gründung der Bundesrepublik fielen Hürden für ehemalige Mitglieder der NSDAP und von NS-Organisationen hinsichtlich ihrer Aufnahme in die 1945/46 lizensierten Parteien, zudem kam es zur Neugründung von nationalistischen Parteien. Seit den 1950er Jahren fanden folglich auch diese durch ihre NS-Vergangenheit belasteten Parteimitglieder den Eingang in die Landesparlamente. In den Landesparlamenten, die als Wahlgremien für die nicht qua Amt automatisch zu Mitgliedern von Staats- und Verfassungsgerichtshöfen fungierten, folgte daraus ein Bereitschaft, auch frühere Anhänger und Aktivisten des NS-Regimes als Richter der Staats- und Verfassungsgerichtshöfe zu legitimeren. Zum Teil resultierte dieses Wahlverhalten in den Landesparlamenten aus den vorgegebenen Wahlquoren für die Richterwahl, was eine Veto-Option bei der Kandidatenaufstellung und der Richterwahl für Parteien wie den GB/BHE ermöglicht, teils durch Vorgaben, alle Fraktionen an der Besetzung der Richterposten zu beteiligen (7). Ein quantitativ eher schwaches Gegengewicht zu dieser sich in den 1950er Jahren abzeichnenden Entwicklung findet sich nur durch die Mitglieder der Staats- und Verfassungsgerichtshöfe, die vornehmlich von sozialdemokratischen Fraktionen in den Landesparlamenten vorgeschlagen und durchgesetzt wurden (8).

Die vorliegende Untersuchung ist explorativ angelegt, schon weil sie sich auf die Besetzungspraxis für Richterämter in vier Staats- und Verfassungsgerichtshöfen begrenzen muss. Sie ist es auch durch den begrenzten Zugriff auf die biografischen Daten der Verfassungsrichter, da nicht auf Personal-, Entnazifizierungs- und Wiedergutmachungsakten zurückgegriffen werden konnte, und angesichts der relativ großen Anzahl von Richtern, zu denen für die Zeit vor 1945 keine substanziellen biografischen Daten ermittelt werden konnten. Das hat u. a. zur Folge, dass quantitative Aussagen nicht getroffen und die unterschiedlichen Karriereverläufe während der NS-Zeit und die Positionen zum NS-Regime nur in den skizzenhaften Kurzbiografien vorgestellt, aber nicht zu tatsächlich belastbaren qualifizierenden und quantifizierenden Aussagen weitergeführt werden konnten.

Im Hinblick auf die zeitliche Dimension wurde aber ersichtlich, dass die personelle Erstausstattung der Staats- und Verfassungsgerichtshöfe, die noch unter Kontrolle der Militäradministrationen (Rheinland-Pfalz, Bremen) oder Anfang der 1950er Jahre (NRW, aber angesichts der vielen ungeklärten Biografien nur bedingt aussagefähig) erfolgte, durch eine Personalauswahl gekennzeichnet war, die noch nicht der Richterkontinuität zwischen NS-Regime und Nachkriegsdemokratien folgte. Im Lauf der 1950er Jahre ändert sich dies. Bereits bei der Zweitbesetzung in Bremen seit 1951 und bei der Erstbesetzung in Niedersachsen wurde dies deutlich. Was sich hier durchsetzte, ist die zu dieser Zeit bereits erreichte hohe personelle Kontinuität des Justizpersonals der NS-Zeit mit dem der frühen Bundesrepublik. Indem es sich bei den nebenamtlich und nebenberuflichen Richtern der Staats- und Verfassungsgerichtshöfe zum Teil um Berufsrichter und Hochschullehrer handelte, folgte diese Personalwahl wiederum der in den Amts-, Landes- und Verwaltungsgerichten und in den Hochschulen etablierten personellen Kontinuität mit dem NS-Staat.

Fraglich ist, ob hier ein gelungener Integrationsprozess mehr oder weniger durch ihr Handeln und ihre Haltung während des NS-Regimes und im NS-System belasteter Richter stattfand. Die beachtliche Kontinuitätsquote, ein weitgehend fehlendes Verständnis für die Deformation des Rechtssystems während der NS-Zeit, an dem sie mitgewirkt und dessen „Recht" sie praktiziert haben, lässt zweifeln. Diese werden bestärkt durch eine standardmäßig vorgetragene rechtspositivistische Selbst-Exkulpierung von der Rechtsprechung und Rechtsbeugung während der NS-Zeit, die auch die Sonder- und Militärgerichte einbezieht. Es ist nicht abzuschätzen, welchen autoritären und illiberalen Einfluss diese personelle Kontinuität hatte, die alle Ebenen des Rechtssystems – der Rechtsprechung und deren staats- und verfassungsgerichtlichen Kontrolle, der Juristenausbildung an den Hochschulen über Jahrzehnte nach 1945 durchdrang.

Literatur

Angermund, R. (1990). *Deutsche Richterschaft 1919–1945. Krisenerfahrung, Illusion, politische Rechtsprechung*. Frankfurt a. M.: Fischer Taschenbuch.
Armbruster, H. (1939). *Die Wandlung des Reichshaushaltsrechts*. Stuttgart: Kohlhammer.

Berger, H. (1936). *Zur Frage des Mißbrauchs der Vertretungsmacht*. Köln: Universität zu Köln.

Bickel, H. (1997). Prof. Dr. Adolf Süsterhenn. In K.-F. Meyer (Hrsg.), *50 Jahre Verfassungs- und Verwaltungsgerichtsbarkeit in Rheinland-Pfalz. Eine Chronik. Teil 1* (S. 213–221). Frankfurt a. M.: Lang.

Bilda, K. (2002). Die Zusammensetzung des Verfassungsgerichtshofs. In Präsident des Verfassungsgerichtshofs für das Land Nordrhein-Westfalen (Hrsg.), *Verfassungsgerichtsbarkeit in Nordrhein-Westfalen. Festschrift zum 50-jährigen Bestehen des Verfassungsgerichtshofs für das Land Nordrhein-Westfalen* (S. 57–74). Stuttgart: Richard Boorberg.

Bohnenkamp, J. (1929). *Das Recht der Aufsichtsbehörde gegenüber polizeilichen Strafverfügungen in Preußen*. Ohlau i. Schl.: H. Eschenhagen.

Borrmann, K. (1940). *Zur Neugestaltung des kriegsstrafrechtlichen Verfahrens*. Düsseldorf: Nolte.

Bösch, F., & Wirsching, A. (Hrsg.). (2018). *Hüter der Ordnung. Die Innenministerien in Bonn und Ost-Berlin nach dem Nationalsozialismus*. Göttingen: Wallstein.

Brachmann, J. (2015). *Reformpädagogik zwischen Re-Education, Bildungsexpansion und Missbrauchsskandal. Die Geschichte der Vereinigung Deutscher Landerziehungsheime 1947-2012*. Bad Heilbrunn: Klinkhardt.

Conze, C., Frei, N., Hayes, P., & Zimmermann, M. (2010). *Das Amt und die Vergangenheit. Deutsche Diplomaten im Dritten Reich und in der Bundesrepublik* (2. Aufl.). München: Blessing.

Dästner, C. (2002). Die Entstehung und Entwicklung der nordrhein-westfälischen Verfassungsgerichtsbarkeit. In Präsident des Verfassungsgerichtshofs für das Land Nordrhein-Westfalen (Hrsg.), *Verfassungsgerichtsbarkeit in Nordrhein-Westfalen Festschrift zum 50-jährigen Bestehen des Verfassungsgerichtshofs für das Land Nordrhein-Westfalen* (S. 13–31). Stuttgart: Richard Boorberg.

Drecktrah, V. F. (2008). Die Aufarbeitung der nationalsozialistischen Justiz in Niedersachsen. In E. Schumann (Hrsg.), *Kontinuität und Zäsuren. Rechtswissenschaft und Justiz im „Dritten Reich" und in der Nachkriegszeit* (S. 271–299). Göttingen: Wallstein.

Eckert, J. (2004). „Hinter den Kulissen". Die Kieler Rechtswissenschaftliche Fakultät im Nationalsozialismus. In Christiana Albertina. *Forschungen und Berichte aus der Christian-Albrechts-Universität zu Kiel* (Bd. 58, S. 18–32). Neumünster: Wachholtz.

Fiedler, W. (1983). Die Entstehung der Landesverfassungsgerichtsbarkeit nach dem Zweiten Weltkrieg. In C. Starck & K. Stern (Hrsg.), *Landesverfassungsgerichtsbarkeit. Teilband I: Geschichte, Organisation, Rechtsvergleichung. Studien und Materialien zur Verfassungsgerichtsbarkeit* (S. 104–153). Baden-Baden: Nomos.

Fotho, M. (1989). Bruno Heusinger – ein Präsident im Konflikt zwischen Solidarität und Gewissen. In R. Wassermann (Hrsg.), *Justiz im Wandel der Zeit. Festschrift des Oberlandesgerichts Braunschweig* (S. 349–369). Braunschweig: Meyer.

Frei, N. (1995). *Vergangenheitspolitik. Die Anfänge der Bundesrepublik und die NS-Vergangenheit* (2. Aufl.). München: Beck.

Glaab, M. (2017). Der Verfassungsgerichtshof Rheinland-Pfalz. In W. Reutter (Hrsg.), *Landesverfassungsgerichte. Entwicklung – Aufbau – Funktionen* (S. 269–295). Wiesbaden: Springer VS.

Godau-Schüttke, K.-D. (2005). *Der Bundesgerichtshof. Justiz in Deutschland*. Berlin: Tischler.

Görtemaker, M., & Safferlin, C. (Hrsg.). (2013). *Die Rosenburg. Das Bundesministerium der Justiz und die NS-Vergangenheit – Eine Bestandsaufnahme*. Göttingen: Vandenhoeck & Ruprecht.

Görtemaker, M., & Safferlin, C. (2016). *Die Akte Rosenburg. Das Bundesministerium der Justiz und die NS-Zeit*. München: Beck.

Gruchmann, L. (1990). *Justiz im Dritten Reich 1933–1940 Anpassung und Unterwerfung in der Ära Gürtner* (2. Aufl.). München: Oldenbourg.

Hartmann, R. (1936). *Zur Frage des Anwartschaftsrechts aus bedingter Übereignung beim Kauf unter Eigentumsvorbehalt*. Dissertation Universität Göttingen 1936, Nolte, Düsseldorf.

Hennig, J. (1997). Dr. Ernst Biesten. In K.-F. Meyer (Hrsg.), *50 Jahre Verfassungs- und Verwaltungsgerichtsbarkeit in Rheinland-Pfalz. Eine Chronik. Teil 1* (S. 205–212). Frankfurt a. M.: Lang.

Hennig, J. (2018). Die Bestrafung von NS-Juristen einschließlich der Personalpolitik in Rheinland-Pfalz (Vortrag am 27.2.2018). In *Mahnmal Koblenz. Ein virtueller Gedenkort für Koblenz, das nördliche Rheinland-Pfalz und Deutschland*. https://mahnmalkoblenz.de/index.php/infos/informationen-2018/751-die-bestrafung-von-ns-juristen-einschliesslich-der-pe. Zugegriffen: 13. Okt. 2019.

Herbst, U. (2013). Justiz und NS-Vergangenheit in der Bundesrepublik 1945–1970. In M. Görtemaker & C. Safferlin (Hrsg.), *Die Rosenburg. Das Bundesministerium der Justiz und die NS-Vergangenheit – Eine Bestandsaufnahme* (S. 43–59). Göttingen: Vandenhoeck & Ruprecht.

Hesse, H. (2005). *Konstruktion der Unschuld. Die Entnazifizierung am Beispiel von Bremen und Bremerhaven 1945–1953*. Bremen: Selbstverlag des Staatsarchivs.

Hillner, G. (2006). Werner Baerns (1896–1984). Erinnerungen an einen OLG-Präsidenten. In A.-J. Paulsen (Hrsg.), *100 Jahre Oberlandesgericht Düsseldorf. Festschrift* (S. 43–49). Berlin: Berliner Wissenschaftsverlag.

Hintzen, W. (1937). *Die Kammer für Handelssachen und ihre Zuständigkeit nach deutschem Zivilprozeßrecht*. Jur. Diss. Freiburg/Schweiz. Düren: Dürener Druckerei und Verlag, Hamel.

Hollerbach, A. (2007). *Jurisprudenz in Freiburg. Beiträge zur Geschichte der Rechtswissenschaftlichen Fakultät der Albert-Ludwigs-Universität*. Tübingen: Mohr Siebeck.

Jungius, M., & Seibel, W. (2008). Der Bürger als Schreibtischtäter. Der Fall Kurt Blanke. *Vierteljahreshefte für Zeitgeschichte, 56*(2), 265–300.

Kartmann, N. (Hrsg.). (2014). *NS-Vergangenheit ehemaliger hessischer Landtagsabgeordneter. Dokumentation der Fachtagung 14. und 15. März 2013 im Hessischen Landtag*. Wiesbaden: Historische Kommission für Hessen.

Ketelhut, J. (2017). Verfassungsgerichtsbarkeit im Zwei-Städte-Staat. Der Staatsgerichtshof der Freien Hansestadt Bremen. In W. Reutter (Hrsg.), *Landesverfassungsgerichte. Entwicklung – Aufbau – Funktionen* (S. 129–148). Wiesbaden: Springer VS.

Kind-Krüger, W. (2017). Der institutionelle und personelle Wiederaufbau der niedersächsischen Arbeitsgerichtsbarkeit nach dem Zweiten Weltkrieg. *Niedersächsisches Jahrbuch für Landesgeschichte, 89*, 147–190.

Klausch, H.-P. (2013). *Braune Spuren im Saar-Landtag. Die NS-Vergangenheit saarländischer Abgeordneter*. Saarbrücken: Die Linke.

Klausch, H.-P. (o. J.). Braune Wurzeln. Alte Nazis in den niedersächsischen Landtagsfraktionen von CDU, FDP und DP. Zur Vergangenheit von niedersächsischen Landtagsabgeordneten in der Nachkriegszeit. Hannover.

Knöpfle, F. (1983). Richterbestellung und Richterbank bei den Landesverfassungsgerichten. In C. Starck & K. Stern (Hrsg.), *Landesverfassungsgerichtsbarkeit* (S. 231–283). Baden-Baden: Nomos.

Koch-Baumgarten, S. (2012). Der Landtag von Rheinland-Pfalz: Vom Entscheidungsträger zum Politikvermittler? In S. Mielke & W. Reutter (Hrsg.), *Landesparlamentarismus. Geschichte – Struktur – Funktionen* (2., durchgesehene und aktual. Aufl., S. 431–443). Wiesbaden: Springer VS.

Kunze, O. (1929). *Schutz der älteren Angestellten: Eine sozialpolitische Untersuchung.* Berlin: Engelmann.

Ley, R. (2015). Die Konstituierung der Verfassungsorgane nach der ersten Landtagswahl am 18. Mai 1947. – Teil I: Grundlagen, Konstituierung von Landtag, des Wahlprüfungsausschusses und Zwischenausschusses sowie Wahl der Verfassungsrichter. *LKRZ – Zeitschrift für Landes- und Kommunalrecht Hessen, Rheinland-Pfalz, Saarland, 9*(5), 173–177.

Meyer, G. (1935). *Neue ständische Formen.* Rechtswissenschaftliche Dissertation an der Universität Köln, Dittert, Dresden.

Meyer, K.-F. (Hrsg.). (1997). *50 Jahre Verfassungs- und Verwaltungsgerichtsbarkeit in Rheinland-Pfalz.* Frankfurt a. M.: Lang.

Nationalrat der Nationalen Front des Demokratischen Deutschland. Dokumentationszentrum der staatlichen Archivverwaltung der DDR (Hrsg.). (1968). *Braunbuch. Kriegs- und Naziverbrecher in der Bundesrepublik und in Westberlin* (3., überarb. und erw. Aufl.). Berlin: Staatsverlag der DDR.

Obrecht, M. (2017). Verfassungsgerichtshof Baden-Württemberg. In W. Reutter (Hrsg.), *Landesverfassungsgerichte. Entwicklung – Aufbau – Funktionen* (S. 27–52). Wiesbaden: Springer VS.

Pfetsch, F. R. (1990). *Ursprünge der Zweiten Republik. Prozesse der Verfassungsgebung in den Westzonen und in der Bundesrepublik.* Opladen: Westdeutscher Verlag.

Pötter, W. (1928). *Probleme des Grundsteuerrechts unter Berücksichtigung des bisherigen und des geltenden Rechts in Preußen, Bayern, Sachsen, Württemberg, Thüringen, Baden und Hessen.* Borna-Leipzig: Noske.

Präsident des Verfassungsgerichtshofs für das Land Nordrhein-Westfalen (Hrsg.). (2002). *Verfassungsgerichtsbarkeit in Nordrhein-Westfalen. Festschrift zum 50-jährigen Bestehen des Verfassungsgerichtshofs für das Land Nordrhein-Westfalen.* Stuttgart: Richard Boorberg.

Raim, E. (2013). *Justiz zwischen Diktatur und Demokratie. Wiederaufbau und Ahndung von NS-Verbrechen in Westdeutschland 1945–1949.* München: Oldenbourg Verlag.

Raulff, U. (2009). *Kreis ohne Meister: Stefan Georges Nachleben* (2. Aufl.). München: Beck.

Reutter, W. (Hrsg.). (2017). *Landesverfassungsgerichte. Entwicklung – Aufbau – Funktionen.* Wiesbaden: Springer VS.

Richter, W. (1992). Dr. Alexander Lifschütz, Senator für politische Befreiung in Bremen. In W. U. Drechsel & A. Röpcke (Hrsg.), *„Denazification". Zur Entnazifizierung in Bremen* (S. 40–55). Bremen: Edition Temmen.

Rohwer-Kahlmann, H. (1936). *Aufbau und Hoheitsbefugnisse der Reichsfilmkammer.* Leipzig: Noske.

Rottleuthner, H. (2010). *Karrieren und Kontinuitäten deutscher Justizjuristen vor und nach 1945.Mit allen Grund- und Karrieredaten auf beiliegender CD.* Berlin: Wissenschafts verlag.

Schindler, F. (1995). *Paulus van Husen im Kreisauer Kreis. Verfassungsrechtliche und verfassungspolitische Beiträge zu den Plänen der Kreisauer für einen Neuaufbau Deutschlands.* Paderborn: Schöningh.

Schultes, K. (1934). *Die Jurisprudenz zur Diktatur des Reichspräsidenten nach Artikel 48 Absatz II der Weimarer Verfassung: ein kritischer Rückblick.* Bonn: Röhrscheid.

Schwarz, W. (1997). Prof. Dr. Gerhard Meyer-Hentschel. In K.-F. Meyer (Hrsg.), *50 Jahre Verfassungs- und Verwaltungsgerichtsbarkeit in Rheinland-Pfalz. Eine Chronik. Teil 1* (S. 223–232). Frankfurt a. M.: Lang.

Starck, C., & Stern, K. (Hrsg.). (1983). *Landesverfassungsgerichtsbarkeit. Teilband I: Geschichte, Organisation, Rechtsvergleichung.* Baden-Baden: Nomos.

Stolleis, M. (2012). *Geschichte des öffentlichen Rechts in Deutschland. Vierter Band: Staats- und Verwaltungswissenschaft in West und Ost 1945–1990.* München: Beck.

Stöss, R. (Hrsg.). (1983). *Parteienhandbuch. Die Parteien der Bundesrepublik Deutschland 1945–1980. 4 Bde.* Opladen: Westdeutscher Verlag.

Thierse, T., & Hohl, K. (2017). Verfassungsgerichtshof für das Land Nordrhein-Westfalen. In W. Reutter (Hrsg.), *Landesverfassungsgerichte. Entwicklung – Aufbau – Funktionen* (S. 243–267). Wiesbaden: Springer VS.

v. Köckritz, M. (2011). *Die deutschen Oberlandesgerichtspräsidenten im Nationalsozialismus (1933–1945).* Frankfurt a. M.: Lang.

v. Mangoldt, H. (1939). Rassenrecht und Judentum Württembergische. *Verwaltungszeitschrift, 35*(3), 49–51.

Vierhaus, R., & Herbst, L. (2002). *Biographisches Handbuch der Mitglieder des Deutschen Bundestages 1949–2002* (Bd. 2). München: K. G. Saur.

von Miquel, M. (2001). Juristen: Richter in eigener Sache. In N. Frei (Hrsg.), *Karrieren im Zwielicht. Hitlers Eliten nach 1945* (S. 181–241). Frankfurt a. M.: Campus.

Wassermann, H. (2015). Jurist im Porträt: Otto Kunze (1904–1982) spiritus rector der Rechtspolitischen Kongresse der SPD. *Recht und Politik, 51*(2), 116–117.

Wengst, U. (1984). *Staatsaufbau und Regierungspraxis 1948–1953. Zur Geschichte der Verfassungsorgane der Bundesrepublik Deutschland.* Düsseldorf: Droste.

Wengst, U. (1988). *Beamtentum zwischen Reform und Tradition. Beamtengesetzgebung in der Gründungsphase der Bundesrepublik Deutschland 1948–1953.* Düsseldorf: Droste.

Wengst, U. (1997). *Thomas Dehler 1897–1967. Eine politische Biographie.* München: Oldenbourg.

Wiesen, H. (1981). Das Oberlandesgericht von 1945 bis zur Gegenwart. In H. Wiesen (Hrsg.), *75 Jahre Oberlandesgericht Düsseldorf. Festschrift* (S. 85–116). Köln: Heymann.

Zum Status der Landesverfassungsgerichte als Verfassungsorgane

Werner Reutter

Landesverfassungsgerichte sind Verfassungsorgane. Das ist nicht mehr als eine Trivia und einhellige Meinung in der einschlägigen Literatur. Auch das Bundesverfassungsgericht betrachtet – in Analogie zum eigenen Status – die Landesverfassungsgerichte als Verfassungsorgane (BVerfGE 36, 342 (357); 60, 175 (213); Wittreck 2006, S. 497). Formal resultiert der Status eines Verfassungsorgans, so Christian Starck (1983, S. 161), daraus, dass „Kreation, Zuständigkeit und Verfahren" sich unmittelbar aus der Landesverfassung ergeben und ergänzende Vorschriften „autonom in Geschäftsordnungen festgelegt werden". Hinter dieser formalrechtlichen Bestimmung steht die Annahme, dass Verfassungsorgane oberste Einrichtungen des Staates sind, die an der Staatsleitung effektiv teilnehmen und in dieser Funktion Unabhängigkeit gegenüber den übrigen Verfassungsorganen genießen (Starck 1983, S. 155 f.). In der Statusdenkschrift des Bundesverfassungsgerichtes aus dem Jahre 1952 heißt es dazu: Das Bundesverfassungsgericht sei als „oberster Hüter der Verfassung [...] nach Wortlaut und Sinn des Grundgesetzes und des Gesetzes über das Bundesverfassungsgericht zugleich ein mit höchster Autorität ausgestattetes Verfassungsorgan" (Statusbericht 1957, S. 144).[1] Allein das Bundesverfassungsgericht habe es mit „‚politischen Rechtsstreitigkeiten'" zu tun, „bei denen über politisches Recht gestritten

---

[1]Die wichtigsten Dokumente zum sogenannten Status-Streit des Bundesverfassungsgerichtes sind veröffentlicht in: JöR (N.F.), 6(1957), S. 109–221 (=Statusbericht 1957).

W. Reutter (✉)
Institut für Sozialwissenschaften,
Humboldt-Universität zu Berlin, Berlin, Deutschland
E-Mail: werner.reutter@rz.hu-berlin.de

© Springer Fachmedien Wiesbaden GmbH, ein Teil von Springer Nature 2020
W. Reutter (Hrsg.), *Verfassungsgerichtsbarkeit in Bundesländern*,
https://doi.org/10.1007/978-3-658-28961-4_6

und das Politische selbst an Hand der bestehenden Normen zum Gegenstand der richterlichen Beurteilung wird" (Statusbericht 1957, S. 145). Wie in Landesparlamenten und Landesregierungen manifestiert sich in Landesverfassungsgerichten also die Staatsqualität der Bundesländer in besonderer Weise.[2]

Vor diesem Hintergrund überrascht, dass Fragen, die sich auf den Status der Landesverfassungsgerichte und deren Verwaltung beziehen, „in der Regel nach wie vor stiefmütterlich behandelt werden" (Wittreck 2006, S. 496 f.). Ausnahmen bestätigen nur die Regel (Wittreck 2006, S. 493–518; Starck 1983; Reutter 2017a, S. 13–25; Flick 2011, S. 17–76). Vor allem empirisch unterfütterte Studien, die Status, Verwaltungsstrukturen und Kompetenzprofile von Landesverfassungsgerichten vergleichend darstellen, fehlen weitgehend. Die Frage also, inwieweit der postulierte Status der Landesverfassungsgerichte als Verfassungsorgane rechtlich adäquat ausgestaltet ist und in der Staatspraxis Anknüpfungspunkte findet, ist noch unbeantwortet.

Die weitere Darstellung, in der die genannte Frage aus erfahrungswissenschaftlicher Perspektive behandelt wird, macht ein Doppeltes deutlich: Einerseits bestehen zwischen den Verfassungsgerichten in den Ländern in rechtlicher, verwaltungsstruktureller und haushaltsrechtlicher Hinsicht signifikante Unterschiede. Diese Befunde stellen den Status der Landesverfassungsgerichte als Verfassungsorgane nicht infrage, aber sie problematisieren andererseits doch die Annahme, dass die Landesverfassungsgerichte ein „hohes Maß an Homogenität" aufweisen (Flick 2011, S. 59). Formaler Status, Gerichtsverwaltung und Kompetenzprofile der Landesverfassungsgerichte garantieren mithin keineswegs in allen Bundesländern in gleicher Weise und in demselben Ausmaß den Grad an Unabhängigkeit, der für eine effektive verfassungsgerichtliche Kontrolle des Politischen notwendig scheint und in der Statusdenkschrift des Bundesverfassungsgerichtes unterstellt wird (Leibholz 1957, S. 110–113).

1 Rechtliche Grundlagen und verwaltungsstrukturelle Voraussetzungen von Landesverfassungsgerichtsbarkeit

Die Geschichte, wie das Bundesverfassungsgericht seinen Status als Verfassungsorgan selbst proklamierte und realisierte, wurde schon oft erzählt (Lembcke 2015; Statusbericht 1957; Häußler 1994, S. 23–29). Dagegen erregte der Status

---

[2]Die weitere Darstellung fußt auf Überlegungen, die ich bereits an anderer Stelle veröffentlicht habe; Reutter 2017a.

von Landesverfassungsgerichten bisher kaum wissenschaftliche oder publizistische Aufmerksamkeit und provozierte wenig politische Kontroversen (Starck 1983; Wittreck 2006, S. 493–518). Wie auf Bundesebene ruht in den Bundesländern die Verfassungsgerichtsbarkeit auf einer rechtlichen Trias, bestehend aus verfassungsrechtlicher Grundlage, einfachgesetzlicher Normierung (den Verfassungsgerichtsgesetzen) sowie den Geschäftsordnungen, die die Landesverfassungsgerichte sich selbst geben. Damit hören die Gemeinsamkeiten aber auch schon wieder auf. Denn bereits die Landesverfassungen weisen der obersten Gerichtsbarkeit in den Bundesländern eine variierende Bedeutung zu. So besitzen zwar alle Landesverfassungen eigene Abschnitte über Landesregierungen und Landesparlamente, aber lediglich jede zweite enthält einen Abschnitt über das Landesverfassungsgericht selbst (Tab. 1). In acht Landesverfassungen sind die Bestimmungen zum obersten Gericht des jeweiligen Bundeslandes dem Abschnitt über die Rechtspflege zugewiesen. Nur in drei Landesverfassungen findet sich ein Hinweis auf den Status des Landesverfassungsgerichtes als „selbständiger" und „unabhängiger Gerichtshof".

Diese verfassungsrechtliche Lücke wird durch die Verfassungsgerichtsgesetze nicht in allen Bundesländern geschlossen, denn nur in sieben findet sich die aus dem Bundesverfassungsgerichtsgesetz bekannte und bereits zitierte Formulierung, dass das Verfassungsgericht ein „allen übrigen Verfassungsorganen gegenüber selbständiger und unabhängiger Gerichtshof" sei (§ 1 Abs. 1 BVerfGG). In sechs Bundesländern ist die Stellung des Verfassungsgerichtes gegenüber den anderen Verfassungsorganen nicht weiter ausgewiesen. Solche Vorschriften mögen zwar ohnehin lediglich klarstellen, „was niemand bezweifelt" (Pestalozza 1994, S. 11). Doch die Kombination aus rechtlicher Lücke und akzeptiertem Status weist darauf hin, dass sich die Organqualität weder aus der Verfassung alleine noch aus den entsprechenden Gesetzen ergibt. Vielmehr scheint der Status der Landesverfassungsgerichte als Verfassungsorgane eher Resultat gelebter Staatspraxis denn zwingender Ausfluss gesetzten Rechts zu sein.

Zudem variieren die Regelungsgegenstände, die in den Landesverfassungen enthalten sind, beträchtlich (Tab. 1; Will 2015). Während alle Landesverfassungen die Anzahl der Richter festlegen, enthalten lediglich sieben auch Bestimmungen zu Stellvertretern. In sieben Bundesländern ergibt sich allein aus den Verfassungsgerichtsgesetzen, dass Stellvertreter zu wählen sind (in zwei Bundesländern gibt es keine Stellvertreter für amtierende Verfassungsrichter). Zur beruflichen Zusammensetzung der Richterschaft geben ebenfalls nur 13 Landesverfassungen Auskunft. In ihnen ist die (Mindest-)Anzahl der Berufsrichter, der Laienrichter oder der Richter mit Befähigung zum Richteramt festgelegt. Eine Geschlechterquote ist in keiner Verfassung enthalten, sondern dort, wo sie vorgesehen ist, lediglich einfachgesetzlich normiert. Ähnlich rudimentär sind in

Tab. 1 Landesverfassungsgerichtsbarkeit in Landesverfassungen, Verfassungsgerichtsgesetzen und Geschäftsordnungen der Landesparlamente

	Konstituierung	Abschnitt in LV (Art.)	Status[a]	Anzahl Richter[a]	Stellvertreter[a]	Berufliche Zusammensetzung[a]	Vorschlagsrecht[a]	Mehrheitserfordernis[a]
BW	1955	Nein (68)	–	LV	VerfGG	LV	GO	VerfGG
BY	1947	Ja (60–69)	–	LV	VerfGG	LV	GO	GO
BE	1992	Nein (84)	VerfGG	LV	–	LV	GO	LV
BB	1993	Nein (112–114)	LV	LV	–	LV	GO	LV
HB	1949	Nein (139–140)	VerfGG	LV	VerfGG	LV	GO	VerfGG
HH	1953	Nein (65)	–	LV	LV	LV	LV/VerfGG	VerfGG
HE	1948	Ja (130–133)	VerfGG	LV	VerfGG	LV	VerfGG	VerfGG
MV	1995	Ja (52–54)	LV	LV	LV	LV	LV/VerfGG	LV
NI	1957	Nein (54–55)	VerfGG	LV	LV	VerfGG	VerfGG/GO	LV
NW	1952	Ja (75–76)	VerfGG	LV	LV	LV	GO	LV
RP	1947	Ja (130–136)	–	LV	LV	LV	LV/VerfGG	LV
SL	1959	Ja (96–97)	–	LV	LV	VerfGG	VerfGG	LV
SN	1993	Nein (81)	–	LV	VerfGG	LV	VerfGG	LV
ST	1993	Ja (74–76)	VerfGG	LV	LV	VerfGG	VerfGG/GO	LV
SH	2008	Nein (51)	VerfGG	LV	VerfGG	LV	GE/GO	LV
TH	1995	Ja (79–80)	LV	LV	VerfGG	LV	GO	LV

[a]VerfGG = Verfassungsgerichtsgesetz; LV = Landesverfassung; GO = Geschäftsordnung des Landesparlamentes
Quelle: Eigene Zusammenstellung; Landesverfassungen, Landesverfassungsgerichtsgesetze, Geschäftsordnungen der Landesparlamente

den Landesverfassungen die Wahlverfahren ausgestaltet. So findet sich die für eine Wahl der Richter notwendige Mehrheit lediglich in elf Landesverfassungen normiert; in Baden-Württemberg und Bayern ergibt sich das Mehrheitserfordernis sogar nur aus der Geschäftsordnung des Landtages. Ein Vorschlagsrecht zur Wahl von Verfassungsrichtern ist nur in drei Landesverfassungen enthalten. Für Wittreck (2006, S. 497) ist die normhierarchisch differenzierte Regelungsstruktur ein Effekt der Gründungsperiode: Vorgrundgesetzliche Normierungen hätten in der Regel auf entsprechende Einordnungsversuche verzichtet, während die jüngeren Landesverfassungen dem Beispiel des Bundesverfassungsgerichtsgesetzes gefolgt wären. Dies findet in den Landesverfassungen allerdings nur teilweise Bestätigung (Tab. 1).

Doch unbeschadet dieser Erklärungsversuche bleibt zu konstatieren, dass sich die in der Statusdenkschrift herangezogenen und nach Christian Starck eine Organeigenschaft erst begründenden Elemente keineswegs in gleicher Weise in allen Landesverfassungen finden. Die Kreation des Verfassungsorgans besitzt zwar als Instituts- und Einrichtungsgarantie in allen Bundesländern einen adäquaten verfassungsrechtlichen Ausdruck, die kontinuierliche Wahl der Richter ist allerdings verfassungsrechtlich und einfachgesetzlich nur teilweise normiert. Hinzu kommt, dass das Repräsentationsprinzip, das für alle Amtsträger von Verfassungsorganen gelten sollte (Statusbericht 1957, S. 127–129), bei Landesverfassungsgerichten teilweise durchbrochen wird. Denn in Bremen und in Rheinland-Pfalz gehören die Präsidenten der Oberverwaltungsgerichte ex officio dem Landesverfassungsgericht an, werden also nicht gewählt, sondern in ihrer Eigenschaft als Berufsrichter vom Justizminister ernannt.

Auch die Form variiert, in der die Verfassungsgerichtsbarkeit verwaltungsstrukturell organisiert ist (Tab. 2; Wittreck 2006, S. 497 f.). In drei Bundesländern ist das Verfassungsgericht durch eine Personalunion mit einem obersten Landesgericht personell und verwaltungsstrukturell verknüpft. In neun Bundesländern bedient sich das Landesverfassungsgericht der Infrastruktur eines bestehenden Fachgerichtes im Rahmen einer Organleihe. In organisatorischer Hinsicht als selbstständig lassen sich, so Wittreck (2006, S. 498), lediglich die Verfassungsgerichte in Hessen, im Saarland und in Sachsen qualifizieren. Damit ist in einigen Bundesländern zumindest ansatzweise das Modell realisiert, das im Parlamentarischen Rat keine Mehrheit fand. Denn bei den Beratungen zur Errichtung eines Bundesverfassungsgerichtes stieß die Idee einer Verflechtung zwischen Verfassungsgericht und Oberstem Bundesgericht auf Ablehnung. Recht und Politik sollten getrennte Bereiche bleiben (Schiffers 1984, S. 74; Niclauß 2015).

Tab. 2 Landesverfassungsgerichte: Sitz, Personal und Ausgaben (Stand: Mai 2016)

	Anzahl Richter	Sitz (organisatorische Anbindung)	Stellen[b]	Ausgaben[b]
BW	9	OLG Stuttgart (Organleihe)	2	378.000
BY[a]	38	OLG München (Personalunion Vorsitz)	(3)	k.A.
BE	9	Kammergericht Berlin (Organleihe)	6	695.700
BB	9	(Landgericht) Potsdam (Organleihe)	6	843.700
HB	7	Fachgerichtszentrum Bremen (Organleihe)	0	46.000
HH	9	Justizforum Hamburg (Personalunion Vorsitz)	0[c]	52.000
HE	11	Justizministerium Wiesbaden (selbstständig)	2	691.600
MV	7	OVG Greifswald (Organleihe)	1	196.400
NI	9	Justizzentrum Bückeburg (Organleihe)	k.A.	202.000
NW	7	OVG Münster (Organleiehe)	k.A.	58.000
RP[a]	9	OVG Koblenz (Personalunion Vorsitz)	k.A.	k.A.
SL	8	Justizbehörden Saarbrücken (selbstständig)	0	24.500
SN	9	Leipzig (Landgerichtsgebäude) (selbstständig)	0	193.600
ST	7	Dessau-Roßlau (Justizzentrum Anhalt) (Organleihe)	k.A.	354.200
SH	7	Justizzentrum Schleswig (selbstständig)	0	47.000
TH	9	OVG Weimar (Organleihe)	4	389.600

[a]in Bayern und Rheinland-Pfalz sind die Verfassungsgerichtshöfe im Haushaltplan des Justizministeriums etatisiert als Teil der Verwaltungsgerichtsbarkeit bzw. beim Oberlandesgericht München
[b]alle im Haushalts- oder Stellenplan für das Jahr 2016 ausgewiesenen Mittel bzw. Stellen (Beamte, Angestellte und Arbeiter)
[c]im Doppelhaushalt der Hansestadt sind keine Stellen ausgewiesen, auf der Homepage des Staatsgerichtshofes sind allerdings drei wissenschaftliche Mitarbeiter aufgeführt.
Quelle: Eigene Zusammenstellung; Homepages der Verfassungsgerichte, Haushalts- und Stellenpläne der Bundesländer; Wittreck 2006, S. 498; Reutter 2017a, S. 6

In der Statusdenkschrift des Bundesverfassungsgerichtes wird proklamiert, dass der Etat des Gerichts ein selbstständiger „Einzelplan im Gesamtetat" zu sein habe. Es sei „allein Sache" des Gerichtes, „den Haushaltsplan mit den geeigneten Hilfskräften aufzustellen" (Statusbericht 1957, S. 145). Daran anschließend reklamiert Starck (1983, S. 162–164), dass Aufstellung und Bewirtschaftung des Haushaltes von Landesverfassungsgerichten ebenso zu erfolgen habe wie von Landesparlamenten und Landesregierungen. Denn in „krisenhaften Zeiten" könnte die Unabhängigkeit der Verfassungsgerichte gefährdet sein, auch wenn es in der „Praxis bisher nicht zu Schwierigkeiten" gekommen sei (Starck 1983, S. 166). Budgetplanung und Mittelbewirtschaftung müssen folglich durch das Verfassungsorgan selbst erfolgen. Nach Wittreck (2006, S. 518) hätten die Landesgesetzgeber in der Zwischenzeit den richtigen Schluss gezogen und den Verfassungsgerichten eine „weitgehende Autonomie" in der Vorbereitung und Ausführung ihrer Etats eingeräumt.

Ohne Bedeutung ist in diesem Kontext die Höhe der Mittel, die den Verfassungsgerichten in den Etats der Bundesländer zugewiesen werden. Sie schwankte 2016 zwischen 24.500 und 843.700 EUR. Das sind, bezogen auf die Gesamtbudgets, zu vernachlässigende Summen. Für den Status als Verfassungsorgan relevanter als die Höhe der veranschlagten Mittel ist, dass in zwei Bundesländern die Landesverfassungsgerichte beim Justizministerium etatisiert werden.[3] Daraus folgt zwar nicht, dass das Verfassungsgericht der Aufsicht des Justizministeriums unterliegt, aber eine haushaltsrechtliche Eigenständigkeit ist damit nicht vollumfänglich gewährleistet. Folgerichtig findet Hofmann (2018, S. 1167), dass der Verfassungsgerichtshof von Baden-Württemberg 2015/16 einen eigenständigen Einzelplan erhielt und nicht mehr beim Staatsministerium ressortiert. Seitdem könne der Präsident des Verfassungsgerichtshofes wie der Landtag und der Rechnungshof einen „,Gegenhaushalt'" aufstellen und selbstständig mit dem Landtag über seine Finanzierung verhandeln. Hinzu kommt, dass fünf Verfassungsgerichte über keinen administrativen Unterbau verfügen und damit unklar bleiben muss, wer die „Hilfskräfte" sein sollen, die den Haushaltsplan aufstellen und die Mittel bewirtschaften. Sie können dienstrechtlich nicht dem Verfassungsgericht zugeordnet sein, sondern nur dem Gericht

---

[3]Früher waren die Verfassungsgerichte ohnehin meist bei anderen Ressorts etatisiert. Nach Starck (1983, S. 166) ging die Praxis Anfang der 1980er Jahre dahin, dass der Haushalt des Verfassungsgerichtes „bei dem Gericht ressortierte, bei dem das Verfassungsgericht gebildet" war (so in Bayern, Bremen und Rheinland-Pfalz), oder dass „er bei der Staatskanzlei bzw. unmittelbar beim Justizminister angesiedelt" war (so in Baden-Württemberg, Hamburg, Niedersachsen, Nordrhein-Westfalen und im Saarland).

angehören, mit dem das Landesverfassungsgericht verwaltungsstrukturell verknüpft ist.

Die Personalhoheit der Verfassungsgerichte ist für Wittreck (2006, S. 511 f.) ebenfalls „eingeschränkt"; auch für Starck (1983, S. 168–170) birgt eine organisatorische Kopplung eines Verfassungsgerichtes mit einem anderen Gericht die Gefahr, dass in die Personalhoheit des Verfassungsgerichtes eingegriffen werden könnte. Zu differenzieren ist dabei zwischen den Richtern sowie den nichtberufsrichterlichen Mitarbeitern, die den Verfassungsgerichten zugewiesen wurden oder ihnen angehören.

- Stellung der Verfassungsrichter: Die Statusdenkschrift des Bundesverfassungsgerichtes ist hier eindeutig: Verfassungsrichter können nicht als Beamte im üblichen Sinne qualifiziert werden, sie unterstehen nicht den für Beamte und Richter geltenden disziplinar- und personalrechtlichen Vorschriften (Statusbericht 1957). Auf Richter an Landesverfassungsgerichten lässt sich dieses Konzept nicht anwenden. Zwar wird in allen Verfassungsgerichtsgesetzen festgelegt, dass die Tätigkeit als Verfassungsrichter Vorrang hat vor der hauptberuflichen Tätigkeit. Doch sind Landesverfassungsrichter ehrenamtlich tätig, sie besitzen damit keinen eigenen dienstrechtlichen Status als Verfassungsrichter und sind folglich auch den Vorschriften des Deutschen Richtergesetzes nur eingeschränkt und nur dann unterworfen, wenn das Bundesland dafür die rechtlichen Voraussetzungen geschaffen hat (Wittreck 2006, S. 506). Allerdings ändert dies nichts daran, dass bei Berufsrichtern das jeweilige Justizministerium die Dienstaufsicht behält, die sich selbstredend nicht auf die Tätigkeit als Verfassungsrichter erstrecken kann. Dies gilt analog auch für Hochschullehrer, die als Landesbeamte ebenfalls dienstrechtlich anderen Institutionen zugeordnet sind. Hinzu kommt, dass in Bayern, Hamburg und Rheinland-Pfalz der Präsident des Landesverfassungsgerichtes zugleich Vorsitzender des Oberverwaltungs- bzw. Oberlandesgerichtes ist (Wittreck 2006, S. 498) und dass die Personalunion eine Einflussnahme durch das Justizministerium auf die Verfassungsgerichtsbarkeit zumindest möglich macht. Aber auch hier gilt: Belege für eine solche Einflussnahme liegen nicht vor.
- Personalverwaltung: Die Verwaltung der Landesverfassungsgerichte ist, so Fabian Wittreck (2006, S. 509), „in den einschlägigen Gesetzen nur bruchstückhaft geregelt". Meist wird dem Präsidenten diese Aufgabe anvertraut, bisweilen im Benehmen mit dem Plenum der Richter. Eine Ausnahme bildet Bayern, dessen Verfassungsgerichtshof einen hauptamtlichen Generalsekretär

kennt, der lediglich für Verwaltungsangelegenheiten zuständig ist. Aber auch am Verfassungsgerichtshof in Berlin existiert eine hauptamtliche Verwaltungsleiterin, deren Funktion allerdings nur haushaltsrechtlich vorgesehen ist und sich nicht wie in Bayern aus dem Gesetz über den Verfassungsgerichtshof ergibt. Wittreck (2006, S. 511) geht dabei von einer „eingeschränkten Personalhoheit" aus, da der „Zugriff der Landesverfassungsgerichte auf die Auswahl und Anleitung des zu ihrer Unterstützung tätigen Personals […] vergleichsweise schwach ausgeprägt" sei. Dies ergebe sich, weil Personalvorschläge des Verfassungsgerichtes „nur vereinzelt zu verzeichnen" seien, weil die Gerichte meist personell von den Landesjustizverwaltungen „bestückt" würden und weil die Dienstaufsicht über das nichtrichterliche Personal nicht beim Präsidenten des Verfassungsgerichtes liege (Wittreck 2006, S. 511–514).

Diese personal- und dienstrechtlichen Dimensionen korrespondieren mit der Arbeitsweise der Landesverfassungsgerichte, die sich von derjenigen des Bundesverfassungsgerichtes fundamental unterscheidet. So entscheiden die Landesverfassungsgerichte im Plenum, also der Vollversammlung der Richter (Ausnahme ist allein der Bayerische Verfassungsgerichtshof mit seinen drei Spruchgruppen), wobei die meisten Entscheidungen per Beschluss, d. h. ohne vorherige Anhörung der Verfahrensbeteiligten gefällt werden (Reutter 2017a, S. 14 f.; 2017b, S. 92). Abgesehen von der Möglichkeit, unzulässige oder offensichtlich unbegründete Verfassungsbeschwerden durch dafür eingerichtete Kammern zurückzuweisen, ist in diesem Zusammenhang von Bedeutung, dass Verfassungsgerichte keine permanenten Institutionen sind. In Berlin tritt das Plenum des Verfassungsgerichtshofes durchschnittlich ein- bis zweimal pro Monat zusammen (Reutter 2017b, S. 91 f.), eine Frequenz, die aufgrund des deutlich geringeren Arbeitsanfalles in anderen Verfassungsgerichten bei weitem nicht erreicht wird. Die Arbeitsweise der Verfassungsrichter weist mithin einen diskontinuierlichen Charakter auf, der eine Organeigenschaft zwar nicht ausschließt, aber doch funktionell und strukturell modifiziert.

Die dargestellten Befunde können den Status der Landesverfassungsgerichte als Verfassungsorgane nicht infrage stellen. Aber sie zeigen doch, dass sich dieser Status in unterschiedlicher Form ausbildet. Rechtliche Grundlagen, verwaltungsstrukturelle Bedingungen und Funktionsweisen können in der Gesamtschau nur einen modifizierten Status der Verfassungsgerichte als Verfassungsorgane begründen. Unterfüttert wird diese Qualifizierung durch die Kompetenzen der Landesverfassungsgerichte (Tab. 3).

Tab. 3 Kompetenzen der Landesverfassungsgerichte (Stand: Dezember 2018)[a]

	BW	BY	BE	BB	HB	HH	HE	MV	NI	NW	RP	SL	SN	ST	SH	TH
Organstreitverfahren	+	+	+	+	+	+	+	+	+	+	+	+	+	+	+	+
Abstrakte Normenkontrolle	+	+	+	+	+	+	+	+	+	+	+	+	+	+	+	+
Konkrete Normenkontrolle	+	+	+	+	+	+	+	+	+	+	+	+	+	+	+	+
Wahl- und Mandatsprüfung	+	+	+	+	+	+	+	+	+	+	+	+	+	+	+	+
Verfahren der direkten Demokratie	+	+	+	+	+	+	+	+	+	+	+	+	+	+	+	+
Kommunale Verfassungsbeschwerde	+	+	−	+	+	−	+	+	+	+	+	+	+	+	+	+
Individualverfassungsbeschwerde	+	+	+	+	−	−	+	+	−	+[b]	+	+	+	+	−	+
Anklage gegen Regierungsmitglieder	+	+	−	−	+	−	+	−	+	+	+	+	+	−	−	−
Anklage gegen Abgeordnete	+	+	−	+	−	−	−	−	+	−	−	+	+	−	−	−
Anklage gegen Mitglieder Rechnungshof	−	−	−	−	−	+	−	−	−	−	−	−	−	−	−	−
Zulässigkeit von Verfassungsänderungen	+	+	−	−	−	−	−	−	−	−	+	+	+	−	−	−
Mitgliedschaft im Richterwahlausschuss	−	−	+	−	−	−	−	−	−	−	−	−	−	−	−	−
Abgrenzung Bezirks- und Hauptverwaltung	−	−	+	−	−	−	−	−	−	−	−	−	−	−	−	−

(Fortsetzung)

Tab. 3 (Fortsetzung)

	BW	BY	BE	BB	HB	HH	HE	MV	NI	NW	RP	SL	SN	ST	SH	TH
Zuständigkeit in Untersuchungsausschüssen	−	+	−	+	−	+	−	+	+	−	+	+	−	−	−	+
Interpretationsverfahren	−	−	−	−	+	+	−	−	+	−	−	−	−	−	−	−
Auslegung von Landesrecht	−	−	−	−	−	+	−	−	−	−	−	−	−	−	−	−
Aberkennungsverfahren gegen Senatoren	−	−	−	−	−	+	−	−	−	−	−	−	−	−	−	−

[a]in Bayern kann eine abstrakte Normenkontrolle oder eine kommunale Verfassungsbeschwerde im Rahmen einer Popularklage erhoben werden; Verfahren der direkten Demokratie können in Baden-Württemberg, Bayern und Rheinland-Pfalz im Rahmen von Organstreit- oder Normenkontrollverfahren eingeleitet werden; ebenso kann die Zulässigkeit von Verfassungsänderungen als abstrakte Normenkontrollantrag geprüft werden
[b]in Kraft ab 1. Januar 2019
Quelle: Reutter 2017a, S. 17; Will 2015, S. 45–54; Flick 2011, S. 63–66; Verfassungsgerichtsgesetze der Länder; eigene Ergänzungen

2 Organeigenschaft und Kompetenzen der Landesverfassungsgerichte

„Höchste Autorität" können Landesverfassungsgerichte als Verfassungsorgane genießen, wenn sie in anerkannten Verfahren festlegen, wie Verfassungsnormen zu verstehen sind und wie das „Politische selbst" richterlich beurteilt wird (Statusbericht 1957, S. 152 f.). Landesverfassungsgerichte sind denn auch allein ermächtigt, die rechtliche Grundordnung des jeweiligen Bundeslandes verbindlich auszulegen. Dieses Prärogativ darf allerdings nicht nur normativ behauptet und rechtlich ausgestaltet, sondern muss in der Staatspraxis effektiv durchsetzbar sein. Nur dann können, so die Schlussfolgerung, Verfassungsgerichte eine Organeigenschaft für sich begründet reklamieren. Davon geht auch Starck (1983, S. 161) aus, wenn er postuliert, dass „Zuständigkeit" und „Verfahren" der Landesverfassungsgerichte in den Landesgrundordnungen geregelt sein sollten. Nur dann könne den Landesverfassungsgerichten eine Organqualität zugesprochen werden. Dies gilt für die Landesverfassungen der Bundesländer nur eingeschränkt. So wurde in Nordrhein-Westfalen die Individualverfassungsbeschwerde 2018 lediglich einfachgesetzlich garantiert, aber nicht in die Landesverfassung aufgenommen.[4] Doch unbeschadet der Differenzen in den rechtlichen Grundlagen lässt sich feststellen, dass es einen Kernbereich an Verfahrensarten gibt, über den alle Landesverfassungsgerichte verfügen. So können alle Landesverfassungsgerichte Entscheidungen treffen bei konkreten und abstrakten Normenkontrollen, bei Organstreitverfahren, bei Wahl- und Mandatsprüfungen (Plöhn in diesem Band; Carstensen in diesem Band) und bei Streitigkeiten im Rahmen direktdemokratischer Verfahren (Pautsch in diesem Band). Hinzu kommt die Möglichkeit der kommunalen Verfassungsbeschwerde, die in Berlin und Hamburg mangels beschwerdefähiger Kommunen nicht möglich ist, aber durch andere Verfahrensarten substituiert werden kann (Will 2015, S. 45). Auch in Bayern ist keine kommunale Verfassungsbeschwerde möglich, die Popularklage bietet in diesem Bundesland jedoch gleichwertigen Rechtsschutz (i.S.v. Art. 93 Abs. 1 Nr. 4b GG, § 91 Satz 2 BVerfGG).

Allerdings haben Bürgerinnen und Bürger in vier Bundesländern noch immer keinen direkten Zugang zum Landesverfassungsgericht im Rahmen einer Verfassungsbeschwerde. Anfang der 1980er Jahre existierte diese Möglichkeit ohnehin

---

[4]Gesetz vom 21. Juli 2018 (GV. NRW. S. 400), in Kraft getreten ist das Gesetz am 1. Januar 2019. Im Weiteren folge ich meinen Ausführungen in: Reutter 2017a, S. 15–23.

nur in Bayern, im Saarland sowie in Hessen als Grundrechtsklage (Heyde 1983; Weigl 2017, S. 65 f.; Rütters 2017, S. 309–312; Koch-Baumgarten 2017, S. 189 f.). Inzwischen wurde das Instrument der Individualverfassungsbeschwerde in 12 Bundesländern entweder in die Verfassung oder das Verfassungsgerichtsgesetz aufgenommen. Kommunale Verfassungsbeschwerde kann in allen 13 Flächenländern sowie in Bremen mit seinen zwei Gemeinden Bremen und Bremerhaven erhoben werden (Obrecht in diesem Band). Beides, die Individual- wie die Kommunalverfassungsbeschwerde, verleihen den Verfassungsgerichten ein spezifisches Profil. Schließlich gibt es noch Verfahrensarten, denen in der Gerichtspraxis nur eine geringe oder überhaupt keine Bedeutung zukommt. Dazu gehören Anklageverfahren gegen Regierungsmitglieder und Abgeordnete oder die Prüfung der Zulässigkeit von Verfassungsänderungen.

Verstärkt werden die Unterschiede in der rechtlichen Ausgestaltung der Verfahrensarten durch Differenzen in der Verfassungspraxis. Anzahl und Bedeutung der von den Landesverfassungsgerichten durchgeführten Verfahren variieren deutlich und verleihen den Verfassungsgerichten spezifische Profile (Tab. 4). So fällt schon auf, dass bei den Verfassungsgerichten der neuen Bundesländer, die alle über einen ähnlichen Zuständigkeitskatalog verfügen und ähnlich lange bestehen, die Fallzahlen zwischen 231 (Mecklenburg-Vorpommern) und 2418 (Sachsen) schwanken (Ewert und Hein 2017; Patzelt 2017). Die meisten Eingänge pro Jahr verzeichnet der Verfassungsgerichtshof Berlin; die wenigsten das Landesverfassungsgericht in Schleswig (Reutter 2017a; Flick-Witzig 2017). Hinzu kommt, dass einige Verfassungsgerichte im Zeitverlauf tendenziell steigende Fallzahlen aufweisen (Glaab 2017, S. 281; Reutter 2017b, S. 89–92; Blumenthal 2017, S. 158–166), während andere – wenn auch mit Schwankungen – auf ihrem Ursprungsniveau verharren (Obrecht 2017, S. 35–37; Weigl 2017, S. 64–67; Lorenz 2017, S. 119–122; Ketelhut 2017, S. 143–145; Meyer und Hönnige 2017, S. 230–234; Renzsch und Schlüter 2017, S. 336–262; Rütters 2017, S. 309–318). Schließlich sind in sechs Landesverfassungsgerichten drei von vier Eingängen eine Verfassungsbeschwerde; in drei Landesverfassungsgerichten stellen hingegen die kommunalen Verfassungsbeschwerden die Mehrheit der Verfahren.

Idealtypisch können drei Rollen unterschieden werden, mit denen sich das Verhältnis der Verfassungsgerichte zu anderen Verfassungsorganen beschreiben lässt: Erstens, Verfassungsgerichte können als „Streitschlichter" auftreten, wenn sie Konflikte zwischen Verfassungsorganen zu entscheiden und staatsorganisatorische Fragen zu beantworten haben (Carstensen in diesem Band). In dieser Hinsicht agieren Landesverfassungsgerichte im Bereich der klassischen Staatsgerichtsbarkeit (Hoke 1983). Das wichtigste Verfahren in dieser Hinsicht ist

Tab. 4 Landesverfassungsgerichte: Eingänge nach Verfahrensarten (in Prozent und gesamt; variierende Perioden)

	Jahre	Verfb.	Organstreit	Konkrete Normenk.	Abstrakte Normenk,	Komm. Verfb.	Sonstige	Eingänge (abs.)	
		(%)	(%)	(%)	(%)	(%)	(%)	Gesamt	Pro Jahr
BW	60	23,0	8,6	4,7	2,3	46,3	15,2	257	4,3
BY	68	82,6	0,6	0,0	15,4[d]	0,0	1,5	9.367	137,8
BE	23	95,4	1,5	0,0	0,2	0,0	2,8	4.150	180,4
BB	22	55,2	1,5	0,3	0,4	20,3	22,3[e]	1.908	86,7
HB	65	0,0	21,4	3,6	20,2	0,0	54,8[f]	84	1,3
HH	63	0,0	4,2	1,6[c]	0,0	0,0	94,2[g]	190	3,0
HE[a]	66	81,1	1,8	0,0	6,4	0,9	9,8	856	13,0
MV	20	51,1	20,3	0,4	1,3	26,8	0,0	231	11,6
NI	59	0,0	11,6	1,6	7,9	55,3	23,7	190	3,2
NW	63	0,0	14,2	0,0	3,7	60,8	21,3	431	6,8
RP	22	92,6	1,5[b]	–	–	4,7	0,0	718	32,6
SL	55	61,1	7,4	2,2	2,6	10,0	16,6	229	4,2
SN	22	85,8	4,1	0,2	0,6	8,1	1,2	2.418	109,9
ST	22	40,0	1,8	0,7	0,4	54,3	2,8	562	25,5
SH	7	–	8,3	16,7	25,0	8,3	41,7	12	1,7
TH	20	85,2	2,3	0,7	2,3	8,2	1,2	596	29,8
Alle	657	77,6	2,2	0,4	7,2	6,8	5,7	22.199	33,8

[a]eigene Berechnungen auf Grundlage der Angaben in Koch-Baumgarten
[b]Organstreitverfahren, konkrete und abstrakte Normenkontrollen
[c]konkrete und abstrakte Normenkontrollen
[d]nur Popularklagen
[e]darunter 418 Anträge auf einstweilige Anordnungen
[f]darunter 20 Interpretationsverfahren und 20 Wahlprüfungsverfahren
[g]darunter 21 Wahlbeschwerden, 29 Anfechtungen von Bezirkswahlen, 22 einstweilige Anordnungen und 19 Feststellungsverfahren
Quelle: Eigene Berechnungen; Reutter 2017a, S. 19; eigene Ergänzungen

das Organstreitverfahren (Bethge 1983), das sich mit Martina Flick (2011, S. 77), als „hochgradig politische[s] Verfahren" einstufen lässt (vgl. auch Flick 2008). Allerdings ist durchschnittlich nur jeder fünfzigste Verfahrenseingang diesem Bereich zuzuordnen.

Zweitens, als „negative Gesetzgeber" (Kelsen 2008) treten Landesverfassungsgerichte auf, wenn sie Recht nicht nur anwenden, sondern schöpfen. Diese Aufgabe nehmen Landesverfassungsgerichte vor allem wahr im Rahmen von abstrakten und konkreten Normenkontrollen, aufgrund von Popularklagen (Ulsamer 1983) und von kommunalen Verfassungsbeschwerden (Obrecht, Hildebrandt und Renzsch, alle in diesem Band). Landesverfassungsgerichte können im Rahmen von Normenkontrollerfahren vom Landtag verabschiedete Normen für verfassungswidrig erklären und damit rechtsgestaltend wirken – wenn auch in negativer Form. Im Unterschied zur Bundesebene werden in den Ländern Normenkontrollverfahren selten angestrengt. Fachgerichte legen nur ausnahmsweise den Landesverfassungsgerichten ein Gesetz zur Prüfung vor. Nur unwesentlich häufiger werden abstrakte Normenkontrollverfahren eingeleitet. Einen Sonderfall stellt in dieser Hinsicht lediglich Bayern dar, wo seit 1947 fast 1500 Popularklagen erhoben wurden, von denen rund 11 % erfolgreich waren (Weigl 2017, S. 67). Im Rahmen solcher Verfahren wurden immer wieder wichtige, teilweise sogar spektakuläre Entscheidungen herbeigeführt wie etwa zum Doppelhaushalt des Landes Berlin für die Jahre 2002/03, der für verfassungswidrig erklärt wurde, oder zum Nachtragshaushalt 2010 der rot-grünen Minderheitsregierung in NRW (Thierse und Hohl 2017, S. 254). In Hessen dienten Normenkontrollklagen nicht selten dazu, grundsätzliche politische Streitfragen wie etwa im Bereich der Bildungs- und Hochschulpolitik zu entscheiden (Koch-Baumgarten 2017, S. 188 f.). Doch verweisen die meist geringen Fallzahlen darauf, dass die Landesverfassungsgerichte sich nirgends zu „Ersatzgesetzgebern" entwickelt haben. Politische Gestaltung ist in den Bundesländern Aufgabe von Exekutive und Legislative. Den kommunalen Verfassungsbeschwerden wird nachgesagt, sie hätten die Landesverfassungsgerichte aus ihrem „Dornröschenschlaf" erweckt (Stern 1983, S. 14; Obrecht 2017, S. 43). Denn im Zuge von Kommunalreformen nehmen Gebietskörperschaften regelmäßig Zuflucht zu diesem Instrument und verschaffen dem Verfassungsgericht damit Aufmerksamkeit und Gewicht (Obrecht 2017, S. 43; Lorenz 2017, S. 122).

Drittens, als „oberste Rechtsschutzinstanz" fungieren Landesverfassungsgerichte, wenn sie von Bürgern und Bürgerinnen angerufen werden, um Urteile von Fachgerichten oder andere Hoheitsakte prüfen zu lassen (Schumann 1983). Die Bedeutung der Verfassungsbeschwerden in den Bundesländern ist allerdings umstritten. Michael Hund, der ehemalige Vizepräsident des Berliner Verfassungsgerichtshofes, betrachtet das Verfassungsgericht bei solchen Verfahren als „letzte rechtsstaatliche ‚Notfallambulanz' für ‚pathologische Rechtsfälle'" (Hund 2012, S. 27, im Original hervorgehoben). Hans-Jürgen Papier sieht dies anders. Für ihn fehlt einer Verfassungsgerichtsbarkeit ohne Verfassungsbeschwerde die „prägende

,Krönung' der Rechtsstaatlichkeit und Grundrechtsjustiziabilität" (Papier 2018, S. 2). Ohne Individualverfassungsbeschwerde fielen die Landesgrundrechtsordnungen als „Integrationsfaktor und als Medium der Identitätsstiftung [...] auf der Landesebene" aus (Papier 2018, S. 3). Hans-Jürgen Papier hält die Individualverfassungsbeschwerde zur „Sicherung und Erhaltung der Eigenstaatlichkeit der Bundesländer" denn auch für „unverzichtbar" (Papier 2018, S. 2). Fabian Wittreck (2018) zollt der Einführung der Individualverfassungsbeschwerde in Nordrhein-Westfalen ebenfalls vorbehaltlos „Beifall", weil sie einen „Schlußstein im Gewölbe des Rechtsstaats" bilde und sie erlaube, die „Landesverfassung stärker im Bewußtsein der Bürgerinnen und Bürger zu verankern" (2018, S. 1; vgl. auch Kneip in diesem Band). Darüber hinaus stärke, so Klaus Ferdinand Gärditz (2013, S. 473), die Individualverfassungsbeschwerde die berufsrichterlichen Tendenzen in den Landesverfassungsgerichten und befördere aufgrund der hohen Fallzahlen das ohnehin bestehende Bedürfnis nach Bürokratisierung und Professionalisierung interner Verfahrensabläufe (Gärditz 2013, S. 473). Wenn es Verfassungsbeschwerden gibt, stellen sie meist den Löwenanteil der Verfahren. Antragsberechtigt ist stets „jedermann", der sich in seinen Grundrechten, die die jeweilige Landesverfassung garantiert, durch die öffentliche Gewalt verletzt fühlt. Auch in den Ländern ist der ganz überwiegende Anteil der Verfassungsbeschwerden erfolglos; zulässig und begründet sind zwischen 2 und 5 % der Beschwerden.

Auch andere Verfahrensarten können in den politischen Bereich ausstrahlen. Dazu zählt etwa die Kompetenz zur Wahlprüfung, die alle Landesverfassungsgerichte entweder als Beschwerdeinstanz vornehmen oder als unmittelbar anzurufendes Wahlprüfungsgericht, ebenso wie das Recht, über die Zulässigkeit von Volksinitiativen und Volksbegehren zu entscheiden (Plöhn, Pautsch und Höreth, alle in diesem Band).

3 Landesverfassungsgerichte als Verfassungsorgane: Schlussfolgerungen

Landesverfassungsgerichte sind Verfassungsorgane. Dieser Status ist gesetzt und wird in der einschlägigen Literatur nicht bestritten. Auch die vorliegende Darstellung ändert an dieser Qualifizierung nichts. Sie lässt allerdings drei Schlussfolgerungen zu, die sich auf die Stellung der Landesverfassungsgerichte in den politischen Ordnungen der Bundesländer beziehen. Erstens lässt sich mit Otto Bachof, der bald drei Jahrzehnte dem Staatsgerichtshof in Baden-Württemberg angehörte, die Frage aufwerfen, ob Landesverfassungsgerichte einen ausreichend

„homogenen Spruchkörper" besitzen, der in der Lage ist, eine „kontinuierliche oder gar in Grundsatzfragen bedeutsame Rechtsprechung" zu entwickeln
(Bachof 1968, S. 19). Bachof begründet dies vor allem mit der Arbeitsweise, der
Zusammensetzung sowie den organisatorischen Voraussetzungen der Landesverfassungsgerichte.

Damit verknüpft ist, zweitens, dass der rechtliche Status der Landesverfassungsgerichte als Verfassungsorgan sich in der Verfassungspraxis in variierender
Form darstellt. Wie gezeigt, bestehen bei den verfassungsrechtlichen Grundlagen,
der einfachgesetzlichen Konkretisierung sowie den Geschäftsordnungen ebenso
erstaunliche Unterschiede wie bei der organisationsstrukturellen Ausgestaltung
der Landesverfassungsgerichte oder den Kompetenzprofilen. Die von vielen als
„homogen" bezeichneten Institutionen weisen divergierende verwaltungsstrukturelle Voraussetzungen auf ebenso wie sie in ihren Kompetenzprofilen variieren.

Schließlich ist mit diesem Befund der Hinweis verknüpft, dass Landesverfassungsgerichte in personalrechtlicher Hinsicht eingeschränkt sowie organisatorisch und haushaltsrechtlich eingebettet sind. Die von C. Starck (1983) im
Anschluss an die Statusdenkschrift formulierten Bedingungen, die Verfassungsorgane zu erfüllen haben, sind mithin bei den Landesverfassungsgerichten
lediglich in modifizierter Form zu finden. Die typologische Zuordnung der
Landesverfassungsgerichte zum „österreichischen Modell" (Flick 2008, S. 238)
kann die Verfassungswirklichkeit der Bundesländer mithin nur bedingt erfassen.
Böckenförde hat diese typologische Zuordnung schon für das Bundesverfassungsgericht infrage gestellt, weil dieses den „anderen Zweigen der Gerichtsbarkeit
[…] überlegen" sei (Böckenförde 1999, S. 173). Das Bundesverfassungsgericht
ist den anderen Gerichten nicht gleichgeordnet, wie im österreichischen Modell
unterstellt, sondern übergeordnet. Als Sonderfall des von Böckenförde (1999)
entwickelten „deutschen Modells" können daher die Landesverfassungsgerichte
gelten. Sie sind in den Bundesländern zwar allen anderen Gerichtszweigen überlegen, dem Bundesverfassungsgericht – zumindest teilweise – jedoch untergeordnet (Dombert 2012; Höreth in diesem Band). Auch Haack (2010, S. 220)
sieht in der „Polarität von bundesrechtlicher Bindung und landesinterner Höchst-
rangigkeit" ein Spezifikum der Landesverfassungsgerichtsbarkeit in Deutschland.

Literatur

Bachof, O. (1968). Der Staatsgerichtshof für das Land Baden-Württemberg. In Rechtswissenschaftliche Abteilung der Rechts- und Wirtschaftswissenschaftlichen Fakultät der Universität Tübingen (Hrsg.), *Tübinger Festschrift für Eduard Kern* (S. 1–19).
Tübingen: Mohr.

Bethge, W. (1983). Organstreitigkeiten des Landesverfassungsrechts. In C. Starck & K. Stern (Hrsg.), *Landesverfassungsgerichtsbarkeit. Teilband II: Zuständigkeiten und Verfahren der Landesverfassungsgerichte* (S. 17–42). Baden-Baden: Nomos.

Blumenthal, J. von (2017). Das Hamburgische Verfassungsgericht. Schiedsrichter zwischen Senat, Bürgerschaft und Volk. In W. Reutter (Hrsg.), *Landesverfassungsgerichte. Entwicklung – Aufbau – Funktionen* (S. 149–174). Wiesbaden: Springer VS.

Böckenförde, E.-W. (1999). Verfassungsgerichtsbarkeit. Strukturfragen, Organisation, Legitimation. In E.-W. Böckenförde (Hrsg.), *Staat, Nation, Europa. Studien zur Verfassungslehre, Verfassungstheorie und Rechtsphilosophie* (S. 157–182). Frankfurt a. M.: Suhrkamp.

Dombert, M. (2012). § 27 Landesverfassungen und Landesverfassungsgerichte in ihrer Bedeutung für den Föderalismus. In I. Härtel (Hrsg.), *Handbuch Föderalismus. Band II: Probleme, Reformen, Perspektiven des deutschen Föderalismus* (S. 19–37). Heidelberg etc.: Springer.

Ewert, S., & Hein, M. (2017). Das Landesverfassungsgericht Mecklenburg-Vorpommern. In W. Reutter (Hrsg.), *Landesverfassungsgerichte. Entwicklung – Aufbau – Funktionen* (S. 199–218). Wiesbaden: Springer VS.

Flick, M. (2008). Landesverfassungsgerichtsbarkeit. In M. Freitag & A. Vatter (Hrsg.), *Die Demokratien der deutschen Bundesländer. Politische Institutionen im Vergleich* (S. 237–256). Opladen: Budrich.

Flick, M. (2011). *Organstreitverfahren vor den Landesverfassungsgerichten. Eine politikwissenschaftliche Untersuchung.* Bern: Lang.

Flick Witzig, M. (2017). Das Schleswig-Holsteinische Landesverfassungsgericht. In W. Reutter (Hrsg.), *Landesverfassungsgerichte. Entwicklung – Aufbau – Funktionen* (S. 371–388). Wiesbaden: Springer VS.

Gärditz, K. F. (2013). Landesverfassungsrichter. Zur personalen Dimension der Landesverfassungsgerichtsbarkeit. *Jahrbuch des öffentlichen Rechts der Gegenwart, N. F. 61,* 449–493.

Glaab, M. (2017). Der Verfassungsgerichtshof Rheinland-Pfalz. In W. Reutter (Hrsg.), *Landesverfassungsgerichte Entwicklung – Aufbau – Funktionen* (S. 269–296). Wiesbaden: Springer VS.

Haack, S. (2010). Organisation und Arbeitsweise der Landesverfassungsgerichte in Deutschland. *Nordrhein-Westfälische Verwaltungsblätter, 24*(6), 216–221.

Häußler, R. (1994). *Der Konflikt zwischen Bundesverfassungsgericht und politischer Führung. Ein Beitrag zu Geschichte und Rechtsstellung des Bundesverfassungsgerichts.* Berlin: Duncker & Humblot.

Heyde, W. (1983). Überblick über die Verfahren vor den Landesverfassungsgerichten mit Tabellen über die Häufigkeit der Verfahren (einschl. Schleswig-Holstein). In C. Starck & K. Stern (Hrsg.), *Landesverfassungsgerichtsbarkeit Teilband II: Zuständigkeiten und Verfahren der Landesverfassungsgerichte* (S. 1–16). Baden-Baden: Nomos.

Hofmann, J. (2018). Artikel 68 [Verfassungsgerichtshof]. In V. M. Haug (Hrsg.), *Verfassung des Landes Baden-Württemberg. Handkommentar* (S. 1161–1251). Baden-Baden: Nomos.

Hoke, R. (1983). Verfassungsgerichtsbarkeit in den deutschen Ländern in der Tradition der deutschen Staatsgerichtsbarkeit. In C. Starck & K. Stern (Hrsg.), *Landesverfassungsgerichtsbarkeit. Teilband I: Geschichte, Organisation, Rechtsvergleichung* (S. 25–102). Baden-Baden: Nomos.

Hund, M. (2012). Würdigung der ausgeschiedenen Präsidentin und Richter. Einführung der neuen Präsidentin und Richter. In S. Schudoma (Hrsg.), *Zwanzig Jahre Berliner Verfassungsgerichtsbarkeit. Ansprachen anlässlich des Festaktes am 19. Juni 2012* (S. 21–28). Köln: Carl Heymanns Verlag.

Kelsen, H. (2008). *Wer soll Hüter der Verfassung sein? Abhandlungen zur Theorie der Verfassungsgerichtsbarkeit in der pluralistischen, parlamentarischen Demokratie.* Herausgegeben von R. Chr. van Ooyen. Tübingen: Mohr Siebeck (Erstveröffentlichung: 1930/1931).

Ketelhut, J. (2017). Der Verfassungsgerichtshof im Zwei-Städte-Staat. Der Staatsgerichtshof der Freien Hansestadt Bremen. In W. Reutter (Hrsg.), *Landesverfassungsgerichte Entwicklung – Aufbau – Funktionen* (S. 129–148). Wiesbaden: Springer VS.

Koch-Baumgarten, S. (2017). Der Staatsgerichtshof in Hessen zwischen unitarischem Bundesstaat, Mehrebenensystem und Landespolitik. In W. Reutter (Hrsg.), *Landesverfassungsgerichte. Entwicklung – Aufbau – Funktionen* (S. 175–198). Wiesbaden: Springer VS.

Leibholz, G. (1957). Einleitung. *Jahrbuch des öffentlichen Rechts der Gegenwart, N. F. 6,* 110–119.

Lembcke, O. W. (2015). Das Bundesverfassungsgericht und die Regierung Adenauer – vom Streit um den Status, zur Anerkennung der Autorität. In R. Chr. van Ooyen & M. H. W. Möllers (Hrsg.), *Handbuch Bundesverfassungsgericht im politischen System* (2. Aufl., S. 231–244). Wiesbaden: Springer VS.

Lorenz, A. (2017). Das Verfassungsgericht des Landes Brandenburg als politisiertes Organ? Möglichkeiten und Grenzen politischer Einflussnahme. In W. Reutter (Hrsg.), *Landesverfassungsgerichte. Entwicklung – Aufbau – Funktionen* (S. 105–128). Wiesbaden: Springer VS.

Meyer, P., & Hönnige, C. (2017). Der Niedersächsische Staatsgerichtshof. In W. Reutter (Hrsg.), *Landesverfassungsgerichte. Entwicklung – Aufbau – Funktionen* (S. 219–242). Wiesbaden: Springer VS.

Niclauß, K. (2015). Der Parlamentarische Rat und das Bundesverfassungsgericht. In R. Chr. van Ooyen & M. H. W. Möllers (Hrsg.), *Handbuch Bundesverfassungsgericht im politischen System* (2. Aufl., S. 191–204). Wiesbaden: Springer VS.

Obrecht, M. (2017). Verfassungsgerichtshof Baden-Württemberg. In W. Reutter (Hrsg.), *Landesverfassungsgerichte. Entwicklung – Aufbau – Funktionen* (S. 27–52). Wiesbaden: Springer VS.

Papier, H.-J. (2018). „*Gesetz zur Änderung des Verfassungsgerichtshofgesetzes – Einführung der Individualverfassungsbeschwerde zum Verfassungsgerichtshof.*" Schriftliche Stellungnahme von Prof. Dr. Hans-Jürgen Papier. Landtag Nordrhein-Westfalen. Stellungnahme 17/615. https://www.landtag.nrw.de/portal/WWW/dokumentenarchiv/Dokument/MMST17-615.pdf. Zugegriffen: 21. Sept. 2019.

Patzelt, W. J. (2017). Der Verfassungsgerichtshof des Freistaates Sachsen. In W. Reutter (Hrsg.), *Landesverfassungsgerichte. Entwicklung – Aufbau – Funktionen* (S. 323–346). Wiesbaden: Springer VS.

Pestalozza, H.-J. (1994). Das Landesverfassungsgericht von Sachsen-Anhalt. *LKV – Landes- und Kommunalverwaltung, 4*(1), 11–14.

Renzsch, W., & Schlüter, K. (2017). Das Landesverfassungsgericht von Sachsen-Anhalt. In W. Reutter (Hrsg.), *Landesverfassungsgerichte. Entwicklung – Aufbau – Funktionen* (S. 347–370). Wiesbaden: Springer VS.

Reutter, W. (2017a). Landesverfassungsgerichte in der Bundesrepublik Deutschland. Eine Bestandsaufnahme. In W. Reutter (Hrsg.), *Landesverfassungsgerichte. Entwicklung – Aufbau – Funktionen* (S. 1–26). Wiesbaden: Springer VS.

Reutter, W. (2017b). Der Verfassungsgerichtshof des Landes Berlin. In W. Reutter (Hrsg.), *Landesverfassungsgerichte. Entwicklung – Aufbau – Funktionen* (S. 77–104). Wiesbaden: Springer VS.

Rütters, P. (2017). Saarland. Von der Verfassungskommission zum Verfassungsgerichtshof. In W. Reutter (Hrsg.), *Landesverfassungsgerichte. Entwicklung – Aufbau – Funktionen* (S. 297–322). Wiesbaden: Springer VS.

Schiffers, R. (1984). „Ein mächtiger Pfeiler im Bau der Bundesrepublik". Das Gesetz über das Bundesverfassungsgericht vom 12. März 1951. *Vierteljahresheft für Zeitgeschichte, 32*(1), 66–102.

Schumann, E. (1983). Verfassungsbeschwerde (Grundrechtsklage) zu den Landesverfassungsgerichten. In C. Starck & K. Stern (Hrsg.), *Landesverfassungsgerichtsbarkeit. Teilband II: Zuständigkeiten und Verfahren der Landesverfassungsgerichte* (S. 149–230). Baden-Baden: Nomos.

Starck, C. (1983). Der verfassungsrechtliche Status der Landesverfassungsgerichte. In C. Starck & K. Stern (Hrsg.), *Landesverfassungsgerichtsbarkeit. Teilband I: Geschichte, Organisation, Rechtsvergleichung* (S. 155–182). Baden-Baden: Nomos.

Statusbericht. (1957). Der Status des Bundesverfassungsgerichts. Material – Gutachten, Denkschriften und Stellungnahmen mit einer Einleitung von Gerhard Leibholz. *Jahrbuch des öffentlichen Rechts der Gegenwart, N F. 6,* 109–221.

Stern, K. (1983). Einführung. In C. Starck & K. Stern (Hrsg.), *Landesverfassungsgerichtsbarkeit. Teilband I: Geschichte, Organisation, Rechtsvergleichung* (S. 1–24). Baden-Baden: Nomos.

Thierse, S., & Hohl, K. (2017). Verfassungsgerichtshof für das Land Nordrhein-Westfalen. In W. Reutter (Hrsg.), *Landesverfassungsgerichte. Entwicklung – Aufbau – Funktionen* (S. 243–268). Wiesbaden: Springer VS.

Ulsamer, G. (1983). Abstrakte Normenkontrolle vor den Landesverfassungsgerichten (einschließlich vorbeugende Normenkontrolle). In C. Starck & K. Stern (Hrsg.), *Landesverfassungsgerichtsbarkeit. Teilband II: Zuständigkeiten und Verfahren der Landesverfassungsgerichte* (S. 17–42). Baden-Baden: Nomos.

Weigl, M. (2017). Der Bayerische Verfassungsgerichtshof. In W. Reutter (Hrsg.), *Landesverfassungsgerichte. Entwicklung – Aufbau – Funktionen* (S. 53–76). Wiesbaden: Springer VS.

Will, R. (2015). Stellungnahme zur öffentlichen Anhörung der Kommission zur Reform der nordrhein-westfälischen Verfassung (Verfassungskommission) des Landtags Nordrhein-Westfalen am 11. Mai 2015 (unter Mitarbeit von R. Plöse). Stellungnahme 16/2739. https://www.landtag.nrw.de/Dokumentenservice/portal/WWW/dokumentenarchiv/Dokument/MMST16-2739.pdf. Zugegriffen: 15. Mai 2016.

Wittreck, F. (2006). *Die Verwaltung der Dritten Gewalt.* Tübingen: Mohr Siebeck.

Wittreck, F. (2018). *Stellungnahme zum Entwurf eines Gesetzes zur Änderung des Verfassungsgerichtshofgesetzes – Einführung einer Individualverfassungsbeschwerde* (LT-Drs. 17/2122). Landtag Nordrhein-Westfalen. Stellungnahme 17/633. https://www.landtag.nrw.de/portal/WWW/dokumentenarchiv/Dokument/MMST17-633.pdf. Zugegriffen: 29. Mai 2018.

Sondervoten in Landesverfassungsgerichten

Stefan Thierse

1 Einleitung

Lange Zeit nahm die Politikwissenschaft von Landesverfassungsgerichten (LVerfG) kaum Notiz. Die Erforschung der Rolle von LVerfG, die auch in der öffentlichen Berichterstattung nur selten in Erscheinung treten, stand und steht erkennbar im Schatten des Bundesverfassungsgerichts (BVerfG). Erst in jüngerer Zeit sind LVerfG stärker in den Fokus politikwissenschaftlicher Forschung gerückt und werden als eigenständige (landes-)politische Akteure gewürdigt (Reutter 2017a). Seit der Wiedervereinigung wird sogar von einem – wenngleich nicht uniformen – Bedeutungszuwachs der Landesverfassungsgerichte ausgegangen (Gärditz 2013; Reutter 2017b). Vor allem die Stärke der LVerfG hinsichtlich ihrer institutionellen Kompetenzen als auch ihrer tatsächlichen Einschränkung gesetzgeberischer Handlungsspielräume wurden empirisch-vergleichend in den Blick genommen (Flick 2008; Lembcke und Güpner 2018).

Eine Leerstelle in der vergleichenden Forschung zur Landesverfassungsgerichtsbarkeit bildet bislang die Befassung mit der Veröffentlichung abweichender

---

Für wertvolle Zuarbeit bei der Datenrecherche und Literaturbeschaffung geht mein Dank an Tim Vogt und Benedikt Siegler. Ich verwende im Weiteren das generische Maskulinum. Zitierte Entscheidungen von Landesverfassungsgerichten werden ohne Fundstellen angegeben; sie finden sich alle auf den Webseiten der Gerichte.

S. Thierse (✉)
Universität Bremen,
Institut für Europastudien, Bremen, Deutschland
E-Mail: thierse@uni-bremen.de

© Springer Fachmedien Wiesbaden GmbH, ein Teil von Springer Nature 2020　　175
W. Reutter (Hrsg.), *Verfassungsgerichtsbarkeit in Bundesländern,*
https://doi.org/10.1007/978-3-658-28961-4_7

Meinungen in Form eines Sondervotums.[1] Abgesehen von einer kursorischen Würdigung dieses Rechtsinstituts in einzelnen Beiträgen (Flick Witzig 2017; Ketelhut 2017; Lembcke 2017; Lorenz 2017; Reutter 2017c; Weigl 2017) setzte sich bislang in erster Linie die Rechtswissenschaft mit dem Sondervotum auseinander. Auf dem 47. Deutschen Juristentag 1968 in Nürnberg, der die Weichen für die Einführung des Sondervotums beim BVerfG stellte, wurde noch über die Einführung des Sondervotums bei *den* Verfassungsgerichten debattiert (Geck 1983, S. 319; Eggeling 2006, S. 129). Tatsächlich dauerte es jedoch bis 1982, ehe das Hamburgische Verfassungsgericht (HmbVerfG) als erstes LVerfG die gesetzlichen Voraussetzungen für die Veröffentlichung einer in der Beratung vertretenen abweichenden Richtermeinung schuf. Im Nachgang lebte in der Rechtswissenschaft die Debatte über Für und Wider des Sondervotums und die landesrechtlichen Möglichkeiten seiner Einführung auf (Geck 1983; Starck 1983). Danach dauerte es erneut fast 20 Jahre, ehe – wiederum aus der Rechtswissenschaft – Arbeiten zu Sondervoten in Landesverfassungsgerichten vorgelegt wurden (Eggeling 2006; Heimann 2001). Diese blieben jedoch weitgehend auf die Verfassungsgerichtsbarkeit in den neuen Ländern beschränkt. Seither haben mit Schleswig-Holstein (2008) und Nordrhein-Westfalen (2017) zwei weitere Länder das Sondervotum in ihren Verfassungsgerichten eingeführt. Allein schon aufgrund dieser rechtlichen Änderungen und einer bislang nur unzureichenden empirischen Bestandsaufnahme der Spruchpraxis in den neuen wie den alten Bundesländern lohnt eine Beschäftigung mit Sondervoten.

Das vorliegende Kapitel will eine Bestandsaufnahme und einen ersten Beitrag zur vergleichenden Analyse von Sondervoten in LVerfG leisten. Dabei sind die spezifischen institutionellen Rahmenbedingungen zu berücksichtigen, welche LVerfG sowohl vom BVerfG als auch von Gerichten in anderen Systemkontexten abgrenzen. Im Folgenden wird in Abschn. 2 zunächst in theoretischer Hinsicht die politische und politikwissenschaftliche Bedeutung des Sondervotums thematisiert. Abschn. 3 geht auf die rechtlichen Rahmenbindungen in den Bundesländern ein. Es folgt in Abschn. 4 eine Analyse der Spruchpraxis in sechs ausgewählten LVerfG, die hinsichtlich ihrer Binnenorganisation und ihrer Kompetenzen unterschiedlichen Typen zuzurechnen sind (Lembcke und Güpner 2018). Neben einer quantitativen Erfassung von Entscheidungen mit Sondervoten

---

[1]In Anlehnung an Eggeling (2006, S. 72 f.) meint abweichende Meinung den Inhalt, dessen prozessuale Form das Sondervotum ist. Die abweichende Meinung kann sich auf das Ergebnis bzw. den Tenor einer Entscheidung beziehen *(dissenting opinion)* oder aber auf die Gründe, die zu einer Entscheidung führen *(concurring opinion)*.

im Zeitraum 2009–2018 werden ausgewählte Entscheidungen mit Sondervoten eingehender dargestellt. Die Schlussbetrachtung in Abschn. 5 zieht ein Fazit und skizziert Anknüpfungspunkte für die weitere Forschung.

2 Theoretische Grundlagen: Sondervoten im Spannungsfeld von Recht und Politik

Sondervoten verdeutlichen die Stellung des Verfassungsgerichts im Spannungsfeld zwischen Recht und Politik (Reutter 2017b) einerseits und an der Schnittstelle von Politik und Gesellschaft andererseits. Die politische Dimension von Sondervoten liegt in der Offenlegung strittiger, legitimationsbedürftiger Beratungsprozesse und dem öffentlich dokumentierten Hinweis darauf, dass eine Entscheidung „(und zwar z.T. ‚um ein Haar') auch ganz anders hätte ausfallen können" (Lietzmann 2006, S. 270). Das politische Moment an Sondervoten ist insofern die Durchbrechung des Beratungs- und Abstimmungsgeheimnisses. Die gesellschaftliche Dimension von Sondervoten liegt darin, dass das Verfassungsgericht durch abweichende Meinungen unterschiedliche Rechtsauffassungen zu einem Fall zum Ausdruck bringt, die sich „nolens volens aus dem Repertoire der gesellschaftlich gängigen Pluralität speisen" (ebd.). Damit räumen Sondervoten mit der Fiktion der puren Objektivität, Unfehlbarkeit und „Einzigrichtigkeit" des Richterspruchs auf. Der für die Öffentlichkeit sichtbare Dissens unter den Richtern stellt nicht nur den Ewigkeitscharakter und die Eindeutigkeit der Verfassung infrage, sondern hebt auch den Schleier des Beratungsgeheimnisses, hinter dem sich Richter als anonym handelnde Mitglieder eines Spruchkörpers verstecken können. Sie exponieren vor allem den oder die Dissenter, aber in der Konsequenz das gesamte Gericht als individuell handelnden Akteur im Spannungsfeld von Recht und Politik.

In theoretischer Perspektive ist zu unterscheiden zwischen den Auswirkungen und den Ursachen abweichender Meinungen (Peterson 1981). Innerhalb dieser Dimensionen ist wiederum zwischen internen, auf das Gericht als Organisation und den individuellen Richter bezogenen, und externen, auf die Gesellschaft und das sozio-politische Umfeld bezogenen Faktoren zu differenzieren. Um die potenziellen bzw. erwarteten Auswirkungen rankte sich die Kontroverse um die Einführung von Sondervoten beim BVerfG in den ausgehenden 1960er Jahren. Diese spiegeln sich *grosso modo* auch in den juristischen und parlamentarischen Debatten um die Einführung von Sondervoten in LVerfG (Eggeling 2006, S. 109 ff.; Heimann 2001, S. 119 ff.). Wie Lietzmann (2006, S. 269) treffend anmerkt, entzündete sich der Streit bei der Diskussion um die Einführung von

Sondervoten nicht an deren Zulassung, denn abweichende Meinungen konnten seit jeher gerichtsintern zu den Akten gegeben werden; es ging vielmehr um die Veröffentlichung abweichender Richtermeinungen. Es ging insofern immer um die möglichen Folgen *offener* Sondervoten, in denen der dissentierende Richter namentlich genannt wird.

Aus Platzgründen können die in der Debatte vorgebrachten Argumente für und wider Sondervoten nur in Grundzügen rekapituliert werden (vgl. Eggeling 2006; Geck 1983; Zierlein 1981). Befürworter von Sondervoten argumentierten mit Blick auf externe Auswirkungen unter rechtspolitischen Gesichtspunkten. Die Offenlegung abweichender Meinungen wurde im progressiven Geist der späten 1960er Jahre als demokratischer Anspruch auf Transparenz und Öffentlichkeit auch der richterlichen Beratungs- und Entscheidungsprozesse und als Entsprechung der offenen Gesellschaft und der Verfassungsordnung gedeutet.

Dem von den Gegnern vorgetragenen Einwand, Sondervoten beschädigten die Autorität des Richterspruchs, belasteten das für ein Kollegialgericht wichtige Arbeitsklima und gefährdeten die Unabhängigkeit der Richter, hielten die Befürworter entgegen, das Sondervotum stärke die Unabhängigkeit und Amtswürde der Richter als Träger der (Verfassungs-)Rechtsprechung. Diesbezüglich war das Eintreten für Sondervoten erkennbar vom Vorbild des U.S. Supreme Court inspiriert, wo die abweichende Richtermeinung als *separate opinion* nach dem Zweiten Weltkrieg erheblich zum Renommee unabhängiger Richter beigetragen hatte, die nicht selten die weitere Rechtsprechung prägten (Eggeling 2006, S. 79 f.). Die Bekanntgabe einer abweichenden Meinung könnte außerdem zu einem realistischeren Rechtsverständnis in der Bevölkerung beitragen, der offen dargelegt werde, dass hinter dem Recht und dessen Auslegung Menschen stünden und eine Entscheidung nicht immer eindeutig zu finden sei. Schließlich könne die Veröffentlichung abweichender Meinungen eine befriedende Wirkung für die in einem Gerichtsverfahren unterlegenen Parteien haben, da diese mit dem Sondervotum einen Hinweis bekämen, dass ihre Argumentation nicht vollkommen abwegig sei.

Mit Blick auf die internen Auswirkungen sprach nach Ansicht der Befürworter aus fachlicher Sicht für das Sondervotum, dass es die Qualität richterlicher Entscheidungen fördere: Die Möglichkeit einer abweichenden Meinung senke den Zwang zum Konsens und zu Formelkompromissen und fördere so die Klarheit des Urteilsspruchs. Andererseits sei die Mehrheit durch ein Sondervotum angehalten, ihre Begründung besonders gewissenhaft zu formulieren. Außerdem könnten Sondervoten neue Entwicklungen in der Rechtsinterpretation andeuten und so zu einer größeren Berechenbarkeit der Rechtsprechung beitragen, die wissenschaftliche Diskussion beleben sowie Impulse für die Rechtsfortbildung und gesetzgeberisches Handeln liefern.

In der juristischen Fachliteratur herrscht heute weitgehender Konsens darüber, dass die Einführung von Sondervoten (beim BVerfG) weder die befürchteten Folgen noch die erhofften Vorteile brachten (Roellecke 2001, S. 386; Zierlein 1981, S. 86). Ein ähnliches Verdikt gilt für LVerfG. Mehrheitlich wird kein Ansehens- und Autoritätsverlust diagnostiziert, wenngleich manche Autoren v. a. die Handhabung von Sondervoten im Sinne persönlicher, unsachlicher und polemischer Urteilsschelte für bedenklich halten und die Tendenz mancher Medien bemängeln, abweichende Meinungen mit einer tatsächlichen oder vermeintlichen Nähe der dissentierenden Richter zu einzelnen Parteien zu erklären (Eggeling 2006, S. 232 f.). Geck (1983, S. 367) hält die Erwartung für „trügerisch", dass Sondervoten normative Kraft entfalten und „immer das kommende Recht ankündigen" könnten. Denn die Vorstellung, dass Sondervoten „regelmäßig das bessere Recht ankündigen, das später von einsichtigen Mehrheiten aufgenommen wird, ist Ausdruck eines vereinfachten Fortschrittsdenkens" (Geck 1983, S. 367). Gerade mit Blick auf die Landesverfassungsgerichtsbarkeit werden Sondervoten in erster Linie als ein Beitrag zur Belebung des wissenschaftlichen Diskurses gewertet, da für die Landesverfassungen im Gegensatz zum Grundgesetz nur vereinzelt Kommentierungen oder wissenschaftliche Abhandlungen existieren (Eggeling 2006, S. 233).

Insgesamt scheint sich die Einschätzung zu bewahrheiten, dass die spezifischen Rahmenbedingungen der Landesverfassungsgerichtsbarkeit sowohl die positiven als auch die negativen Auswirkungen von Sondervoten moderieren. Hervorzuheben ist insbesondere die Ehrenamtlichkeit der Landesverfassungsrichter (Gärditz 2013, S. 489; Reutter 2017b, S. 15), die geringere Reichweite der Entscheidungen sowie deren begrenzte mediale Resonanz. Während beispielsweise durch die im Vergleich zum BVerfG teils geringeren Mehrheitserfordernisse bei der Wahl der Richter[2] eine prinzipiell größere Gefahr parteipolitischer Einflussnahme ausgeht, wirkt umgekehrt die Ehrenamtlichkeit der Tätigkeit am LVerfG der Gefahr des opportunistischen Gebrauchs von Sondervoten zur Sicherung der Wiederwahl entgegen (Geck 1983, S. 360 f.). Die geringe Publizität und Medienwirkung landesverfassungsgerichtlicher Entscheidungen mindert zudem den Beitrag, den Sondervoten zur Festigung und Stärkung der Unabhängigkeit und zum Ansehen der Richter leisten könnten. Gleichzeitig begrenzt die geringe Medienaufmerksamkeit den Spielraum zur öffentlichkeitswirksamen

---

[2]In Baden-Württemberg, Bayern und Hamburg genügt die einfache oder relative Mehrheit für die Wahl der Richter (Reutter 2017b, S. 8; Reutter in diesem Band).

Profilierung gegenüber der Mehrheit im Richterkollegium, zumal in den überwiegenden Fällen nur der Inhalt der Entscheidung rezipiert wird und allenfalls die Existenz – nicht aber der Inhalt – eines Sondervotums Eingang in die Berichterstattung findet (Eggeling 2006, S. 232).

Wendet man den Blick auf die Ursachen von Sondervoten, ist zunächst zu betonen, dass es sehr unterschiedliche Motivationen für die Bekanntgabe einer abweichenden Meinung gibt (Peterson 1981, S. 413). Sondervoten können vom Dissenter zur Verteidigung des Status quo eingesetzt werden, sie können aber im Gegenteil auch der Kritik an einer Mehrheitsmeinung dienen, die den veränderten sozialen oder politischen Verhältnissen nicht genügend Rechnung trägt. Gewissermaßen dazwischen liegen Sondervoten, die vor einer zu eifrigen Anpassung des Rechts an geänderte soziale Bedingungen warnen bzw. in der Hoffnung abgegeben werden, dass die Mehrheit den Standpunkt in künftigen Entscheidungen aufgreifen bzw. teilen wird.

Eine theoretische Überlegung, die unabhängig vom Systemkontext auf LVerfG als Kollegialgerichte übertragbar sein dürfte, legen Epstein et al. (2010) ihrem formalen Modell richterlichen dissentierenden Verhaltens zugrunde: Sondervoten implizieren eine Abwägung zwischen dem Aufwand des Verfassens einer abweichenden Meinung *(effort costs)* und dem Nutzen einer nachdrücklichen Erklärung und Bekundung des Abstimmungsverhaltens (Reputationsgewinn). Die Kosten des Verfassens einer abweichenden Meinung nehmen mit steigender Arbeitslast des Gerichts zu. Das Verfassen einer abweichenden Meinung bedeutet zudem nicht nur Aufwand für den Dissenter, sondern auch für die Mehrheit, die ihre Entscheidung im Regelfall umfassender und gründlicher begründen wird. Diese Kollegialitätskosten werden durch die Arbeitslast des Gerichts moderiert: Bei niedrigerem Arbeitsanfall fallen Sondervoten nicht so stark ins Gewicht bzw. steigern nicht so stark die Opportunitätskosten der Mehrheit. Der Reputationsgewinn hängt u. a. davon ab, wie breit die Rezeption des Sondervotums in der nachfolgenden Rechtsprechung, der juristischen Fachöffentlichkeit sowie der breiteren Öffentlichkeit ausfällt. Der Nutzen dissentierenden Abstimmungsverhaltens nimmt annahmegemäß mit steigendem Arbeitsanfall ebenfalls ab (ebd., S. 5). In der empirischen Forschung finden sich indes keine eindeutigen Belege für einen Effekt der Arbeitslast auf die Frequenz von Sondervoten (Songer et al. 2011).

Als weiterer organisationsbezogener Faktor für Sondervoten gilt die Größe des Spruchkörpers. Je mehr Richter an einer Entscheidung beteiligt sind, desto größer ist nicht nur die Wahrscheinlichkeit divergierender Rechtsauffassungen, sondern desto geringer sind auch die Kollegialitätskosten. Auch kann davon ausgegangen werden, dass sich in kleineren Spruchkörpern eher eine Norm der Reziprozität herausbildet, die dissentierendem Verhalten entgegenwirkt. In größeren Spruchkörpern sollten daher auch häufiger Sondervoten zu beobachten sein.

Die Professionalität des Gerichts lässt sich ebenfalls als organisationsbezogene ursächliche Bedingung für Sondervoten nennen. Im Falle von LVerfG ließe sich diese Variable über das Verhältnis von Berufsrichtern und geschulten Juristen zu Laienrichtern operationalisieren. Eine höhere Professionalität des Spruchkörpers geht annahmegemäß mit einer höheren Frequenz abweichenden Stimmverhaltens einher (Peterson 1981, S. 415). Neben den institutionellen sind verfahrensbezogene Faktoren in den Blick zu nehmen. So ließe sich für Landesverfassungsgerichte erwarten, dass Sondervoten häufiger in kontradiktorischen, genuin politischen Verfahren wie Organstreitverfahren oder abstrakten Normenkontrollverfahren zu beobachten sind. Da beide Verfahren auch auf landespolitischer Ebene ein bevorzugtes Mittel der parlamentarischen Opposition darstellen (Flick 2009; Reutter 2017c, S. 96; Meyer und Hönnige 2017, S. 232 f.; Thierse und Hohl 2017, S. 264), ist hier am ehesten mit einer Aktivierung parteipolitisch-ideologischer Einstellungen von Verfassungsrichtern zu rechnen. Diese wurden theoretisch als durch die (Mit-)Gestaltung von Politik motivierte Akteure konzeptualisiert (Segal und Spaeth 2002). Je heterogener ein Gericht hinsichtlich der ideologischen Strömungen und politischen Präferenzen zusammengesetzt ist, desto häufiger sind Sondervoten zu erwarten.

3 Rechtliche Rahmenbedingungen in den Bundesländern

Die bundesrechtlichen Regelungen zu Sondervoten nach § 30 Abs. 2 BVerfGG standen Pate für die Verfahrensgesetze vieler LVerfG. Als erstes Land schuf Hamburg 1982 die gesetzliche Grundlage für Sondervoten beim HmbVerfG. Nicht nur die im Verfahrensgesetz getroffenen, sondern auch die in der Geschäftsordnung spezifizierten Regelungen zum Sondervotum orientieren sich erkennbar am BVerfG. Auch in den neuen Ländern, wo die Einführung des Sondervotums zum Teil recht unstrittig war (Eggeling 2006, S. 112 ff.; Heimann 2001, S. 118 ff.), spielte die Erfahrung mit der Praxis von Sondervoten beim BVerfG eine nicht unerhebliche Rolle. Dies schlug sich darin nieder, dass Berlin, Brandenburg, Sachsen-Anhalt und Thüringen die Regelung des § 30 Abs. 3 BVerfGG nahezu wortgleich übernahmen.

In Mecklenburg-Vorpommern wurde das Sondervotum entgegen der ursprünglichen Pläne, dieses erst nach einer Übergangsfrist in Kraft treten zu lassen, bereits zu Beginn der zweiten Legislaturperiode 1994 etabliert. Die Mitteilung des Stimmenverhältnisses blieb dagegen bis zu einer Änderung des Verfahrensgesetzes 2006 untersagt. In Sachsen-Anhalt waren das Sondervotum und die Mitteilung des Stimmenverhältnisses bis zu einer Änderung des Verfahrensgesetzes 1996 ebenfalls ausgeschlossen. Als einziges Land überhaupt schließt Sachsen in § 13 SächsVerfGHG das Sondervotum und die Bekanntgabe des Stimmenverhältnisses ausdrücklich aus. Dies stellt eine Sondernorm zu § 10 Abs. 1 SächsVerfGHG dar, der die allgemeinen Verfahrensvorschriften des BVerfG auf den Verfassungsgerichtshof für anwendbar erklärt.

Mittlerweile haben die meisten Länder über Verfahrensgesetze zu ihren Landesverfassungsgerichten eine gesetzliche Grundlage für Sondervoten und die Mitteilung des Stimmenverhältnisses geschaffen. Ausnahmen bilden die Länder Baden-Württemberg, Rheinland-Pfalz und das Saarland.[3] Die Verfahrensgesetze Baden-Württembergs und des Saarlands schreiben ausdrücklich fest, dass Beratungen geheim zu erfolgen haben. Da die Möglichkeit des Sondervotums als Durchbrechung des Prinzips der geheimen Beratung einfachgesetzlich nicht ausdrücklich vorgesehen ist, ist daraus der Ausschluss einer Veröffentlichung abweichender Meinungen abzuleiten (Starck 1983, S. 296). Etwas komplizierter ist der Fall in Rheinland-Pfalz gelagert, wo diesbezüglich eine Regelungslücke besteht (Eggeling 2006, S. 79 f.). Das Landesgesetz über den Verfassungsgerichtshof enthält keine Bestimmung zum Beratungsgeheimnis. Da die Verfassungsrichter in Rheinland-Pfalz von der Geltung des Deutschen Richtergesetzes (DRiG) ausgenommen sind, das die Pflicht zur Verschwiegenheit über Hergang der Beratung und Abstimmung festschreibt, und die Geschäftsordnung sich weder zu Sondervoten noch zur Frage der Geheimhaltungspflicht äußert, folgert Eggeling (2006, S. 71), dass überstimmte Richter prinzipiell ein offenes Sondervotum abgeben können. Zumindest für den Untersuchungszeitraum 2009–2018 hat kein Verfassungsrichter diese hypothetische Möglichkeit in Anspruch genommen.

Einen Sonderstatus nimmt auch der BayVerfGH ein. Das vormals nur in der Geschäftsordnung fixierte Recht eines Gerichtsmitglieds, ein Sondervotum abzugeben, wurde mit dem 1990 reformierten BayVerfGHG in Art. 25

---

[3]Bezeichnenderweise sind Sondervoten mit Ausnahme des BayVerfGH bei einem Typus von LVerfG ausgeschlossen, den Lembcke und Güpner (2018, S. 100) aufgrund umfangreicher verfassungsrechtlicher Prüfungskompetenzen als „Hüter der Verfassung" kennzeichnen.

Abs. 5 verankert. Erhalten hat sich jedoch die Regelung, dass Sondervoten nur in anonymisierter Weise veröffentlicht werden. Die Bekanntgabe des Stimmenverhältnisses ist mit der Streichung des alten Art. 24 Abs. 4 BayVerfGHG zwar nicht mehr explizit untersagt (Eggeling 2006, S. 69), doch in der Praxis wird das Abstimmungsergebnis nicht mitgeteilt, sondern nur die Anzahl abweichender Meinungen.

Niedersachsen und Hessen verweisen in ihren 1996 bzw. 2001 novellierten Verfahrensgesetzen auf die Anwendbarkeit der Verfahrensvorschriften des BVerfGG. Indes findet sich ein expliziter Verweis auf das Sondervotum im Niedersächsischen Staatsgerichtshof (NdsStGH) nur in § 14 der Geschäftsordnung. Für den Staatsgerichtshof in Hessen (HessStGH) regelt § 16 Abs. 3 Satz 2 HessStGHG die Möglichkeit eines Gerichtsmitglieds, eine abweichende Meinung in einem Sondervotum zum Ausdruck zu bringen. Auf die Möglichkeit, das Abstimmungsergebnis zu veröffentlichen, geht das HessStGHG jedoch nicht direkt ein. Aus der in § 16 Abs. 3 Satz 1 HessStGHG verankerten Pflicht der Mitglieder, über Hergang der Beratung und Abstimmung auch nach dem Ausscheiden aus dem Amt Verschwiegenheit zu wahren, ließe sich ein Hindernis für die Bekanntgabe des Stimmenverhältnisses ableiten. Dem steht jedoch § 16 Abs. 1 Satz 2 HessStGHG entgegen, wonach die Verfahrensvorschriften des BVerfGG „sinngemäß" anzuwenden sind, sofern gesetzlich keine abweichende Regelung getroffen wird. Dies ist jedoch nicht der Fall, weshalb davon auszugehen ist, dass bekanntgegeben werden kann, wie viele Richter eine Entscheidung unterstützten oder ablehnten.

Wie die meisten neuen Bundesländer orientierten sich auch Bremen und Schleswig-Holstein in ihren Verfahrensgesetzen eng an der bundesrechtlichen Regelung. Auch hier sind offene Sondervoten sowie die Bekanntgabe des Abstimmungsergebnisses gestattet. Schleswig-Holstein, wo das LVerfG erst 2008 seine Arbeit aufnahm, hat den Wortlaut von § 30 BVerfGG nahezu vollständig übernommen und ergänzte ihn nur um die Formel, dass die Gerichtsmitglieder über den Gang der Beratung und Abstimmung Stillschweigen zu bewahren haben. Eine strikte Pflicht zur Verschwiegenheit findet sich in den Verfahrensgesetzen Bayerns, Hessens, Mecklenburg-Vorpommerns und Nordrhein-Westfalens; in Schleswig-Holstein ist sie ergänzend zum Verweis auf das Beratungsgeheimnis festgeschrieben.

Als vorläufig letztes Land führte Nordrhein-Westfalen (NRW) mit einer Gesetzesnovelle 2017 das Sondervotum ein. Die Notwendigkeit einer Gesetzesnovelle ergab sich aus einer Änderung der Landesverfassung, mit der u. a. die Unterscheidung zwischen „geborenen" und „gekorenen" Mitgliedern des

Verfassungsgerichtshofs (VerfGHNRW) beseitigt wurde (Thierse und Hohl 2017, S. 245). Im ursprünglichen Gesetzesentwurf der Fraktionen von SPD und Bündnis90/Die Grünen war das Sondervotum noch nicht vorgesehen.[4] Es fand indes über einen Änderungsantrag aller (!) im 16. Landtag NRW vertretenen Fraktionen Eingang in das Verfahrensgesetz.

Genauere Regelungen zur Abgabe eines Sondervotums finden sich in den Geschäftsordnungen der Landesverfassungsgerichte.[5] Grundsätzlich gilt eine Mitteilungspflicht des dissentierenden Richters. In den meisten Ländern muss ein Sondervotum so früh wie möglich, spätestens jedoch vor der Unterzeichnung durch die mitwirkenden Richter angekündigt werden. In Mecklenburg-Vorpommern und Schleswig-Holstein gilt für die Ankündigung eines Sondervotums eine striktere Frist von einer Woche nach der Beratung und Abstimmung, in Thüringen beträgt die Frist sogar nur drei Tage. Im Regelfall sind Sondervoten dem Präsidenten binnen drei Wochen nach Abfassung der Entscheidung vorzulegen, wobei diese Frist verlängert werden kann. Eine kürzere Frist von zwei Wochen gilt für den NdsStGH und den Verfassungsgerichtshof des Landes Berlin (BerlVerfGH). In Mecklenburg-Vorpommern und Schleswig-Holstein obliegt es den Gerichtspräsidenten, eine Frist für die Vorlage des Sondervotums zu setzen, die zwei Wochen nicht unterschreiten soll. Wie beim BVerfG (§ 55 Abs. 3 Satz 2 GO-BVerfG) kann auch in den Verfassungsgerichten Bremens, Mecklenburg-Vorpommerns, Schleswig-Holsteins, Sachsen-Anhalts und Thüringens ein dissentierender Richter im Anschluss an die Verkündung der Entscheidung den Inhalt seines Sondervotums darlegen. Die LVerfG in Bayern, Berlin, Hamburg, Niedersachsen und NRW treffen in ihren Geschäftsordnungen hierzu keine explizite Regelung, so dass die inhaltliche Wiedergabe des Sondervotums sowohl durch das abweichende Gerichtsmitglied als auch durch den Gerichtspräsidenten denkbar ist (Eggeling 2006, S. 211). Einzig in Brandenburg ist die Wiedergabe der wesentlichen Inhalte des Sondervotums dem Präsidenten vorbehalten, der sich mit dem dissentierenden Mitglied abzustimmen hat (§ 18 Abs. 4 Satz 2 GO-BbgVerfG). Tab. 1 fasst die in den Verfahrensgesetzen und Geschäftsordnungen verankerten Regelungen zum Sondervotum in den LVerfG zusammen.

---

[4]Landtag NRW, LT-Drs. 16/13312 vom 31.10.2016.

[5]Der HessStGH verfügt über keine eigene Geschäftsordnung, sondern verweist auf die Verfahrensbestimmungen des BVerfG.

Tab. 1 Landesrechtliche Bestimmungen zu Sondervoten in Landesverfassungsgerichten

Land	Landesrechtliche Grundlage	Sondervotum eingeführt mit Gesetz vom...	Möglichkeit der Bekanntgabe des Abstimmungsergebnisses	Frist für Ankündigung des Sondervotums
BY	Art. 25 Abs. 5 Bay-VerfGHG	10.05.1990	(Nein)[a]	„So bald wie möglich", spätestens vor Unterzeichnung der Entscheidung (§ 4 Abs. 1 GO-BayVerfGH)
BE	§ 29 Abs. 2 BerlVerfGHG	08.11.1990	Ja	„So früh wie möglich", spätestens unmittelbar vor Unterzeichnung der Entscheidung (§ 13 Abs. 1 GO-BerlVerfGH)
BB	§ 27 Abs. 2 BbgVerfGG	08.07.1993	Ja	„Sobald der Stand der Beratungen dies ermöglicht" (§ 18 Abs. 1 GO-BbgVerfG)
HB	§ 17 Abs. 3 BremStGHG	18.06.1996	Ja	„Sobald der Stand der Beratung das erlaubt", spätestens unmittelbar vor Unterzeichnung der Entscheidung (§ 9 Abs. 1 GO-BremStGH)
HH	§ 22 Abs. 3 HmbVerfGG	23.03.1982	Ja (§ 22 Abs. 4 HmbVerfGG)	„Sobald der Stand der Beratungen dies ermöglicht" (§ 27 Abs. 2 GO-HmbVerfG)
HE	§ 16 Abs. 3 HessStGHG	19.01.2001	(Ja)[b]	„Sobald der Stand der Beratungen dies ermöglicht"
MV	§ 27 Abs. 5 LVerfGG MV	19.07.1994	Ja (§ 27Abs. 4 LVerfGG MV), geändert mit Gesetz vom 14. Juli 2006	„So früh wie möglich", spätestens eine Woche nach Beratung und Abstimmung, in jedem Fall vor Unterzeichnung der Entscheidung (§ 4 Abs. 1 GO-LVerfG MV)
NI	§ 12 Abs. 1 NdsStGHG i.V.m. § 14 Abs. 1 GO-NdsStGH	01.07.1996	§ 12 Abs. 1 NdsStGHG i.V.m § 30 Abs. 2 BVerfGG	„So früh wie möglich, spätestens unmittelbar vor der Unterzeichnung der Entscheidung" (§ 14 Abs. 1 GO-NdsStGH)

(Fortsetzung)

Tab. 1 (Fortsetzung)

Land	Landesrechtliche Grundlage	Sondervotum eingeführt mit Gesetz vom…	Möglichkeit der Bekanntgabe des Abstimmungsergebnisses	Frist für Ankündigung des Sondervotums
NW	§ 25 Abs. 4 NRWVerfGHG	07.04.2017	Ja	„So bald wie möglich", spätestens unmittelbar vor Unterzeichnung der Entscheidung (§ 18 Abs. 1 GO-VerfGH NRW)
ST	§ 28 Abs. 2 SachsAnhVerfGG	22.10.1996	Ja	„Sobald der Stand der Beratungen dies ermöglicht" (§ 5a GO SachsAnhVerfG)
SH	§ 28 Abs. 2 LVerfGG-SH	10.01.2008	Ja	„So früh wie möglich", spätestens eine Woche nach Beratung und Abstimmung (§ 12 Abs. 1 GO-LVerfG SH)
TH	§ 24 Abs. 2 ThürVerfGHG	28.06.1994	Ja (§ 20 Abs. 4 GO-ThürVerfGH)	Spätestens drei Tage nach Beratung bzw. Abstimmung (§ 20 Abs. 2 GO-ThürVerfGH)

[a]§ 24 Abs. 4 a.F. ist entfallen und die GO-BayVerfGH macht keine Angaben; in der Praxis wird das Abstimmungsergebnis jedoch nicht mitgeteilt
[b]Verweis auf die Vorschriften des BVerfGG sowie auf § 56 Abs. 1 bis 4 GO-BVerfG (Fassung vom 15. Dezember 1986)
Quelle: Eigene Zusammenstellung; Verfassungsgerichtsgesetze der Bundesländer

4 Sondervoten in der verfassungsgerichtlichen Spruchpraxis

Im Folgenden soll die Bedeutung von Sondervoten in deskriptiv-quantitativer als auch qualitativer Hinsicht analysiert werden. Grundlage bildet ein Vergleich verfassungsgerichtlicher Entscheidungen in sechs ausgewählten Bundesländern: Bayern, Bremen, Mecklenburg-Vorpommern, Sachsen-Anhalt, Schleswig-Holstein und Thüringen. Die LVerfG variieren entlang zahlreicher theoretisch relevanter Dimensionen wie z. B. Größe des Spruchkörpers, Arbeitslast, Amtszeit und Wiederwahlmöglichkeit der Richter sowie ihrer Kompetenzen. Dabei lassen sich die ausgewählten LVerfG den drei von Lembcke und Güpner (2018, S. 100) vorgeschlagenen Typen zuordnen: Während der Bremische Staatsgerichtshof (BremStGH) und das Schleswig-Holsteinische Landesverfassungsgericht (LVerfG SH) dem Typus eines „Schiedsrichters" zuzuordnen sind, stehen der Thüringer Verfassungsgerichtshof (ThürVerfGH) und die LVerfG von Sachsen-Anhalt und Mecklenburg-Vorpommern für das Modell mit „ausbalancierter Verfassungskontrolle". Der BayVerfGH steht für ein starkes LVerfG in der Rolle des „Verfassungshüters". Aus forschungspragmatischen Gründen wurde ein Untersuchungszeitraum von zehn Jahren gewählt, der sich auf die Periode 2009 bis 2018 erstreckt. Für die Analyse wurden sämtliche auf den Homepages der LVerfG dokumentierte Entscheidungen einbezogen.

Blickt man auf die Anzahl an Entscheidungen, zu denen Sondervoten eingereicht wurden, nimmt der ThürVerfGH eine Spitzenposition ein: Von 61 Entscheidungen ergingen 16 mit mindestens einem Sondervotum. Es folgt der BayVerfGH mit 11 von 79 Entscheidungen. In den übrigen LVerfG sind Sondervoten ein eher seltenes Phänomen, wobei beim BremStGH die relative geringe Spruchtätigkeit zu berücksichtigen ist (Tab. 2).

Hinsichtlich der Verfahren, in denen abweichende Meinungen per Sondervotum veröffentlicht werden, lassen sich keine spezifischen länderübergreifenden Muster feststellen. Grundsätzlich lassen die kleinen Fallzahlen nur begrenzt quantifizierbare Aussagen zu. Im ThürVerfGH kamen Sondervoten vor allem in abstrakten Normenkontrollverfahren (fünf Fälle) und bei (Individual-)Verfassungsbeschwerden (vier Fälle) zum Einsatz. Im BayVerfGH wurde die Möglichkeit des Sondervotums im Untersuchungszeitraum am häufigsten im Zusammenhang mit Organstreitverfahren genutzt (vier Fälle), gefolgt von Zulässigkeitsprüfungen von Volksbegehren (drei Fälle). Kategorisiert man die Entscheidungen mit Sondervoten nach Verfahrensart, ergibt sich ein etwas deutlicheres Bild in Bezug auf die Konfliktintensität der Entscheidungen. Der BayVerfGH traf beispielsweise in vier von insgesamt fünf Organstreitverfahren und

Tab. 2 Entscheidungen und Sondervoten ausgewählter Landesverfassungsgerichte (2009–2018)

Gericht	Alle	Entscheidungen mit Sondervoten		
		Abs.	(Anteil) (%)	Nach Verfahrensart
BayVerfGH	79	11	(13,9)	– Organstreitverfahren: 4 – Popularklagen: 2 – Zulassungsanträge auf Volksbegehren: 3 – Verfassungsbeschwerde: 1 – Kommunale Verfassungsbeschwerde: 1
BremStGH	16	2	(12,5)	– Abstrakte Normenkontrollverfahren: 1 – Interpretationsverfahren (Art. 140 Abs. 1 S. 1 BremVerf): 1
LVerfG MV	53	2	(3,8)	– Verfassungsbeschwerde: 1 – Organstreitverfahren: 1
SachsAnhVerfG	51	1	(2,0)	– Abstraktes Normenkontrollverfahren: 1
LVerfG SH	30	3	(10,0)	– Abstrakte Normenkontrollverfahren: 5 – Verfassungsbeschwerde: 4 – Organstreitverfahren: 2 – Kommunale Verfassungsbeschwerde: 2 – Wahlprüfungsbeschwerde: 1 – Volksbegehrensverfahren: 1 – Verfahren zur Kontrolle der Einsetzung von Untersuchungsausschüssen: 1
ThürVerfGH	69	16	(23,2)	– Abstrakte Normenkontrollverfahren: 5 – Verfassungsbeschwerde: 4 – Organstreitverfahren: 2 – Kommunale Verfassungsbeschwerde: 2 – Wahlprüfungsbeschwerde: 1 – Volksbegehrensverfahren: 1 – Verfahren zur Kontrolle der Einsetzung von Untersuchungsausschüssen: 1

Quelle: Eigene Zusammenstellung und Berechnungen; auf den Homepages der Landesverfassungsgerichte veröffentlichte Entscheidungen

in drei von fünf Zulässigkeitsprüfungen von Volksbegehren seine Entscheidung nicht einstimmig. Demgegenüber ergingen nur eine von insgesamt 12 Entscheidungen über Verfassungsbeschwerden und sogar nur zwei von insgesamt 44 Entscheidungen über Popularklagen mit einem Sondervotum. Ein ähnliches

Bild ergibt sich für den Fall des ThürVerfGH. Wenngleich individuelle Verfassungsbeschwerden auch im Untersuchungszeitraum 2009–2018 das Gros der Fälle darstellen (Lembcke 2017, S. 399), ist die Quote für Entscheidungen mit Sondervoten für abstrakte Normenkontrollverfahren am höchsten: Von acht Entscheidungen in diesem Verfahren ergingen fünf nicht einstimmig.

Es fällt auf, dass beim ThürVerfGH in der Regel jeder dissentierende Richter seine abweichende Meinung in einem separaten Sondervotum äußert. Bei allen anderen untersuchten LVerfG werden abweichende Meinungen zu einem einzigen Sondervotum gebündelt. Was die Autorenschaft von abweichenden Meinungen anbelangt, lassen sich in erster Linie für den ThürVerfGH einige quantifizierbare Aussagen treffen. In zehn von 16 Fällen äußerten einzelne Richter eine abweichende Meinung. Besonders aktive Dissenter waren die Richter Hartmut Schwan und Manfred Baldus: Auf das Konto von Baldus gehen insgesamt acht Sondervoten (davon drei exklusive), Schwan gab zu sechs Entscheidungen ein Sondervotum ab (davon vier als alleiniger Autor). Weder die Profession noch die nominierende Partei scheinen einen eindeutigen Einfluss auf die Neigung zu haben, eine abweichende Meinung kundzutun. Während beispielsweise Schwan als Präsident des Thüringer Oberverwaltungsgerichts (OVG) a. D. zur zahlenmäßig bedeutendsten Gruppe der (Berufs-) Richter zählt (Lembcke 2017, S. 394), gehört Baldus zum Kreis der Hochschullehrer (im konkreten Fall indes mit der Befähigung zum Richteramt). Für den Fall Thüringens lässt sich bilanzieren, dass Berufsrichter seltener dissentieren als ihre nicht-richterlichen Kollegen (10 v. 17 abweichende Meinungen). Für den BayVerfGH sind aufgrund der Anonymisierung der abweichenden Meinungen keine Aussagen möglich. Im LVerfG MV gehen beide im Untersuchungszeitraum veröffentlichten Sondervoten auf das Konto des Berufsrichters Hans Josef Brinkmann. Für die übrigen LVerfG lässt sich keine eindeutige Tendenz feststellen. Eines lässt sich jedoch festhalten: In keinem der untersuchten Fälle wurde ein Sondervotum von einem Laienrichter unterzeichnet.

4.1 Bayern

Das vorerst letzte Sondervotum im BayVerfGH wurde im Januar 2016 im Zusammenhang mit einer Entscheidung über die Zulässigkeit eines Volksbegehrens zur Legalisierung von Cannabis als Rohstoff, Arznei- und Genussmittel vorgelegt. Das Volksbegehren, das mehr als 27.000 Unterstützungsunterschriften erhielt, forderte in einem Gesetzentwurf über ein Bayerisches Hanfgesetz u. a. die Ausnahme von Cannabis vom Betäubungsmittelgesetz

(BtmG), die Festschreibung des Anrechts eines jeden volljährigen Bürgers auf den Anbau von bis zu vier Hanfpflanzen auf geschütztem Privatgrund, die Legalisierung des Verkaufs von Hanf in Apotheken und staatlich lizenzierten Fachgeschäften, die rechtliche Gleichstellung von Cannabiskonsum mit Alkoholkonsum bei der Festlegung der Fahrtüchtigkeit im Straßenverkehr sowie die Aussetzung der Strafverfolgung von Erwerb und Besitz einer bestimmten Menge von Hanfblüten oder Tetrahydrocannabinol (THC). Begründet wurde dies u. a. mit einer Entkriminalisierung von Cannabis als Genussmittel, einer Entlastung der Strafverfolgungsbehörden sowie einer Abtrennung des (Schwarz-)Marktes für Cannabis vom Schwarzmarkt für „harte Drogen" (BayVerfGH, Entscheidung vom 21.01.2016, Az. Vf. 66-IX-15, 2 ff.).

Das für die Zulassung von Volksbegehren zuständige Bayerische Staatsministerium des Innern, für Bau und Verkehr bezweifelte, dass die gesetzlichen Voraussetzungen gegeben seien und legte die Sache dem BayVerfGH vor. Neben Formfehlern bei der Durchführung des Volksbegehrens bemängelte das Innenministerium insbesondere, dass dem Land nach Art. 72 Abs. 1 GG die Gesetzgebungsbefugnis fehle. Bereits vorhandene bundesgesetzliche Normierungen zum Betäubungsmittel-, Arzneimittel-, Straf- und Straßenverkehrsrecht versperrten der Ansicht des Ministeriums zufolge die Möglichkeit einer landesgesetzlichen Regelung. Dieser Begründung schloss sich der BayVerfGH mehrheitlich an. Die Richter verwiesen insbesondere auf die Rechtsprechung des BVerfG, derzufolge die Strafbewehrung des Besitzes und Erwerbs von Cannabisprodukten geeignet und erforderlich für das Ziel des Gesundheitsschutzes des Einzelnen und der Allgemeinheit sei und nicht gegen das Übermaßverbot verstoße. Der BayVerfGH zog hieraus den Schluss, dass sich „eine abweichende Bewertung aufgrund neuer Erkenntnis insoweit nicht aufdräng[e]" und eine Vorlage an das BVerfG nicht notwendig sei (ebd., S. 21). Genau an diesem Punkt setzt das Sondervotum eines (anonymen) Gerichtsmitglieds an. Dieses argumentierte unter Verweis auf ein Sondervotum des ehemaligen Richters am BVerfG, Bertold Sommer, dass die in § 29 Abs. 1 Nr. 1, 3 und 5 BtmG geregelte Strafbarkeit des Anbaus, der Herstellung, des Handels und des Besitzes sehr wohl gegen das Gebot der Verhältnismäßigkeit verstießen und das Gesetz insofern verfassungswidrig sei. Da ein verfassungswidriges Gesetz keine Sperrwirkung entfalte, so der dissentierende Richter, hätte der BayVerfGH gemäß Art. 100 Abs. 3 GG den Fall dem BVerfG zur Entscheidung vorlegen müssen. Von einer konkreten Normenkontrolle durch das BVerfG versprach sich der dissentierende Richter nicht zuletzt „einen Wandel der Rechtsprechung des Bundesverfassungsgerichts [...], einen Wandel, der dort auch in ganz anderen Rechtsfragen schon vorgenommen wurde" (BayVerfGH, Entscheidung vom 21.01.2016, Az. Vf. 66-IX-15, 32).

4.2   Bremen

Im Januar 2014 fällte der BremStGH im sog. Interpretationsverfahren ein Urteil zur Frage, ob der von SPD und Grünen eingebrachte Gesetzentwurf zur Ausweitung des aktiven und passiven Wahlrechts zur Bremischen Bürgerschaft (Landtag) auf EU-Bürger und des Wahlrechts zu den Beiräten für Nicht-EU-Ausländer mit der Landesverfassung vereinbar sei. Die Mehrheit der Verfassungsrichter vertrat die Auffassung, beide Gesetzesänderungen verstießen gegen Art. 66 Abs. 1. BremVerf, wonach alle Staatsgewalt vom Volke ausgeht. Unter Verweis auf Art. 28 Abs. 1 Satz 2 GG betonten sie, das Konzept des „Volkes" sei analog zum Grundgesetz als „Staatsvolk" zu deuten und insofern aufs Engste mit der Staatsangehörigkeit verknüpft. Das Gericht verneinte einen autonomen Gestaltungsspielraum der Länder bzgl. des Wahlrechts zu Vertretungskörperschaften auf Landesebene (BremStGH, Urteil vom 31.01.2014, Az. St 1/13, 11 f.). Art. 28 Abs. 1 Satz 3 GG, der das aktive und passive Wahlrecht *für EU-Bürger auf kommunaler Ebene* einführte, habe lediglich den Zweck gehabt, das Grundgesetz an die Vorgaben des EU-Primärrechts anzupassen und impliziere keine Neuausrichtung des Volksbegriffs auf Landes- und Bundesebene oder eine Ablösung vom Prinzip der Staatsangehörigkeit (ebd., S. 14). Die Entscheidung erging mit 6:1 Stimmen.

Richterin Ute Sacksofsky vertrat eine abweichende Meinung und bemängelte, dass ihre Richterkolleginnen aus Art. 28 Abs. 1 Satz 1 und 2 GG ein zu restriktives Homogenitätsgebot ableiteten. Art. 28 Abs. 1 GG verpflichte ihrer Ansicht nach den Landesgesetzgeber lediglich auf die Gewährleistung des Demokratieprinzips und der Wahlrechtsgrundsätze, nicht aber auf den Nachvollzug der Regelungen auf Bundesebene. Sacksofsky kritisierte, der Staatsgerichtshof orientiere sich an „überholten Konzepten von Nationalstaatlichkeit" (ebd., S. 24) und einer nicht mehr zeitgemäßen Interpretation und Rechtsprechung des BVerfG aus dem Jahr 1990, d. h. bevor das Wahlrecht für EU-Ausländer auf kommunaler Ebene eingeführt worden war. Selbst wenn sich das Volk über die Staatsangehörigkeit definiere, könne das Wahlrecht durch eine vom Volk über das Parlament legitimierte Entscheidung auf weitere Personenkreise ausgedehnt werden. Sie verwies in dem Zusammenhang auf die Bremische Landesverfassung, welche vom tradierten Volksbegriff abweiche und keine Angaben zur Staatsangehörigkeit mache. Im Gegenteil deute der Verfassungstext an mehreren Stellen (Art. 66 Abs. 2 und Art. 83 BremVerf) darauf hin, dass er für eine demokratische Legitimation durch eine über die durch die deutsche Staatsangehörigkeit definierte Gruppe hinaus bewusst offen sei.

4.3 Mecklenburg-Vorpommern

Das jüngste Sondervotum im LVerfG MV stammt aus dem Jahr 2017. Es bezieht sich auf ein Urteil über eine Verfassungsbeschwerde gegen § 18 Abs. 1 Satz 1 des Gesetzes zur Gleichstellung von Frauen und Männern im öffentlichen Dienst des Landes Mecklenburg-Vorpommern (GlG M-V). Diese Vorschrift beschränkt das aktive und passive Wahlrecht von Gleichstellungsbeauftragten auf Frauen. Der Beschwerdeführer sah sich dadurch aufgrund seines Geschlechts diskriminiert und in seinen Grundrechten aus Art. 3 Abs. 2 Satz 1 und Abs. 3 Satz 1 GG i.V.m. Art. 5 Abs. 3 der Landesverfassung (Verf MV) verletzt. Der Mann argumentierte, dass das GlG M-V anders als sein Vorläufer von seiner Zielbestimmung her beide Geschlechter einschließe und insofern auf die grundsätzliche Beseitigung von Unterrepräsentanzen und die bessere Vereinbarkeit von Beruf und Familien- und Pflegeaufgaben hinwirke. Auch Aufgaben der Gleichstellungsbeauftragten bezögen sich auf beide Geschlechter. Indes seien männliche Beschäftigte von der Wahl der Gleichstellungsbeauftragten ausgeschlossen. Dies widerspreche nicht nur dem Demokratieprinzip, sondern stehe auch der Praxis in anderen Ländern bzw. an anderen öffentlich-rechtlichen Einrichtungen entgegen.

Das LVerfG MV folgte in seiner Mehrheitsentscheidung der Einschätzung des Beschwerdeführers nicht. Es erklärte die Verfassungsbeschwerde für unbegründet und – sofern eine Verletzung des Demokratieprinzips geltend gemacht werde – auch für unzulässig. Die Richter erkannten in der Beschränkung des aktiven und passiven Wahlrechts auf weibliche Beschäftigte gegenwärtig keinen Verstoß gegen das Diskriminierungsverbot. Vielmehr sei diese Beschränkung durch das Gleichberechtigungsgebot des Art. 3 Abs. 2 GG gerechtfertigt. Ungeachtet der geschlechtsneutralen Formulierung des Gesetzes diene die Vorschrift des § 18 Abs. 1 Satz 1 GlG M-V der Beseitigung strukturell bedingter Benachteiligung von Frauen; es sei insofern faktisch ein „Frauenfördergesetz" (LVerfG MV, Urteil vom 10.10.2017, Az. LVerfG 7/16, 19). Das LVerfG verwies wiederholt auf eine nicht zu beanstandende „innere Gegenläufigkeit" von geschlechtsneutraler Zielbestimmung des GlG-MV und der positiven Diskriminierung bzgl. der Wahl von Gleichstellungsbeauftragten. Die Richter gestanden dem Landesgesetzgeber eine Einschätzungsprärogative bei der Beurteilung zu, ob und inwieweit weiterhin von einer faktischen Benachteiligung von Frauen auszugehen sei. Hinsichtlich des durch Art. 3 Abs. 2 Satz 2 GG normierten Gleichstellungsauftrages genieße der Gesetzgeber einen weitreichenden Gestaltungsspielraum. Das Gericht bewertete die Intensität der Beeinträchtigung der Belange der durch das Gesetz formal benachteiligten Männer als eher gering, da der Ausschluss vom passiven Wahlrecht ihnen allenfalls die Möglichkeit nehme, eine Schutzfunktion zu übernehmen. Diese wolle der Gesetzgeber aber in vertretbarer Weise vorrangig Frauen vorbehalten (ebd., S. 36). Die Verfassungsrichter mahnten jedoch ungeachtet der derzeitig verfassungsmäßigen gesetzlichen Regelung an, die weitere Entwicklung sorgfältig zu beobachten und innerhalb einer angemessenen, vom Gesetzgeber selbst auf fünf Jahre festgesetzten Frist zu prüfen, ob bestehende strukturelle Benachteiligungen von Frauen weiterhin existieren und worin diese begründet liegen. Dabei könne sich durchaus eine andere Einschätzung durchsetzen, die eine Beschränkung des aktiven und passiven Wahlrechts auf Frauen als unangemessen und ungeeignet erscheinen lassen.

Richter Hans Josef Brinkmann wandte sich in seinem Sondervotum sowohl gegen die Begründung als auch gegen das Ergebnis der verfassungsgerichtlichen Prüfung. Das in Diktion und Stil polemisch und z.t. verquast anmutende Sondervotum enthält an mehreren Stellen den Verweis auf „Denkfehler" der Richtermehrheit. Brinkmann kritisierte die „uferlosen Beurteilungsspielräume" (ebd. S. 42), welche das Verfassungsgericht dem Gesetzgeber einräume, wo eigentlich eine an engen Maßstäben zu messende Prüfung von verfassungsrechtlichen Fragen geboten sei. Er bewertete in seiner abweichenden Meinung die angegriffene Vorschrift als verfassungswidrig und monierte, das Gericht habe es unterlassen, die Maßnahme zum Nachteilsausgleich der Unmittelbarkeitsprüfung zu unterwerfen. Brinkmann warf seinen Richterkollegen implizit vor, die Verhältnismäßigkeitsprüfung auf Grundlage der falschen Fragestellung vorgenommen zu haben. Im Kern gehe es um die Frage, ob angesichts der (seiner Ansicht nach zweifelsfrei feststellbaren) Fortschritte auf dem Gebiet der Geschlechtergleichstellung in Politik und Verwaltung das Ziel der Gleichberechtigung zusätzliche, über das bisherige Maß hinausreichende, mit positiver Diskriminierung einhergehende Maßnahmen rechtfertige.

4.4   Sachsen-Anhalt

Letztmalig wurde im SachsAnhVerfG eine abweichende Meinung im Januar 2017 im Zusammenhang mit einem Urteil über die im Dezember 2014 in Kraft getretene Regelung des Kommunalabgabengesetzes des Landes Sachsen-Anhalt (KAG LSA) zur zeitlichen Obergrenze für die Erhebung von Beiträgen an das Abwassernetz vorgelegt (SachsAnhVerfG, Urteil vom 24.01.2017, Az. LVG 1/17). In das KAG LSA war im Dezember 2014 mit § 13 b eine Festsetzungshöchstfrist von zehn Jahren für die Erhebung von Anschlussbeiträgen eingefügt worden. § 18 Abs. 2 KAG LSA bestimmt, dass die Ausschlussfrist nicht vor dem 31. Dezember 2015 endet. Mit dieser Übergangsregelung wurde den Kommunen und Zweckverbänden die Möglichkeit gegeben, Beiträge von sogenannten Altanschließern, die bisher noch nicht veranlagt worden waren, rückwirkend bis ins Jahr 1991 hinein zu erheben, also bis zu 24,5 Jahre nach Eintritt einer sogenannten Vorteilslage. Gegen ebendiese Übergangsregelung richtete sich der Widerstand zahlreicher Bürgerinitiativen sowie der LINKEN, welche diese Regelung per Normenkontrollantrag vor dem Dessauer Verfassungsgericht überprüfen ließ. In seinem Urteil erklärte das SachsAnhVerfG die kommunalabgabenrechtliche Vorschrift des § 18 Abs. 2 KAG LSA für mit der Landesverfassung vereinbar. Die Richter erkannten keinen Widerspruch zwischen den Fristenregelungen nach § 13 b und § 18 Abs. 2 KAG LSA. Weder widersprächen die langen Fristen zur Veranlagung der Altanschließer dem Rechtsstaatsprinzip, noch entfalte die Rechtsnorm eine unzulässige echte Rückwirkung, indem sie in bereits abgeschlossene Sachverhalte eingreife (ebd., S. 15). Überdies urteilten die Verfassungsrichter mehrheitlich, dass sich Grundstückseigentümer nicht bereits deshalb auf ein geschütztes Vertrauen berufen könnten, weil zwischen dem Entstehen der Vorteilslage (dem Anschluss ans Abwassernetz) und der Inanspruchnahme für die Herstellungsbeiträge ein langer Zeitraum verstreichen könne (ebd., S. 17). Zudem sah das Verfassungsgericht keine Verletzung des Gleichbehandlungsgebots nach Art. 7 Abs. 1 SachsAnhVerf und befand unterschiedliche Fristen zur Veranlagung für Alt- und Neuanschließer für rechtens. Im Gegenteil wäre es aus Gleichbehandlungsgründen problematisch, wenn die Kosten für die Anschlüsse der Altanschließer von der Allgemeinheit bzw. den übrigen Anschlussnehmern allein getragen würden.

Der Argumentation der Mehrheit konnten die Richter Eckert, Goerke-Berzau und Buchloh nicht folgen. In ihrem gemeinsam abgefassten Sondervotum vertraten sie die Auffassung, dass der Gesetzgeber mit dem Aufschub der Festsetzungsverjährung auf Grundlage von § 18 Abs. 2 KAG LSA sehr wohl in bereits abgeschlossene Sachverhalte eingreife und die Vorschrift insofern gegen das Rückwirkungsverbot verstoße. Anders als die Richtermehrheit sahen die Richter für das Entstehen der Beitragspflicht (und damit für den Beginn der Frist zur Festsetzungsverjährung) den Anschluss bzw. die Anschlussmöglichkeit als ausreichend an. Die dissentierenden Richter argumentierten, die Kommunen hätten seit 1991 die gesetzliche Möglichkeit gehabt, die satzungsrechtlichen Voraussetzungen für eine Erhebung von Anschlussbeiträgen zu schaffen. Sofern die Kommunen davon keinen Gebrauch machen konnten oder wollten, hätte der Landesgesetzgeber über eine frühzeitige Änderung am Kommunalabgabengesetz eingreifen können und müssen. Unter verfassungskonformer Auslegung der Norm sei für alle Grundstückseigentümer, die bis Ende 1992 an das Abwassernetz angeschlossen worden seien, Festsetzungsverjährung eingetreten (ebd., S. 23). Bis zum Inkrafttreten des novellierten KAG LSA im Jahre 1997 habe außerdem für den Bürger Vertrauens-

Sondervoten in Landesverfassungsgerichten 195

schutz dahin gehend bestanden, dass nach alter Rechtslage die Festsetzungsverjährung mit Beendigung der Maßnahme (Anschluss an das Abwassernetz) anlief und nach Ablauf der Frist keine Inanspruchnahme mehr möglich war.

4.5   Schleswig-Holstein

Das erste Sondervotum in der noch jungen Geschichte des LVerfG SH wurde zu einem Urteil im September 2013 abgegeben (Flick Witzig 2017, S. 379). In dem Verfahren der Wahlprüfungsbeschwerde, die u. a. von führenden Mitgliedern der Jungen Union angestrengt wurde, wurde die Befreiung des Südschleswigschen Wählerverbandes (SSW) von der Fünf-Prozent-Klausel bei der Berücksichtigung bei der Mandatsvergabe angefochten. Der SSW hatte bei der Landtagswahl 2012 4,6 % der Stimmen erhalten und war mit drei Mandaten in den Kieler Landtag eingezogen. Dadurch konnte die Koalition aus SPD, Grünen und SSW weiterregieren.

Die Kläger bezweifelten, dass es in Schleswig-Holstein überhaupt eine dänische Minderheit gebe, da deren Angehörige als solche nicht erkennbar seien bzw. sich vollständig assimiliert hätten. Darüber hinaus argumentierten sie, der SSW sei nicht länger eine reine Partei der dänischen Minderheit und insoweit zur Ausnahme von der Fünf-Prozent-Klausel nicht berechtigt. Überdies verstoße die Befreiung von der Sperrklausel gegen den Grundsatz der Wahlgleichheit. Eine Stimme für den SWW habe einen höheren Erfolgswert; auch sei die Chancengleichheit der Parteien durch die Privilegierung des SSW verletzt.

Das LVerfG SH wies die Beschwerden als unbegründet zurück. Die vollständige Befreiung des SWW von der Sperrklausel hielt eine Richtermehrheit für verfassungskonform. Zwar sei dadurch „die Wahlrechtsgleichheit in ihrer Ausprägung als Erfolgswertgleichheit und die Chancengleichheit der Parteien" berührt, diese Einschränkung sei aber „durch zwingende Gründe gerechtfertigt". Einen solchen zwingenden Grund erkannte das Verfassungsgericht in der „integrativen Repräsentanz" (LVerfG SH, Urteil vom 13.09.2013, Az. LVerfG 9/12, 54) der dänischen Minderheit. Die Beschränkung der Ausnahme auf ein einziges Grundmandat würde dem in Art. 5 Abs. 2 SH Verf fixierten Gebot des Schutzes und der Förderung politischer Mitwirkung der Minderheit nicht gerecht (ebd., S. 47 u. 57).

Gegen die vollständige Ausnahme des SSW von der Fünf-Prozent-Hürde dissentierten die Richter Brock, Brüning und Hillmann in einem gemeinsam verfassten Sondervotum. Sie erkannten darin eine Beeinträchtigung des Wahlrechtsgrundsatzes der Wahlgleichheit, der über das Maß des Erforderlichen hinausgehe, um eine effektive politische Mitwirkung der dänischen Minderheit sicherzustellen. Die Privilegierung des SSW bei der Ausnahme von der Sperrklausel führe ihrerseits zu Ungleichbehandlungen anderer Kleinparteien, die an der Fünf-Prozent-Hürde scheitern. Die drei Richter sahen anders als ihre Kollegen in der Beschränkung der Befreiung auf ein Grundmandat oder eine regionalisierte Sperrklausel ein geeignetes, aber mit Blick auf die Beeinträchtigung der Erfolgswert- und Chancengleichheit weniger invasives Mittel, die Repräsentation der dänischen Minderheit zu gewährleisten (ebd., S. 63). Darüber hinaus zweifelten die Richter an, dass die (parlamentarische) Repräsentation überhaupt ein effektives Mittel zum Minderheitenschutz darstelle: Der SSW könnte theoretisch schließlich so an Wählerzuspruch verlieren, dass er gar kein Mandat im Landtag erringe. Zu berücksichtigen sei außerdem, dass der SSW von einem Wählerzuspruch profitiere, der plausiblerweise über die dänische Minderheit hinausreiche. Während ca. 50.000 Menschen der dänischen Minderheit in Schleswig-Holstein angehörten, habe der SSW bei der Landtagswahl 61.025 Wählerstimmen erhalten (ebd., S. 64 f.). Im Ergebnis sah die Richterminderheit in der Privilegierung des SSW ein nicht (mehr) durch das Ziel des Minderheitenschutzes gedecktes Mittel.

Dagegen fiel die Entscheidung in zwei anderen zu klärenden Punkten einstimmig. Zum einen bescheinigte das Gericht dem SSW, dass er sich zu Recht als Partei der dänischen Minderheit ansehe, da er personell und programmatisch durch deren Angehörige geprägt sei. Zum anderen bestätigten die Verfassungsrichter die Verfassungsmäßigkeit der Fünf-Prozent-Hürde bei Landtagswahlen. Diese verletze weder die Gleichheit der Wahl noch das Gebot der Chancengleichheit der Parteien.

4.6 Thüringen

Seit ihrem Einzug in den Thüringer Landtag im September 2014 präsentierte sich die Alternative für Deutschland (AfD) als besonders klagefreudige Partei vor dem ThürVerfGH. Rechnet man Befangenheitsanträge und Anträge auf Erlass einer einstweiligen Anordnung heraus, gab es im Untersuchungszeitraum vier Verfahren, in denen die AfD Antragstellerin war.[6] Zum bislang letzten Verfahren,

---

[6]ThürVerfGH, Urteil vom 13.04.2016, Az. VerfGH 11/15 („Winterabschiebestopp"); ThürVerfGH, Urteil vom 06.07.2016, Az. VerfGH 38/15 (Organklage gegen Minister für Migration, Justiz und Verbraucherschutz); ThürVerfGH, Beschluss vom 12.09.2018, Az. VerfGH 32/16 (Organklage gegen Ältestenrat des Landtags Thüringen); ThürVerfGH, Urteil vom 25.09.2018, Az. VerfGH 24/17 (abstrakte Normenkontrolle zur Verfassungsmäßigkeit der Absenkung des Wahlalters).

Sondervoten in Landesverfassungsgerichten 197

einem abstrakten Normenkontrollantrag zur Überprüfung u.a. der Verfassungsmäßigkeit der Absenkung des Wahlalters bei Kommunalwahlen, erging das Urteil (ThürVerfGH, Urteil vom 25.09.2018, Az. VerfGH 24/17) mit einem Sondervotum.

Die AfD war vor das Weimarer Verfassungsgericht gezogen, weil sie die von der rot-rot-grünen Landesregierung im Dezember 2015 beschlossenen Absenkung des Wahlalters von 18 auf 16 Jahren bei Kommunalwahlen für weder mit dem Grundgesetz noch mit der Landesverfassung vereinbar hielt. Die AfD beklagte außerdem, dass die Teilnahme von EU-Ausländern und Minderjährigen an Bürgerbegehren und Bürgerentscheiden nicht durch Art. 28 Abs. 1 Satz 3 GG gedeckt und mit Art. 95 i.V.m. Art. 44 Abs. 1, Art. 45 Satz 1 und 2 und Art. 104 ThürVerf unvereinbar sei. Schließlich wandte sich die AfD gegen das Teilnahmerecht von Ausländern an Einwohneranträgen, das ihrer Ansicht nach gegen das Demokratieprinzip und den Grundsatz der Volkssouveränität verstoße.

Der ThürVerfGH erkannte in der Absenkung des Wahlalters keinen Verstoß gegen die Landesverfassung. Die Regelung stehe nicht im Widerspruch zu den Wahlrechtsgrundsätzen der Allgemeinheit und Gleichheit der Wahl und verstoße nicht gegen den Grundsatz der Volkssouveränität. Für die Ordnung des kommunalen Wahlrechts, für die nach Art. 28 Abs. 1 GG die Länder zuständig sind, gestanden die Richter dem Landesgesetzgeber einen Gestaltungsspielraum zu, der seine Grenzen in der Gewährleistung der Wahlrechtsgrundsätze (ebd., S. 25 und 30) findet. Insbesondere stehe es den Ländern frei, Regelungen zum Wahlalter zu treffen, da sich aus dem Homogenitätsgebot nach Art. 28 Abs. 1 GG keine bestimmte Altersgrenze für die Teilnahme an Wahlen ableiten ließe. Die Richter erkannten jedoch „in der Funktion der Wahlen als zentrale politische Integrationsvorgänge einer Demokratie" eine verfassungsrechtliche Grenze für die Absenkung der Altersgrenze (ebd., S. 31). Neben der Funktion der formal geordneten politischen Willensbildung komme auch Kommunalwahlen eine Kommunikationsfunktion zu, welche ein Mindestmaß an politischen Kenntnissen, Reife und Einsichtsfähigkeit der Wahlberechtigten voraussetze. Diesbezüglich räumten die Richter dem Gesetzgeber aber einen weiten Beurteilungsspielraum ein, ob bei Minderjährigen in „typisierender Weise" von einer solchen politischen Mündigkeit ausgegangen werden könnte (ebd., S. 33).

Auch hinsichtlich der Teilnahme von EU-Bürgern an Bürgerbegehren und Bürgerentscheiden sahen die Verfassungsrichter mehrheitlich keinen Verstoß gegen die Verfassung. Insbesondere laufe sie nicht Art. 28 Abs. 1 Satz 3 GG zuwider, wonach EU-Bürger das aktive und passive Wahlrecht bei Wahlen auf kommunaler Ebene besitzen. Die Richter werteten es als „inkonsequent", denselben Bürgern das Wahlrecht und somit die Möglichkeit der Ausübung von

Staatsgewalt bei selbst initiierten Sachabstimmungen vorzuenthalten, die andernfalls durch gewählte Repräsentanten getroffen würden. Der Wechsel der Form, in der Staatsgewalt ausgeübt wird (repräsentativ vs. direktdemokratisch) könne keinen Wechsel des Legitimationssubjekts bedingen (ebd., S. 48).

Das beanstandete Teilnahmerecht von Nicht-EU-Bürgern an Einwohneranträgen bestätigten die Richter ebenfalls für rechtens. Es verstoße nicht gegen das Demokratieprinzip und den Grundsatz der Volkssouveränität, weil der Einwohnerantrag im Unterschied zu den direktdemokratischen Verfahren Bürgerbegehren und Bürgerentscheid keine Ausübung von Staatsgewalt impliziere. Mit einem erfolgreichen Einwohnerantrag werde die kommunale Vertretungskörperschaft lediglich verpflichtet, über die entsprechende gemeindliche Angelegenheit zu beraten und abzustimmen. Ihr obliege aber weiterhin die uneingeschränkte Entscheidungsgewalt. Da mit Einwohneranträgen keine Ausübung von Staatsgewalt verbunden sei, hielt das Gericht auch die Teilnahmeberechtigung für 14- bis 17-Jährige für unbedenklich.

Die Entscheidung zur Teilnahme von ausländischen Unionsbürgern an Bürgerbegehren und Bürgerentscheidungen sowie der Teilnahme von 14- bis 17-Jährigen und Ausländern an Einwohneranträgen erging mit 6:3 Stimmen. Richter Manfred Baldus verfasste ein Sondervotum, das in scharfer Form die Entscheidung der Mehrheit hinsichtlich der Teilnahmeberechtigung von EU-Ausländern bei Bürgerbegehren und Bürgerentscheiden sowie von Drittstaatsangehörigen bei Einwohneranträgen infrage stellte. Baldus warf der Mehrheit vor, zweierlei Maßstäbe anzulegen. Während sie bei der Prüfung der Verfassungsmäßigkeit des Wahlrechts für 16- und 17-Jährige ein „beeindruckendes Methodenbewusstsein" hinsichtlich der einschlägigen Normen unter Beweis gestellt habe, lasse sie dies im Zusammenhang mit der Teilnahmeberechtigung von EU-Bürgern an Abstimmungen auf kommunaler Ebene vermissen und setze sich über den Willen des verfassungsändernden Bundesgesetzgebers, der nach Ansicht Baldus' das in Art. 28 Abs. 1 Satz 3 GG 1992 eingeführte Wahlrecht für EU-Bürger bewusst auf kommunale Wahlen, und nicht Abstimmungen bezogen wissen wollte, „in respektloser Weise hinweg" (ebd., S. 74). Auch der Einschätzung der Richtermehrheit, von Einwohneranträgen gehe keine Ausübung von Staatsgewalt aus, widersprach Baldus. Er verwies auf die Rechtsprechung des BVerfG, das in der Ausübung von Staatsgewalt bereits rechtsverbindliche Akte ohne unmittelbar verbindliche Wirkungen sah. Baldus kritisierte seine Kollegen scharf dafür, bei ihrer Entscheidung auf eine grundgesetzliche Norm zu rekurrieren, ohne die Rechtsprechung des BVerfG zu dieser Norm angemessen zu würdigen. Abschließend deutete er die Entscheidung der Mehrheit, die sich durch „eine frappierende Geringschätzung verfassungsrechtlicher Dogmatik (in Bezug auf die Prüfung

Sondervoten in Landesverfassungsgerichten 199

der Allgemeinheit der Wahl) und ein beliebig zur Geltung gebrachtes Methoden-bewusstsein" (ebd.) auszeichne, als einen Beitrag zum gegenwärtigen Trend eines Akzeptanz- und Vertrauensverlusts in die Institutionen des demokratischen Rechtsstaates.

5 Fazit und Schlussbetrachtung

Rund 50 Jahre, nachdem der Deutsche Juristentag 1968 mehrheitlich für die Einführung des offenen Sondervotums bei den Verfassungsgerichten plädiert hatte, und mehr als dreieinhalb Jahrzehnte nach Einführung des Sondervotums beim HmbVerfG sehen die meisten LVerfG mittlerweile die Möglichkeit vor, eine abweichende Richtermeinung zu veröffentlichen. Das Spannungsverhält-nis zwischen Beratungsgeheimnis und Öffentlichkeit provoziert heute nicht mehr annähernd die Kontroversen wie einst. Die Transparenz und Publizi-tät der richterlichen Entscheidungsfindung, mit der Sondervoten fraglos ein-hergehen, ist vor dem Hintergrund des Bedeutungszuwachses der LVerfG zu sehen. Nicht zuletzt die gewachsene Fragmentierung und Polarisierung der Parteiensysteme in den Ländern sowie ein Ausbau direktdemokratischer Beteiligungsverfahren auf Landes- und Kommunalebene stärkte die LVerfG in ihrer Rolle als Schiedsrichter und Wächter der Verfassung (Flick Witzig 2017; Lembcke 2017). In der Folge wurden die Entscheidungen zugleich legitimati-ons- und begründungsbedürftiger.

Welche praktischen Auswirkungen Sondervoten haben, konnte hier nicht geklärt werden und wäre z. B. darüber zu erheben, inwieweit Sondervoten in der folgenden Rechtsprechung rezipiert werden (Roellecke 2001, S. 381). Indes lässt sich aus der exemplarischen Darstellung ausgewählter Entscheidungen ablesen, dass Sondervoten aus unterschiedlichen Beweggründen verfasst werden. Die abweichenden Meinungen etwa zur Entscheidung des BremStGH zum Aus-schluss von EU-Bürgern bei Landtagswahlen oder des LVerfG SH zur Ausnahme des SSW von der Fünf-Prozent-Hürde illustrieren, dass Dissenter bisweilen eine progressivere Rechtsprechung anstreben, die veränderten sozialen Verhält-nissen Rechnung trägt. Umgekehrt liest sich das Sondervotum zur Entscheidung des ThürVerfGH über die Teilnahmeberechtigung von EU-Bürgern bei kommu-nalen Abstimmungen als Kritik an einer selektiven, mit der Rechtsprechung des BVerfG inkompatiblen Rechtsfortbildung.

Grundsätzlich findet die hier vorgelegte Untersuchung Belege für eine deutliche Variation in der Frequenz von Sondervoten. Diese lässt sich aber nicht eindeutig auf organisationsbezogene Faktoren wie Größe des Spruchkörpers oder Arbeitsanfall zurückführen. Tentative Evidenz findet sich für die Vermutung, dass Sondervoten v. a. in Organstreitverfahren und abstrakten Normenkontrollverfahren häufiger vorkommen. Im Gegensatz zu Eggeling (2006, S. 136) konnten in dieser Analyse keine (ersichtlichen) Hinweise auf Sondervoten von Laienrichtern gefunden werden. Nicht einmal im Verbund mit Berufsrichtern oder Juristen veröffentlichten Laienrichter eine abweichende Meinung. Indes ist zu berücksichtigen, dass Laienrichter an fast allen hier untersuchten Verfassungsgerichten eine nur marginale Rolle spielen. Entgegen der Einschätzung, dass die Medien allenfalls die Entscheidung der Mehrheit und die Existenz eines Sondervotums rezipieren würden, findet der Autor Hinweise, dass in der Presseberichterstattung auch auf die Inhalte von Sondervoten eingegangen und zum Teil sogar die Verfasser erwähnt werden (Exner 2013; o.V. 2014, 2018). Aus forschungspragmatischen Gründen konnte für diesen Beitrag keine systematische Medienanalyse zu den Urteilen der LVerfG durchgeführt werden. Diese wäre jedoch zweifelsohne verdienstvoll. Hervorzuheben ist schließlich, dass in einigen der hier näher beleuchteten Entscheidungen mit Sondervoten trotz der formal getrennten Verfassungsräume von Bund und Ländern immer wieder Bezug auf die Rechtsprechung des BVerfG genommen wird und – etwa mit Blick auf das Wahlrecht auf Landes- und Kommunalebene – die autonomen Gestaltungsspielräume der Länder gegenüber dem Bund zur Debatte stehen. Auch die Vorlagepflicht der Landesverfassungsgerichte gemäß Art. 100 Abs. 3 GG ist wiederholt Gegenstand von Meinungsverschiedenheiten der Richter gewesen. Dies verdeutlicht die Verschränkung und Verwobenheit von Bundesverfassungs- und Landesverfassungsrechtsprechung (Reutter 2017b, S. 3; Kneip in diesem Band; Höreth in diesem Band).

Der vorliegende Beitrag konnte sich nur auf eine beschränkte Anzahl von Verfassungsgerichten und einen begrenzten Untersuchungszeitraum konzentrieren. Eine quantitativ-vergleichende Analyse von Sondervoten (Brace und Hall 1990; Songer et al. 2011) setzt eine Ausweitung des Untersuchungszeitraums und der Länder voraus, die über längere Erfahrung mit offenen Sondervoten verfügen. Eine solche Analyse kann sich sowohl die strukturell-organschaftliche Vielfalt der Landesverfassungsgerichte als auch die Bandbreite der Verfahrensarten zunutze machen. Schließlich könnte eine stärker mikrosoziologisch ausgerichtete Fundierung (Stichwort: Richterpersönlichkeit und fachberufliche Prägung) aufschlussreiche Erkenntnisse über die Motive hinter dem Verfassen von Sondervoten geben. In jedem Fall scheint eine eingehendere Beschäftigung mit Sondervoten unter Berücksichtigung der Spezifika der Landesverfassungsgerichtsbarkeit weiterhin lohnenswert.

Literatur

Brace, P., & Gann Hall, M. (1990). Neo-Institutionalism and dissent in state Supreme Courts. *Journal of Politics, 52*(1), 54–70.

Eggeling, C. (2006). *Das Sondervotum in der Verfassungsgerichtsbarkeit der neuen Bundesländer.* Berlin: Duncker & Humblot.

Epstein, L., Landes, W. M., & Posner, R. A. (2010). *Why (and When) judges dissent: A theoretical and empirical analysis* (John M. Olin Program in Law and Economics Working Paper 510). Chicago: Coase-Sandor Institute for Law and Economics.

Exner, U. (2013). Dänen bleiben von Fünf-Prozent-Klausel befreit. *Die Welt* vom 13. September 2013. https://www.welt.de/politik/deutschland/article119991708/Daenen-bleiben-von-Fuenf-Prozent-Klausel-befreit.html. Zugegriffen: 10. März 2019.

Flick, M. (2008). Landesverfassungsgerichtsbarkeit. In M. Freitag, A. Vatter, & A. Lijphart (Hrsg.), *Die Demokratien der deutschen Bundesländer: Politische Institutionen im Vergleich* (S. 237–256). Opladen: Budrich.

Flick, M. (2009). Oppositionelle Akteure als Kläger vor den Landesverfassungsgerichten. *Zeitschrift für Vergleichende Politikwissenschaft, 3*(2), 283–302.

Flick Witzig, M. (2017). Das Schleswig-Holsteinische Landesverfassungsgericht. In W. Reutter (Hrsg.), *Landesverfassungsgerichte: Entwicklung – Aufbau – Funktionen* (S. 371–388). Wiesbaden: Springer VS.

Gärditz, K. F. (2013). Landesverfassungsrichter: Zur personalen Dimension der Landesverfassungsgerichtsbarkeit. *Jahrbuch des öffentlichen Rechts der Gegenwart, N. F. 61,* 449–493.

Geck, W. K. (1983). Sondervoten bei Landesverfassungsgerichten de lege ferenda. In C. Starck & K. Stern (Hrsg.), *Landesverfassungsgerichtsbarkeit. Teilband I: Geschichte, Organisation, Rechtsvergleichung* (S. 315–401). Baden-Baden: Nomos.

Heimann, H.M. (2001). *Die Entstehung der Verfassungsgerichtsbarkeit in den neuen Ländern und in Berlin.* Zugl.: Köln, Universität, Dissertation, 2000–2001. München: Vahlen.

Ketelhut, J. (2017). Verfassungsgerichtsbarkeit im Zwei-Städte-Staat. In W. Reutter (Hrsg.), *Landesverfassungsgerichte: Entwicklung - Aufbau - Funktionen* (S. 129–148). Wiesbaden: Springer VS.

Lembcke, O. W. (2017). Thüringer Verfassungsgerichtshof. In W. Reutter (Hrsg.), *Landesverfassungsgerichte: Entwicklung – Aufbau – Funktionen* (S. 389–420). Wiesbaden: Springer VS.

Lembcke, O. W., & Güpner, M. (2018). Analyse der Landesverfassungsgerichtsbarkeit in vergleichender Absicht: Ein Beitrag zur Typologisierung und Quantifizierung. *Zeitschrift für Landesverfassungsrecht und Landesverwaltungsrecht, 3*(3), 95–104.

Lietzmann, H. J. (2006). Kontingenz und Geheimnis: Die Veröffentlichung der Sondervoten beim Bundesverfassungsgericht. In R. C. van Ooyen & M. H. W. Möllers (Hrsg.), *Das Bundesverfassungsgericht im politischen System* (S. 269–282). Wiesbaden: VS Verlag für Sozialwissenschaften.

Lorenz, A. (2017). Das Verfassungsgericht des Landes Brandenburg als politisiertes Organ? Möglichkeiten und Grenzen politischer Einflussnahme. In W. Reutter (Hrsg.), *Landesverfassungsgerichte: Entwicklung – Aufbau – Funktionen* (S. 105–127). Wiesbaden: Springer VS.

Meyer, P., & Hönnige, C. (2017). Der Niedersächsische Staatsgerichtshof. In W. Reutter (Hrsg.), *Landesverfassungsgerichte: Entwicklung – Aufbau – Funktionen* (S. 219–241). Wiesbaden: Springer VS.

o.V. (2014). Niederlage für AfD: Wahlrecht für 16-Jährige verstößt nicht gegen Landesverfassung. *Thüringer Allgemeine* vom 26. September 2018. https://www.thueringer-allgemeine.de/web/zgt/politik/detail/-/specific/Niederlage-fuer-AfD-Wahlrecht-fuer-16-Jaehrige-verstoesst-nicht-gegen-Landesver-723863857. Zugegriffen: 19. März 2019.

o.V. (2018). EU-Ausländer dürfen nicht an Landtagswahlen teilnehmen. *Handelsblatt* vom 24. März 2014. https://www.handelsblatt.com/politik/deutschland/gesetz-in-bremen-verfassungswidrig-eu-auslaender-duerfen-nicht-an-landtagswahlen-teilnehmen/9660134.html?ticket=ST-1198048-GapKpSIidvBfo1bFTzpq-ap3. Zugegriffen: 10. März 2019.

Peterson, S. A. (1981). Dissent in American Courts. *Journal of Politics, 43*(2), 412–434.

Reutter, W. (Hrsg.). (2017a). *Landesverfassungsgerichte: Entwicklung – Aufbau – Funktionen*. Wiesbaden: Springer VS.

Reutter, W. (2017b). Landesverfassungsgerichte in der Bundesrepublik Deutschland: Eine Bestandsaufnahme. In W. Reutter (Hrsg.), *Landesverfassungsgerichte: Entwicklung – Aufbau – Funktionen* (S. 1–26). Wiesbaden: Springer VS.

Reutter, W. (2017c). Der Verfassungsgerichtshof des Landes Berlin. In W. Reutter (Hrsg.), *Landesverfassungsgerichte: Entwicklung – Aufbau – Funktionen* (S. 77–104). Wiesbaden: Springer VS.

Roellecke, G. (2001). Sondervoten. In P. Badura & H. Dreier (Hrsg.), *Festschrift 50 Jahre Bundesverfassungsgericht* (Bd. 1, S. 363–384). Verfassungsgerichtsbarkeit, Verfassungsprozeß Tübingen: Mohr Siebeck.

Segal, J. A., & Spaeth, H. J. (2002). *The Supreme Court and the attitudinal model revisited*. Cambridge: Cambridge University Press.

Songer, D. R., Szmer, J., & Johnson, S. W. (2011). Explaining dissent on the Supreme Court of Canada. *Canadian Journal of Political Science, 44*(2), 389–409.

Starck, C. (1983). Sondervoten überstimmter Richter und Bekanntgabe des Abstimmungsergebnisses - de lege lata. In C. Starck & K. Stern (Hrsg.), *Landesverfassungsgerichtsbarkeit. Teilband I: Geschichte, Organisation, Rechtsvergleichung* (S. 285–314). Baden-Baden: Nomos.

Thierse, S., & Hohl, K. (2017). Verfassungsgerichtshof für das Land Nordrhein-Westfalen. In W. Reutter (Hrsg.), *Landesverfassungsgerichte: Entwicklung – Aufbau – Funktionen* (S. 243–267). Wiesbaden: Springer VS.

Weigl, M. (2017). Der Bayerische Verfassungsgerichtshof. In W. Reutter (Hrsg.), *Landesverfassungsgerichte: Entwicklung – Aufbau – Funktionen* (S. 53–76). Wiesbaden: Springer VS.

Zierlein, K.-G. (1981). Erfahrungen mit dem Sondervotum beim Bundesverfassungsgericht. *Die öffentliche Verwaltung, 34*(3), 83–95.

Verfassungsrichterinnen und Verfassungsrichter: zur personalen Dimension der Verfassungsgerichtsbarkeit in den Bundesländern

Werner Reutter

Verfassungsrichter werden bisweilen als „Halbgötter" oder gar als „Götter" bezeichnet. Sie fallen aber weder vom Himmel noch fahren sie am Ende ihrer Amtszeit zur Hölle. Eine solche Feststellung ist ebenso unsinnig wie politisch folgenreich. Unsinnig ist sie, weil sie etwas Unmögliches verneint; folgenreich ist sie, weil sie anzeigt, dass Richterinnen und Richter gewählt, ernannt oder entlassen werden müssen. Es muss mithin Verfahren geben, mit denen die Mitglieder eines obersten Gerichtes in ihr Amt gebracht und aus dem Amt entfernt werden, und es muss Instanzen und Personen geben, die darüber entscheiden, wer einem Gericht angehören soll, das über zentrale politische Fragen befinden und die rechtliche Grundordnung eines Landes verbindlich auslegen kann. Wie

---

Der Beitrag entstand im Rahmen des von der DFG finanzierten Forschungsprojektes Landesverfassungsgerichte und Justizialisierung in den deutschen Bundesländern" (GZ: RE 1376/4-1; AOBJ 644495). Teilergebnisse des Projektes habe ich bereits an anderer Stelle veröffentlicht (Reutter 2017a, b, 2018a, b, c, 2019a, b, c, d, e, 2020). – Soweit nicht anders angegeben, verwende ich im Weiteren das generische Maskulinum; Männer, Frauen und Personen mit anderer geschlechtlicher Identität sind also auch dann mitgemeint, wenn nur die männliche Form verwandt wird. – Maria-Lena Muckelbauer war unersetzlich bei der Datenrecherche. Ihr gilt mein besonderer Dank. Selbstredend bleibe ich allein für Fehler und Irrtümer verantwortlich.

W. Reutter (✉)
Institut für Sozialwissenschaften, Humboldt-Universität zu Berlin,
Berlin, Deutschland
E-Mail: werner.reutter@rz.hu-berlin.de

© Springer Fachmedien Wiesbaden GmbH, ein Teil von Springer Nature 2020
W. Reutter (Hrsg.), *Verfassungsgerichtsbarkeit in Bundesländern,*
https://doi.org/10.1007/978-3-658-28961-4_8

Wahl- oder Ernennungsverfahren organisiert sein sollten, wird theoretisch allerdings kontrovers diskutiert. Zudem sind – wie die weitere Darstellung zeigt – in der Verfassungspraxis solche Wahl- oder Berufungsverfahren variantenreich ausgestaltet.[1] Die Analyse folgt dabei der Chronologie eines Wahlverfahrens und untersucht: (1) den Auswahlprozess, (2) den parlamentarischen Wahlakt, (3) die Zusammensetzung der Richterschaft sowie (4) schließlich das Amtsende (inklusive Amtszeiten).

Theoretisch unterlegt ist der Darstellung, dass Wahlverfahren und Wahlen von Landesverfassungsrichtern sowie die Zusammensetzung der Richterschaft von Landesverfassungsgerichten einer dreifachen Anforderung zu genügen haben: Sie müssen den Richtern demokratische Legitimation verschaffen, dem Gerichtscharakter der Verfassungsorgane Rechnung tragen sowie richterliche Unabhängigkeit garantieren. Landesverfassungsgerichte sind mithin „Zwittergebilde" zwischen der „Sphäre des Politischen und der Sphäre des Rechts" (Haack 2010, S. 216). Wahlen von Landesverfassungsrichtern, die ihre Aufgabe ehrenamtlich und nebenberuflich erfüllen, sind damit zwangsläufig politische Verfahren. Der sich darin manifestierende politische Einfluss lässt sich zwar „kanalisieren" und „moderieren", aber nicht eskamotieren (Haack 2010, S. 216; Preuß 1988; Reutter 2018b; Gärditz 2013).

1 Voraussetzungen der parlamentarischen Kreation: Wählbarkeit, Auswahl, Vorschlagsrecht und Vorschlagspraxis

In der Wahl eines Verfassungsrichters manifestiert sich ein Doppeltes: der Beginn eines öffentlichen Amtes und das Ende eines politischen Willensbildungs- und Entscheidungsprozesses. Beidem geht ein – zum Teil vorparlamentarisches – Verfahren voraus. Insbesondere in diesem Stadium des Kreationsaktes sehen Landfried (2015, S. 374–375), Will (2015, S. 4–6) und andere (Geuther und Remme 2008) erhebliche Defizite bei der Wahl von Verfassungsrichtern in der Bundesrepublik Deutschland. So findet Will die „praktizierten Wahlverfahren bezüglich ihrer Transparenz nicht zufriedenstellend" (Will 2015, S. 5; vgl. auch Landfried 2015, S. 374 f.). Sie fordert

---

[1]Vergleichend untersuchen Wahl- und Ernennungsverfahren von nationalen Verfassungsrichtern: Kneip (2008, S. 636–649), Hönnige (2007, S. 104–111), Sanders und Danwitz (2018), Steinsdorff (2009) und von Landesverfassungsrichtern Will (2015), Flick (2011, S. 46–58), Knöpfle (1983) sowie Gärditz (2013).

bereits den „Auswahlprozess der Kandidaten für die Richterwahl" (Will 2015, S. 5) so zu gestalten, dass sie für Außenstehende nachvollziehbar seien. „Überlegenswert" hält sie in diesem Zusammenhang die „Regelung von Initiativberechtigungen für Wahlvorschläge" (Will 2015, S. 5), wobei sie unter anderem Hessen als Beispiel erwähnt, wo Fraktionen, Landesregierung und Präsidenten der obersten Landesgerichte ein Vorschlagsrecht zukommt. Darüber hinaus erkennt Will ein „unterschiedliches Niveau demokratischer Legitimation" (Will 2015, S. 4) zwischen geborenen und gekorenen Verfassungsrichtern, also zwischen Verfassungsrichtern, die ex officio ins Amt kommen, und solchen, die vom Landesparlament gewählt werden. Allerdings zeigt die weitere Darstellung, dass die Analysen von Landfried und Will zum Teil auf problematischen Annahmen beruhen, jedenfalls soweit Wahlen von Verfassungsrichtern in den Bundesländern betroffen sind.

1.1 Wählbarkeit und Auswahl von Verfassungsrichtern

Wer Verfassungsrichter werden will, muss zum Verfassungsrichter wählbar sein, sprich: die Kriterien erfüllen, die in der jeweiligen Verfassung oder im Verfassungsgerichtsgesetz festgelegt sind (Gärditz 2013, S. 467–469; Reutter 2017a, S. 9–13; Harms-Ziegler 1998). Selbstredend werden auch in Landesparlamenten mögliche Kandidaten daraufhin überprüft, ob sie die in dem jeweiligen Bundesland geltenden Voraussetzungen erfüllen. Neben Aspekten, die sich auf die Zusammensetzung eines Gerichtes beziehen und auf die noch einzugehen sein wird, lassen sich in diesem Zusammenhang vier Kriterien unterscheiden (Tab. 1).

Erstens müssen – außer in Baden-Württemberg – Verfassungsrichter zu einem deutschen Parlament wählbar sein, also entweder zum Bundestag oder zum jeweiligen Landesparlament.[2] Das schließt Personen aus, die nicht über die deutsche Staatsangehörigkeit verfügen, die zu mindestens einem Jahr Freiheitsstrafe verurteilt wurden, die unter rechtlicher Betreuung stehen oder denen ein Gericht das passive Wahlrecht entzogen hat. In Mecklenburg-Vorpommern, Sachsen und Sachsen-Anhalt ist darüber hinaus bestimmt, dass Verfassungsrichter nicht werden kann, wer „gegen die Grundsätze der Menschlichkeit oder Rechtsstaatlichkeit verstoßen hat" oder wer „für das frühere Ministerium für Staatssicherheit/Amt für Nationale Sicherheit der Deutschen Demokratischen Republik

---

[2]Grundsätzlich dürfen Verfassungsrichter nicht gleichzeitig dem Landesparlament angehören. In Bayern gilt diese Inkompatibilität aber erst seit 1991; davor wurden Landtagsabgeordnete immer wieder zu Verfassungsrichtern gewählt.

Tab. 1 Landesverfassungsrichter: Anzahl und Wählbarkeitskriterien

	Anzahl Richter	Stellvertreter	Mindestalter	Höchstalter[a]	Wählbarkeit Parlament
BW	9	X	–	–/–	–
BY	38	X	40	–/65	Landtag
BE	9	–	35	–/–	Bundestag
BB	9	–	35	68/68	Bundestag
HB	7	X	35	–/65	Bundestag
HH	9	X	40	–/65	Bürgerschaft
HE	11	X	35	–/65	Landtag
MV	7	X	35	68/68	Landtag
NI	9	X	35	–/–	Landtag
NW	7	X	35	–/65	Landtag
RP	9	X	35	70/65	Landtag
SL	8	X	35	–/–	Landtag
SN	9	X	35	70/65	Bundestag
ST	7	X	40	–/–	Landtag
SH	7	X	40	–/–	Bundestag
TH	9	X	35	70/65	Landtag

[a]Höchstalter für nichtrichterliche Mitglieder/Höchstalter für Berufsrichter
Quelle: Eigene Erhebung und Zusammenstellung; Landesverfassungen, Verfassungsgerichtsgesetze; Schmidt 2008, S. 2 f.

tätig war" (§ 3 Abs. 4 Nr. 1 und 2 LVerfGG MV, ebenso in: § 2 Abs. 4 Nr. 1 und 2 SächsVerfGHG; ähnlich: § 6 Abs. 1 Nr. 1 und 2 SachsAnhVerfGG).[3]

Zweitens, eine Wählbarkeit zum Bundestag – wie in Berlin (§ 3 Abs. 1 BerlVerfGHG) – erweitert die Auswahlmöglichkeit und erhöht die „rechtsstaatliche Distanz zur […] oftmals eng verflochtenen ‚Juristenszene' amtsadäquat" (Gärditz 2013, S. 468). Dagegen verspricht die Klausel, dass nur Verfassungsrichter werden kann, wer zum jeweiligen Landesparlament wählbar ist, Heimatverbundenheit und größere Landeskenntnisse. Insgesamt müssen in

---

[3]Dies kann auch ein Grund sein zur Amtsenthebung, auf die unten eingegangen wird.

fünf Bundesländern Verfassungsrichter zum Bundestag und in zehn zum Landesparlament wählbar sein (Tab. 1). Kritisch diskutiert wurden diese Kriterien nur in Einzelfällen und bei Rekrutierungsproblemen.

Drittens, alle Verfassungsgerichtsgesetze enthalten Inkompatibilitätsregeln, die bisweilen ausgreifender gestaltet sind als bestehende verfassungsrechtliche Vorgaben. Generell legen sie fest, dass ein Verfassungsrichter keiner anderen Staatsgewalt angehören darf. Sie dürfen zwar Professor des Rechts an einer staatlichen Universität oder Berufsrichter sein, aber eine hauptamtliche Tätigkeit in der Verwaltung, ein Mandat im Parlament und eine Funktion in einer Regierung auf Bundes- oder Landesebene sind unvereinbar mit dem Ehrenamt des Verfassungsrichters. Bisweilen schließen die einschlägigen Bestimmungen auch aus, dass Landesverfassungsrichter dem Europäischen Parlament oder einem europäischen Exekutivorgan angehören dürfen (HE, MV, NI, SN), in Mecklenburg-Vorpommern und Sachsen ist eine Mitgliedschaft im EuGH unvereinbar mit einer Mitgliedschaft im Landesverfassungsgericht, und Sachsen will keine Richter, die zugleich im Freistaat die Landesverfassung und im Bund das Grundgesetz auslegen (Will 2015, S. 25–35). Solche Unvereinbarkeiten ergeben sich aus dem Gewaltenteilungsprinzip, dem – wie die Darstellung zeigt – gleichwohl in variierender Weise entsprochen werden kann. Gleichzeitig soll mit der Festlegung von Inkompatibilitäten die Unabhängigkeit der Richter gewährleistet und Interessenkonflikte sollen ausgeschlossen werden. Allerdings erfolgt die Tätigkeit als Verfassungsrichter auf Landesebene ehrenamtlich. Kollisionen mit dem Hauptamt vor allem als Berufsrichter sind daher möglich (Gärditz 2013, S. 471). Befangenheitsregeln sollen dem vorbeugen.

Schließlich gelten in fast allen Bundesländern – allein Baden-Württemberg macht eine Ausnahme – eine Mindest- und in zehn eine Höchstaltersgrenze. In zwölf Bundesländern müssen Verfassungsrichter mindestens 35 alt Jahre sein, in Bayern, Hamburg, Sachsen-Anhalt und Schleswig-Holstein sind es sogar 40 Jahre. Die Festlegung eines Mindestalters soll sicherstellen, dass Richter über ausreichend Lebens- und Berufserfahrung verfügen, wenn sie ihr Amt an einem obersten Landesgericht übernehmen. Die Festlegung eines Höchstalters für nichtberufsrichterliche Mitglieder wurde in elf Bundesländern als überflüssig betrachtet, in den restlichen liegt es bei 68 bzw. 70 Jahren. Für berufsrichterliche Mitglieder gilt die beamtenrechtlich festgelegte Höchstaltersgrenze von 65 Jahren – es sei denn, sie wurde erhöht (BB und MV) oder außer Kraft gesetzt (für das Amt als Verfassungsrichter). Folgt man dem Gutachten des Parlamentarischen Beratungsdienstes des Brandenburger Landtages, soll mit der Festlegung eines Höchstalters gewährleistet werden, dass „auch ältere lebenserfahrene Richter" an Verfassungsgerichten tätig sind (Schmidt 2008, S. 7). Dies mag der Grund dafür gewesen sein, warum der Thüringer Landtag 2014 das Höchstalter für Verfassungsrichter von 68 auf 70 Jahre erhöhte (Landtag TH, LT-Drs. 5/7454 vom 12.03.2014, S. 1; Reutter 2019d). Diese Schlussfolgerungen kontrastieren im Übrigen mit einschlägigen beamtenrechtlichen Regelungen. Denn für verbeamtete Richter gilt kein Mindestalter, dafür werden sie spätestens mit 65 Jahren als dienstunfähig betrachtet. Anders wird dies bei Verfassungsrichtern gesehen, wie die Debatte über die Errichtung eines Landesverfassungsgerichtes im Landtag Schleswig-Holstein illustriert (Schmidt 2008, S. 6). Die im Gesetzentwurf vorgesehene Höchstaltersgrenze von 68 Jahren wurde im Verlaufe des Gesetzgebungsverfahrens und auf Empfehlung des Rechtsausschusses gestrichen, weil, so die Begründung von Dr. Johann Wadephul (CDU) in der Plenardebatte, „geistige Präsenz und juristische Kompetenz [...] nicht allein eine Frage des Alters" seien (Landtag SH, PlPr. 16/74 vom 12. Dezember 2007, S. 5371; Schmidt 2008, S. 6).

Allerdings sind keineswegs alle Wählbarkeitskriterien rechtlich so eindeutig normiert wie das Alter von Verfassungsrichtern. So sollen in Sachsen-Anhalt die „weiteren Mitglieder und ihre Vertreter" über „Erfahrung im öffentlichen Leben" verfügen, das sie für das Amt eines Verfassungsrichters als „besonders geeignet" erscheinen lässt (§ 5 Abs. 1 SachsAnhVerfGG); in Bayern sollen sich die Mitglieder des Verfassungsgerichtshofes durch „besondere Kenntnisse im öffentlichen Recht" auszeichnen (§ 5 Abs. 1 BayVerfGHG); in Bremen müssen Mitglieder und Stellvertreter des Staatsgerichtshofes die „Gewähr" bieten, sich „jederzeit für die demokratische Staatsform im Sinne der Landesverfassung der Freien Hansestadt Bremen und des Grundgesetzes der Bundesrepublik Deutschland" einzusetzen (§ 3 Abs. 1 BremStGHG). Zwar enthalten die Eidesformeln für Verfassungsrichter ohnehin ein Bekenntnis zur jeweiligen Verfassung, doch lässt sich die Frage, inwieweit „Erfahrung", „besondere Kenntnisse" oder Eintreten für die „demokratische Staatsform im Sinne der Landesverfassung" bei der Auswahl von Richtern eine Rolle spielen, aufgrund fehlender Informationen nicht beantworten.

Wählbarkeitskriterien legen die Bedingungen fest, die Verfassungsrichter erfüllen müssen. Welche Kandidaten aus welchen Gründen dem jeweiligen Landesparlament zur Wahl vorgeschlagen werden, ergibt sich daraus noch nicht. Obschon die Kandidatensuche ein für die spätere Wahl präjudizierender Teil des parlamentarischen Kreationsaktes darstellt, bestehen darüber keine empirisch gesicherten Erkenntnisse. Die Auswahl der Verfassungsrichter erfolgt in allen Bundesländern intransparent und weitgehend ungeregelt. In Berlin scheinen sogar mögliche Kandidaten zur Geheimhaltung verpflichtet, denn sie sollen „auf keinen Fall mit irgendjemand darüber [...] sprechen, dass sie vorgeschlagen werden sollen", das jedenfalls berichtet die ehemalige Präsidentin des Verfassungsgerichtshofes Margret Diwell (2012, S. 31). Auf die Frage, wie

Kandidaten ausgewählt werden, lässt sich folglich keine befriedigende Antwort geben. Gleichwohl sind zwei Aspekte zu berücksichtigen, die bei der Analyse von Wahlen von Verfassungsrichtern meist unbeachtet bleiben.

Zum einen suggeriert der Begriff der „Auswahl", dass eine große Anzahl von möglichen Kandidaten existiert. Dies mag so sein (z. B. Gärditz 2013, S. 480), ist aber empirisch nicht belegt. Denn die Auswahl findet unter dem Schatten der späteren Wahl statt. Es sind also nicht nur die genannten rechtlichen Kriterien zu berücksichtigen, sondern ggfs. auch Geschlecht, Beruf, weltanschauliche Nähe sowie mögliche „unausgesprochene Eignungsvoraussetzungen", die nach Michael Haas (2006, S. 37) bei der Auswahl der Richter für den Verfassungsgerichtshof des Freistaates Sachsen wichtig waren. Denn die Staatsregierungen Sachsens hätten vor allem Gerichtspräsidenten oder zumindest Kammervorsitzende ausgewählt und „einfache" Richter nicht als Kandidaten für ein Amt beim Verfassungsgerichtshof erwogen (Reutter 2019b, S. 34). Zudem schreibt in einer Reihe von Bundesländern das Verfassungsgerichtsgesetz oder die Verfassung vor, dass bestimmte Richter dem Landesverfassungsgericht angehören müssen. Vor diesem Hintergrund mag die „Auswahl" bisweilen eher zur mühseligen Suche nach geeigneten Kandidaten mutieren, zumal die Belastungen des Ehrenamtes neben der beruflichen Hauptaufgabe zu tragen sind. Margret Diwell (2012, S. 31) beklagt denn auch, dass Richter und Hochschullehrer in Berlin keine Entlastung erhielten und dass Rechtsanwälte mögliche Einkommensverluste selbst ausgleichen müssten. Und Diwell fragt, ob die Parteien „Angst" hätten, für „dieses Amt niemand mehr zu finden", und ob die Zusatzbelastung der Grund dafür sei, „weshalb ein Kandidat zu diesem Amt überredet wurde mit der Beruhigung, er habe hier doch nur zu unterschreiben" (Diwell 2012, S. 31). Auch beim Thüringer Verfassungsgerichtshof traten 1994/95 Rekrutierungsprobleme auf, weil bei der ersten Wahl Verfassungsrichter ihren Wohnsitz in Thüringen hätten haben sollen. Unter dieser Voraussetzung hatte sich die „Gewinnung geeigneter Richterpersönlichkeiten für das Amt des Verfassungsrichters [...] als äußerst schwierig erwiesen" (Landtag TH, LT-Drs. 2/106 vom 24. 1. 1995, S. 1). Die ersten neun Verfassungsrichter und ihre Stellvertreter zum Thüringer Verfassungsgerichtshof konnten daher erst gefunden, vorgeschlagen und gewählt werden, nachdem im Verfassungsgerichtsgesetz die Wohnsitzklausel gestrichen worden war (Reutter 2019d).

Zum anderen ist anzumerken, dass die Auswahl von Richtern zu Verfassungsgerichten auf intransparenten Verfahren beruht, bei denen auch Proporzgesichtspunkte eine Rolle spielen. Dieser Modus findet in dem noch zu behandelnden parlamentarischen Kreationsakt eine Wiederholung, denn Wahlen werden meist geheim und ohne Aussprache durchgeführt. Ob die von Rosemarie Will geforderte größere Transparenz bei solchen Auswahlverfahren zu einer stärkeren

Legitimation der Richterinnen und Richter beitragen würde, lässt sich gleichwohl bezweifeln: Denn die von ihr als „überlegenswert" bezeichnete Möglichkeit der Initiativberechtigung besteht in einer ganzen Reihe von Bundesländern. Außerdem bleibt bei Will unklar, wie ein Auswahlverfahren öffentlich nachvollziehbar organisiert werden sollte. Schließlich ist zwischen dem demokratietheoretischen Gebot der Transparenz und der effizienten Erfüllung der Parlamentsaufgabe abzuwägen.

1.2 Vorschlagsrecht und Vorschlagspraxis

Nach Sascha Kneip (2008, S. 640) kommen dem „Ideal eines neutralen und unabhängigen Verfassungsgerichts" nur die EU-Länder nahe, die der Opposition ein institutionalisiertes Mitspracherecht bei der Auswahl der Richter einräumen. Nur dort, wo eine „Supermajorität" für die parlamentarische Wahl eines Verfassungsrichters vorgeschrieben sei, sei richterliche Unabhängigkeit gewährleistet (vgl. auch den Beitrag von Kneip in diesem Band). Legt man diesen Maßstab an, hat die Verfassungsgerichtsbarkeit in den deutschen Bundesländern ein Problem.

So gründet schon das Recht, einem Landesparlament einen Richter zur Wahl vorzuschlagen, in den Bundesländern keineswegs nur auf verfassungsrechtlichen Bestimmungen. Lediglich drei Landesverfassungen enthalten Vorgaben zum Vorschlagsrecht (Art. 65 Abs. 2 S. 2 HmbVerf; Art. 52 Abs. 3 Verf MV; Art. 134 Abs. 4 S. 1 RhPfVerf; Blumenthal 2017, S. 151–155; Glaab 2017, S. 274–279; Ewert und Hein 2017, S. 201–205). Und in keinem Bundesland wird das Recht, dem Parlament Vorschläge zur Wahl von Verfassungsrichtern zu unterbreiten, abschließend in der rechtlichen Grundordnung normiert. Aber auch manche Verfassungsgerichtsgesetze schweigen in dieser Hinsicht. Lediglich in elf Bundesländern lassen sich entsprechende Regelungen in den mit einfacher Mehrheit zu ändernden Verfassungsgerichtsgesetzen finden. In zwölf Bundesländern gelten die Bestimmungen der Geschäftsordnungen der Landesparlamente entweder alleine oder als Ergänzung zum Verfassungsgerichtsgesetz.

Aus diesen Regelungen folgt, dass in sechs Bundesländern: die Landesregierung, in zwölf Fraktionen, in fünf einzelne Abgeordnete, in sechs ein Ausschuss, in vier Präsidium bzw. Ältestenrat und in drei Vertreter von obersten Landesgerichten dem jeweiligen Landesparlament Richter zur Wahl zum Landesverfassungsgericht vorschlagen können (Tab. 2). Nur in einer Minderheit der Bundesländer sind die Verfassungsrichter dabei mit einer Zweidrittelmehrheit der gesetzlichen Mitglieder zu wählen; in fünf weiteren wird bei den abgegebenen

Verfassungsrichterinnen und Verfassungsrichter ...

Tab. 2 Vorschlagsrechte für Wahlen von Verfassungsrichtern: rechtliche Grundlagen

	LReg	Fraktionen	Ausschuss	MdL	Präsidium/ Ältestenrat	Gerichte[g]	Erforder- liche Mehrheit[h]
BW	–	X	–	–	–	–	RM
BY	X	X	X	X	–	X	EM
BE	–	X	–	X[f]	–	–	ZA
BB[a]	–	X	X	–	–	–	ZG
HB	–	X	–	–	–	–	AM
HH	X	X	–	–	–	–	EM
HE[b]	X	X	–	–	X	X	ZG/EM[i]
MV	–	–	X	–	–	–	ZA
NI[c]	X	X	X	–	–	–	AM/ZA[j]
NW	–	X	–	X	–	–	ZG
RP	–	–	–	–	X	X	ZA
SL	–	–	–	–	X	–	ZG
SN	X	–	–	–	X	–	ZG
ST[d]	X	X	X	–	–	–	AM/ZA[j]
SH[e]	–	X	X	–	–	–	ZG
TH	–	X	–	–	–	–	ZG

[a]das Vorschlagsrecht geht auf die Fraktionen über, wenn der Hauptausschuss keine Einigung erzielt

[b]der Landtagspräsident erstellt Vorschlagslisten, in der die Berufsrichter aufgenommen werden, die von einer Fraktion, der Landesregierung oder den Präsidenten der obersten Landesgerichte benannt wurden

[c]der „Ausschuss zur Vorbereitung der Wahl der Mitglieder des Staatsgerichtshofes" schlägt Personen für die Wahl vor, Personen nominieren können: Ausschussmitglieder, die Landesregierung oder Fraktionen

[d]der Ausschuss kann „den Präsidenten des Landesverfassungsgerichts hören und um Auskunft ersuchen"; Personen für die Wahl können benannt werden aus der Mitte des Ausschusses, von der Landesregierung und von den Fraktionen

[e]nach § 11a Abs. 4 S. 1 GO LT SH benennen die Fraktionen für die Wahl geeignete Personen

[f]sofern sie gem. § 39 Abs. 1 S. 3 GO Abgh BE „einem Anteil von mindestens fünf vom Hundert der Mindestzahl der Mitglieder des Abgeordnetenhauses von Berlin" entsprechen

[g]Vorschlagsberechtigt sind: der Präsident des Bayerischen Verfassungsgerichtshofes, die Präsidenten der obersten Landesgerichte in Hessen sowie der Präsident des Oberverwaltungsgerichtes von Rheinland-Pfalz; in Baden-Württemberg können die obersten Landesgerichte auf Ersuchen des Landtages Listen mit Namen geeigneter Berufsrichter vorlegen

(Fortsetzung)

Tab. 2 (Fortsetzung)

[h]EM = einfache Mehrheit (Mehrheit der abgegebenen Stimmen); RM = relative Mehrheit (meiste Stimmen); AM = absolute Mehrheit (Mehrheit der gesetzlichen Mitglieder); ZA = zwei Drittel der abgegebenen Stimmen; ZG = zwei Drittel der gesetzlichen Mitglieder (in Hessen für den Wahlausschuss)
[i]die fünf berufsrichterlichen Mitglieder werden von einem aus acht Abgeordneten bestehenden Wahlausschuss mit Zweidrittelmehrheit gewählt; die sechs weiteren Mitglieder werden am Beginn jeder WP mit einfacher Mehrheit gewählt
[j]die Mitglieder des Staatsgerichtshofs bzw. des Landesverfassungsgerichtes benötigen zwei Drittel der abgegebenen Stimmen, aber mindestens die Mehrheit aller Abgeordneten
Quelle: Eigene Zusammenstellung; Will 2015, S. 14–20; Verfassungsgerichtsgesetze, Geschäftsordnungen der Landesparlamente

Stimmen eine „übergroße Mehrheit" verlangt. In drei Bundesländern reicht die Regierungsmehrheit, in Baden-Württemberg die relative, in Bayern und Bremen sogar die einfache Mehrheit (Ketelhut 2017); in Hessen wird differenziert zwischen den berufsrichterlichen Mitgliedern, die der Wahlausschuss mit Zweidrittelmehrheit wählt, und den weiteren Mitgliedern, für die eine einfache Mehrheit im Plenum ausreicht (Koch-Baumgarten 2017, S. 183–185). In Hamburg können die Richter zum Verfassungsgericht ebenfalls mit einfacher Mehrheit gewählt werden, ohne dass – wie in Bayern und Baden-Württemberg – durch ergänzende Verfahrensvorschriften irgendeine „Form von Minderheitenschutz" vorgesehen ist (Wittreck 2006, S. 503).

Insgesamt resultiert daraus ein heterogenes Bild rechtlicher Normierung: Vorschlagsrechte und Vorschlagsverfahren ergeben sich nicht nur aus normhierarchisch divergierenden Rechtsquellen, sondern sie weisen das Privileg, Kandidaten für die Wahl von Verfassungsrichtern vorzuschlagen, auch unterschiedlichen Instanzen zu. Vertreter der Exekutive sind hier ebenso zu finden wie Vertreter der Legislative oder der Judikative. Hinzu kommt, dass nur in Ausnahmefällen nominierte Kandidaten ohne Mehrheit blieben. So wurden in den Tab. 3 aufgeführten neun Bundesländern in insgesamt 74 Wahlperioden 1319 Kandidaten nominiert, von denen 1180, also rund 90 %, die jeweils erforderliche Mehrheit fanden. In drei Bundesländern (MV, ST, SH) wurden sogar alle vorgeschlagenen Kandidaten gewählt.[4]

---

[4]Nicht gewählt wurden in Baden-Württemberg 10, in Bayern 35, in Brandenburg 8, in Berlin und Sachsen jeweils 2 sowie in Thüringen 15 der nominierten Kandidaten. Hinzu kommen 52 gesondert durchgeführte Wahlen von Präsidenten und Vizepräsidenten in Baden-Württemberg, Bayern und Berlin.

Verfassungsrichterinnen und Verfassungsrichter ...

Tab. 3 Wahlen von Verfassungsrichtern in neun Bundesländern: Anzahl der Kandidaten und Anzahl der gewählten Richter (Stand: 31.12.2018)

		Anzahl		Gewählte Richter*innen vorgeschlagen von ...		
	WP[a]	Kandidaten[b]	Richter[d]	Regierung	Parlament[f]	Gerichten
BW	16 (0)	213	178	0	178[f]	0
BY	18 (0)	677[c]	616[e]	205	295	108
BE	6 (0)	40	37	0	37	0
BB	6 (0)	49	36	0	36	0
MV	6 (1)	41	41	0	41	0
SN	6 (0)	85	83	72	11	0
ST	7 (1)	68	58	0	68	0
SH	4 (1)	30	30	0	30	0
TH	5 (0)	116	101	0	101	0
Σ	74 (3)	1319	1180	277	797	108

[a]Anzahl der Wahlperioden nach Errichtung des Verfassungsgerichtes bis zum 31. Dezember 2018; in Klammern Anzahl der Wahlperioden ohne Wahlen von Verfassungsrichtern
[b]alle für eine Wahl zum Verfassungsrichter vorgeschlagene Personen; Mehrfachnennungen möglich; ggfs. einschl. Stellvertreter (nicht in Bayern)
[c]bei 18 Kandidaten ließ sich die vorschlagende Institution nicht ermitteln; ohne Personen, die lediglich auf Stimmzetteln auftauchten, ohne vorgeschlagen worden zu sein; ohne Stellvertreter
[d]gewählte Richter und Stellvertreter (in Bayern ohne Stellvertreter); ohne gesondert durchgeführte Wahlen von Präsidenten bzw. Vizepräsidenten
[e]bei 8 Richtern ließ sich die vorschlagende Institution nicht ermitteln
[f]darunter fallen: Fraktionen, Ausschüsse, Ältestenrat, Abgeordnete, Präsident, Präsidium
Quelle: Eigene Erhebung und Zusammenstellung; Dokumentationen der Landesparlamente

Diese Befunde unterfüttern die Vermutung, dass Wahlen von Verfassungsrichtern grundsätzlich konsensual geprägten Entscheidungsmustern folgen. So berichtet Marcus Obrecht (2017, S. 32), dass den Richterwahlen in Baden-Württemberg interfraktionelle Vorschläge zugrunde lagen, die in der Regel auf breite Zustimmung stießen, was erstaunt, denn in Baden-Württemberg reicht die relative Mehrheit der abgegebenen Stimmen aus. Absprachen zwischen

Fraktionen sind nicht notwendig.[5] Allerdings ist auch Minderheitsfraktionen die Chance eingeräumt, Kandidaten vorzuschlagen und in den Verfassungsgerichtshof wählen zu lassen. Deswegen konnte in Baden-Württemberg die AfD 2018 eine Kandidatin nominieren, die im zweiten Wahlgang mehr Ja- als Nein-Stimmen und damit die erforderliche Mehrheit erhielt (Landtag BW, PlPr. 16/63 vom 06.06.2018, S. 3764 und 16/65 vom 14.06.2018, S. 3890). Im Gegensatz dazu war den Grünen 1997 und 2000 noch verwehrt worden, „ihre" Kandidaten in den damaligen Staatsgerichtshof wählen zu lassen (Hofmann 2018, S. 1245 f. [Fn 689]).

Unbeschadet dieser Ausnahmen, die sich auch in anderen Bundesländern finden, verweisen die Befunde darauf, dass die Vorschläge in der Regel interfraktionelle Unterstützung erfahren (Lembcke 2017, S. 395; Haas 2006, S. 39 f.; Patzelt 2017, S. 327; Reutter 2019b, S. 34). Die konsensdemokratische Grundierung der hier interessierenden parlamentarischen Kreationsakte wird dadurch ergänzt, dass in drei Bundesländern das Vorschlagsrecht Gremien zugewiesen ist, die nicht unmittelbar dem Dualismus von Mehrheit und Minderheit folgen, nämlich Ältestenrat oder Präsidium eines Landtages oder dem Präsidenten des Oberverwaltungsgerichtes. Ob und inwieweit Parteigremien in solche Prozesse eingebunden sind, lässt sich nicht beurteilen. Belege für eine solche Annahme existieren nicht. Vielmehr scheint die von Julia Platter in einem Gutachten des Parlamentarischen Beratungsdienstes des Landtages Brandenburg vertretene Schlussfolgerung, das parlamentarische Vorschlagsrecht habe den „Charakter eines ‚Kandidatenfindungsrechts'", nicht nur für Brandenburg zu gelten. Vielmehr müssen auch in anderen Bundesländern Fraktionen oder andere vorschlagende Instanzen Persönlichkeiten suchen und finden, „die jeweils unterschiedliche politische Anschauungen mit sachgerechter Behandlung eines gerichtsförmigen Verfahrens verbinden können" (Platter 2008, S. 11; vgl. auch Gärditz 2013, S. 485 f.).

---

[5]Im Verfassungsgerichtshof Baden-Württemberg existieren drei Richtergruppen, deren Mitglieder jeweils gesondert gewählt werden. Nach § 2 Abs. 2 BW VerfGHG sind dafür die meisten Stimmen notwendig. Die ersten Richter zum damaligen Staatsgerichtshof wurden „im Wege der Verhältniswahl nach dem Höchstzahlverfahren (d'Hondt) gesondert gewählt" (§ 2 Abs. 1 BW VerfGHG).

2 Parlamentarische Wahl von Landesverfassungsrichtern: rechtliche Grundlagen und politische Praxis

In den Bundesländern dominiert die Vorstellung, Verfassungsrichter seien durch ein Parlament zu wählen. Zwar existieren auch andere Ernennungsverfahren wie die Mitgliedschaft kraft Amtes.[6] Doch konfligieren solche Verfahren mit den demokratischen Anforderungen, die sich aus der Organqualität der Verfassungsgerichte ergeben (Will 2015, S. 4 f.). Denn „gekorene" und „geborene" Mitglieder von Verfassungsgerichten beruhen auf unterschiedlichen Legitimationsketten, weil die einen vom Landesparlament gewählt und die anderen vom Minister ernannt werden (Gärditz 2013, S. 463). In Nordrhein-Westfalen wurde 2015 eine Mitgliedschaft kraft Amtes abgeschafft, um „Statusunterschiede" zwischen „geborenen" und „gekorenen" Mitgliedern einzuebnen (Thierse und Hohl 2017, S. 245). In diesem Teil der Darstellung geht es jedoch ausschließlich um die Wahl von Verfassungsrichtern durch Landesparlamente.

In allen Bundesländern werden Verfassungsrichter von der Vollversammlung der Abgeordneten, dem Plenum, gewählt; allein in Hessen ist diese Aufgabe für die berufsrichterlichen Mitglieder des Staatsgerichtshofes einem Wahlausschuss übertragen (§ 5 Abs. 2 HessStGHG; Koch-Baumgarten 2017, S. 183–185). Diese Wahlen finden meist „geheim" und stets „ohne Aussprache" statt. Unterstellt ist dabei, dass die Wahl eine „echte Entscheidungs-, nicht nur Bestätigungsfunktion" aufweist (Platter 2008, S. 16). Wie erwähnt, verfehlte in den in Tab. 3 aufgeführten acht Bundesländern rund jeder zehnte Vorschlag die notwendige Mehrheit. In einigen Landesparlamenten sind dabei Anhörungen von Kandidaten in Ausschüssen vorgesehen, in anderen finden solche Anhörungen informell statt und in wieder anderen stellen sich Kandidaten in Fraktionen vor. Dies lässt sich aus demokratietheoretischer Perspektive durchaus kritisch würdigen. Denn das

---

[6]Ein solches gibt es noch beim Bremischen Staatsgerichtshof und beim Verfassungsgerichtshof Rheinland-Pfalz, und es existierte bis 2017 in Nordrhein-Westfalen, bis 1979 im Saarland und bis 1996 in Hamburg; in Bayern gehört ein Präsident der drei Oberlandesgerichte dem Verfassungsgerichtshof an. Damit sollen „Vorhersehbarkeit und Stabilität der Rechtsanwendung" garantiert werden (Gärditz 2013, S. 461).

parlamentarische Transparenzgebot ist damit auf ein Minimum reduziert. Rechtfertigen lässt sich dieses Monitum damit, dass die beschränkte Öffentlichkeit bei den Wahlverfahren von Verfassungsrichtern der Erfüllung der parlamentarischen Kreationsfunktion dient.

Mit der Festlegung von Mehrheitserfordernissen und der Ausgestaltung der parlamentarischen Wahlverfahren soll eine Parteipolitisierung der Verfassungsgerichte verhindert und gewährleistet werden, dass Wahlen von Verfassungsrichtern nach demokratischen Grundsätzen erfolgen. Verbreitet ist die Erwartung, dass Verfassungsrichter mit einer „Supermajorität" gewählt werden. Denn nur durch eine lagerübergreifende Unterstützung könne die Unabhängigkeit der Richter gewährleistet, die Neutralität des Gerichtes gewahrt und die Opposition effektiv eingebunden werden (Kneip 2008, S. 639 f.; Hönnige 2007, S. 108 f.; Steinsdorff 2009, S. 209; Gärditz 2013, S. 460 f.; Bettermann 1981). Wie ausgeführt, reicht in vier Bundesländern eine einfache, relative oder absolute Mehrheit; außerdem werden in Hessen die sechs „übrigen Mitglieder" des Staatsgerichtshofes mit einfacher Mehrheit gewählt.[7] Diese relativ niedrigen Mehrheitsquoren wurden immer wieder kritisiert (Gärditz 2013, S. 477 f.; Bettermann 1981). In Bayern gab es mehrere Versuche, das Mehrheitserfordernis zu ändern.

Allerdings sind in diesem Zusammenhang drei Punkte anzumerken. Erstens lässt das rechtliche Mehrheitserfordernis nur teilweise Aussagen darüber zu, ob die parlamentarische Minderheit Einfluss hat auf die Zusammensetzung des Gerichts. So werden in Bayern die Richter nach den Prinzipien der Verhältniswahl nominiert und gewählt, d. h. auch Minderheitsfraktionen steht ein Vorschlagsrecht zu gemäß ihrem Anteil im Landtag. Zudem finden sich auch in den Verfassungsgerichten von Baden-Württemberg, Bayern und, wenn man Pressemeldungen folgt, in Mecklenburg-Vorpommern Richter, die von der AfD vorgeschlagen worden waren und vom jeweiligen Landtag gewählt wurden, obschon die Rechtspopulisten in keinem der Landtage über eine „Sperrminorität" verfügten und Richterwahlen hätten verhindern können (Landtag BW, PlPr. 16/21 vom 14.12.2016, S. 1031 und 16/65 vom 14.06.2018, S. 3890 ff.; Landtag BY, PlPr. 18/5 vom 11.12.2018, S. 193 sowie 205; Hein 2018; Reutter 2019a). In Brandenburg, Bremen und Berlin sind den Fraktionen oder den „politischen Kräften" Vorschlagsrechte eingeräumt, die sich, soweit sich dies überprüfen

---

[7]Nach Art. 69 Abs. 2 und 3 BayVerf i.V.m § 4 BayVerfGHG sind Verfassungsrichter „vom Landtag" zu wählen. Ein Mehrheitserfordernis ist nicht festgelegt. Damit gilt § 44 GO BY LT, nach der gewählt ist, wer mehr als die Hälfte der abgegebenen gültigen Stimmen erhalten hat.

Verfassungsrichterinnen und Verfassungsrichter ... 217

Tab. 4 Verfassungsrichterwahlen: Wahlperioden und Mehrheiten (einschl. Stellvertreter; Stand 31.12.2018)

	Anzahl WPen[a]	Anzahl gewählter Richter[b]	Mehrheit bei abgegebenen Stimmen[c]	Mehrheit bei MdL[c]	Regierungsmehrheit[c]
BW	16	178	94,2	68,5	63,9
BE	6	37	85,7	79,2	64,1
BB	6	36	N/A	79,8	61,6
MV	6	41	85,3	79,3	65,6
SN	6	83	82,9	75,0	59,1
ST	7	58	89,7	79,2	55,9
SH	4	30	91,6	85,9	65,4
TH	5	101	N/A	79,9	58,5
Σ/Ø	55	558	88,2	78,3	61,7

[a]Anzahl der am 31.12.2018 nach Errichtung des Verfassungsgerichtes begonnenen Wahlperioden (also einschl. der laufenden)
[b]Anzahl der bis zum 31.12.2018 gewählten Richter und deren Stellvertreter; ohne Wahlen von Präsidenten und Vizepräsidenten
[c]Durchschnittswert über die Wahlperioden, in denen Wahlen von Verfassungsrichtern stattfanden
Quelle: Eigene Erhebungen und Berechnungen; Landtagsdokumentationen; www.election.de

ließ, in der Zusammensetzung der Verfassungsgerichte niederschlugen (Reutter 2017b, 2018a, b). Zweitens steigert das Erfordernis einer „übergroßen Mehrheit" den Zwang zum Konsens und damit die Notwendigkeit informeller Absprachen (Platter 2008, S. 15).[8] Schließlich ist zu erwähnen, dass die Unterstützung, die Verfassungsrichter in parlamentarischen Wahlen erhalten, ganz überwiegend über dem Mehrerfordernis liegt. So votierten in den in Tab. 4 aufgeführten acht Bundesländern im Durchschnitt fast 90 % der abstimmenden Abgeordneten und

---

[8]Eine solche Kritik ist nicht selten lediglich Ausdruck einer grundsätzlichen Parteienprüderie. Bettermanns (1981) Analyse ist dafür beredtes Beispiel. Er plädiert zwar vehement für ein qualifiziertes Mehrheitserfordernis, um der parlamentarischen Minderheit einen „größeren Einfluß auf die Besetzung der Verfassungsgerichte zu gewähren" (Bettermann 1981, S. 744). Er warnt aber gleichzeitig vor „Kompensationsgeschäften", „Kumpanei" und „politischer Unmoral", die er mit der Parteiendemokratie in Verbindung bringt und die er damit gleichzeitig pauschalisierend denunziert (Bettermann 1981, S. 746).

fast 80 % der gesetzlichen Mitglieder der Volksvertretungen für die gewählten Verfassungsrichter. Damit lag die Zustimmung deutlich über der Mehrheit, auf die sich Landesregierungen durchschnittlich stützen konnten. Diese Befunde bestätigen die Annahme von Gärditz (2013, S. 465), dass eine „einseitige Politisierung" von Verfassungsgerichten durch die jeweilige Parlamentsmehrheit nicht stattgefunden hat.

3 Folgen der parlamentarischen Kreation: Zusammensetzung der Richterschaft

Der für den vorliegenden Zusammenhang relevante Zweig empirisch orientierter Rechtssoziologie – die „Juristensoziologie" (Bryde 2000) – fragt danach, ob und inwieweit Faktoren wie Herkunft, Weltanschauung, Geschlecht, Alter, strategische Überlegungen oder Sozialisation das Entscheidungsverhalten von Richtern prägen (Hesse 2015; Ooyen 2009; Bryde 1998). Nach Hans Albrecht Hesse (2015) hat sich eine differenzierte rechtssoziologische Forschung zu Verfassungsrichtern in der Bundesrepublik Deutschland allerdings nicht entwickelt. Dominieren würden „[i]ndividuelle Beiträge zu partiellen Fragen und Themenstellungen" (Hesse 2015, S. 137); einschlägige Studien seien über den Status einer „Zeitschriftenwissenschaft" nicht hinausgekommen. Landesverfassungsrichter wurden bisher noch nicht Gegenstand rechtssoziologischer Untersuchungen. Die im Weiteren vorgestellten Befunde, die aus einem laufenden Forschungsprojekt stammen, sind ebenfalls noch vorläufig.[9] Die Darstellung orientiert sich dabei an den rechtlich vorgegebenen Aspekten, die sich auf die Anzahl der Richter (a) sowie auf die (b) Zusammensetzung nach Geschlecht, Alter und (Haupt-)Beruf beziehen.

(a) Anzahl: Wie groß ein Verfassungsgericht sein soll, ist theoretisch unbestimmt. Beim Bundesverfassungsgericht hat sich die ursprünglich vorgesehene Senatsgröße mit zwölf Richtern nicht bewährt; die Anzahl der Richter pro Senat wurde daher 1956 auf zehn und 1963 auf acht herabgesetzt. Für Landesverfassungsgerichte stellte die Größe eines Senates im Bundesverfassungsgericht ohnehin kein Modell dar. Kein einziges verfügte bei seiner

---

[9]Ein detaillierter Nachweis aller herangezogenen Quellen kann an dieser Stelle nicht erfolgen. Erhoben wurden die Daten in Drucksachen und Parlamentsprotokollen der Landesparlamente, im Handbuch der Justiz (1953 ff.), auf Homepages der Landesverfassungsgerichte, auf individuellen Webseiten von Richterinnen und Richtern, in Einträgen auf Wikipedia sowie weiteren Quellen.

Errichtung über dieselbe Anzahl von Richtern wie das Bundesverfassungsgericht 1951 oder 1990. Auf Landesebene stellt der Bayerische Verfassungsgerichtshof eine Ausnahme dar, da hier die Anzahl der Richter mit 38 weit über dem Durchschnitt der anderen Bundesländer liegt, die zwischen sieben (HB, MV, NRW, SH und ST) und elf Verfassungsrichter kennen (Weigl 2017; Wittreck 2006, S. 501); die Hälfte der Landesverfassungsgerichte verfügt über neun Richter. Bedingt ist die hohe Anzahl in Bayern dadurch, dass der Bayerische Verfassungsgerichtshof über drei Spruchkörper mit unterschiedlichen Zuständigkeiten verfügt (Art. 68 Abs. 2 BayVerf; Weigl 2017). Die meisten Verfahren werden von einer aus Präsident und acht Berufsrichtern zusammengesetzten Spruchgruppe entschieden. Bei anderen Verfahren können nichtberufsrichterliche Mitglieder mitwirken, wobei allerdings bisher noch kein Minister oder Abgeordneter nach Art. 61 BayVerf vor dem Verfassungsgericht angeklagt wurde. Die für diese Verfahren zuständige Spruchgruppe brauchte demzufolge noch keine Entscheidung zu treffen (https://www.bayern.verfassungsgerichtshof.de/; Weigl 2017). Bayern besitzt zudem das einzige Verfassungsgericht, in dem Urteile nicht in der Vollversammlung aller Richter gefällt werden, sondern durch die jeweilige Spruchgruppe. In 13 Bundesländern sind zudem Stellvertreter zu wählen, damit auch bei einer Verhinderung, einer Befangenheit oder einem vorzeitigen Ausscheiden eines Richters ein reibungsloser Verfahrensablauf gewährleistet bleibt. In Baden-Württemberg sind darüber hinaus noch Kammern vorgesehen, die bei unzulässigen oder offensichtlich unbegründeten Verfassungsbeschwerden einstimmig eine Entscheidung treffen können (Obrecht 2017, S. 35). Es fällt dabei auf, dass – abgesehen vom Saarland (Rütters 2017) – in allen Bundesländern die Anzahl der Verfassungsrichter ungerade ist. Da Enthaltungen grundsätzlich nicht möglich sind und Anträge bei Stimmengleichheit als abgelehnt gelten, ermöglicht die ungerade Anzahl von Verfassungsrichtern eindeutige Mehrheiten.

(b) Nach Ernst-Wolfgang Böckenförde ist für die Zusammensetzung eines Verfassungsgerichtes vor allem ein Kriterium wichtig: eine „hohe [juristische] Qualifikation" der Richter (Böckenförde 1999, S. 177; ähnlich: BVerfG, Beschl. vom 23. Juli 1998, 1 BvR 2470/94, Rn. 35; Sanders und Danwitz 2018, S. 807; Bettermann 1981, S. 723 f.). Die Landesverfassungsgeber und die Landesgesetzgeber sahen dies – zumindest teilweise – anders. Denn sie haben nicht nur Höchst- bzw. Mindestalter festgelegt, sondern auch Quoten für Frauen und Männer oder für Berufs- und Laienrichter (Tab. 5). So müssen oder sollen in fünf Bundesländern mindestens drei Verfassungsrichter Männer und drei Frauen sein, in zwei anderen „sollen" die Geschlechter angemessen berücksichtigt werden.

Tab. 5 Zusammensetzung der Landesverfassungsgerichte: rechtliche Vorgaben (ohne Stellvertreter; Stand: 31.12.2018)

	Anzahl gesetzliche Richter	Ex officio Richter	Berufsrichter	„Weitere Richter"[c]	Laienrichter[e]	Mindestanzahl Richterinnen[f]
BW	9	–	3	3	3	0
BY	38	–	23	15[d]	0	0
BE	9	–	3	6	(3)	3
BB	9	–	3	6	(3)	(3)
HB	7	1	3	4	(4)	0
HH	9	–	4	5	(3)	0
HE	11	–	5	6	(6)	0
MV	7	–	2	5	(3)	0
NI	9	–	3[b]	6	(3)	(3)
NW	7	–	3	4	0	0
RP	9	1	4	5	(5)	0
SL[a]	8	–	2	6	0	(3)
SN	9	–	5	4	(4)	0
ST	7	–	3	4	(4)	(3)
SH	7	–	3	4	0	0
TH	9	–	3	6	(3)	0

[a]im Saarland müssen die Richter die Befähigung zum Richteramt besitzen oder die Befähigung zum höheren Verwaltungsdienst; „mindestens zwei Mitglieder […] sollen Berufsrichter sein und einem oberen Landesgericht angehöhren" (§ 2 Abs. 2 S. 4 SaarlVerfGHG)
[b]in Niedersachsen „sollen" drei der Mitglieder Berufsrichter sein (§ 1 Abs. 2 S. 2 NdsStGHG)
[c]Mitglieder des Verfassungsgerichtes mit oder ohne Befähigung zum Richteramt (ohne Berufsrichter)
[d]in Bayern „sollen" die nichtberufsrichterlichen Mitglieder die Befähigung zum Richteramt besitzen (§ 5 Abs. 1 BayVerfGHG)
[e]Anzahl der Laienrichter; in Klammern die Anzahl der Richter, die über eine Befähigung zum Richteramt verfügen können, aber nicht müssen
[f]in Klammern die Anzahl der Richterinnen, die dem Verfassungsgericht angehören „sollen"
Quelle: Eigene Zusammenstellung; Landesverfassungen und Verfassungsgerichtsgesetze; Reutter 2017b, S. 85–87; Lorenz 2017, S. 110–117; Meyer und Hönnige 2017, S. 223 f.; Glaab 2017, S. 276; Rütters 2017, S. 303–306

Diese Anforderungen werden ergänzt durch Bestimmungen zur beruflichen Zusammensetzung (Tab. 5). Denn allen Landesverfassungsgerichten gehört eine Mindestanzahl an Berufsrichtern an; einige müssen, andere können Laienrichter haben; in dreien (BY, SH und NRW [seit 2017]) dürfen Laienrichter nicht mitwirken. In vier Landesverfassungsgerichten könnten Laienrichter, rechtlich gesehen, sogar die Mehrheit bilden (HB, HE, RP, SL).[10] Während Rosemarie Will (2015, S. 6), ehemalige Verfassungsrichterin in Brandenburg, die „erlebte Zusammenarbeit mit den juristischen Laien im [Landesverfassungsgericht Brandenburg] durchweg positiv" bewertet, ist für Klaus Ferdinand Gärditz (2013, S. 473) „die Bilanz ernüchternd" (Gärditz 2013, S. 473): Nach Gärditz (2013, S. 473 f.) wurden nur vereinzelt Laienrichter berufen, und in der Rechtsprechungspraxis seien diese bedeutungslos (vgl. auch Rinken 2000, S. 95).

Untersucht man die Zusammensetzung der Verfassungsgerichte anhand der gesetzlichen Dimensionen, zeigen sich einige Besonderheiten (Tab. 6):

- Im Durchschnitt sind rund 15 % der gewählten Verfassungsrichterinnen und -richter weiblich, wobei die Anteile – nicht zufällig – zwischen rund 11 und 40 % variieren. Am stärksten sind Richterinnen dort vertreten, wo entsprechende rechtliche Quoten existieren; am geringsten ist der Anteil in Bayern. Zu beachten ist zudem, dass sich die Angaben auf unterschiedliche Zeiträume beziehen. Gärditz (2013, S. 487) berichtet, dass 2012 lediglich am Bremischen Staatsgerichtshof Richterinnen eine Mehrheit in einem Landesverfassungsgericht stellten.
- Mit Ausnahme des Verfassungsgerichtshofes Baden-Württemberg, für den eine Drittelparität von Berufsrichtern, Richtern mit Befähigung zum Richteramt sowie Laienrichtern verbindlich vorgeschrieben ist, stellen in allen Landesverfassungsgerichten die Berufsrichter die größte Gruppe; in Bayern, Mecklenburg-Vorpommern, Sachsen und Schleswig-Holstein liegt ihr Anteil sogar deutlich über 50 %. Hinzu kommt, dass Berufsrichter auch meistens den Präsidenten und/oder den Vizepräsidenten stellen. Dies stützt die Vermutung, dass Berufsrichter in den Bundesländern auch die Verfassungsrechtsprechung prägen. Vergleichsweise schwach vertreten sind Berufsrichter außer in Baden-Württemberg auch in Thüringen (Obrecht 2017, S. 30–35; Lembcke 2017, S. 393–396). Der Bayerische Verfassungsgerichtshof weist insoweit eine

---

[10]Auf die Gründe für die Aufnahme von Laienrichtern in Verfassungsgerichte kann hier nicht eingegangen werden (vgl. dazu Fiedler 1983, S. 128 ff.; Bachof 1968, S. 4; Gärditz 2013, S. 475 f.)

Tab. 6 Zusammensetzung der Richterschaft bei neun Landesverfassungsgerichten nach Geschlecht, Hauptberuf und Alter (ohne Stellvertreter)

	Gewählte Richter[a]	Frauen		Hauptberufe									Durchschnittsalter bei		
				Berufsrichter		Professoren[b]		Anwälte		Laienrichter[c]		N/A[d]	Amtsantritt[e]	Amtsende[f]	N/A[d]
	Abs.	Abs.	%	Abs.	%	Abs.	%	Abs.	%	Abs.	%	Abs.			
BW	59	12	20,3	23	39,0	7	11,9	7	11,9	22	37,3	0	54,8	65,2	3
BY	616	69[g]	11,2	347	56,3	9	1,5	147	23,9	95	15,4	18	53,9	64,5	45
BB	30	12	40,0	14	46,7	5	16,7	5	16,7	5	16,7	1	48,8	58,5	1
BE	37	15	40,5	17	45,9	5	13,5	15	40,5	0	0,0	0	51,1	58,0	0
MV	18	3	16,7	12	66,7	3	16,7	2	11,1	1	5,6	0	50,1	61,9	2
SN	24	4	16,7	15	62,5	6	25,0	1	4,2	2	8,3	0	53,1	64,7	1
ST	19	6	31,6	9	47,4	3	15,8	0	0,0	6	31,6	1	53,6	63,8	2
SH	14	4	28,6	11	78,6	2	14,3	1	7,1	0	0,0	0	54,9	65,5	0
TH	31	5	16,1	13	41,9	6	19,4	9	29,0	3	9,7	0	52,5	60,7	4
Alle	848	130	15,3	461	54,4	46	5,4	187	22,1	134	15,8	20	52,7	62,2	58
Ohne BY	232	61	26,3	114	49,1	37	15,9	40	17,2	39	16,8	2	52,5	61,9	13

[a] ohne Stellvertreter; im Unterschied zu Tab. 3 und 4 gingen hier mehrfach gewählte Richter nur einmal in die Statistik ein; ggfs. ohne gesondert durchgeführte Wahlen von Präsidenten bzw. Vizepräsidenten

[b] Professoren der Rechtswissenschaft

[c] als Laienrichter gelten hier Richter, die in diese Gruppe gewählt wurden; es besteht also die Möglichkeit, dass auch Laienrichter über die Befähigung zum Richteramt verfügen, sie aber dennoch als Laienrichter gelten (wie etwa Juli Zeh beim Landesverfassungsgericht Brandenburg)

[d] Anzahl der Richter, die sich keiner Berufsgruppe zuordnen ließen/bei denen das Alter nicht ermittelt werden konnte

[e] bei erstmaligem Amtsantritt

[f] bei endgültigem Ausscheiden; bei amtierenden Richtern wurde das gesetzliche Ende unterstellt

[g] bei drei Richtern ließ sich das Geschlecht nicht bestimmen

Quellen: Eigene Zusammenstellung; eigene Erhebungen; Parlamentsdokumentationen, Handbuch der Justiz

Verfassungsrichterinnen und Verfassungsrichter … 223

„Besonderheit" auf, als die „wichtigsten Verfahren" ausschließlich von Berufsrichtern entschieden werden (Gärditz 2013, S. 477). In Kombination mit dem Mehrheitserfordernis und der Möglichkeit der Wiederwahl von Verfassungsrichtern ergibt sich daraus eine problematische Abhängigkeit oder zumindest Nähe zur Regierungsmehrheit. Gärditz (2013, S. 477) zweifelt daher zu recht an, ob in Bayern die „umfängliche und exklusive Überantwortung" eines zentralen Bereichs der gerichtlichen Spruchpraxis den „besonderen Funktionsbedingungen eines Verfassungsgerichtes wirklich gerecht" werden kann. Dies verweist gleichzeitig auf ein generelles Konstruktionsproblem der Landesverfassungsgerichte: den Einfluss von Berufsrichtern, die von der Exekutive ernannt werden und sich einem dezidiert „legalistischen Verfassungsverständnis verschrieben" haben (Gärditz 2013, S. 485).

- Hochschullehrer sollen als Verfassungsrichter „rechtswissenschaftlich[e] Expertise" (Gärditz 2013, S. 479) repräsentieren. Allerdings bleiben sie in allen Verfassungsgerichten eine Minderheit; sie stellen durchschnittlich gerade einmal rund 5 % aller in Tab. 6 erfassten Verfassungsrichter. Besonders schwach vertreten sind sie in Bayern, wo zwischen 1947 und 2018 gerade einmal neun Universitätsprofessoren zu Verfassungsrichtern gewählt wurden; ohne diesen Ausreißer läge der Anteil der Universitätsprofessoren an den Verfassungsrichtern immerhin bei rund 16 %.

- Auch Anwälte, die, so Gärditz (2013, S. 484), das Recht aus der Perspektive der „Konkretisierung und Individualisierung" interpretieren, haben – im Durchschnitt – in keinem der neun untersuchten Verfassungsgerichte die Mehrheit erlangt. In Sachsen-Anhalt waren sie bisher sogar überhaupt nicht (Renzsch und Schlüter 2017, S. 351–354) und in vier anderen Bundesländern nur vereinzelt vertreten. In Berlin, Bayern und Thüringen waren Anwälte allerdings die zweitgrößte Gruppe nach den Berufsrichtern.

- Nach Gärditz (2013, S. 476) können Laienrichter eine „gesellschaftliche Offenheit der Verfassungsinterpretation innerhalb des Verfassungsgerichts institutionalisieren". Für Harms-Ziegler (1998, S. 207) stellt das „Einbringen von ‚praktischer Vernunft', von Erfahrungen und Kenntnissen aus anderen Lebensbereichen […] eine Bereicherung für die Gerichte dar." Dies war, so Harms-Ziegler (1998, S. 207), insbesondere für die Landesverfassungsgerichte in den neuen Bundesländern von Bedeutung, da dort Laienrichter „die unentbehrliche Kenntnis der tatsächlichen Lebensverhältnisse in der DDR" einbringen konnten. Nach Franz Meyer sind solche Erfahrungen bei der Verfassungsrechtsprechung jedoch ohne Bedeutung. Denn Verfassungsgerichte seien „Fachgerichte für Verfassungsrecht", und dies spreche „eher gegen die Laienrichter", so Meyer in einer Anhörung der Verfassungskommission des

Landtages von Nordrhein-Westfalen (Landtag NRW, Verfassungskommission, GPR 16/13 vom 11.05.2015, S. 8). Auch in Baden-Württemberg war die drittelparitätische Besetzung der Richterbank von der Überlegung geprägt, ein „möglichst breites Spektrum an Erfahrung" abzubilden; und Laienrichter sollten den „gesunden Menschenverstand" bei der Urteilsfindung zum Anschlag bringen (Hofmann 2018, S. 1241). Der Anteil der Laienrichter, die hier breit definiert sind, liegt im Durchschnitt bei rund 16 %, und übersteigt lediglich in Baden-Württemberg und in Sachsen-Anhalt die Schwelle von einem Drittel. Der Verfassungsgerichtshof von Berlin und das Landesverfassungsgericht von Schleswig-Holstein kennen bisher nur Richter, die über die Befähigung zum Richteramt verfügen (Flick Witzig 2017, S. 375–378; Reutter 2017b, S. 85–87).

- Das Durchschnittsalter der Verfassungsrichter beträgt bei Amtsantritt rund 53 Jahre. Das liegt deutlich über dem gesetzlich festgelegten Mindestalter von 35 bzw. 40 Jahren. Lediglich in Brandenburg sind Verfassungsrichter im Durchschnitt jünger als 50 Jahre, wenn sie ihr Amt zum ersten Mal antreten (Lorenz 2017, S. 116). Richter scheiden in der Regel nach rund neun Jahren aus dem Amt aus, dementsprechend liegt das Durchschnittsalter bei Amtsende bei rund 62 Jahren.

Nach Klaus Ferdinand Gärditz (2013, S. 492 f.) weist die Zusammensetzung der Richterschaft bei Landesverfassungsgerichten systematische „Defizite" auf. Eine „pluralistisch verfasst[e] Bundesstaatlichkeit" müsse, so Gärditz, als „Schlüsselelement" auch über eine soziologisch pluralistische Richterschaft bei den Landesverfassungsgerichten verfügen. Doch wiesen die Landesverfassungsgerichte eine „einseitige berufsrichterliche Prägung" auf, die es ausschlösse, sie zu alternativen „personalrechtliche[n] Modelle[n]" institutionalisierter Verfassungsgerichtsbarkeit" (Gärditz 2013, S. 493) zu machen. Die Befunde der vorliegenden Analyse bestätigen diese Schlussfolgerung nur teilweise. Zwar sind Laienrichter und Professoren in den untersuchten Landesverfassungsgerichten nur gering, z. T. sogar gar nicht vertreten. Ebenso sind Frauen in vielen Landesverfassungsgerichten eine Minderheit geblieben; und auch Anwälte sind keineswegs in allen Landesverfassungsgerichten in relevanter Anzahl zu finden. Gleichwohl zeigt die Gesamtschau, dass die personale Zusammensetzung der Verfassungsgerichte in den Bundesländern ein durchaus plurales Bild ergibt und insoweit das Juristenmonopol des Bundesverfassungsgerichtes ergänzt und komplettiert.

4 Amtsende, Amtszeit, Wiederwahlmöglichkeiten und Amtsenthebung

Wie Auswahl, parlamentarische Wahl und Zusammensetzung der Landesverfassungsrichter sind auch Amtsende und Amtszeit geprägt von dem Doppelcharakter der Landesverfassungsgerichte als Verfassungsorgane und als Gerichte. Eher dem Gerichtscharakter entspringt die Überlegung, dass Verfassungsrechtsprechung – wie alle Rechtsprechung – der Kontinuität, der richterlichen Erfahrung und der Stabilität bedürfe. Solche Vorstellungen werden befördert durch festgelegte Amtszeiten, die Möglichkeit der Wiederwahl sowie damit, dass Verfassungsrichter nicht oder nur unter erschwerten Bedingungen ihres Amtes enthoben werden können. Gleichzeitig sind Verfassungsorgane demokratisch zu legitimieren, und in ihnen sollte sich gesellschaftlicher Wandel ebenso manifestieren können wie divergierende verfassungsrechtliche Auffassungen. Richterliche Kontinuität und gerichtliche Stabilität dürfen mithin ebensowenig zur „Versteinerung" mutieren wie die kontinuierliche Erneuerung und die „regelmäßige Auffrischung" (Gärditz 2013, S. 464) der Richterschaft die Unabhängigkeit der Verfassungsgerichte infrage stellen dürfen. Innerhalb dieses Spektrums zeigen rechtliche Normierungen und politische Praxis in den Bundesländern beträchtliche Unterschiede und Variationsmöglichkeiten bei der (a) Amtszeit, (b) der Möglichkeit der Wiederwahl sowie (c) der Amtsenthebung (Tab. 7):

(a) Amtszeit: In keinem Bundesland werden Richter auf Lebenszeit ernannt. Lediglich in den beiden Bundesländern, in denen Richter ex officio dem Verfassungsgericht angehören, kann eine dauerhafte – wenngleich immer noch nicht lebenslange – Amtsausübung möglich sein. Dem demokratischen Imperativ am nächsten kommen diejenigen Bundesländer, in denen in jeder Wahlperiode alle Richter des Verfassungsgerichtes gewählt werden. Eine solche Konstruktion existiert lediglich in Bremen; in Bayern und Hessen ist immerhin bei einem Teil der Richter die richterliche Amts- an die parlamentarische Wahlperiode gebunden. Für die restlichen Richter beträgt die gesetzliche Amtszeit zwischen 6 und 12 Jahren, durchschnittlich sind es 7,8 Jahre.

(b) Wiederwahl: Offenbar unabhängig von der Amtszeit wurde in den Bundesländern festgelegt, ob Richter wiedergewählt werden können (Tab. 7). So ist eine Wiederwahl sowohl in Berlin wie auch in Mecklenburg-Vorpommern und Brandenburg ausgeschlossen, wobei im Stadtstaat die Amtszeit mit sieben Jahren unter, in Brandenburg mit zehn Jahren weit über dem Durchschnittswert von 7,8 Jahren liegt und in Mecklenburg-Vorpommern mit 12 Jahren sogar den

Tab. 7 Amtszeiten, Wiederwahlmöglichkeiten, Amtsenthebung

| | Gesetzliche Amtszeit[a] | Wieder-wahl[c] | Effektive Amtszeit[d] | Amtsenthebung | | |
				Antrag	Entscheidung	Notwendige Mehrheit
BW	9	U	10,4	Landtag	BVerfG	2/3 Mehrheit
BY	8/LP	U	10,2	–	–	–
BE	7	K	6,8	LVerfG	LVerfG	Mind. 6 Richter
BB	10	K	7,6	LVerfG	LVerfG	Einfache Mehrheit
HB	LP	U	k.A.	–	–	–
HH	6	E	10,5/6,4[e]	Senat/Bürgerschaft	LVerfG	Einfache Mehrheit
HE	7/LP	U	k.A.	Landtag	LVerfG	Einfache Mehrheit
MV	12	K	10,1	LReg/Landtag	LVerfG	Mind. 5 Richter
NI	7	E	k.A.	LVerfG	LVerfG	2/3 der Mitglieder
NW	10[b]	K	7,3/8,1[f]	LVerfG	Landtag	2/3 Mehrheit
RP	6	E	k.A.	LReg	LVerfG[h]	2/3 Mehrheit
SL	6	U	7,9[g]	LReg	LVerfG[h]	Einfache Mehrheit
SN	9	U	11,7	LReg	LVerfG[h]	2/3 Mehrheit
ST	7	E	6,8	LVerfG	LVerfG	2/3 Mehrheit
SH	6	E	10,6	LVerfG/LTag/LReg	LVerfG	Einfache Mehrheit/5 Mitglieder
TH	7	E	8,3	Ltagspräsid.	LVerfG	6 Mitglieder

[a]Jahre/LP = Legislaturperiode
[b]bis 2017 galt eine Amtszeit von sechs Jahren
[c]U = unbegrenzte Wiederwahl, E = einmalige Wiederwahl, K = keine Wiederwahl
[d]Durchschnittswerte; in Jahren; wenn nicht anders angegeben, wurde bei amtierenden Richtern das Ende der gesetzlichen Amtszeit angenommen
[e]bis 1996 lag die durchschnittliche Amtszeit bei 10,4 Jahren; nach Begrenzung der Möglichkeit zur Wiederwahl sank sie auf 6,4 Jahre
[f]1952–1982/1982–2018
[g]ohne amtierende Richter
[h]Amtsenthebung erfolgt nach den für Richter geltenden Vorschriften; die Entscheidung darüber trifft in Baden-Württemberg das Bundesverfassungsgericht; in Rheinland-Pfalz und Sachsen fungiert der jeweilige Verfassungsgerichtshof als Dienstgericht
Quelle: Eigene Zusammenstellung; eigene Berechnungen; Blumenthal 2017, S. 152; Thierse und Hohl 2017, S. 248; Rütters 2017, S. 304

Maximalwert erreicht. Einmal wiedergewählt werden können Richter in sechs Bundesländern, in denen die Amtszeit entweder sechs oder sieben Jahre beträgt. In den restlichen Bundesländern, in denen Richter unbegrenzt wiedergewählt werden können, variiert die Amtszeit zwischen sechs und neun Jahren. Die effektive Amtszeit liegt, wenn eine Wiederwahl möglich ist, stets deutlich über der gesetzlich vorgeschriebenen, in Einzelfällen betrug sie sogar fast 30 Jahre. Die Möglichkeit zur Wiederwahl wird meist kritisch betrachtet. Sie könnte, so Sven Leunig (2007, S. 206), „eine opportunistische Orientierung an der politischen Mehrheit" provozieren. Nach Martina Flick (2011, S. 50) besteht dort eine dezidiert „politische Komponente", wo die Amtszeit von Verfassungsrichtern an die Legislaturperiode gekoppelt (Bayern, Bremen, Hessen) und eine Wiederwahl möglich ist (Harms-Ziegler 1998, S. 199). Belegen lassen sich solche Vermutungen schwer, und auch Gärditz (2013, S. 465) bezweifelt entsprechende Zusammenhänge. Bislang sei es bei einer Wiederwahl von Verfassungsrichtern zu „keinen erkennbaren Konflikten" gekommen, was Gärditz auch damit begründet, dass „ehrenamtliche Verfassungsrichter materiell von ihrem Amt wirtschaftlich nicht abhängig sind und die Entscheidungsmacht über die Fortsetzung der Amtstätigkeit daher kaum ein Instrument zur latenten Richterbeeinflussung" sein könne (Gärditz 2013, S. 465; Wittreck 2006, S. 507).

(c) Amtsende: Rechtlich gesehen, endet das Amt eines Verfassungsrichters (außer durch Tod), wenn das festgelegte Höchstalter erreicht ist, die Voraussetzungen der Wählbarkeit entfallen sind, die Amtszeit abgelaufen ist, ein Richter seine Entlassung beantragt hat oder ein Berufsrichter aus seinem Hauptamt ausscheidet. Interessant ist in diesem Zusammenhang vor allem, unter welchen Bedingungen eine Amtsenthebung möglich ist. Auch dies ist in den Bundesländern unterschiedlich ausgestaltet (Tab. 7).

- In Bayern und Bremen können Verfassungsrichter ihres Amtes nicht enthoben werden (in Bayern können Richter für einzelne Verfahren nach §§ 22 ff. StPO ausgeschlossen oder abgelehnt werden).
- In fünf Bundesländern (BE, BB, NI, ST, SH) können die Landesverfassungsgerichte ein Verfahren zur Amtsenthebung einleiten und selbst darüber beschließen, entweder mit einfacher (BB, SH) oder mit Zweidrittelmehrheit (BE, NI, ST).
- In acht Bundesländern (HH, HE, MV, RP, SL, SN, SH, TH) ist eine Amtsenthebung nur nach den für Richter geltenden Vorschriften möglich; danach obliegt die Entscheidung entweder beim Disziplinargericht oder beim Verfassungsgericht, der in diesen Fällen als Dienstgericht fungiert. Der Antrag zur Entlassung oder Abberufung erfolgt in diesen Bundesländern durch eine

„politische" Instanz, d. h. durch die Landesregierung, den Landtag oder den Landtagspräsidenten.

- In Baden-Württemberg erfordert eine Richteranklage und damit eine Amtsenthebung nach Art. 66 Abs. 2 Verf BW einen Antrag durch die Mehrheit der Landtagsmitglieder; die endgültige Entscheidung über die Anklage trifft dann das Bundesverfassungsgericht mit Zweidrittelmehrheit.
- In Nordrhein-Westfalen obliegt die Entscheidung dem Landtag und zwar auf Antrag des Verfassungsgerichtshofes.

Als Gründe für eine Amtsenthebung gelten: schwere Amtspflichtverletzungen, dauernde Dienstunfähigkeit, eine Verurteilung zu einer sechsmonatigen oder längeren Freiheitsstrafe, eine Zusammenarbeit mit dem Ministerium für Staatssicherheit bzw. dem Amt für Nationale Sicherheit der ehemaligen DDR oder ein Verstoß gegen die verfassungsmäßige Ordnung. Allerdings wurde bisher nach Kenntnis des Autors ein entsprechendes Amtsenthebungsverfahren noch nicht eingeleitet. Zudem verweisen schon die rechtlichen Bestimmungen darauf, dass eine Amtsenthebung als politisches Instrument zur Disziplinierung von Verfassungsrichtern untauglich scheint. In 13 von 14 Bundesländern, in denen eine Amtsenthebung möglich ist, entscheidet das Verfassungsgericht selbst darüber, ob ein Richter aus seinem Amt zu entfernen ist. Und in den meisten Fällen ist dazu ein Antrag einer anderen Instanz Voraussetzung. Eine politisch motivierte Amtsenthebung scheint damit ausgeschlossen.

5 Zur personalen Dimension von Landesverfassungsgerichtsbarkeit: tentative Schlussfolgerungen

Für Klaus Ferdinand Gärditz (2013, S. 454) sind Landesverfassungsgerichte „juristische Gegenöffentlichkeit in Wartestellung." Und eine „adäquate Besetzung der Richterbank" bei den Landesverfassungsgerichten könne zur „Entfaltung dezentraler Reserven kontextsensibler Dogmenbildung" beitragen (Gärditz 2013, S. 493). Solche weitreichenden und emphatischen Schlussfolgerungen lassen sich auf Grundlage der vorhergehenden Analyse nicht ziehen. Im vorliegenden Zusammenhang wurden lediglich Auswahl, Wahl, Zusammensetzung der Richterschaft und Amtsende analysiert. Ob und inwieweit sich daraus Folgen ergeben für die Entscheidungsfindung oder generell für die Spruchpraxis, wurde nicht untersucht. Immerhin ließen sich recht beachtliche Unterschiede zwischen den Bundesländern herausarbeiten. In allen untersuchten Dimensionen – bei der

Auswahl, der parlamentarischen Wahl, der Zusammensetzung der Richterschaft sowie beim Amtsende und der Amtszeit – finden sich variierende Kombinationsmöglichkeiten und Ausprägungen, die sich nicht zu Modellen oder konsistenten Idealtypen verdichten lassen. Gemeinsam ist lediglich, dass die parlamentarische Richterwahl der zentrale Legitimationsmechanismus darstellt. Gleichzeitig lässt sich festhalten, dass die Landesparlamente ihre Kreationsaufgabe in diesem Bereich effektiv erfüllen konnten. Zwar scheiterten hin und wieder einzelne Kandidaten oder es wurde ein zweiter Wahlgang benötigt, doch bestätigt dies nur den Charakter der parlamentarischen Entscheidung: nämlich Vorschläge nicht nur zu bestätigen, sondern die Kandidaten in einem Akt der Entscheidung mit Legitimation auszustatten. Es wäre zudem naiv anzunehmen und auch normativ nicht wünschenswert, dass in Demokratien Verfahren zur Wahl oder Bestimmung von Verfassungsrichter immunisiert werden könnten gegenüber politischen Einflüssen. Vielmehr gilt es, eine „sachlich bedingte Politiknähe mit einer verfassungsrechtlich geforderten Unabhängigkeit gegenüber den politischen Kräften vereinbar" zu machen (Haack 2010, S. 217). Die Regelungen zur Wahl von Verfassungsrichtern können „nur dazu dienen, diesen Einfluss zu kanalisieren, zu moderieren und erkennbar zu machen" (Haack 2010, S. 218). Die hier untersuchten Wahlen und Wahlverfahren erfüllen diese Anforderung.

Für eine einseitige Parteipolitisierung von Verfassungsrichterwahlen finden sich keine Hinweise. Dies gilt sowohl für die parlamentarische Wahl wie für Einflussnahmen auf amtierende Richter. Wahlen von Landesverfassungsrichtern sind exklusive parlamentarische Kreationsakte, in denen Parteigremien keine empirisch auffällige Rolle spielen und die sich auch einer einfachen majoritären Dominanz entziehen. Die Wahlverfahren sind sogar dort konsensdemokratisch grundiert und minderheitenfreundlich ausgestaltet, wo Absprachen zwischen Fraktionen nicht erforderlich sind. Dabei kommt dem Mehrheitserfordernis in den Bundesländern offenbar weniger Bedeutung zu als vielfach angenommen. Oppositionsfraktionen können ebenso durch andere Verfahrensvorgaben auf die Wahl von Verfassungsrichtern und die Zusammensetzung der Richterschaft Einfluss nehmen. Jes Möller, Präsident des Landesverfassungsgerichtes Brandenburg, bestätigt darüber hinaus, dass es den „Versuch einer Beeinflussung des Verfassungsgerichts noch nicht gegeben habe"; es habe noch nicht einmal die „Spur des Versuchs einer solchen bestanden" (Landtag BB, P-RA 5/42 vom 22.08.2013, S. 13 f.). Problematisch erscheint gleichwohl die Praxis in Bayern und Sachsen. In diesen Bundesländern ist den Landesregierungen und der Parlamentsmehrheit ein Einfluss zugewachsen, der durchaus zu Kritik Anlass gibt. Vorschlagsrechte, die Möglichkeit der unbegrenzten Wiederwahl sowie der große Anteil an Berufsrichtern privilegieren die Exekutive in diesen Bundesländern, auch wenn die endgültige Wahl formal bei den Landtagen angesiedelt ist.

Nach Gärditz (2013, S. 493) weist die Zusammensetzung der Richterschaft „deutliche Defizite" auf. Die Spruchpraxis der Landesverfassungsgerichte sei vielfach durch Berufsrichter geprägt, während die Landesverfassungsgerichte „personell eher kleine Abbilder des Bundesverfassungsgerichtes" seien (Gärditz 2013, S. 485). Von der Möglichkeit, die „Richterbank in beruflicher und sozialer Hinsicht zu pluralisieren" werde praktisch kein Gebrauch gemacht; dies gelte insbesondere für die für „Nichtjuristen freigehaltene Stellen", die vielfach mit „Volljuristen unterschiedlicher Provenienz" besetzt worden seien (Gärditz 2013, S. 486). Die vorgestellten Befunde und die durchgeführte Analyse können diese Schlussfolgerung nur teilweise bestätigen. Die Zusammensetzung weist eine beträchtliche Variationsbreite auf und ergänzt zumindest punktuell das – soziologisch betrachtet – Juristenmonopol beim Bundesverfassungsgericht.

Literatur

Bachof, O. (1968). Der Staatsgerichtshof für das Land Baden-Württemberg. In Rechtswissenschaftliche Abteilung der Rechts- und Wirtschaftswissenschaftlichen Fakultät der Universität Tübingen (Hrsg.), *Tübinger Festschrift für Eduard Kern* (S. 1–19). Tübingen: Mohr.

Bettermann, K. A. (1981). Opposition und Verfassungsrichterwahl. In H. Bernstein, U. Drobnig & H. Kötz (Hrsg.), *Festschrift für Konrad Zweigert zum 70. Geburtstag* (S. 723–746). Tübingen: Mohr.

Blumenthal, J. von (2017). Das Hamburgische Verfassungsgericht. Schiedsrichter zwischen Senat, Bürgerschaft und Volk. In W. Reutter (Hrsg.), *Landesverfassungsgerichte. Entwicklung – Aufbau – Funktionen* (S. 149–175). Wiesbaden: Springer VS.

Böckenförde, E.-W. (1999). Verfassungsgerichtsbarkeit. Strukturfragen, Organisation, Legitimation. In E.-W. Böckenförde, *Staat, Nation, Europa. Studien zur Verfassungslehre, Verfassungstheorie und Rechtsphilosophie* (S. 157–182). Frankfurt a. M.: Suhrkamp.

Bryde, B.-O. (1998). Die Verfassungsgerichtsbarkeit in der Rechtssoziologie. In J. Brand & D. Strempel (Hrsg.), *Soziologie des Rechts. Festschrift für Erhard Blankenburg zum 60. Geburtstag* (S. 491–504). Baden-Baden: Nomos.

Bryde, B.-O. (2000). Juristensoziologie. In H. Dreier (Hrsg.), *Rechtssoziologie am Ende des 20. Jahrhunderts* (S. 137–155). Tübingen: Mohr Siebeck.

Diwell, M. (2012). Geburtstagswünsche. In S. Schudoma (Hrsg.), *Zwanzig Jahre Berliner Verfassungsgerichtsbarkeit. Ansprachen anlässlich des Festaktes am 19. Juni 2012* (S. 29–34). Köln: Carl Heymanns.

Ewert, S., & Hein, M. (2017). Das Landesverfassungsgericht Mecklenburg-Vorpommern. In W. Reutter (Hrsg.), *Landesverfassungsgerichte. Entwicklung – Aufbau – Funktionen* (S. 199–218). Wiesbaden: Springer VS.

Fiedler, W. (1983). Die Entstehung der Landesverfassungsgerichtsbarkeit nach dem Zweiten Weltkrieg. In C. Starck & K. Stern (Hrsg.), *Landesverfassungsgerichtsbarkeit. Teilband I: Geschichte, Organisation, Rechtsvergleichung* (S. 103–154). Baden-Baden: Nomos.

Verfassungsrichterinnen und Verfassungsrichter ... 231

Flick, M. (2011). *Organstreitverfahren vor den Landesverfassungsgerichten. Eine politikwissenschaftliche Untersuchung.* Bern: Lang.

Gärditz, K. F. (2013). Landesverfassungsrichter. Zur personalen Dimension der Landesverfassungsgerichtsbarkeit. *Jahrbuch des öffentlichen Rechts der Gegenwart, 61,* 449–493.

Geuther, G., & Remme, K. (2008). Undemokratischer als die Papstwahl? Die Ernennung der Richter am Bundesverfassungsgericht. https://www.deutschlandfunk.de/undemokratischer-als-die-papstwahl.724.de.html?dram:article_id=99030. Zugegriffen: 15. Febr. 2019.

Glaab, M. (2017). Der Verfassungsgerichtshof Rheinland-Pfalz. In W. Reutter (Hrsg.), *Landesverfassungsgerichte. Entwicklung – Aufbau – Funktionen* (S. 269–296). Wiesbaden: Springer VS.

Haack, S. (2010). Organisation und Arbeitsweise der Landesverfassungsgerichte in Deutschland. *Nordrhein-Westfälische Verwaltungsblätter, 24*(6), 216–221.

Haas, M. (2006). *Der Verfassungsgerichtshof des Freistaats Sachsen.* Berlin: Berliner Wissenschaftsverlag.

Handbuch der Justiz (1953ff.). *Handbuch der Justiz. Die Träger und Organe der rechtsprechenden Gewalt in der Bundesrepublik Deutschland.* 1. bis 34. Jg. Herausgegeben vom Deutschen Richterbund. Heidelberg: C.F. Müller.

Harms-Ziegler, B. (1998). Verfassungsrichterwahl in Bund und Ländern. In P. Macke (Hrsg.), *Verfassung und Verfassungsgerichtsbarkeit auf Landesebene. Beiträge zur Verfassungsstaatlichkeit in den Bundesländern* (S. 191–214). Baden-Baden: Nomos.

Hein, M. (2018). „Ausgrenzen oder integrieren? Verfassungsrichterwahlen mit oder gegen die AfD." https://verfassungsblog.de/ausgrenzen-oder-integrieren-verfassungsrichterwahlen-mit-oder-gegen-die-afd/. Zugegriffen: 15. Febr. 2019.

Hesse, H. A. (2015). Das Bundesverfassungsgericht in der Perspektive der Rechtssoziologie. In R. Chr. van Ooyen & M. H. W. Möllers (Hrsg.), *Handbuch Bundesverfassungsgericht im politischen System* (2. Aufl., S. 137–152). Wiesbaden: Springer VS.

Hofmann, J. (2018). Artikel 68 [Verfassungsgerichtshof]. In V. M. Haug (Hrsg.), *Verfassung des Landes Baden-Württemberg* (S. 1161–1251). Baden-Baden: Nomos.

Hönnige, C. (2007). *Verfassungsgericht, Regierung und Opposition. Eine vergleichende Analyse eines Spannungsfeldes.* Wiesbaden: Springer VS.

Ketelhut, J. (2017). Der Verfassungsgerichtshof im Zwei-Städte-Staat. Der Staatsgerichtshof der Freien Hansestadt Bremen. In W. Reutter (Hrsg.), *Landesverfassungsgerichte. Entwicklung – Aufbau – Funktionen* (S. 129–148). Wiesbaden: Springer VS.

Kneip, S. (2008). Verfassungsgerichtsbarkeit im Vergleich. In O. W. Gabriel & S. Kropp (Hrsg.), *Die EU-Staaten im Vergleich. Strukturen. Prozesse, Politikinhalte* (3. Aufl., S. 631–655). Wiesbaden: Springer VS.

Knöpfle, F. (1983). Richterbestellung und Richterbank bei den Landesverfassungsgerichten. In C. Starck & K. Stern (Hrsg.), *Landesverfassungsgerichtsbarkeit. Teilband I: Geschichte, Organisation, Rechtsvergleichung* (S. 231–284). Baden-Baden: Nomos.

Koch-Baumgarten, S. (2017). Der Staatsgerichtshof in Hessen zwischen unitarischem Bundesstaat, Mehrebenensystem und Landespolitik. In W. Reutter (Hrsg.), *Landesverfassungsgerichte. Entwicklung – Aufbau – Funktionen* (S. 175–198). Wiesbaden: Springer VS.

Landfried, C. (2015). Die Wahl der Bundesverfassungsrichter und ihre Folgen für die Legitimität der Verfassungsgerichtsbarkeit. In R. Chr. van Ooyen & M. H. W. Möllers (Hrsg.), *Handbuch Bundesverfassungsgericht im politischen System* (2. Aufl., S. 369–387). Wiesbaden: Springer VS.

Lembcke, O. W. (2017). Thüringer Verfassungsgerichtshof. In W. Reutter (Hrsg.), *Landesverfassungsgerichte. Entwicklung – Aufbau – Funktionen* (S. 389–420). Wiesbaden: Springer VS.

Leunig, S. (2007). *Die Regierungssysteme der deutschen Länder im Vergleich.* Opladen etc.: Budrich.

Lorenz, A. (2017). Das Verfassungsgericht des Landes Brandenburg als politisiertes Organ? Möglichkeiten und Grenzen politischer Einflussnahme. In W. Reutter (Hrsg.), *Landesverfassungsgerichte. Entwicklung – Aufbau – Funktionen* (S. 105–128). Wiesbaden: Springer VS.

Meyer, P., & Hönnige, C. (2017). Der Niedersächsische Staatsgerichtshof. In W. Reutter (Hrsg.), *Landesverfassungsgerichte. Entwicklung – Aufbau – Funktionen* (S. 219–242). Wiesbaden: Springer VS.

Obrecht, M. (2017). Verfassungsgerichtshof Baden-Württemberg. In W. Reutter (Hrsg.), *Landesverfassungsgerichte. Entwicklung – Aufbau – Funktionen* (S. 27–52). Wiesbaden: Springer VS.

Ooyen, R. Chr. van. (2009). Machtpolitik, Persönlichkeit, Staatsverständnis und zeitgeschichtlicher Kontext: wenig beachtete Faktoren bei der Analyse des Bundesverfassungsgerichts. In T. Vormbaum (Hrsg.), *Jahrbuch der Juristischen Zeitgeschichte. Bd. 10 (2008/2009)* (S. 249–265). Berlin: de Gruyter Recht.

Patzelt, W. J. (2017). Der Verfassungsgerichtshof des Freistaates Sachsen. In W. Reutter (Hrsg.), *Landesverfassungsgerichte. Entwicklung – Aufbau – Funktionen* (S. 27–52). Wiesbaden: Springer VS.

Platter, J. (2008). Die Wahl der Mitglieder des Verfassungsgerichts im Lichte des Artikels 112 Absatz 4 Satz 2 der Verfassung des Landes Brandenburg (Wahlperiode Brandenburg, 4/20). Potsdam: Landtag Brandenburg, Parlamentarischer Beratungsdienst. https://nbn-resolving.org/urn:nbn:de:0168-ssoar-52477-8. Zugegriffen: 15. Jan. 2019.

Preuß, U. K. (1988). Die Wahl der Mitglieder des BVerfG als verfassungsrechtliches und –politisches Problem. *Zeitschrift für Rechtspolitik, 21*(10), 389–395.

Renzsch, W., & Schlüter, K. (2017). Das Landesverfassungsgericht von Sachsen-Anhalt. In W. Reutter (Hrsg.), *Landesverfassungsgerichte. Entwicklung – Aufbau – Funktionen* (S. 347–370). Wiesbaden: Springer VS.

Reutter, W. (2017a). Landesverfassungsgerichte in der Bundesrepublik Deutschland. Eine Bestandsaufnahme. In W. Reutter (Hrsg.), *Landesverfassungsgerichte. Entwicklung – Aufbau – Funktionen* (S. 1–26). Wiesbaden: Springer VS.

Reutter, W. (2017b). Der Verfassungsgerichtshof des Landes Berlin. In W. Reutter (Hrsg.), *Landesverfassungsgerichte. Entwicklung – Aufbau – Funktionen* (S. 77–104). Wiesbaden: Springer VS.

Reutter, W. (2018a). Landesverfassungsgerichte: „Föderaler Zopf" oder „Vollendung des Rechtsstaates"? *Recht und Politik, 54*(2), 195–207.

Reutter, W. (2018b). Richterinnen und Richter am Berliner Verfassungsgerichtshof. *LKV – Landes- und Kommunalverwaltung, 28*(11), 489–495.

Reutter, W. (2018c). Richterinnen und Richter am Landesverfassungsgericht Brandenburg. *LKV – Landes- und Kommunalverwaltung, 28*(10), 444–448.

Reutter, W. (2019a). Richterinnen und Richter am Landesverfassungsgericht Mecklenburg-Vorpommern. *LKV – Landes- und Kommunalverwaltung, 29*(1), 14–18.

Reutter, W. (2019b). Richterinnen und Richter am Verfassungsgerichtshof des Freistaates Sachsen. *Sächsische Verwaltungsblätter, 27*(2), 33–37.

Reutter, W. (2019c). Richterinnen und Richter am Verfassungsgericht von Sachsen-Anhalt. *LKV – Landes- und Kommunalverwaltung, 29*(3), 111–116.

Reutter, W. (2019d). Richterinnen und Richter am Thüringer Verfassungsgerichtshof. *LKV – Landes- und Kommunalverwaltung, 29*(11), 496–501.

Reutter, W. (2019e). Richterinnen und Richter am Staats- bzw. Verfassungsgerichtshof Baden-Württemberg. *Verwaltungsblätter für Baden-Württemberg, 40*(12), 485–490.

Reutter, W. (2020). Richterinnen und Richter am Verfassungsgerichtshof Nordrhein-Westfalen. *Nordrhein-Westfälische Verwaltungsblätter, 34*(1), 9–16.

Rinken, A. (2000). Landesverfassungsgerichtsbarkeit im Bundesstaat. *NordÖR – Zeitschrift für öffentliches Recht in Norddeutschland, 3*(3), 99–96.

Rütters, P. (2017). Saarland. Von der Verfassungskommission zum Verfassungsgerichtshof. In W. Reutter (Hrsg.), *Landesverfassungsgerichte. Entwicklung – Aufbau – Funktionen* (S. 297–322). Wiesbaden: Springer VS.

Sanders, A., & Danwitz, L. von. (2018). Selecting Judges in Poland and Germany: Challenges to the Rule of law in Europe and Propositions for a new Approach to Judicial Legitimacy. *German Law Journal, 19*(4), 769–815. DOI: https://doi.org/10.1017/S2071832200022872.

Schmidt, U. (2008). Altersgrenzen für Verfassungsrichter und die Dauer ihrer jeweiligen Wahlperioden im Bund und in den Ländern (Wahlperiode Brandenburg, 4/2). Potsdam: Landtag Brandenburg, Parlamentarischer Beratungsdienst. https://nbn-resolving.org/urn:nbn:de:0168-ssoar-52409-1. Zugegriffen: 6. Febr. 2012.

Steinsdorff, S. v. (2009). Das Verfahren zur Rekrutierung der Bundesverfassungsrichter: Reformbedürftige Schwachstelle eines Grundpfeilers der politischen Ordnung? In A. Lorenz & W. Reutter (Hrsg.), *Ordnung und Wandel als Herausforderungen für Staat und Gesellschaft. Festschrift für Gert-Joachim Glaeßner* (S. 279–306). Opladen: Budrich.

Thierse, S., & Hohl, K. (2017). Verfassungsgerichtshof für das Land Nordrhein-Westfalen. In W. Reutter (Hrsg.), *Landesverfassungsgerichte. Entwicklung – Aufbau – Funktionen* (S. 243–268). Wiesbaden: Springer VS.

Weigl, M. (2017). Der Bayerische Verfassungsgerichtshof. In W. Reutter (Hrsg.), *Landesverfassungsgerichte. Entwicklung – Aufbau – Funktionen* (S. 53–76). Wiesbaden: Springer VS.

Will, R. (2015). Stellungnahme zur öffentlichen Anhörung der Kommission zur Reform der nordrhein-westfälischen Verfassung (Verfassungskommission) des Landtags Nordrhein-Westfalen am 11. Mai 2015 (unter Mitarbeit von R. Plöse). Stellungnahme 16/2739. https://www.landtag.nrw.de/Dokumentenservice/portal/WWW/dokumenten-archiv/Dokument/MMST16-2739.pdf. Zugegriffen: 15. Mai 2016.

Wittreck, F. (2006). *Die Verwaltung der Dritten Gewalt.* Tübingen: Mohr Siebeck.

Witzig, M. F. (2017). Das Schleswig-Holsteinische Landesverfassungsgericht. In W. Reutter (Hrsg.), *Landesverfassungsgerichte. Entwicklung – Aufbau – Funktionen* (S. 371–388). Wiesbaden: Springer VS.

Landesverfassungsgerichtsbarkeit und Politik

Parlamentsrechtliche Entscheidungen von Landesverfassungsgerichten in Organstreitverfahren

Franziska Carstensen

Im Anschluss an Julius Hatschek (1915, S. 1) versteht Jost Pietzcker (1989, S. 333) „Parlamentsrecht" als „die das Parlament, seine Organisation und Tätigkeit betreffenden Rechtssätze".[1] Landesverfassungsgerichte befassen sich mit solchen Rechtssätzen vor allem im Rahmen von Organstreitverfahren. In solchen Verfahren wird über die Auslegung einer Verfassung entschieden „aus Anlass von Streitigkeiten über den Umfang der Rechte und Pflichten eines obersten Staatsorganes oder anderer Beteiligter, die durch die Verfassung oder in der Geschäftsordnung des Landtages oder der Staatsregierung mit eigener Zuständigkeit ausgestattet sind, auf Antrag des obersten Staatsorganes oder anderer Beteiligter" (Art. 81 Abs. 1 Nr. 1 SächsVerf).

Organstreitverfahren sind Teil klassischer Staatsgerichtsbarkeit. Sie verfügen über eine in das frühe 19. Jahrhundert zurückreichende Tradition und sind im Grundgesetz (Art. 93 Nr. 1 GG) ebenso vorgesehen wie in allen Landesverfassungen (Bethge 1983; Reutter 2017, S. 20 f.). Dabei ist das Verhältnis von Landesparlamenten und Landesverfassungsgerichten von Wechselwirkungen geprägt. Landesparlamente entscheiden als Verfassungs- und Gesetzgeber über Einrichtung, Zusammensetzung, Kompetenzen und Ausstattung der Verfassungsgerichte und wählen in periodischen Abständen Richter für die obersten Gerichte

---

[1]Abgeschlossen wurde das Manuskript im April 2019; Entwicklungen, die nach diesem Zeitpunkt stattfanden, konnten nicht berücksichtigt werden.

F. Carstensen (✉)
Lehrgebiet Politikwissenschaft I: Staat und Regieren,
FernUniversität in Hagen, Hagen, Deutschland
E-Mail: franziska.carstensen@fernuni-hagen.de

© Springer Fachmedien Wiesbaden GmbH, ein Teil von Springer Nature 2020
W. Reutter (Hrsg.), *Verfassungsgerichtsbarkeit in Bundesländern*,
https://doi.org/10.1007/978-3-658-28961-4_9

der Bundesländer. Gleichzeitig müssen Landesverfassungsgerichte von Parlamenten unabhängig sein und haben auch über Streitigkeiten zu entscheiden, deren Ursprung und Gegenstand sich im Parlament finden.

Entscheidungen von Landesverfassungsgerichten können die Ausübung von Parlamentsfunktionen in vielfältiger Weise beeinflussen: So ist die Repräsentationsfunktion betroffen bei Wahlprüfungsbeschwerden und bei Entscheidungen zur Volksgesetzgebung (Plöhn in diesem Band; Pautsch in diesem Band); die Erfüllung der Legislativfunktion wird tangiert, wenn es um Haushaltsgesetze oder andere Gesetzgebungsverfahren geht (meist in abstrakten Normenkontrollverfahren, aber auch im Rahmen von Organstreitverfahren; Hildebrandt in diesem Band); und die Erfüllung der Kontrollfunktion ist auch davon geprägt, wie Landesverfassungsgerichte parlamentarische Frage- und Informationsrechte auslegen. Landesparlamenten stehen mehrere Kontrollinstrumente zur Verfügung, von denen der Gang vor ein Verfassungsgericht im deutschen föderalen Kontext die Chance beinhaltet, Kontrolle über andere Staatsorgane auszuüben; in diese Kontrollkategorie lässt sich beispielsweise auch die Kontrolle via Rechnungshof oder Datenschutzbeauftragte einordnen (Höpcke 2014, S. 369–375).

Im Folgenden geht es um das angesprochene Verhältnis von Landesparlamentarismus und Landesverfassungsgerichtsbarkeit, mithin um die Frage, was parlamentsrechtliche Entscheidungen über ein Landesparlament aussagen bzw. inwiefern parlamentsrechtlich relevante Entscheidungen von Landesverfassungsgerichten Aufschluss darüber geben, wie es um die Funktionsweise eines Parlamentes bestellt ist. Im Zentrum der Untersuchung stehen allein Organstreitigkeiten. Abstrakte Normenkontrollanträge, die durch ein Viertel oder ein Drittel der Mitglieder eines Landesparlamentes oder in Bayern im Rahmen einer Popularklage erhoben werden können, weisen selten einen parlamentsrechtlichen Bezug auf, sodass sie hier – auch aus forschungsökonomischen Gründen – ausgespart bleiben. Herausgearbeitet wird im Weiteren, welche Funktionsbereiche klageintensiv und welche antragsarm sind. Damit wird ein anderer Fokus gewählt als von Cancik (2005) und Flick (2011a, b), die untersuchen, ob die Landesverfassungsgerichte das Parlamentsrecht mit ihren Entscheidungen so maßgeblich beeinflusst oder mitgeprägt haben, dass von ihnen als Ersatzverfassungs- bzw. Ersatzgesetzgeber gesprochen werden könnte, wobei erstere dies eher bejaht und letztere verneint.

Grundannahme der Untersuchung ist, „dass verfassungsgerichtliche Verfahren eine Art Frühwarnsystem sein können, in denen sich in konkreten, nicht immer spektakulären Einzelfällen grundsätzliche Verwerfungen innerhalb des verfassungsrechtlichen Koordinatensystems zeigen, die einer Nachjustierung durch das Verfassungsgericht bedürfen" (Rinken 2012, S. 216). Zu beachten ist dabei, dass der Begriff des „Frühwarnsystems" irreführend sein kann. Entscheidungen von Landesverfassungsgerichten sind Ergebnis von Verwerfungen und Kompetenzkonflikten, sie werden also nicht unbedingt „früh" getroffen. Zudem bilden sie den Schlusspunkt eines Verfahrens, sie „warnen" also nicht, sondern lösen verbindlich Konfliktlagen. An dem Begriff wird dennoch festgehalten, weil es nicht um die angedeuteten rechtlichen Wirkungen geht, sondern um die (verfassungs-)politischen Implikationen solcher Entscheidungen. Da im Rahmen dieses Beitrags nicht alle Entscheidungen von Landesverfassungsgerichten in parlamentsrechtlichen Fragen behandelt werden können, wird der skizzierten Forschungsfrage am Beispiel ausgewählter Fälle nachgegangen.

1 Fallauswahl: Bremen, Nordrhein-Westfalen und Sachsen

Um herauszuarbeiten, inwieweit parlamentsrechtliche Entscheidungen von Verfassungsgerichten Aussagen zulassen über „Verwerfungen innerhalb des verfassungsrechtlichen Koordinatensystems" (Rinken 2012, S. 216), werden drei Fälle untersucht, die sich in zwei Dimensionen unterscheiden: der Entscheidungsdichte und der territorialen Zuordnung.

- Entscheidungsdichte: Zieht man die Zahlen für Organstreitigkeiten vor den 16 Landesverfassungsgerichten heran (Reutter 2017, S. 19), fällt die unterschiedlich hohe Entscheidungsdichte auf. Während etwa beim Sächsischen Verfassungsgerichtshof zwischen 1993 bis 2015 hundert Verfahren verzeichnet werden, sind es für einen viel längeren Zeitraum in Hamburg (1953 bis 2016) nur acht. Legt man die Häufigkeit der Verfahren als Auswahlkriterium zugrunde, bietet es sich an, ein Landesverfassungsgericht mit hoher Entscheidungsdichte in Organstreitigkeiten heranzuziehen (Sachsen oder Rheinland-Pfalz) sowie eines mit mittelhohem Entscheidungsvolumen (zwischen 40 und 100; Berlin, Nordrhein-Westfalen, Bayern und Mecklenburg-Vorpommern) und eines mit eher wenigen Entscheidungen (unter 40; die restlichen zehn Bundesländer).
- Zum quantitativen Kriterium sollte ein qualitatives in der Form treten, dass sowohl ein ost- als auch ein westdeutsches Bundesland sowie ein Stadtstaat ebenso wie Flächenländer in der Auswahl vertreten sein sollten, um die Vielfalt des bundesdeutschen Föderalismus abzudecken.

Tab. 1 Überblick über die drei Landesverfassungsgerichte in Bremen, Nordrhein-Westfalen und Sachsen

	Bremen (HB)	Nordrhein-Westfalen (NRW)	Sachsen (SN)
Entstehungszeit (Entstehungsjahr)	Vorgrundgesetzlich (1949)	Nachgrundgesetzlich (1952)	Nach der Vereinigung (1993)
Name	Staatsgerichtshof	Verfassungsgerichtshof	Verfassungsgerichtshof
Anzahl der Richter	7	7	9
Erforderliche Mehrheit bei Richterwahl	Absolute Mehrheit	einfache Mehrheit	Zwei Drittel der gesetzlichen Mitglieder
Amtszeit	An Legislaturperiode geknüpft	6 Jahre	9 Jahre
Wiederwahlmöglichkeit	Unbegrenzt	Unbegrenzt	Unbegrenzt
Anzahl der Kompetenzen	7	7	10

Quelle: Eigene Darstellung; nach Reutter (2017, S. 8); Landesverfassungsgerichtsgesetze

Anhand der beiden genannten Kriterien können Sachsen, Nordrhein-Westfalen[2] und Bremen ausgewählt werden (Ketelhut 2017; Thierse und Hohl 2017; Patzelt 2017). Diese drei Fälle bilden das Spektrum bundesrepublikanischer Landesverfassungsgerichtsbarkeit ausreichend breit ab, so zum Beispiel hinsichtlich der Entstehungszeit, der erforderlichen Mehrheit bei der Richterwahl, der Amtsdauer oder des Kompetenzprofils (Tab. 1). Bei anderen Kriterien – wie zum Beispiel der Wiederwahlmöglichkeit – gibt es keine Unterschiede zwischen den drei Gerichten. Auffallend ist bei allen drei Fällen, dass es kaum Literatur zu

---

[2]Abweichend von Tab. 1 gelten seit Juli 2017 in Nordrhein-Westfalen folgende Regelungen: Erforderlich ist eine Zweidrittelmehrheit, eine Wiederwahl ist ausgeschlossen und die Amtszeit ist auf zehn Jahre begrenzt. Bis zur Reform 2017 galt in NRW ein nach Wahlgang und Mehrheiten abgestuftes Wahlverfahren: Kam kein gemeinsamer Vorschlag von mindestens zwei Dritteln der Mitglieder des Landtages zustande, wurde der Kandidat zum Richter gewählt, der die meisten Stimmen erhielt (§ 4 Abs. 2 NRWVerfGHG a. F.). Außerdem kann seit Januar 2019 Individualverfassungsbeschwerde erhoben werden.

Parlamentsrechtliche Entscheidungen ... 241

den Landesverfassungsgerichten gibt.[3] Hinzu kommt, dass die wenige Literatur häufig ausschließlich von Personen stammt, die an dem jeweiligen Landesverfassungsgericht schon einmal arbeiteten oder mit diesem eng verbunden waren.[4] Positiv hervorzuheben ist für den Fall Nordrhein-Westfalen ein Jubiläumsband (Präsident des Verfassungsgerichtshofs von Nordrhein-Westfalen 2002), der durchaus auch kritische Würdigungen einzelner Entscheidungen enthält (zum Beispiel Kühne 2002).

Der Untersuchungszeitraum wurde auf 20 Jahre beschränkt und umfasst alle parlamentsrechtlich relevanten Organstreitverfahren in den drei genannten Bundesländern zwischen 1998 und 2018. Zwei Jahrzehnte scheinen ausreichend lange, um die genannte Forschungsfrage empirisch belastbar beantworten zu können.[5] Außerdem waren forschungsökonomische Gründe ausschlaggebend für die Eingrenzung des Untersuchungszeitraums, denn für diese Periode lassen sich die einschlägigen Entscheidungen auf den Internetseiten der Landesverfassungsgerichte ohne Einschränkungen recherchieren.[6]

---

[3]Mitunter erscheinen Urteilsbesprechungen zu parlamentsrechtlichen Fragestellungen in der „Zeitschrift für Parlamentsfragen". Im Zeitraum 1969 bis 2018 befassten sich laut Beitragstitel 18 Artikel mit Urteilen von Landesverfassungsgerichten, dabei waren Nordrhein-Westfalen und Sachsen je einmal vertreten (Cancik 2001; Edinger 2017). Vgl. zu den Themen in der ZParl Carstensen et al. (2018).

[4]So war Rinken von 1979 bis 2011 Mitglied des Bremischen Staatsgerichtshofs und von 2002 bis 2011 dessen Präsident (Rinken 2000, 2012, 2016); die Dissertation von Haas wurde unter anderem von zwei Richtern des SächsVerfGH betreut (Haas 2006), Munz ist seit 2007 Präsidentin des SächsVerfGH (Munz 2013), und Rühmann war viele Jahre dort Vizepräsident (Rühmann 2000, 2012a, b).

[5]Flick wählte 15 Jahre als Untersuchungszeitraum (1992 bis 2007), siehe Flick (2011a).

[6]Ausgewählte Entscheidungen der drei Landesverfassungsgerichte werden veröffentlicht in der seit 1993 erscheinenden Sammlung: „Entscheidungen der Verfassungsgerichte der Länder"; bis Anfang 2019 sind in dieser Reihe 28 Bände erschienen. Der Bremische Staatsgerichtshof unterhält eine eigene Entscheidungssammlung, von der inzwischen acht Bände vorhanden sind und die alle Entscheidungen des Staatsgerichtshofes seit 1950 enthalten (bis 2014). Darüber hinaus veröffentlichen die Verfassungsgerichte ihre Entscheidungen auf den Webseiten des Bremischen Staatsgerichtshofes (https://www.staatsgerichtshof.bremen.de/entscheidungen-1469), des Sächsischen Verfassungsgerichtshofes (https://www.justiz.sachsen.de/esaver/) sowie des Verfassungsgerichtshofes von NRW (https://www.vgh.nrw.de/rechtsprechung/entscheidungen/index.php). Außerdem finden sich ausgewählte Entscheidungen in juristischen Fachzeitschriften veröffentlicht und diskutiert.

2 Vergleichende Fallanalyse

2.1 Einordnung der Entscheidungszahlen

Ordnet man die Entscheidungen in parlamentsrechtlichen Organklagen in den Kosmos aller Eingänge der Landesverfassungsgerichte in Bremen, Nordrhein-Westfalen und Sachsen ein, fällt auf: Der Sächsische Verfassungsgerichtshof verfügt nicht nur über die meisten Kompetenzen im Vergleich mit den Landesverfassungsgerichten in Bremen und Nordrhein-Westfalen; er traf auch die mit Abstand meisten Entscheidungen (Tab. 2). Die hohe Anzahl von 2343 Eingänge geht vor allem auf das Institut der individuellen Verfassungsbeschwerde zurück, von der in Sachsen insgesamt 2007 erhoben wurden. In den beiden anderen Bundesländern existierte dieses Verfahren im angegebenen

Tab. 2 Anzahl der Entscheidungen der Landesverfassungsgerichte in Bremen, Nordrhein-Westfalen und Sachsen (1998 bis 2018)

	HB	NRW	SN
Eingänge gesamt	31	122	2343
Eingänge ohne Verfassungsbeschwerden	31	122	339
Organklagen gesamt	8	39	116
• Davon parlamentsrechtlich	8	15	110
Normenkontrollverfahren	5	11	12
• Davon abstrakt	1	10	9
• Davon konkret	4	1	3
Wahlprüfungsbeschwerden	12	26	18
Kommunale Verfassungsbeschwerden	–	43	180[a]
Individualverfassungsbeschwerden	–	–	2007
Abgeordnetenanklagen	–	–	6
Anderes	6	3	4

[a]Genannt: Normenkontrolle auf kommunalen Antrag
Quelle: Eigene Auswertung der online einsehbaren Entscheidungssammlungen auf den Internetseiten der drei oben genannten Landesverfassungsgerichte

Untersuchungszeitraum nicht.[7] Werden Verfassungsbeschwerden ausgeklammert, bleiben in Sachsen immer noch 336 Entscheidungen übrig, das heißt, die Anzahl der Eingänge ist auch ohne diese Beschwerden immer noch sehr hoch. Schließt man Entscheidungen zu individuellen Verfassungsbeschwerden aus, zeigt sich, dass die drei Landesverfassungsgerichte in circa ein Viertel (Bremen) bis ein Drittel (Nordrhein-Westfalen und Sachsen) der Fälle über Organklagen zu urteilen hatten.

Welche der Organklagen können als parlamentsrechtlich eingestuft werden? Dafür wird auf die am Anfang des Beitrags vorgestellte Definition zurückgegriffen, es werden also diejenigen Entscheidungen als parlamentsrechtlich betrachtet, „die das Parlament, seine Organisation und Tätigkeit betreffenden Rechtssätze" berücksichtigen. Legt man diesen Maßstab an, sind alle bzw. fast alle Organklageentscheidungen in Bremen und Sachsen als parlamentsrechtlich einzustufen; in Bremen sind es 8 von 8, in Sachsen 110 von 116.[8] Anders sieht dies beim VerfGHNRW aus: Hier betrafen nur 15 von 39 eingebrachten Organklagen oder knapp 40 Prozent parlamentsrechtliche Fragen (Tab. 2). Dieser vergleichsweise geringe Anteil ist damit zu erklären, dass in NRW im angegebenen Untersuchungszeitraum relativ viele Organklagen kommunalwahlrechtliche Auseinandersetzungen betrafen, die sich insbesondere auf die Sperrklausel bezogen. Zu beachten ist zudem, dass erstens der Streitgegenstand doppelt vertreten sein kann, wenn nämlich zunächst über eine einstweilige Anordnung entschieden wurde und danach eine Entscheidung in der Hauptsache erging, und dass zweitens sowohl Beschlüsse als auch Urteile in die Entscheidungsstatistik aufgenommen wurden.

Die hohe Anzahl von Entscheidungen in Sachsen könnte durch eine höhere Fragmentierung des Parteiensystems im Landtag und/oder eine höhere Anzahl von strukturellen Oppositionsfraktionen begründet sein (Flick 2011a, S. 208–216). Allerdings gab es selbst in der Zeit bis 2004, als im Sächsischen Landtag

---

[7]In Nordrhein-Westfalen gibt es individuelle Verfassungsbeschwerden seit dem 1. Januar 2019. Rinken (2016, S. 1072) diskutiert diese Möglichkeit für Bremen.

[8]In Sachsen gibt es zudem das Institut der Abgeordnetenanklage, das als parlamentsrechtlich relevant eingestuft werden kann. Eine solche Anklage wurde im Untersuchungszeitraum sechsmal erhoben. In allen Fällen ging es darum, ob Abgeordnete des Sächsischen Landtags „für das frühere Ministerium für Staatssicherheit/Amt für nationale Sicherheit der DDR" (Art. 118 Abs. 1 Nr. 2 SächsVerf) arbeiteten. Dieser Passus ist in den Verfassungen der Bundesländer einmalig und zudem umstritten (Rühmann 2012a, S. 135 f.). Alle eingeleiteten Verfahren scheiterten aus formalen Gründen.

nur drei Fraktionen vertreten waren, mehr parlamentsrechtlich relevante Klagen als in Bremen und Nordrhein-Westfalen. Zudem sind in der Bremischen Bürgerschaft in der 19. Wahlperiode (2015/19) ebenfalls sechs Fraktionen vertreten und damit ebenso viele wie im Sächsischen Landtag in der 4. und 5. Wahlperiode (2004/09 und 2009/14), ohne dass beim Bremischen Staatsgerichtshof signifikant mehr Organklagen erhoben worden wären. Zu beachten ist für Sachsen zudem der Einzug der NPD in den Landtag 2004 und 2009, was zeitverzögert zu höheren Fallzahlen führte. Mit dem Ausscheiden der NPD aus dem Landtag 2014 sanken die Entscheidungszahlen aber nicht, obwohl die neu eingezogene AfD nur zwei Organklageanträge einreichte. Die meisten Entscheidungen in parlamentsrechtlichen Organstreitverfahren traf der Sächsische Verfassungsgerichtshof in dem angegebenen Untersuchungszeitraum in den Jahren 2016 (16 Entscheidungen), 2017 und 2010 (je elf), 2014 (neun) sowie 2004 und 2009 (je acht).

2.2 Antragsteller und Antragsgegner

Grundsätzlich können Organstreitverfahren von allen Landesverfassungsorganen bzw. anderen Beteiligten eingeleitet werden, die durch die Verfassung, durch die Geschäftsordnung eines Landesparlamentes oder der Landesregierung mit eigenen Rechten ausgestattet sind. In der Verfassungspraxis hat sich allerdings in den drei Bundesländern dasselbe Verfahrensmuster durchgesetzt wie auf Bundesebene: Wie im Bund werden auch in den drei untersuchten Bundesländern Organstreitverfahren vorrangig von der Opposition genutzt. In Bremen, Nordrhein-Westfalen und Sachsen erhoben einzelne Abgeordnete die meisten Organklagen; in Bremen und Sachsen in ungefähr drei Viertel der Fälle, in Nordrhein-Westfalen in gut zwei Drittel der Fälle (Tab. 3). An zweiter Stelle folgen Fraktionen, die gut 14 % aller parlamentsrechtlichen Organstreitverfahren in den drei Bundesländern initiierten. Hinzu kommt, dass das Klagerecht in parlamentsrechtlichen Organstreitigkeiten fast nur von Abgeordneten und Fraktionen der Opposition genutzt wird (Tab. 4). Es wird also weniger als Kollektivinstrument gehandhabt, sondern vor allem als Mittel einzelner Abgeordneter.

Antragsgegner war in Sachsen in knapp 60 % der Fälle die Staatsregierung, in Nordrhein-Westfalen hingegen in nur jedem dritten Fall und in Bremen nur in jedem vierten (Tab. 3). Das widerspricht dem gängigen Bild, es handele sich bei Organstreitverfahren meist um Klagen der Opposition gegen eine Regierung. Vielmehr richten sich parlamentsrechtliche Organklagen häufig auch gegen den Landtag als Gesamtheit und/oder den Landtagspräsidenten bzw. das Landtagspräsidium. In Nordrhein-Westfalen war dies in immerhin zwei Dritteln aller

Parlamentsrechtliche Entscheidungen ... 245

Tab. 3 Antragsteller und -gegner in parlamentsrechtlichen Entscheidungen von Organstreitverfahren der Landesverfassungsgerichte in Bremen, Nordrhein-Westfalen und Sachsen (1998 bis 2018)

	HB	NRW	SN
Parlamentsrechtliche Organstreitverfahren (abs.)	8	15	110
Anteil der Organstreitverfahren an allen Organklagen (%)	100,0	38,5	95,0
Von Opposition beantragte parlamentsrechtliche Organklagen (abs.)	8	14	109
Anteil der Opposition an parlamentsrechtlichen Organklagen (%)	100,0	93,3	99,1
Erfolgreiche Anträge (abs.)[a]	1 (1)	5	42 (16)
Antragsteller			
• Einzelnes MdL	6	6	81
• Mehrere MdL	0	3	10
• Fraktion(en)	1	5	13
• Fraktion und MdL	0	1	5
• Partei	1	0	0
• Ausschuss (auch Untersuchungsausschuss)	0	0	1
Antragsgegner			
• Landesregierung bzw. Senat (einschl. MP oder Minister)	2	5	64
• Landesparlament bzw. dessen Präsident oder Präsidium	4	10	36
• Fraktionen	2	0	2
• Ausschuss (auch Untersuchungsausschuss)	0	0	8

[a]Anzahl der Verfahren, die ganz oder teilweise im Sinne der Antragsteller entschieden wurden; in Klammern die Anzahl der Verfahren, bei denen der Antrag zurückgenommen wurde, weil dem Gegenstand der Klage durch die Antragsgegner abgeholfen wurde
Quelle: Eigene Auswertung der online einsehbaren Entscheidungssammlungen auf den Internetseiten der drei oben genannten Landesverfassungsgerichte

Entscheidungen der Fall, in Bremen in der Hälfte und in Sachsen in ungefähr einem Drittel. Es geht also bei parlamentsrechtlichen Organstreitigkeiten auch häufig um innerparlamentarische Konflikte, wie etwa Jürgen Rühmann (Rühmann 2012a, S. 134 f.) für den sächsischen Fall resümierend konstatiert: „Analysiert man indessen die bislang gegenüber der Staatsregierung […] einerseits und gegenüber dem Landtag, seinem Präsidenten, seinen Organen und Gremien andererseits ergangenen Entscheidungen [des SächsVerfGH], so überwiegt der

Tab. 4 Entscheidungen dreier Landesverfassungsgerichte in Organstreitverfahren nach parlamentarischen Funktionsbereichen (HB, NRW, SN, 1998 bis 2018)

	HB	NRW	SN
Organklagen zur Kontrollfunktion der Parlamente	1	5	62
• Davon betrafen Kleine Anfragen	0	2	52
• Davon betrafen Untersuchungsausschüsse	0	2	8
Organklagen zur Selbstorganisation der Parlamente	6	3	25
• Davon betrafen Ordnungsmaßnahmen	0	0	17
Organklagen zur Wahlfunktion der Parlamente	0	3	3
Organklagen zur Öffentlichkeitsfunktion der Parlamente	1	1	3
Organklagen zur Gesetzgebungsfunktion der Parlamente	0	3	1
Anderes	0	0	7
Unklar	0	0	9

Quelle: Eigene Auswertung der online einsehbaren Entscheidungssammlungen auf den Internetseiten der drei Landesverfassungsgerichte

letztere Bereich mindestens quantitativ, wenn nicht sogar auch qualitativ." Häufig handelt es sich dabei um Anträge von oppositionellen Abgeordneten und Fraktionen gegen Entscheidungen der Regierungsmehrheit im Parlament. In geringerer Anzahl sind Ausschüsse (nur in Sachsen, 8-mal) und Fraktionen (je zwei in Bremen und Sachsen) Antragsgegner.

Auffallend ist, dass Abgeordnete oder eine Fraktion der Linkspartei in jedem der drei Beispielländer jeweils mit mindestens einer Klage vertreten sind. Zudem scheint die Klagewahrscheinlichkeit erhöht, wenn eine neue Fraktion in einen Landtag einzieht; hier scheint der Zweck eines Organstreitverfahrens auch darin zu liegen, dass bisher nicht beanstandete Regeln überprüft werden (so bei der NPD in Sachsen und den Piraten in Nordrhein-Westfalen).

2.3 Themen

Die Themen, die in Organklagen adressiert werden, sind Ausfluss der verfassungsrechtlichen Ausgestaltung dieser Verfahrensart. Sie betreffen auf Machtasymmetrien beruhende Kompetenzkonflikte zwischen Staatsorganen. Für den vorliegenden Zusammenhang ist aber vor allem von Bedeutung, inwieweit sich aus den Urteilen und Beschlüssen der drei Landesverfassungsgerichte

Parlamentsrechtliche Entscheidungen ... 247

Schlussfolgerungen ziehen lassen in Bezug auf die Funktionen von Landesparlamenten. Die in Organstreitverfahren behandelten Themen werden daher im Folgenden nach parlamentarischen Funktionsbereichen klassifiziert. Grundlage ist dafür der von Höpcke (2014; in Anlehnung an Patzelt 2003) vorgeschlagene Funktionskatalog, der folgende Bereiche umfasst: Kontrolle, Repräsentation (mit den Teilaspekten Responsivität, Vernetzung und Öffentlichkeit), Wahl, Gesetzgebung und Selbstorganisation. Da einige Aspekte der Repräsentation wie Wahlprüfungsbeschwerden (Plöhn in diesem Band) und Entscheidungen zur Volksgesetzgebung (Pautsch in diesem Band) in anderen Beiträgen dieses Sammelbandes behandelt werden und sie nicht strikt als parlamentsrechtlich gelten können, beschränkt sich die Darstellung zur Repräsentation auf den Aspekt der Öffentlichkeit. Zudem ist zu berücksichtigen, dass Parlamentsfunktionen „in der Regel uno actu – mehrere zugleich in einem einzigen Akt parlamentarischer Handlung – wahrgenommen" werden (Thaysen 1976, S. 97, Hervorhebung im Original nicht berücksichtigt). Bei der Zuordnung einzelner Entscheidungen zu Parlamentsfunktionen war dies zu berücksichtigen.

Mehr als die Hälfte aller in den drei Bundesländern eingereichten parlamentsrechtlichen Organklagen betraf die *Kontrollfunktion*. In Sachsen war mehr als jede zweite Entscheidung diesem Funktionsbereich zuzuordnen, in Nordrhein-Westfalen war es jede dritte, in Bremen gab es nur eine Entscheidung (Tab. 4).

In Sachsen waren vor allem Kleine Anfragen wiederholt Thema vor dem Landesverfassungsgericht, in Nordrhein-Westfalen zweimal und in Bremen gar nicht. Das korrespondiert mit der sehr hohen Nutzung dieses Frageinstruments im Sächsischen Landtag.[9] Fast die Hälfte aller Entscheidungen des Sächsischen Verfassungsgerichtshofs in parlamentsrechtlichen Organstreitigkeiten, nämlich 52 von 110, bezog sich auf Kleine Anfragen. Besonders mutet an, dass von den ersten Entscheidungen des Verfassungsgerichtshofs zu Kleinen Anfragen 1994, 1998 und 2001 offenbar keine klärende Wirkung ausging, da die Staatsregierung wiederholt daran erinnert werden musste, dass sie der Antwortpflicht in ausreichendem Maße nachzukommen habe. So hatte der SächsVerfGH in dem Urteil vom 16. April 1998 bereits festgehalten, dass es eine Darlegungspflicht

---

[9]Während im Sächsischen Landtag Kleine Anfragen pro Wahlperiode durchschnittlich ungefähr gut 9000 Mal gestellt wurden (1. bis 6. Wahlperiode), waren es in Nordrhein-Westfalen gut 3000 in den Wahlperioden 12 bis 16 und in Bremen in den Wahlperioden 14 bis 19 mehr als 300 Mal durchschnittlich, wobei für Bremen zu beachten ist, dass Kleine Anfragen dort Fraktionsrecht bilden und kein Abgeordnetenrecht sind.

der Regierung gibt, wenn diese eine Antwort auf eine Kleine Anfrage ganz oder teilweise verweigern möchte. Dafür sei der Aufwand einer Arbeitswoche eines Sachbearbeiters einer nachgeordneten Behörde gerechtfertigt (SächsVerfGH, Urteil vom 16. April 1997 – Vf. 14-I-97). Trotz dieser Klarstellungen des Verfassungsgerichts ging es in Urteilen danach wiederholt um die Frage der Auskunftspflicht und Antwortverweigerung durch die Regierung (zum Beispiel in den Urteilen vom 29. Januar und 22. April 2004 oder vom 5. November 2010). Klärend in Bezug auf das Format von Kleinen Anfragen, die in Sachsen wiederholt dazu genutzt wurden, mehrere thematisch zusammenhängende Fragen in einzelne Kleine Anfragen aufzuteilen, wirkte der Sächsische Verfassungsgerichtshof in einem Urteil vom 20. April 2010 (SächsVerfGH, Vf. 54-I-09); er beanstandete dieses Vorgehen. Umgekehrt wurde in einem anderen Urteil unter anderem die Nichteinhaltung von Antwortfristen durch die Staatsregierung gerügt (SächsVerfGH, Urteil vom 28. Juli 2017 – Vf. 115-I-16). In den jüngsten Fällen, in denen Kleine Anfragen vor dem Verfassungsgerichtshof verhandelt wurden, stellte die Regierung ergänzte Antworten im Dokumentationssystem des Landtags ein, nachdem jeweils Klage eingereicht worden war. Beispielhaft sei aus einem Beschluss des SächsVerfGH vom 15. Dezember 2016 zitiert: „Während des laufenden Organstreitverfahrens berichtigte die Antragsgegnerin ihre Antwort durch Veröffentlichung im Dokumentationssystem ‚EDAS-webservice' des Sächsischen Landtags." (Vf. 43-I-16, S. 3) Es handelte sich in 15 Fällen um Anträge von jeweils einem Abgeordneten der Linken-Fraktion (viermal André Schollbach, fünfmal Nico Brünler und sechsmal Juliane Nagel); es ging jeweils um Kleine Anfragen, in denen Betreiber von Erstaufnahmeeinrichtungen für Asylsuchende oder der Einzug der Kirchensteuer Thema waren. Nicht unwahrscheinlich ist es, dass Klagen vor dem Verfassungsgerichtshof in diesen Fällen behilflich waren, die Regierung zum Nachreichen einer vollständigen Antwort zu motivieren.

In Nordrhein-Westfalen und Sachsen wurde jeweils ein Fall verhandelt, der das Fragerecht der Parlamente hinsichtlich von Vorgängen im privatrechtlichen Bereich berührte. In beiden Fällen wurde den Fragenden, die Antragsteller waren (jeweils ein Abgeordneter bzw. eine Abgeordnete der Fraktion Bündnis 90/Die Grünen), bestätigt, dass das Fragerecht sich auch auf privatrechtliche Bereiche erstrecken kann. In Nordrhein-Westfalen hieß es im ersten Leitsatz des Urteils vom 19. August 2008 dazu: „Ein privates Unternehmen kann Gegenstand einer parlamentarischen Anfrage sein, wenn der Staat mit diesem Unternehmen im eigenen Interesse funktional verzahnt ist und einen dementsprechenden Einfluss ausübt" (VerfGHNRW, Urteil 19. August 2008 – VerfGH 7/07). In Sachsen wurde mit Verweis auf das eben zitierte Urteil aus Nordrhein-Westfalen betont, dass die Frage, ob „parlamentarische Anfragen den Verantwortungsbereich der

Staatsregierung betreffen und damit eine Antwortpflicht begründen, [...] der uneingeschränkten Kontrolle durch den Verfassungsgerichtshof [unterliegt]. Der Staatsregierung kommt insoweit keine Einschätzungsprärogative zu" (Sächs-VerfGH, Beschluss vom 5. November 2009 – Vf. 133-I-08, S. 16).[10]

Der zweite Kontrollbereich, zu dem einige Entscheidungen der Landesverfassungsgerichte in Nordrhein-Westfalen und Sachsen ergingen, betrifft Untersuchungsausschüsse. In Bremen waren Untersuchungsausschüsse im betrachteten Zeitraum nicht Gegenstand einer Entscheidung des Staatsgerichtshofs, allerdings in einem Urteil von 1989, das für den Stadtstaat wegweisend wurde (Brem-StGHE 5, 15; Rinken 2012, S. 216). Auch schon in den 1970er Jahren war der Bremische Staatsgerichtshof auf diesem Themengebiet maßgeblich tätig (Flick 2011b, S. 597–600). In Nordrhein-Westfalen ging es im Urteil vom 17. Oktober 2000 um die Änderung eines Einsetzungsantrags durch die Mehrheitsfraktionen, der von einer Minderheitsfraktion (CDU) eingebracht worden war. Das Gericht beanstandete dieses Vorgehen und hielt fest: „Hält der Landtag eine von der Minderheit beantragte Untersuchung in wesentlichen Teilen für verfassungswidrig, so darf er den Einsetzungsantrag nur insgesamt ablehnen. Er ist nicht befugt, die für verfassungswidrig gehaltenen Teile aus dem Minderheitsantrag zu streichen und dem so geänderten Antrag stattzugeben" (VerfGHNRW, Urteil vom 17. Oktober 2000 – Az. 16/98, Leitsatz 2a; Entscheidungskritik bei Kühne 2002). In der Sache scheint diese Entscheidung Wirkung entfaltet zu haben, jedenfalls war die Einsetzung eines Untersuchungsausschusses in Nordrhein-Westfalen danach kein Thema mehr vor dem Landesverfassungsgericht.

In Sachsen ging es hingegen wiederholt um Belange von Untersuchungsausschüssen. Dabei wurde meist das Vorgehen der Mehrheitsfraktionen gerügt, da Minderheitenrechte nicht gewahrt worden waren. In einem Fall ging es beispielsweise um die Übersendung von Mitschriften voriger Zeugenaussagen an einen zukünftig aussagenden Zeugen. Die Ausschussmehrheit beschloss dies, wurde dafür aber vom Verfassungsgerichtshof gerügt, da dies die Rechte der Antragsteller verletzte. Bemerkenswert ist, dass sich der Untersuchungsausschuss der zunächst erlassenen einstweiligen Anordnung zwar beugte, den Beschluss aber nicht aufhob, „sodass der Verfassungsgerichtshof genötigt war, die vorgenannten Erwägungen in einem Beschluss zur Hauptsache, mit dem er die Verfassungswidrigkeit des

---

[10]Auch der Bremer Staatsgerichtshof hatte über die Problematik von Auslagerungen in privatrechtliche Bereiche zu entscheiden, allerdings im Rahmen einer abstrakten Normenkontrolle, bei der es um die Verlagerung von Staatsaufgaben auf Beliehene ging, vgl. BremStGHE 7, 9 sowie Rinken (2012, S. 217).

Ausschussbeschlusses feststellte, nochmals zu bekräftigen" (Rühmann 2012b, S. 174; SächsVerfGH, Beschluss vom 22. April 2004 – Vf. 86-I-03). Trotz der Klarstellungen im Urteil von 2004 ging es auch später wieder um Entscheidungen über Verfahrensfragen in Untersuchungsausschüssen, zum Beispiel in Urteilen aus den Jahren 2007 und 2009[11] über die Umsetzung von Beweisbeschlüssen. Wie in Nordrhein-Westfalen war auch in Sachsen einmal die Einsetzung eines Untersuchungsausschusses Thema. Die Staatsregierung hatte Akten nicht herausgegeben, da sie den Einsetzungsbeschluss des Untersuchungsausschusses für verfassungswidrig hielt. Zwar verletzten laut Verfassungsgerichtshofs Teile des Einsetzungsbeschlusses den Kernbereich exekutiver Eigenverantwortung, dies führe aber nicht dazu, dass der gesamte Einsetzungsbeschluss unwirksam sei. Daher sei die umfassende Verweigerung der Aktenvorlage in der Gesamtheit nicht gerechtfertigt (SächsVerfGH, Urteil vom 29. August 2008 – Vf. 154-I-07).

Umfassendere Informationsrechte des Landesparlaments waren Thema in Bremen, als die dortige Fraktion „Die Linke" beantragte, anzuerkennen, dass der Senat Informations- und Beteiligungsrechte der Bürgerschaft verletzt habe im Rahmen der Einführung der so genannten Schuldenbremse in das Grundgesetz. Zwar wurde der Antrag als unzulässig verworfen und als unbegründet zurückgewiesen, das Urteil enthielt aber klärende Formulierungen zu der Definition eines Vorhabens, über das der Senat die Bürgerschaft zu informieren habe – so *kann* es zum Beispiel unter bestimmten Voraussetzungen auf die Einbringung eines Gesetzantrages in den Bundesrat sowie das beabsichtigte Abstimmungsverhalten im Bundesrat zutreffen (BremStGH, Urteil vom 5. März 2010 – St 1/09). Kontrollkompetenzen des Landtags im Allgemeinen waren auch Gegenstand des Beschlusses vom 10. August 2010 vom nordrhein-westfälischen Verfassungsgerichtshof. Es klagten zwei Abgeordnete gegen den Landtag und monierten den Erlass eines Paragraphen in einem Gesetz und machten eine Verletzung der verfassungsrechtlichen Kompetenzen des Landtags durch die beanstandete Vorschrift geltend (VerfGHNRW, Beschluss vom 10. August 2010 – Az. 5/10). Der Verfassungsgerichtshof verwarf den Antrag allerdings als unzulässig, da die zwei Abgeordneten im vorliegenden Fall nicht „Rechte des Landtags im eigenen Namen als Prozessstandschafter geltend" machen konnten. In Sachsen wiederum ging es einmal um die Informationsrechte des Landtags und damit zusammenhängend die

---

[11]„Unter Bekräftigung der Grundsätze, wie sie schon im Beschluss vom 29.01.2004 aufgestellt worden waren, betonte er [der Verfassungsgerichtshof], aus Art. 54 Abs. 3 SächsVerf folge die Verpflichtung des Untersuchungsausschusses, den auf einem Minderheitenantrag beruhenden Beweisbeschluss zu vollziehen." (Rühmann 2012b, S. 174).

Informationspflichten der Regierung. Zwar hatte der konkrete Antrag nur teilweise Erfolg, das Gericht hielt aber ausdrücklich fest, dass der Landtag von der Regierung „nach bestem Wissen und vollständig über die Ergebnisse der vorbereitenden Programmplanung zu unterrichten" (SächsVerfGH, Urteil vom 23. April 2008 – Vf. 87-I-06, S. 32) sei. Dabei bleibt es letzterer überlassen, „ob sie den Landtag planungsbegleitend sukzessiv über die einzelnen Planungsabschnitte und die dabei getroffenen Zwischenentscheidungen oder erst über die fertig gestellten Programmvorschläge unterrichtete" (SächsVerfGH, Beschluss vom 23. April 2008 – Vf. 87-I-06, S. 33).

Konstatieren lässt sich, dass von den Kontrollinstrumenten, die Landtagen zur Verfügung stehen, in Sachsen vor allem Kleine Anfragen immer wieder Gegenstand von Anträgen vor Landesverfassungsgerichten waren. Damit sind es gerade Rechte, die von einzelnen Abgeordneten genutzt werden können, die den Weg vor dieses Landesverfassungsgericht fanden. Die den Fraktionen zustehenden Großen Anfragen waren hingegen in den drei Beispiellandtagen zwischen 1998 und 2018 nicht einmal Thema, genauso wenig wie einzelne Berichte oder Erklärungen der Landesregierungen, allerdings wurden übergeordnete Fragen der Informationsrechte wie in Bremen und Sachsen mitunter behandelt. Hinsichtlich von Gremien gibt es einzelne Fälle, in denen das Untersuchungsausschussrecht verhandelt wurde, Belange von Enquete-Kommissionen waren hingegen in den drei Ländern nie Thema vor den Verfassungsgerichten. Die Kontrolle über andere Instanzen wie über den Rechnungshof oder Datenschutzbeauftragte kam ebenfalls nicht vor, wobei die Landesverfassungsgerichte selbst einen Teil dieser anderen Instanzen bilden.

Der zweite Funktionsbereich, auf den in den drei Ländern vergleichsweise viele Entscheidungen entfallen, ist die *Selbstorganisation*. Selbstorganisation, auch institutionelle Selbstorganisation genannt, wird verstanden „als Kompetenz des Parlaments, sich selbst zu gestalten und die eigene Position zu behaupten" (Höpcke 2014, S. 378). Darunter fallen Geschäftsordnungsbefugnisse genauso wie Ressourcen in Form von Verwaltung, Mitarbeitern, Diätenregelungen etc. sowie ein institutionelles Beziehungsnetzwerk. In Bremen lassen sich immerhin drei Viertel aller Entscheidungen im Untersuchungszeitraum diesem Bereich zuordnen, in Nordrhein-Westfallen und in Sachsen ist es ungefähr jede fünfte Entscheidung. Dabei gab es in Sachsen relativ viele Verfahren (17 von 25) zu Ordnungsmaßnahmen wie Ordnungsrufe und Sitzungsausschlüsse, die vom Präsidenten des Sächsischen Landtags ausgesprochen worden waren. Solche Maßnahmen waren in den anderen beiden Ländern nicht Thema vor dem jeweiligen Landesverfassungsgericht im betrachteten Zeitraum. Die Verfahren wurden in Sachsen alle von der NPD (von einzelnen Abgeordneten oder der gesamten

Fraktion) initiiert. Die Entscheidungen spiegeln wider, dass der parlamentarische Alltag in den zwei Wahlperioden (2004 bis 2014) mit NPD-Präsenz im Sächsischen Landtag umkämpft war. Es ging um das Abstecken von Sagbarem und Tolerierbarem im Repräsentationszentrum Sachsens.[12] In dieser Hinsicht ging es vor dem Landesverfassungsgericht in parlamentsrechtlichen Fragen nicht nur um – die anfangs zitierten – „Verwerfungen innerhalb des verfassungsrechtlichen Koordinatensystems" (Rinken 2012), sondern auch um die Koordinaten innerhalb eines Verfassungsorgans, nämlich des Landtags selbst.

In Bremen gab es nach einem Bundesverfassungsgerichtsurteil aus dem Jahr 2000 drei Entscheidungen zur Zahlung von so genannten Funktionszulagen an Abgeordnete, die nicht Fraktionsvorsitzende waren, zu dem in den anderen beiden Ländern keine Verfahren stattfanden.[13] In allen drei Fällen wurden die Anträge in Bremen jedoch zurückgewiesen. Interessant ist hier, dass ein Urteil des Bundesverfassungsgerichts nicht unbedingt überall in gleichem Maße Anträge nach sich ziehen muss. Die Rezeption der Urteile ist höchst unterschiedlich, und zwar nicht nur hinsichtlich potenzieller Antragsteller, sondern auch in Bezug auf die Befassung der einzelnen Landesverfassungsgerichte mit Entscheidungen des Bundesorgans in eigenen Beschlüssen und Urteilen.

Die anderen drei Fälle in Bremen in dieser Kategorie gehen auf den Antrag eines Abgeordneten zurück, der sich von der Sitzordnung in der Bremischen Bürgerschaft benachteiligt fühlte. Nachdem die Bürgerschaft vor einer Entscheidung des Gerichts, aber nach Klageeingang eine neue Lösung für die Sitzordnung gefunden hatte, zog der Abgeordnete seinen Antrag zurück, klagte aber

---

[12]Vgl. zu dieser Strategie des Austestens an einem finnischen Beispiel Vaarakallio (2015).

[13]Das Bundesverfassungsgericht hatte in seinem Urteil vom 21. Juli 2000 unter anderem entschieden: „Um eine der Freiheit des Mandats und der Statusgleichheit der Abgeordneten entsprechende, von sachfremden Einflüssen freie politische Willensbildung zu gewährleisten, ist die Zahl der mit Zulagen bedachten Funktionsstellen auf wenige politisch besonders herausgehobene parlamentarische Funktionen zu beschränken." (BVerfGE 102, 224, Leitsatz 3) Es hatten zwei ehemalige Mitglieder des Thüringer Landtags gegen den Thüringer Landtag geklagt. Da die Ursprungsklage von 1991 war und zu diesem Zeitpunkt der Thüringer Verfassungsgerichtshof noch nicht existierte, wurde der Antrag vor dem Bundesverfassungsgericht verhandelt. Der Bremische Staatsgerichtshof entschied hingegen, dass der Antragsteller „weder durch die Zahlung von Funktionszulagen an die stellvertretenden Fraktionsvorsitzenden noch durch den Ausschluß vom Empfängerkreis des Oppositionszuschlags in dem von ihm geltend gemachten Rechtsstatus als Abgeordneter verletzt (Art. 83 Abs. 1 i. V. m. 65 Abs. 1, 66 Abs. 1, 75 Abs. 1 BremVerf)" ist (BremStGH, Urteil vom 5. November 2004 – St 3/03).

auf Erstattung von Kosten und, nachdem dies abgelehnt worden war, auf Gehörsrüge. In Nordrhein-Westfalen klagte wiederum ein Abgeordneter gegen die Streichung seines Namens auf der Teilnehmerliste für eine Türkeireise (VerfGHNRW, Beschlüsse vom 23. September 2014 – VerfGH 26/14 und 27/14) und ein anderer Parlamentarier gegen die Aufhebung seiner Immunität (VerfGHNRW, Beschluss vom 29. Juli 2005 –VerfGH 8/05). In Sachsen war ebenfalls einmal die Teilnahme an einer Delegationsreise Thema sowie die Ausstattung einer Fraktion mit Räumlichkeiten im Landtagsgebäude. Diese Fälle verdeutlichen, dass vor den Landesverfassungsgerichten mitunter innerparlamentarische Konflikte behandelt werden, die sich um die Organisation des Parlamentsalltags drehen.

Die *Wahlfunktion* war in Bremen im Untersuchungszeitraum nicht Gegenstand einer Organklage, aber in Nordrhein-Westfalen und Sachsen je dreimal. Dabei wurde jeweils einmal über die Besetzung des Landtagspräsidiums verhandelt, es stand also eine parlamentsinterne Wahl im Fokus. In beiden Fällen ging es um die Besetzung eines Vizepräsidentenpostens. Die Anträge wurden in Nordrhein-Westfalen von der Piraten-Fraktion und in Sachsen von der Fraktion „Die Linke" eingereicht, sie wurden beide verworfen. Es sei, so der VerfGHNRW, „von vornherein ausgeschlossen, dass die Antragsgegner durch die unterbliebene Wahl eines Mitglieds der Antragstellerin zum vierten Vizepräsidenten des Landtags Nordrhein-Westfalen am 16. März 2016 oder das Nichthinwirken auf eine solche Wahl verfassungsmäßige Rechte der Antragstellerin unmittelbar gefährdet oder verletzt haben" (VerfGHNRW, Beschluss vom 25. Oktober 2016 – VerfGH 6/16, Rz. 26). Der Sächsische Verfassungsgerichtshof sah keinen verfassungsrechtlichen Anspruch auf Fortsetzung einer einmal geprägten parlamentarischen Übung, nämlich das Vorschlagsrecht für die Wahl des ersten Vizepräsidenten der zweitstärksten Fraktion zu übertragen. Dies wäre „mit der Selbstorganisationsbefugnis jedes – sich neu konstituierenden – Landtages unvereinbar" (SächsVerfGH, Urteil vom 5. November 2010 – Vf. 28-I-10, S. 8).

Zudem ging es in Nordrhein-Westfalen in zwei zusammenhängenden Entscheidungen um die Wahl von Mitgliedern der Bundesversammlung, die nach Meinung eines Abgeordneten nicht hätten, wie geschehen, öffentlich durchgeführt werden dürfen, sondern geheim durchgeführt werden müssen. In Sachsen waren die Besetzung eines Ausschussvorsitzes (SächsVerfGH, Urteil vom 29. Januar 2004 – Vf. 52-I-02) sowie Wahlen zum parlamentarischen Kontrollgremium, zur parlamentarischen Kontrollkommission und zur G10-Kommission (SächsVerfGH, Urteil vom 24. Februar 2005 – Vf. 121-I-04) Gegenstand von Organklagen. Im erstgenannten Fall musste der Verfassungsgerichtshof erneut klärend wirken, obwohl er in einem Urteil von 26. Januar 1996 schon die Problematik grundsätzlich geklärt zu haben glaubte. Damals hatte der

Verfassungsgerichtshof gerügt, dass von der PDS-Fraktion für die Parlamentarische Kontrollkommission vorgeschlagene Abgeordnete abgelehnt wurden, „ohne durch geeignete verfahrensmäßige Vorkehrungen sicherzustellen, daß solche Ablehnungen nicht von sachwidrigen Gründen bestimmt werden" (SächsVerfGH, Urteil vom 26. Januar 1996 – Vf. 15-I-95, S. 11). Im Urteil von 2004 betonte das Gericht, dass die Ablehnung eines vorgeschlagenen Kandidaten für einen Ausschussvorsitz „verfassungsrechtlich nur dann unbedenklich [ist], wenn sie sich auf fehlende Sachkompetenz oder mangelnde funktionsspezifische Eignung des Bewerbers stützen kann" (SächsVerfGH, Urteil vom 29. Januar 2004 – Vf. 52-I-02, S. 9). Und es wies ausdrücklich darauf hin, „dass ein Missbrauch des Wahlrechts durch die Mehrheit zunehmend in Betracht kommt, wenn am Ende nur noch bestimmte, der Mehrheit genehme, für die vorschlagsberechtigte Fraktion aber nicht oder kaum zustimmungsfähige Bewerber übrig bleiben" (SächsVerfGH, Urteil vom 29. Januar 2004 – Vf. 52-I-02, S. 15). Hier findet sich auch einer der seltenen Fälle, in denen sich ein Verfassungsgerichtsurteil auf die Geschäftsordnung auswirkte. Mit Beginn der 4. Wahlperiode änderte der Sächsische Landtag nämlich die Geschäftsordnung so, dass Ausschussvorsitzende von der vorschlagsberechtigten Fraktion benannt und nicht mehr vom Plenum gewählt werden (Rühmann 2012a, S. 140).

Hinsichtlich der Wahlfunktion ist bemerkenswert, dass vor allem parlamentsinterne Wahlen Thema vor den Landesverfassungsgerichten waren, aber nicht die Wahlen zur Exekutive, Judikative oder zur Finanzaufsicht.

Die *Öffentlichkeitsfunktion* umfasst nach Höpcke (2014, S. 221–252) die Öffentlichkeitsangebote und die Öffentlichkeitsarbeit eines Parlamentes. Unter die Öffentlichkeitsangebote fallen auch Mündliche Anfragen und Aktuelle Debatten oder Stunden. Schriftliche Fragen wie Kleine und Große Anfragen werden hingegen als Kontrollinstrumente betrachtet. Der Öffentlichkeitsfunktion lässt sich jeweils eine Entscheidung in Bremen und Nordrhein-Westfalen zurechnen sowie drei in Sachsen, wobei von diesen insgesamt fünf Entscheidungen drei Mündliche Fragen (eine in Bremen und zwei in Sachsen) thematisierten. Der Antrag in Bremen stammte von Jan Timke („Bürger in Wut"), der schon drei Verfahren im Bereich der Selbstorganisation (zur Sitzordnung) initiiert hatte. Das heißt, dass dieser Abgeordnete für die Hälfte aller parlamentsrechtlichen Entscheidungen vor dem Bremische Staatsgerichtshof im Untersuchungszeitraum verantwortlich war. Die Entscheidung in Sachsen betraf eine Darstellung in einem Schülerkalender, also ein Angebot der Öffentlichkeitsarbeit des Landtags. In Nordrhein-Westfalen ging es im Urteil vom 15. Juni 1999 (VerfGHNRW 6/97) um die Behandlung von Entschließungsanträgen. Vier Entschließungsanträge einer Oppositionsfraktion waren durch Änderungsanträge der regierungstragenden Fraktionen so

Parlamentsrechtliche Entscheidungen ... 255

abgewandelt worden, dass der ursprüngliche Gehalt maßgeblich geändert wurde. Das Gericht entschied, dass solche Änderungsanträge unzulässig seien, „die den Gegenstand des Entschließungsantrags auswechseln, ihn in ein ‚aliud' umformen" (VerfGHNRW, Urteil vom 15. Juni 1999 – VerfGH 6/97, Leitsatz 2c; vgl. auch Cancik 2001; Kühne 2002). Auffallend ist, dass Mündliche Fragen nur vereinzelt Thema waren und Aktuelle Stunden[14] in den drei Beispielländern gar nicht. Auch waren Aspekte der Öffentlichkeitsarbeit bis auf den einen erwähnten Fall nicht Gegenstand vor einem der drei Verfassungsgerichte.

Die *Gesetzgebungs- bzw. Rechtsetzungsfunktion* spielte in den Organstreitigkeiten weniger eine Rolle; dies hängt auch damit zusammen, dass dafür – in inhaltlicher Hinsicht – das Verfahren der abstrakten Normenkontrolle zur Verfügung steht, das hier nicht behandelt wird. Es fällt jedoch auf, dass dieser Bereich in Nordrhein-Westfalen mit drei Fällen vertreten ist, in Sachsen hingegen nur einmal und in Bremen gar nicht. Das Urteil des nordrhein-westfälischen Verfassungsgerichtshofs vom 9. Februar 1999 wurde weithin rezipiert und kontrovers diskutiert (VerfGHNRW 11/98; Kühne 2002). Es ging um die Zusammenlegung des Innen- und des Justizministeriums zu einem gemeinsamen Ressort für Inneres und Justiz. Dies war durch einen Organisationserlass der Regierung bestimmt worden. Dieser Erlass verletzte aber hinsichtlich der beschriebenen Ministeriumszusammenlegung nach Ansicht des Gerichts „das Recht des Landtags aus dem Vorbehalt des Gesetzes nach Art. 1 Abs. 1 Satz 1 und Art. 2 NRWVerf i.V.m. Art. 28 Abs. 1 Satz 1 GG" (VerfGHNRW, Urteil vom 9. Februar 1999 – VerfGH 11/98). Ebenfalls im Sinne der Antragsteller entschied der Verfassungsgerichtshof den Organstreit im Jahr 2012, als es um die Frage ging, ob das parlamentarische Budgetrecht des Landtags verletzt wurde, als das Haushaltsgesetz nicht rechtzeitig vorgelegt worden war (VerfGHNRW, Urteil vom 30. Oktober 2012 – VerfGH 12/11). Im Jahr 2015 beanstandeten Abgeordnete sowie die Fraktion der Piraten Teile eines Gesetzes zur Neuausrichtung des Verfassungsschutzes in Nordrhein-Westfalen, da sie das freie Mandat verletzen würden. Der Verfassungsgerichtshof verwarf die Anträge jedoch als unzulässig (VerfGHNRW, Beschluss vom 30. Juni 2015 – VerfGH 25/13). Um die Verletzung des Budgetrechts ging es auch in Sachsen. Hier wurde festgestellt,

---

[14]In Sachsen gab es vor dem hier betrachteten Zeitraum ein Urteil, in dem es um eine Aktuelle Debatte ging. Das Plenum hatte eine Aktuelle Debatte, die von einer Oppositionsfraktion beantragt worden war, von der Tagesordnung mit der Begründung genommen, das Thema hätte keine Aktualität mehr. Dieses Vorgehen missbilligte der Verfassungsgerichtshof in seinem Urteil vom 17. Februar 1995, da es das aus Artikel 39 Absatz 3 der Sächsischen Verfassung abzuleitende Recht auf Chancengleichheit verletzte (SächsVerfGH, Beschluss vom 17. Februar 1995 – Vf. 4-I-93; Rühmann 2012a, S. 137).

dass Rechte des Landtages verletzt wurden in Bezug auf Entscheidungen im Kreditausschuss der Sächsischen Landesbank. Es wurde hervorgehoben, dass „die Budgethoheit [...] die für ein demokratisches Gemeinwesen zentrale Befugnis des Landtages [umfasse], über Höhe und Verwendungszweck der staatlichen Finanzmittel zu entscheiden" (Rühmann 2012b, S. 181). Staatliche Finanzierungspflichten gegenüber der Sächsischen Landesbank gelten also „nicht uneingeschränkt", sondern sind an den „vom Gesetzgeber verfolgten Errichtungszweck" gebunden (SächsVerfGH, Urteil vom 28. August 2009 – Vf. 41-I-08, S. 34).

Zusammenfassend lässt sich festhalten, dass die meisten parlamentsrechtlichen Entscheidungen der Verfassungsgerichte in Bremen, Nordrhein-Westfalen und Sachsen die Funktionsbereiche der Kontrolle und institutionellen Selbstorganisation betrafen. Mag die parlamentarische Kontrolle als verfassungsgerichtlicher Gegenstand nicht überraschen, so ist es bemerkenswert, wie oft parlamentsinterne Entscheidungen der Landtage vor den Landesverfassungsgerichten angefochten wurden. Damit stimmt überein, dass Antragsgegner häufig nicht die Regierung war, sondern der Landtag selbst oder Präsident und Präsidium der Landesparlamente. Ungefähr gleichauf folgen mit geringerem Entscheidungsvolumen die Funktionsbereiche der Wahl, Gesetzgebung und Öffentlichkeit.

Zu prüfen ist, ob diese Schwerpunkte auf Kontrolle und Selbstorganisation für andere Landesverfassungsgerichte ebenfalls konstatiert werden können. Dabei sollte auch untersucht werden, ob die Dominanz von einzelnen Indikatoren der Funktionsbereiche wie von Kleinen Anfragen und Untersuchungsausschüssen innerhalb der Kontrollfunktion sich auch anderswo finden. Zu analysieren ist also zukünftig, ob die hier identifizierten klageintensiven und antragsarmen Funktionsbereiche (bzw. Teile von Funktionsbereichen) verallgemeinerbar sind.

2.4 Erfolgsrate

Klagen vor Landesverfassungsgerichten in parlamentsrechtlichen Organstreitigkeiten sind nicht aussichtslos. Als Erfolg wird im Folgenden gewertet, wenn ein Antrag vor dem Landesverfassungsgericht zumindest zum Teil erfolgreich war.[15]

---

[15]Hinzuweisen ist darauf, dass auch Entscheidungen, die für die Antragsteller zunächst nicht positiv ausgehen, erfolgreich sein können in der Hinsicht, dass sie klärende Passagen für künftige Vorgehensweisen enthalten (vgl. z. B. BremStGH, Urteil vom 5. März 2010 – St 1/09).

Parlamentsrechtliche Entscheidungen ... 257

Zusätzlich wird ausgewiesen, wenn ein Verfahren eingestellt wurde, nachdem ein Antrag zurückgenommen wurde aufgrund der Tatsache, dass das Beanstandete vom Antragsgegner vor einer Entscheidung des Verfassungsgerichts behoben wurde.

In Bremen war ein Antrag erfolgreich, und zwar derjenige bezüglich einer Mündlichen Frage. Zudem wurde ein Verfahren nach dem oben genannten Kriterium eingestellt. Das heißt, in einem Viertel der Fälle von parlamentsrechtlichen Organstreitigkeiten war der Antragsteller erfolgreich (Tab. 4). In Nordrhein-Westfalen waren fünf von 15 Entscheidungen für die Antragsteller zumindest zum Teil positiv; kein Verfahren wurde hingegen nach dem oben skizzierten Kriterium eingestellt. Das bedeutet, dass ein Drittel der Fälle für die Antragsteller zumindest zum Teil erfolgreich ausging. Davon betrafen je zwei den Funktionsbereich der Kontrolle (einmal bezüglich Kleiner Anfragen, einmal in Bezug auf einen Untersuchungsausschuss) und der Gesetzgebung sowie ein Fall die Öffentlichkeitsfunktion. In Sachsen fielen 42 Entscheidungen des Landesverfassungsgerichts zumindest teilweise positiv für die Antragsteller aus. 16 Verfahren wurden zudem nach dem oben beschriebenen Kriterium eingestellt, fast alle davon, nämlich 15, betrafen Kleine Anfragen, bei denen die Staatsregierung berichtigte und ergänzte Angaben nachreichte. Das heißt, in gut der Hälfte der Fälle waren die Antragsteller in Sachsen zumindest teilweise erfolgreich. Besonders erfolgreich waren Klagen in Bezug auf Untersuchungsausschüsse. Hier gingen sieben von acht Verfahren für die Antragsteller zumindest teilweise positiv aus. Bei Kleinen Anfragen war es fast in der Hälfte der Fälle so (23 von 52), und in Fragen der Selbstorganisation in acht von 25 Entscheidungen.

Bemerkenswert ist, wie viele Verfahren es in Sachsen gab und dass viele zumindest teilweise erfolgreich für die Antragsteller ausgingen. Die Tatsache, dass es sich dabei mitunter auch um sich wiederholende Materien handelte, insbesondere bezüglich Kleiner Anfragen und des Untersuchungsausschussrechts, lässt die Interpretation zu, dass die Verfassungsgerichtsentscheidungen hier eher fallbezogen und nicht fallübergreifend wirkten. Die vorherrschende Erwartung, dass ein Verfassungsgericht klärend einen spezifischen Fall entscheidet, was dann fallübergreifend wirkt, trifft hier nicht zu (so aber Cancik 2005). Die Staatsregierung musste vielmehr wiederholt an Oppositions- und Minderheitenrechte erinnert werden. Warum die Entscheidungen des Verfassungsgerichts nicht stärker von der Staatsregierung berücksichtigt wurden, lässt sich hier nicht abschließend klären. Die Nichtberücksichtigung und die gleichzeitig hohe Klagedichte lassen aber den Schluss zu, dass die Beziehungen der Gewalten untereinander im politischen System Sachsens keineswegs konfliktfrei waren und sind: Erstens scheint die Exekutive, auch in Einheit mit der sie tragenden Mehrheit im Landtag, ein konfliktreiches

Verhältnis zu den Oppositionsfraktionen zu unterhalten, das weniger von gegenseitiger Achtung des jeweils anderen Status getragen ist. Das legt wiederum nahe, dass der Parlamentarismus in Sachsen stark umkämpft ist. Zweitens scheint das Verhältnis von Exekutive/Legislative (bzw. der Regierungsmehrheit) und Judikative in Gestalt des Landesverfassungsgerichts ebenfalls nicht konfliktfrei zu sein[16], wenn Grundsätze von Urteilen im weiteren Handeln nicht berücksichtigt werden, sodass es wiederholt Verfahren zu ähnlichen Fragestellungen gibt. Anders interpretiert Rühmann die Verfahrenshäufigkeit in Sachsen. Er geht davon aus, dass das vom Verfassungsgerichtshof gesponnene Netz noch nicht ausgebaut genug war. „Versuche der Grenzüberschreitung in der Vergangenheit" seien oft nicht absichtsvoll unternommen worden, sondern beruhten „allein auf der doch nicht hinreichend deutlich entwickelten Struktur dieses ,Netzes'" (2012b, S. 186). Er vermutet, dass Landesregierung und Landtag in Zukunft „in der Regel ohne die lenkende Hand des Gerichtshofes ihre verfassungsmäßigen Aufgaben fehlerfrei" wahrnehmen könnten (ebenda). Die weiterhin recht hohen Antragseingänge von 2012 bis 2018 bestätigen dies für die nahe Zukunft jedoch nicht.

Bremen und Nordrhein-Westfalen sind gegenüber dem sächsischen Fall als wesentlich konfliktärmer zu beschreiben, wobei in Nordrhein-Westfalen durchaus entscheidende und kontrovers diskutierte Urteile ergingen. Diese entfalteten jedoch jeweils eine fallübergreifende Wirkung, so dass weitere Entscheidungen zu einmal beurteilten Materien nicht getroffen werden mussten. Bremen erscheint im Dreiervergleich als Beispiel eines besonders geruhsamen Parlamentarismus, jedenfalls ausweislich der Verfahrensdichte und -inhalte im hier betrachteten Untersuchungszeitraum.

3 Resümee: erste Befunde, begrenzte Aussagekraft und weiterer Forschungsbedarf

Die Analyse der parlamentsrechtlichen Entscheidungen in Organstreitverfahren vor den Landesverfassungsgerichten in Bremen, Nordrhein-Westfalen und Sachsen offenbarte, dass im Untersuchungszeitraum 1998 bis 2018 Abgeordnete

---

[16]Vgl. auch die Anmerkungen von Rühmann (2000, S. 180): „Allerdings tun sich für einige Teilnehmer am politischen Leben offensichtlich dort Verständnis- und Akzeptanzschwierigkeiten auf, wo der SächsVerfGH politisch für brisant gehaltene Gegenstände einer verfassungsrechtlichen Prüfung und ggf. Beanstandung unterzieht und den Landtag an seine (verfassungs-) rechtlichen Bindungen auch in solchen Fällen erinnern muss." Vgl. auch Jesse et al. (2014, S. 65).

(einzelne oder mehrere zusammen) die meisten Anträge einreichten, darauf folgten Fraktionen als Antragsteller. Fast alle Anträge stammten dabei aus den Reihen der Opposition. Antragsgegner war die Regierung, aber auch häufig der Landtag und/oder der Landtagspräsident und das Landtagspräsidium. Die klageintensivsten Funktionsbereiche lagen in den drei Beispielfällen bei Kontrolle (vor allem bei Kleinen Anfragen und dem Untersuchungsausschussrecht) und Selbstorganisation. Weniger klageintensiv waren die Bereiche der Gesetzgebung, Wahl und Öffentlichkeit. An der Erfolgsrate zeigt sich, dass Klagen in parlamentsrechtlichen Fragen nicht aussichtslos sind.

Nimmt man die anfangs zitierte Grundannahme von Alfred Rinken (2012) zur Hand, nach der verfassungsgerichtliche Verfahren als eine Art „Frühwarnsystem" bezeichnet werden können, die Verwerfungen verdeutlichen und Nachjustierungen vornehmen, so zeigen sich besonders in Sachsen viele Verwerfungen, die wiederholt vom dortigen Verfassungsgerichtshof geklärt werden mussten. In Bremen und Nordrhein-Westfalen wurden die Nachjustierungen hingegen so aufgenommen, dass es zu einzelnen Themen keine wiederholten Verfahren gab. Die Entscheidungen in Bremen und Nordrhein-Westfalen erscheinen in den hier behandelten Fragen also fallübergreifend gewirkt zu haben, während in Sachsen eine eher fallspezifische Klärung festzustellen ist. Insofern geben Landesverfassungsgerichtsentscheidungen durchaus Aufschluss darüber, wie ein Landesparlament handelt und „funktioniert"; noch mehr sagen solche Entscheidungen etwas über das Verhältnis von Regierungsmehrheit und Opposition aus. Während in Bremen ausweislich der Dichte und Themen der Entscheidungen des Staatsgerichtshofs das Verhältnis als konfliktarm bezeichnet werden kann, ist es in Sachsen konfliktreich und in Nordrhein-Westfalen mitunter von Konflikten gekennzeichnet.

Die ebenfalls anfangs aufgeworfene Frage, was parlamentsrechtliche Entscheidungen über ein Landesparlament aussagen, lässt sich wie folgt beantworten: Die Antragstellungen bezeugen, wie groß die Unzufriedenheit mit innerparlamentarischen Organisationsprozessen sowie mit dem Umgang von Regierung und Regierungsmehrheit mit Kontrollrechten ist, die vorrangig von der Opposition ausgeübt werden. Damit können sie als Gradmesser für das Verhältnis im Rahmen des so genannten neuen Dualismus angesehen werden. Dabei stellen Klagen vor dem Landesverfassungsgericht selbst ein eher anforderungsreiches Kontrollmittel von Landesparlamenten dar, das allerdings fast ausschließlich von Abgeordneten und Fraktionen der Opposition genutzt wird. Dass Entscheidungen der Landesverfassungsgerichte mitunter nicht fallübergreifend, sondern nur fallspezifisch klärend wirken, bedeutet, dass Landesparlamente und -regierungen durchaus unterschiedlich mit diesen Entscheidungen umgehen. Isoliert sind diese

Entscheidungen ohnehin nicht zu betrachten; der Kosmos aller Kontrollmöglichkeiten muss mitgedacht werden. Sie sollten künftig in Analysen von Landesparlamenten berücksichtigt werden, da sie Auskunft darüber geben, wie sich der Alltag im Parlament und im Verhältnis zwischen Regierungsmehrheit und Opposition gestaltet. Zu beachten ist, dass die hier vorgestellten Befunde nur auf der Analyse von jeweils 20 Jahren Entscheidungsgeschichte in drei Bundesländern beruhen und der sächsische Fall mit einer besonders hohen Entscheidungszahl einen „Ausreißer" unter den deutschen Landesverfassungsgerichten darstellt. Die Aussagekraft bleibt also begrenzt. Um diese auszuweiten, ist weitere Forschung nötig. Für den sächsischen Fall würde sich zum Beispiel ein Vergleich mit den parlamentsrechtlichen Entscheidungen des Landesverfassungsgerichts von Mecklenburg-Vorpommern anbieten, da die NPD im dortigen Landtag ebenfalls zwei Wahlperioden vertreten war (2006/11 und 2011/16) sowie beständig eine PDS- bzw. Linken-Fraktion, die allerdings – anders als in Sachsen – zeitweise eine die Regierung mittragende Fraktion war (1998 bis 2006). Ein mögliches Analyseraster wurde hier vorgestellt. Fragestellungen für zukünftige Untersuchungen können lauten: Sind die hier aufgezeigten klageintensiven Funktionsbereiche von Kontrolle und Selbstorganisation auch in anderen Bundesländern anzutreffen? Sind auch vor anderen Landesverfassungsgerichten vorrangig Abgeordnete Antragsteller von parlamentsrechtlichen Organklagen? Wie häufig ist dort ein Landesparlament und/oder sein Präsident und Präsidium Antragsgegner? Sind auch vor anderen Landesverfassungsgerichten solche Verfahren durchaus erfolgreich? Die Beantwortung dieser Fragen würde ermöglichen, ein klarer konturiertes Bild der von Landesparlamenten ausgeübten Kontrolle über andere Instanzen, von denen Landesverfassungsgerichte eine Möglichkeit darstellen, zu erhalten. Zudem würde sie offenbaren, welche Kontrolloptionen für welche Problemstellungen von Landesparlamenten vorrangig genutzt werden.

Literatur

Bethge, H. (1983). Organstreitigkeiten des Landesverfassungsrechts. In C. Starck & K. Stern (Hrsg.), *Landesverfassungsgerichtsbarkeit. Teilband II. Zuständigkeit und Verfahren der Landesverfassungsgerichte* (S. 17–42). Baden-Baden: Nomos.

Cancik, P. (2001). Zur Pflicht, seinen Standpunkt klar zu äußern oder Wie anders darf ein Änderungsantrag sein? Zum Urteil des VerfGH NRW über die Zulässigkeit von Änderungsanträgen der Regierungsmehrheit. *Zeitschrift für Parlamentsfragen, 32*(2), 249.

Parlamentsrechtliche Entscheidungen ... 261

Cancik, P. (2005). Entwicklungen des Parlamentsrechts – Die Bedeutung des verfassungsgerichtlichen Organstreitverfahrens. *Die Öffentliche Verwaltung, 58*(14), 577–587.

Carstensen, F., Kühne, A., & Wittig, M. (2018). Interdisziplinär und praxisrelevant. Die Themen der Zeitschrift für Parlamentsfragen seit 1969. *Zeitschrift für Parlamentsfragen, 49*(4), 961–979.

Edinger, F. (2017). Zum Recht einer Fraktion auf eine Anhörung im Ausschuss. Urteil des Verfassungsgerichtshofs Sachsen vom 27. Oktober 2016. *Zeitschrift für Parlamentsfragen, 48*(1), 157–162.

Flick, M. (2011a). *Organstreitverfahren vor den Landesverfassungsgerichten. Eine politikwissenschaftliche Untersuchung.* Bern: Lang.

Flick, M. (2011b). Der Einfluss der Landesverfassungsgerichte auf das Parlamentsrecht der deutschen Bundesländer. *Zeitschrift für Parlamentsfragen, 42*(3), 587–603.

Haas, M. (2006). *Der Verfassungsgerichtshof des Freistaates Sachsen.* Berlin: Berliner Wissenschafts-Verlag.

Hatschek, J. (1915). *Das Parlamentsrecht des Deutschen Reiches I.* Berlin: Göschen.

Höpcke, F. (2014). *Funktionsmuster und -profile: Subnationalstaatliche Parlamente im Vergleich.* Baden-Baden: Nomos.

Jesse, E., Schubert, T., & Thieme, T. (2014). *Politik in Sachsen.* Wiesbaden: Springer VS.

Ketelhut, J. (2017). Verfassungsgerichtsbarkeit im Zwei-Städte-Staat. Der Staatsgerichtshof der Freien Hansestadt Bremen. In W. Reutter (Hrsg.), *Landesverfassungsgerichte. Entwicklung – Aufbau – Funktionen* (S. 129–148). Wiesbaden: Springer VS.

Kühne, J.-D. (2002). Die Frage- und Kontrollrechte des Landtags und seiner Abgeordneten in der Rechtsprechung des Verfassungsgerichtshofs. In Präsident des Verfassungsgerichtshofs für das Land Nordrhein-Westfalen (Hrsg.), *Verfassungsgerichtsbarkeit in Nordrhein-Westfalen. Festschrift zum 50-jährigen Bestehen des Verfassungsgerichtshofs für das Land Nordrhein-Westfalen* (S. 355–376). Stuttgart: Richard Boorberg.

Munz, B. (2013). Die Sächsische Verfassung vom 27. Mai 1992 im Spiegel der Judikatur des Verfassungsgerichtshofs des Freistaates Sachsen. In Arnd Uhle (Hrsg.), *20 Jahre Sächsische Verfassung* (S. 145–163). Berlin: Duncker & Humblot.

Patzelt, W. J. (2003). Parlamente und ihre Funktionen. In W. J. Patzelt (Hrsg.), *Parlamente und ihre Funktionen. Institutionelle Mechanismen und institutionelles Lernen im Vergleich* (S. 13–49). Wiesbaden: Westdeutscher Verlag.

Patzelt, W. J. (2017). Der Verfassungsgerichtshof des Freistaates Sachsen. In W. Reutter (Hrsg.), *Landesverfassungsgerichte. Entwicklung – Aufbau – Funktionen* (S. 323–346). Wiesbaden: Springer VS.

Pietzcker, J. (1989). Schichten des Parlamentsrechts. Verfassung, Gesetze und Geschäftsordnung. In H.-P. Schneider & W. Zeh (Hrsg.), *Parlamentsrecht und Parlamentspraxis in der Bundesrepublik Deutschland* (S. 333–358). Berlin: De Gruyter.

Präsident des Verfassungsgerichtshofs von Nordrhein-Westfalen. (Hrsg.). (2002). *Verfassungsgerichtsbarkeit in Nordrhein-Westfalen. Festschrift zum 50-jährigen Bestehen des Verfassungsgerichtshofs für das Land Nordrhein-Westfalen.* Stuttgart: Richard Boorberg Verlag.

Reutter, W. (2017). Landesverfassungsgerichte in der Bundesrepublik Deutschland Eine Bestandsaufnahme. In W. Reutter (Hrsg.), *Landesverfassungsgerichte Entwicklung – Aufbau – Funktionen* (S. 1–26). Wiesbaden: Springer VS.

Rinken, A. (2000). Landesverfassungsgerichtsbarkeit im Bundesstaat Zum 50jährigen Bestehen des Staatsgerichtshofs der Freien Hansestadt Bremen. *NordÖR, 3*(3), 89–96.

Rinken, A. (2012). Amtswechsel beim Staatsgerichtshof der Freien Hansestadt Bremen. *NordÖR, 15*(5), 215–217.

Rinken, A. (2016). Artikel 140. In A. Fischer-Lescano, A. Rinken, K. Buse, I. Meyer, M. Stauch, & C. Weber (Hrsg.), *Verfassung der Freien Hansestadt Bremen. Handkommentar* (S. 1030–1073). Baden-Baden: Nomos.

Rühmann, J. (2000). Landtag und Verfassungsgerichtshof – Vom kritischen Dialog mit dem „Hüter der Verfassung". In Präsident des Sächsischen Landtages (Hrsg.), *Zehn Jahre Sächsischer Landtag. Bilanz und Ausblick* (S. 155–183). Dresden: Sächsischer Landtag.

Rühmann, J. (2012a). Die Spinne im Netz – Der Sächsische Verfassungsgerichtshof und das Kräftefeld der Staatsgewalten (Teil 1). *Sächsische Verwaltungsblätter, 20*(6), 131–145.

Rühmann, J. (2012b). Die Spinne im Netz – Der Sächsische Verfassungsgerichtshof und das Kräftefeld der Staatsgewalten (Teil 2). *Sächsische Verwaltungsblätter, 20*(7), 173–186.

Thaysen, U. (1976). *Parlamentarisches Regierungssystem in der Bundesrepublik Deutschland*. Opladen: Leske&Budrich.

Thierse, S., & Hohl, K. (2017). Verfassungsgerichtshof für das Land Nordrhein-Westfalen. In W. Reutter (Hrsg.), *Landesverfassungsgerichte. Entwicklung – Aufbau – Funktionen* (S. 243–267). Wiesbaden: Springer VS.

Vaarakallio, T. (2015). The borderline between parliamentary and extra-parliamentary rhetoric: The case of the populist (True) finns party. In S. Soininen & T. Vaarakallio (Hrsg.), *Challenges to parliamentary politics. Rhetoric, representation and reform* (S. 99–124). Baden-Baden: Nomos.

Landesverfassungsgerichte und direkte Demokratie

Arne Pautsch

Nach allgemeiner Einschätzung kann das Verhältnis von repräsentativer und direkter Demokratie im parlamentarischen Regierungssystem der Bundesrepublik Deutschland als schwierig bezeichnet werden. Hiervon zeugt nicht zuletzt eine umfangreiche Auseinandersetzung im rechtswissenschaftlichen Schrifttum (Dreier und Wittreck 2010). Wie zu zeigen sein wird, gilt dieser Befund auch für das Verhältnis von Landesverfassungsgerichtsbarkeit und direkter Demokratie in den Ländern. Diese Einschätzung erscheint mitunter zu Beginn eines Beitrages, der das Thema „Landesverfassungsgerichte und direkte Demokratie" erst noch beleuchten will, etwas voreinnehmend, hat aber mit Blick auf die bisher ergangene Rechtsprechung der Landesverfassungsgerichte durchaus seine Berechtigung. Dies hängt mit der Rolle zusammen, die den Landesverfassungsgerichten im Zusammenhang mit den verfassungsrechtlichen Fragen der direkten Demokratie in den Ländern zugewachsen ist und die diese zum Teil eher rechtspolitisch (was nicht ihre Aufgabe ist) und weniger in der verfassungsrechtlich gebotenen Weise ausfüllen. Wittreck (2009, S. 397 ff.) diagnostiziert sogar ein „gestörtes Verhältnis".

Abgesehen von den Territorialplebisziten in Art. 29 und Art. 118a GG, denen in der Staatspraxis freilich keine Bedeutung zukommt, und der wohl ebenfalls als ohne Anwendungsbereich im Grundgesetz verbliebenen Schlussbestimmung des Art. 146 GG, übt sich das Grundgesetz seit seinem Bestehen in direktdemokratischer Abstinenz. Es gilt daher zu Recht als „pronunciert antiplebiszitär" (Stern 1984, S. 608; Krause 1987, Rn. 1 f.). In der Konsequenz kommt damit den

A. Pautsch (✉)
Hochschule für öffentliche Verwaltung und
Finanzen Ludwigsburg, Ludwigsburg, Deutschland
E-Mail: pautsch@hs-ludwigsburg.de

© Springer Fachmedien Wiesbaden GmbH, ein Teil von Springer Nature 2020
W. Reutter (Hrsg.), *Verfassungsgerichtsbarkeit in Bundesländern,*
https://doi.org/10.1007/978-3-658-28961-4_10

Landesverfassungsgerichten im Zusammenhang mit der direkten Demokratie eine gewichtige Rolle zu. Es sind die Landesverfassungen, die im Unterschied zum Grundgesetz sogar als „betont plebiszitär" gelten können, da in ihnen die direkte Demokratie vor allem in Gestalt der Volksgesetzgebung in allen Bundesländern entfaltet ist. Zu ihrer Auslegung sind die Landesverfassungsgerichte berufen.

Den Landesverfassungsgerichten kommt mit Blick auf die direkte Demokratie in den Ländern dabei zuvörderst eine verfassungstheoretisch bedeutsame Rolle zu. Denn ihnen obliegt es, darüber zu bestimmen, in welchem Rangverhältnis repräsentative und direkte Demokratie zueinander stehen. Es geht dabei vor allem darum, die Wertigkeit festzulegen, die dem parlamentarischen Gesetzgeber und dem Volksgesetzgeber unter dem Demokratieprinzip jeweils für sich und in Bezug aufeinander zukommt. Diese grundlegende Frage, die für die Herausbildung des verfassungsrechtlichen Maßstabs und seine Fundierung durch die Landesverfassungsgerichtsbarkeit von herausragender Bedeutung ist, steht in diesem Beitrag im Mittelpunkt. Denn in dieser Hinsicht zeigen sich in der Rechtsprechung der Landesverfassungsgerichte einerseits einheitliche Linien, die – ausgehend von unzutreffenden Prämissen – überwiegend zu Unrecht einen wertmäßigen Vorrang des parlamentarischen Gesetzgebers postulieren und in der Konsequenz eine für unabänderlich befundene Vorrangstellung der repräsentativen Demokratie konstatieren. Andererseits existieren in der Rechtsprechung der Landesverfassungsgerichte ebenso gegenläufige Ansätze, die sich in Judikaten äußern, in denen – zu Recht – die Gleichrangigkeit von parlamentarischer Gesetzgebung und Volksgesetzgebung betont wird. Wie zu zeigen sein wird, sind es gerade die Landesverfassungsgerichte, die in ihrer Rechtsprechung dieses Argument gefestigt haben – nicht selten übrigens unter Rückgriff auf die Homogenitätsbestimmung des Art. 28 Abs. 1 GG, aus der sich der von den Ländern zu beachtende Vorrang der repräsentativen Demokratie als zwingende Vorgabe des Grundgesetzes für das Landesverfassungsrecht ergeben soll.

Wie die Landesverfassungsgerichte das hier als zentrale Frage in den Mittelpunkt gerückte Rangverhältnis von repräsentativer und direkter Demokratie bewerten, wird unter 3. eingehend erörtert. Denn von der Bestimmung des wertmäßigen Verhältnisses beider Demokratieformen im parlamentarischen Regierungssystem der Länder hängt es – gewissermaßen als Folgefrage – maßgeblich ab, inwiefern der direktdemokratischen Beteiligung in Gestalt von Mindestquoren oder Themenausschlüssen *ex ante* Grenzen gesetzt werden dürfen bzw. gar müssen. Zuvor sind jedoch die Ausgestaltung der direkten Demokratie in den Ländern (siehe sogleich unter 1.) und der Zugang zu den Landesverfassungsgerichten im Zusammenhang mit der direkten Demokratie (unter 2.) zu beleuchten.

1 Verwirklichung der direkten Demokratie in den Ländern

Während das Grundgesetz, wie dargelegt, sich der näheren Ausgestaltung des Legitimationsmodus der „Abstimmungen" in Art. 20 Abs. 2 Satz 2 GG enthält und dadurch bislang auf Elemente der direkten Demokratie verzichtet, sind unmittelbare Sachentscheidungen durch das Volk – bis hin zu vollplebiszitären Verfassungsänderungen mit Ausnahme Hessens und des Saarlands – nach Maßgabe der jeweiligen Landesverfassung (und zum Teil ergänzt durch Volksabstimmungsgesetze auf der einfachrechtlichen Ebene) in allen Ländern eingeführt.[1] Für das Verständnis der Rolle und der rechtsstaatlichen Funktion der Landesverfassungsgerichte im Zusammenhang mit der direkten Demokratie in den Ländern ist es bedeutsam, sich deren Ausgestaltung durch die Landesverfassungen zu vergegenwärtigen. Direkte Demokratie bedeutet nach Maßgabe der Landesverfassungen nämlich im Kern die verfassungskräftig eingeräumte Möglichkeit der Volksgesetzgebung.

Die Volksrechte sind in den Landesverfassungen (siehe hierzu die Nachweise in Fußnote 1) nahezu ausschließlich darauf ausgerichtet, dass das Volk entweder in einem dreistufigen Verfahren – bestehend aus Volksinitiative, Volksbegehren und Volksentscheid (so z. B. in Hamburg oder in Sachsen) – einen ausgearbeiteten Gesetzentwurf einbringt und dieser zur Abstimmung durch das Volk, d. h. alle Abstimmungsberechtigten, gestellt wird, sofern die in der Verfassung bestimmten Zulässigkeitsvoraussetzungen (vor allem Einhaltung der Quoren, zulässiger Abstimmungsgegenstand) eingehalten sind und kein Verstoß gegen höherrangiges Recht vorliegt (Ennuschat 2014, S. 702). Die zweistufige Volksgesetzgebung sieht nur das Volksbegehren – gewissermaßen als Antrag auf Durchführung des Volksentscheids – vor, bei dessen Zulässigkeit der Volksentscheid über die ausgearbeitete Gesetzesvorlage, die mit Gründen versehen sein muss, jedenfalls spätestens dann durchzuführen ist, wenn das jeweilige Landesparlament dem Gesetzentwurf nicht entspricht. Diese Zweistufigkeit betrifft das Volksgesetzgebungsverfahren in der Mehrzahl der Länder, wobei zwischen

---

[1]Siehe die Landesverfassungen: Art. 59 f. BW Verf; Art. 71, 74 BayVerf; Art. 62 f. BerlVerf; Art. 76 ff. BbgVerf; Art. 69 ff. BremVerf; Art. 50 HmbVerf; Art. 124 HessVerf.; Art. 60 Verf MV; Art. 48 ff. NdsVerf; Art. 68 NRWVerf; Art. 109 RhPfVerf; Art. 99 f. SaarlVerf; Art. 72 f. SächsVerf; Art. 81 SachsAnhVerf; Art. 41 f. SH Verf, Art. 82 ThürVerf.

einem strikten Zwei-Stufen-Modell (Bayern und Saarland) und einem variablen Zwei-Stufen-Modell zu unterscheiden ist, bei dem eine Volksinitiative vorgeschaltet sein kann, ohne dass diese später zwingende Verfahrensvoraussetzung bzw. Vorstufe der Volksgesetzgebung sein muss (so z. B. in Nordrhein-Westfalen). Die Zulässigkeit des Volksbegehrens steht vor allem in Abhängigkeit davon, dass in einem bestimmten Zeitraum die vorgesehene Zahl an Unterstützerunterschriften gesammelt und somit das sogenannte Auslösungsquorum für den späteren Volksentscheid erreicht wird. Allen Ländern ist gemeinsam, dass spätestens mit dem erfolgreichen Volksbegehren sich zunächst das Landesparlament mit dem Anliegen der Initiatoren befassen muss (Ennuschat 2014, S. 702). Daher führt – anders als z. B. in Sachsen – ein erfolgreiches Volksbegehren nicht zwangsläufig unmittelbar zum Volksentscheid (Ennuschat 2014, S. 702). Die Ablehnung der Vorlage aus dem Volk führt allerdings in der Folge dazu, dass das Verfahren zur Durchführung des Volksentscheids in Gang gesetzt wird, sofern keine Unzulässigkeitsgründe vorliegen (Ennuschat 2014, S. 702). Nur in Bremen (Art. 70 Abs. 1d Satz 4 BremVerf) und Hamburg (Art. 50 Abs. 3 Satz 1 HmbVerf) sieht die Landesverfassung ein Antragserfordernis vor, das allerdings eine bloße Verfahrenshandlung darstellt und den Initiatoren die Möglichkeit eröffnen soll, mit dem Gesetzgeber in weitere Verhandlungen über den Begehrensgegenstand einzutreten und auf diese Weise möglicherweise eine (Teil-)Übernahme des Anliegens ohne Volksentscheid zu erreichen (Ennuschat 2014, S. 702).

Gegenstand der Volksgesetzgebung – und damit auch der verfassungsgerichtlichen Kontrolle durch die Landesverfassungsgerichte – ist ein ausgearbeiteter und mit Gründen versehener Gesetzentwurf. Dieser kann – mit Ausnahme Hessens und des Saarlandes – auch auf eine Änderung der Landesverfassung zielen. Ausgenommen sind grundsätzlich in allen Ländern, freilich in unterschiedlich starker Ausprägung, Haushaltsgesetze, Gesetze zur Besoldung, Abgabengesetze oder solche Gesetze, die maßgebliche Auswirkungen auf den Haushalt haben. Insoweit kommt zum Tragen, dass der Parlamentsvorbehalt – als Ausdruck einer Prävalenz des parlamentarischen Gesetzgebers – auch den Verfassungsgesetzgeber dazu bewog, auf den genannten Gebieten die Volksgesetzgebung auszuschließen. Einen Anhalt dafür im Demokratieprinzip gibt es aber nicht ohne Weiteres; vielmehr erscheint ein Ausschluss vor allem haushaltswirksamer Gesetze, die gleichsam mit den allermeisten Vorhaben naturgemäß verbunden sind, in besonderem Maße rechtfertigungsbedürftig (Wittreck 2005, S. 164).

In diesem Beitrag unberücksichtigt bleibt die in einigen Ländern wie etwa in Berlin oder Hamburg bestehende Möglichkeit, neben Gesetzentwürfen auch „bestimmte Gegenstände der politischen Willensbildung" zum Gegenstand eines Volksentscheids zu machen. Es handelt sich um „andere Vorlagen" bzw. „sonstige

Landesverfassungsgerichte und direkte Demokratie 267

Vorlagen", deren Gegenstand kein Legislativakt ist. Diese Vorlagen sind zumeist spiegelbildlich auf dasjenige gerichtet, worüber das Parlament im Rahmen „schlichter Parlamentsbeschlüsse" auch abstimmen darf. Diese Abstimmungen über „andere Vorlagen" stellen sich aber nicht als Volksgesetzgebung im engeren Sinne dar, da der Volksentscheid gerade nicht auf den Erlass eines Gesetzes gerichtet ist.

2 Funktion und Zuständigkeit der Landesverfassungsgerichte im Zusammenhang mit der direkten Demokratie

Es wurde bereits eingangs herausgestellt, dass den Landesverfassungsgerichten im Bereich der direkten Demokratie als Wächter über die Einhaltung der verfassungsrechtlichen Bindungen der Volksgesetzgebung eine bedeutsame Rolle zukommt. Denn nur in den Ländern ist die direkte Demokratie vor allem in Gestalt der Volksgesetzgebung verwirklicht. Die verfassungsrechtlichen Volksrechte bedürfen dort einer rechtsstaatlichen Einhegung. Vor diesem Hintergrund ist daher nachfolgend zum einen die Funktion der Landesverfassungsgerichte im Allgemeinen darzulegen (Abschn. 2.1); zum anderen bedarf es einer Darstellung der Zuständigkeiten der Landesverfassungsgerichte, d. h. des Zugangs zur landesverfassungsgerichtlichen Kontrolle direktdemokratischer Verfahren (Abschn. 2.2) in den einzelnen Ländern.

2.1 Direkte Demokratie und rechtsstaatliche Reservefunktion der Landesverfassungsgerichte

Außer Frage steht, dass auch unmittelbar durch das Volk getroffene Entscheidungen – zumal volksbeschlossene Legislativakte im Rahmen der Volksgesetzgebung – in gleicher Weise rechtsstaatlichen Bindungen unterliegen wie Beschlüsse von Landesparlamenten. Beide müssen sich dem Primat des Rechts beugen und somit in die hierarchische Stufenordnung des Rechts (Normenhierarchie) einordnen. Insoweit gelten für die direkte Demokratie weder andere Legitimationsbedingungen noch andere Bindungswirkungen als für das parlamentsgesetzte Recht. Allerdings begegnet dieser Befund gerade im Bereich der Volksgesetzgebung dem Einwand, dass das volksinitiierte und volksbeschlossene Gesetz – und zwar auch das verfassungsändernde – eine höhere Dignität besitzen müsse, da es ja immerhin unmittelbar vom Souverän (und nicht über den

„Umweg" des Parlaments) verantwortet sei (vgl. die Darstellung bei Ennuschat 2014, S. 705).

In diesem Kontext wird auch und gerade auf die Schweiz verwiesen – die älteste vollentwickelte direkte Demokratie weltweit – und darauf, dass dort eine Nachprüfung direktdemokratischer Entscheidungen des Volkes durch die Judikative nicht bzw. allenfalls in untergeordnetem Maße stattfinde (Flick Witzig und Vatter in diesem Band). Dieser Rekurs auf die direkte Demokratie nach Schweizer Vorbild geht fehl – wie auch sonst Anleihen am Schweizer Modell der direkten Demokratie wegen der Verschiedenheit der politischen Systeme wenig zielführend sind (Heußner 2017, S. 2). Ein unmittelbarer Vergleich mit der Schweiz zeigt, dass das rechtsstaatliche Element dort zugunsten des demokratischen Elements fast vollständig zurücktritt, es mit anderen Worten keine wirksame (verfassungs-)gerichtliche Kontrolle direktdemokratischer Verfahren und Entscheidungen in der Schweiz gibt. Es fehlt nämlich in der Schweiz an der Existenz einer Verfassungsgerichtsbarkeit auf Bundesebene. Heußner (2017, S. 2) hat dies eingehend analysiert und konstatiert „gravierende Rechtsstaatsmängel" der direkten Demokratie in der Schweiz.

Auch wenn dieser Ländervergleich vordergründig nur der Illustration des Problems einer mangelnden rechtsstaatlichen Einbindung der direkten Demokratie dient, weist er zugleich den Weg zu der für die Volksgesetzgebung in den deutschen Bundesländern eminent wichtigen Folgerung einer zu gewährleistenden verfassungsgerichtlichen Kontrolle direktdemokratischer Verfahren und Entscheidungen. Volksgesetzgebung muss nicht nur objektiv höherrangiges Recht beachten und im Einklang mit ihm stehen, sondern es müssen prozedurale Vorkehrungen getroffen sein, um diese vom Rechtsstaatsprinzip geforderte Übereinstimmung mit geltendem (Verfassungs-)Recht sicherzustellen (Ennuschat 2014, S. 704 f.). Insoweit ist wiederum zu berücksichtigen, dass das volksbeschlossene Gesetz – und zwar auch und gerade das verfassungsändernde – keinen per se höheren Rang einnimmt bzw. einnehmen kann als das parlamentsbeschlossene Gesetz (Ennuschat 2014, S. 705). Das Volk wird zwar anstelle des aus Wahlen hervorgegangenen und damit (nur) mittelbar legitimierten Parlaments als Gesetzgeber tätig; es ist jedoch bei der Ausübung staatlicher (legislativer) Entscheidungsmacht in gleicher Weise in das Verfassungsgefüge eingebunden. Das als Gesetzgeber handelnde Volk unterliegt somit allen verfassungsrechtlichen Bindungen wie das jeweilige Parlament auch. Damit muss schon von Verfassungs wegen gerade auf Landesebene etwa die Verbandskompetenz des Landes eingehalten werden, was es insbesondere ausschließt, Volksentscheide über Angelegenheiten herbeizuführen, für die der Bund zuständig ist. Die Kompetenz des Volksgesetzgebers reicht also stets nur so weit, wie auch die Zuständigkeit des Landtages als Landesparlament reicht. Damit gilt, dass der Volksgesetzgeber – d. h. das unmittelbar von den Landesverfassungen hierzu ermächtigte Volk – vollumfänglich an die Vorgaben der Verfassung gebunden ist, wenn er Gesetze (und zwar, was stets zu betonen ist, auch solche, die die Verfassung ändern) initiiert und den Wahlberechtigten zur Entscheidung im Wege der Volksabstimmung vorlegt. Es ist also die Bindung an die (Landes-)Verfassung, die bei jedweder Form der Ausübung von Staatsgewalt (hier der Legislativgewalt) gleichermaßen gilt und die auch bei der Volksgesetzgebung eine rechtsstaatliche Kontrolle durch die (Landes-)Verfassungsgerichte erfordert.

Auf diese Weise ist sicherzustellen, dass – je nach zweistufiger oder dreistufiger Ausgestaltung der Volksgesetzgebung – Initiativen aus dem Volk bzw. Volksbegehren neben den verfahrensrechtlichen vor allem auch den materiell-rechtlichen Anforderungen (Übereinstimmung mit höherrangigem Recht) genügen. Die Landesverfassungsgerichte sind somit dazu angehalten, im Falle ihrer Anrufung (zu Zuständigkeit und Zugang zu den Landesverfassungsgerichten siehe Abschn. 2.2) das der Volksinitiative oder dem Volksbegehren zugrunde liegende Gesetz nicht nur auf die Einhaltung der verfahrensmäßigen Anforderungen (Erreichen der erforderlichen Unterschriftenzahl für das Auslösungsquorum, Einhaltung etwaiger Fristen, Zulässigkeit des Gegenstands etc.), sondern auch darauf zu überprüfen, ob höherrangiges Recht eingehalten ist. Dies gilt insbesondere für die Einhaltung des Verfassungsrechts. Damit können solche Volksbegehren (oder bereits Volksinitiativen bei der dreistufigen Volksgesetzgebung) verbindlich ausgeschieden werden, die diese Anforderungen nicht einhalten. Lediglich hilfsweise besteht die Möglichkeit, ein bereits durch das Volk beschlossenes Gesetz nachgängig im Rahmen der nach allen Landesverfassungen bestehenden abstrakten Normenkontrolle wegen möglichen Verstoßes gegen höherrangiges Recht dem Landesverfassungsgericht vorzulegen. Vorrangig ist aber die Anrufung des jeweiligen Landesverfassungsgerichts vor Durchführung des Volksentscheids angezeigt, wie es (siehe Abschn. 2.2) nach dem jeweiligen Landesrecht vorgesehen ist.

2.2 Zuständigkeit der Landesverfassungsgerichte

Der unter Abschn. 2.1 dargelegte – rechtsstaatlich gebotene – Zugang zur verfassungsgerichtlichen Kontrolle durch die Landesverfassungsgerichte im Volksgesetzgebungsverfahren ist im Länderrechtsvergleich durch eine disparate Regelungspraxis gekennzeichnet. Es finden sich, wie die nachfolgende Übersicht zeigt, entsprechende Regelungen über die Zuständigkeit und das Verfahren vor den Landesverfassungsgerichten im Zusammenhang mit Volksinitiative, Volksbegehren und Volksentscheid in unterschiedlichen Regelungskontexten. Die Mehrzahl der Länder sieht eine Anrufungsmöglichkeit des jeweiligen Landesverfassungsgerichts bereits in der Verfassung selbst vor, die durch einfachrechtliche Regelungen in den Gesetzen über das Landesverfassungsgericht sowie vor allem in den Volksabstimmungsgesetzen ergänzt werden. Demgegenüber finden sich in anderen Ländern Zuständigkeits- und Verfahrensregelungen zur verfassungsgerichtlichen Überprüfung der Volksgesetzgebung nur im einfachen Gesetzesrecht, und zwar vor allem in den Volksabstimmungsgesetzen. Diese „Regelungstechnik" bezüglich des Zugangs zur Kontrolle der Volksgesetzgebung durch die Landesverfassungsgerichtsbarkeit ist verfassungsrechtlich unproblematisch, weil in diesen Ländern in der Landesverfassung zumeist im Zusammenhang mit den Regelungen zur Verfassungsgerichtsbarkeit ausdrücklich bestimmt ist, dass das Landesverfassungsgericht in den übrigen durch die Verfassung oder ein Landesgesetz bestimmten Fällen entscheidet.

Weiter bestehen Unterschiede zwischen den Ländern mit Blick auf die Antragsberechtigten. Zum Teil sind nur die Initiatoren des Volksbegehrens (bzw. bei vorangehender Volksinitiative im dreistufigen Volksgesetzgebungsverfahren dessen Initiatoren) oder deren Vertrauenspersonen antragsberechtigt; dies ist vor allem dann der Fall, wenn die verfassungsgerichtliche Kontrolle sich gegen die Nichtzulassungsentscheidung des Volksbegehrens richtet. Nach Maßgabe anderer Landesverfassungen steht das Recht, das Landesverfassungsgericht anzurufen, den Staatsorganen vor der eigentlichen Zulassungsentscheidung zu – zumeist dem für die Zulassung zuständigen Teil der Exekutive (Innenministerium, Senatsverwaltung für Inneres o. ä.). Daher sind in diesen Fällen (z. B. in Bayern, Berlin oder Bremen) auch nur diese antragsberechtigt. Eine weitere Gruppe von Ländern sieht eine Antragsberechtigung sowohl für den Kreis der Initiatoren des Volksbegehrens als auch die Exekutive (Landesregierung) vor, erweitert diese Möglichkeit aber zumeist noch um eine Antragsberechtigung einer Minderheit der Abgeordneten des Landtags. Damit soll sichergestellt werden, dass den Rechten der Volksvertretungen – vor allem der parlamentarischen Opposition – im Rahmen der rechtsstaatlichen Kontrolle der Volksgesetzgebung hinreichend Rechnung getragen wird. Denn bei allem ist zu berücksichtigen, dass sich im Volksbegehren nicht nur eine Initiative des Volkes manifestiert, sondern der Souverän – sprich: die an der Abstimmung teilnehmenden Wahlberechtigten – unmittelbar Staatsgewalt ausübt.

Bei aller Verschiedenheit der landesrechtlichen Bestimmungen über den Zugang zu den Landesverfassungsgerichten im Detail bleibt indes eine zentrale Gemeinsamkeit herauszustellen: Die rechtsstaatliche Kontrolle durch die Landesverfassungsgerichte ist – mit Ausnahme Sachsens – durchweg als eine vorgängige

Landesverfassungsgerichte und direkte Demokratie 271

Kontrolle ausgestaltet, die vor oder im Zusammenhang mit der Zulassungsentscheidung über das Volksbegehren stattfindet – und damit vor dem Volksentscheid als eigentlicher direktdemokratischer Entscheidung. Sie trägt, da sie auf Legislativakte (also „Volksgesetze") gerichtet ist, damit den Charakter einer präventiven Normenkontrolle. Hierin liegt im Hinblick auf die Garantie des Art. 19 Abs. 4 GG (und seinen landesverfassungsrechtlichen Entsprechungen) ein maßgeblicher rechtsstaatlicher Fortschritt gegenüber der Überprüfung von Wahlen, die auch in Ansehung der Verletzung von aus den Wahlrechtsgrundsätzen abgeleiteten subjektiven Rechten nur nachgängig – d. h. nach Durchführung der Wahl – im grundsätzlich zweistufigen Wahlprüfungsverfahren statthaft ist (vgl. Tab. 1).

Tab. 1 Zugang zu den Landesverfassungsgerichten bei Verfahren zur Volksgesetzgebung

	Regelung in der Verfassung	Einfachgesetzliche Regelung	Antragsberechtigte	Anrufung des LVerfG zwingend/ fakultativ
BW	–	§ 29 Abs. 3 VAbstG	Vertrauensleute der Antragsteller bei Nichtzulassung durch Innenministerium	Fakultativ
BY	–	Art. 64 Abs. 1 LWG	Staatsministerium des Innern	Zwingend bei Nichtzulassung
BE	–	Art. 17 Abs. 6 AbstG	Senatsverwaltung für Inneres	Zwingend bei negativer Prüfung
BB	Art. 71 Abs. 2 BbgVerf	§§ 12 Nr. 8, 60 BbgVerfGG und § 11 VAGBbg	Landesregierung oder 1/3 der Mitglieder des Landtags bzw. Vertreter der Volksinitiative gegen Unzulässigerklärung der Volksinitiative	Zwingend bzw. für Vertreter der Initiative fakultativ
HB	–	§ 12 VolksentscheidG	Senat	Zwingend
HH	Art. 50 Abs. 6 HmbVerf	§§ 26 ff. VAbstG, § 14 Nr. 10 HmbVerfGG	Senat, Bürgerschaft, 1/5 der Abgeordneten der Bürgerschaft oder Volksinitiatoren	Fakultativ
MV	Art. 60 Abs. 3 Satz 2 i. V. m Art. 53 Nr. 9 Verf MV	§ 11 Abs. 1 Nr. 7 LVerfGG MV	Landesregierung oder ¼ der Mitglieder des Landtags	Fakultativ (auf Antrag)
NI	Art. 54 Nr. 2 NdsVerf	§ 8 Nr. 7 NdsStGHG	Antragsteller des Volksbegehrens, Landesregierung oder 1/5 der Mitglieder des Landtags	Fakultativ (auf Antrag)

(Fortsetzung)

Tab. 1 (Fortsetzung)

	Regelung in der Verfassung	Einfachgesetzliche Regelung	Antragsberechtigte	Anrufung des LVerfG zwingend/ fakultativ
NW	Art. 68 Abs. 1 Satz 5 NRWVerf	§ 5 VIVBVEG	Antragsteller	Fakultativ (nur bei Nichtzulassung)
RP	–	§ 75 LWG	Antragsteller (bei Unzulässigkeit), sonst jeder Unterzeichner	Fakultativ
SL	Art. 99 Abs. 3 SaarlVerf	§§ 49a ff. SaarlVerfGHG	i. d. R. Vertrauenspersonen, daneben ggf. Unterzeichner bzw. Landeswahlleiter	Fakultativ
SN	–	§ 44 VVVG	Vertrauenspersonen, Landtagsfraktionen, ¼ der Mitglieder des Landtags oder Staatsregierung	Fakultativ (aber: nachgängige Prüfung)
ST	Art. 81 Abs. 2 SachsAnhVerf	§ 30 VAbstG	Vertrauenspersonen, ¼ der Mitglieder des Landtags, Landesregierung	Fakultativ
SH	Art. 49 Abs. 1 Satz 4 SH Verf	§ 13 Abs. 1 VAbstG	Landesregierung oder ¼ der Mitglieder des Landtags	Fakultativ
TH	Art. 82 Abs. 3 Satz 2 ThürVerf	§ 12 Abs. 2 ThürBVVG	Landesregierung oder 1/3 der Mitglieder des Landtags; gegen Nichtzulassung auch die Vertrauenspersonen	Zwingend bei Zweifeln an Vereinbarkeit mit höherrangigem Recht

Quelle: Eigene Erhebung und Darstellung

3 Das Rangverhältnis von repräsentativer und direkter Demokratie als zentrale Frage der Verfassungsrechtsprechung

Als gleichsam bedeutendste Frage, die von den Landesverfassungsgerichten im Zusammenhang mit der Volksgesetzgebung zu beantworten ist, ist diejenige nach dem Rangverhältnis von repräsentativer und direkter Demokratie im parlamentarischen Regierungssystem der Länder. Es geht also darum, zu bestimmen, in welchem wertmäßigen Verhältnis die Parlaments- und die Volksgesetzgebung zueinander stehen. Wichtig erscheint dies im Hinblick darauf, dass die maßgeblichen Entscheidungen schon aus staatspraktischen Erwägungen nur vom Parla-

Landesverfassungsgerichte und direkte Demokratie 273

ment getroffen werden können. Hierin ist aber – wie zu zeigen sein wird – gerade kein wertmäßiger „ex ante-Vorrang" des parlamentarischen Gesetzgebers zu erblicken, wie dies die Landesverfassungsgerichte mit ihrer These von der „Prävalenz des parlamentarischen Gesetzgebers" in der Vergangenheit überwiegend judizierten. Vielmehr sprechen weit überwiegende verfassungsrechtliche Gründe für eine grundsätzliche Gleichrangigkeit von repräsentativer und direkter Demokratie – und zwar gerade in Ansehung der Gesetzgebung. Die Klärung dieses Rangverhältnisses ist deshalb von eminenter Bedeutung und stellt daher die im Weiteren zu behandelnde zentrale Frage dar, weil es – gleichsam als Grundannahme – den Maßstab der landesverfassungsgerichtlichen Rechtsprechung dafür bildet, welche Anforderungen an die Bemessung von Quoren und vor allem an die Zulässigkeit bestimmter Gegenstände (Stichwort: Haushaltsvorbehalt) verfassungsrechtlich zu stellen sind. Folgt man der Prävalenzthese, führt dies zwangsläufig dazu, dass dann höhere Vorkehrungen zum Schutz des Vorrangs des parlamentarischen Gesetzgebers – etwa in Gestalt hoch anzusetzender Quoren – zu treffen sind. Dass dem nicht gefolgt werden kann, ist bereits angedeutet worden.

3.1 Die These von der Prävalenz des parlamentarischen Gesetzgebers

Dass der repräsentativen Demokratie ein verfassungsrechtlich abgesicherter Vorrang im Sinne einer Prävalenz gegenüber der direkten Demokratie zukommen soll, ist in einigen maßgeblichen Entscheidungen der Landesverfassungsgerichte im Zusammenhang mit der Volksgesetzgebung bereits angelegt. Es sind vor allem die (wenigen) Entscheidungen von Landesverfassungsgerichten, in denen es um die Verfassungsmäßigkeit von Volksinitiativen bzw. Volksbegehren – in Bayern, Bremen und Thüringen – ging, die auf eine Änderung der Verfassung mit Blick auf die Volksrechte – d. h. zumeist deren Erleichterung durch Senkung der Quoren oder die Erstreckung auf haushaltsrelevante oder abgabenrechtliche Gegenstände – zielten.[2]

---

[2]Es handelt sich – chronologisch geordnet – um die Entscheidungen des BremStGH, Urteil vom 14.02.2000, St 1/1998, NVwZ-RR 2001, S. 1 ff., des BayVerfGH, Entscheidung vom 31.03.200, Vf. 2-IX-00, NVwZ-RR 2000, S. 401 ff., und des ThürVerfGH, Urteil vom 19.09.2001, VerfGH 4/01; dazu jeweils näher kritisch Wittreck (2005), S. 111 ff. (S. 132 ff. zu Bremen, S. 138 ff. zu Bayern und S. 151 ff. zu Thüringen).

274 A. Pautsch

Ihre zentrale Prägung hat die Prävalenzthese vor allem durch eine Entscheidung des Thüringer Verfassungsgerichtshofs (ThürVerfGH) aus dem Jahre 2001 erfahren, wenngleich die Begründung mehr auf unterstellten Wertungen in der Thüringer Verfassung beruht als auf einer verfassungsrechtlich durchdringenden Argumentation. Dass der ThürVerfGH indes der Prävalenz der repräsentativen Demokratie entscheidende Bedeutung beimisst, folgt schon aus der klaren Diktion des fünften Leitsatzes, in dem es heißt:

> „Im Demokratieprinzip der Thüringer Verfassung ist die Prävalenz der parlamentarischen Gesetzgebung vor der Volksgesetzgebung angelegt. Sie ist im Verfahren der Volksgesetzgebung institutionell abzusichern." (ThürVerfGH, Urteil vom 19.09.2001, VerfGH 4/01, LKV 2002, S. 83).

Das Landesverfassungsgericht in Thüringen geht also davon aus, dass sich die Prävalenz der repräsentativen Demokratie aus dem Inbegriff der Verfassung selbst – nämlich aus dem Demokratieprinzip der ThürVerf – herleite. Dies wiederum wird sodann in den Gründen wie folgt untermauert:

> „b) Es bedarf aber auch rechtlicher Regulierungen, um die im Demokratieprinzip, so wie es von Art. 45 S. 2 ThürVerf übernommen und durch Art. 83 Abs. 3 ThürVerf für unabänderlich erklärt ist, angelegte Prävalenz der parlamentarischen Gesetzgebung vor der Volksgesetzgebung institutionell abzusichern.
> Dieser Vorrang erschließt sich zwar nicht ohne weiteres aus dem Wortlaut des Art. 45 S. 2 ThürVerf Er ergibt sich jedoch aus Sinn und Zweck der Verfassungsnormen. Wenngleich Art. 45 S. 2 ThürVerf die beiden Verwirklichungsformen der Volkssouveränität, die durch Art. 83 ThürVerf ausdrücklich gewährleistet werden, nebeneinander aufführt, fällt auf, dass in Art. 45 S. 2 ThürVerf die „Wahlen" (zum Parlament) vor den beiden Abschnitten der Volksgesetzgebung, nämlich Volksbegehren und Volksentscheid, entgegen der an sich angezeigten alphabetischen Reihenfolge aufgezählt sind. Diese Reihenfolge ist bewusst gewählt. Sie soll eine inhaltlich-wertende Ordnung zum Ausdruck bringen. Das zeigt auch ein Blick in die Gesetzgebungsgeschichte der Thüringer Verfassung. Die an der Verfassungsgesetzgebung Beteiligten gingen von dem Vorrang der indirekten, parlamentarischen Gesetzgebung und dem damit verbundenen Nachrang der direkten Volksgesetzgebung, aus. Vor allem Art. 81 ThürVerf, der in Absatz 1 das Gesetzinitiativrecht und in Absatz 2 das Gesetzgebungsrecht beinhaltet, wurde mit diesem Rangverhältnis begründet. Auch hier wurde bewusst der Träger mittelbarer Staatsgewalt, der Landtag, vor den Trägern der unmittelbaren Staatsgewalt, dem Volksgesetzgeber, im Verfassungstext aufgeführt (…).
> Auch der Zusammenhang dieser Vorschrift mit Art. 45 S. 3 und mit Art. 45 S. 1 und 2 ThürVerf macht im Wege der systematischen Auslegung deutlich, dass das Volk in erster Linie mittelbar durch die verfassungsmäßig bestellten Organe in der Gesetzgebung, der vollziehenden Gewalt und der Rechtsprechung handelt. Diese

Landesverfassungsgerichte und direkte Demokratie 275

Auffassung wird dadurch untermauert, dass für den Bereich der Gesetzgebung die Thüringer Verfassung in Art. 48 Abs. 1 postuliert, dass der Landtag das vom Volk gewählte oberste Organ der demokratischen Willensbildung ist. Dieser Prävalenz des parlamentarischen Gesetzgebungsverfahrens trägt schließlich das Gesamtbild der Verfassung Rechnung, welche, auch Bezug nehmend auf das rechtsstaatliche Prinzip des Vorrangs des Gesetzes, die Gesetzgebungskompetenz einem jederzeit und umfassend handlungsfähigen Gesetzgebungsorgan anvertraut. Einer solchen Anforderung vermag das gewählte Parlament, nicht aber das Volk zu entsprechen; dessen Gesetzgebungsbefugnis hat eine eher ergänzende, das Parlament punktuell stimulierende Funktion." (ThürVerfGH, Urteil vom 19.09.2001, VerfGH 4/01, LKV 2002, S. 83 (89 f.).

Bereits der Umstand, dass das Gericht sich kaum anders zu behelfen weiß, als auf die alphabetische Reihung in Art. 45 Satz 2 ThürVerf abzuheben, um den generellen Vorrang der repräsentativen Demokratie gegenüber plebiszitären Legitimationsansätzen zu begründen, deutet darauf hin, dass es sich bei der Prävalenzthese um ein mehr oder minder hilfloses Konstrukt handelt, für das es in der Verfassung einen materiell-rechtlichen Anhalt nicht gibt (Wittreck 2005, S. 164). Auch die vorangehenden – und teilweise in Bezug genommenen – Entscheidungen anderer Landesverfassungsgerichte vermögen an diesem Befund kaum etwas zu ändern. Sie zeugen eher von dem Versuch, die parlamentarische Demokratie von direktdemokratischer Einflussnahme frei zu halten (Wittreck 2009, S. 403).

Dennoch hat in jüngerer Zeit das Hamburgische Verfassungsgericht (HmbVerfG) in einer Entscheidung vom 13. Oktober 2016 die aufgezeigte Linie der Landesverfassungsgerichte zur Prävalenz der repräsentativen Demokratie noch einmal in besonderer Deutlichkeit unterstrichen, auch wenn die verfassungsrechtliche Argumentation ebenso wie die des ThürVerfGH im Jahre 2001 ausgesprochen oberflächlich und in der Sache nicht überzeugend ausfiel. Dies liegt vor allem darin begründet, dass das HmbVerfG in seiner Entscheidung über das Volksbegehren „Rettet den Volksentscheid!" nicht nur mit einem außerordentlich komplexen Vorhaben der verfassungsändernden Volksgesetzgebung, sondern auch damit konfrontiert war, dass es in der Hamburgischen Verfassung (HmbVerf) keine geschriebene Ewigkeitsgarantie gibt, über welche sich – und hier liegt der Unterschied etwa zu Thüringen und der oben zitierten Entscheidung des ThürVerfGH – ein besonderer verfassungsrechtlicher Schutz des Demokratieprinzips hätte ableiten lassen, was in der Folge die Begründung der Prävalenz des parlamentarischen Gesetzgebers und der damit verbundenen Schranken der Volksgesetzgebung erleichtert hätte. Stattdessen war das HmbVerfG darauf angewiesen, in der HmbVerf selbst nach möglichen ungeschriebenen – verfassungsimmanenten – Schranken des in seinen Augen wohl zu weitgehenden Volksbegehrens zu suchen, das auf eine weitere Verfassungsänderung und einen Ausbau der direkten Demokratie in Art. 50 HmbVerf gerichtet war. Bei Lichte besehen, hat das HmbVerfG mit seiner schwach begründeten Entscheidung vor allem dazu beigetragen, unter Zugrundelegung nicht tragfähiger Begründungsansätze die ohnehin nicht zu rechtfertigende Prävalenzthese noch weiter zu zementieren. Es geht zunächst von der folgenden Feststellung aus, die mehr konstruiert als argumentativ belegt ist und sich zudem an der maßgeblichen Stelle ausgerechnet auf die Verfassungslehre Carl Schmitts beruft (HmbVerfG, Urteil vom 13.10.2016, HVerfG 2/16, NJOZ 2016, S. 1896 Rn. 89):

> „Eine Verfassung bindet, auch wenn sie – wie die Hamburgische – nicht unter dem Schutz einer ausdrücklichen Ewigkeitsgarantie (…) steht, den verfassungsändernden Gesetzgeber an ihre *identitätsstiftenden und -sichernden Grundentscheidungen* (…). Somit sind, obwohl einzelne Bestimmungen der Verfassung nicht in einem Rangverhältnis zueinander stehen (…), auch dem verfassungsändernden Gesetzgeber durch die Verfassung selbst Grenzen gesetzt (…)." (HmbVerfG, Urteil vom 13.10.2016, HVerfG 2/16, NJOZ 2016, S. 1896 Rn. 90; eigene Hervorhebungen).

Um nun diesen selbst erdachten Maßstab auszufüllen und die These von der Prävalenz der repräsentativen Demokratie zu unterlegen, wird sodann – gleichsam als ungeschriebene Grenze einer Verfassungsänderung (durch das Volk) – das Folgende festgestellt und damit die bloße Erwähnung des Demokratieprinzips in Art. 3 HmbVerf zum „Quasi-Ewigkeitsschutz" erhoben:

> „Eine Verfassungsänderung ist daher nur dann nicht zulässig, wenn sie den Kernbereich der geltenden Verfassung verletzt. Zum Bestand der identitätsstiftenden und -sichernden Grundentscheidungen der Hamburgischen Verfassung gehört jedenfalls der Regelungsgehalt von Art. 3 [HmbVerf] (…). Der hamburgische Verfassungsgeber wollte mit Art. 3 [HmbVerf] den durch Art. 28 Abs. 1 Satz 1 GG gezogenen Rahmen wiederholen (…). Der Schutz, den Art. 3 [HmbVerf] gegen Verfassungsänderungen gewährt, umfasst nicht nur die sich aus der Norm ergebenden Prinzipien, sondern alle wesentlichen Merkmale freiheitlicher, rechts- und sozialstaatlicher Demokratie." (HmbVerfG, Urteil vom 13.10.2016, HmbVerfG 2/16, NJOZ 2016, S. 1896 Rn. 90).

Und weiter folgert das Gericht wenig später an zentraler Stelle hieraus sodann den für unabänderlich befundenen Vorrang der repräsentativen Demokratie nach der „Konzeption der Verfassung":

Landesverfassungsgerichte und direkte Demokratie   277

„Nach der Konzeption der Verfassung wird die Volkswillensbildung grundsätzlich durch das Parlament, nämlich die Bürgerschaft als gewähltes Verfassungsorgan ausgeübt. Daneben sieht die Verfassung anlassbezogen und temporär die Bildung von Volksinitiativen vor, um den Volkswillen einer der in Art. 50 Abs. 1 Satz 1 [HmbVerf] vorgesehenen Entscheidungsformen zuzuführen (…). Zwar sind Volkswillensbildung und parlamentarische Willensbildung hinsichtlich der hierbei gefundenen Ergebnisse gleichrangig (…), jedoch ist damit dem Volksgesetzgeber im Vergleich zum parlamentarischen Gesetzgeber nicht auch quantitativ und qualitativ der gleiche oder gar einen höheren Stellenwert einzuräumen. Eine substanzielle Verlagerung der legislativen Aufgaben vom parlamentarischen Gesetzgeber auf die Volksgesetzgebung ist mit dem Demokratieprinzip, so wie es in der Hamburgischen Verfassung verankert ist, nicht vereinbar." (HmbVerfG, Urteil vom 13.10.2016, HmbVerfG 2/16, NJOZ 2016, S. 1896 Rn. 100).

Und schließlich führt es zur Untermauerung seiner Prävalenzannahme aus:

„Nach Art. 28 Abs. 1 Satz 1 GG muss die verfassungsmäßige Ordnung in den Ländern den Grundsätzen des republikanischen, demokratischen und sozialen Rechtsstaats i.S.d. GG entsprechen. Da zu diesen Grundsätzen die in Art. 20 Abs. 2 Satz 2 GG verankerte Staatsform der repräsentativen Demokratie gehört, ist das als selbstverständlich vorausgesetzte Übergewicht des parlamentarischen Gesetzgebers nicht in Frage zu stellen (…). Denn zwar erkennt auch das Grundgesetz das Volk im Rahmen landesverfassungsrechtlicher Möglichkeiten zur Herrschaftsausübung durch Abstimmungen als gleichwertig an, es garantiert jedoch zugleich dem Repräsentationsorgan eine substanzielle Aufgabenzuweisung im Sinne quantitativ und qualitativ genügender Entscheidungsbefugnisse (…)." (HmbVerfG, Urteil vom 13.10.2016, HmbVerfG 2/16, NJOZ 2016, S. 1896 Rn. 102).

3.2   Kritik der „Prävalenzrechtsprechung"

Die vor allem durch den ThürVerfGH (2001) und jüngst das HmbVerfG (2016) geprägte These von der Prävalenz des parlamentarischen Gesetzgebers gegenüber dem Volksgesetzgeber erweist sich bei näherer Betrachtung und unter Berücksichtigung der von den Landesverfassungsgerichten zu beachtenden verfassungsrechtlichen Maßstäbe (siehe Abschn. 3.2.1) als ein kaum haltbares Konstrukt, für das es weder landes- noch bundesverfassungsrechtlich Anhaltspunkte gibt.

3.2.1 Verfassungsrechtliche Maßstäbe
Die Maßstäbe, die für das Rangverhältnis von repräsentativer und direkter Demokratie – d. h. parlamentarischer Gesetzgebung und Volksgesetzgebung – vor allem für verfassungsändernde Gesetze gelten, sind zuvörderst

dem Landesverfassungsrecht zu entnehmen. Denn die Eigenstaatlichkeit der Länder bedingt es, dass es eigene Landesverfassungen und dementsprechend eigenständiges Landesverfassungsrecht gibt. Mit anderen Worten sind die Bundesländer aus eigenem Recht in die Lage versetzt, sich Verfassungen zu geben und diese auszugestalten (Schneider 1987, S. 750 f.). Gerade der Bereich der direkten Demokratie kann als Ausweis dafür gelten, dass die gliedstaatliche Eigenständigkeit gegenüber den bundesverfassungsrechtlichen Bestimmungen des Grundgesetzes besonders hervortritt (Schneider 1987, S. 753 ff.). Daraus ergibt sich aber auch und vor allem, dass die Maßstäbe dafür, was sich als Gegenstand der (verfassungsändernden) Volksgesetzgebung im Rahmen des verfassungsrechtlich Zulässigen bewegt, grundsätzlich allein aus dem Landesverfassungsrecht herzuleiten sind. Dieser Befund zeitigt indes Konsequenzen: dort, wo es an einer geschriebenen Ewigkeitsgarantie in der Landesverfassung fehlt, dürfte es jedenfalls schwerfallen, aus dem Inbegriff der jeweiligen Landesverfassung Argumente zugunsten eines Vorrangs der repräsentativen Demokratie herzuleiten. Denn eine solche Herleitung würde wohl ohnehin – also auch in den Ländern mit geschriebener Ewigkeitsgarantie – daran scheitern müssen, dass bereits mit der Zulassung von Volksrechten als eigenständigem Strang direktdemokratischer Legitimationsvermittlung eine verfassungsgeberische Grundentscheidung zugunsten der direkten Demokratie in der jeweiligen Landesverfassung selbst erfolgt ist. Eine solche verfassungsrechtliche Sanktionierung unterstützt die Annahme, dass repräsentative und direkte Demokratie gleichrangig nebeneinanderstehen (Wittreck 2005, S. 164). Im Ergebnis bleibt daher festzuhalten, dass die Landesverfassung den Rahmen bildet, in dem die zur Beurteilung der Zulässigkeit direktdemokratischer Verfahren bestimmte Verfassungsgerichtsbarkeit der Länder zu judizieren hat. Daran haben sich die Landesverfassungsgerichte in den zitierten bzw. in Bezug genommenen Entscheidungen allerdings nur vordergründig orientiert. Denn obschon es in erster Linie Sache der jeweiligen Landesverfassung ist, den Maßstab für die Bewertung des Verhältnisses von repräsentativer und direkter Demokratie vorzugeben, bleibt das Landesverfassungsrecht nicht vollkommen frei von bundesverfassungsrechtlichen Vorgaben des Grundgesetzes. Dort, wo das Grundgesetz entsprechende Vorgaben statuiert, strahlt es gleichsam in den Verfassungsraum der Länder aus, und insoweit sind Bundes- und Landesverfassung als Teil einer gemeinsamen Rechtsordnung zu verstehen (Groß 2017, S. 351). Zu den insoweit bindenden Grundsätzen für den Landesverfassungsgeber zählen vor allem die von der Homogenitätsbestimmung des Art. 28 Abs. 1 GG umfassten Prinzipien (Rux 2008, S. 242 ff.). Daher bildet unter anderem das Demokratieprinzip des Grundgesetzes (Art. 20 Abs. 2 GG) den Maßstab für das Landesverfassungsrecht. Dies gilt für das

Landesverfassungsgerichte und direkte Demokratie 279

Verhältnis von repräsentativer und direkter Demokratie freilich – wie im Übrigen auch – nur insoweit, als das vom Grundgesetz geforderte „gewisse Maß an Homogenität" (BVerfGE 9, 268 (279); 88, 119; 90, 60 (84 f.)) eingehalten wird (nicht: Uniformität oder Konformität; Pieroth 2018, Rn. 1). Es handelt sich nach zutreffender Auffassung des Bundesverfassungsgerichts bei Art. 28 Abs. 1 GG um eine in die Landesverfassungen hineinwirkende Vorschrift des Bundesverfassungsrechts (BVerfGE 66, 107 (114); 103, 332 (353); 120, 82 (104); vgl. aber auch: Löwer 2012, Art. 28 GG Rn. 12; Pieroth 2018, Art. 28 GG Rn. 1).

Diese Einschätzung ist allerdings von einigen Landesverfassungsgerichten immer wieder insoweit fehlgedeutet worden, als versucht wurde, ausgerechnet über das Demokratieprinzip des Grundgesetzes den Vorrang des parlamentarischen Gesetzgebers im Sinne der beschriebenen Prävalenz auszudeuten. Bei genauer Betrachtung erweist sich nämlich gerade der Versuch, Art. 28 Abs. 1 Satz 1 GG als „Hebel" zu benutzen, um die besagte Prävalenz gegenüber dem Volksgesetzgeber letztlich aus dem Inbegriff des demokratischen Prinzips des Grundgesetzes zu begründen, als Leerformel. Dies wird im Folgenden ausgeführt.

3.2.2 Kritische Würdigung der Prävalenzthese

Vor dem Hintergrund der geschriebenen Verfassungstexte in den Ländern und dem Umstand, dass diese sämtlich die Volksgesetzgebung eingeführt haben, erscheint es fraglich, ob sich die These von der Prävalenz der repräsentativen gegenüber der direkten Demokratie tatsächlich aufrechterhalten lässt. Es sprechen nämlich weit überwiegende Gründe dafür, von einer wertmäßigen Gleichrangigkeit auszugehen, die nicht nur im Hinblick auf das Entscheidungsergebnis, sondern von Anbeginn besteht – d. h. auch mit Blick auf die Vor- und Verfahrensbedingungen (Gleichrangigkeitsthese). Auch hierfür lassen sich der Rechtsprechung einiger Landesverfassungsgerichte Anhaltspunkte entnehmen. Insoweit ist zu konstatieren, dass sich die Gleichrangigkeitsthese neben der Prävalenzthese herausgebildet und durchgesetzt hat. Dies gilt zunächst vor allem für die juristische Literatur, in der zu Recht davon ausgegangen wird, dass zwar die direktdemokratische – auch die auf eine Verfassungsänderung zielende – Entscheidung des Volkes keinen Vorrang oder gar eine „höhere Dignität" gegenüber der Entscheidung des parlamentarischen (auch und vor allem des verfassungsändernden) Gesetzgebers genießt. Gleiches gelte aber im Umkehrschluss auch für die repräsentative Demokratie, die ihrerseits keinen qualitativen Vorrang gegenüber der direkten Demokratie genießen könne (Ennuschat 2014, S. 705). Es ist somit davon auszugehen, dass zwischen der repräsentativen und der direkten Demokratie wegen ihrer wesensmäßigen Verwurzelung im demokratischen Prinzip ein Gleichrang besteht, der auch nicht dadurch erschütterbar ist, dass sich in der

Staatspraxis gleichsam selbstredend die parlamentarische Demokratie als Regel durchgesetzt hat.

Der Gleichrangigkeitsthese hat sich – jedenfalls in Teilen und vor dem Hintergrund der insgesamt doch überschaubaren Zahl einschlägiger verfassungsgerichtlicher Entscheidungen – auch die Landesverfassungsgerichtsbarkeit nicht verschlossen. So hat der BremStGH in seiner in weiten Teilen zwar durchaus kritikwürdigen Entscheidung vom 14. Februar 2000 jedenfalls im Ansatz angenommen, dass zwischen repräsentativer und direkter Demokratie Gleichrangigkeit besteht (BremStGH, Urteil vom 14.02.2000, St 1/1998, NVwZ-RR 2001, S. 1 ff.). Die Entscheidung hat der Gleichrangigkeitsthese damit in der Rechtsprechung eine gewisse Schubkraft verliehen (Gröschner 2013, Rn. 50 f.; Blanke 2013, Rn. 28 f.). In der besagten Entscheidung hat der BremStGH nämlich zum Verhältnis von repräsentativer und direkter Demokratie wie folgt judiziert:

> „Ebenso wie Volksvertretungen nur dann das demokratische Prinzip verwirklichen, wenn sie aus allgemeinen, unmittelbaren, freien, gleichen und geheimen Wahlen hervorgegangen sind und zusätzlich in ein Rahmenwerk flankierender Einrichtungen wie einer unabhängigen und pluralistischen Presse, einem ungehinderten Parteienwettbewerb und effektiven grundrechtlichen Garantien politischer Freiheit eingebettet sind, muss auch die verfassungsrechtliche Einrichtung der Volksgesetzgebung bestimmte Voraussetzungen erfüllen, um als Ausdrucksform des demokratischen Prinzips i.S. des Art. 28 Abs. 1 GG gelten zu können. *Die im Volksgesetzgebungsverfahren verabschiedeten Gesetze haben gem. Art. 123 Brem-Verf. dieselbe Bindungswirkung wie die von der Bürgerschaft erlassenen Gesetze.* Sie müssen daher in prinzipiell vergleichbarer Weise den Zwang zur öffentlichen Rechtfertigung ihrer Gemeinwohlorientierung unterliegen wie Parlamentsgesetze, *ohne dadurch ihren Charakter als eigenständige Verwirklichungsform des demokratischen Prinzips zu verlieren.* Das im Volksgesetzgebungsverfahren erlassene Gesetz muss deshalb verfahrensrechtlich die Gewähr für seine demokratische Verallgemeinerungsfähigkeit enthalten (…)" (BremStGH, Urteil vom 14.02.2000, St 1/1998, NVwZ-RR 2001, S. 1 (2); eigene Hervorhebungen).

Noch weiter reicht – nämlich ganz im Sinne einer Widerlegung der Prävalenzthese – die Entscheidung des Sächsischen Verfassungsgerichtshofes vom 11. Juli 2002 (SächsVerfGH, Urteil vom 11.07.2002, Vf. 91-VI-01, NVwZ 2003, 472 ff.). Ihr lag mit Änderungen im Landesschulgesetz zwar kein Sachverhalt zugrunde, der wie in Bremen, Bayern oder Thüringen auf eine vollplebiszitäre Verfassungsänderung zielte; ein Bezug zum Haushaltsvorbehalt und damit zur Sächsischen Verfassung als Prüfungsmaßstab war wegen der finanziellen Auswirkungen der angestrebten einfachgesetzlichen Änderungen im Schulrecht damit aber gleichwohl gegeben. Daher ist dieses Urteil für die Untermauerung

Landesverfassungsgerichte und direkte Demokratie 281

und Absicherung der Gleichrangigkeitsthese von eminenter Bedeutung. Der Sächsische Verfassungsgerichtshof geht davon aus, dass sich der normative Gleichrang von mittelbarer und unmittelbarer Demokratie in einem Nebeneinander von Volks- und Parlamentsgesetzgebung äußere, die darauf angelegt sind, sich gegenseitig zu beeinflussen und die darauf angewiesen sind, dass ihre – zum Teil bewusst in einem Spannungsverhältnis stehenden – Funktionen störungsfrei ausgeübt und gerade nicht gegeneinander argumentativ in Stellung gebracht werden dürfen (Wittreck 2005, S. 171). Insoweit heißt es in den Gründen unter anderem:

> „Mit der Aufnahme der Volksgesetzgebung hat der Verfassungsgeber sich dafür entschieden, dem Landtag den Volksgesetzgeber unmittelbar und gleichberechtigt an die Seite zu stellen (…).Es liegt in der Konsequenz dieser Entscheidung, dass der Verfassungsgeber nicht nur in Art. 3 Abs. 2 SächsVerf beide Formen der Gesetzgebung ausdrücklich und ohne Vorrangentscheidung, sondern auch in Art. 70 Abs. 1 SächsVerf bei dem Gesetzesinitiativrecht ausdrücklich den vom Volk eingebrachten Volksantrag nennt. Damit hat der Verfassungsgeber zugleich das repräsentative parlamentarische Regierungssystem, wie es etwa die grundgesetzliche Ordnung kennzeichnet, plebiszitär modifiziert. Ein Legitimationsvorrang des Parlaments, wie er für die grundgesetzliche Ordnung verbreitet angenommen wird (…) besteht damit für den Bereich der Gesetzgebung in Sachsen nicht. Der Verfassungsgeber hat bewusst ein Spannungsverhältnis zwischen parlamentarischer und Volksgesetzgebung institutionalisiert, das nicht durch einen Vorrang des einen oder anderen – sowie nicht durch die Verfassung vorgegeben – interpretatorisch beseitigt werden kann, ohne die Entscheidung für ein Volksgesetzgebungsverfahren um ihre Bedeutung zu bringen. Mag auch die Volksgesetzgebung schon aufgrund ihres Verfahrens faktisch die Ausnahme darstellen (…), eine normative Nachrangigkeit ergibt sich daraus nicht (…). Ebenso wenig begründet das verfassungspolitische Motiv, Defizite der parlamentarischen Gesetzgebung, wenn es sie denn gibt, zu kompensieren, eine bloße Ergänzungsfunktion. (…). Das Volksgesetzgebungsverfahren ist auch kein Instrument, das vor allem der Durchsetzung politischer Anliegen mehr oder weniger randständiger Minderheiten dient, die sich im parlamentarischen Prozess nicht ausreichend repräsentiert fühlen (…). Es eröffnet dem Volk in seiner mehrstufigen Anlage vielmehr die Möglichkeit, auf den parlamentarischen Gesetzgeber mit Sachanliegen Einfluss zu nehmen und - für den Fall als unzureichend angesehener Reaktion - eine eigene Entscheidung in einer Sachfrage herbeizuführen.“ (SächsVerfGH, Urteil vom 11.07.2002, Vf. 91-VI-01, NVwZ 2003, 472 (472 f.)[3]

---

[3]Der SächsVerfGH weicht hier auch ab vom BayVerfGH, Entscheidung vom 31.03.2000, Vf. 2-IX-00, NVwZ-RR 2000, S. 401 (402) und vom BremStGH, Urteil vom 14.02.2000, St 1/1998, NVwZ-RR 2001, S. 1 (2).

Die überzeugendsten Argumente für die Gleichrangigkeitsthese hat – wie dargelegt – vor allem der SächsVerfGH geliefert. Im Rahmen einer Stellungnahme ist zunächst einmal festzuhalten, dass sich die direkte Demokratie aufgrund ihrer sachlichen Begrenzung der Volksentscheidung auf partikulare Gegenstände schon von ihrem Gewicht her kaum in eine Richtung weiterentwickeln wird, die der repräsentativen Demokratie in Gestalt der parlamentarischen Gesetzgebung tatsächlich den Rang wird ablaufen können (SächsVerfGH, Urteil vom 11.07.2002, Vf. 91-VI-01, NVwZ 2003, 472 (473); Neumann 2009, Rn. 655). Hierin ist aber dennoch keine Aussage bezüglich der Wertigkeit beider Demokratieformen angelegt und schon gar nicht getroffen. Dies verbietet sich auch vor dem Hintergrund, dass eine Prävalenzannahme zugunsten der parlamentarischen Gesetzgebung selbst in den Ländern mit geschriebener Ewigkeitsgarantie,[4] die – wie in Bayern in Art. 75 Abs. 1 Satz 2 BayVerf – einen verfassungsrechtlichen Mindeststandard im Hinblick vor allem auf die Einhaltung des Demokratie- und Rechtsstaatsprinzips gewährleistet und damit einen Rückgriff auf Art. 28 Abs. 1 GG überflüssig macht,[5] nicht zu rechtfertigen ist. Denn diese Länder haben – zum Teil in sehr weitreichender Weise – die Volksgesetzgebung als Möglichkeit direktdemokratischer Rechtsetzung in ihren Landesverfassungen neben der repräsentativen Demokratie etabliert. Würde nun die Prävalenzthese zum Maßstab der Verfassungsauslegung durch das Landesverfassungsgericht erhoben, konterkarierte dies geradezu die verfassungsgeberische Grundentscheidung, neben der parlamentarischen Gesetzgebung auch die Volksgesetzgebung zuzulassen. Es liegt auf der Hand, dass insoweit – nämlich in Ansehung des Schutzes des Demokratieprinzips – die Grenzen der geschriebenen Ewigkeitsgarantie im Landesverfassungsrecht nicht berührt sein können. Für die Länder mit geschriebener Ewigkeitsgarantie kann daher nur gefolgert werden, dass dort der Gleichrangig-

---

[4]Art. 64 Abs. 1 Satz 2 BW Verf; Art. 75 Abs. 1 Satz 2 BayVerf. (ausdrücklich auf die Unzulässigkeit von Verfassungsänderungen bezogen, die „den demokratischen Grundgedanken der Verfassung widersprechen"); Art. 56 Abs. 3 Verf MV; Art. 46 Abs. 2 NdsVerf; Art. 69 Abs. 1 Satz 2 NRWVerf; Art. 129 Abs. 2 RhPfVerf; Art. 101 Abs. 2 SaarlVerf; Art. 74 Abs. 1 Satz 2 SächsVerf; Art. 78 SachsAnhVerf; Art. 83 Abs. 3 ThürVerf.

[5]Brechmann 2014, Art. 75 BayVerf, Rn. 10, unter Verweis u. a. auf den BayVerfGH, BayVerfGHE 49, 160 (166); 52, 104 (137 f.); 58, 253 (264), sowie darauf, dass etwa in Bremen sich die Verfassungslage bezüglich der Ewigkeitsgarantie anders darstelle (und somit Art. 28 Abs. 1 GG als Maßstab heranzuziehen sei; Anm. des Verfassers).

Landesverfassungsgerichte und direkte Demokratie 283

keitsthese der Vorrang gebührt und somit das Rangverhältnis von repräsentativer und direkter Demokratie nur im Sinne eines Gleichrangs auszudeuten ist.

Fehlt es in einer Landesverfassung an einer geschriebenen Ewigkeitsgarantie, wird – dies hat insbesondere die Entscheidung des BremStGH gezeigt – der Rückgriff auf Art. 28 Abs. 1 GG gewählt und insoweit versucht, den Vorrang der repräsentativen Demokratie gegenüber der direkten Demokratie zu begründen. Dies kann aber nur dann gelingen, wenn man – davon ausgehend, dass die Grundsätze des Art. 28 Abs. 1 Satz 1 GG mit dem Schutzgehalt des Art. 79 Abs. 3 GG übereinstimmen (Löwer 2012, Rn. 19; Sachs 1987, S. 864; Schneider 1987, S. 751) – dem Grundgesetz als Teil des Homogenitätsgebots auch eine solche Prävalenz der parlamentarischen Gesetzgebung und damit der repräsentativen Demokratie überhaupt entnehmen könnte. Dagegen spricht zunächst der klare Befund, dass an der entscheidenden Stelle im Grundgesetz in Art. 20 Abs. 2 Satz 2 beide Formen demokratischer Legitimationsvermittlung – Wahlen und Abstimmungen – gleichberechtigt nebeneinander genannt sind und der verfassungsändernde Gesetzgeber nur die Abstimmungen bislang nicht näher ausgestaltet hat, hierzu aber von Verfassungs wegen jederzeit in der Lage wäre, soweit der Verfassungsvorbehalt beachtet, d. h. die Ausgestaltung im Grundgesetz selbst erfolgen würde (Löwer 2012, Rn. 19). Allein der Umstand, dass der Grundgesetzänderungsgesetzgeber hiervon bislang keinen Gebrauch gemacht hat, Wahlen und Abstimmungen aber seit Anbeginn gleichberechtigt nebeneinander in Art. 20 Abs. 2 GG stehen, spricht klar gegen die dem Grundgesetz vermeintlich immanente Prävalenz der parlamentarischen Gesetzgebung und deutlich für die Gleichrangigkeitsthese. Ist es also dem verfassungsändernden Gesetzgeber nicht verwehrt, direktdemokratische Instrumente und Verfahren wie die Volksgesetzgebung auch im Grundgesetz vorzusehen und damit den hinsichtlich der Abstimmungen bislang unerfüllten Verfassungsauftrag aus Art. 20 Abs. 2 Satz 2 GG ins Werk zu setzen, kann dann auch kein über Art. 28 Abs. 1 Satz 1 GG in das Landesverfassungsrecht hineingetragener Ewigkeitsschutz bezüglich eines Vorrangs der repräsentativen Demokratie konstruiert werden. Denn zu den über Art. 79 Abs. 3 GG geschützten Mindeststandards des demokratischen Prinzips, die von den Landesverfassungsgebern zu beachten wären, zählt nicht der Vorrang der repräsentativen Demokratie und der parlamentarischen Gesetzgebung. Es liegt vielmehr so, dass mit Blick auf Art. 79 Abs. 3 GG das Verhältnis direktdemokratischer und repräsentativer Elemente ebenso unentschieden bleibt wie die Frage, welche Organe unmittelbar vom Volk gewählt und welche Amtsträger von den Gewählten gewählt oder ernannt werden (Bryde 2012, Rn. 41; Hain 2018,

Rn. 81). Da Art. 79 Abs. 3 GG somit gerade keinen Vorrang der repräsentativen Demokratie schützt, bleibt auch kein Raum, dies über Art. 28 Abs. 1 Satz 1 GG in das Landesverfassungsrecht zu „transportieren". Eher ist das Gegenteil mit Blick auf Art. 79 Abs. 3 GG angezeigt, wonach die in Art. 20 Abs. 2 Satz 2 GG genannten und bislang lediglich nicht näher im Grundgesetz ausgeführten „Abstimmungen" als direktdemokratische Teilhabemöglichkeit in ihrem demokratischen Grundbestand sogar selbst „ewigkeitsgeschützt" sind (Sachs 2018, Rn. 68, 71). Weder für das nach wie vor „antiplebiszitäre" Grundgesetz noch für die „plebiszitären" Landesverfassungen kann somit eine Prävalenz der parlamentarischen Gesetzgebung gegenüber der Volksgesetzgebung festgestellt werden. Soweit es um das Rangverhältnis im Sinne einer Wertigkeit zwischen beiden Formen geht, gilt somit die Gleichrangigkeitsthese.

Dass diese Annahme der Gleichrangigkeit auch für solche Landesverfassungen (erst recht) gelten muss, die über keine geschriebene Ewigkeitsgarantie verfügen, zeigt die Auseinandersetzung mit der dargestellten (geradezu hilflosen) Argumentation des HmbVerfG im Rahmen seiner Entscheidung vom 13. Oktober 2016 über das Volksbegehren „Rettet den Volksentscheid!". Es handelt sich alles in allem um eine brüchige verfassungsrechtliche Konstruktion, die allein darauf ausgerichtet ist, den Vorrang der repräsentativen Demokratie gegenüber der direkten Demokratie zu „zementieren". Die Zitate aus dem Urteil vom 13. Oktober 2016 belegen jedoch, dass es nach der HmbVerf, die ohne geschriebene Ewigkeitsgarantie auskommt, nicht angängig ist, die Grenzen der verfassungsändernden Volksgesetzgebung schlicht in Art. 3 HmbVerf bezüglich des Demokratieprinzips hineinzulesen und über den Umweg von Art. 28 Abs. 1 Satz 1 GG zu behaupten, die Hamburger Verfassungsnorm wiederhole lediglich dasjenige, was das Grundgesetz vorsehe, auch für den Verfassungsraum Hamburgs. Dass dies nicht zutreffend ist, wurde schon mit Blick auf die Entscheidung des ThürVerfGH herausgearbeitet, das sich wenigstens noch auf eine Ewigkeitsgarantie in der Landesverfassung stützen konnte. Wie sehr demgegenüber das HmbVerfG mit Behauptungen zu argumentieren versucht, zeigt der im letzten Zitat aus der Entscheidung des HmbVerfG vorzufindende beiläufige (in seiner mutmaßlichen Fernwirkung auf andere Länder aber im negativen Sinne bedeutsame) Befund, wonach in Art. 20 Abs. 2 Satz 2 GG die Staatsform der repräsentativen Demokratie verankert sei. Dass Wahlen als Legitimationsmodus der mittelbaren Ausübung von Staatsgewalt dienen, ist zwar selbstverständlich richtig. Unzutreffend ist aber der Kontext, in dem dieser beiläufige Befund dann zum Einsatz gebracht wird: nämlich als Beleg der in dem Hamburger Urteil noch mehr als in allen früheren – insoweit ebenfalls nur schwach begründeten – Landesverfassungsgerichtsentscheidungen vorgebrachten vermeintlichen Prävalenz des parlamentarischen Gesetzgebers vor dem Volksgesetzgeber. Hierfür ist – gerade unter der HmbVerf – kein Raum. Es sollte anerkannt werden, dass repräsentative und direkte Demokratie in einem Gleichrangigkeitsverhältnis stehen und bei allen immanenten Spannungen von ihrer demokratischen Wertigkeit her auf gleicher Stufe stehen – ganz so, wie es vor allem der SächsVerfGH judizierte.

4   Resümee

Der Beitrag hatte sich zum Ziel gesetzt, die Rolle, Funktion und Zuständigkeit der Landesverfassungsgerichte in der direkten Demokratie der Länder zu untersuchen. Den Landesverfassungsgerichten ist im Bereich der Volksgesetzgebung, die den Kern der landesverfassungsrechtlichen Ausgestaltung der direkten Demokratie in den Ländern ausmacht, vor allem eine rechtsstaatliche Reservefunktion zugewiesen. Sie besteht in einer präventiven Normenkontrolle, indem vor der Durchführung des Volksentscheids die Möglichkeit eröffnet wird (in einigen Ländern ist gar eine zwingende Anrufung des Landesverfassungsgerichts vorgesehen), den dem Volksbegehren zugrunde liegenden Gesetzentwurf vor allem auf seine Vereinbarkeit mit höherrangigem Recht zu überprüfen. Dies gilt ausnahmslos auch (und gerade) für die verfassungsändernde Volksgesetzgebung. Die Untersuchung hat am Beispiel einiger ausgewählter Judikate allerdings gezeigt, dass die Landesverfassungsgerichte im Rahmen ihrer rechtsprechenden Tätigkeit bisweilen den Rahmen ihrer eigentlichen Aufgabe, Interpreten ihrer Landesverfassung im Blick auf das Verhältnis von repräsentativer und direkter Demokratie zu sein, partiell verlassen haben, um mitunter verfassungsrechtlich (noch) Zulässiges zugunsten des rechtspolitisch Gewollten zu drehen. Gerade die Entscheidungen des ThürVerfGH aus dem Jahre 2001 und jüngst des HmbVerfG (2016) belegen dies. Dem Souverän auch mehr an direktdemokratischen Mitentscheidungsmöglichkeiten als Volksgesetzgeber zuzugestehen, wie es die Landesverfassungen immerhin erlauben, erscheint – folgt man dem hier vertretenen Gleichrangigkeitsargument – verfassungsrechtlich unausweichlich. Die unter den Landesverfassungsgerichten wohl weiterhin vorherrschende Linie der „Prävalenz des parlamentarischen Gesetzgebers" hingegen steht argumentativ auf tönernen Füßen. Die Landesverfassungsgerichte könnten daher durchaus „mehr direkte Demokratie wagen". Denn in der Staats- und Verfassungspraxis wird direkte Demokratie stets nur Ergänzung – nicht aber gar Ersetzung oder Überlagerung der parlamentarischen Demokratie – bedeuten können. Dass sie wertmäßig mit der parlamentarischen Gesetzgebung auf einer Stufe steht, steht gleichwohl nicht in Abrede.

286 A. Pautsch

Literatur

Blanke, H.-J. (2013). Art. 45. Unmittelbare und mittelbare Demokratie. In J. Linck, M. Baldus, J. Lindner, H. Poppenhäger, & M. Ruffert (Hrsg.), *Verfassung des Freistaats Thüringen. Kommentar* (S. 555–565). Baden-Baden: Nomos.

Brechmann, W. (2014). Art. 75. Verfassungsänderungen, Meinungsverschiedenheiten bei der Gesetzgebung. In T. Meder & W. Brechmann (Hrsg.), *Die Verfassung des Freistaates Bayern. Kommentar* (5. Aufl., S. 505–518). Stuttgart: Boorberg.

Bryde, B.-O. (2012). Art. 79. Änderung des Grundgesetzes. In I. v Münch & P. Kunig (Hrsg.), *Grundgesetz. Kommentar* (6. Aufl., S. 148–168). München: Beck.

Dreier, H., & Wittreck, F. (2010). Repräsentative und direkte Demokratie im Grundgesetz. In L. P. Feld, P. M. Huber, O. Jung, C. Welzel, & F. Wittreck (Hrsg.), *Jahrbuch für direkte Demokratie 2009* (S. 11–39). Baden-Baden: Nomos.

Ennuschat, J. (2014). Volksgesetzgebung in den Ländern. In W. Kluth & G. Krings (Hrsg.), *Gesetzgebung – Rechtsetzung durch Parlamente und Verwaltungen sowie ihre gerichtliche Kontrolle* (S. 699–727). Heidelberg: C.F. Müller.

Gröschner, R. (2013). Kommentierung zu Art. 44 der Verfassung des Freistaats Thüringen. In J. Linck, M. Baldus, J. Lindner, H. Poppenhäger, & M. Ruffert (Hrsg.), *Verfassung des Freistaats Thüringen. Kommentar* (1. Aufl., S. 530–554). Baden-Baden: Nomos.

Groß, T. (2017). Hat das Hamburgische Verfassungsgericht die Diktatur des Volkes verhindert? *Juristenzeitung, 72*(7), 349–355.

Hain, K.-E. (2018). Kommentierung zu Art. 79 GG. In H. von Mangoldt, F. Klein, & C. Starck (Hrsg.), *Grundgesetz. Kommentar* (7. Aufl., S. 2217–2309). München: Beck.

Heußner, H. K. (2017). Die gravierenden Rechtsstaatsmängel der schweizerischen Direktdemokratie – Das fragwürdige Verhältnis der AfD zu Volksabstimmungen. *Neue Zeitschrift für Verwaltungsrecht – Extra, 36*(17), 1–6.

Krause, P. (1987). Verfassungsrechtliche Möglichkeiten unmittelbarer Demokratie. In J. Isensee & P. Kirchhof (Hrsg.), *Handbuch des Staatsrechts* (Bd. 3, S. 55–86). München: Beck.

Löwer, W. (2012). Kommentierung zu Art. 28 GG. In I. v. Münch & P. Kunig (Hrsg.), *Grundgesetz. Kommentar* (S. 1803-1908). 6. Aufl. München: C.H. Beck.

Neumann, P. (2009). *Sachunmittelbare Demokratie im Bundes- und Landesverfassungsrecht unter besonderer Berücksichtigung der neuen Länder*. Baden-Baden: Nomos.

Pieroth, B. (2018). Art. 28. Homogenitätsgebot, kommunale Selbstverwaltungsgarantie. In H. D. Jarass & B. Pieroth (Hrsg.), *Grundgesetz. Kommentar* (15. Aufl., S. 666–682). München: Beck.

Rux, J. (2008). *Direkte Demokratie in Deutschland – Rechtsgrundlagen und Rechtswirklichkeit der unmittelbaren Demokratie in der Bundesrepublik Deutschland und ihren Ländern*. Baden-Baden: Nomos.

Sachs, M. (1987). Die Bedeutung gliedstaatlichen Verfassungsrechts in der Gegenwart. *Deutsches Verwaltungsblatt, 102*(17), 857–866.

Sachs, M. (2018). Kommentierung zu Art. 79 GG. In M. Sachs (Hrsg.), *Grundgesetz. Kommentar* (8. Aufl., S. 801–864). München: Beck.

Schneider, H.-P. (1987). Verfassungsrecht der Länder – Relikt oder Rezept? *Die Öffentliche Verwaltung, 40*(17), 749–756.

Stern, K. (1984). *Staatsrecht* (2. Aufl., Bd. 1). München: Beck.

Landesverfassungsgerichte und direkte Demokratie 287

Wittreck, F. (2005). Direkte Demokratie und Verfassungsgerichtsbarkeit – Eine kritische Übersicht zur deutschen Verfassungsrechtsprechung in Fragen der unmittelbaren Demokratie von 2000 bis 2002. *Jahrbuch des öffentlichen Rechts der Gegenwart, N. F. 53*, 111–185.

Wittreck, F. (2009). Direkte Demokratie vor Gericht oder: Direkte Demokratie und Verfassungsgerichtsbarkeit – Ein gestörtes Verhältnis? In H. K. Heußner & O. Jung (Hrsg.), *Mehr direkte Demokratie wagen* (2. Aufl., S. 397–425). München: Olzog.

Landesverfassungsgerichte und Landtagswahlen: Wahlrecht „ad libitum" oder unter „strict scrutiny"?

Jürgen Plöhn

Das Grundgesetz verpflichtet die Länder, auf Landes-, Kreis- und Gemeinde-ebene eine Volksvertretung vorzusehen, „die aus allgemeinen, unmittelbaren, freien, gleichen und geheimen Wahlen hervorgegangen ist" (Art. 28 Abs. 1 Satz 2 GG). Konkretisierende organisationsrechtliche Entscheidungen überlässt es der Landesgesetzgebung. Die Überprüfung obliegt den Landesverfassungsgerichten. Deren Entscheidungen sollen im folgenden anhand politisch relevanter Fälle analysiert werden. Als Relevanzkriterium für die nötige Fallauswahl werden Aspekte der Gewaltenteilung berücksichtigt, da deren Austarierung die vornehmste Aufgabe von Verfassungsgerichten darstellt (Steffani 1980, S. 117–148; Plöhn 2005, S. 321–322; Reutter 2017, S. 15–16).

Zur Vermeidung einseitiger Bindungen an spezielle Handlungsbedingungen in einzelnen Bundesländern ist die vorliegende Untersuchung topisch an wahlbezogenen Materien orientiert. Dafür werden zunächst die Verwendungsmöglichkeiten der in Betracht kommenden Antragsarten abgeklärt, bevor materiellrechtliche Probleme erörtert werden. Unter den dargestellten Konflikten finden nur einzelne eine breitere Behandlung. In zeitlicher Hinsicht sind fallweise sowohl die Präzedenzwirkung grundlegender Entscheidungen als auch die Aktualität von Urteilen zur Auswahl herangezogen worden.

J. Plöhn (✉)
Martin-Luther-Universität Halle-Wittenberg, Halle, Deutschland
E-Mail: juergen.ploehn@politik.uni-halle.de

© Springer Fachmedien Wiesbaden GmbH, ein Teil von Springer Nature 2020
W. Reutter (Hrsg.), *Verfassungsgerichtsbarkeit in Bundesländern,*
https://doi.org/10.1007/978-3-658-28961-4_11

1 Verfahrensarten

Die Antragsarten, über die Wahlrechtsfälle vor die Verfassungsgerichte kommen, variieren zwischen den Ländern nach Verfügbarkeit und konkreter Ausgestaltung.

1.1 Wahlprüfungsverfahren

Wahlprüfungsverfahren sind die thematisch einzigen unmittelbar auf den Wahlakt gerichteten Verfassungsgerichtsverfahren. Sie sind mittlerweile zur justiziellen Überprüfung der Entscheidungen des betreffenden Landesparlaments, eines Ausschusses oder Wahlprüfungsgerichts flächendeckend eingerichtet (z. B. Art. 31 Abs. 2 BW Verf; Art. 33, 63 BayVerf; Art. 39 Abs. 5, Art. 11 Abs. 4 NdsVerf). Mit der Entscheidung über die Korrektheit und damit die Gültigkeit der Wahl verbunden ist typischerweise die Frage der Mitgliedschaft gewählter Abgeordneter im jeweiligen Landesparlament. In zeitlicher Hinsicht ergibt sich aus der Abhängigkeit der Wahlprüfungen von vorausgegangenen Parlamentswahlen ein zyklisches Auftreten dieser Fälle.

Inhaltlich besteht für die Wahlprüfverfahren eine Bindung an gesetzlich vorgegebene Prüfungskriterien wie auch an die mit vorangegangenen Einsprüchen der Antragsteller thematisierten angeblichen Wahlfehler (SächsVerfGH, Urt. v. 11.4.2018, Vf. 108-V-17, LVerfGE 29, 195, 208 m. w. N. zur h.L.[1]). Es handelt sich um nachlaufende *(ex post facto)* Kontrollverfahren, die sich nicht mit Einstweiligen Anordnungen kombinieren lassen (HessStGH, Beschl. v. 23.1.2008, ESVGH 59, 1–2) und gegebenenfalls auch zu spät kommen können (SächsVerfGH, LVerfGE 29, 211 f.). In Anlehnung an die Rechtsprechung des Bundesverfassungsgerichts (BVerfG, Urt. v. 23.11.1993, 2 BvC 15/91, BVerfGE 89, 291; BVerfGE 122, 304; Ewer 2016, S. 345) sind diese Verfahren primär objektivrechtlich ausgerichtet. Dies drückt sich besonders in Vorschriften aus, die Wahlprüfungsbeschwerden an eine hinreichende Anzahl von Unterstützern binden („mindestens hundert Wahlberechtigte"; § 52 Abs. 1 lit. b BW VerfGHG) – eine Vorschrift, die

---

[1]Manuskript abgeschlossen am 31.08.2019. Nachfolgende Entwicklungen konnten nicht mehr berücksichtigt werden. – Soweit keine Entscheidungssammlung angegeben ist, beziehen sich die Angaben zu den angeführten Verfassungsgerichtsurteilen auf deren Publizierung durch die Gerichte selbst auf deren jeweiligen Internetseiten.

in Nordrhein-Westfalen selbst wieder verfassungsgerichtlich überprüft worden ist (VerfGHNRW, Beschl. v. 12.12.2000, 38/00, S. 3 f., – vgl. auch z. B. BremStGH, Urt. v. 13.9.2016, St 3/16, S. 6 m. w. N.). In Ländern ohne Schutzklausel sind hingegen auch querulatorische Anträge nicht auszuschließen (vgl. z. B. NdsStGH, Beschl. v. 29.6.2004, 1/04).

1.2 Organstreitverfahren

Ebenfalls zum Kernbestand der Kompetenzen von Staatsgerichtshöfen zählen Entscheidungen in Konflikten zwischen obersten Staatsorganen des betreffenden Landes sowie anderer Beteiligter, welche durch Verfassung oder Geschäftsordnung eines obersten Landesorgans mit eigenen Rechten ausgestattet sind (z. B. Art. 64 BayVerf; Art. 84 Abs. 2 Nr. 1 BerlVerf; Art. 113 Nr. 1 BbgVerf). Diese Organstreitverfahren eignen sich in den parlamentarischen Regierungssystemen der Länder zur Austragung institutioneller Konflikte zwischen Regierungsmehrheit und Opposition (Obrecht 2017, S. 38–41). Sie sind nicht wahlrechtsspezifisch, wohl aber für Konflikte vor Wahlen geeignet. So sind durch Organstreitverfahren Werbemaßnahmen von Landesregierungen (LVerfGSH, Urt. v. 8.6.2018, LVerfG 6/17; SachsAnhVerfG, Urt. v. 22.2.1996, LVG 8/95, LVerfGE 3, 261 ff.; StGH BW, Urt. v. 6.3.1981; Obrecht 2017, S. 40) oder wahlvorbereitende Entscheidungen angegriffen worden (HmbVerfG Urt. v. 7.12.1977, HmbVerfG 2/77 und 3/77, s. u.).

1.3 Abstrakte Normenkontrollverfahren

Für die nach dem Zweiten Weltkrieg in den deutschen Rechtsstaat eingeführten Normenkontrollverfahren sind auf Landesebene Probleme konstitutioneller Gewaltenteilung zwischen einfachem und verfassungsänderndem Gesetzgeber anzutreffen (Steffani 1997, S. 44–48). Bei Ausgestaltung der abstrakten Normenkontrolle als Minderheitsrecht lässt sie sich auch zur Überprüfung der Wahlgesetzgebung verwenden. Solche Verfahren finden sich in nahezu allen Landesverfassungen (z. B. Art. 68 Abs. 1 Satz 2 Nr. 2 BWVerf; Art. 84 Abs. 2 Nr. 2 BerlVerf; Art. 65 Abs. 3 Nr. 3 und 4 HmbVerf (abstrakte Normenkontrolle und Rechtsinterpretation); Art. 75 Nr. 3 NRW Verf. Art. 80 Abs.1 Nr. 4 Thür. Verf.). Nur Bayern hat zugunsten einer liberaleren Regelung auf abstrakte Normenkontrollanträge verzichtet. Institutionell eignen sie sich zur Überprüfung

292 J. Plöhn

rechtlicher Mindeststandards demokratischer Wahlentscheidungen, des Wahlsystems oder auch der Wahlkreiseinteilung.[2]

1.4 Individuelle Rechtsbehelfe

Einer Reihe von Landesverfassungen sind Verfassungsbeschwerdeverfahren inkorporiert worden, mit denen die Verletzung von Grundrechten oder „grundrechtsgleichen Rechten" gerügt werden können. Doch haben mehrere Länder angesichts des schon grundgesetzlich gewährten Grundrechtsschutzes auf landesverfassungsgerichtliche Verfahren auf diesem Gebiet verzichtet oder die Verfahren auf landesspezifische Inhalte abgestellt (vgl. z. B. § 55 Abs. 1 BW VerfGHG; Art. 120 BayVerf (nur gegen behördliche bzw. gerichtliche Entscheidungen); § 12 Nr. 9, §§ 53–61 VerfGHG NRW; Art. 130a RhPfVerf; Art. 80 Abs. 1 Nr. 1 ThürVerf). Soweit derartige Verfahren vorgesehen und neben den Wahlprüfungsverfahren statthaft sind, eröffnen sie die Möglichkeit, auch wahlrechtsbezogen die Verletzung subjektiver Rechte gerichtlich geltend zu machen.

1.5 Spezielle Rechtsbehelfe für Wählergruppen

Sofern Gruppierungen, die nicht unter das Parteienprivileg des Art. 21 Abs. 4 GG fallen, zuvor nicht parlamentarisch vertreten waren, sich nun an Wahlkampagnen beteiligen wollen, dafür aber nicht zugelassen worden sind, bieten ihnen Bayern, Niedersachsen und Nordrhein-Westfalen spezielle Rechtsbehelfe (Art. 15, 62 BayVerf, Art. 46–47 BayVerfGHG; § 8 Nr. 11 NdsStGHG; Art. 32, Art. 75 Nr. 4 NRWVerf). Der Anwendungsbereich dieser Rechtsmittel liegt im Vorfeld von Landtagswahlen, ist jedoch durch das Parteiverbotsverfahren vor dem Bundesverfassungsgericht ein randständiges Phänomen (Meder 1992, S. 122–124; Thesling 2010, S. 262–265; BayVerfGHE 2, 115, 124 (12.10.1950), erwähnt beide Normen).

---

[2]Prinzipiell kommen auch „konkrete" Normenkontrollanträge von Gerichten für die Überprüfung von Wahlgesetzen in Betracht (vgl. Art. 100 Abs. 1 Satz 1 GG und z. B. Art. 65, Art. 92 BayVerf.; Art. 142 BremVerf.; Art. 64 Abs. 2 Satz 1, Art. 65 Abs. 3 Nr. 6 HmbVerf). Die dafür nötige Voraussetzung eines Falles, für den es auf die Verfassungsmäßigkeit eines wahlrelevanten Gesetzes ankommt, ist außer in Wahlprüfverfahren mit ihrem eigenen Instanzenzug jedoch unwahrscheinlich.

1.6 Die bayerische Popularklage

In Abweichung von der Regel, nach der eine Klagebefugnis auf die Behauptung der Verletzung eigener (subjektiver) Rechte zu stützen ist, ist die Überprüfung von grundrechtseinschränkenden Gesetzen und Verordnungen nach der bayerischen Landesverfassung objektivrechtlich formuliert (Art. 98 Satz 4 BayVerf) und im Gesetz über den bayerischen Verfassungsgerichtshof als Popularklage ausgestaltet (Art. 55 BayVerfGHG; hierzu Weigl 2017, S. 66; Tilch 1981, S. 348–352; Bohn 2012). Diese steht neben einzelnen Bürgern und Gruppen auch juristischen Personen des privaten und öffentlichen Rechts zu, soweit sie Träger entsprechender Rechte sind (BayVerfGHE 51, 1, 13 (1998) m. w. N.). Auch das Landtagswahlrecht kann anhand der Bayerischen Verfassung per Popularklage überprüft werden. Zur Durchsetzung einer rechtspolitischen Agenda gegen die Landtagsmehrheit ist sie jedoch ungeeignet (BayVerfGH, Entsch. v. 26.3.2018, Vf. 15-VII-16 – verpflichtender Geschlechterproporz für Wahlvorschläge politischer Parteien).

1.7 Das sächsische Mandatsaberkennungsverfahren

Die sächsische Verfassung sieht in Art. 118 die Möglichkeit einer Anklage gegen Abgeordnete und Minister vor, die sich Verletzungen der „Grundsätze der Menschlichkeit oder Rechtsstaatlichkeit" haben zuschulden kommen lassen oder für das Ministerium für Staatssicherheit der DDR tätig gewesen sind. Das Ziel ist die Aberkennung des Mandates bzw. des Amtes. *De facto* sind Auswirkungen dieser Anklagemöglichkeit auf die Wählbarkeit der Betroffenen anzunehmen. *De jure* sind allerdings die sechs zwischen 1998 und 2008 durchgeführten Verfahren sämtlich gescheitert (SächsVerfGH, Beschl. v. 6.11.1998, Vf. 16/17/18-IX-98; Beschl. v. 13.1.2000, Vf. 41-IX-99; Beschl. v. 2.11.2006, 55-IX-06; Beschl. v. 11.12.2008, Vf. 151-IX-07).

1.8 Resümee zu den wahlrechtsbezogenen Antragsmöglichkeiten

Nach den vorstehenden Ausführungen lässt sich vergleichend formulieren:

1. Es gibt keine flächendeckende, allumfassende Wahlrechts- und Wahlsystemkontrolle durch die jeweiligen Landesverfassungsgerichte.

2. Es gibt keine alle Aspekte des Wahlgeschehens abdeckende Antragsart.
3. Vielmehr lassen sich Probleme der Wahlhandlung von deren Organisation über die Durchführung bis zur Auswertung primär den Wahlprüfungsverfahren zuordnen, die Anfechtungen vorangegangener Entscheidungen darstellen.
4. Die Fairness des parteipolitischen Wettbewerbs kann in erster Linie mit Hilfe von Organstreitverfahren überwacht werden, in einzelnen Ländern hinsichtlich der politischen Ränder und Neulinge auch durch spezielle Antragsarten.
5. Die demokratische Angemessenheit der Systemgestaltung ist in erster Linie durch abstrakte Normenkontrollverfahren – in Bayern durch die Popularklage als funktionales Äquivalent – zu thematisieren.
6. Unterschiedliche Beteiligte können je eigene Antragspositionen innehaben, so dass konkret zu einem Fall mehrere Antragsarten aktualisiert werden können.

2 Materien wahlbezogener Verfahren

Zur Darstellung markanter, teils wiederholt thematisierter Materien – ohne Anspruch auf Vollständigkeit – soll eine Einteilung dienen, die folgende Gebiete berücksichtigt: (2.1) institutionelle Fragen – (2.2) Wahlsystem – (2.3) Wählerschaft – (2.4) Wahltermin – (2.5) Kandidatenaufstellung und Wahlzulassung – (2.6) Wahlkampf – (2.7) Wahldurchführung und Auszählung.

2.1 Institutionelle Fragen

Zur Abgrenzung der Fragen mit Wahlbezug sind hier nur Fälle berücksichtigt worden, denen unmittelbare Mandatsrelevanz zugekommen ist.

2.1.1 Mandate von Abgeordneten verfassungsfeindlicher Parteien

Aufgrund des SRP-Urteils des Bundesverfassungsgerichts vom 23. Oktober 1952 (BVerfGE 2, 1) hatten Abgeordnete dieser Partei unmittelbar in allen Landesparlamenten ihre Mandate verloren (Leitsatz 7, Begründung S. 73 f.). Das KPD-Urteil vom 17. August 1956 (BVerfGE 5, 85) erwähnte einen Mandatsverlust kommunistischer Abgeordneter hingegen nur in den Entscheidungsgründen.

Seit den Wahlen am 9. Oktober 1955 gehörten der Bremischen Bürgerschaft vier kommunistische Abgeordnete an (Staritz 1986, S. 1763, 1765; Roth 1997, S. 225). Angesichts der städtestaatlichen Besonderheiten Bremens nahm daher aufgrund einer Vorlage der Bremischen Bürgerschaft der Staatsgerichtshof nach

Art. 140 Abs. 1 BremVerf norminterpretierend zu der Frage Stellung, ob der Mandatsverlust durch das KPD-Urteil verbindlich eingetreten und bejahendenfalls total oder partiell zu sehen sei. Die Richter zerfielen in zwei jeweils dreiköpfige Minderheiten, so dass der siebte Richter den Ausschlag gab: Während die eine Minderheit meinte, das Urteil des Bundesverfassungsgerichts könne in Bremen für die Landesebene mangels korrekter Basis im Grundgesetz nicht anerkannt werden, ging die andere davon aus, dass nach bremischem Landesrecht das Mandat einheitlich zu betrachten und der Mandatsverlust daher nach dem Karlsruher Spruch vollumfänglich eingetreten sei. Letztlich votierte eine vierköpfige Gruppe für die Anerkennung der auf Leibholz' Parteienstaatslehre (Leibholz 1974, S. 78–129) gestützten Entscheidung, eine andere Richtermehrheit mangels einer Aussage des Bundesverfassungsgerichts zu Kommunalparlamenten für eine Differenzierung zwischen Landes- und stadtbremischen Angelegenheiten (BremStGH 2/1956, Entsch. v. 5.1.1957, BremStGHE 1, 73). Damit blieben die kommunistischen Abgeordneten – nunmehr parteilos – an den meisten (nämlich kommunalen) Beratungsmaterien beteiligt (Roth 1997, S. 224).[3]

2.1.2 Das sogenannte „Ruhende Mandat"

Nach Art. 108 BremVerf ist die Mitgliedschaft im Senat inkompatibel mit dem Mandat im Landesparlament. Tritt ein Abgeordneter in die Landesregierung ein, wird sein Mandat von einem anderen Politiker wahrgenommen, was gemeinhin – unzutreffend – als „Ruhen" des Mandates bezeichnet wird. In einer Interpretationsentscheidung des Staatsgerichtshofes zu einem Organstreit zwischen Abgeordneten der DP über „Fraktionszwang" und „Freies Mandat" fand diese Regelung nicht einmal Erwähnung (BremStGH, Entsch. v. 13.5.1953, St 2/1952, BremStGHE 1, 34). Sie wurde 1971 in die Hamburgische Verfassung übernommen (Art. 38a HmbVerf a. F., heute Art. 39; Siegloch 1973, S. 30–33). Als „Kann-Bestimmung" bestand sie daneben in Rheinland-Pfalz (Art. 81 Abs. 2 RhPfVerf).

---

[3]Im 1955 gewählten und nach dem Beitritt des Saarlands zum Bundesgebiet am 1. Januar 1957 weiter amtierenden Saarländischen Landtag saßen zwei KP-Mitglieder (Plöhn 1997, S. 491). Zwar wollte der Landtag ihnen auf Grundlage des KPD-Urteils ihr Mandat aberkennen (Vollstreckungsanweisung des 2. Senats, Beschl. v. 21.3.1957 zu 1BvB 2/51, BVerfGE 6, 300), doch fasste der Staatsgerichtshof auf Antrag der Betroffenen gemäß Art. 100 Abs. 3 GG einen Vorlagebeschluss (SaarlVerfGH, Lv 5/59, Beschl. v. 19.2.1960, S. 6), sodass sie ihre Mandate für den Rest der Wahlperiode behalten konnten (Plöhn 1997, S. 485; SaarlVerfGH, Lv 6/59, Beschl. v. 12.8.1959).

Eine gleichartige Regelung wollte die SPD-FDP-Mehrheit 1975 im Hessischen Landtag schaffen, aber mangels oppositioneller Zustimmung auf eine Verfassungsänderung verzichten. Im Hintergrund stand die geringe Größe der FDP-Fraktion. Die erfolgte Ergänzung des Wahlgesetzes um einen § 40a mit Regelungen für die temporäre Mandatsniederlegung, den ersatzweisen Eintritt und das fallweise Ausscheiden von Vertretungsabgeordneten wurde von der CDU-Opposition umgehend vor dem Staatsgerichtshof angegriffen (HessStGH, Urt. v. 7.7.1977, ESVGH 27, 193; Groß 1980, S. 357 f.).

Unter Zurückweisung der von Leibholz gutachterlich erneut vorgetragenen Parteienstaatslehre (ESVGH 27, 193, 194–196; Haungs 1980) entsprach der Staatsgerichtshof dem Begehren, da er in der Regelung eine Differenzierung zwischen unbedingt und nur auf Abruf amtierenden Volksvertretern sah, die überdies geeignet war, durch den drohenden Mandatsverlust die Freiheit der nachgerückten Mandatsträger insonderheit bei Abberufungsanträgen gegen die Regierung einzuschränken (ESVGH 27, 208 f.). Auch sollte die Wahl personell eindeutige Resultate ergeben (ebd., 198). Angesichts der Plausibilität der Begründung, die auch auf die Länder mit ähnlichen Regelungen einging (ebd., S. 210 f.) zeitigte das Urteil politisch auch Folgen in Rheinland-Pfalz; für die Hansestädte blieb es aber ohne argumentative Durchschlagskraft (Neumann 1996, S. 378 f.; Wissenschaftlicher Dienst des Landtags Rheinland-Pfalz 1997).

2.2 Wahlsystemabhängige Gestaltungsfragen

Zur Durchführung von Parlamentswahlen stehen diverse Varianten von Mehrheits- und Verhältniswahl zur Verfügung (Strohmeier (Hrsg.) 2009; Nohlen 2014, S. 141–232; Behnke et al. 2017, S. 88–104). Angesichts des auf Bundesebene ungeachtet mehrerer Modifikationen weiterhin bestehenden Kombinationswahlrechts aus Majorz und Proporz finden sich auch auf Landesebene Kombinationen beider Elemente.

2.2.1 Wahlkreisabgrenzungen bei Mehrheitswahl

Die bei Mehrheitswahl unvermeidlichen Wahlkreise können verfassungsrechtlich oder einfachgesetzlich abgegrenzt sein. Zu den im Zeitablauf nötigen Neufestsetzungen lassen sich gerichtlich vorgetragene Angriffe sowohl gegen Änderungen als auch gegen deren Ausbleiben finden. Als Antragsteller sind sowohl langjährige Oppositionsparteien als auch neugliederungsbetroffene Kommunen und Abgeordnete aufgetreten.

Der Staatsgerichtshof von Baden-Württemberg (seit 4.12.2015: Verfassungsgerichtshof) hatte sich wiederholt mit Wahlrechtsfällen zu befassen, die im Weiteren jedoch nur teilweise dargestellt werden können. So hatte das Gericht aufgrund einer Wahlprüfungsbeschwerde von Sozialdemokraten gegen die Landtagswahl vom 20. März 1988 (StGH BW, Urt. v. 23.2.1990, GR 2/88, ESVGH 40, 161) ein Urteil zu der baden-württembergischen Kombination von Mehrheits- und Verhältniswahl zu fällen. Ähnlich wie in Bayern bilden in Baden-Württemberg die Regierungsbezirke wahlbezogene Einheiten – jedoch seit 1975 mit landesweiter Mandatszuteilung –, unter denen Einerwahlkreise bestehen. Beide Aspekte waren angegriffen worden. Dabei nahm das Gericht zur Schwankungsbreite der Wahlkreisgröße und zur Verteilung der Zweitmandate Stellung. Obwohl die Erfolgschance einer Stimme bei relativer Mehrheitswahl in Einerwahlkreisen von der Wahlkreisgröße abhängt, hielt das Gericht eine Abweichung von einem Drittel vom Mittelwert des jeweiligen Regierungsbezirks noch für akzeptabel (ebd., S. 177), wobei den Richtern eine Gegenläufigkeit der Zuteilung von Erst- und Zweitmandaten nach dem damals geltenden Wahlrecht wesentlich war: Während die Direktmandate nach dem *relativ* höchsten Stimmenanteil im Wahlkreis vergeben wurden, galt für die zum Proportionalausgleich dienenden Zweitmandate, für die keine Landeslisten der Parteien bestanden und bestehen, eine Zuteilung nach der höchsten *absoluten* Stimmzahl der erfolglos gebliebenen Parteikandidaten im Regierungsbezirk. Daraus ergab sich: „Je größer der Wahlkreis ist, desto größer ist die Chance des Wählers einer bestimmten Partei, seinen bevorzugten Wahlkreisbewerber, so er nicht schon das Erstmandat erlangt, bei der Verteilung der Zweitmandate zum Zuge gelangen zu sehen" (ebd., S. 176).

2007 riefen 8 Landtagskandidaten der SPD und 18 Wahlberechtigte den Staatsgerichtshof mittels Wahlprüfungsbeschwerde zur Landtagswahl vom 26. März 2006 an (StGH BW, Urt. v. 14.6.2007, ESVGH 58, 1). Gerügt wurde ein Verstoß gegen die Erfolgswertgleichheit der Stimmen (ebd., S. 2). Der Staatsgerichtshof verwies daraufhin auf den Umstand, dass bezüglich des Erfolgswertes Abweichungen vom Gleichheitsideal bei besonderen rechtfertigenden Gründen gestattet sind, wobei diese nicht als *zwangsläufig* erscheinen müssen, sondern auch verfassungsrechtlich *legitimiert* sein können (ebd., S. 3). Das zu beurteilende Landtagswahlrecht sah bereits einen landesweiten Proporz mit Direkt-, Zweit- und Ausgleichsmandaten vor. Die Vollständigkeit des Proportionalausgleichs wurde von den Klägern jedoch bezweifelt. Auf den Vorhalt, der mehr als hälftige Anteil der Direktmandate habe in der Vergangenheit stets die stärkste Partei begünstigt, meinten die Richter: „Dass die stärkste Partei auch die ganz überwiegende Zahl der Erstmandate gewinnt, war aber jeweils

Ausdruck des Wählerwillens und keine Folge des Wahlsystems. […] Der Gesetzgeber ist jedenfalls nicht gehalten, durch die Ausgestaltung des Wahlsystems zu verhindern, dass die Bewerber der stärksten Partei im Land auch die überwiegende Zahl der Erstmandate erringen" (ebd., S. 7).

Auch der Behauptung inakzeptabler Abweichungen einzelner Wahlkreise vom Landesdurchschnitt ist das Gericht nicht gefolgt. Die strikten Vorgaben für die Wahlkreisgeometrie bei reiner Mehrheitswahl seien im Falle des vorliegenden Kombinationswahlrechts zwar zu beachten, jedoch nicht ausschließlich anzuwenden. Die Verankerung der Kandidaten in der Region, wie auch ein personenbezogenes Vertrauen der Wählerschaft zu ihrem Repräsentanten und Stabilität dieser Beziehung durch möglichst konstante und mit Verwaltungseinheiten übereinstimmende Wahlkreisgrenzen gelten dem Gericht als berücksichtigenswerte Ziele (ebd., S. 6, 8). Im Gegensatz zur vorherigen Rechtsprechung hält der Staatsgerichtshof nun indes in Anlehnung an das geänderte Bundesrecht nur noch Abweichungen von einem Viertel vom Durchschnittswert für tolerabel (StGH BW, ESVGH 58, 9–10). Aus der singulär höheren Abweichung des Wahlkreises Tübingen vom Durchschnittswert (+27 %) folge jedoch keine Beanstandung der Wahlkreiseinteilung insgesamt, sondern nur ein Prüfauftrag (ebd., S. 11).[4]

In Bayern machte die 1998 vollzogene Verkleinerung des Landtages von 204 auf regulär 180 Sitze einen Neuzuschnitt von Wahlkreisen unumgänglich und provozierte zahlreiche Einsprüche, die mittels Popularklagen sowie einem Normenkontrollantrag der SPD-Landtagsfraktion nach Art. 75 Abs. 3 BayVerf vor den Bayerischen Verfassungsgerichtshof gelangten (BayVerfGH, Urt. v. 10.10.2001, Vf. 2-VII-01 u. a., BayVerfGHE 54, 109; BayVerfGH Urt. v. 20.12.2001, Vf. 14-VII-01 u. a., BayVerfGHE 54, 181).

Das bayerische Landtagswahlrecht kennt einerseits die als „Stimmkreise" bezeichneten Einerwahlkreise, andererseits die als „Wahlkreise" bezeichneten Regierungsbezirke, die höchste Verrechnungsebene der Stimmen (Art. 14 Abs. 1 BayVerf). Wie im heutigen Bundesrecht gilt dabei für die „Stimmkreise" eine Vorschrift, nach der die Abweichungen vom Durchschnitt im Regierungsbezirk unter 15 % liegen sollen und maximal eine Durchschnittsabweichung der Einwohnerzahl von 25 % zulässig ist (§ 5 Abs. 2 LWahlG). In Einklang mit dem

---

[4]Anlässlich der Landtagswahl vom 27.3.2011 wurde der Wechsel der Gemeinde Essingen vom Wahlkreis Aalen zum Wahlkreis Schwäbisch Gmünd angegriffen, trotz Annäherung an den Durchschnittswert als gleichheitswidrig, allerdings im Ergebnis erfolglos (StGH BW, Urt. v. 22.5.2012, GR 11/11, ESVGH 63, 13, LVerfGE 23, 3).

Landesverfassungsgerichte und Landtagswahlen ...

Bundesrecht sieht der Verfassungsgerichtshof dies als nicht zu hoch an. Denn eine zu geringe Marge für zulässige Abweichungen gefährde durch häufige Neuanpassungen die Kontinuität der Repräsentation (BayVerfGHE 54, 109, 137 f.). Landkreise und kreisfreie Gemeinden sollen verfassungsgemäß eigene Stimmkreise bilden. Das hierin liegende Spannungsverhältnis zwischen formaler Wahlgleichheit und politisch-administrativer Deckungsgleichheit hat der bayerische Gesetzgeber nach sachlichen Erwägungen aufzulösen, wobei die Orientierung an Verwaltungseinheiten sich gegen einen willkürlichen Zuschnitt der Stimmkreise richtet (ebd., S. 136). In Übereinstimmung mit dem Bundesverfassungsgericht prüft der Bayerische Verfassungsgerichtshof wie andere Staatsgerichtshöfe hierzu nur die Einhaltung des verfassungsrechtlichen Rahmens und billigt dem Gesetzgeber einen relativ weiten Beurteilungsspielraum zu (BayVerfGHE 54, 109, 141; ebenso etwa LVerfGSH 9/12 v. 13.9.2013, LVerfGE 24, 467, 489; vgl. BVerfGE 131, 316, Urt. v. 25.7.2012). Unzulässige Abweichungen der Stimmkreise von der Durchschnittsgröße in den „Wahlkreisen" wurden nicht festgestellt. Zugleich spreche die breite Beteiligung der Öffentlichkeit an den Beratungen des Landeswahlgesetzes vom 25. Mai 2001 für die Wahrscheinlichkeit, „dass eine sachgerechte Lösung angestrebt wurde" (BayVerfGHE 54, 109, 143).

Auf Stadtbezirke einer Großgemeinde – wie München – seien die Regelungen zur politisch-administrativer Deckungsgleichheit nicht anwendbar (BayVerfGH 54, 109, 136). In ländlichen Gegenden Bayerns seien längere Wege und eine größere Heterogenität unter den Wahlberechtigten durch die Streichung von 12 Stimmkreisen unvermeidlich geworden, für sich genommen jedoch kein durchschlagendes Argument gegen die vorgenommene Abgrenzung, wohl aber ein Aspekt, der gegen eine rein arithmetische Betrachtung spräche (ebd. S. 144). Das Demokratieprinzip verbiete nur einen Stimmkreiszuschnitt, durch den eine effiziente politische Arbeit der Abgeordneten „nicht oder nur unter erheblich erschwerten Bedingungen möglich wäre" (ebd., S. 143). Da keine evidenten Abwägungsdefizite erkennbar waren (ebd., S. 142), hat der Gerichtshof die Regierungsmehrheit in ihren Kompetenzen und getroffenen Regelungen bestätigt.

Mit gegenteiligem Interesse hatten sich Beschwerdeführer in Niedersachsen im Rahmen eines Wahlprüfungsverfahrens gegen die dort für die Landtagswahl am 1. März 1998 unverändert gelassenen Wahlkreisgrenzen gewendet (NdsStGH Urt. v. 24.2.2000, 2/99; LVerfGE 11, 335, OVGE 48, 509). Sie bezogen sich auf teilweise massive Abweichungen von der durchschnittlichen Wahlkreisgröße, die nach Feststellung des Gerichts bis zu 50,4 % (Wahlkreis Cloppenburg) betragen hatten (OVGE 48, 511). Für die nachfolgende Landtagswahl war bereits ein Neuzuschnitt von 53 der 100 niedersächsischen Wahlkreise unter Berücksichtigung der nunmehr bundesrechtlich zulässigen Abweichungen vorgesehen worden.

Der Staatsgerichtshof formulierte grundsätzlich im Sinne der Beschwerdeführer, die der Landtagswahl von 1998 zugrunde gelegte Wahlkreiseinteilung sei „in einigen Wahlkreisen nicht mit dem Verfassungsgrundsatz der Gleichheit der Wahl (Art. 8 Abs. 1 NdsVerf) vereinbar" gewesen (OVGE 48, 510). Aufgrund der in Niedersachsen allein vom Zweitstimmenaufkommen einer Partei abhängenden Sitzverteilung im Landtag sahen die Bückeburger Richter jedoch keine Notwendigkeit für eine Wahlwiederholung (ebd.). Die personelle Komponente der erfolgreichen Wahlkreiskandidaten erschien ihnen als zweitrangig, sodass sie dem Bestandsschutz des gewählten Landtags Vorrang vor der Korrektur der Wahlfehler einräumten (OVGE 48, 512).[5]

Der Entscheidungsspielraum des Gesetzgebers für konkrete Abgrenzungsentscheidungen wird somit, soweit erkennbar, bei – wahlkreisgebundenen – Mehrheitswahlen gerichtlich allgemein akzeptiert und nur auf einen auf sachfremden Argumenten beruhenden Fehlgebrauch überprüft.

2.2.2 Gestaltungsfragen zur Verhältniswahl: Sperrklauseln, Umrechnungsverfahren und Kombinationsprobleme

a) Sperrklauseln: Als Instrument zur Abwehr einer Parteienzersplitterung sind nach dem Zweiten Weltkrieg Sperrklauseln in das Wahlrecht von Bund und Ländern eingeführt und nachfolgend verschiedentlich gerichtlich angegriffen worden. Obgleich bereits zwei Entscheidungen des Bayerischen Verfassungsgerichtshofes vorlagen (BayVerfGH, Urt. v. 10.6.1949, Vf. 52-VII-47, VerfGHE 2, 45; BayVerfGH, Urt. v. 12.10.1950, Vf. 79-VII-50, VerfGHE 3, 115), hat eine frühe gerichtliche Auseinandersetzung um die schleswig-holsteinische Sperrklausel die Rechtsprechung in Deutschland nachhaltig prägen können. Denn zuständig war aufgrund von Art. 37 der damaligen Landessatzung (SH LS) gemäß der nach Art. 99 GG möglichen Organleihe der Zweite Senat des Bundesverfassungsgerichts *als schleswig-holsteinisches Verfassungsgericht.*

In Schleswig-Holstein war nach Gründung des Landes ein Kombinationswahlrecht mit schwankender, aber dominanter Mehrheitswahlkomponente

---

[5]Auch der rheinland-pfälzische Verfassungsgerichtshof hat den streng formalen Gleichheitssatz des Wahlrechts auf den gesamten Vorgang, einschließlich der Wahlvorbereitung, bezogen (VerfGH Rh.-Pf. Beschl. v. 30.10.2015, VGH B 14/15). Grundsätzlich bestehe jedoch ein administrativer Gestaltungsspielraum in der konkreten Umsetzung dieser Prinzipien, der nicht durch alternative gerichtliche Entscheidungen ausgefüllt werden dürfe (ebd., S. 13–19).

zur Anwendung gekommen.[6] Gegen dieses Wahlrecht wandte sich der Süd-schleswigsche Wählerverband (SSW) als Partei der dänischen und friesi-schen Minderheit, der 1947 mit 9,27 % der gültigen Stimmen sechs und 1950 mit 5,5 % vier Landtagssitze sowie bei der ersten Bundestagswahl mit 5,5 % der schleswig-holsteinischen Stimmen ebenfalls ein Mandat erringen konnte (BVerfG, Urt. v. 5.4.1952, 2BvH 1/52, BVerfGE 1, 208, 212). Die Verfassungs-richter hielten es für „auffällig", dass der SSW mutmaßlich an der 1951 ein-geführten 7,5- %-Sperrklausel scheitern werde und auch die FDP mit 7,4 % der Stimmen bei der ersten Bundestagswahl unter dieser Sperrklausel lag.

Unter Bezugnahme auf den „Parteienstaat" im Verständnis seines Mit-glieds Gerhard Leibholz hat das Bundesverfassungsgericht die Unterscheidung zwischen Zähl- und Erfolgswert der Stimmen sowie die Differenzierung der Gleichheitsanforderungen im Wahlrecht nach Wahlsystem etabliert: Während die Zählwertgleichheit keine Relativierungen zulasse, gelte die Gleichheit des Erfolgswertes nur für Verhältniswahlsysteme. Sie lasse Differenzierungen zu, soweit sie dem Ziel dienten, ein Staatsorgan zu schaffen, das effektiv eine Regie-rung bilden und gesetzgeberische Arbeit leisten könne (BVerfGE 1, 246 f.). Die *über* dem „gemeindeutschen Satz" von 5 % liegende Sperrklausel in Schles-wig-Holstein erschien dem Gericht hingegen als willkürlich und damit als Ver-stoß gegen die durch Art. 3 SH LS in das Landesrecht inkorporierten Grundrechte nach dem Grundgesetz, näherhin gegen Art. 3 Abs. 1 GG (BVerfGE 1, 211).

In einer späteren Entscheidung hat der gleiche Senat in gleicher Funktion die auf 5 % abgesenkte Sperrklausel akzeptiert (BVerfGE 4, 31, Urt. v. 11.8.1954, 2 BvK 2/54). Seither ist diese Höhe für Landesparlamente generell anerkannt worden (vgl. z. B. BayVerfGH Vf. 9-VII-04 v. 18.7.2006, BayVerfGHE 59, 125 zur Sperrklausel in Art. 14 Abs. 4 BayVerf; unergiebig VerfGHNRW 14/00 Beschl. v. 28.8.2001, OVGE 48, 307; weiterhin bejahend SachsAnhVerfG, LVG 3/17, Beschl. v. 25.10.2017, LVerfGE 28, 358, 375 und LVerfGSH Beschl. v. 29.10.2018, 7/17, LVerfGE 29, 239–253). Der SSW blieb daraufhin für eine Wahlperiode ohne parlamentarische Repräsentation. Nach außenpolitischem Aus-gleich mit Dänemark verfügt die Minderheitenpartei hingegen seit 1958 aufgrund einer Ausnahme von der Sperrklausel wieder über eine Vertretung im Land-tag (LVerfGSH, Urt. v. 13.9.2013, 9/12, LVerfGE 24, 467, 480 f.), 34 Jahre lang jedoch nur durch *einen* Abgeordneten.

---

[6]Die Mindestanforderungen für die Berücksichtigung einer Partei waren in Schleswig-Hol-stein sukzessive angehoben worden: 1947 reichte u. a. der Gewinn eines Direktmandates, 1950 war alternativ ein landesweites 5- %-Quorum hinzugekommen, das 1951 auf 7,5 % der abgegebenen Stimmen angehoben wurde.

Nach Einführung eines Zwei-Stimmen-Wahlrechts im Jahre 1991 wurde der SSW auch außerhalb der dänischen und friesischen Siedlungsgebiete wählbar. In der Folgezeit erhöhte sich die Anzahl der SSW-Abgeordneten ab 1996 auf bis zu vier, was Fragen nach der Legitimität der Ausnahmeklausel aufwarf. Wegen einer Wahlprüfungsbeschwerde war die Problematik daher – nun wegen der *Begünstigung* des SSW – unter neuer Landesverfassung und neuem Verfassungsgericht erneut zu beurteilen (LVerfGE 24, 478 f.). Die Schleswiger Richter sahen die wahlrechtliche Ausnahmeregelung für Minderheiten unabhängig vom Wahlsystem.

Auch die Sperrklausel hielten sie weiterhin für legitim, verwiesen aber auf die nach Ansicht des Bundesverfassungsgerichts (BVerfG, Urt. v. 13.2.2008, 2 BvK 1/07, BVerfGE 120, 82, 108) bestehende Prüfpflicht des Gesetzgebers (LVerfGE 24, 488–495). Gerade diese Pflicht sahen drei Verfassungsrichter jedoch konkret als verletzt an, da die „Überprivilegierung" der nationalen Minorität durch Einführung einer Zweitstimme bei der Landtagswahl nicht kompensiert worden sei (LVerfGE 24, 511). Denn bei vier zu drei Richterstimmen blieb die Frage strittig, ob angesichts der nun landesweiten Wählbarkeit der Partei die seit den fünfziger Jahren bestehende Ausnahme von der Sperrklausel weiterhin gerechtfertigt sei oder eine Privilegierung einer bestimmten Partei darstelle (Mehrheit: LVerfGE 24, 496–506, Minderheit: 506–511).

b) Umrechnungsverfahren: Zur Stimmenverrechnung hat in Deutschland jahrzehntelang das Höchstzahlverfahren nach Viktor d'Hondt dominiert (Nohlen 2014, S. 123–133). Während es auf Bundesebene 1985 durch ein Wahlzahlverfahren abgelöst wurde, blieb es in einigen Ländern weiter in Gebrauch.

In dem baden-württembergischen Beschwerdeverfahren gegen die Landtagswahl vom 26. März 2006 (StGH BW, Urt. v. 14.6.2007, ESVGH 58, 1, s. o.) hatten sich die Beschwerdeführer auch durch die letztmalige Anwendung des Höchstzahlverfahrens nach d'Hondt (seither ungeradzahlig modifiziert nach Sainte Laguë-Schepers) benachteiligt gesehen, weshalb der Staatsgerichtshof auch zu diesem Element der Verhältniswahl Stellung nahm. Die Differenz zwischen Sitz- und Stimmenanteil der SPD lag bezogen auf die Parteien, welche die Sperrklausel überwunden hatten, bei 0,1 %; jedes andere in Betracht gezogene Berechnungsverfahren führte zu größeren Abweichungen. Entsprechend war die Beschwerde auch zu diesem Punkt zurückzuweisen.

In Bayern hatte dagegen ein entsprechendes Verfahren bereits am 19. Mai 1992 Erfolg. Angesichts des auf Regierungsbezirke beschränkten Proportionalausgleichs führte die bayerische Regelung zu einer siebenfachen parallelen Anwendung des Verrechnungsverfahrens. Hierdurch wurden die immanenten Verzerrungseffekte des d'Hondt'schen Höchstzahlverfahrens zu einem disproportional niedrigen Sitzanteil kleinerer Parteien verstärkt. Dies wurde auf Betreiben der stark betroffenen FDP durch gemeinsamen Antrag der Oppositionsparteien thematisiert (Schultze und Ender 1991, S. 150–160; Zech 1992, S. 362–376) und vom Verfassungsgerichtshof für rechtswidrig erklärt. Er machte jedoch nur – *ex nunc* – einen Änderungsbedarf geltend, korrigierte aber nicht das Ergebnis der vorangegangenen Wahl (BayVerfGHE 45, 12 ff., 45, 54 ff. und 45, 85 ff.). Der Landtag reagierte mit einem Wechsel des Stimmenverrechnungsverfahrens zu Hare-Niemeyer (Pestalozza 2003, S. 134 f.; Holzheid 1995, S. 14 ff.).

c) Kombinationsprobleme: In mehreren Ländern sind verfassungsgerichtlich Fragen des Zusammenwirkens verschiedener Gestaltungselemente des Wahlrechts thematisiert worden. Weitreichende Konsequenzen zeitigte dabei eine Entscheidung der schleswig-holsteinischen Richter (LVerfGSH, Urt. v. 30.8.2010, 1/10, LVerfGE 21, 434).

Nach der Landtagswahl vom 27. September 2009 legten die Linksfraktion und eine Reihe von Wahlberechtigten Beschwerde gegen die Feststellung des Ergebnisses ein, da die von der CDU gewonnenen 11 Überhangmandate nicht vollständig durch Ausgleichsmandate aufgewogen worden waren (LVerfGE 21, 435). Unter Abstellung allein auf die Zweitstimmenanteile sah die Linksfraktion die Mehrheitsverhältnisse im Landtag als illegitim, die zugrunde liegende Interpretation der Ausgleichsklausel des Landeswahlgesetzes als fehlerhaft an (LVerfGE 21, 441 f.). Ohne die drei unausgeglichenen Direktmandate der CDU war jedoch die Mehrheit der CDU-FDP-Koalition hinfällig.

Während der Landtag in seiner Stellungnahme von einer Verbindung von Mehrheits- und Verhältniswahl innerhalb des dem Gesetzgeber eingeräumten Gestaltungsspielraums ausging (LVerfGE 21, 442 f.), folgten die Richter insofern den Beschwerdeführern, als sie das Landeswahlrecht einstimmig für verfassungswidrig erklärten (LVerfGE 21, 460): In der „mittlerweile eingetretenen politischen Realität" führe das Zusammenspiel verschiedener Wahlrechtsbestimmungen auch künftig dazu, „dass der Landtag die in Art. 10 Abs. 2 Satz 2 LV vorgeschriebene Abgeordnetenzahl von 69 regelmäßig verfehlt und so Überhangmandate und ihnen folgend Ausgleichsmandate erst in einem nicht mehr vertretbaren Ausmaß entstehen können. Dies ist mit der Verfassung […] unvereinbar" (LVerfGE 21, 460 f.).

Der Landtag sei „aus zwei zu einem einheitlichen Wahlsystem verbundenen Teilwahlsystemen zu ermitteln" (LVerfGE 21, 456). Falls dieses Wahlsystem „von einem der beiden Teilwahlsysteme maßgeblich definiert" werde, müsse „dessen Gleichheitsmaßstab insgesamt Anwendung finden" (LVerfGSH, LVerfGE 21, 466).

Wegen des eingeschränkt vorgesehenen Ausgleiches von Überhangmandaten kämen diese als „Prämie" für die stärkste Partei nicht in Betracht. Vielmehr sehen die Richter eine Verpflichtung zur Einhaltung der Normalgröße (LVerfGE 21, 462). Verfassungskonforme Auslegung der inkriminierten Bestimmungen, Ungültigerklärung der Wahl oder Neufeststellung des Wahlergebnisses seien nicht möglich. Vielmehr sei die Wahlperiode wegen der Schwere und Mandatsrelevanz der Fehler „auf den 30.9.2012 zu beschränken" (LVerfGE 21, 487), wobei die eingeräumte Frist der Verabschiedung eines verfassungskonformen Wahlgesetzes dienen sollte.

Bei der vorzeitigen Wahl verlor die zuvor regierende Koalition ihre parlamentarische Mehrheit, zugleich aber verloren die Initianten des Prozesses ihre Landtagspräsenz (Horst 2012, S. 524–543). Politisch stand die Entscheidung im Hintergrund des dargestellten missglückten Versuches, die Wirkung der wahlrechtlichen Minderheitenklausel auf die schutzbedürftigen Minoritäten zu begrenzen.[7]

2.3 Rechtsprechung zur Wählerschaft: Minderjährige, Obdachlose, Strafgefangene, Personen mit Belastungen aus DDR-Zeiten und kommunale Spitzenbeamte

Zur Allgemeinheit der Wahl betrifft ein vordergründig „technisches" Problem die Grundgesamtheit der relevanten Personen. Während die Rechtsprechung jahrzehntelang von der zu repräsentierenden *Bevölkerung* ausgegangen ist, stellt sich die Rechtsprechung nun (z. B. BayVerfGH, Urt. v. 4.10.2012, Vf. 14-VII-11, BayVerfGHE 65, 189, 205) auf die geänderte Auffassung des Bundesverfassungsgerichts um, dessen Zweiter Senat nur noch die *Wahlberechtigten* als Anknüpfungspunkt der Wahlrechtsgleichheit gelten lässt (BVerfG, Beschl. v. 31.1.2012, 2BvC 3/11, BVerfGE 130, 212, 229–234) – politiktheoretisch eine Abwendung von der virtuellen Repräsentation *Minderjähriger.*

---

[7]In Bayern war zu entscheiden, ob sich aus der Verkleinerung des Landtags von 2011 und der bevölkerungsproportionalen Umverteilung der Sitze eine faktische Erhöhung der verfassungsunmittelbaren Sperrklausel (Art. 14 Abs. 4 BayVerf) und somit aus dem Zusammenwirken von Wahlkreiseinteilung und Stimmverrechnung ein verfassungswidriger Effekt ergebe. Der Verfassungsgerichtshof hat dies verneint (BayVerfGH, Urt. v. 4.10.2012, Vf. 14-VII-11, BayVerfGHE 65, 189).

In Nordrhein-Westfalen hatte ein *Obdachloser* Beschwerde gegen die Landtagswahl vom 14. Mai 1995 eingelegt, da 50.000 Nichtsesshafte durch die regelmäßige Anknüpfung des Wahlrechts an die Wohnung (§ 1 Nr. 3 LWahlG) faktisch mandatsrelevant vom Wahlrecht ausgeschlossen seien, was zur Ungültigkeit der Wahl führe. Dies hat der Verfassungsgerichtshof jedoch angesichts der geringen Zahl an Wohnungslosen, die sich als Wähler des Deutschen Bundestages hatten registrieren lassen, als unplausibel verneint (VerfGHNRW, Beschl. v. 14.5.1996, 30/95, OVGE 45, 319).

Das Verfassungsgericht Sachsen-Anhalts hatte zur Landtagswahl vom 26. April 1998 über die Beschwerde eines *Strafgefangenen* zu entscheiden, der rügte, nicht in das Wählerverzeichnis der Stadt Naumburg, wo er seine Haft verbüßte, aufgenommen worden zu sein (SachsAnhVerfG, Beschl. v. 17.1.2000, LVG 1/99). Aufgrund eines Verbrechens war ihm gemäß § 45 StGB auf fünf Jahre das passive Wahlrecht entzogen worden. Rechtsirrtümlich war die zuständige Meldebehörde im Falle einer strafrechtlichen Verurteilung von einem automatischen Verlust auch des aktiven Wahlrechts ausgegangen (Rn. 29), sodass auch anderen Strafgefangenen keine Wahlunterlagen ausgehändigt worden waren. Da der hierin liegende Wahlfehler jedoch unter keinen Umständen Mandatsrelevanz entfalten konnte, wurde die – verwaltungsintern bewusstseinsbildende – Beschwerde zurückgewiesen (Rn. 38–40).

In Bayern hatte sich der Verfassungsgerichtshof aufgrund einer Popularklage mit dem gesetzlichen Wahlrechtsausschluss von Personen zu befassen, die unter *Betreuung zur Besorgung aller ihrer Angelegenheiten* stehen oder aufgrund einer strafgerichtlichen Entscheidung in einem psychiatrischen Krankenhaus untergebracht sind. Die insoweit vorliegende Typisierung haben die Richter für zulässig gehalten, da bei den Betroffenen plausibler Weise nicht mit dem erforderlichen Mindestmaß an Einsichts- und Entscheidungsfähigkeit gerechnet werden könne (BayVerfGH, Urt. v. 9.7.2002, Vf. 9-VII-01, VerfGHE 55, 85–97, 94 f.). Nach der Verwerfung ähnlicher bundesrechtlicher Normen durch das Bundesverfassungsgericht (Beschl. v. 29.1.2019, 2 BvC 62/14) stellt sich diese Frage indes neu.

Zur Reinhaltung des demokratischen Parlamentarismus von *Abgeordneten mit biographischen Belastungen aus DDR-Zeiten* hatte der sächsische Gesetzgeber parallel zum Mandatsaberkennungsverfahren gemäß Art. 118 SächsVerf für Personen, die nicht rechtzeitig eine Erklärung über ihre Unbelastetheit von Menschenrechtsverletzungen oder Mitarbeit im Ministerium für Staatssicherheit abgegeben hatten, einen Ausschluss von der Wählbarkeit verfügt. Mangels vorliegender entsprechender Erklärung war daraufhin der Kandidat der PDS für den Wahlkreis 31 (Leipzig 7) zur Landtagswahl vom 19. September 2004 durch den

Kreiswahlausschuss zurückgewiesen worden. Gewählt wurde der Bewerber der CDU. Der abgewiesene PDS-Kandidat erhob dagegen Einspruch und nach dessen Zurückweisung Beschwerde beim Sächsischen Verfassungsgerichtshof (SächsVerfGH, Urt. v. 25.11.2005, Vf. 45-V-05, LVerfGE 16, 510). Er konnte auf die von ihm unterzeichnete Erklärung verweisen, die vom Landesvorstand seiner Partei nicht rechtzeitig weitergeleitet worden war, was er dem Landeswahlausschuss bereits vor der Wahl mitgeteilt hatte (LVerfGE 16, 512 f.).

Statt mit administrativen Abläufen befasste sich der Verfassungsgerichtshof indes mit der gesetzlichen Grundlage des Wahlrechtsausschlusses und erklärte § 15 Nr. 3 SächsWahlG für unvereinbar mit Art. 41 Abs. 2 Satz 1 SächsVerf. Nur aus zwingenden, aus der Verfassung oder höherrangigem Recht abzuleitenden Gründen könne das passive Wahlrecht eingeschränkt werden. Ein solcher Grund liege hier nicht vor. Die wahlgesetzlich vorgesehene Selbstprüfung entspreche nicht dem Überprüfungsverfahren nach Art. 118 Abs. 1 SächsVerf und sei folglich nichtig (LVerfGE 16, 515 f.). Da das Gericht bei einer Verletzung des *passiven* Wahlrechts eines Bewerbers einer in Fraktionsstärke im Landtag vertretenen Partei nach „Lebenserfahrung und den Umständen des Einzelfalles" einen Einfluss auf das Resultat anzunehmen habe (ebd., S. 517), ergaben sich erhebliche Konsequenzen: Der siegreiche Wahlkreiskandidat der CDU verlor sein Landtagsmandat. Zugleich ordnete das Gericht für den Leipziger Wahlkreis 7 eine Wiederholungswahl an (LVerfGE 16, 518). Diese erbrachte indes am 22. Januar 2006 das gleiche Ergebnis wie die für ungültig erklärte Entscheidung (Landeswahlleiterin 2006).

Im Zuge der heftigen Auseinandersetzungen während der zweiten Wahlperiode des Landtags von Sachsen-Anhalt (Plöhn 1996; Plöhn und Putz 2010, S. 73–92) verabschiedete die von einer Minderheitskoalition geführte Landtagsmehrheit eine deutliche Erweiterung der Unvereinbarkeitsregeln für die Mandate. Statt der Inhaber ausgewählter Positionen sollte nun ein „Beamter mit Dienstbezügen" generell nicht mehr zugleich Abgeordneter sein dürfen (§ 34 AbgG ST). Dies betraf ausschließlich Mandatsträger der CDU-Fraktion, die als Bürgermeister, Oberbürgermeister oder Landräte kommunale Wahlämter wahrnahmen. Da diese die Gesetzesnovelle als gezielten Angriff auf die Opposition unmittelbar vor der Landtagskandidatenaufstellung interpretierten, der in ihr passives Wahlrecht eingreife und den rechtsstaatlichen Vertrauensschutz verletze, wehrten sie sich mittels einer Verfassungsbeschwerde (SachsAnhVerfG, Urt. v. 3.7.1997, LVG 6/97, LVerfGE 7, 261).

In der Interpretation der Richter galt es, „das hohe Gut der Gewaltenteilung" gegen das – in diesem Falle: *passive* – Wahlrecht als gleichfalls ranghohes Gut abzuwägen (LVerfGE 7, 268). Angesichts unterschiedlicher Ausgestaltungen in anderen Bundesländern stellten die Richter keine Überschreitung gesetzgeberischer Gestaltungsoptionen fest, da nach Art. 91 Abs. 2 Verf. LSA für öffentlich Bedienstete eine Beschränkung ihrer Wählbarkeit möglich sei. „Eines besonderen zwingenden Grundes für die einzelne Regelung bedarf es nicht" (ebd., S. 269), judizierten die Richter. Wegen möglicher Interessenkollisionen zwischen Kontrolleur und Kontrolliertem sei die Einbeziehung kommunaler Amtsträger zulässig. Da dies aufgrund der übertragenen Aufgaben vor allem die Landräte und hauptamtlichen Bürgermeister betreffe, sei deren Abgrenzung von ehrenamtlichen Kollegen sachgerecht (LVerfGE 7, 270 f.). Ohne ihr zuvor ausgeübtes kommunales Wahlamt hätten die Betroffenen jedoch keine hinreichende Profilierungschance für den Wahlkampf. Wegen dieser Verletzung der Chancengleichheit sei eine Übergangslösung erforderlich. Ihr Fehlen mache das Gesetz verfassungswidrig (LVerfGE 7, 272).

2.4 Rechtsprechung zum Wahltermin

Bei der Wahl zur Hamburger Bürgerschaft am 3. März 1974 hatte die SPD bei 44,9 % ihre vormalige absolute Mehrheit verloren und war auf eine Koalition mit der auf 10,9 % erstarkten FDP angewiesen. Für diese war die CDU mit 40,6 % ebenfalls ein potentieller Koalitionspartner (Lange 1975, S. 393–403). Niedersachsen hatte am 9. Juni 1974 sein Parlament gewählt, in dem mit nur einer Stimme Mehrheit zunächst gleichfalls eine sozialliberale Koalition regierte. Bei dem Versuch, zur Mitte der Wahlperiode einen Nachfolger für Ministerpräsident Alfred Kubel zu wählen, erhielt jedoch Ernst Albrecht (CDU) dreimal die Mehrheit der Stimmen (Werwarth 2014, S. 145–182; Grau o. J. [2018]). Im Januar 1977 vermochte er, eine Koalition mit der FDP zu schließen. Demgemäß ging die niedersächsische FDP mit einer Koalitionsaussage zugunsten der CDU in den nächsten Wahlkampf. Angesichts der gegensätzlichen Bündnisse hatten FDP und CDU ein Interesse daran, in den beiden Ländern getrennte Wahlkämpfe zu führen. Camoufliert durch Überlegungen zur Witterung während des Wahlkampfes verfolgte die SPD das gegenteilige Anliegen, die FDP koalitionspolitisch „vorzuführen" und sie zumindest aus dem niedersächsischen Landtag hinauswählen zu lassen (Troitzsch 1978, S. 74–75; Woydt 1979, S. 32–33; Lange 1979, S. 7). Dieser Konflikt kulminierte in der Bestimmung des Wahltages, für die noch eine 1974 beschlossene zweimonatige Verlängerung der Bürgerschaftswahlperiode relevant wurde (Troitzsch 1978, S. 73).

Art. 12 Abs. 1 Satz 1 HmbVerf bestimmte: „Der Senat hat rechtzeitig die Wahlen auszuschreiben". § 1 BüWG legte konkretisierend fest: „Der Wahltag wird vom Senat bestimmt". Da 1977 über diese Kompetenz in interfraktionellen Gesprächen keine Vereinbarung zu erzielen war, brachte die CDU-Fraktion einen Gesetzentwurf zur Neuregelung der Wahltagsbestimmung ein, nach dem ein Einvernehmen zwischen Senat und dem damaligen „Bürgerausschuß", einer Art Notparlament (hierzu Dunkelberg 1980), anzustreben sei, bei fehlender Einigung aber die Volksvertretung über ihren Neuwahltermin selbst entscheiden solle (HmbBü Drs. 8/2835 vom 31.8.1977). Dieser Antrag wurde in einer Abstimmungskoalition aus CDU und FDP angenommen, ohne dass eine verfassungsändernde Mehrheit erreicht worden wäre. Der Senat, der mit SPD-Mehrheit bereits zuvor den 4. Juni 1978 als Wahltag fixiert hatte, legte dagegen am 11. November 1977 sein suspensives Veto ein (Art. 50 HmbVerf a.F.), das von der Bürgerschaft am 24. November 1977 überstimmt wurde (HmbVerfG 1978, HmbJVBl. 5/1978, 43, 44 Troitzsch 1978, S. 79).

Daraufhin beantragte die SPD-Bürgerschaftsfraktion in einem Verfassungsinterpretationsverfahren (Art. 65 Abs. 2 Nr. 1 HmbVerf) festzustellen, dass Art. 12 Abs. 1 Satz 1 HmbVerf die Bestimmung des Wahltages einschließe, folglich die beschlossene Änderung des Bürgerschaftswahlgesetzes nichtig sei. Die CDU-Fraktion begehrte gegenteilig: Die Ausschreibung der Wahlen schließe die Bestimmung des Wahltags nicht *eo ipso* ein, der Gesetzesbeschluss sei daher wirksam (HmbVerfG, Urt. v. 7.12.1977, 2/77 und 3/77). Hilfsweise stellte die Fraktion den Gesetzesbeschluss über die Verlängerung der Wahlperiode in Frage (HmbVerfG, Hmb. JVBl. 1978, 46; Troitzsch 1978, S. 80–82). Der Senat unterstützte das Begehren der SPD-Fraktion, die Bürgerschaft unter sozialdemokratischem Präsidenten angesichts der CDU-FDP-Gesetzgebungsmehrheit die gegenteilige Position, jedoch ohne dem CDU-Antrag beizutreten (HmbVerfG, Hmb. JVBl. 1978, 43, 45).

Auch unter Hinweis auf die Begriffsverwendung in der Weimarer Zeit sah das Verfassungsgericht die Kompetenzzuweisung der „Ausschreibung" der Wahlen an den Senat nur als gerechtfertigt an, wenn davon über technische Abläufe hinaus die Frage der Wahltagsbestimmung miterfasst sei. Denn die Pflicht des Senats zu rechtzeitiger Ausschreibung der Wahlen erfordere die Kompetenz zur Festsetzung des entsprechenden Datums (ebd., 43, 47). Die hamburgische Staatspraxis im 19. Jahrhundert wie auch die österreichische Begriffsverwendung fanden keine Berücksichtigung (Troitzsch 1978, S. 84). Dem hilfsweisen Antrag bezüglich der Verlängerung der Wahlperiode ist das Gericht nicht gefolgt. Da nur eine einmalige Abweichung von der Verfassung intendiert gewesen sei, könne dahinstehen, ob Verfassungsdurchbrechungen in Hamburg statthaft seien (HmbVerfG, Hmb. JVBl. 1978, 43, 49).

In diesem Konflikt vertrat die siegreiche SPD-Bürgerschaftsfraktion institutionell die Interessen des Senats. Die gesetzgeberische Mehrheit des Parlaments aus Oppositions- und kleinerer Regierungsfraktion stand mit deren Senatoren gegen die größere Regierungsfraktion mit der Senatsmehrheit. Damit lässt sich eine politischintentionale Konfliktdimension von der staatsrechtlich-normativen unterscheiden, bei der die Kompetenzen von Bürgerschaft und Senat sowie einfachem und verfassungsänderndem Gesetzgeber gegeneinander abzugrenzen waren (Steffani 1997, S. 38–41, 45–48). Nachfolgend erreichte die SPD mit dem Ausscheiden der FDP aus beiden Landesparlamenten auch ihre politischen Ziele. Eine Verschiebung der Kompetenzen zugunsten der Volksvertretung erfolgte erst 1996 durch eine Verfassungsreform (Art. 12 Abs. 1 HmbVerf n.F.; Hmb GVBl. 1996, S. 129).

Kürzer wurde in Rheinland-Pfalz 1983 ein Konflikt um die Zusammenlegung der schon terminierten Landtagswahl mit der vorzeitig angesetzten Bundestagswahl ausgetragen. Auch dort setzte sich die Landesregierung durch (VerfGH Rh.-Pf. AS 18, 365 (1984); Bickel 1986, S. 452 f.).

2.5 Kandidatenaufstellung und Wahlzulassung

2.5.1 Die Auflösung der 14. Hamburgischen Bürgerschaft

Nachdem der Verfassungsgerichtshof von NRW die Kontrolle innerparteilicher Vorgänge mangels hinreichender Unterstützung einer Wahlprüfungsbeschwerde 1991 abgelehnt hatte (VerfGHNRW, Beschl. v. 15.1.1991, 13/90, S. 2), musste sich 1992 das Hamburgische Verfassungsgericht mit einem entsprechenden Vorgang beschäftigen (HmbVerfG Urt. v. 4.5.1993, 3/92, Hmb. JVBl. 6/1993, 56). Vorausgegangen waren langwierige Auseinandersetzungen in der Hamburger CDU. Ein 1973 vorgelegter Reformvorschlag (Landesvorstand der CDU Hamburg – Grundsatzkommission 1974), der die Praxis beenden sollte, dass allein ein 17-köpfiger „Wahlausschuß" Bundestags- und Bürgerschaftskandidaten vorschlagen und in der nominierenden „Vertreterversammlung" ab Platz 6 der Landesliste nur über Zehnerblöcke abgestimmt werden durfte, führte bis 1990 nur dazu, dass nach zweimaliger Ablehnung der Vorschläge des Wahlausschusses Initiativgruppen aus der Vertreterversammlung ein Vorschlagsrecht haben sollten, wobei diese gesetzlich vorgesehene spezielle Versammlung *de facto* stets mit dem ständigen „Landesausschuss" der CDU identisch war (Plöhn 1993, S. 341; Müller und Börsting 1992, S. 137–173; Steffani 1980, S. 160). Die Auseinandersetzungen spitzten sich 1991 auf Mitglieder- und Vertreterversammlung konflikthaft zu und führten zu einem Einspruch gegen die Wahl vom 2. Juni 1991, den

310   J. Plöhn

das Plenum der Bürgerschaft auf Empfehlung des Wahlprüfungsausschusses jedoch zurückwies (HmbBü Drs. 14/685 vom 25.11.1991; HmbBü PlPr 14/13 vom 12.12.1991). Fünf der Beschwerdeführer zogen daraufhin vor das Hamburgische Verfassungsgericht (HmbVerfG Hmb. JVBl. 1993, 58 f.).

Angesichts parteipolitisch geprägter Verfassungsrichter und parteibezogener Materie hatten Befangenheitsanträge gegen drei der neun Richter Erfolg. Da sich einer der Stellvertreter wegen eines Interessenkonfliktes vom Fall zurückzog, entschied das Gericht mit acht Richtern, die ihr Urteil mit sechs zu zwei Stimmen fällten (o. V. 1993; Plöhn 1993, S. 344; HmbVerfG, Hmb. JVBl. 1993, 74).

Zu dem Antrag der Beschwerdeführer, die Ungültigkeit der Hamburger Bürgerschaftswahl von 1991 sowie der Wahl von fünf der sieben Bezirksversammlungen festzustellen, hilfsweise den Antragstellern eine Verletzung ihrer Rechte im Wahlprüfungsverfahren zu bescheinigen (HmbVerfG Hmb. JVBl. 1993, 60), gingen die Richter einvernehmlich davon aus, dass sich aus dem Satzungsrecht von Parteien Wahlrechtsverstöße ergeben könnten. Die „Wahl" der Parteibewerber erfordere bei der Kandidatenaufstellung die Beachtung der Wahlrechtsgrundsätze des Art. 38 Abs. 1 Satz 1 GG „als ungeschriebenes Verfassungsrecht" (ebd., 63 f.). Die Verpflichtung der politischen Parteien auf demokratische Grundsätze sei bei „dieser besonders wichtigen Aufgabe strikt zu beachten und gegebenenfalls auch nachzuweisen und zu überprüfen" (ebd., 64). Dabei gehöre zur Wahlfreiheit „ein grundsätzlich freies Wahlvorschlagsrecht für alle Wahlberechtigten". Es dürfe „weder rechtlich noch tatsächlich" den Parteiführungen „zur *alleinigen* Entscheidung überlassen bleiben" (ebd., 66).

Auf der „Mitgliederversammlung" erkannten die Richter in der Diskriminierung der Gegenkandidaten, der pauschalen Blockabstimmung und der Ablehnung von Geschäftsordnungsanträgen „schwere" Wahlrechtsverstöße, sodass „eine Wahl der Vertreterversammlung [...] nicht stattgefunden" habe (ebd.). Ein gegenteiliges „Gewohnheitsrecht" habe sich „gegen das Demokratieprinzip und die Wahlgesetze" nicht bilden können (ebd., 67).

Von „sehr schweren Wahlrechtsverstöße[n]" spricht das Gericht bezüglich der Vertreterversammlung. Die grundsätzlich mögliche Präsentierung von Personalvorschlägen durch einen Wahlausschuss habe durch den Ausschluss von Gegenvorschlägen für die ersten beiden Wahlgänge die Wahlfreiheit der Vertreter „erheblich beeinträchtigt", verschärft durch die Abstimmung „in festen Zehner-Blöcken" ab Platz 6 der Landesliste. Sofern Gegenvorschläge „rechtlich zulässig und tatsächlich möglich" wären, seien Blockabstimmungen akzeptabel, in der Hamburger CDU hätten jedoch „Rücksichtnahmen und Abhängigkeiten" zu einer Steigerung der blockierenden Wirkung des Verfahrens geführt

(HmbVerfG, HmbJVBl. 1993, 68). Mit Mehrheit folgerten die Richter, dass die Wahlvorschläge der CDU „nicht ohne Behebung dieser Mängel" hätten „zur Wahl zugelassen werden dürfen". Angesichts der Bekanntheit dieser Umstände wäre eine intensivere Prüfung geboten gewesen, somit auch das Zulassungsverfahren mängelbehaftet (ebd., 69). Mit „an Sicherheit grenzender Wahrscheinlichkeit" nimmt die Richtermehrheit mandatsrelevante Auswirkungen an: Eine Zurückweisung der CDU-Liste hätte sich unmittelbar ausgewirkt, wohingegen unter demokratischen Verhältnissen regelmäßig von Veränderungen der Listen auszugehen sei (ebd., 70).

Angesichts der seit 1949 gezeigten Präferenz der deutschen Wählerschaft für Parteien, „die – auch in Bezug auf ihre innere Ordnung – demokratischen Prinzipien verpflichtet" seien, spekulieren die Richter, bei sicherer Kenntnis vom Mangel an Demokratie bei der CDU hätte „eine große Zahl von Wählern sich in ihrem Vertrauen auf die demokratische Glaubwürdigkeit dieser Partei getäuscht gefühlt und ihre Stimme keiner Partei oder anderen Parteien gegeben [...]. Dies hätte mit hoher Wahrscheinlichkeit zu einer anderen Mandatsverteilung geführt" (HmbVerfG, Hmb. JVBl. 1993, 70). Eine Heilung der Mängel durch den Wahlakt sei nicht erfolgt. Die Kosten der vorzeitigen Parlamentsneuwahl seien verfassungsrechtlich irrelevant, ebenso der Umstand, dass es sich bei der CDU um eine Oppositionsfraktion handele. Denn die demokratische Legitimation müsse für das gesamte Parlament einschließlich der verfassungsrechtlich legitimierten Opposition gewährleistet sein. Die anderen Parteien seien im Übrigen wegen der Mitwirkung ihrer Vertreter an Zulassungsverfahren und Wahlprüfung nicht unbeteiligt (ebd., 71–72).

Ein Urteil *„ex nunc"* sei angesichts der Schwere mandatsrelevanter Wahlrechtsverstöße ausgeschlossen. Unter Hinweis auf einen Präzedenzfall des Staatsgerichtshofs für das Deutsche Reich der Weimarer Epoche (17.12.1927; RGZ 118, 22; Jellinek 1928, S. 119–123; Nevermann 1931) entschieden die Richter mit Mehrheit vielmehr, „die Wahlen vom 2. Juni 1991 zur Hamburgischen Bürgerschaft [...] für ungültig" zu erklären (HmbVerfG, Hmb. JVBl. 1993, 56), den bisherigen Beschlüssen, weiterhin notwendigen Gesetzen und Verwaltungskontrollen der amtierenden Bürgerschaft aber ihre Gültigkeit zu belassen. Darüber hinaus gestattete das Gericht dem Parlament seine Selbstauflösung, um sich eine volle Wahlperiode zu eröffnen (ebd., 73–74). In einem Sondervotum monierten zwei Richter u. a., dass den Spekulationen der Mehrheit über mögliche Auswirkungen von Kenntnissen der Wählerschaft die „verläßliche Grundlage" fehle (HmbVerfG, Hmb. JVBl. 1993, 75), dass der Landeswahlleiterin keine Pflicht zur Ablehnung eingereichter Wahlvorschläge zuwachse und dass „die Grundsätze

312 J. Plöhn

der Verhältnismäßigkeit und des Übermaßverbotes" der Parlamentsauflösung entgegengestanden hätten (ebd., 77–78; ebenso Ipsen 1994, S. 235–240; anders (Mandatsentzug) Arndt 1996, S. 74, 2000, S. 11).

2.5.2 Weitere Nominierungsvorgänge

a) Modifiziertes Vorschlagsrecht: In einer Anfechtung der sächsischen Landtagswahl vom 19. September 2004 hat sich eine innerparteilich unterlegene Bewerberin um eine erfolgversprechende Listenkandidatur für die damalige PDS auf den Hamburger Fall berufen (SächsVerfGH, Urt. v. 25.11.2005, Vf. 67-V-05, LVerfGE 16, 519). Die PDS hatte ihre Landtagskandidaten am 8./9. Mai 2004 durch eine Landesvertreterversammlung unter Anwendung eines als „Eilenburger Verfahren, leicht modifiziert" bezeichneten Prozederes gekürt (LVerfGE 16, 520). Nach striktem Geschlechter- und Regionalproporz wurden danach 40 Kandidaturen auf der Grundlage eines gemeinsam von Landesvorstand und „Landesrat" der Partei aufgestellten Vorschlages nominiert, wobei zunächst unter Streichungsmöglichkeit über diesen Vorschlag, danach über „Änderungsvorschläge" dazu, schließlich über „Ergänzungsvorschläge" für weitere Listenplätze abzustimmen war. Bei der Kandidatenvorstellung präsentierten sich zunächst die in dem „Gemeinsamen Listenvorschlag" genannten Personen; erst nach dessen Annahme weitere Interessenten. Im Ergebnis wurden alle Änderungsvorschläge abgelehnt, die mit 132 von 267 Stimmen unterlegene Beschwerdeführerin letztlich für Platz 41 nominiert, der bei 31 Sitzen für die PDS ohne Erfolg blieb (ebd., S. 524 f.).

Die sächsischen Verfassungsrichter meinten, trotz vorgeschriebener Kandidatenwahl stehe den Parteien im „Übergangsbereich vom rein innerparteilichen in den staatlichen Bereich" die Respektierung ihrer Autonomie zu, sofern nicht die „elementaren Standards" der Freiheit und Gleichheit unterschritten würden (SächsVerfGH, LVerfGE 16, 527)[8]. Hierfür müsse „das Wahlorgan auf die Aufstellung der Landesliste durch […] Mehrheitsentscheidung maßgeblichen Einfluss ausüben" können und „jeder einzelne Vertreter mit seiner Stimme auf die Besetzung der Landesliste in nicht nur theoretischer Weise einzuwirken" vermögen (ebd., 528). Da die „im Grundsatz gesicherte Vorschlagsberechtigung" – anders als bei der Hamburger CDU – nicht aufgehoben worden sei, ließ das Gericht die Landtagswahl unbeanstandet (ebd., S. 529).

---

[8]Zur Geheimheit innerparteilicher Kandidatenwahlen BayVerfGH, Urt. v. 8.12.2009, Vf. 47-III-09, BayVerfGHE 62, 229.

b) Geschlechterquotierung: In Sachsen-Anhalt ist die Geschlechterquotierung bei Bündnis'90/Die Grünen durch einen unterlegenen Mandatsinteressenten per Wahlprüfungsbeschwerde angegriffen worden (SachsAnhVerfG, Beschl. v. 25.10.2017, LVG 3/17, LVerfGE 28, 358). Er war bei der Kandidatenaufstellung mit Bewerbungen um die Frauen vorbehaltenen Listenplätze 7, 9 und 11 abgewiesen worden. Zu seinen Einwänden gegen die Frauenquote führten die Verfassungsrichter aus: Der „vorbehaltlos geltende Grundsatz der Gleichheit der Wahl" relativiere sich laut Bundesverfassungsgericht im Falle eines „zwingenden Grundes", womit auch Gründe erfasst seien, „die durch die Verfassung legitimiert und von einem Gewicht sind, das der Wahlrechtsgleichheit die Waage halten kann" – wodurch die Richter auch politisch-inhaltliche Ziele legitimiert sehen. Geeignetheit und Erforderlichkeit der Maßnahme zur Zielerreichung träfen mit der Satzungsautonomie der Parteien sowie mit der Zielsetzung „geschlechtsspezifischen Nachteilen entgegenzutreten" zusammen. Daher könnten politischen Parteien Quotenregelungen „nicht verwehrt werden" (ebd., S. 373 f.).

c) Kandidatenstreichung: Ein Beschwerdeführer gegen die Wahl des 6. Sächsischen Landtags am 26. April 2014 war auf Platz 14 der Landesliste der AfD gelangt, am 17. Juni aber ebenso wie der auf Listenplatz 2 gewählte Bewerber durch den Landesvorstand wieder gestrichen worden. Nachdem die wahlrechtlichen Vertrauenspersonen der Partei diesen Beschluss der Landeswahlleiterin übermittelt hatten, wurde der gewählte Kandidat mit seinem Protest gegen die Streichung seines Namens in der Sitzung des Landeswahlausschusses angehört, die Liste gleichwohl in geänderter Fassung zugelassen. Der Versuch des – nun ehemaligen – Kandidaten, per Verfassungsbeschwerde gegen die Zulassung der Liste vorzugehen, wurde vom Verfassungsgerichtshof unter Hinweis auf das Wahlprüfungsverfahren verworfen: „Der Beschwerdeführer könne im nachträglichen Wahlprüfungsverfahren hinreichend effektiv geltend machen, die Wahl sei für ungültig zu erklären, weil die Landesliste der AfD nicht zur Landtagswahl hätte zugelassen [...] werden dürfen" (SächsVerfGH, Beschl. v. 28.8.2014, Vf. 56-IV-14, siehe Urt. v. 11.4.2018, Vf. 108-V-17, LVerfGE 29, 195, 197).

Da die AfD-Liste bis Platz 14 „zog", wäre der Betroffene Abgeordneter geworden. Er erhob am 22. September 2014 Einspruch gegen die Wahl, der nach eingehender Behandlung im Wahlprüfungsausschuss am 21. Juni 2017 (!) vom Landtag unter Hinweis auf „die starke Stellung der Vertrauenspersonen" abgewiesen wurde. Der dagegen angerufene Verfassungsgerichtshof judizierte, der vorliegende mandatsrelevante Wahlfehler führe weder zur Auswechselung von Mandatsträgern noch zur Ungültigkeit der Wahl oder einer Neuwahl (LVerfGE 29, 200). Die geänderte Liste hätte vom Landeswahlausschuss zurückgewiesen werden müssen, da Änderungen demokratischer Aufstellungsentscheidungen regelmäßig nur durch ein neuerliches Aufstellungsverfahren zu bewirken seien (ebd., 203). Eine personelle Mandatsrelevanz wird anerkannt, unter Verweis auf „das Gebot des geringstmöglichen Eingriffs in den Bestand des gewählten Parlaments" sowie den „Vorrang der Wahlergebnisberichtigung vor der Ungültigkeitserklärung" aber sanktionslos gelassen. Der Beschwerdeführer sei nicht gewählt, die für die gestrichenen Kandidaten nachgerückten Bewerber demokratisch legitimiert und der Fortbestand des Landtags nicht „unerträglich", die Wahlprüfungsbeschwerde daher abzuweisen, die „notwendigen Auslagen" nur hälftig zu erstatten (SächsVerfGH, Urt. v. 11.4.2018, LVerfGE 29, 213–215) – angesichts seiner eigenen Vorentscheidung ein zynisches Urteil des Gerichts.

d) Nichtzulassung von Kandidaten:[9] Trotz dieser Vorerfahrung entstanden 2019 erneut juristische Probleme um die Kandidatenaufstellung der AfD: Die Partei hatte sich auf ihrer Mitgliederversammlung vom 8. bis 10. Februar 2019 zur Aufstellung der Landesliste für die sächsische Landtagswahl (12. Landesparteitag) auf Einzelabstimmungen über die Kandidaten festgelegt, nach individuellen Vorstellungen jedoch nur die Plätze 1 bis 18 vergeben können. Daraufhin wurden die Mitglieder für den 15. bis 17. März erneut geladen. Unter neuer Versammlungsleitung wurde auf diesem 13. Parteitag der Aufstellungsmodus der Einzelabstimmung für die Listenplätze 19 bis 30 beibehalten, über die Positionen 31 bis 61 jedoch in einer „Gruppenwahl" *en bloc* abgestimmt.

Die erst am 18. Juni 2019 zunächst als separate Beschlüsse der beiden Versammlungen, dann integriert eingereichten Unterlagen wurden auf Betreiben der Landeswahlleiterin mehrfach modifiziert und erläutert, vom Landeswahlausschuss mit sechs von sieben Stimmen aber nur hinsichtlich der auf der ersten Versammlung getroffenen Entscheidungen akzeptiert, für die Plätze 19 bis 61 aber zurückgewiesen: Es habe sich um eine wahlrechtlich unzulässige zweite Versammlung mit anderem Leiter gehandelt, auf welcher der Wahlmodus widerrechtlich geändert worden sei (SächsVerfGH, Urt. v. 16.8.2019, Vf. 76-IV-19, S. 4–6). Gegen diese Entscheidung legten acht Nominierte mit Listenplätzen zwischen 21 und 58 sowie die AfD als Partei Verfassungsbeschwerde vor dem sächsischen Verfassungsgerichtshof ein, die Partei zugleich auch vor dem Bundesverfassungsgericht, das die Beschwerde jedoch aus formalen Gründen nicht zur Entscheidung annahm (BVerfG 2 BvR 1301/19, Kammerbeschluss v. 18.7.2019).

---

[9]Klagen von Splitterparteien gegen ihre Nichtzulassung zur Wahl – z. B. wegen fehlender Unterstützungsunterschriften – blieben allesamt erfolglos und werden im Weiteren vernachlässigt (VerfGHNRW 11/02 Beschl. v. 7.10.2003, S. 10 m. w. N.; VerfGHNRW 3/12 und 4/12, Beschlüsse v. 17.4.2012 und 8/12 Beschl. v. 8.5.2012).

Mit einer Fortführung seiner Rechtsprechung zur Unzulässigkeit wahlbezogener Verfassungsbeschwerden vor dem Wahltag hätte der sächsische Verfassungsgerichtshof im Falle rechtlich begründeter Einsprüche die Ungültigkeit der Landtagswahl riskiert. Doch erkannten die Richter nun mit Erlass einer Einstweiligen Anordnung und ihrem Urteil in der Hauptsache ein Rechtsschutzbedürfnis gegen wahlrechtlich relevante Entscheidungen unter Umständen schon vor dem Wahltag an (SächsVerfGH, E.A. v. 25.7.2019, Vf. 77-IV-19 (e. A.); SächsVerfGH, Urt. v. 16.8.2019): „Grundsätzlich" sei die Einlegung einer Verfassungsbeschwerde im Anwendungsbereich des Wahlprüfverfahrens zwar nach § 48 Sächs WahlG ausgeschlossen. Auch seien negative Vorerfahrungen mit der Bearbeitungsdauer von Einsprüchen und Wahlprüfungen nicht als Prognosegrundlage für künftige Fälle geeignet, doch könne bei der konkreten Gefahr verspäteten nachträglichen Rechtsschutzes „im Einzelfall" eine Verfassungsbeschwerde im Vorfeld der Wahl in Betracht kommen. Sie sei „in eng umgrenzten Ausnahmefällen" unmittelbar „von Verfassungs wegen" statthaft, soweit 1) „eine Entscheidung eines Wahlorgans auf einem besonders qualifizierten Rechtsverstoß beruht", 2) „voraussichtlich einen Wahlfehler von außerordentlichem Gewicht begründete, der erst nach der Wahl beseitigt werden könnte" und 3) „möglicherweise zu landesweiten Neuwahlen führte" (SächsVerfGH, Urt. v. 16.8.2019, S. 12, 18). Bei diesem Unterscheidungsversuch des aktuellen von dem vorstehend dargestellten Fall (SächsVerfGH, Urt. v. 11.4.2018, LVerfGE 29, 195) soll bereits die „Statthaftigkeit" der Klage von deren „Begründetheit" abhängen.

Im Ergebnis führen die Richter aus: Der 12. und 13. Landesparteitag der AfD bildeten zwei Teile „eines einheitlichen Aufstellungsverfahrens" (SächsVerfGH, Urt. v. 16.8.2019, S. 27). In weichen, der engen Fassung der Zulässigkeitskriterien kontrastierenden Formulierungen meinen die Richter, die gegenteilige Auffassung des Landeswahlausschusses entspreche nicht dem „Grundsatz einer im Zweifel auf Zulassung" ausgerichteten Würdigung (ebd., S. 28). Dagegen hält das Gericht die Ansicht des Landeswahlausschusses, die „Änderung des Wahlverfahrens während des Wahlvorganges" stelle als Verstoß gegen die Wahlrechtsgleichheit einen beachtlichen Fehler dar, für „rechtlich vertretbar", zähle doch die „Beständigkeit des Wahlverfahrens" zu den Minimalia der Demokratie (ebd., S. 30, 32). Daraus leiten die Verfassungsrichter ab, die Streichung der Listenplätze 19 bis 30 aufgrund einer Verkennung der Einheitlichkeit des Aufstellungsverfahrens sei ein klar erkennbarer „Wahlfehler von außerordentlichem Gewicht" (ebd., S. 34). Die von zwei Parteitagen nach gleichem Verfahren nominierten Kandidaten wurden somit zugelassen, nach geändertem Modus aufgestellte Bewerber hingegen nicht.

2.6 Wahlkampf

Für Wahlkämpfe liegt die Abgrenzung legitimer Unterrichtung der Bevölkerung durch Verantwortungsträger von unzulässiger regierungsamtlicher Wahlpropaganda im Unterschied zu etlichen anderen Rechtsverletzungen (SachsAnhVerfG, Urt. v. 8.3.2007, LVG 10/06) bei den Verfassungsgerichten. In Hessen ist auch versucht worden, die Finanzierung des CDU-Wahlkampfes für die Landtagswahl von 1999 durch eine Grundrechtsklage vor dem Hessischen Staatsgerichtshof anzufechten. Angesichts der am Strafrecht orientierten Interpretation, die das Bundesverfassungsgericht dem Anfechtungsgrund „gegen die guten Sitten verstoßende Handlungen" (Art. 78 Abs. 2 S. 2 HessVerf a. F.) gegeben hatte (Urt. v. 8.2.2001, 2 BvF 1/00, BVerfGE 103, 111), blieben die Rechtsverstöße zur Parteienfinanzierung aber für den Bestand des Landtags folgenlos (HessStGH, Urt. v. 13.2.2002, P.St. 1633, ESVGH 53, 1).

Nachdem das Bundesverfassungsgericht mit Urteil vom 2. März 1977 (2 BvE 1/76, BVerfGE 44, 125) für die regierungsamtliche Öffentlichkeitsarbeit in der „Vorwahlzeit" scharfe Restriktionen aufgestellt hatte, ergingen mehrere gleichgerichtete Entscheidungen von Landesverfassungsgerichten (z. B. BremStGH, Entsch. v. 30.11.1983, St 1/83, DVBl. 1984, 221, gemäß oppositionellem Antrag). Aufgrund dieser Rechtsprechung griffen Die Grünen eine Aufklärungskampagne des Umweltministers von NRW zur Müllvermeidung an, da diese in Presse, Hörfunk und Regionalfernsehen zwischen dem 19. März und dem 12. Mai 1990 in der „heißen Phase" des Wahlkampfes vor der Landtagswahl am 13. Mai lief. Während der Landesrechnungshof die Maßnahme haushaltsrechtlich gerügt hatte, sahen die Verfassungsrichter keinen Grund einzuschreiten. Finanztechnische Aspekte seien für die inhaltliche Beurteilung unbeachtlich. Es habe sich nicht um eine wahlbezogene Botschaft gehandelt, sondern um den legitimen Versuch, mit „weichen" Mitteln eine Verhaltensbeeinflussung herbeizuführen (VerfGHNRW Urt. v. 15.10.1991, 12/90, S. 2–3, 8, 12, 16).

Ein Versuch der CDU-Opposition, das Verbot regierungsamtlicher Wahlpropaganda auf die gesamte Wahlperiode auszudehnen, endete 1996 in Sachsen-Anhalt mit einer abweisenden Entscheidung. Zwar rügten die Verfassungsrichter an einer Broschüre des Landesfinanzministeriums eine Vermischung sachlich informierender und parteipolitisch tendenziöser Inhalte, doch sei hierdurch die Chancengleichheit der Parteien nicht in relevanter Weise verletzt (SachsAnhVerfG, Urt. v. 22.2.1996, LVG 8/95).[10]

---

[10]Erfolglos blieb auch die AfD mit ihrer Rüge eines offiziösen Twitter-Postings des Regierenden Bürgermeisters von Berlin (BerlVerfGH 80/18 Urt. v. 20.2.2019).

Einen klaren Wahlkampfbezug hatte dagegen das Organstreitverfahren der CDU gegen die schleswig-holsteinische Ministerin für Bildung, Wissenschaft und Kultur. Britta Ernst (Ehefrau von Olaf Scholz) hatte am 2. März 2017, zwei Monate vor der Landtagswahl am 7. Mai 2017, auf elektronischem Wege ein umfangreiches Schreiben mit einer positiven Bilanz ihrer Arbeit an Schulleitungen, Lehrkräfte, Eltern und Schüler in Schleswig-Holstein versandt, worin die Opposition einen Verstoß gegen das Gebot der Zurückhaltung in Wahlkampfzeiten erblickte. Obgleich der Landtag mit Mehrheit einen rügenden CDU-Antrag (SH LT Drs. 18/5346 v. 10.3.2017) ablehnte, sicherte der Ministerpräsident zu, es werde keine weiteren „Wahlschreiben" geben. Das gleichwohl von der CDU am 7. April 2017 – einen Monat vor der Wahl – eingeleitete Organstreitverfahren beurteilte das Landesverfassungsgericht am 8. Juni 2018 (LVerfGSH 6/17) als „mittlerweile unzulässig", da zwischen den Beteiligten nach Regierungswechsel in Kiel keine „kontradiktorische Beziehung" mehr bestehe und der Antragstellerin das Rechtsschutzbedürfnis fehle (ebenso LVerfGSH 5/17, Beschl. v. 8.6.2018, LVerfGE 29, 231 zu Innenminister Stefan Studt).

2.7 Wahldurchführungs- und Auszählungsfehler

Bei Auszählungsfehlern sind rein statistische Hinweise oder unsubstantiierte Verdächtigungen völlig chancenlos (z. B. Beschwerde der AfD, VerfGHNRW, Beschl. v. 18.12.2018, 16/17).[11] Auszählungsfehler erlangen erst Brisanz, wenn dafür konkrete Anhaltspunkte vorliegen und eine Ergebnisrelevanz denkbar erscheint. Ein knappes Ergebnis allein – wie bei der Landtagswahl in NRW 2017 im Wahlkreis 16 (Köln IV) mit 19.472 zu 19.410 Stimmen für die Kandidaten von SPD und CDU – steht der Zurückweisung eines Wahleinspruchs nicht entgegen (VerfGHNRW, Beschl. v. 15.5.2018, 15/17, S. 2–4).

In Berlin hat der Direktkandidat von Bündnis'90/Die Grünen im Wahlkreis 3 die Abgeordnetenhauswahl am 18. September 2016 angegriffen, da der obsiegende Kandidat der SPD den Wahlkreis nach dem vorläufigen Endergebnis lediglich mit 5236 zu 5230 Stimmen, nach partieller Nachzählung mit 5234

---

[11]Vgl. auch SachsAnhVerfGH LVG 10/06, Urt. v. 8.3.2007; VerfGHNRW 16/12 Beschl. v. 29.1.2013, S. 4; BayVerfGH, Vf. 99-III-03, Entsch. v. 17.2.2005).

zu 5224 gewonnen hatte (BerlVerfGH, Beschl. v. 13.12.2017, 163/16; LVerfGE 28, 68, 71). Das Berliner Verfassungsgericht ist den acht Einwänden des unterlegenen Kandidaten nachgegangen, hat diese jedoch mit einer Ausnahme als pauschal, nicht hinreichend substantiiert oder aufklärbar angesehen. Ein ungeöffneter Wahlbrief und zwei nicht harmonierende Protokolle begründeten für die meisten Richter mangels Mandatsrelevanz keinen Wahlfehler (ebd., S. 75, 77). Die verbliebene einzelne, unberechtigt abgegebene Stimme habe nicht den Ausschlag für das Wahlergebnis geben können. Der Ausgang des mit 8 zu 1 Stimmen entschiedenen Falles (ebd., S. 81) hängt damit an den hohen Beweisanforderungen der Richter.

In Bremen ist dagegen am 10. Juni 2016 vom Staatsgerichtshof eine Nachzählung der bei der Bürgerschaftswahl am 10. Mai 2015 im Wahlbereich Bremerhaven abgegebenen Stimmen angeordnet worden, die 14 Monate nach der Wahl durchgeführt wurde (BremStGH, Urt. v. 13.9.2016, St 2/16, LVerfGE 27, 226, 237). Das Prüfverfahren war von der AfD beantragt worden, da sie mit 4,97 % knapp an der in jedem Wahlbereich separat zu überwindenden Sperrklausel gescheitert war. Dabei war das Wahlprüfungsgericht auf Wahlfehler gestoßen, nach denen die AfD mit 5,0 % die Sperrklausel überwunden und eine SPD-Abgeordnete ihr Mandat verloren hätte. Die Beschwerde der Abgeordneten wurde verspätet begründet (BremStGH, Urt. v. 13.9.2016, St 1/16, LVerfGE 27, 217), doch gab das Gericht dem Einspruch des Landeswahlleiters statt und ordnete eine Neuauszählung der Stimmen an (BremStGH, Urt. v. 13.9.2016, St 2/16, LVerfGE 27, 226, 241 f.), da die allein auf die von den Beschwerdeführern herausgesuchten Fälle gestützte Entscheidung des Wahlprüfungsgerichts nach Ansicht des Staatsgerichtshofes sowohl rechtsfehlerhaft als auch vertrauensgefährdend für das Parlament war (ebd., 245). Angesichts dieser „Ausnahmekonstellation" mit zwei betroffenen Personen und deren Parteien und der naheliegenden Vermutung, „dass sich Zählfehler der gerügten Art in allen Wahlbezirken finden und sich diese teils zu Gunsten und teils zu Lasten aller Wahlbewerber auswirken" konnten (ebd., 245 f.), ist der Staatsgerichtshof damit von der Bindung an einzelne substanziierte Wahlfehler abgewichen (sehr restriktiv VerfGHNRW, Urt. v. 19.3.1991, 10/90, OVGE 42, 280, 285 ff.; korrigiert durch BVerfG, Beschl. v. 12.12.1991, 2BvR 562/91, BVerfGE 85, 148). Letztlich blieb die AfD bei 4,9899 % der Stimmen unterhalb der Mandatsschwelle (LVerfGE 27, 246), so dass die Sitzverteilung erhalten blieb.

3 Fazit aus der Analyse der ausgewählten verfassungsgerichtlichen Fälle

1. Der gegebene – nicht vollständige – Rechtsprechungsüberblick hat eine Vielzahl wahlbezogener Materien im Fokus der Verfassungsgerichte erkennbar werden lassen. Dabei hat sich die Rechtsprechung historisch-kontingent anhand konkreter Konflikte entwickelt.

2. Inhaltlich hat sich die Wahlrechtsprechung im Zeitablauf von wahlsystemischen Neuerungen hin zu einer Erfassung des Gesamtvorgangs unter Einbeziehung von Kandidatenaufstellung und Wahlzulassung entwickelt. Die anfänglich relevanten Fragen sind indes auch später wiederholt aufgegriffen und bisweilen modifiziert beantwortet worden.

3. Das Wahlrecht weist neben bundeseinheitlichen Standards und Aspekten auch jeweils landesspezifische Elemente auf. Bezugnahmen der Landesverfassungsgerichte auf das Bundesverfassungsgericht haben die Rechtsprechung grundsatzbezogen vereinheitlicht. Bezugnahmen auf parallele Fälle in anderen Ländern fördern eher ein regionales *„case law"*. Dabei resultieren aus dem jeweiligen Landeswahlrecht auch in der Verfassungsrechtsprechung landesspezifische Profile.

4. Die Maßstäbe setzende Rolle des Bundesverfassungsgerichts kann primär normativ-inhaltlich auf die Homogenitätsklausel in Art. 28 Abs. 1 Satz 2 GG zurückgeführt werden. Zugleich ist sie institutionell im Zusammenhang mit der Organleihe nach Art. 99 GG zu sehen.

5. Anlässe für ein richterliches Misstrauen in wahlorganisatorische Entscheidungen sind in Deutschland nicht bekannt. Vielmehr haben die Gerichte eine Eingrenzung parlamentarischer und gouvernementaler Entscheidungen zu Wahlen bei Aufrechterhaltung einer gewissen Flexibilität angestrebt.

6. Entscheidungen gegen die Regierungsmehrheit sind eher selten geblieben; die spektakulärste Entscheidung ist zu einer Oppositionspartei ergangen.

7. Wahlprüfverfahren sind typischerweise von Kleinparteien, einzelnen Kandidaten oder unterlegenen Gruppen und Bewerbern in größeren Parteien ausgegangen. Auseinandersetzungen um Wahltermine und Regierungspropaganda betreffen dagegen das Verhältnis zwischen Regierungsmehrheit und Opposition.

Literatur

Arndt, C. (1996). *Amt und Mandat* (Bd. 3). Baden-Baden: Nomos.

Arndt, C. (2000). *Amt und Mandat* (Bd. 4). Baden-Baden: Nomos.

Behnke, J., Grotz, F., & Hartmann, Chr. (2017). *Wahlen und Wahlsysteme*. Berlin: De Gruyter.

Bickel, H. (1986). Der Verfassungsgerichtshof. In P. Haungs (Hrsg.), *40 Jahre Rheinland-Pfalz. Eine politische Landeskunde* (S. 441–456). Mainz: H. Schmidt.

Bohn, B. (2012). *Das Verfassungsprozessrecht der Popularklage*. Berlin: Duncker und Humblot.

Dunkelberg, M. (1980). *Der Bürgerausschuß in der Verfassung der Freien und Hansestadt Hamburg*. Diss. iur. Hamburg, Univ. Hamburg.

Ewer, W. (2016). Wahlprüfung. In M. Morlok, U. Schliesky, & D. Wiefelspütz (Hrsg.), *Parlamentsrecht. Praxishandbuch* (S. 341–364). Baden-Baden: Nomos.

Grau, A. (o. J.) [2018]. *Albrecht, Ernst*. https://www.kas.de/statische-inhalte-detail/-/content/albrecht-ernst. Zugegriffen: 28. Nov. 2018.

Groß, R. (1980). Die Entwicklung des Hessischen Verfassungsrechts von 1972 bis 1980. *JöR, N.F., 29*, 353–391.

Haungs, P. (1980). *Parteiendemokratie in der Bundesrepublik Deutschland*. Berlin: Colloquium.

Holzheid, H. (1995). *Maßgebliche Verfassungsgrundsätze bei Wahlen und Volksbegehren*. München: Beck.

Horst, P. (2012). Die schleswig-holsteinische Landtagswahl vom 6. Mai 2012: SPD, Grüne und SSW bilden erste Dänen-Ampel. *ZParl, 43*(3), 524–543.

Ipsen, J. (1994). Kandidatenaufstellung, innerparteiliche Demokratie und Wahlprüfungsrecht. *ZParl, 25*(2), 235–240.

Jellinek, W. (1928). Der Staatsgerichtshof für das Deutsche Reich und die Splitterparteien. *AöR* 54 (N.F. 15)(1), 99–139.

Landesvorstand der CDU Hamburg – Grundsatzkommission. (1974). *Thesen zur Aktivierung der Parteimitgliedschaft*, o. O. [Hamburg] 28.6.1974 (Ms.).

Landeswahlleiterin. (2006). *Pressemitteilung LWL 4/2006 vom 27.1.2006*. https://www.statistik.sachsen.de/wahlen/lw/lw2006/presse/pmLWL00406.htm. Zugegriffen: 6. Mai 2019.

Lange, R. (1975). Die Wahl zur Hamburger Bürgerschaft vom 3. März 1974. Beginn einer Talfahrt für die SPD? *ZParl, 6*(4), 393–403.

Lange, R. (1979). Die Wahl zur Hamburger Bürgerschaft am 4. Juni 1978. Ende des Drei-Parteien-Systems in Sicht? *ZParl, 10*(1), 5–17.

Leibholz, G. (1974). *Strukturprobleme der modernen Demokratie* (3. Aufl.). Frankfurt a. M.: Athenäum Fischer.

Meder, T. (1992). *Die Verfassung des Freistaates Bayern. Handkommentar* (4. Aufl.). Stuttgart: Richard Boorberg.

Müller, M., & Börsting, K. (1992). Kandidatenaufstellung und innerparteiliche Willensbildung am Beispiel der Hamburger CDU. In J. Hartmann & U. Thaysen (Hrsg.), *Pluralismus und Parlamentarismus in Theorie und Praxis. Winfried Steffani zum 65. Geburtstag* (S. 137–173). Opladen: Westdeutscher Verlag.

Landesverfassungsgerichte und Landtagswahlen … 321

Neumann, H. (1996). *Die Verfassung der Freien Hansestadt Bremen. Kommentar.* Stuttgart: Richard Boorberg.

Nevermann, P. (1931). *Die Auflösung der Hamburger Bürgerschaft im Jahre 1927.* Diss. iur. Hamburg: Auerdruck.

Nohlen, D. (2014). *Wahlrecht und Parteiensystem* (7. Aufl.). Bonn: Bundeszentrale für politische Bildung.

Obrecht, M. (2017). Verfassungsgerichtshof Baden-Württemberg. In W. Reutter (Hrsg.), *Landesverfassungsgerichte. Entwicklung – Aufbau – Funktionen* (S. 27–51). Wiesbaden: Springer VS.

o. V. (1993). Verfassungsgericht: einer nach dem anderen muß gehen. *Die Welt (Hamburg)* vom 21.4.1993.

Pestalozza, C. Graf v. (2003). Aus dem Bayerischen Verfassungsleben 1989 bis 2002. *JöR, N.F., 51,* 121–192.

Plöhn, J. (1993). Das Hamburger Urteil: Sieg der Demokratie oder Richterwillkür? *Gegenwartskunde, 42*(3), 341–352.

Plöhn, J. (1996). *Mehrheitswechsel in Sachsen-Anhalt.* Frankfurt a. M.: Lang.

Plöhn, J. (1997). Saarland. In J. Hartmann (Hrsg.), *Handbuch der deutschen Bundesländer* (3. Aufl., S. 470–502). Bonn: Bundeszentrale für politische Bildung.

Plöhn, J. (2005). Die Gerichtsbarkeit. In O. Gabriel & E. Holtmann (Hrsg.), *Handbuch politisches System der Bundesrepublik Deutschland* (3. Aufl., S. 309–331). München und Wien: R. Oldenbourg.

Plöhn, J., & Putz, S. (2010). Geschichte der CDU-Fraktion im Landtag von Sachsen-Anhalt. In J. Scharf (Hrsg.), *20 Jahre CDU-Fraktion im Landtag von Sachsen-Anhalt 1990–2010* (S. 18–137). Magdeburg: Schlutius.

Reutter, W. (2017). Landesverfassungsgerichte in der Bundesrepublik Deutschland. Eine Einführung. In W. Reutter (Hrsg.), *Landesverfassungsgerichte. Entwicklung – Aufbau – Funktionen* (S. 1–26). Wiesbaden: Springer VS.

Roth, R. (1997). Bremen. In J. Hartmann (Hrsg.), *Handbuch der deutschen Bundesländer* (3. Aufl., S. 208–234). Bonn: Bundeszentrale für politische Bildung.

Schultze, R.-O., & Ender, J. (1991). Aus aktuellem Anlaß: Bayerns Wahlsystem – verfassungspolitisch bedenklich? *ZParl, 22*(1), 150–160.

Siegloch, K. P. (1973). *Die Parlamentsreform 1971 in der Hamburger Bürgerschaft.* Hamburg: Kuratorium für staatsbürgerliche Bildung Hamburg.

Staritz, D. (1986). Die Kommunistische Partei Deutschlands. In R. Stöss (Hrsg.), *Parteien-Handbuch. Die Parteien der Bundesrepublik Deutschland 1945–1980* (Sonderausg. Bd. 3, S. 1663–1809). Opladen: Westdeutscher Verlag.

Steffani, W. (1980). *Pluralistische Demokratie.* Opladen: Leske und Budrich.

Steffani, W. (1997). *Gewaltenteilung und Parteien im Wandel.* Opladen: Westdeutscher Verlag.

Strohmeier, G. (Hrsg.) (2009). *Wahlsystemreform.* Zeitschrift für Politikwissenschaft 19 (Sonderband), Baden-Baden: Nomos.

Thesling, H.-J. (2010). Artikel 32. In A. Heusch & K. Schönenbroicher (Hrsg.), *Die Landesverfassung Nordrhein-Westfalen. Kommentar* (S. 262–265). Siegburg: Reckinger.

Tilch, H. (1981). Die Rechtsprechung des Bayerischen Verfassungsgerichtshofs 1974–1980. *JöR, N.F., 30,* 345–403.

Troitzsch, K. G. (1978). Der Verfassungsstreit um die Terminierung der Bürgerschaftswahl in Hamburg. *ZParl, 9*(1), 73–86.

Weigl, M. (2017). Der Bayerische Verfassungsgerichtshof. In W. Reutter (Hrsg.), *Landesverfassungsgerichte* (S. 53–76). Wiesbaden: Springer VS.

Wissenschaftlicher Dienst des Landtags Rheinland-Pfalz. (1997). *Problemaufriß zum „ruhenden Mandat"*. Vorlage EK 13/1-11. Az.: II/52-1225. Mainz, 4.3.1997. https://www.landtag.rlp.de/Dokumente/Gutachten/13.-Wahlperiode. Zugegriffen: 20. Apr. 2019.

Werwarth, C. (2014). *Der niedersächsische Ministerpräsident Ernst Albrecht (1976–1990). Annäherung an einen Unnahbaren.* Stuttgart: Ibidem.

Woydt, J. (1979). Die Wahlen vom 4. Juni 1978 aus der Sicht der SPD. In W. Brocke, J. Klimke, K. G. Troitzsch, & J. Woydt, *Wahlkampf und Wahlergebnisse 1978 in Hamburg* (S. 31–56). Hamburg: Landeszentrale für politische Bildung.

Zech, G. (1992). Benachteiligung kleiner Parteien durch das Bayerische Landeswahlgesetz. *ZParl, 23*(2), 362–376.

Landesverfassungsgerichte, kommunale Selbstverwaltung und Gebietsreform

Marcus Obrecht

Das Recht zur kommunalen Selbstverwaltung gehört zu den zentralen Elementen einer langen deutschen Staats- und Verwaltungstradition. Der Art. 28 Abs. 2 GG verbürgt dieses Recht als Bundesrecht. Auch in den Landesverfassungen der Flächenstaaten fand das kommunale Selbstverwaltungsrecht Eingang. Eine besondere Herausforderung für dieses Rechtsgut sind Gebietsreformen auf der kommunalen Ebene. Die vom Gesetzgeber in den 1960er und 1970er Jahren oder im Anschluss an die deutsche Einheit in den 1990er Jahren angestoßenen Neuordnungen führten zu zahlreichen Beschwerden der betroffenen Gebietskörperschaften vor Landesverfassungsgerichten. In diesem Beitrag geht es um die Funktionen der obersten Landesgerichte im Rahmen der kommunalen Gebietsreformen. Im Folgenden wird zunächst auf den Funktionsbegriff im Kontext der Verfassungsgerichte eingegangen (1), danach wird das Verhältnis von kommunalem Selbstverwaltungsrecht und Demokratie dargestellt (2). Im dritten Kapitel stehen die Gebietsreformen und die kommunalen Verfassungsbeschwerden im Zentrum der Betrachtung (3). Das Ergebnis zeigt, dass die Gerichte in diesem Politikbereich vor allem eine Rechtsstaatssicherungsfunktion ausüben.

M. Obrecht (✉)
Seminar für Wissenschaftliche Politik, Albert-Ludwigs-Universität Freiburg,
Freiburg, Deutschland
E-Mail: marcus.obrecht@politik.uni-freiburg.de

© Springer Fachmedien Wiesbaden GmbH, ein Teil von Springer Nature 2020
W. Reutter (Hrsg.), *Verfassungsgerichtsbarkeit in Bundesländern*,
https://doi.org/10.1007/978-3-658-28961-4_12

1 Funktionen von Verfassungsgerichten

Die Institutionenanalysen im zwanzigsten Jahrhundert ersetzten das ontologische Substanzdenken durch eine funktionale und systemische Interpretation. Meist werden Funktionen als Aufgaben, Ziele und Leistungen verstanden, die nicht alleine empirisch aus den Institutionen abgeleitet, sondern auch normativ begründet werden (dazu kritisch: Blondel 1990, S. 15). Typologisch kann in instrumentelle (Effektivität) und symbolische (emotionale Verbundenheit) Funktionen unterschieden werden. Hinzu kommt die Aufteilung in manifeste und latente Funktionen: Die manifesten Funktionen ergeben sich unmittelbar aus den Leitideen einer Institution (z. B. Konfliktlösung). Die latenten Funktionen bestehen mittelbar und gehen über die Leitidee hinaus (z. B. Vertrauen) (Patzelt 2003). Da institutionelle Funktionen im Laufe der Zeit variieren, sind sie nur historisch zu erfassen (Abb. 1). Meist beschränken sich Analysen auf die manifest-instrumentellen Funktionen.

Theorien der Verfassungsgerichtsbarkeit führen sowohl juristische wie politische Funktionen an (Wagschal und Grasl 2015, S. 109). Eine Abgrenzung beider Bereiche fällt schwer, zumal die juristische Entscheidung oft nur über einen längeren Zeitraum auch politisch wirksam wird (bspw. im Rahmen des

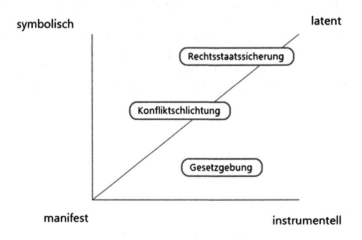

Abb. 1 Funktionen von Verfassungsgerichten. (Quelle: Eigene Darstellung)

kommunalen Finanzausgleichs) (Lembcke 2017, S. 409). Auch eine scharfe Trennung der unten dargestellten Funktionen ist kaum möglich. Aufseiten der juristischen Funktionen steht die Rechtsstaatssicherung (oder Integrationsfunktion). Sie ist eng mit einem latent vorhandenen Grundkonsens über Fragen des gesellschaftlichen Zusammenlebens verbunden. Die aus der juristischen Tätigkeit hervorgehende soziologische „Integration" lässt sich sowohl symbolisch (Institutionenvertrauen) wie instrumentell (Aufrechterhaltung des Systems) verstehen. Denn die gerichtlichen Entscheidungen beeinflussen den Grundkonsens, z. B. wenn sie gegen die Erwartungshaltung des Publikums verstoßen. Geschieht dies dauerhaft, kommt es zu einer Beschädigung richterlicher Autorität (Boulanger 2013, S. 9 m. w. N.). Im Sinne der Rechtsstaatssicherung verstand Hans Kelsen den Staatsgerichtshof der Weimarer Republik als gerichtliche Garantie der Verfassung (Kelsen 2013, S. 30). Oft wird neben dieser „Hüterfunktion" (Starck und Stern 1983, S. 24) eine Reservefunktion oder die Rolle des Verfassungsgerichts als Waffe der Minderheit positiv hervorgehoben (Grupp 1993, S. 86). Auch Collings sieht das BVerfG als integrativer Mittler bei der Wiedervereinigung und als „Hüter der Verfassung" gegenüber der europäischen Integration. Ähnliche Positionen zeigten sich in der Frühphase der Bundesrepublik bezüglich der Landesverfassungsgerichte. Bachof und Jesch (1957, S. 67–104) teilen deren Aufgaben in den Schutz der Grundrechte und des Staatsaufbaus (Rechts- und Bundesstaatlichkeit, Parlaments-, Abgeordneten- und Wahlrecht) (Bachof und Jesch 1957, S. 67–104). In den Bereich der Rechtsstaatssicherung fallen auch die präventiven, integrativen und nachhaltigen Funktionen des Verfassungsgerichts (Collings 2015, S. XXXII; Vorländer 2002). Es ist zu vermuten, dass die Rechtsstaatssicherungsfunktion in engem Zusammenhang mit den gewaltenteiligen Arrangements im Sinne der Interorgankontrolle steht. Insofern sind die landesverfassungsrechtlichen Kompetenzen als Kennzeichen der Eigenständigkeit und der Durchsetzungsfähigkeit gegenüber den anderen Gewalten für diese Funktion bedeutend.

Eine unmittelbare Rechtswirkung zeigt sich in der Gesetzgebungsfunktion der Verfassungsgerichte. Auch diese Funktion beschrieb bereits Kelsen, der einen Teil der staatlichen Gesetzgebungsfunktion auf das Verfassungsgericht übertragen sah, da „[...] die Aufhebung eines Gesetzes [...] den gleichen generellen Charakter wie die Erlassung eines Gesetzes [hat]. Aufhebung ist ja nur Erlassung mit einem negativen Vorzeichen gleichsam" (Kelsen 2013, S. 54). Diese Position war in der Weimarer Republik nicht unumstritten. So gesteht Franz Jerusalem den Urteilen des Staatsgerichtshofs noch keine unmittelbare Rechtswirkung zu (Jerusalem 1930). Die Gesetzgebungsfunktion zeigt sich in genauen Vorgaben der Judikatur zu einzelnen Policies und in erfolgreichen Klagen, die eine Anpassung der Rechtsnormen durch den Gesetzgeber zur Folge haben.

Der eher politischen Funktion der Gesetzgebung steht die eher unpolitische Konfliktschlichtungsfunktion (oder Befriedungsfunktion) des Verfassungsgerichts gegenüber. So können Entscheidungen des Verfassungsgerichts als Entpolitisierung von Politik verstanden werden (Feuchte 1963, S. 13 f.). Der unpolitische Charakter zeigt sich im Initiativverbot (Lassahn 2017, S. 226), da das Gericht nur wirksam schlichten kann, wenn es nicht selbst Streitigkeiten oder politische Debatten anstößt. Gleichwohl sind Verfassungsgerichte immer auch „Konfliktorgane", da sie „[...] im Spannungsfeld der im Verfassungsrahmen agierenden Kräfte, Ideen und Interessen [arbeiten]" (Häberle 2014, S. 41). Mit der „Befriedung der Gesellschaft" entfaltet das Gericht eine „soziale Funktion" (Lassahn 2017, S. 259) und trägt zum gesellschaftlichen Konsens bei. Die Konfliktschlichtung wirkt juristisch unmittelbar, politisch schwelt die Auseinandersetzung oft weiter; die Differenzen werden insofern durch die Entscheidung nur vorläufig abgeschlossen. Im untenstehenden Koordinatensystem lässt sich die Konfliktschlichtung in der Mitte der Achsen einordnen. Zu vermuten ist, dass die Gerichte diese Funktion im Rahmen ihrer Autorität (Ansehen) und einer genauen inhaltlichen (nicht nur verfahrensrechtlichen) Abwägung der Streitgegenstände am ehesten erfüllen können, hierzu müssten sie zwangsläufig zu (als politisch zu verstehende) Festlegungen in ihren Urteilen kommen.

2 Kommunales Selbstverwaltungsrecht und Demokratie

Aus der Eigenstaatlichkeit der Länder folgt deren Verfassungsautonomie. Das BVerfG geht in einer Entscheidung von 2017 sogar davon aus, dass die Länder „[...] nicht einmal verpflichtet [sind], sich überhaupt eine formelle Verfassung zu geben" (BVerfG, Urt. v. 21.11.2017, 2 BvR 2177/16, Rn. 46; vgl. auch Lindner 2018, S. 237). Es kommt zu einem selbstständigen Nebeneinander der „Verfassungsräume" von Bund und Ländern (BVerfGE 6, 376 [382]; BVerfGE 99, 1 [11]). Die rechtswissenschaftliche Literatur leitet die Parallelität auch über das im Grundgesetz verankerte Selbstverwaltungsrecht der Gemeinden ab (Art. 28 Abs. 2 GG) (Bauer 2013, S. 165). Neben dieser Durchgriffsnorm sehen die Landesverfassungen eine Garantie der kommunalen Selbstverwaltung

Landesverfassungsgerichte, kommunale Selbstverwaltung und Gebietsreform   327

vor (Lindner 2018, S. 235 f.).[1] Der Gegenbegriff hierzu wäre die „Fremdverwaltung" oder das „Verwaltet-werden" (Litzenburger 1985, S. 77 m. w. N.). Eine gewisse Homogenität der Landesverfassungsordnungen ist zwar durch die Forderungen des Art. 28 Abs. 1 GG (republikanischer, demokratischer und sozialer Rechtsstaat) gegeben, es zeigt sich jedoch keine strukturelle Identität (Bethge 1983, S. 151). Entsprechend unterscheiden sich die kommunalen Ebenen in der Bundesrepublik stark und es kommt zu zahlreichen landesspezifischen Organisationsformen. Völlig uneinheitlich sind dabei die landesrechtlichen Regelungen zu der Frage, wer neben den Gemeinden und Kreisen noch das Selbstverwaltungsrecht für sich in Anspruch nehmen kann, etwa die Gemeindeverbände niederer (Ämter, Samtgemeinden, Verbandsgemeinden, Verwaltungsgemeinschaften, Stadtverbände) und höherer Ordnung (Bezirksverbände, Landschaftsverbände, Landschaften, Landeswohlfahrtsverbände, Umlandverbände, Nachbarschaftsverbände, Zweckverbände) (Litzenburger 1985, S. 89–107).

Umstritten ist der Charakter der Garantie. Einige Autoren sehen eine Nähe zu den Grundrechten, ähnlich dem Bayerischen Verfassungsgerichtshof, der von einem „grundrechtsähnlichen Recht" der Gemeinden ausgeht (Bethge 1983, S. 151). Eine Grundrechtsfähigkeit der Gemeinden und Gemeindeverbände wird in der Regel abgelehnt, mit dem Hinweis, dass diese nicht Träger materieller Grundrechte sein könnten. Sie seien Teile der Staatsorganisation und als solche „[...] grundrechtsverpflichtet und nicht –berechtigt" (Schmidt-de Caluwe 1996, S. 13 und 18; vgl. auch BVerfGE 61, 82, 100 ff.). Wie dem auch sei, das Selbstverwaltungsrecht zeichnet sich durch eine enge Verbindung mit dem Demokratieprinzip aus: In der Bayerischen Verfassung von 1946 heißt es: „Die Selbstverwaltung der Gemeinden dient dem Aufbau der Demokratie in Bayern von unten nach oben" (Art. 11 Abs. 4 BayVerf). Gemeinden werden zum einen als Grundlagen und Glieder des demokratischen Staates verstanden. Zum anderen erscheint die kommunale Selbstverwaltung als spezifische Form

---

[1]Art. 71 Abs. 1 BW Verf; Art. 10, 11 Abs. 2 BayVerf; Art. 97 Abs. 1 BbgVerf; Art. 137 Abs. 1, 2 HessVerf.; Art. 72 Abs. 1 Verf MV; Art. 57 Abs. 1 NdsVerf; Art. 78 Abs. 1 NRWVerf; Art. 49 Abs. 1, 2 RhPfVerf; Art. 117, 118 SaarlVerf; Art. 82 Abs. 2, 84 SächsVerf; Art. 87 SachsAnhVerf; Art. 54 Abs. 1, 2 SH Verf; Art. 91 ThürVerf. Zu Besonderheiten der Stadtstaaten Berlin, Bremen und Hamburg siehe Art. 4, 66 Abs. 2, 67 Abs. 2 BerlVerf; Art. 143, 144 BremVerf (Bremen und Bremerhaven); Art. 4 HmbVerf (s. a. Lindner 2018, S. 236, Fn. 13, 14).

der Demokratie, die sich durch Ortsbezogenheit und Bürgernähe auszeichnet (Wallerath 2013, S. 101 m. w. N.). Auch das BVerfG verweist auf die dezentrale Logik demokratischen Handelns: „Die Garantie der kommunalen Selbstverwaltung ist Ausdruck der grundgesetzlichen Entscheidung für eine dezentral organisierte und bürgerschaftlich getragene Verwaltung" (BVerfG, Urt. v. 21.11.2017, 2 BvR 2177/16, Rn. 76; vgl. auch: Lindner 2018, S. 235, Fn. 1). Somit stellen sich demokratietheoretische Fragen, sobald die „Dezentralität" eine Veränderung erfährt. Dies gilt bei Gebietsreformen im Allgemeinen für die Zusammenfassung kleinerer Verwaltungseinheiten zu größeren und im Besonderen für den Zusammenschluss von Gemeinden zu Gemeindeverbänden. Litzenburger fasst diese Problematik zusammen: „Wenn Art. 28 Abs. 2 Satz 2 GG den Gemeindeverbänden die Selbstverwaltung garantiert, so muss das Wortelement „selbst" auf den Bürger als Körperschaftsmitglied bezogen werden. Diese Garantienorm deutet somit das ehren- oder bürgerschaftliche Element der Selbstverwaltung an [...] Die gemeindeverbandliche Willensbildung muß demnach in besonderer Weise durch den Bürger legitimiert sein" (Litzenburger 1985, S. 77 f.).

3 Gebietsreformen und Verfassungsbeschwerden

Aus dem Selbstverwaltungsrecht folgt, dass Kommunen und Gemeindeverbände Gebiets-, Finanz-, Organisations-, Personal- und Verwaltungshoheit ausüben. Diese Aufgabenbereiche sowie die Eigenverantwortlichkeit bei der Aufgabenerfüllung stellen zusammen mit der Eigenständigkeit der Gemeinden gegenüber den Landkreisen den Kernbereich des Rechtes dar (Lindner 2018, S. 238). Da die Landesgesetze Einfluss auf Inhalt und Ausgestaltung der kommunalen Selbstverwaltung besitzen, sind Streitigkeiten vorprogrammiert, insbesondere wenn es sich um die Finanzierung kommunaler Aufgaben, das Konnexitätsprinzip oder um Gebietsreformen handelt. Bei den kommunalen Verfassungsbeschwerden stehen entweder Gebiets-, Verwaltungsstruktur- oder Funktionalreformen im Vordergrund. Diese drei Typen der „Verwaltungsreform" (Gern und Brüning 2019, S. 149) können auch in Kombination auftreten und zudem mit der Finanzausstattung der Gemeinden oder Kreise in Verbindung stehen. Bei den Gebietsreformen verändern die Schaffung, Gestaltung oder Auflösung von Gebietskörperschaften durch Gesetz nicht nur die territoriale Ordnung, sondern können auch deren Status modifizieren (Zuständigkeiten von Ämtern, Amtssitze u. a. m.). Eigentlich entfällt mit der Auflösung der kommunalen Körperschaft und/oder der Aufteilung des Territoriums auf andere Körperschaften die

"Gebietskörperschaftlichkeit" der Gemeinde oder des Kreises. Diese bestehen allerdings rechtlich fiktiv weiter, was eine Beschwerde (unter Einhaltung der Fristen) ermöglicht (Litzenburger 1985, S. 108 f. m. w. N.).

Die Reformbestrebungen werden meist mit "Rationalisierung" und demographischem Wandel begründet. Ihre Ziele bestehen in der Regel darin, Verwaltungsaufgaben durch eine territoriale Erweiterung effektiver und effizienter zu erledigen, Kosten zu senken und zugleich eine Verbesserung bzw. Wahrung der Bürgernähe zu gewährleisten. Die Veränderung der territorialen Einheit stellt jedoch nicht nur ein verwaltungstechnisches Problem dar, wie bereits im Kap. "Verfassungsgerichte und Demokratie in Bund und Ländern" dargelegt (Kneip in diesem Band): Zum einen erfährt die "[...] unentbehrliche Klammer zwischen öffentlicher Verwaltung und Staatsbürger [...]" (Hoppe 1995, S. 179) eine Umbildung, zum anderen kommt es zur Infragestellung gewachsener lokaler Identitäten: Verlust der "Unabhängigkeit" – und damit eines Teils der Selbstbestimmung, Aufgabe lang eingeübter Routinen – hierunter Patronage – und Einflussmöglichkeiten lokaler Eliten.

In Deutschland können vier größere Reformphasen unterschieden werden: Die erste Phase fand Ende der 1960er und Anfang der 1970er Jahre im Zuge einer allgemeinen "Planungseuphorie" (Wollmann 2006, S. 134 f.) statt und betraf alle alten Bundesländer. Die Zahl der Gemeinden wurde auf etwa ein Drittel reduziert: von rund 24.000 auf 8800, die Zahl der Landkreise von 425 auf 237, von den 135 kreisfreien Städten blieben noch 91. Ellwein bezeichnete diese Veränderungen als "[...] einzige revolutionäre Umgestaltung der deutschen Verwaltungswelt nach dem 2. Weltkrieg [...]" (Ellwein zit. n. Wollmann 2008, S. 257). Beklagt wird, dass es hierbei vielfach zu einem Verlust an Bürgernähe und an spezifisch örtlichen Kulturausprägungen kam (Gern und Brüning 2019, S. 157, m. w. N.). Dietlein (2013, S. 315) dreht das Kostenargument der "Planungsmanie" dabei um und verweist auf nachwirkende "demokratische Kollateralschäden" in Form geringer Identifikation, unzureichenden ehrenamtlichen Engagements und mangelnder Wahlbeteiligung. Die zweite Phase fand in Form von Kreisreformen in den ostdeutschen Bundesländern nach 1990 statt: Die Zahl der Kreise wurde von 187 auf 87 reduziert. Zunächst kam es – mit Ausnahme von Sachsen – nicht zu einem Neuzuschnitt der Gemeinden, allerdings führten die ostdeutschen Länder interkommunale Zwischenebenen ein (Verwaltungsgemeinschaften, Amtsgemeinden u. a.). Eine dritte Reformphase kann in den ostdeutschen Ländern ab den 2000er Jahren beobachtet werden, wo nun auch Gemeindereformen angestrebt wurden. Die vierte, aktuelle Phase führte in den letzten zehn Jahren zu flächendeckenden Gemeindegebietsreformen in Sachsen-Anhalt und mit Einschränkung in Rheinland-Pfalz. Andere Länder optierten für den Ausbau von Gemeindeverbänden (Brandenburg, Mecklenburg-Vorpommern, Niedersachsen, Sachsen-Anhalt, Schleswig-Holstein und Rheinland-Pfalz). Es gab zudem eine zweite Runde bei den Kreisreformen in den östlichen Bundesländern (Meyer 2017, S. 264).

3.1 Kommunale Verfassungsbeschwerden zwischen Bundes- und Landesrecht

Die Einführung der kommunalen Verfassungsbeschwerde im Bundesrecht 1951 sollte den Kommunen selbst die Möglichkeit eröffnen, über die Einhaltung ihrer Selbstverwaltungsgarantie zu wachen. Die Frage, ob ein Beschwerdeverfahren nur auf der Landesebene und/oder auf der Bundesebene einzurichten sei, führte zu heftigen Diskussionen (Schäfer 1951; Grafe 1952; Lück 2014, S. 57–84; Benda et al. 2012, S. 263 f.). Seither besteht eine Parallelgewährleistung, welche die gängige These vom „Schattendasein" der Landesverfassungsgerichte (Bachof 1968, S. 19; Olshausen 1980, S. 13 f.; Starck und Stern 1983, S. 2 f.) wenig überzeugend erscheinen lässt. Denn das BVerfG verfügt bei Beschwerden gegen Verstöße gegenüber der kommunalen Selbstverwaltung nur über eine subsidiäre Zuständigkeit: Eröffnet ist dieser Weg einzig, wenn nicht beim Landesverfassungsgericht Beschwerde erhoben werden kann. Auch als zweite Instanz kann das BVerfG nicht angerufen werden (Art. 93 Abs. 1 Nr. 4b GG; § 91 BVerfGG). Lück weist nach, dass die Subsidiaritätsregel vom historischen Gesetzgeber eingeführt wurde, um den Vorrang der Landesverfassungsgerichtsbarkeit zu begründen, ohne den (unabhängigen) Rechtsschutz der Gemeinden auf Bundesebene zu kappen (Lück 2014, S. 204). Das BVerfG präzisierte zuletzt das Subsidiaritätsgebot: Im Falle eines Zurückbleibens der Landesverfassung im Schutzniveau hinter Art. 28 Abs. 2 GG verliert die Landesverfassungsnorm zwar nicht ihre Gültigkeit, der Grundsatz der Subsidiarität findet dann aber keine Anwendung (BVerfG, Urt. v. 21.11.2017, 2 BvR 2177/16; Lindner 2018). Aufgrund des Vorrangs von Bundesrecht vor dem Landesrecht (Art. 31 GG) bezieht sich die subsidiäre Zuständigkeit nicht auf eine Rüge gegen Bundesrecht (Hoppe 1983, S. 260 f.). Im Regelfall geht es bei der kommunalen Verfassungsbeschwerde aber um Landesgesetze. Art. 28 Abs. 2 GG hat in diesen Fällen nur noch eine „Reservefunktion" (Löwer und Menzel 1997, S. 91) und der Entscheidungsmaßstab verschiebt sich zu den landesspezifischen Normen, welche bei der Bewertung des Streitgegenstandes in den Vordergrund rücken (Schmidt-de Caluwe 1996, S. 5). Diese Arbeitsteilung wird in der Literatur aus Gründen der Spezialisierung bei ohnehin geringen Ressourcen

Landesverfassungsgerichte, kommunale Selbstverwaltung und Gebietsreform 331

(der Landesverfassungsgerichte) gelobt (Dietlein 2002, S. 118 f.; Hoppe 1983, S. 260 f.; Pestalozza 1991, S. 376; Thierse und Hohl 2017, S. 256). Von Bedeutung ist das Landesverfassungsgericht nicht zuletzt deshalb, weil das Grundgesetz nur eine „bundesverfassungsrechtliche Mindestgarantie der kommunalen Selbstverwaltung [darstellt]" (Dietlein 2002, S. 121). Die Länder können den Schutzbereich entsprechend ausdifferenzieren bzw. erweitern (s. a. Art. 142 GG). Gleichwohl richteten sich Gemeinden an das BVerfG, vor allem, wenn die in Art. 93 Abs. 1 Nr. 4 GG enthaltene Subsidiaritätsklausel nicht anwendbar war. So trug auch das BVerfG zu einer Konkretisierung des Selbstverwaltungsrechtes im Rahmen von Gebietsreformen bei, etwa durch die Präzisierung des Anhörungsrechtes betroffener Gemeinden (s. bspw. BVerfG, Urt. v. 19.11.2002, 2 BvR 329/97). Wesentliche Anstöße zur Fortbildung der Dogmatik werden dem „Rastede-Beschluss" (BVerfGE 79, 127, 151 ff.) und den für Gebietsreformen maßgebenden „Papenburg-Beschluss" zugesprochen (BVerfGE 86, 90; Ipsen 2005, S. 16; Benda et al. 2012, S. 264). Regelmäßig kommt es damit zu institutionellem Lernen. So ließen sich manche Landesgesetzgeber durch das BVerfGG bei der Novellierung der gesetzlichen Grundlagen des Landesverfassungsgerichts inspirieren (Schmidt-de Caluwe 1996, S. 22). Gleiches gilt für die horizontale Ebene: Die ostdeutschen Landesverfassungsgerichte orientierten sich u. a. an den Erfahrungen aus den Entscheidungen zu den Gebietsreformen im Westen der 1960er und 1970er Jahre (Wallerath 2014, S. 58 f.). Im Mittelpunkt der weiteren Erörterungen steht hier nur die landesrechtliche Ausgestaltung der kommunalen Verfassungsbeschwerde.

3.2 Ausgestaltung der kommunalen (Landes) Verfassungsbeschwerde

Die Regelungen der kommunalen Verfassungsbeschwerde deuten manchmal eine Nähe zur Individual-Grundrechtsklage an, wie im Hessischen StGHG (§§ 43 ff.). Gleichwohl besteht aufgrund der Prüfungsgegenstände eher eine „Nachbarschaft" zur abstrakten Normenkontrolle (Pestalozza 1991, S. 395). Vorherrschend im Schrifttum ist die Charakterisierung als „[...] Normenkontrolle (Prüfungsgegenstand) mit beschränktem Antragsrecht (Gemeinden, Gemeindeverbände) und beschränktem Prüfungsmaßstab (Art. 28 Abs. 2 GG), also als eigenständiges Rechtsinstitut besonderer Art" (Schmidt-de Caluwe 1996, S. 18, m. w. N.). Andere Autoren sprechen von einem „Instrument eigener Art" (Dietlein 2002, S. 119; vgl. auch Thierse und Hohl 2017, S. 256). Es geht dabei nicht um das Grundrecht eines einzelnen Trägers der Selbstverwaltung, sondern um eine „institutionelle Garantie" für Gemeinden, Kreise, Zweckverbände und andere Gebietskörperschaften. Unterhalb dieser Ebene finden sich keine Antragsberechtigten (z. B. Ortsteile, Gemeinde- oder Kreisorgane). Die Garantie umfasst die kommunalen Kompetenzen, nicht eine individuelle Garantie des Bestands einer Gemeinde. Inwieweit der Parlamentsvorbehalt zu Einschränkungen der Gemeindeautonomie führen kann, ist fraglich (Bethge 1983, S. 163 f.).

Die Übersicht in Tab. 1 zeigt die zunehmende Verankerung der kommunalen Verfassungsbeschwerde als eigenständiges Rechtsinstitut in den Bundesländern. Alle ostdeutschen Länder übernahmen das Verfahren. Es besteht in allen Flächen-

Tab. 1 Kommunale Verfassungsbeschwerden in den Bundesländern: rechtliche Grundlagen

Land (seit)	Grundlage	Bezeichnung	Antragsteller
BW (1954)	Art. 76 BW Verf.; §§ 8 Abs. 1 Nr. 8, 54 BW VerfGHG	Kommunale Normenkontrolle	Gemeinden, Kreise oder Gemeindeverbände oder beim kommunalen Finanzausgleich auch deren Zusammenschlüsse
BY (1946)	Art. 2 Nr. 7, 55 Bay-VerfGHG; Art 98 S. 4 i.V.m. Art. 11 Abs. 2 BayVerf.	Popularklage (durch Gemeinden)	Gemeinden
BB (1992)	Art. 100 BbgVerf. §§ 12 Nr. 5, 51 BbgVerfGG	Kommunale Verfassungsbeschwerde	Gemeinden, Gemeindeverbände
HB (1947)	Art. 140 S. 2 Brem-Verf. §§ 10 Nr. 2, 24 BremStGHG	„Zweifelsfragen über die Auslegung der Verfassung", „andere staatsrechtliche Fragen"	Bremen, Bremerhafen
HE (1994)	Art. 131 HessVerf. (Grundrechtsklage); § 46 HessStGHG	Kommunale Grundrechtsklage	Gemeinden, Gemeindeverbände
MV (1993)	Art. 53 Nr. 8 Verf. MV; §§ 11 Abs. 1 Nr. 10, 52 Abs. 2 LVerfGG MV	Kommunalverfassungsbeschwerde	Gemeinden, Landkreise, Landschaftsverbände
NI (1993)	Art. 54 Nr. 5 NdsVerf. §§ 8 Nr. 10, 36 NdsStGHG	Kommunale Verfassungsbeschwerde	Gemeinden, Gemeindeverbände (Landkreise, Samtgemeinden)

(Fortsetzung)

Landesverfassungsgerichte, kommunale Selbstverwaltung und Gebietsreform 333

Tab. 1 (Fortsetzung)

Land (seit)	Grundlage	Bezeichnung	Antragsteller
NW (1952)	§§ 12 Nr. 8, 52 NRWVerfGHG	Kommunale Verfassungsbeschwerde	Gemeinden, Gemeindeverbände (Kreise, Landschaftsverbände)
RP (1947/2000)	Art. 130 RhPfVerf. (Normenkontrolle) Art. 130a RhPfVerf. (Verfassungsbeschwerde, seit 2000)	Normenkontrolle (Art. 130) oder Verfassungsbeschwerde (Art. 130a)	Körperschaften des öffentlichen Rechts
SH (2008)	Art. 51 Abs. 2 Nr. 4 SH Verf. §§ 3 Nr. 4, 47, 48 LVerfGG-SH	Kommunale Verfassungsbeschwerde	Gemeinden, Gemeindeverbände
SL (1980)	Art 123 SaarlVerf. § 55 Abs. 2 SaarlVerfGHG	Kommunale Verfassungsbeschwerde	Gemeinden, Gemeindeverbände
SN (1992)	Art. 90 SächsVerf. §§ 7 Nr. 8, 36 SächsVerfGHG	Normenkontrolle auf kommunalen Antrag	Gemeinden, Landkreise, andere Gemeindeverbände („kommunale Träger der Selbstverwaltung")
ST (1993)	Art. 75 Abs. 7 SachsAnhVerf. §§ 2 Nr. 8, 51 SachsAnhVerfGG	Kommunale Verfassungsbeschwerde	Kommunen, Gemeindeverbände
TH (1993)	Art. 80 Abs. 1 Nr. 2 ThürVerf. §§ 11 Nr. 2, 31 ThürVerfGHG	Kommunalverfassungsbeschwerde	Gemeinden und Gemeindeverbänden

Quelle: Eigene Zusammenstellung; Verfassungen und Verfassungsgerichtsgesetze der Bundesländer

ländern sowie dem „Zwei-Städte-Staat" Bremen, der einen aus den „Gemeinden Bremen und Bremerhaven zusammengesetzten Gemeindeverband höherer Ordnung" bildet (Art. 143 Abs. 2 BremVerf). Damit können 14 von 16 Landesverfassungsgerichte in entsprechenden Verfahren entscheiden. In den Stadtstaaten Hamburg und Berlin bestehen unterhalb der Landesebene keine eigenständigen Gebietskörperschaften, die ihr Recht auf kommunale Selbstverwaltung einklagen könnten (Reutter 2017a, S. 16, 2017b, S. 80). In den meisten Fällen fand eine entsprechende Regelung Eingang in die Landesverfassung, die Ausnahme hiervon bildet Hessen, wo die kommunale Verfassungsbeschwerde einfachgesetzlich geregelt ist. Meist findet sich der Begriff „kommunale Verfassungsbeschwerde" (6), teilweise als zusammengesetztes Nomen (2); mehrmals die Bezeichnung „Normenkontrolle" (3); in Bayern („Popularklage") und Hessen („kommunale Grundrechtsklage") entschieden sich die Gesetzgeber zu eigenwilligeren Bezeichnungen; in Bremen umfasst eine „quasi-Generalklausel" (Koch 1981, S. 176) das Institut.

Ebenfalls kein einheitliches Bild zeigen die unterschiedlich ausgestalteten formalen Beschwerdegegenstände und Beschwerdeberechtigten. So ist es in Nordrhein-Westfalen möglich, gegen Rechtsverordnungen und Gebietsentwicklungspläne vorzugehen (VerfGHNRW, Urt. v. 09.06.1997, VerfGH 20/95; Dietlein 2002, S. 120 f.). Berechtigt zur Beschwerde sind Gemeinden, Kreise und Landschaftsverbände. In Sachsen-Anhalt beschied der Verfassungsgerichtshof, dass Rechtsverordnungen unzulässig sind (Urteil vom 22.02.1996, LKV 1996, 413 ff.). Die kommunale Verfassungsbeschwerde sei nur auf formelle Gesetze bezogen, hinreichender und abschließender Rechtsschutz für Verordnungen gebe die Möglichkeit der Normenkontrolle des Verwaltungsgerichtshofes (§ 47 VwGO). Das Gericht schloss sich der baden-württembergischen Praxis an und dissentierte von derjenigen des BVerfG (in Bezug auf Art. 28 Abs. 2 GG). Damit sind Beschwerden gegenüber Rechtsverordnungen in Sachsen-Anhalt als Kommunalverfassungsbeschwerde zum BVerfG möglich (Löwer und Menzel 1997, S. 94). Einzelne Autoren wie Pestalozza plädieren für eine Beschwerdemöglichkeit bei Unterlassung des Rechtsetzens. Dies sei rechtspolitisch angezeigt, da es eine zunehmende Handlungspflicht des Rechtssetzers zur Nachbesserung alter Normen und die Möglichkeit eines „pflichtwidrigen Unterlassens" gebe (Pestalozza 1983, S. 1072). Insgesamt unterscheiden sich die Verfahren und der Rechtsschutz erheblich (Kment 2004; Knemeyer 1983; Hoppe 1983; Litzenburger 1985; Wallerath 2014). Litzenburger (1985, S. 512) sieht diese Heterogenität „[…] in krassem Widerspruch zu Funktion und Stellung des materiellen Selbstverwaltungsrechts sowohl in der Systematik des Grundgesetzes als auch im politisch-administrativen Staatsgefüge". Kritik am „föderalen Wildwuchs" findet sich darüber hinaus eher selten, zumal mache Autoren eine Tendenz zur Einheitlichkeit bei den Verfassungsprozessgesetzen beobachten (Löwer und Menzel 1997, S. 91).

Als letztes Bundesland ermöglichte Hessen 1994/2001 die „kommunale Grundrechtsklage" für Gemeinden und Gemeindeverbände (§ 46 HessStGHG). Zuvor nahm der Staatsgerichtshof diese Klagen nicht an. Die Unzufriedenheit

Landesverfassungsgerichte, kommunale Selbstverwaltung und Gebietsreform 335

mit den Gebietsreformen Anfang der 1970er Jahre zeigte sich in anderen Klage-formen, wie der Normenkontrolle und der individuellen Grundrechtsklage. Der HessStGH verwies die Kläger an das Bundesverfassungsgericht, wodurch er sich diesem Tätigkeitsfeld verschloss (Koch-Baumgarten 2017, S. 191 m. w. N.). Das „Bypassing" lässt sich auch in anderen Bundesländern beobachten, in denen die Klagemöglichkeit erst spät eingeführt wurde (Ipsen 2005, S. 16; Hoppe 1983). Selbst in Ländern, in denen der Rechtsweg eröffnet war, wurden Gebietsreformen teilweise mit abstrakten Normenkontrollen, Organstreitigkeiten oder Individual-verfassungsbeschwerden infrage gestellt (Wallerath 2014, S. 54, Fn. 2; Glaab 2017, S. 289 f.).

Neben allgemeinen verfassungsrechtlichen Kontrollmaßstäben (Abwägungs-gebot, Übermaßgebot, Willkürverbot, Verbesserungsgebot) entwickelten die Ver-fassungsgerichtshöfe zunächst in den westlichen Bundesländern zwei zentrale Kontrollmaßstäbe als verfassungsrechtliche Schranke für Gebietsreformen: das allgemeine Wohl und die Anhörung der betroffenen Gemeinden (zur Schwierig-keit des Gemeinwohlbegriffes und dessen Konkretisierung vgl. Wallerath 2014, S. 78–80; Gern und Brüning 2019, S. 150; Stüer und Landgraf 1998, S. 210 f.). Die Gerichte messen somit die gerügten Eingriffe an übergreifenden Verfassungs-prinzipen und nicht nur am Gewährleistungsumfang der Garantie selbst. Dieser Sichtweise sind auch die östlichen Landesverfassungsgerichte gefolgt (Hoppe 1995; Löwer und Menzel 1997, S. 92). Die Themenbereiche der kommunalen Verfassungsbeschwerde umfassen inhaltlich ein „[…] breites und buntes Spekt-rum, das zugleich die Vielfalt der Lebensverhältnisse und Wirkkräfte in der kom-munalen Gemeinschaft widerspiegelt" (Dietlein 2002, S. 126). In der Literatur findet man verschiedene Typisierungen der Beschwerdeintentionen, insbesondere die Verletzung des Selbstverwaltungsrechts, die Verletzung von Grundrechten und allgemeine Rügen der Verfassungswidrigkeit eines Gesetzes (Hoppe 1983, S. 268). In der Regel beinhalten die zwangsweise und damit gegen den Willen der Gemeinde durchgeführten Gebietsänderungen Konfliktpotenzial. Diese kön-nen grundsätzlich nur durch Gesetzesbeschluss und nach Anhörung durchgeführt werden. Inhaltlich unterliegen Kreisgebietsreformen den gleichen verfassungs-rechtlichen Bindungen (zu den Regelungen der Gemeindeordnungen vgl. Gern und Brüning 2019, S. 154).

3.2.1 Fallzahlen und Erfolg bei kommunalen Verfassungsbeschwerden

Neben den Individualklagen führen die kommunalen Verfassungsbeschwerden zu hohen, konjunkturell mit Gebietsreformen zu erklärenden Fallzahlen (Reut-ter 2018, S. 204). Eine zumindest numerische Bedeutung lässt sich entsprechend in zahlreichen Bundesländern nachweisen. Eine erste Hochzeit der Klagen fand in den 1970er Jahren statt, als im Zuge der modernen Steuerungsidee alle westdeutschen Länder Gebiets-, Verwaltungsstruktur- und Funktionalreformen durchführten. Das Ausmaß und die Tiefe der Reformen führten zu Kritik: Manche Beobachter sahen wie im sozialdemokratisch regierten Hessen einen „Übermut der Macht" am Werk und beklagten eine durch die Reform provozierte „Staatsverdrossenheit". So seien die „oft nur scheinrationalen [..] Reißbrettaufrisse" in „[…] brutale[r] Weise ‚durchgezogen' […]" worden (Fromme 1977, S. 1).

In Baden-Württemberg war die kommunale Verfassungsbeschwerde bis zur Einführung der Individualverfassungsbeschwerde im Jahre 2013 die häufigste Verfahrensart. So entfielen von 119 nachgewiesenen Entscheidungen bis 2017 allein 96 auf die Gemeindereform in den 1970er Jahren (Obrecht 2017). Die Reform führte zu einer erheblichen Rationalisierung: Nur noch 35 statt 63 Landkreise, nur noch 1107 statt 3379 Gemeinden blieben 1975 bestehen. Der damalige Staatsgerichtshof (heute Verfassungsgerichtshof) betonte in seinem Urteil vom 8. September 1972 bezüglich der Kreisreform (StGH BW, Urt. v. 08.09.1972, GR 6/71 u. 7/71, DÖV 1973, 163) den breiten Gestaltungsspielraum des Gesetzgebers und stellte fest, dass die Verfassung keine Bestandsgarantie einzelner Landkreise vorsehe. Die Rechtsprechung zur Gemeindereform war gleichlautend. Zahlreiche Gemeinden klagten gegen die Reform und für den Erhalt ihrer administrativen und finanziellen Unabhängigkeit: Von den 96 Anträgen auf Normenkontrolle betrafen 81 Gemeindezusammenschlüsse und 15 gesetzlich angeordnete Verwaltungsgemeinschaften. Nur 8 von 81 Klagen gegen Gemeindezusammenschlüsse waren erfolgreich, vier aus materiellrechtlichen, vier aus verfahrensrechtlichen Gründen (Burski 1976, S. 810 f.; Obrecht 2017, S. 42 f.). Beklagt wurde zuweilen von den unterlegenen Gemeindevertretern, dass manche Richter bei den Verhandlungen geschlafen hätten, was der damalige siebzigjährige Gerichtspräsident Walter Hailer indirekt zugeben musste (o. V. 1975, S. 4).

In anderen von der ersten Phase betroffenen Ländern war das Bild ähnlich. In Nordrhein-Westfalen beschäftigte sich das Gericht zwischen 1969 und 1977 mit mehr als 100 Beschwerden von Gemeinden und Gemeindeverbänden, die im Rahmen der territorialen Neugliederung aufgelöst wurden oder Gebiete abtreten mussten, nur etwa 8 % der Beschwerdeführer waren erfolgreich (Thierse und Hohl 2017, S. 254–257; Dietlein 2002, S. 117). Auch in Rheinland-Pfalz blieben die Klagen in den 1970er Jahren weitgehend ohne Erfolg. Die Reform verlief im Vergleich zu den anderen Bundesländern maßvoll. Während in Hessen und Nordrhein-Westfalen die Zahl der Gemeinden um 80 % sank, waren es in

Rheinland-Pfalz lediglich 20 % (Dietlein 2013, S. 313 m. w. N.). Schon früh betonte der Verfassungsgerichtshof in einer Entscheidung gegen das vierte Gesetz über die Verwaltungsvereinfachung, dass die Effektivität nicht nur durch Sparsamkeit zu erreichen sei. Verwaltungen hätten dem Bürger zu dienen, weshalb Grundsätze der Wirtschaftlichkeit, wie sie Privatunternehmen zu eigen sind, niemals das primäre Anliegen, sondern nur Nebenzweck einer Verwaltungsreform sein könnten. Es gehe nicht um eine kostensparende, sondern leistungsqualifizierende Verwaltung (o. V. 1969, S. 6; s. a. VerfGH Rh.-Pf., Urt. v. 17.04.1969, DÖV 1969, 560, 563). Auch in der aktuellen Reformphase, die seit 2010 zu beobachten ist, war den beschwerdeführenden Gemeinden kaum Erfolg beschieden: Bis zum Juli 2016 wurden insgesamt 25 Landesgesetze für Gebietsänderungen bei 29 Verbandsgemeinden und sieben verbandsfreien Gemeinden beschlossen. Von den zahlreichen Klagen der von „Zwangsfusionen" betroffenen Gemeinden wurden alle mit einer Ausnahme zurückgewiesen: Bei der Klage der Verbandsgemeinde Maikammer gegen die Eingliederung in die Verbandsgemeinde Edenkoben sah das Gericht einen Verstoß gegen das Gebot der Systemgerechtigkeit. Es bemängelte die Abweichung von den Regelvorgaben des Landesgesetzes (VerfGHRh.-Pf., Urt. v. 08.06.2015, VGH N 18/14, NVwZ-RR 2015, 761 ff.) (Meyer 2017, S. 257 f.; Glaab 2017, S. 289 f.). Ein ähnliches Bild zeigte sich im Saarland (Rütters 2017, S. 313) und in Niedersachen (Meyer und Hönnige 2017, S. 232 f.).

In den ostdeutschen Ländern waren die Gebietsreformen der zweiten bis aktuellen Phase ebenfalls konfliktreich. Die Landesverfassungsgerichte verzeichneten hohe Fallzahlen und hatten die entsprechenden Verwaltungsreformgesetze zur Entscheidung vorliegen. Im Allgemeinen blieben die Kläger erfolglos und die Reformen hielten der verfassungsrechtlichen Prüfung Stand, wie bei der Kreisgebietsreform (1994) in Sachsen. Lediglich in zwei Fällen entschied das Gericht wegen unzureichender Anhörung des Kreises für den Beschwerdeführer (Stüer und Landgraf 1998, S. 213). Zurückgewiesen wurden die Klagen bei der Gemeindegebietsreform (1998) (Patzelt 2017, S. 332; Meyer 2013b, S. 1179–1181). Für die Kreisgebietsreform (1993) und die Gemeindestrukturreform (2001–2003) in Brandenburg (Lorenz 2017, S. 122; Stüer und Landgraf 1998, S. 211 f.) sowie die Gemeindegebietsreform (2011) in Sachsen-Anhalt (Renzsch und Schlüter 2017, S. 359; Stüer und Landgraf 1998, S. 213 f.) lässt sich Ähnliches beobachten. Gleiches gilt für Thüringen, wo auch die wenigen erfolgreichen Gemeinden ihre Existenz auf Dauer nicht sichern konnten: Ihre Auflösung und Neuzuordnung erfolgte im Rahmen neuer Gesetzgebungsverfahren (Stöffler 2004, S. 107–123; Stüer und Landgraf 1998, S. 215).

Der markanteste Fall verfassungsrichterlicher Kontrolle zeigte sich in Mecklenburg-Vorpommern. Dort stoppte das Gericht 2007 in einer überregional Aufsehen erregenden Entscheidung die große Kreisreform (Ewert und Hein 2017, S. 199 und 212; Büchner et al. 2008; Mehde 2007, 2011; Bogumil und Ebinger 2008; Meyer 2008a, b). Eine erste Gebietsreform hatte 1993 stattgefunden (Gesetz vom 01. Juli 1993, GVOBl. M-V 1993, 631): Die 30 aus der Territorialordnung der DDR stammenden Landkreise waren in zwölf neue Kreise umgebildet worden. Die sechs kreisfreien Städte waren unberührt geblieben. Im Jahr 2007 stieß vor dem Hintergrund der demographischen Entwicklung die SPD/PDS-Landesregierung mit dem „Verwaltungsmodernisierungsgesetz" eine weitere große Kreisreform an (Gesetz vom 23. Mai 2006, GVOBl. M-V, S. 194). Ziel war es, die hohen Verwaltungskosten in dünn besiedelten Kreisen zu senken. Die Kreise und kreisfreien Städte sollten zu fünf Großkreisen zusammengelegt werden, zusammen mit einer erheblichen Aufgabenumverteilung (Gayl 2010, S. 131). Das Gesetz wurde am 5. April 2006 mit 37 zu 33 Stimmen angenommen (ein knappes Ergebnis, betrachtet man die Regierungsmehrheit von 46 zu 25 Sitzen). Elf Landkreise erhoben kommunale Verfassungsbeschwerden und die CDU-Fraktion strengte eine abstrakte Normenkontrolle an. Das Landesverfassungsgericht gab mit 6:1 Stimmen den zusammengeführten Klagen statt und kassierte das Gesetz ein (MVVerfG, LVerfGE 18, 342),

In seiner Entscheidung betonte das Gericht die besondere Wichtigkeit kommunaler Selbstverwaltung (Rn. 105), für die „[...] neben rationeller Aufgabenerfüllung von Verfassungswegen die bürgerschaftlich-demokratische Entscheidungsfindung ein Wesensmerkmal" sei (Rn. 112). Daraus folgten mehrere Argumentationslinien: Erstens hätten Alternativprüfungen nicht ausreichend stattgefunden (Rn. 192 ff.), zweitens bestehe die kommunale Selbstverwaltung zu einem wesentlichen Teil aus der ehrenamtlichen Tätigkeit von Bürgerinnen und Bürgern im Kreistag – diese dürfe nicht zu sehr beeinträchtigt werden: „Kreise müssen so gestaltet sein, dass es ihren Bürgern typisch möglich ist, nachhaltig und zumutbar ehrenamtliche Tätigkeit im Kreistag und seinen Ausschüssen zu entfalten. Diesen Aspekt hat der Gesetzgeber vernachlässigt" (Rn. 170). Problematisch sei die Vergrößerung der Kreise (Rn. 171): „Der Kreis kann schwerlich als Schule der Demokratie wirken, wenn faktisch weite Kreise der Bevölkerung von der Tätigkeit im Kreistag ausgeschlossen sind" (Rn. 191). Dennoch sei eine Modernisierung der Verwaltung notwendig (Rn. 124 ff.).

In der neuen Legislaturperiode vereinbarte die SPD mit dem neuen Koalitionspartner CDU und dem zuständigen Innenminister, der noch zuvor einer der Antragsteller des Normenkontrollverfahrens war, einen weiteren Reformanlauf. Ein transparenteres Verfahren sollte die Zustimmung für das Vorhaben garantieren. Die Diskussion um die Reform wurde offener ausgetragen, von einer

Enquete-Kommission zur „Stärkung der kommunalen Selbstverwaltung" flankiert und durch externe Gutachten gestützt. Insgesamt 13 Modelle wurden diskutiert (Gayl 2010, S. 127–130). Der Landtag nahm das neue Gesetz am 7. Juli 2010 mit den Stimmen der SPD und CDU gegen die Stimmen der Fraktionen Die Linke, FDP und NPD an. Es sah sechs Kreise vor, anstelle der fünf Kreise des alten Modells, hinzu kamen die beiden kreisfreien Städte Schwerin und Rostock. Der Aufgabenübertrag vom Land auf die Kreise fiel weniger umfangreich aus (Gayl 2010, S. 133). Auch gegen das zweite Gesetz erhoben mehrere ehemalige Kreise und kreisfreie Städte Beschwerde, diese wurde vom LVerfG MV mit 4:3 Stimmen knapp zurückgewiesen (MVVerfG, Urteil vom 18.08.2011, 21/10, NVwZ-RR 24, 21, 845). Die Mehrheitsmeinung des Gerichts sah die im Urteil von 2007 beanstandeten Schwächen behoben und betonte die Prärogative der Landesregierung. Das von den drei ablehnenden Richtern formulierte Sondervotum verwies dahingegen weiterhin auf die Konsequenzen der Reform für die kommunale Selbstverwaltung und das bürgerschaftliche Engagement (Rn. 241).

Die Schweriner Volkszeitung kommentierte das Urteil mit einer gewissen Verwunderung über das zweite Scheitern der Landesregierung vor dem MVVerfG und zitierte Innenminister Caffier mit den Worten: „Vor Gericht und auf hoher See sind wir alle in Gottes Hand" (Volgmann 2010, S. 5). Deutlich zeigten sich während des Verfahrens vertikale „Risse" innerhalb der SPD und CDU (Koslik 2008, S. 4; Pohle 2009, S. 9), es gab zudem Streit um den Status „Kreisstadt" (Ellmers 2009, S. 14; Beitien 2013, S. 18) und die Aufgabenverteilung (o. V. 2010). Bemängelt wurde die Reform im Nachgang in Bezug auf das demokratische Größenproblem: Die Politik im Land könne als wenig nahbar erscheinen und zum Erstarken der AfD beitragen (o. V. 2016a, b, S. 4). Diese Position hatte das Gericht bereits in seiner Begründung von 2007 angedeutet, indem es „[d]ie Wirtschaftlichkeit der Verwaltung und die bürgerschaftlich-demokratische kommunale Selbstverwaltung [...] in einem Spannungsverhältnis zueinander [...]" betrachtete (Rn. 111). Das Dilemma zwischen (der von der Flächengröße beeinflussten) Bürgerbeteiligung und der Systemeffizienz war insgesamt leitend für das Urteil (Meyer 2013b, S. 1179). Die Frage der Ausdehnung eines Kreises stufte das Gericht zwar als „vorrangig" ein, ließ sie aber offen. Meyer lobt das Gericht, da die Diskussion des Verhältnisses von Größe und demokratischen Verfahren ein Gegengewicht „[...] zu allein funktional und vorgeblich wirtschaftlich argumentierenden Sichtweisen bei der Betrachtung von Gebietsreformen [darstellte] [...]" (Meyer 2013b, S. 1183). Gleichwohl vernachlässigten die Richter die materiell-inhaltliche Prüfung, z. B. Prognosen zu den Einsparungszielen der Landesregierung (Meyer 2013b, S. 1183). In anderer Absicht, aber ähnlich argumentiert Mehde, indem er das zentrale Argument der Schwächung des Ehrenamts als nicht erwiesen angreift (Mehde 2011, S. 505 f.; 2007, S. 335).

3.2.2 Eigenständigkeit und Profilierung der Verfassungsgerichte

Im Zuge der Rechtsprechung des Landesverfassungsgerichtes in Mecklenburg-Vorpommern (s. o.) beobachten einige Autoren institutionelles Lernen: die richterlichen Entscheidungen in Schwerin beeinflussten die Reformbemühungen auf Kreisebene in Brandenburg und Thüringen (Meyer 2017, S. 265). Tatsächlich entwickelten die Landesverfassungsgerichte im Sinne der Parallelgewährleistung und unter Berücksichtigung der Entscheidungen des BVerfG die Kontrollmaßstäbe eigenständig weiter, wie der Thüringische Verfassungsgerichtshof. Das Gericht sah sich im Zuge des Gesetzes zur Neugliederung der Landkreise und kreisfreien Städte vom 16. August 1993 (GVBl. S. 545) zahlreichen Klagen gegenüber. Da die Landesverfassung zu diesem Zeitpunkt noch nicht in Kraft war, konnte die Garantie der kommunalen Selbstverwaltung (Art. 91 Abs. 1 ThürVerf) nicht herangezogen werden. Die bis dato gültige Landesverfassung sah ein solches Schutzrecht nicht vor. So entwickelte das Richterkollegium aus dem grundgesetzlichen Recht des Art. 28 Abs. 2 GG eine „gemeindeutsche Garantie" (ThürVerfGHE 12/95, 10), die auch auf Thüringen anzuwenden sei. Das Gericht gab sich die Kompetenz, „Thüringer Recht auf die Übereinstimmung mit dem auch *in den* und nicht nur *für die* Länder geltenden Verfassungsrecht des Art. 28 Abs. 2 GG [...] zu überprüfen" (ThürVerfGHE 9/95, S. 19; kursiv im Original; siehe zudem E 2/95 und 6/95) (zit. nach Lembcke 2017, S. 401; vgl. dazu kritisch: Stöffler 2004, S. 108–110 m. w. N.). Diese Art der Kompetenzzuschreibung erlaubte nicht nur in der Sache zu entscheiden, sondern auch die Eigenständigkeit des landespezifischen Verfassungsraumes herauszustellen. In diesem Sinne entwickelte der Thüringer Verfassungsgerichtshof darüber hinaus ein weithin beachtetes Dreistufenmodell der Gemeinwohlprüfung: Dieses umfasst die geplante Reform, deren Leitlinien und einzelne Maßnahmen (ThürVerfGHE 2/95, 6/95; Lembcke 2017, S. 401; Wallerath 2014, S. 68 f.; Stöffler 2004, S. 113–115).

Ähnliches lässt sich in Niedersachsen beobachten, wo es dem Gericht in einem „normativem Vakuum" gelang, seine Position gegenüber der Exekutive hervorzuheben. So bestand zwischen dem Inkrafttreten der neuen Verfassung 1993 bis zur Verbindlichwerdung des novellierten Gesetzes zum Staatsgerichtshof zunächst Unsicherheit, ob das Gericht bereits für die in der Verfassung neu zugewiesene Kompetenz bei kommunalen Verfassungsbeschwerden zuständig sei. Im Unterschied zur Rechtsauffassung der damaligen Regierung Schröder begründete das Gericht seine diesbezügliche Entscheidung mit der in der Verfassung festgeschriebenen Kompetenz (Ipsen 2005, S. 16 f.; Meyer und Hönnige 2017, S. 235).

3.2.3 Inhaltliche Kontrolle der Gebietsreformen

Die Verfassungsgerichte entscheiden bei der Überprüfung der Gebietsreform-gesetze über eine „[…] komplexe, da multipolare Interessenkonstellation" (Perne 2014, S. 276). Die Umgestaltungen fallen aus dem gewöhnlichen Gesetzgebungsmuster heraus: Eine Durchführung ist nur im Rahmen ein-schränkender Voraussetzungen möglich.[2] Hierzu gehören auch die Not-wendigkeit einer gemeinwohlorientierten Abwägung des Gesetzgebers und die Organisation eines Entscheidungsprozesses, der die Interessenartikulation mit-tels Anhörung der kommunalen Selbstverwaltungsträger erlaubt (Perne 2014, S. 280). Die Entscheidungen der Gerichte erfolgen nach Kontrolle der ver-fahrensnotwendigen Anhörung und der Untersuchung der materiellen Gründe in Form des öffentlichen Wohls.[3] Aus Sicht der Richterbank scheint die Über-prüfung der Anhörungserfordernis weniger problematisch als die materielle Prüfung, ob eine ausreichende Abwägung des Gesetzgebers bezüglich des all-gemeinen Wohls stattgefunden hat. So kritisiert Meyer an den Entscheidungen der Landesverfassungsgerichte, dass diese sich lediglich auf die finanziellen Folgen der Reform (Konnexitätsprinzip) konzentrierten. Die vom Gesetzgeber behaupteten empirischen Grundlagen und Entwicklungen werden hingegen nicht substanziell hinterfragt. Auch sie sollten einer „[…] ernsthaften ver-fassungsrechtlichen Plausibilitätsprüfung […]" unterzogen werden (Meyer 2017, S. 266; vgl. auch Meyer 2013a, S. 255; Wollmann 2006, S. 137). Kriti-siert wurde auch das Fehlen genauerer inhaltlicher Festlegungen, z. B. bezüg-lich der Mindesteinwohnerzahl pro Gemeinde (Dietlein 2013, S. 315) oder der maximalen Größe von Kreisen.

Eine besondere Schwierigkeit stellt das Kriterium des „öffentlichen Wohls" dar. Der Begriff ist als Rechtsbegriff unbestimmt und fungiert als Sammel-begriff für eine Vielzahl von Inhalten. In seinem Kern befindet sich ein

---

[2]Siehe hierzu NdsStGH, DÖV 1979, 406; SächVerfGH, Sächs. VBl. 1994, 232; Bay-VerfGH, NVwZ-RR 2008, 636; SächsVerfGH, NVwZ 2009, 44; SachsAnhVerfG, Sächs. VBl. 1994, 236; kritisch Püttner, SächsVBl. 1994, 217; BbgVerfG, DÖV 1995, 331 (Gern und Brüning 2019, S. 150, Fn. 8).

[3]Siehe zum Anhörungsrecht BVerfGE 86, 90 (107); NVwZ 2003, 850 (854); ThürVerfGH, NVwZ 2017, 1860, zum allgemeinen Wohl, LVerfG MV NordÖR 2007, 353 (355); VerfGH Rh.-Pf., NVwZ-RR 2015, 761 (Gern und Brüning 2019, S. 150, Fn. 9 und 10).

„legislatorisches Abwägungsgebot" (Wallerath 2014, S. 82), das von den Landesverfassungsgerichten allgemein mit einem breiten Spielraum im Rahmen der Gestaltungs- und Abwägungsfreiheit des Gesetzgebers versehen wird.[4] Gleichwohl formulierten die Gerichte auch diesbezügliche „Leitlinien" (Thierse und Hohl 2017, S. 264). Besondere Relevanz erhalten diese Aspekte aufgrund der Schwierigkeit – wenn nicht Unmöglichkeit, einmal durchgeführte Gebietsreformen nachzusteuern oder rückgängig zu machen. Hieran können auch vom Gericht auferlegte Evaluierungspflichten kaum etwas ändern (Meyer 2017, S. 265 f.).

4 Ergebnis

Die kommunale Verfassungsbeschwerde bei Gebietsreformen gilt als bedeutendes Element für die funktionale Relevanz der Landesverfassungsgerichte (Tab. 2). In der ersten Phase der Gebietsreformen seien die Gerichte aus ihrem „Dornröschenschlaf" erwacht (Starck und Stern 1983, S. 14; Grupp 1993, S. 85; Ipsen 2005, S. 16; s. a. Reutter 2017a, S. 21 f.). Es kam zu einer eigenständigen Profilierung (Grupp 1993, S. 85; Schmidt-de Caluwe 1996, S. 72). Die institutionelle „Stärkung" zeigte sich in späteren Phasen in einer größeren Eigenbezüglichkeit (Selbstreferenzen) der Urteile (Lembcke 2017, S. 415) oder durch die Ausübung eines gewissen Einflusses über die Landesgrenzen hinaus (Dietlein 2002, S. 117). Das Verfahren bietet zudem eine Möglichkeit der stärkeren öffentlichen Wahrnehmung und schärft idealiter das Bewusstsein für die Schutzbedürftigkeit der Selbstverwaltungsgarantie, was wiederum zur Eigenständigkeit des Landesverfassungsrechts beiträgt (Schmidt-de Caluwe 1996, S. 70).

Die im Rahmen der Rechtsstaatssicherungsfunktion identifizierten Kriterien der „Eigenständigkeit" und „Kompetenz" lassen sich gut nachweisen. Die „Hüterfunktion" steht stärker als die Gesetzgebungs- und Konfliktschlichtungsfunktion im Mittelpunkt der Verfahren. Sie leitet sich aus Gewaltenteilungsgründen ab: Da die Gemeinden bei der Landesgesetzgebung nicht mitentscheiden (anders als die Länder bei der Bundesgesetzgebung), kann über die indirekte Kontrolle der Gerichte ein gewisser Ausgleich hergestellt werden. Relevant hierfür ist der Konflikt zwischen der Wahrung des gesetzgeberischen Spielraumes und dem Schutz der kommunalen Autonomie. Damit scheint die Bedeutung

---

[4]Siehe ThürVerfGH, NVwZ-RR 1997, 639 (642); VerfGH Rh.-Pf., NVwZ-RR 2015, 761 (763) (Gern und Brüning 2019, S. 151, Fn. 19).

Landesverfassungsgerichte, kommunale Selbstverwaltung und Gebietsreform   343

Tab. 2 Kommunale Verfassungsbeschwerde und Funktionen von Verfassungsgerichten

Rechtsstaatssicherung		Gesetzgebung		Konfliktschlichtung	
Eigenständigkeit	Kompetenzen	Genaue Vorgaben	Erfolgreiche Klagen	Genaue inhaltliche Abwägung	Autorität (Ansehen)
+++	+++	++	+	+	+++

Quelle: Eigene Darstellung

der Gerichte eher auf der symbolischen als auf der instrumentellen Seite des Funktionenspektrums angesiedelt.

Im Konzept des *Judicial Review* besitzt das richterliche Prüfungs- und Letztentscheidungsrecht im Sinne der liberalen Gleichgewichtstheorie eine Definitions- und Schrankenfunktion für die Legislative. Die Ergebnisse zeigen jedoch eher eine Zurückhaltung der Gerichte, gepaart mit geringem Erfolg der beschwerdeführenden Gebietskörperschaften. Die Gebietsreformen sind im Sinne der Gesetzgebungsfunktion (mit Ausnahme des Anhörungsrechts) weniger von der richterlichen Rechtsprechung geprägt. Von einer Juridifizierung der Politik kann kaum gesprochen werden. Der Handlungsspielraum des Gesetzgebers ist ebenso groß wie sein Ermessensspielraum, was das öffentliche Wohl betrifft. Auch die Konfliktschlichtungsfunktion steht kaum im Mittelpunkt der richterlichen Aktivitäten. Der Aussagewert des „allgemeinen Wohls" ist gering, die inhaltliche Prüfung schwierig. Dennoch kam es zu einer gewissen Sensibilisierung gegenüber dem kommunalen Selbstbestimmungsrecht, die allerdings auch politisch-kulturell mit einer im Vergleich zu den 1970er Jahren geringeren „Staatsgläubigkeit" erklärt werden kann.

Inwiefern das Verfahren zur „Rechtsschutzverbesserung" für die Gemeinden und Kreise geführt hat, ist keine einfach zu beantwortende Frage. Die Hoffnungen, über den Rechtsweg die Gebietsreformen aufhalten oder rückgängig zu machen, hatten sich kaum erfüllt. Insgesamt konnte eine große Zurückhaltung der Richter bei der Kontrolle gesetzgeberischer Entscheidungen beobachtet werden. Manche Autoren werten dies als „Selbstbeschränkung" (Litzenburger 1985, S. 9). Die Gerichte entschieden meist zugunsten eines großzügig bemessenen Gesetzgebungsspielraumes. In finanziellen Fragen des Finanzausgleichs engten die Richter die Entscheidungsspielräume des Gesetzgebers hingegen ein (Renzsch und Schlüter 2017, S. 366). Gebietsreformen sind sensible Rechtsangelegenheiten. Es sind „Einbahnstraßen", denn unweigerlich verschwindet mit ihnen ein Stück gewachsener Identität und kommunaler Geschichte (Dietlein 2013, S. 316).

Argumente für die Stärkung der kleinräumlichen kommunalen Ebene lassen sich demokratietheoretisch im Dilemma von Größe und Mitbestimmung leicht finden. Die Schwierigkeit besteht in der Suche nach optimalen Regelungseinheiten, da es keine einheitliche Größe gibt, mit der man die Ziele Partizipation und Systemeffizienz optimal verwirklichen könnte. Das stellt auch die Richter vor ein Dilemma: Territoriale Rationalität lässt sich kaum gegenüber demokratische Mitbestimmung oder umgekehrt ausspielen.

Literatur

Bachof, O. (1968). Der Staatsgerichtshof für das Land Baden-Württemberg. In Rechtswissenschaftliche Abteilung der Rechts-und Wirtschaftswissenschaftlichen Fakultät der Universität Tübingen (Hrsg.), *Tübinger Festschrift für Eduard Kern* (S. 1–19). Tübingen: Mohr.

Bachof, O., & Jesch, D. (1957). Die Rechtsprechung der Landesverfassungsgerichte in der Bundesrepublik Deutschland. *JöR, 6,* 47–108.

Bauer, S. (2013). *Der Prüfungsmaßstab im Kommunalverfassungsbeschwerdeverfahren. Unter besonderer Berücksichtigung der verschiedenen Verfassungsräume des Bundes und der Länder.* Berlin: Duncker & Humblot.

Beitien, M. (17. April 2013). Wer stoppt das Ausbluten Parchims? *Schweriner Volkszeitung,* Ausgabe Bützow, S. 18.

Benda, E., Klein, E., & Klein, O. (2012). *Verfassungsprozessrecht. Ein Lehr- und Handbuch* (3., völlig neu bearb. Aufl.). Heidelberg: Müller.

Bethge, H. (1983). Das Selbstverwaltungsrecht im Spannungsfeld zwischen institutioneller Garantie und grundrechtlicher Freiheit. In A. v. Mutius (Hrsg.), *Selbstverwaltung im Staat der Industriegesellschaft. Festgabe zum 70. Geburtstag von Georg Christoph von Unruh* (S. 149–170). Heidelberg: v. Decker.

Blondel, J. (1990). *Comparative government. An introduction.* New York: Allen & Unwin.

Bogumil, J., & Ebinger, F. (2008). Machtgewinn der Kommunen? In C. Büchner, J. Franzke, & M. Nierhaus (Hrsg.), *Verfassungsrechtliche Anforderungen an Kreisgebietsreformen. Zum Urteil des Landesverfassungsgerichts Mecklenburg-Vorpommern* (S. 13–22). Potsdam: Universitätsverlag Potsdam.

Boulanger, C. (2013). *Hüten, richten, gründen: Rollen der Verfassungsgerichte in der Demokratisierung Deutschlands und Ungarns* (Zugl.: Berlin, Univ-Diss. 2013). Berlin. https://refubium.fu-berlin.de/bitstream/handle/fub188/13064/Dissertation-Boulanger.pdf?sequence=1&isAllowed=y. Zugegriffen: 1. Juli 2019.

Büchner, C., Franzke, J., & Nierhaus, M. (Hrsg.) (2008). *Verfassungsrechtliche Anforderungen an Kreisgebietsreformen. Zum Urteil des Landesverfassungsgerichts Mecklenburg-Vorpommern* (KWI-Gutachten, 2). Potsdam: Universitätsverlag Potsdam.

Burski, U. V. (1976). Die Gemeinde-Reform Rechtsprechung des baden-württembergischen Staatsgerichtshofs. *DÖV, 29*(23), 810–813.

Collings, J. (2015). *Democracy's guardians. A history of the German Federal Constitutional Court 1951–2001.* Oxford: Oxford University Press.

Landesverfassungsgerichte, kommunale Selbstverwaltung und Gebietsreform 345

Dietlein, M. (2002). Kommunale Verfassungsbeschwerden vor dem Verfassungsgerichtshof. In Präsident des Verfassungsgerichtshofs Nordrhein-Westfalen (Hrsg.), *Verfassungsgerichtsbarkeit in Nordrhein-Westfalen Festschrift zum 50-jährigen Bestehen des Verfassungsgerichtshofs für das Land Nordrhein-Westfalen* (S. 117–135). Stuttgart: Richard Boorberg.

Dietlein, M. (2013). Gemeindereform mit Augenmaß – Stand und Perspektiven der aktuellen Kommunalreform in Rheinland-Pfalz. *LKRZ, 7*(8), 313–318.

Ellmers, F. (23. April 2009). Parchim droht mit Klage. *Schweriner Volkszeitung,* S. 14.

Ewert, S., & Hein, M. (2017). Das Landesverfassungsgericht Mecklenburg-Vorpommern. In W. Reutter (Hrsg.), *Landesverfassungsgerichte. Entwicklung – Aufbau – Funktionen* (S. 199–218). Wiesbaden: Springer VS.

Feuchte, P. (1963). *Grundlagen der Verfassungsgerichtbarkeit im Föderalismus als politischem Gestaltungsprinzip. Teil I.* unveröff. Ms. o. O.

Fromme, F. K. (22. März 1977). Die Wahl im wahlfreien Jahr. *FAZ 68,* S. 1.

Gern, A., & Brüning, C. (2019). *Deutsches Kommunalrecht* (4. Aufl.). Baden-Baden: Nomos.

Glaab, M. (2017). Der Verfassungsgerichtshof Rheinland-Pfalz. In W. Reutter (Hrsg.), *Landesverfassungsgerichte. Entwicklung – Aufbau – Funktionen* (S. 269–296). Wiesbaden: Springer VS.

Grafe, W. (1952). Nochmals: Die Verfassungsbeschwerde der Gemeinden und Gemeindeverbände. *DÖV, 5*(3), 74–76.

Grupp, K. (1993). Über Landesverfassungsgerichtsbarkeit. Betrachtungen zum 40jährigen Bestehen des Staatsgerichtshofes für das Land Baden-Württemberg. *Verwaltungsblätter für Baden-Württemberg, 14*(3), 82–87.

Häberle, P. (2014). *Verfassungsgerichtsbarkeit – Verfassungsprozessrecht. Ausgewählte Beiträge aus vier Jahrzehnten.* Berlin: Duncker & Humblot.

Hoppe, W. (1983). Die kommunale Verfassungsbeschwerde vor Landesverfassungsgerichten. In C. Starck & K. Stern (Hrsg.), *Landesverfassungsgerichtsbarkeit. Teilband 2* (S. 257–305). Baden-Baden: Nomos.

Hoppe, W. (1995). Probleme des verfassungsgerichtlichen Rechtsschutzes der kommunalen Selbstverwaltung. *DVBL, 110*(4), 179–188.

Ipsen, J. (2005). Das Verfahren der kommunalen Verfassungsbeschwerde nach Art. 54 Nr. 5 NV. *NdsVbl, 12*(Sonderheft), 16–19.

Jerusalem, F. W. (1930). *Die Staatsgerichtsbarkeit.* Tübingen: Mohr.

Kelsen, H. (2013). Wesen und Entwicklung der Staatsgerichtsbarkeit. In Vereinigung der Deutschen Staatsrechtslehrer (Hrsg.), *Wesen und Entwicklung der Staatsgerichtsbarkeit* (S. 30–87). Berlin: De Gruyter.

Kment, K. (2004). Verfassungsgerichtlicher Rechtsschutz von Gemeinden gegen Raumordnungspläne. *DVBL, 119*(4), 214–226.

Knemeyer, F.-L. (1983). Kommunale Neugliederung vor den Landesverfassungsgerichten. In C. Starck & K. Stern (Hrsg.), *Landesverfassungsgerichtsbarkeit. Teilband 3* (S. 143–198). Baden-Baden: Nomos.

Koch, C. (1981). *Die Landesverfassungsgerichtsbarkeit der freien Hansestadt Bremen. Geschichte, Organisation, Zuständigkeit, Verfahren* (Zugl.: Kiel, Univ.-Diss., 1980). Berlin: Duncker und Humblot.

Koch-Baumgarten, S. (2017). Der Staatsgerichtshof in Hessen zwischen unitarischem Bundesstaat, Mehrebenensystem und Landespolitik. In W. Reutter (Hrsg.), *Landesverfassungsgerichte. Entwicklung – Aufbau – Funktionen* (S. 175–198). Wiesbaden: Springer VS.

Koslik, M.-S. (8. November 2008). Kreisreform brodelt in der CDU. *Schweriner Volkszeitung*, S. 4.

Lassahn, P. (2017). *Rechtsprechung und Parlamentsgesetz. Überlegungen zu Anliegen und Reichweite eines allgemeinen Vorbehalts des Gesetzes*. Tübingen: Mohr Siebeck.

Lembcke, O. W. (2017). Thüringer Verfassungsgerichtshof. In W. Reutter (Hrsg.), *Landesverfassungsgerichte. Entwicklung – Aufbau – Funktionen* (S. 389–420). Wiesbaden: Springer VS.

Lindner, J. F. (2018). Die kommunale Selbstverwaltungsgarantie als verfassungsrechtliche Parallelgewährleistung – Anmerkungen zur Grundsatzentscheidung des Bundesverfassungsgerichts vom 21. November 2017 (2 BvR 2177/16). *DÖV, 71*(6), 235–238.

Litzenburger, W. (1985). *Die kommunale Verfassungsbeschwerde in Bund und Ländern* (Zugl.: Kiel, Univ.-Diss., 1984).

Lorenz, A. (2017). Das Verfassungsgericht des Landes Brandenburg als politisiertes Organ? Möglichkeiten und Grenzen politischer Einflussnahme. In W. Reutter (Hrsg.), *Landesverfassungsgerichte. Entwicklung – Aufbau – Funktionen* (S. 105–128). Wiesbaden: Springer VS.

Löwer, W., & Menzel, J. (1997). Die Rechtsprechung der neuen Landesverfassungsgerichte zum Kommunalrecht. *Zeitschrift für Gesetzgebung, 13*(1), 90–109.

Lück, D. R. (2014). *Der Beitrag der Kommunalverfassungsbeschwerde nach Art. 93 Abs. 1 Nr. 4b GG, § 91 BVerfGG zum Schutz der kommunalen Selbstverwaltung*. Baden-Baden: Nomos.

Mehde, V. (2007). Das Ende der Regionalkreise? Zur Entscheidung des Landesverfassungsgerichts Mecklenburg-Vorpommern. *NordÖR, 10*(9), 331–337.

Mehde, V. (2011). Vierzehn Juristen, vier Meinungen – Die neuere Rechtsprechung des Landesverfassungsgerichts Mecklenburg-Vorpommern zur Kreisgebietsreform. *Zeitschrift für Staats- und Europawissenschaften, 9*(4), 501–521.

Meyer, H. (2008a). Liegt die Zukunft Mecklenburg-Vorpommerns im 19. Jahrhundert? Zum Neugliederungsurteil des Landesverfassungsgerichts. *Neue Zeitschrift für Verwaltungsrecht, 24*(1), 24–33.

Meyer, H. (2008b). Was Neues aus dem Nordosten: Landesverfassungsgericht stärkt kommunale Selbstverwaltung. In C. Büchner, J. Franzke, & M. Nierhaus (Hrsg.), *Verfassungsrechtliche Anforderungen an Kreisgebietsreformen. Zum Urteil des Landesverfassungsgerichts Mecklenburg-Vorpommern* (S. 49–70). Potsdam: Universitätsverlag Potsdam.

Meyer, H. (2013a). Ergebnisse und Perspektiven der Gebiets- und Funktionalreformen des letzten Jahrzehnts. *Der Landkreis, 83*(6), 254.

Meyer, H. (2013b). Gebiets- und Verwaltungsreformen des letzten Jahrzehnts im Spiegel der Verfassungsrechtsprechung. *Neue Zeitschrift für Verwaltungsrecht, 32*(18), 1177–1184.

Meyer, H. (2017). Aktuelle Entwicklungen zu Gebiets- und Funktionalreformen. *Zeitschrift für Gesetzgebung, 32*(3), 247–268.

Meyer, P., & Hönnige, C. (2017). Der Niedersächsische Staatsgerichtshof. In W. Reutter (Hrsg.), *Landesverfassungsgerichte. Entwicklung – Aufbau – Funktionen* (S. 219–242). Wiesbaden: Springer VS.

Obrecht, M. (2017). Verfassungsgerichtshof Baden-Württemberg. In W. Reutter (Hrsg.), *Landesverfassungsgerichte. Entwicklung – Aufbau – Funktionen* (S. 27–51). Wiesbaden: Springer VS.

o. V. (22. März 1969). Klage gegen Gebietsreform abgewiesen. *Frankfurter Allgemeine Zeitung*, S. 6.

o. V. (2. Mai 1975). Wenn ein Verfassungsrichter schläft. *Frankfurter Allgemeine Zeitung*, Nr. 101, S. 4.

o. V. (2010). Ihlenberg soll Landesdeponie bleiben. SVZ.de vom 26. August 2010. https://www.svz.de/nachrichten/uebersicht/ihlenberg-soll-landesdeponie-bleiben-id4421956.html. Zugegriffen: 10. Juli 2019.

o. V. (11. Oktober 2016a). Zentralisierung ist das Grundproblem. Greifswalder Forscher kritisiert, dass ländliche Bereiche in Mecklenburg-Vorpommern abgehängt werden. *Schweriner Volkszeitung*, S. 4.

o. V. (16. Dezember 2016b). Studie: AfD zog Nutzen aus Kreisreform. *Schweriner Volkszeitung*, S. 4.

Patzelt, W. J. (2003). Parlamente und ihre Funktionen. In W. J. Patzelt (Hrsg.), *Parlamente und ihre Funktionen. Institutionelle Mechanismen und institutionelles Lernen im Vergleich* (S. 13–19). Opladen: Westdeutscher Verlag.

Patzelt, W. J. (2017). Der Verfassungsgerichtshof des Freistaates Sachsen. In W. Reutter (Hrsg.), *Landesverfassungsgerichte. Entwicklung – Aufbau – Funktionen* (S. 323–346). Wiesbaden: Springer VS.

Perne, V. (2014). Kommunale Gebietsreform in Rheinland-Pfalz Zum verfassungsmäßigen Recht betroffener Kommunen auf Anhörung. *LKRZ, 8*(7), 276–280.

Pestalozza, C. (1983). Die Sicherung des Selbstverwaltungsrechts in der Verfassungsgerichtsbarkeit. In A. v. Mutius (Hrsg.), *Selbstverwaltung im Staat der Industriegesellschaft Festgabe zum 70. Geburtstag von Georg Christoph von Unruh* (S. 1057–1075). Heidelberg: v. Decker.

Pestalozza, C. (1991). *Verfassungsprozeßrecht die Verfassungsgerichtsbarkeit des Bundes und der Länder. Mit einem Anhang zum internationalen Rechtsschutz* (3. Aufl.). München: Beck.

Pohle, M. (19. Oktober 2009). Reform: „Unsinn der Landespolitik". *Schweriner Volkszeitung*, S. 9.

Renzsch, W., & Schlüter, K. (2017). Das Landesverfassungsgericht von Sachsen-Anhalt. In W. Reutter (Hrsg.), *Landesverfassungsgerichte. Entwicklung – Aufbau – Funktionen* (S. 347–370). Wiesbaden: Springer VS.

Reutter, W. (2017a). Landesverfassungsgerichte in der Bundesrepublik Deutschland. Eine Bestandsaufnahme. In W. Reutter (Hrsg.), *Landesverfassungsgerichte. Entwicklung – Aufbau – Funktionen* (S. 1–26). Wiesbaden: Springer VS.

Reutter, W. (2017b). Der Verfassungsgerichtshof des Landes Berlin. In W. Reutter (Hrsg.), *Landesverfassungsgerichte. Entwicklung – Aufbau – Funktionen* (S. 77–104). Wiesbaden: Springer VS.

Reutter, W. (2018). Landesverfassungsgerichte: „Föderaler Zopf" oder „Vollendung des Rechtsstaates"? *Recht und Politik, 54*(2), 195–207.

Rütters, P. (2017). Saarland. Von der Verfassungskommission zum Verfassungsgerichtshof. In W. Reutter (Hrsg.), *Landesverfassungsgerichte. Entwicklung – Aufbau – Funktionen* (S. 297–322). Wiesbaden: Springer VS.

Schäfer, H. (1951). Die Verfassungsbeschwerde der Gemeinden und Gemeindeverbände. *DÖV, 4*(21), 572–576.

Schmidt-de Caluwe, R. (1996). *Die kommunale Grundrechtsklage in Hessen. Neue Regelung und alte Probleme des verfassungsgerichtlichen Rechtsschutzes der Kommunen.* Baden-Baden: Nomos.

Starck, C., & Stern, K. (1983). Einführung. In C. Starck & K. Stern (Hrsg.), *Landesverfassungsgerichtsbarkeit. Teilband 1* (S. 1–24). Baden-Baden: Nomos.

Stöffler, D. (2004). Die Rechtsprechung des Thüringer Verfassungsgerichtshofs zum Kommunalrecht. In Thüringer Landtag & Harald Mittelsdorf (Hrsg.), *Zehn Jahre Thüringer Landesverfassung (1993–2003)* (S. 107–123). Weimar: Wartburg.

Stüer, B., & Landgraf, B. (1998). Gebietsreform in den neuen Bundesländern Bilanz und Ausblick. *LKV, 6,* 209–216.

Thierse, S., & Hohl, K. (2017). Verfassungsgerichtshof für das Land Nordrhein-Westfalen. In W. Reutter (Hrsg.), *Landesverfassungsgerichte. Entwicklung – Aufbau – Funktionen* (S. 243–268). Wiesbaden: Springer VS.

v. Olshausen, H. (1980). *Landesverfassungsbeschwerde und Bundesrecht. Zur Geltung und prozessualen Aktualisierung von Landesgrundrechten im Bundesstaat des Grundgesetzes.* Baden-Baden: Nomos.

von Gayl, J. Freiherr. (2010). Kreisgebietsreform in Mecklenburg-Vorpommern. In J. Bogumil & S. Kuhlmann (Hrsg.), *Kommunale Aufgabenwahrnehmung im Wandel. Kommunalisierung, Regionalisierung und Territorialreform in Deutschland und Europa* (S. 125–142). Wiesbaden: VS Verlag.

Volgmann, T. (28. Dezember 2010). Gebietsreform zieht große Kreise. *Schweriner Volkszeitung,* S. 5.

Vorländer, H. (Hrsg.). (2002). *Integration durch Verfassung.* Wiesbaden: VS Verlag.

Wagschal, U., & Grasl, M. (2015). Verfassung und Verfassungsgerichtsbarkeit. Funktionen – Historische Entwicklung – Internationaler Vergleich. In U. Wagschal, S. Jäckle, & U. Wenzelburger (Hrsg.), *Vergleichende Politikwissenschaft. Institutionen – Akteure – Policies* (S. 103–123). Stuttgart: Kohlhammer.

Wallerath, M. (2013). Steuerung des Wandels durch kommunale Gebiets- und Funktionalreformen. In M. Junkernheinrich & W. H. Lorig (Hrsg.), *Kommunalreformen in Deutschland* (S. 95–117). Baden-Baden: Nomos.

Wallerath, M. (2014). Kommunale Gebietsreformen und Öffentliches Wohl. Gemeinwohlkonkretisierung im Kompetenzgefüge von Gesetzgebung und Verfassungsgerichtsbarkeit. In Die Verfassungsgerichte der Länder Brandenburg, Mecklenburg-Vorpommern, Sachsen, Sachsen-Anhalt und Thüringen (Hrsg.), *20 Jahre Verfassungsgerichtsbarkeit in den neuen Ländern* (S. 53–100). Berlin: BWV Berliner Wissenschafts-Verlag.

Wollmann, H. (2006). Gebietsreform. In R. Voigt & R. Walkenhaus (Hrsg.), *Handwörterbuch zur Verwaltungsreform* (S. 133–137). Wiesbaden: VS Verlag.

Wollmann, H. (2008). *Reformen in Kommunalpolitik und -verwaltung. England, Schweden, Frankreich und Deutschland im Vergleich.* Wiesbaden: VS Verlag.

Wen kümmert die Verschuldung? Landesverfassungsgerichte und Haushaltsrecht

Achim Hildebrandt

Die Rechtsprechung der Landesverfassungsgerichte berührt zentrale Fragen des Haushaltsrechts im Rahmen von Organstreitverfahren und Normenkontrollklagen. Die Organstreitverfahren haben eine mögliche Verletzung des parlamentarischen Budgetrechts zum Gegenstand (siehe dazu auch Carstensen in diesem Band). Der Beitrag beleuchtet diesen Verfahrenstyp anhand eines jüngeren Falls, des Konflikts um den Ankauf von EnBW-Aktien in Baden-Württemberg. Vor allem aber beschäftigten sich die Gerichte immer wieder mit der Frage einer möglichen Verfassungswidrigkeit der Neuverschuldung. Diese Verfahren der abstrakten Normenkontrolle, bei denen es nicht um formelle Aspekte der parlamentarischen Beteiligung, sondern um substanzielle Fragen öffentlicher Haushaltführung geht, stehen im Zentrum des Beitrags; sie werden dabei sowohl prozedural hinsichtlich der Profilierungsmöglichkeiten für Oppositionsparteien als auch materiell bezüglich einer effektiven Begrenzung der Neuverschuldung analysiert.[1]

---

[1]Das Manuskript wurde im Februar 2019 abgeschlossen; Urteile und Entscheidungen, die nach diesem Datum gefällt wurden, gingen nicht in die Analyse ein.

A. Hildebrandt (✉)
Abteilung für Politische Theorie und Empirische Demokratieforschung, Institut für Sozialwissenschaften, Universität Stuttgart, Stuttgart, Deutschland
E-Mail: achim.hildebrandt@sowi.uni-stuttgart.de

© Springer Fachmedien Wiesbaden GmbH, ein Teil von Springer Nature 2020
W. Reutter (Hrsg.), *Verfassungsgerichtsbarkeit in Bundesländern,*
https://doi.org/10.1007/978-3-658-28961-4_13

1 Organstreitigkeiten um das parlamentarische Budgetrecht

In Organstreitverfahren entscheiden die Gerichte über die Auslegung der Verfassung bei Streitigkeiten über den Umfang von Rechten und Pflichten oberster Verfassungsorgane. Zu den häufigsten Organstreitverfahren vor den Landesverfassungsgerichten gehören Konflikte zwischen Abgeordneten der Opposition und der Regierung über den Umfang parlamentarischer Rechte (Flick 2011, S. 104). Zu diesen Konflikten zählen unter anderem Auseinandersetzungen um parlamentarische Kontrollrechte: So entschied beispielsweise das Hamburger Verfassungsgericht im Jahr 1973 auf Antrag von Abgeordneten der CDU, dass der von SPD und FDP geführte Senat nicht berechtigt sei, dem Haushaltsausschuss der Bürgerschaft die Herausgabe von Akten über die mittelfristige Finanzplanung zu verweigern (Flick 2011, S. 86). Häufig ziehen Oppositionsfraktionen auch vor Gericht, weil sie ihre Rechte im Gesetzgebungsverfahren durch die Regierung verletzt sehen. Ein Beispiel hierfür ist ein 1993 entschiedenes Verfahren vor dem Verfassungsgerichtshof des Landes Berlin (BerlVerfGH) über die Zulässigkeit von globalen Minderausgaben in Haushaltsgesetzen (Flick 2011, S. 105; BerlVerfGH, Beschl. vom 22.11.1993, Az. 18/93). Organstreitverfahren sind ein „Mittel der parlamentarischen Opposition" (Reutter 2017, S. 20), mit dessen Hilfe sie ihre Rechte gegen die im parlamentarischen Alltag übermächtige Handlungseinheit von Parlamentsmehrheit und Regierung zu verteidigen sucht. Cancik bezeichnet Organstreitigkeiten deshalb plakativ als „Parlamentsrechtsdurchsetzungsverfahren" (Cancik 2005, S. 578). Aufgrund der eher technischen Materien werden Organstreitverfahren – zumindest in den Ländern – weitgehend unbemerkt von der politischen Öffentlichkeit geführt und entschieden. Eine Ausnahme hiervon stellt ein Verfahren gegen die baden-württembergische Landesregierung aus dem Jahr 2011 dar, das im Folgenden näher beleuchtet wird.

Die Auseinandersetzung entzündete sich am Rückkauf von Anteilen des Energieversorgers EnBW von der *Électricité de France* (EDF). Im Dezember 2010 wickelte das Land den Aktienkauf in Höhe von 4,8 Mrd. EUR über eine landeseigene Gesellschaft ab und übernahm dafür eine Garantie – ohne die dafür notwendige Ermächtigung durch den Landtag einzuholen. Stattdessen griff die Landesregierung aus CDU und FDP/DVP unter dem damaligen Ministerpräsident Stefan Mappus (CDU) auf das Notbewilligungsrecht nach Art. 81 der Landesverfassung zurück. Es sieht die Zustimmung des Finanzministers bzw. der Finanzministerin für über- und außerplanmäßige Ausgaben vor, wenn ein

Wen kümmert die Verschuldung? ...

unvorhergesehenes und unabweisbares Bedürfnis vorliegt.[2] Die Genehmigung des Landtags ist in diesem Fall nachträglich einzuholen.

Die oppositionellen Landtagsfraktionen der SPD und der Grünen sahen das Budgetrecht des Landtags verletzt und riefen am 9. Februar 2011 den Staatsgerichtshof Baden-Württemberg (StGH BW) an. Wenige Wochen später verlor die Regierung bei den Landtagswahlen vom 27. März 2011 ihre Mehrheit und wurde im Mai von der grün-roten Regierung unter Winfried Kretschmann abgelöst. In dem Organstreitverfahren verteidigte die nun ehemalige Landesregierung den Rückgriff auf das Notbewilligungsrecht mit dem Argument, der Vertragspartner EDF habe trotz wiederholter Vorstöße der Landesregierung einen Parlamentsvorbehalt strikt abgelehnt. Zudem hätte man nach Bekanntwerden der Übernahmepläne infolge einer Abstimmung im Landtag mit erheblichen Kurssteigerungen rechnen müssen, die die Wirtschaftlichkeit der gesamten Transaktion gefährdet hätten (StGH BW, Beschl. vom 6.10.2011, Az. GR 2/11).

In seiner Entscheidung vom 6. Oktober 2011 stellte der StGH BW fest: „Die Landesverfassung lässt die Inanspruchnahme des dem Finanzminister eingeräumten Notbewilligungsrechts in Fallkonstellationen, in denen eine Beschlussfassung des für Budgetfragen zuständigen Parlaments zeitlich möglich wäre, nicht zu. Kursschwankungen am Kapitalmarkt sowie vermeintlich günstige Zinsphasen können keine Rechtfertigung dafür sein, auf eine vorrangige Entscheidung des für Budgetfragen zuständigen Parlaments zu verzichten. [...] Die geltende Verfassung lässt es weder aus Gründen der Geheimhaltung noch im Hinblick auf Bedingungen eines Verhandlungspartners zu, dass die Landesregierung Budgetmaßnahmen, die dem Parlament vorbehalten sind, – vorübergehend – selbst trifft" (StGH BW, Beschl. vom 6.10.2011, Az. GR 2/11).

Besonders scharf ging der Staatsgerichtshof mit dem damaligen Finanzminister Willi Stächele (CDU) ins Gericht. Ihm wurde Verfassungsbruch vorgeworfen. Denn, so der damalige Staatsgerichtshof in seinem Beschluss, die Abgrenzung, ob die Entscheidung dem Parlament selbst vorbehalten bleibe oder ein Fall der Notbewilligung vorliege, sei nicht der Einschätzungsprärogative des Ministers unterstellt. Eine derartige Kompetenz-Kompetenz, mit der der Finanzminister über die Reichweite seines eigenen Zuständigkeitskreises befinden könnte, sei der Landesverfassung nicht zu entnehmen. Die Einhaltung

---

[2]Das zuständige Finanzministerium konnte allerdings nicht, wie vorgesehen, überprüfen, ob die Garantieübernahme unter dem Notbewilligungsrecht zulässig ist, denn der Finanzminister wurde erst um 23 Uhr am Vorabend der Bewilligung vom Ministerpräsidenten in das geplante Geschäft eingeweiht (Müller 2011).

352   A. Hildebrandt

der verfassungsmäßigen Kompetenzordnung betreffe vielmehr Rechtsfragen, deren Klärung dem Staatsgerichtshof überantwortet sei (StGH BW, Beschl. vom 6.10.2011, Az. GR 2/11, S. 15). Willi Stächele musste daher nach Bekanntmachung der Entscheidung sein Amt als Landtagspräsident aufgeben. Denn es war schlechterdings nicht vorstellbar, dass ein oberstes Landesorgan von einer Person repräsentiert wurde, dem der Staatsgerichtshof attestiert hatte, die Verfassung gebrochen zu haben (o. V. 2011).

Das Verfahren fand in einem Kontext heftiger politischer Auseinandersetzung statt. Drei Monate vor der Landtagswahl wollte der außergewöhnlich unpopuläre Ministerpräsident Mappus mit dem klandestinen Rückkauf der EnBW-Anteile einen Coup landen. Das misslang gründlich; Mappus wurde bereits im Januar 2011 bezichtigt, den Landtag belogen zu haben (Gabriel und Kornelius 2011, S. 797). Zugleich wurden früh Befürchtungen laut, dass aus dem Ankauf ein Vermögensschaden für das Land entstehen könnte (Müller 2011). Nach den Wahlen war der Ankauf Gegenstand eines parlamentarischen Untersuchungsausschusses, zudem nahm die Staatsanwaltschaft Untersuchungen auf gegen Mappus und den ehemaligen Finanzminister Stächele wegen des Verdachts der Untreue. Sie wurden 2014 eingestellt.

Auch der StGH BW geriet in die parteipolitischen Auseinandersetzungen. Nach seiner Entscheidung wurde aus den Reihen der ehemaligen Regierungsmehrheit die Vermutung geäußert, das Gericht habe nur deshalb so strenge Maßstäbe angelegt, weil die CDU nicht mehr die Regierung stelle (Obrecht 2017, S. 40). Der Präsident des StGH BW betonte die Unabhängigkeit des Gerichts: „Der Vorwurf, der Staatsgerichtshof sei regierungs- oder gar CDU-abhängig, haben mich und die Staatsanwaltschaft tief getroffen. Dieser Vorwurf rüttelt tief an den Grundfesten unseres Staates" (Soldt 2012, S. 8).

Diese Auseinandersetzung stellt ein Extrembeispiel für ein Organstreitverfahren dar, das einen besonders augenfälligen Eingriff in die Parlamentsrechte zum Gegenstand hatte und in einer politisch polarisierten Öffentlichkeit stattfand. Die Mehrzahl der Organstreitverfahren wirft dagegen, wie erwähnt, eher technische Fragen auf, die nur eine geringe öffentliche Aufmerksamkeit auf sich ziehen und nur über ein begrenztes Skandalisierungspotenzial verfügen.

2 Abstrakte Normenkontrolle: die Frage nach der Verfassungsmäßigkeit der Neuverschuldung

Mithilfe einer abstrakten Normenkontrolle kann die Opposition ein Gesetz, dessen Verabschiedung sie nicht verhindern konnte, vor Gericht auf seine Vereinbarkeit mit der Verfassung überprüfen lassen. Die abstrakte Normenkontrolle eröffnet ihr somit die Chance, ihre Niederlage im Parlament in einen Sieg vor Gericht zu verwandeln (Flick 2011, S. 78), falls das Gesetz für nichtig erklärt wird. Marcus Obrecht (2017, S. 41) bezeichnet abstrakte Normenkontrollen deshalb als „genuines Oppositionsinstrument".

Die Analyse der Entscheidungen zur Neuverschuldung steht unter dem Vorbehalt, dass die Länder gegenwärtig ihre Verfassungen anpassen im Zuge der bundesweiten Einführung der sogenannten Schuldenbremse. Der Beitrag betrachtet deshalb zunächst die Gerichtsverfahren vor dem Hintergrund der bisherigen Verfassungsregeln und leitet daraus Erwartungen ab für die verfassungsgerichtliche Kontrolle der Schuldenbremse.

Wie im Fall der Schuldenbremse orientierten sich die Regelungen zur Kreditbegrenzung in den Landesverfassungen in der Vergangenheit am Grundgesetz. Bis zur Finanzreform im Jahre 1969 sah Art. 115 GG vor, dass Einnahmen aus Krediten „nur bei außerordentlichem Bedarf und in der Regel für Ausgaben zu werbenden Zwecken beschafft werden" (Art. 115 GG a. F. bis 1969) dürfen. Danach galt: „Die Einnahmen aus Krediten dürfen die Summe der im Haushaltsplan veranschlagten Ausgaben für Investitionen nicht überschreiten; Ausnahmen sind nur zulässig zur Abwehr einer Störung des gesamtwirtschaftlichen Gleichgewichts" (Art. 115 GG a. F. bis 2009).[3] Alle Länder bis auf Bayern, Hamburg und Hessen orientierten sich seit den 1970er Jahren in ihren Verfassungen an der neuen Version des Art. 115 GG, wobei sieben Länder Modifikationen vornahmen – so fügten Mecklenburg-Vorpommern, Schleswig-Holstein und Thüringen die Störung bzw. Bedrohung der Wirtschafts- und Beschäftigungsentwicklung des Landes als weiteren Ausnahmetatbestand hinzu (Hildebrandt 2009, S. 128–136).

Die zentralen Begriffe der Regel – Investitionen und gesamtwirtschaftliches Gleichgewicht – wurden vom Bund durch das Haushaltsgrundsätzegesetz (HGrG) und das Stabilitäts- und Wachstumsgesetz (StabWG) auch für die Länder verbindlich konkretisiert. So wurde das gesamtwirtschaftliche Gleichgewicht normiert als gleichzeitiges Eintreffen der Stabilität des Preisniveaus, eines hohen Beschäftigungsstands, des außenwirtschaftlichen Gleichgewichts und eines stetigen und angemessenen Wirtschaftswachstums (§ 1 StabWG). Infolge dieser anspruchsvollen Definition wurde schon früh die Kritik geäußert, dass die Hürde für den Ausnahmetatbestand zu niedrig hängt: „So since the mid-1960's German politicians could in practice decide for themselves whether or not they wanted

---

[3]Der herrschenden Interpretation zufolge umfassen die Einnahmen aus Krediten nur diejenigen Kredite, die nicht für die Anschlussfinanzierung auslaufender Kredite verwendet werden und daher als Staatseinnahmen zur Verfügung stehen.

354 A. Hildebrandt

to see the national economy in a ‚crisis' which called for state intervention and deficit-financed spending" (Sturm und Müller 1999, S. 70). Der frühere sächsische Ministerpräsident Milbradt verglich die Störung des gesamtwirtschaftlichen Gleichgewichts gar mit der „‚escape'-Taste auf dem Computer – Sie können sich mit dieser Formel praktisch aus jeder Situation herauswinden, ohne sie zu lösen" (Milbradt 2007, S. 6).

Tatsächlich dreht sich – wie im Folgenden zu zeigen sein wird – die Mehrzahl der Entscheidungen der Landesverfassungsgerichte zur Kreditaufnahme um die Frage, ob die Landesregierungen sich zurecht auf eine Störung des gesamtwirtschaftlichen Gleichgewichts berufen haben. Die Analyse dieser Entscheidungen darf jedoch nicht isoliert voneinander vorgenommen werden: So nehmen die Landesverfassungsgerichte in ihren Entscheidungen vielfach Bezug aufeinander aufgrund der ähnlichen oder deckungsgleichen Rechtslage sowie des einheitlichen institutionellen Kontexts, in dem die Haushaltsgesetzgeber der Länder agieren. Vor allem aber beeinflusst die Rechtsprechung des Bundesverfassungsgerichts die Auslegung der Landesverfassungen durch die Gerichte – besonders in den dreizehn Ländern, die nach 1969 ihre Verfassungen an die geänderte Regelungen im Grundgesetz angepasst haben: Da diese Regelungen „der Auslegungskompetenz des Bundesverfassungsgerichts unterfallen, ist es durchaus naheliegend, dass diese entstehungsgeschichtliche Bezugnahme im Sinne einer dynamischen Verweisung auch nachfolgende Konkretisierungen durch das Bundesverfassungsgericht mit einbezieht" (Neidhardt 2010, S. 81).

Während in den Jahrzehnten bis 1995 die Verfassungsgerichte in Bund und Ländern nur dreimal über die Kreditaufnahme entschieden, zählt Neidhardt (2010, S. 75) neun Entscheidungen der Landesverfassungsgerichte zwischen 1996 und 2008. Das ist einerseits eine deutliche Steigerung, andererseits immer noch recht wenig angesichts dessen, wie häufig die Regelgrenze überschritten wurde.[4] Die Ursache hierfür liegt in der begrenzten Anzahl an Antragsberechtigten sowie deren Interessenlage.

Antragsberechtigt für die abstrakte Normenkontrolle sind die Landesregierungen sowie ein Mindestquorum von Parlamentsabgeordneten, in der Regel ein Drittel oder Viertel der Mitglieder eines Landesparlamentes oder eine einzelne Fraktion. Da die Regierungen und die sie tragenden Parlamentsfraktionen keinerlei Interesse haben, die eigene Politik der Verfassungswidrigkeit zu bezichtigen,

---

[4]In den Bundesländern überstieg die Neuverschuldung zwischen 1991 und 2005 68 Mal die Investitionsausgaben (Kitterer und Groneck 2006, S. 561).

Wen kümmert die Verschuldung? ... 355

werden Anträge auf Normenkontrolle in der Regel nur von oppositionellen Abgeordneten gestellt. Aber auch sie könnten zögerlich sein, einen solchen Antrag zu stellen, da die Oppositionsparteien in Zukunft an die Regierung gelangen könnten. Sie mögen zwar an einer publikumswirksamen Schelte der Regierung durch das Verfassungsgericht interessiert sein, nicht aber an der Beseitigung von Schlupflöchern in der Verfassung, die mit den Gerichtsentscheidungen einhergehen könnte. Besonders augenfällig wird diese ambivalente Interessenlage potenzieller Antragsstellender, wenn eine Fraktion nach Übernahme der Regierung einen Normenkontrollantrag zurückzieht, den sie in der Opposition gegen ein früheres Haushaltsgesetz gestellt hatte.[5] Andere Akteure, die derartige Rücksichten nicht nehmen – wie die Rechnungshöfe und die Bürgerinnen und Bürger (im Zuge einer Verfassungsbeschwerde) –, besitzen kein Antragsrecht zur Überprüfung der Kreditfinanzierung (Schemmel 2006, S. 255 ff.).

2.1 Die Nutzung des Ausnahmetatbestands der Störung des gesamtwirtschaftlichen Gleichgewichts

Ausgangspunkt und zentraler Bezugspunkt eines Großteils der jüngeren Rechtsprechung war eine Entscheidung des Bundesverfassungsgerichts aus dem Jahr 1989. Das Gericht urteilte über einen acht Jahre zurückliegenden Sachverhalt, die Kreditaufnahme im Bundeshaushalt 1981, die oberhalb der für Investitionen veranschlagten Mittel lag. Die Entscheidung drehte sich somit um den Ausnahmetatbestand einer Störung des gesamtwirtschaftlichen Gleichgewichts. Das Gericht normierte, dass dieses Gleichgewicht ständigen Schwankungen unterliege. Möglicherweise ständen seine Teilziele in einem Spannungsverhältnis und seien deshalb nicht ohne wechselseitige Abstriche zu realisieren. Diese Labilität des Gleichgewichts allein rechtfertige noch nicht die Annahme einer Störungslage. Der Ausnahmetatbestand dürfe nur dann in Anspruch genommen werden, wenn das stets labile gesamtwirtschaftliche Gleichgewicht ernsthaft und nachhaltig gestört sei oder eine solche Störung unmittelbar drohe. Die erhöhte Kreditaufnahme sei darüber hinaus nur dann zulässig, wenn sie nach Umfang und Verwendung dazu geeignet sei, die Störung zu beheben. Das Gericht gesteht dem

---

[5]Beispielsweise zog die schleswig-holsteinische CDU-Landtagsfraktion einen Normenkontrollantrag gegen das Landeshaushaltsgesetz 2003 unmittelbar nach dem Regierungswechsel im Mai 2005 zurück (Neidhardt 2010, S. 141).

Haushaltsgesetzgeber einen Einschätzungs- und Beurteilungsspielraum hinsichtlich dieser Kriterien zu, verpflichtet ihn jedoch im Gegenzug, das Vorliegen dieser Kriterien im Gesetzgebungsverfahren explizit darzulegen und zu begründen. Im Streitfall obliegt es den Verfassungsgerichten, darüber zu befinden, ob Entscheidungen des Haushaltsgesetzgebers frei von Willkür, nachvollziehbar und vertretbar seien.

Die Landesverfassungsgerichte folgten in ihren Urteilen dem Bundesverfassungsgericht und gestanden den Haushaltsgesetzgeber einen Einschätzungs- und Beurteilungsspielraum zu hinsichtlich der Fragen, ob eine Störung des gesamtwirtschaftlichen Gleichgewichts vorliegt[6] oder unmittelbar droht und ob eine erhöhte Kreditaufnahme geeignet ist, diese Störung abzuwenden. Zumeist verzichten die Landesverfassungsgerichte auf eine materielle Prüfung dieser Einschätzungen durch den Haushaltsgesetzgeber und konzentrieren sich stattdessen darauf, inwiefern dieser seiner Darlegungspflicht im Gesetzgebungsverfahren nachgekommen ist (Neidhardt 2010, S. 123 ff.). Der Hessische Staatsgerichtshof (HessStGH) begründete diese Praxis folgendermaßen: „Die Kontrollbefugnis des Verfassungsgerichts ist dabei auf eine Vertretbarkeitskontrolle beschränkt. Eine strenge Inhaltskontrolle scheidet bereits wegen der höchst komplexen Diagnose- und Prognoseentscheidungen aus und griffe zudem zu weit in den dem Haushaltsgesetzgeber übertragenen politischen Verantwortungsbereich ein" (HessStGH, Urt. vom 12.12.2005, Az. P.St. 1899, LVerfGE 16, 262, 302). Die Darlegungspflicht hingegen zwinge den Haushaltsgesetzgeber vor dem Forum der Öffentlichkeit dazu, sich der Überschreitung der Regelgrenze bewusst zu werden und sich für die Inanspruchnahme des Ausnahmevorbehalts zu rechtfertigen.

Eine besonders weitgehende Forderung hinsichtlich der Darlegungen des Haushaltsgesetzgebers erhob der niedersächsische Staatsgerichtshof (NdsStGH) in seiner Entscheidung vom 10. Juli 1997:

> „Nimmt der Haushaltsgesetzgeber im Falle der Störung des gesamtwirtschaftlichen Gleichgewichts durch zu niedrigen Beschäftigungsstand die Befugnis […] zur Vermeidung weiterer Einsparungen vor, so hat er im Gesetzgebungsverfahren mindestens darzulegen, welche Bereiche von den sonst notwendigen Einsparungen betroffen wären, wie negativ sich diese Einsparungen auf die Beschäftigung auswirken würden, welche wirtschafts- und beschäftigungsfördernden Maßnahmen (ohne investiven Charakter) unterbleiben müßten, wo im einzelnen die rechtlichen

---

[6]Vgl. zur Diskussion und den einschlägigen Entscheidungen, ob eine Störung des gesamtwirtschaftlichen Gleichgewichts auch auf Ebene eines einzelnen Bundeslandes vorliegen kann: Neidhardt (2010, S. 110 ff.).

Wen kümmert die Verschuldung? ...

Grenzen möglicher Einsparungen lägen und welche positiven konjunkturellen Wirkungen in quantitativer und qualitativer Hinsicht durch den Verzicht auf Haushaltskürzungen erwartet werden" (NdsStGH, Beschl. vom 10.7.1997, Az. 10/95, NdsVBl, 227 (227)).

Diese weitergehenden Begründungspflichten, die das Gericht dem Haushaltsgesetzgeber auferlegt, stellen eine Kompensation für die unterlassene materielle Prüfung durch das Gericht dar (Neidhardt 2010, S. 124). Hennecke sieht darin die Gefahr, dass dem Haushaltsgesetzgeber die „Flucht in die mutige und kraftvolle Begründung" (Hennecke 1997, S. 124) eröffnet werde.

Nicht ganz so weitreichende Forderungen erhob der BerlVerfGH in seiner Entscheidung vom 31. Oktober 2003, in der er die Verfassungswidrigkeit des Berliner Doppelhaushalts 2002/2003 wegen Fehlens der Darlegungserfordernisse feststellte: Die Gesetzesbegründung zum Haushaltsgesetz enthielt lediglich zwei sehr allgemeine Sätze zur Störungsabwehr durch die erhöhte Kreditaufnahme, denen zufolge die Kreditaufnahme dazu beitrage, die Störung abzuwehren und dass sich angesichts des gestörten Gleichgewichts weitere Ausgabenkürzungen verböten (BerlVerfGH, Beschl. vom 31.10.2003, Az. 125/02). Dem Gerichtshof fehlten Ausführungen dazu, welche Maßnahmen zur Störungsabwehr durch die erhöhte Kreditaufnahme ermöglicht werden sollten und welche Ausgaben zur Störungsabwehr nicht gekürzt wurden. Zudem bemängelte das Gericht das Fehlen „einer begründeten Prognose, dass und wie sich die Absicht, durch die erhöhte Kreditaufnahme die Störung abzuwehren, verwirklichen lässt." (BerlVerfGH, Beschl. vom 31.10.2003, Az. 125/02, 80).

In seiner Entscheidung vom 7. Juli 2005 nimmt das Landesverfassungsgericht von Mecklenburg-Vorpommern (LVerfG MV, Urt. vom 7.7.2005, Az. 7/04) explizit Bezug auf die Entscheidungen des BerlVerfGH sowie des NdsStGH – wobei das Gericht offenlässt, ob der strenge Maßstab des NdsStGH geboten ist. Das LVerfG MV kritisiert in seiner Entscheidung das Fehlen einer Begründung, inwiefern eine erst im Folgejahr 2004 beschlossene Erhöhung der Kreditermächtigung zur Störungsabwehr im Jahr 2003 geeignet sein konnte. Das entspricht einer materiellen Kritik an der mangelnden Nachvollziehbarkeit der Entscheidung: „Die inhaltliche Kontrolle wird somit ersetzt durch einen formellen Ansatz mit gleicher Stoßrichtung" (Neidhardt 2010, S. 128).

Noch stärker zeigt sich dieser Mechanismus bei der Entscheidung des Verfassungsgerichtshofs für das Land Nordrhein-Westfalen (VerfGHNRW) vom 12. März 2013 zum Haushaltsgesetz 2011, der vierten Entscheidung des VerfGHNRW zur Kreditaufnahme seit 2003! Auch die rot-grüne Landesregierung unter Hannelore Kraft berief sich auf eine Störung des gesamtwirtschaftlichen Gleichgewichts – inmitten eines konjunkturellen Aufschwungs, in dem der Wirtschaftsminister in einer Landtagsdebatte erklärte, der Wirtschaft in Nordrhein-Westfalen gehe es so gut wie nie – Mittelstand und Handwerk verzeichneten die beste Stimmung seit 1990. Dieses Zitat verwendete der VerfGHNRW in der Begründung seiner Entscheidung (VerfGHNRW, Urt. vom 12.3.2013, Az. 7/11, 39).

Dem Gericht zufolge intensiviere sich in einer Aufschwungphase mit unerwartet hohen staatlichen Einnahmen die Darlegungslast der Regierung, wenn sie dennoch von einer konjunkturellen Störungslage ausgehe. Das Vorliegen einer solchen Störung müsse nachvollziehbar und widerspruchsfrei dargelegt werden – auch in Auseinandersetzung mit gegebenen divergierenden fachwissenschaftlichen Auffassungen. Diese Auffassungen seien zudem zutreffend wiederzugeben und nachvollziehbar zu würdigen.

Diesen Maßstäben werde das Haushaltsgesetz 2011 nicht gerecht, weshalb eine ernsthafte und nachhaltige Störungslage nicht dargelegt sei. Angesichts eines kräftigen Wirtschaftswachstums mit hohen Steuereinnahmen genüge es nicht, auf eine Störung des Wachstumsziels durch eine im Jahr 2011 noch negative Produktionslücke und erhebliche Risiken für die wirtschaftliche Entwicklung abzustellen. Die von der Landesregierung angeführten gesamtwirtschaftlichen Risiken haben dem Gericht zufolge nicht dazu geführt, das auch nur ein Wirtschaftsforschungsinstitut eine negative Konjunkturprognose für 2011 abgegeben habe – im Gegenteil, sämtliche Konjunkturprognosen seien fortlaufend nach oben korrigiert worden.

Zudem beruhe die von der Landesregierung angeführte negative Produktionslücke auf überholten und überarbeitungsbedürftigen Konjunkturdaten, die von der Landesregierung selektiv verwendet worden wären: „Während der Finanzminister aus den angehobenen aktuellen Wachstumsprognosen bei der veranschlagten Einnahmeentwicklung Konsequenzen zog, versuchte er das Fortbestehen einer Störungslage mit Schätzungen der Produktionslücke zu belegen, denen ältere – erheblich geringere – Wachstumserwartungen zu Grunde lagen" (VerfGHNRW, Urt. vom 12.3.2013, Az. 7/11, 43). Das Gericht bewertete dies als verfassungsrechtlich nicht mehr vertretbaren methodischen Widerspruch.[7]

---

[7]Das Gericht akzeptierte auch nicht die von der Regierung dargelegte ernsthafte Störung des gesamtwirtschaftlichen Teilziels hoher Beschäftigungsstand. Der zur Begründung angeführte Maßstab der Vollbeschäftigung sei angesichts einer langjährigen hohen Arbeitslosigkeit ungeeignet. Zudem sei die Zahl der Arbeitslosen in Nordrhein-Westfalen auf den niedrigsten Stand seit 1992 gesunken (VerfGHNRW, Urt. vom 12.3.2013, Az. 7/11, 48).

Um Henneckes Diktum aufzugreifen, handelte es sich um eine nicht besonders kraftvolle, dafür aber umso mutigere Begründung der nordrhein-westfälischen Landesregierung, die der VerfGHNRW für inakzeptabel hielt. Allzu kühne und schlecht begründete Darlegungen finden zumindest in diesem Einzelfall keine Gnade vor dem Gericht.

Bereits zwei Jahre zuvor entschied der VerfGHNRW über den Nachtragshaushalt 2010 der rot-grünen Landesregierung, die zu diesem Zeitpunkt noch ohne parlamentarische Mehrheit regierte. In dem Nachtragshaushalt wurde die Regelgrenze der Neuverschuldung um mehr als 100 % überschritten (einer Neuverschuldung von 8,4 Mrd. EUR standen nur Investitionsausgaben in Höhe von 3,7 Mrd. EUR gegenüber). Einen Teil der zusätzlichen Mittel nutzte die neue Regierung zur Bildung kreditfinanzierter Rücklagen für Ausgaben in künftigen Jahren.[8]

Am Tag der Verkündigung des Nachtragshaushaltsgesetzes stellten 80 Abgeordnete der CDU und FDP einen Normkontrollantrag und einen Antrag auf Erlass einer einstweiligen Anordnung. Vier Wochen danach erließ der VerfGHNRW eine einstweilige Anordnung, die es der Landesregierung untersagte, vor einer Entscheidung des Gerichts Kredite auf Basis des Nachtragshaushaltsgesetzes aufzunehmen – das war das erste Mal, dass ein Gericht in Deutschland zu dieser Maßnahme griff (VerfGHNRW, Beschl. vom 18.1.2011, Az. 19/10). Danach erklärte der VerfGHNRW in seinem abschließenden Urteil das Nachtragshaushaltsgesetz für nichtig. Das Gericht zweifelte die Darlegungen der Landesregierung zu einem (Fort)-Bestehen einer Störungslage an und konstatierte zudem das Fehlen einer hinreichenden Darlegung, dass und inwiefern die erhöhte Kreditaufnahme zur Abwehr dieser Störung geeignet sein solle. Zudem stellte es fest, dass die Bildung kreditfinanzierter Rücklagen gegen das Gebot der Wirtschaftlichkeit verstoße, da Kredite vor dem Zeitpunkt des eigentlichen

---

[8]Die CDU-Fraktion vermutete deshalb, dass dem Haushaltsgesetzgeber weniger an einer Bekämpfung einer vermeintlichen konjunkturellen Störung gelegen sei als an einer Abmilderung der bundesstaatlichen Vorwirkungen der Schuldenbremse in kommenden Haushaltsjahren – gemäß Art. 143d GG müssen die Länderhaushalte so aufgestellt werden, dass die Schuldenbremse im Jahr 2020 eingehalten werden kann. Die Landesregierung bewies daraufhin, dass man den gleichen Sachverhalt auch wesentlich freundlicher ausdrücken kann: Die Vorsorgemaßnahmen des Nachtragshaushalts 2010 führten ihr zufolge keinesfalls zu einer Umgehung der Vorgaben der Schuldenbremse. Vielmehr entlasteten sie die künftigen Haushaltsgesetzgeber und trügen deshalb maßgeblich dazu bei, das Ziel kreditfreier Haushalte zu erreichen (VerfGHNRW, Urt. vom 15.3.2011, Az. 20/10, 18 f.).

Zahlungsbedarfs aufgenommen würden, die vermeidbare Kreditfinanzierungskosten verursachten (VerfGHNRW, Urt. vom 15.3.2011, Az. 20/10).

CDU und FDP hatten das Haushaltsgebaren der Landesregierung als „rotgrüne Schuldenpolitik" in den Mittelpunkt ihrer Regierungskritik gestellt. Mithilfe der Entscheidung des VerfGHNRW konnten sie diese Wertung verfassungsrechtlich legitimieren (Thierse und Hohl 2017, S. 262 f.) Als die rotgrüne Minderheitsregierung im darauffolgenden März scheiterte, prangerten CDU und FDP im Wahlkampf zu den vorgezogenen Landtagswahlen die Haushaltspolitik der Regierung fortlaufend an. CDU-Spitzenkandidat Norbert Röttgen verwendete bei seinen Wahlkampfauftritten einen aufblasbaren, drei Meter hohen Schuldenberg zur Illustration des Themas (Hildebrandt 2016, S. 121). Der Regierung schien weder die Strategie der Opposition noch die vorangegangene Niederlage vor Gericht zu schaden: Bei den Wahlen im Mai 2012 gewann die SPD viereinhalb Prozentpunkte hinzu, die CDU verlor über acht Prozentpunkte. Die rot-grüne Koalition gewann eine parlamentarische Mehrheit. Anscheinend besitzt die Frage der Staatsverschuldung nur eine untergeordnete Bedeutung für die Wählerinnen und Wähler. Eine Landesregierung scheint kaum an Renommee zu verlieren, wenn sie vor Gericht eine verfassungswidrige Haushaltsführung attestiert bekommt.

Dabei wäre eine derartige politische Konsequenz aber umso wichtiger, da die unmittelbaren juristischen Konsequenzen begrenzt sind, wenn ein Gericht ein Haushaltsgesetz für nichtig bzw. für mit der Verfassung unvereinbar erklärt (siehe zum Unterschied Neidhardt 2010, S. 156 ff.). In der Regel ergehen die Entscheidungen erst nach Abschluss des Haushaltsjahres, die verfassungswidrigen Kredite sind dann bereits aufgenommen und das Geld bereits ausgegeben. Die Gerichte verzichten nahezu ausschließlich auf eine Rückabwicklung „im Interesse einer verlässlichen und in ihren Wirkungen kalkulierbaren Finanz-, Ausgaben- und Haushaltswirtschaft", wie der BerlVerfGH explizit in seiner Entscheidung klärt (BerlVerfGH, Urt. vom 31.10.2003, Az. 125/02, Rn. 94). Der NdsStGH ließ hingegen offen, welche Folgen sich aus der Unvereinbarkeit der Kreditaufnahme mit der Landesverfassung ergeben oder auch nicht ergeben. Die CDU-Fraktion forderte, die verfassungswidrigen Deckungskredite in Kassenverstärkungskredite mit deutlich kürzerer Laufzeit umzuwandeln, die infolgedessen unmittelbar zurückzuzahlen gewesen wären. Die allein regierende SPD sah hingegen keinerlei Handlungsbedarf (Neidhardt 2010, S. 160). „Der NdsStGH meinte wohl, lediglich auf einen Verfassungsverstoß hinweisen zu müssen, in der Hoffnung, Landesregierungen und Landtag würden dies in Zukunft berücksichtigen" (Burghart 1998, S. 1265).

Einen Mittelweg zwischen der unerwünschten Rückabwicklung und der daraus resultierenden Folgelosigkeit bestritt das LVerfG MV: Es trug dem Gesetzgeber auf, die in der Vergangenheit über die zulässige Grenze hinaus aufgenommenen Kredite als Fehlbetrag in den Haushalt für das Folgejahr aufzunehmen (LVerfG MV, Urt. vom 7.7.2005, Az. 07/04). Trotz dieser Ausnahme sind die juristischen Konsequenzen für den Haushaltsgesetzgeber im Falle einer Niederlage vor Gericht denkbar gering.

2.2 Wirtschaftlichkeit und das Vorliegen einer extremen Haushaltsnotlage als Kriterien für die Beurteilung der Kreditaufnahme

Mit seiner Beurteilung kreditfinanzierter Rücklagen folgte der Verfassungsgerichtshof für das Land Nordrhein-Westfalen 2011 seiner früheren Rechtsprechung. Bereits im Jahre 2003 hatte das Gericht die Bildung kreditfinanzierter Rücklagen in den Haushaltsjahren 2001 und 2002 als Verstoß gegen das Gebot der Wirtschaftlichkeit gewertet. Diese Rücklagen wurden von der Landesregierung angelegt, um in den folgenden Jahren die Regelgrenze der Kreditaufnahme einhalten zu können. Zur Begründung führte das Gericht aus:

> „Das Wirtschaftlichkeitsgebot ist ein Verfassungsgrundsatz, der auch den Haushaltsgesetzgeber bindet. Art. 86 Abs. 2 Satz 1 NRW benennt ihn zwar nur als Maßstab für die den Haushaltsvollzug betreffende jährliche Rechnungsprüfung durch den Landesrechnungshof. [...] Er stellt sich aber als finanzrechtliche Ausprägung des rechtsstaatlichen Verhältnismäßigkeitsprinzips dar [...], das auch dem nordrhein-westfälischen Verfassungsrecht immanent ist und alle Staatsgewalt bindet. [...] Insofern ergänzt es [das Wirtschaftlichkeitsgebot] Art. 83 Satz 2 NRWVerf, der das zulässige Maß der Kreditfinanzierung des Landeshaushalts regelt und begrenzt." (VerfGHNRW, Urt. vom 02.09.2003, Az. 06/02, 18 f.)

Das Gericht konstruierte somit aus der Aufgabenbeschreibung des Landesrechnungshofes – nach Art. 86 Abs. 2 Satz 1 NRWVerf prüft der Landesrechnungshof „die Rechnung sowie die Ordnungsmäßigkeit und Wirtschaftlichkeit der Haushalts- und Wirtschaftsführung" – eine Verschärfung der Regeln für die Kreditaufnahme.

Wesentlich freier noch ging der BerlVerfGH zu Werke. Er konstruierte aus einer „Erfindung bzw. Entdeckung des Bundesverfassungsgerichts" (Höfling 2004, S. 260), der sogenannten extremen Haushaltsnotlage, „eine ungeschriebene verfassungsrechtliche Ausnahme" (BerlVerfGH, Urt. vom 31.10.2003, Az.

125/02, Rn. 91) für die Kreditaufnahme. Das Bundesverfassungsgericht hatte 1992 (BVerfGE 86, 148) festgestellt, dass sich Bremen und das Saarland in einer extremen Haushaltsnotlage befänden, die alle anderen Glieder der bundesstaatlichen Gemeinschaft zu Hilfeleistungen verpflichteten. Eine mögliche Form der Hilfeleistung sah das Gericht in zusätzlichen Bundeszuweisungen im Rahmen eines Programmes zur Haushaltssanierung.[9]

Der BerlVerfGH argumentiert in seiner Entscheidung vom 31. Oktober 2003, dass ein Land in einer extremen Haushaltsnotlage nicht in der Lage sei, seine Ausgaben durch andere Einnahmen als Kredite zu decken bzw. Investitionen zu tätigen, um die zulässige Kreditaufnahme zu erhöhen. Auch die übliche Ausnahmeregel bleibe einem Land in der Haushaltsnotlage verwehrt. Es verliere die Fähigkeit zu einem konjunkturgerechten Haushaltsgebaren und zu konjunktursteuerndem Handeln. Deshalb sei es nicht in der Lage, durch eine zusätzliche Kreditaufnahme eine etwaige Störung des gesamtwirtschaftlichen Gleichgewichts abzuwehren. Ohne zusätzliche Kreditaufnahmen könne ein Land in einer Haushaltsnotlage weder seinen bundesrechtlichen Verpflichtungen noch seinen in der Landesverfassung geregelten unabdingbaren Aufgaben nachkommen. Das Gericht entwickelte deshalb aus dem

> „aus den verfassungsrechtlichen Normen des Grundgesetzes hergeleiteten Gebot, dass die Länder in die Lage versetzt sein müssen, ihre verfassungsrechtlichen Aufgaben zu erfüllen, eine Modifizierung des landesverfassungsrechtlichen Kreditbegrenzungsgebots. Diese besteht darin, dass die Kreditobergrenze über die [...] ausdrücklich geregelte Ausnahme der Abwehr einer Störung des gesamtwirtschaftlichen Gleichgewichts hinaus auch im Fall einer extremen Haushaltsnotlage überschritten werden darf" (BerlVerfGH, Urt. vom 31.10.2003, Az. 125/02, Rn. 60).[10]

---

[9]Auf Basis dieser Entscheidung erhielten Bremen und das Saarland von 1994 bis 2004 insgesamt 15,2 Mrd. EUR Bundesergänzungszuweisungen zur Haushaltssanierung (Hildebrandt 2009, S. 42).

[10]Diese Modifizierung des Kreditbegrenzungsgebots entwickelte das Gericht als *obiter dictum,* als eine Rechtsansicht, die nicht der Urteilsbegründung dient. Das Gericht entschied, dass das Berliner Haushaltsgesetz 2002/2003 verfassungswidrig sei, weil der Gesetzgeber nicht hinreichend dargelegt habe, inwiefern die erhöhte Kreditaufnahme dazu geeignet gewesen sei, die Störung des gesamtwirtschaftlichen Gleichgewichts abzuwehren. Darüber hinaus führte es an: „Soweit die Nichteinhaltung des Kreditbegrenzungsgebots für die Haushaltsjahre 2002 und 2003 auf eine bereits eingetretene extreme Haushaltsnotlage zurückzuführen sein könnte, hat der Haushaltsgesetzgeber die ihn diesbezüglich treffende Darlegungslast jedoch nicht erfüllt." (BerlVerfGH, Urt. vom 31.10.2003, Az. 125/02, Rn. 87)

Der HessStGH rekurriert in seiner Entscheidung zum Nachtragshaushalt 2002 auf die Rechtsprechung des BerlVerfGH und konstatiert, dass in Fällen einer extremen Haushaltnotlage ein darüber hinausgehender Handlungsbedarf begründet sein könne, der eine Ausnahme von der Verschuldungsgrenze rechtfertige (HessStGH, Urt. vom 12.12.2005, Az. P.St 1899, LVerfGE 16, 262). Hintergrund der hohen Neuverschuldung Hessens waren die Folgen der größten Steuersenkung in der Geschichte der Bundesrepublik, die von der rot-grünen Bundesregierung beschlossen worden war. Im Zuge dessen überschritten neben Hessen im Jahr 2002 weitere sieben, im Jahr 2003 gar weitere acht Bundesländer die Kreditobergrenze. Die hessische Landesregierung führte dazu aus, „der Einbruch der Steuereinnahmen habe eine exorbitante, nie für möglich gehaltene Größenordnung angenommen. [...] Umfang wie auch Zeitpunkt des Entstehens der Einnahmeausfälle seien so bemessen, dass die dadurch bedingte Deckungslücke selbst bei Anspannung aller Kräfte und radikaler Ausschöpfung aller dem Land zu Gebote stehenden Möglichkeiten auch nicht annähernd auszugleichen sei" (HessStGH, Urt. vom 12.12.2005, Az. P.St 1899, LVerfGE 16, 262, 304). Dem HessStGH zufolge wurden die Darlegungspflichten des Gesetzgebers erfüllt.

Die nordrhein-westfälische Landesregierung unter Ministerpräsident Rüttgers (CDU) zitierte im Gesetzgebungsverfahren die Entscheidung des BerlVerfGH sogar wörtlich. Wenige Monate nachdem sie ins Amt gekommen war, legte die Koalitionsregierung aus CDU und FDP im Dezember 2005 einen Nachtragshaushalt vor, in dem die veranschlagten Kredite oberhalb der Regelgrenze lagen. Die Landesregierung legitimierte das mit einer Neuinterpretation des Kreditbegrenzungsgebots, das der grundgesetzlichen Vorgabe entsprechen müsse, nach der die Länder in der Lage sein müssten, ihre verfassungsrechtlichen Aufgaben zu erfüllen. Zudem griff die Regierung mit der „objektiven Unmöglichkeit" auf einen Terminus des Privatrechts zurück,[11] indem sie argumentierte, es sei ihr objektiv unmöglich, die Verschuldungsgrenze einzuhalten; sie verwies in diesem Zusammenhang auf den Grundsatz, dass Unmögliches nicht verlangt werden könne.

---

[11]„Die innerhalb eines Schuldverhältnisses zu erbringende Leistung ist unmöglich, wenn sie vom Schuldner endgültig nicht erbracht werden kann [...]. Bei der Unmöglichkeit einer Leistung ist zwischen objektiver U. (die L. ist niemandem möglich, z. B. die Sache ist untergegangen) und subjektiver U. (auch Unvermögen genannt, die L. ist nur dem Schuldner unmöglich, z. B. die Sache gehört einem Dritten) [...] zu unterscheiden" (Creifelds 1997, S. 1306).

364 A. Hildebrandt

Unter Führung der späteren Ministerpräsidentin Hannelore Kraft (SPD) leiteten daraufhin 73 Landtagsabgeordnete ein Normenkontrollverfahren ein. In diesem Verfahren entschied das Gericht, dass ein Überschreiten der Regelverschuldungsgrenze außer zur Abwehr einer Störung des gesamtwirtschaftlichen Gleichgewichts allenfalls zulässig sei zur Bewältigung exzeptioneller Sondersituationen wie etwa einer schweren Naturkatastrophe oder anderer Unglücksfälle, die mit sehr hohen und kurzfristig auftretenden Kosten verbunden seien. Eine exzeptionelle Sondersituation liege aber nicht vor, wenn „während des laufenden Haushaltsjahres ein Regierungswechsel erfolgt und die neue Landesregierung sich aufgrund der vorgefundenen Haushaltssituation nicht in der Lage sieht, die von ihr als zwingend notwendig erachteten Ausgaben ohne Überschreitung der Kreditgrenze zu tätigen" (VerfGHNRW, Urt. vom 24.04.2007, Az. 9/06, 23).

Neben einer extensiven Nutzung des existierenden Ausnahmetatbestands werden somit auch ungeschriebene Ausnahmetatbestände konstruiert oder aus anderen Rechtsbereichen abgeleitet. In gewisser Hinsicht stellt das Vorgehen Schleswig-Holsteins beim Nachtragshaushalt 2005 einen Endpunkt dieser Entwicklung dar: Die Landesregierung verzichtete vollständig auf eine Begründung für das Überschreiten der Kreditobergrenze. Der Landesrechnungshof sah darin „eine bedenkliche Erosion des Rechtsbewusstseins und der Rechtstreue" (zit. nach Kitterer und Groneck 2006, S. 560). Im Jahr darauf bekannte sich Schleswig-Holstein immerhin „zu dem Ziel, so bald wie möglich wieder einen verfassungskonformen Haushalt" vorzulegen (zit. nach Hildebrandt 2009, S. 139).

Welche Erwartungen lassen sich daraus für die Einhaltung und verfassungsrechtliche Kontrolle der neuen Schuldenbremse ableiten? Es ist insbesondere notwendig, einen Blick auf Ausnahmetatbestände und ihren eventuellen Missbrauch zu werfen. Zugleich vermittelt die Analyse der bisherigen Haushaltspraxis eine gewisse Skepsis gegenüber allzu euphorischen Erwartungen hinsichtlich einer effektiven Begrenzung der Verschuldung.

3 Ausblick auf die verfassungsgerichtliche Kontrolle der Schuldenbremse

Die sogenannte Schuldenbremse wurde 2009 im Zuge der Föderalismusreform II ins Grundgesetz aufgenommen: Art. 109 Abs. 3 GG bestimmt, dass die Haushalte von Bund und Ländern grundsätzlich ohne Kredite auszugleichen sind. Das Grundgesetz sieht zwei Ausnahmen von dieser Regel vor: „Bund und Länder können Regelungen zur im Auf- und Abschwung symmetrischen

Berücksichtigung der Auswirkungen einer von der Normallage abweichenden konjunkturellen Entwicklung sowie eine Ausnahmeregelung für Naturkatastrophen oder außergewöhnliche Notsituationen, die sich der Kontrolle des Staates entziehen und die staatliche Finanzlage erheblich beeinträchtigen, vorsehen" (Art. 109 Abs. 3 S. 2 GG). Für die zweite Ausnahme muss eine Tilgungsregelung verabschiedet werden. Über diese Ausnahmen hinaus darf der Bund Kredite in Höhe von 0,35 % des nominellen Bruttoinlandsprodukts aufnehmen, den Ländern ist jede weitere Kreditaufnahme untersagt. Diese Kreditobergrenzen greifen für die Länder ab dem Jahr 2020,[12] zuvor dürfen sie „nach Maßgabe der geltenden landesrechtlichen Regelungen" (Art. 143d Abs. 1 GG) von diesen Vorgaben abweichen. Die Haushalte sind allerdings während der Übergangsfrist so aufzustellen, dass die Schuldengrenze ab dem Jahr 2020 eingehalten wird. Diese Vorgabe bildete den Hintergrund für die vom VerfGHNRW 2011 beanstandete Bildung von Rücklagen durch Kredite.

Welche Umgehungsmöglichkeiten enthält die Schuldenbremse? Bei der Ausnahmeregelung für Naturkatastrophen und außergewöhnliche Notsituationen fehlt „eine Zweckbindung der unter Berufung auf Notsituationen aufgenommenen Gelder, ebenso ein die Kredithöhe begrenzendes Kriterium" (Korioth 2010, S. 277). Offen bleibt auch, in welchem Zeitraum die Kredite getilgt werden müssen. Auch die Berücksichtigung der Auswirkungen einer von der Normallage abweichenden konjunkturellen Entwicklung bietet einen Spielraum für zusätzliche Neuverschuldung. In der Mehrzahl der Länder werden diese Auswirkungen als Produkt der Produktionslücke und der Budgetsensitivität gemessen.[13] Durch diese Rechenoperation wird der Anschein von Objektivität und Neutralität erweckt. „Doch eine Rechenoperation führt nur dann zu objektiven Ergebnissen, wenn auch die Zahlen, auf die sie angewendet wird, objektiv festliegen" (Sacksofsky 2010, S. 407). Das ist hier aber nicht der Fall. Budgetsensitivität und Produktionslücke können nicht direkt beobachtet werden. Sie müssen durch komplizierte ökonometrische Verfahren geschätzt werden. Es stehen zudem

---

[12]Die Berücksichtigung der konjunkturellen Lage sowie die Ausnahmeregelung für Naturkatastrophen und außergewöhnliche Notsituationen ist eine Kann-Bestimmung. Verzichten die Länder auf eine landesrechtliche Regelung, gilt für sie ab 2020 ein striktes Verbot der Neuverschuldung. Bis dato haben alle Länder bis auf Berlin, Brandenburg und das Saarland die Schuldenbremse in Landesrecht überführt.

[13]Die Produktionslücke ist definiert als die Unter- oder Überauslastung der gesamtwirtschaftlichen Produktionskapazitäten, die Budgetsensitivität als Wirkung der Veränderungen der gesamtwirtschaftlichen Aktivität auf die Staatseinnahmen (Hildebrandt 2016, S. 117).

mehrere Schätzverfahren zur Auswahl, die jeweils eine unterschiedliche Höhe für das zulässige Defizit errechnen (Hetschko 2012, S. 70). Die hohe Komplexität und die geringe Transparenz des Verfahrens ermöglichen es den Regierungen, durch Rechenakrobatik zusätzliche Verschuldungsspielräume zu gewinnen, wie Truger und Will detailliert anhand des Bundeshaushalts nachweisen (Truger und Will 2012, S. 88 ff.). Namentlich ist es möglich, die Tilgung von Krediten zu verschieben, die während einer Rezession aufgenommen wurden. „Es gehört wenig Phantasie zu der Prognose, dass insbesondere die Länder, denen ansonsten die Verschuldung untersagt ist, den unbestimmten Rechtsbegriff so weit als möglich auslegen und anwenden werden – vielleicht aus fiskalischen Zwängen sogar müssen" (Korioth 2010, S. 276 f.). Die Schuldenbremse eröffnet somit ein reiches Betätigungsfeld für kreative Haushaltspolitikerinnen und -politiker, klagefreudige Oppositionsfraktionen und damit auch für die Landesverfassungsgerichte.

4 Fazit

Abschließend bleibt festzuhalten, dass das Haushaltsrecht grundsätzlich einer verfassungsrechtlichen Prüfung ohne Weiteres zugänglich ist. Es gibt entsprechende verfassungsrechtliche Vorgaben und auch Akteure, die die Verfahren initiieren können. Dieser grundsätzliche Befund muss jedoch in mehrfacher Hinsicht qualifiziert werden. Die Anzahl der möglichen Antragsstellenden ist begrenzt, bei der abstrakten Normenkontrolle sind es neben der Landesregierung, ein Mindestquorum an Landtagsabgeordneten oder einzelne Landtagsfraktionen. Den Landesrechnungshöfen und den Bürgerinnen und Bürgern (im Wege der Verfassungsbeschwerde) ist eine Klage gegen die Kreditaufnahme im Haushalt verwehrt. Zudem ist die Motivation der potenziellen Klägerinnen und Kläger ambivalent: Da die Regierungen und die sie tragenden Parlamentsfraktionen keinerlei Interesse haben, die eigene Politik der Verfassungswidrigkeit zu bezichtigen, werden Anträge auf Normenkontrolle in der Regel nur von oppositionellen Abgeordneten gestellt. Aber auch sie zögern unter Umständen, einen solchen Antrag zu stellen, da die Oppositionsparteien in Zukunft an die Regierung gelangen könnten. Sie mögen zwar an einer publikumswirksamen Schelte der Regierung durch das Verfassungsgericht interessiert sein, nicht aber an der Beseitigung von Schlupflöchern in der Verfassung, die mit den Gerichtsentscheidungen einhergehen könnte. Und schließlich ist eine mögliche Schelte der Regierung durch die Gerichte oft gar nicht so publikumswirksam wie von der Opposition erhofft. Eine verfassungswidrige Kreditaufnahme scheint viele Wählerinnen und Wähler kaum zu bekümmern. Und die eher technischen Materien rund um das parlamentarische Budgetrecht, die in Organstreitverfahren zur Debatte stehen, ziehen noch weniger Aufmerksamkeit auf sich – von spektakulären Ausnahmen wie dem Verfahren um den Rückkauf der EnBW-Anteile einmal abgesehen. Somit halten sich die möglichen politischen Konsequenzen der Urteile in Grenzen, genauso wie die unmittelbaren juristischen Folgen. In der Regel werden die Urteile erst nach Abschluss des betroffenen Haushaltsjahres gefällt, die verfassungswidrigen Kredite sind dann bereits aufgenommen und das Geld bereits ausgegeben. Von einer effektiven Begrenzung der Neuverschuldung durch die Landesverfassungsgerichtsbarkeit kann daher in der Vergangenheit nicht die Rede sein. Die juristische Kontrolle der Einhaltung der Schuldenbremse bleibt abzuwarten – die bisherigen Erfahrungen legen allerdings eine skeptische Prognose nahe.

Literatur

Burghart, A. (1998). Das verfassungswidrige aber nicht nichtige Gesetz. *Neue Zeitschrift für Verwaltungsrecht, 17*(12), 1262–1265.

Cancik, P. (2005). Entwicklungen des Parlamentsrechts. Die Bedeutung des verfassungsgerichtlichen Organstreitverfahrens. *Die öffentliche Verwaltung, 58*(14), 577–587.

Creifelds, C. (Begr.). (1997). *Rechtswörterbuch* (14. Aufl.). München: Beck.

Flick, M. (2011). *Organstreitverfahren vor den Landesverfassungsgerichten. Eine politikwissenschaftliche Untersuchung.* Bern: Lang.

Gabriel, O. W., & Kornelius, B. (2011). Die baden-württembergische Landtagswahl vom 27. März 2011: Zäsur und Zeitenwende? *Zeitschrift für Parlamentsfragen, 42*(4), 784–804.

Hennecke, H.-G. (1997). Not kennt kein Gebot und macht erfinderisch: Gesetzgeberische Gestaltungsspielräume und Darlegungslasten bei der Nettokreditaufnahme. *Niedersächsische Verwaltungsblätter, 4*(10), 217–225.

Hetschko, C. (2012). Die Konjunkturbereinigung in den Ländern im Rahmen der Schuldenbremse. In C. Hetschko, J. Pinkl, & H. Pünder (Hrsg.), *Staatsverschuldung in Deutschland nach der Föderalismusreform II. Eine Zwischenbilanz* (S. 61–73). Hamburg: Bucerius Law School Press.

Hildebrandt, A. (2009). *Die finanzpolitische Handlungsfähigkeit der Bundesländer. Determinanten, institutionelle Defizite und Reformoptionen.* Wiesbaden: VS Verlag.

Hildebrandt, A. (2016). Die Finanzpolitik der Länder nach den Föderalismusreformen: Begrenzte Spielräume, fortdauernde Unterschiede. In A. Hildebrandt & F. Wolf (Hrsg.), *Die Politik der Bundesländer* (S. 115–137). Wiesbaden: Springer VS.

Höfling, W. (2004). Die sog. extreme Haushaltsnotlage. Anmerkungen zu einem ungeschriebenen Begriff des Finanzverfassungsrechts. In S. Brink & H. A. Wolff (Hrsg.), *Gemeinwohl und Verantwortung: Festschrift für Hans Herbert von Arnim zum 65. Geburtstag* (S. 259–270). Berlin: Duncker & Humblot.

Kitterer, W., & Groneck, M. (2006). Dauerhafte Verschuldungsregeln für die Bundesländer. *Wirtschaftsdienst, 86*(9), 559–563.

Korioth, S. (2010). Die neuen Schuldenbegrenzungsregeln für Bund und Länder – Symbolische Verfassungsänderung oder gelungene Schuldenbremse? *Perspektiven der Wirtschaftspolitik, 11*(3), 270–287.

Milbradt, G. (6. März 2007). Notfalls muss man die Autonomie eines Landes begrenzen. *Süddeutsche Zeitung*, S. 6.

Müller, A. (20. März 2011). Es droht ein böses Erwachen. *Stuttgarter Zeitung*. https://www.stuttgarter-zeitung.de/inhalt.enbw-deal-es-droht-ein-boeses-erwachen.e186d0fa-34f4-4d57-8fb7-56b3dca4b06e.html. Zugegriffen: 17. Dez. 2018.

Neidhardt, H. (2010). *Staatsverschuldung und Verfassung: Geltungsanspruch, Kontrolle und Reform staatlicher Verschuldungsgrenzen.* Tübingen: Mohr Siebeck.

Obrecht, M. (2017). Verfassungsgerichtshof Baden-Württemberg. In W. Reutter (Hrsg.), *Landesverfassungsgerichte. Entwicklung-Aufbau-Funktionen* (S. 27–51). Wiesbaden: Springer VS.

o. V. (11. Oktober 2011). Landtagspräsident Stächele tritt zurück. *Der Spiegel.* http://www.spiegel.de/politik/deutschland/baden-wuerttemberg-landtagspraesident-staechele-tritt-zurueck-a-791171.html. Zugegriffen: 21. Jan. 2019.

Reutter, W. (2017). Landesverfassungsgerichte in der Bundesrepublik Deutschland. Eine Bestandsaufnahme. In W. Reutter (Hrsg.), *Landesverfassungsgerichte. Entwicklung-Aufbau-Funktionen* (S. 1–26). Wiesbaden: Springer VS.

Sacksofsky, U. (2010). Die Justitiabilität der Schuldenregel. In C. Kastrop, G. Meister-Scheufelen, & M. Sudhof (Hrsg.), *Die neuen Schuldenregeln im Grundgesetz. Zur Fortentwicklung der bundesstaatlichen Finanzbeziehungen* (S. 393–415). Berlin: Berliner Wissenschafts-Verlag.

Schemmel, L. (2006). *Staatsverschuldung und öffentliche Investitionen: Im ersten Schritt Schlupflöcher beseitigen – Auf mittlere Sicht Kreditfinanzierung verbieten.* Berlin: Karl-Bräuer-Institut des Bundes der Steuerzahler.

Soldt, R. (25. Juli 2012). Eberhard Stilz. Verfassungsgärtner. *Frankfurter Allgemeine Zeitung*, Nr. 172, S. 8. http://www.faz.net/aktuell/politik/staat-und-recht/rechtspersonen/eberhard-stilz-verfassungsgaertner-11831933.html. Zugegriffen: 17. Dez. 2018.

Sturm, R., & Müller, M. M. (1999). *Public deficits. A comparative study of their economic and political consequences in Britain, Canada, Germany, and the United States.* London: Addison Wesley Longman.

Thierse, S., & Hohl, K. (2017). Verfassungsgerichtshof für das Land Nordrhein-Westfalen. In W. Reutter (Hrsg.), *Landesverfassungsgerichte. Entwicklung-Aufbau-Funktionen* (S. 243–267). Wiesbaden: Springer VS.

Truger, A., & Will, H. (2012). Gestaltungsanfällig und pro-zyklisch: Die deutsche Schuldenbremse in der Detailanalyse. In C. Hetschko, J. Pinkl, & H. Pünder (Hrsg.), *Staatsverschuldung in Deutschland nach der Föderalismusreform II – Eine Zwischenbilanz* (S. 75–100). Hamburg: Bucerius Law School Press.

„Steueroase" und „Abundanzumlage": die kommunale Finanzverfassung von Sachsen-Anhalt als Gegenstand der Landesverfassungsgerichtsbarkeit

Wolfgang Renzsch

„Die jahrelange Diskussion in Sachsen-Anhalt um die verfassungsrechtliche Zulässigkeit einer Abundanzumlage und damit eines interkommunalen horizontalen Finanzausgleichs hat ihren Abschluss gefunden. Das gefundene System kann nun als Vorbild für andere Bundesländer gelten, die ebenfalls eine derartige Sonderabgabe planen." Mit diesen Worten kommentierte der ehemalige Staatssekretär im Ministerium der Finanzen des Landes Sachsen-Anhalt, Ulrich Koehler (Koehler 2015, S. 208), die Entscheidung des Landesverfassungsgerichts von Sachsen-Anhalt vom 26. November 2014 (LVG 16/13). Damit ist die Frage nach der Möglichkeit eines zusätzlichen horizontalen interkommunalen Finanzausgleichs sowie der Notwendigkeit einer steuerlichen Ebenentrennung zwischen Land und Kommunen für Sachsen-Anhalt endgültig entschieden worden; die Entscheidung hat zugleich Vorbildcharakter für andere Länder. Allerdings darf nicht übersehen werden, dass

---

Ich danke der Präsidentin des Finanzgerichtes Sachsen-Anhalt und Vizepräsidentin des Landesverfassungsgerichtes Sachsen-Anhalt, Frau Dr. Afra Waterkamp, für wertvolle Ratschläge. Die inhaltliche Verantwortung liegt allein beim Verfasser. – Aus Gründen der Lesbarkeit verwende ich im Weiteren das generische Maskulinum. – Entscheidungen des Landesverfassungsgerichtes Sachsen-Anhalt sind zu finden auf der Webseite des Gerichtes unter: https://verfassungsgericht.sachsen-anhalt.de/nc/entscheidungen/ oder in der im Verlag de Gruyter seit 1993 erscheinenden Entscheidungssammlung der Landesverfassungsgerichte (LVerfGE).

W. Renzsch (✉)
Emeritiert, bis 2017 Jean-Monnet Chair of European Studies, Institut für Politikwissenschaft, Otto-von-Guericke-Universität Magdeburg, Magdeburg, Deutschland
E-Mail: renzsch@ovgu.de

© Springer Fachmedien Wiesbaden GmbH, ein Teil von Springer Nature 2020
W. Reutter (Hrsg.), *Verfassungsgerichtsbarkeit in Bundesländern*,
https://doi.org/10.1007/978-3-658-28961-4_14

damit nur einige Fragen des kommunalen Finanzausgleichs geklärt worden sind, andere werden möglicherweise zukünftig strittig sein. Denn zum einen sind Fragen des kommunalen Finanzausgleichs kontinuierlich Thema für Verfahren vor Landesverfassungsgerichten (Lembcke 2017, S. 401 f.; Renzsch und Schlüter 2017, S. 364), und zum anderen zeigt die weitere Analyse, dass die Ausgestaltung dieses Politikfeldes Resultat des Zusammenspiels von legislativer Kompetenz und verfassungsgerichtlicher Auslegung ist. Anders gesagt: Die Politik – gemeint sind hier Gesetzgeber und Landesregierung – wird nicht aufhören (können), den kommunalen Finanzausgleich aktiv zu gestalten. Im Weiteren wird daher zuerst dargelegt, welche Bedeutung der Landesverfassungsgerichtsbarkeit im Bereich der kommunalen Finanzverfassung zukommt. In einem zweiten Schritt wird herausgearbeitet, wie die Möglichkeit zur Erhebung lokaler Steuern verfassungsrechtlich eingehegt und verfassungsgerichtlich geprägt wurde.

1 Kommunale Finanzverfassung und Landesverfassungsgerichtsbarkeit

Der rechtliche Rahmen für die Ausgestaltung des kommunalen Finanzausgleichs in den Bundesländern ergibt sich aus Art. 28 Abs. 2 GG, der den Kommunen „die Grundlagen der finanziellen Eigenverantwortung [garantiert]; zu diesen Grundlagen gehört auch eine den Gemeinden mit Hebesatzrecht zustehende wirtschaftsbezogene Steuerquelle" (Wolff 2018, Rn. 20). Hinzu kommen Bestimmungen aus der Finanzverfassung des Grundgesetzes (Art. 104 ff. GG). So regelt Art. 106 Abs. 5 GG, dass den Gemeinden ein Anteil an dem Aufkommen der Einkommensteuer ihrer Einwohner weiterzuleiten ist, und nach Art. 106 Abs. 5a GG werden die Gemeinden seit 1998 auch an der Umsatzsteuer beteiligt. Zudem stehen den Gemeinden nach Art. 106 Abs. 6 GG das Aufkommen der Grundsteuer und der Gewerbesteuer sowie das Aufkommen der örtlichen Verbrauch- und Aufwandsteuern zu. Die Gemeinden haben zudem das Recht, die Hebesätze der Grund- und Gewerbesteuer eigenständig festzulegen. Nach Maßgabe der Landesgesetzgebung kann das Aufkommen dieser Steuern als Bemessungsgrundlage für Umlagen (Kreisumlagen, Finanzausgleichsumlage usw.) zugrunde gelegt werden. Art. 106 Abs. 7 GG verpflichtet den Landesgesetzgeber, einen bestimmten Hundertsatz des Landesanteils an den Gemeinschaftsteuern an die Gemeinden fließen zu lassen. Abgesehen von den Anteilen an der Einkommen- und der Umsatzsteuer regelt das Grundgesetz damit nur relativ allgemeine Grundsätze. Abstrakt wird den Gemeinden eine angemessene und aufgabenadäquate Finanzausstattung zugebilligt, jedoch bietet es den Kommunen weder Schutz gegen die Auferlegung

„Steueroase" und „Abundanzumlage" ... 371

kostenträchtiger Aufgaben durch die Länder noch gegen den Entzug einzelner Einnahmen. Garantiert ist den Kommunen lediglich eine wirtschaftsbezogene Steuerquelle wie beispielsweise die Gewerbesteuer (Wolff 2018, Rn. 20).

Konkreter werden demgegenüber die Landesverfassungen, die die allgemeinen Vorgaben des Grundgesetzes in Landesrecht überführen. Die Verfassung des Landes Sachsen-Anhalt (SachsAnhVerf) vom 16. Juli 1992 gewährleistet in Art. 2 Abs. 3 noch einmal das Recht auf kommunale Selbstverwaltung; die Bestimmungen der Art. 87 und 88 SachsAnhVerf spezifizieren diesen grundsätzlichen Anspruch der Gemeinden und Gemeindeverbände, ihre Angelegenheiten eigenverantwortlich zu verwalten.

Art. 87 SachsAnhVerf[1] regelt die Aufgaben, die die Kommunen wahrzunehmen haben. Zugleich führt Abs. 3 dieses Artikels den Konnexitätsgrundsatz im Verhältnis Land–Kommunen ein: Mit der Aufgabenübertragung an die Kommunen hat der Landesgesetzgeber zugleich zu regeln, wie die Kosten zu decken sind. Im Fall von Mehrbelastungen der Kommunen ist ein angemessener Ausgleich zu schaffen. Art. 88 Abs. 1 SachsAnhVerf[2] verpflichtet das Land, den Kommunen die Finanzmittel zur Verfügung zu stellen, die zur angemessenen Aufgabener-

---

[1]Art. 87 SachsAnhVerf lautet:
„(1) Die Kommunen (Gemeinden und Landkreise) und die Gemeindeverbände verwalten ihre Angelegenheiten im Rahmen der Gesetze in eigener Verantwortung. (2) Die Kommunen sind berechtigt und im Rahmen ihrer Leistungsfähigkeit verpflichtet, in ihrem Gebiet alle öffentlichen Aufgaben selbständig wahrzunehmen, soweit nicht bestimmte Aufgaben im öffentlichen Interesse durch Gesetz anderen Stellen übertragen sind. (3) Den Kommunen können durch Gesetz Pflichtaufgaben zur Erfüllung in eigener Verantwortung zugewiesen und staatliche Aufgaben zur Erfüllung nach Weisung übertragen werden. Dabei ist gleichzeitig die Deckung der Kosten zu regeln. Führt die Aufgabenwahrnehmung zu einer Mehrbelastung der Kommunen, ist ein angemessener Ausgleich zu schaffen. (4) Das Land sichert durch seine Aufsicht, dass die Gesetze beachtet und die nach Absatz 3 übertragenen Aufgaben weisungsgemäß ausgeführt werden. (5) Andere Körperschaften des öffentlichen Rechts können für die Wahrnehmung bestimmter öffentlicher Aufgaben gegenüber ihren Mitgliedern durch Gesetz oder auf Grund eines Gesetzes gebildet werden."

[2]Art. 88 SachsAnhVerf lautet:
„(1) Das Land sorgt dafür, dass die Kommunen über Finanzmittel verfügen, die zur angemessenen Erfüllung ihrer Aufgaben erforderlich sind. (2) Die unterschiedliche Finanzkraft der Kommunen ist auf Grund eines Gesetzes angemessen auszugleichen. Bei besonderen Zuweisungen des Landes an leistungsschwache Kommunen oder bei der Bereitstellung sonstiger Fördermittel ist das Selbstverwaltungsrecht zu wahren. (3) Die Kommunen haben nach Maßgabe der Gesetze das Recht, eigene Steuern und Abgaben zu erheben."

füllung erforderlich sind. Zudem besteht nach Art. 88 Abs. 2 SachsAnhVerf die Verpflichtung des Landes, die unterschiedliche Finanzkraft der Kommunen angemessen auszugleichen. Bei der Bereitstellung von besonderen Zuweisungen an leistungsschwache Kommunen ist das Selbstverwaltungsrecht zu beachten. Konkret: Das Land darf nicht über Finanzzuweisungen die kommunale Politik bestimmen („Goldener Zügel"). Schließlich bestätigt die Verfassung (Art. 88 Abs. 3 SachsAnhVerf) das Recht der Kommunen, nach Maßgabe der Gesetze – primär ist hier das Grundgesetz gemeint – eigene Steuern und Abgaben zu erheben.

Die große Bedeutung, die der Verfassungsgerichtsbarkeit der Länder beim kommunalen Finanzausgleich zugewachsen ist, lässt sich auf drei Umstände zurückführen: Zum ersten sind kommunale Fragen originäre Landesangelegenheit. Bei Streitigkeiten über die Auslegung der Kommunal- und der damit zusammenhängenden kommunalen Finanzverfassung spielen die rechtlichen Grundordnungen der Bundesländer eine zentrale Rolle. Das Grundgesetz enthält in dieser Hinsicht lediglich allgemeine Grundsätze oder weist den Kommunen genau spezifizierte Steueranteile zu. Der Bund verfügt nicht über das Recht, unmittelbar in kommunale Angelegenheiten steuernd einzugreifen. Zum anderen sind die Kommunen – im Unterschied zu den Ländern in der bundesstaatlichen Ordnung – lediglich Objekt des Landesgesetzgebers. Da es auf Landesebene keine zweite Gesetzgebungskammer gibt, in denen die kommunalen Gebietskörperschaften repräsentiert sind, verfügen Gemeinden und Gemeindeverbände über kein Instrument, um effektiv an der Gesetzgebung oder der Staatsleitung der Bundesländer mitzuwirken. Zum dritten sind Kommunalverfassungsbeschwerden auf Bundesebene nur in eingeschränktem Maße zulässig. Gemeinden und Gemeindeverbände können das Bundesverfassungsgericht nur anrufen, wenn sie der Meinung sind, dass ihr Recht auf kommunale Selbstverwaltung in gegen das Grundgesetz verstoßender Weise eingeschränkt wird. Zudem tritt das Bundesverfassungsgericht in solchen Verfahren meist nur subsidiär ein. So wurden zwei Verfassungsbeschwerden von Städten aus Brandenburg gegen das Brandenburgische Finanzausgleichsgesetz[3] unter anderem deswegen als unzulässig erklärt, weil das Bundesverfassungsgericht gemäß Art. 93 Abs. 1 Nr. 4b GG bei Landesgesetzen nur entscheidet, soweit keine Beschwerde bei dem jeweiligen Landesverfassungsgericht erhoben werden kann. Eine Ausnahme bestehe nur dann, „wenn die landesverfassungsgerichtliche Kontrolle keinen adäquaten Rechtsschutz im Hinblick auf die kommunale Selbstverwaltungsgarantie gemäß

---

[3]Brandenburgisches Finanzausgleichsgesetz (BbgFAG) vom 29. Juni 2004 (GVBl. I/04 [Nr. 12], S. 262) in der Fassung des Gesetzes vom 18. Dezember 2012 (GVBl. I/12 [Nr. 43]).

Art. 28 Abs. 2 GG gewährt" (BVerfG, Beschl. vom 14.10.2013 – 2 BvR 1961/13, Rn. 4). Anders gelagert ist der Fall, wenn Bundesgesetze angefochten werden. Dann ist das Bundesverfassungsgericht primärer Adressat von kommunalen Verfassungsbeschwerden. Gleichzeitig heißt dies, dass die Landesverfassungsgerichte die Instanz sind, über die Gemeinden und Gemeindeverbände Verletzungen ihrer verfassungsgemäßen Rechte thematisieren können, ohne auf andere Akteure angewiesen zu sein.

Damit sind Landesverfassungsgerichte in Angelegenheiten, die die kommunale Finanzverfassung betreffen, sowohl materiell wie verfahrensrechtlich erster und in den meisten Fällen auch einziger Adressat für entsprechende Verfassungsbeschwerden der Kommunen oder für konkrete und abstrakte Normenkontrollanträge, wobei Letztere allerdings ein Fachgericht, die Landesregierung oder ein Viertel der Mitglieder des Landtages stellen müssen. Gleichzeitig besteht aufseiten der Antragsteller grundsätzlich eine hohe Neigung, bei Konflikten das Verfassungsgericht anzurufen, weil ihre Interessen in diesen Fällen unmittelbar berührt sind und sie bei Kommunalverfassungsbeschwerden nicht – wie im parlamentarischen Gesetzgebungsprozess oder bei Normenkontrollverfahren – mediatisiert werden, sondern eigenständig initiativ werden können.

2 „Kommunale Steueroasen" in der Bundesrepublik Deutschland?

Worum geht es in der hier beispielhaft ausgewählten und mit dem Urteil LVG 16/13 des Landesverfassungsgerichtes Sachsen-Anhalt vom 26. November 2014 zum Abschluss gekommenen Diskussion über die Möglichkeit, abundante Gemeinden zu einer Sonderabgabe zu zwingen, wenn deren steuerliche Einnahmen und damit deren Finanzkraft weit über ihrem Finanzbedarf liegt? Seit 2005 hatte sich das Landesverfassungsgericht in drei Verfahren mit der Frage auseinanderzusetzen, ob es dem Landesgesetzgeber erlaubt sei, im Rahmen eines interkommunalen horizontalen Finanzausgleichs eine besondere „Abundanzabgabe" für kreisangehörige Gemeinden einzuführen (SachsAnhVerfG, Urt. vom 13.06.2006 – LVG 7/05; Urt. vom 16.02.2010 – LVG 9/08; LVerfGE 21, 361, Urt. vom 26.11.2014 – LVG 16/13).

Das Modell für das in diesem Zusammenhang markante Auseinandertreten von geringer Steuerhöhe und großem Steueraufkommen bot eine Gemeinde außerhalb Sachsen-Anhalts, nämlich die in Schleswig-Holstein liegende Gemeinde Norderfriedrichskoog, die – je nach Quelle – 47, 42 oder 38 Einwohner zählt. Dieser Ort ging als „Steueroase" in die Geschichte des kommunalen Steuerrechtes ein, weil er seinen Gewerbesteuersatz auf Null reduziert hatte. In der Folge siedelten sich dort rund 350, teils sehr namhafte Unternehmen wie die Deutsche Bank, Lufthansa, EON, RWE und Beate Uhse an. Zumindest besaßen diese Unternehmen in der Gemeinde einen Briefkasten.

Das Recht der Gemeinde, auf die Erhebung kommunaler Steuern zu verzichten, geht auf das 17. Jahrhundert zurück. Der Ort entstand durch eine Eindeichung, und 1696 erließ der Landesherr den Bauern als Lohn für die Eindeichung die Steuern. Im Jahre 1972 verkaufte die Gemeinde das Land an die ortsansässigen Bauern. Ein Teil des Kaufpreises wurde direkt gezahlt, der Rest bis 2008 ratenweise getilgt. Aufgrund dieser Einnahmen konnte die Gemeinde auf die Erhebung kommunaler Steuern, insbesondere auf die Gewerbesteuer verzichten – ein guter Grund für Unternehmen, Sitze von Tochterfirmen nach Norderfriedrichskoog zu verlegen. Dieses wiederum führte zu lukrativen Einnahmen der Bewohner, denn Büromieten dort beliefen sich zeitweise auf das dreifache derjenigen von Frankfurt am Main. Der Bundesrechnungshof hatte bereits 1995 die Steuervermeidungsmöglichkeit moniert (Obertreis 2002). Der Bundesgesetzgeber änderte daher im Mai 2003 Artikel 4 des Steuervergünstigungsabbaugesetzes (Gesetz vom 16. Mai 2003; BGBl. I, S. 660) und legte fest, dass ab 2004 Tochterfirmen in Niedrigsteuergemeinden denselben Gewerbesteuersatz zahlen müssten wie die Mutterkonzerne, sofern der Gewerbesteuersatz unter 200 %[4] des vom Finanzamt festgelegten Anteils des Betriebsgewinns liegt (Clorius 2008; Pfeifer 2015). Zudem wurde 2004 der Hebesatz von 200 % als Mindestsatz eingeführt.

Mit dem Ende der Gewerbesteuerfreiheit verlor Norderfriedrichskoog zwar zahlreiche Unternehmen, aber Orte mit einem Gewerbesteuerhebesatz von 200 % blieben im Vergleich zu einem Durchschnittssatz von rund 343 % im Jahr 2018[5] noch immer steuerlich attraktiv. Norderfriedrichskoog bekam jedoch nach dem Verlust seiner Sonderstellung Konkurrenz – insbesondere aus den ostdeutschen Ländern. Auch die 239 Einwohner zählende kreisangehörige Gemeinde Sössen

---

[4]Die Gewerbesteuerhebesätze liegen in zehn größten deutschen Städten zwischen 410 % (Berlin) und 490 % (München). Einzelne Mittelstädte liegen deutlich über 500 %, eine erhebt 600 % und eine 900 %. Vgl. https://www.gewerbesteuer.de/gewerbesteuerhebesatz/berlin. Zugegriffen: 7. November 2018.

[5]Im Jahre 2016 betrug der durchschnittliche Hebesatz bei der Gewerbesteuer noch rund 400 %; Statistisches Bundesamt, Pressemitteilung vom 21. August 2017, https://www.destatis.de/DE/PresseService/Presse/Pressemitteilungen/2017/08/PD17_287_71231.html. Nach anderen Quellen beträgt der Durchschnittssatz 361 %, siehe: http://www.factfish.com/de. Zugegriffen 7. November 2018.

in Sachsen-Anhalt, in die eine Firma aus Norderfriedrichskoog ihren Sitz verlegt hatte, versuchte, mit dem niedrigst möglichen Gewerbesteuerhebesatz Unternehmen anzulocken – und sie tat dies mit Erfolg. Dadurch, dass ein Unternehmen 2003 seinen Sitz von Norderfriedrichskoog nach Sössen verlegte, stiegen die Gewerbesteuereinnahmen dort von knapp 12.000 EUR im Jahr 2003 auf gut 21 Mio. EUR im Jahr 2004. Das entspricht einem Steueraufkommen von knapp 88.000 EUR je Einwohner. Legt man Daten des bundesweiten Länderfinanzausgleiches zugrunde, haben Länder und Gemeinden zusammen derzeit einen Steueranspruch von gut 4000 EUR je Einwohner.[6] In Sössen lag das Steueraufkommen folglich pro Einwohner um das 22fache über dem Bundesdurchschnitt!

Angesichts dieser deutlichen Schieflage änderte der Landtag von Sachsen-Anhalt im Dezember 2004 das Finanzausgleichsgesetz (§ 19a Finanzausgleichsgesetz; FAG) dahingehend, dass von kreisangehörigen Gemeinden eine Umlage erhoben werden konnte, wenn ihre originäre Finanzkraft ihren Finanzbedarf überstieg.[7] Damit wurde in den primär bedarfsorientierten vertikalen kommunalen Finanzausgleich ein weiteres horizontales Element eingefügt, mit dem kreisangehörige Gemeinden in solchen Fällen gezwungen werden konnten, die über dem normierten Bedarf liegende originäre Steuerkraft teilweise abzuführen. Anders gesagt: Geschaffen wurde eine nicht am Bedarf orientierte kommunale Solidaritätsabgabe zulasten reicher Gemeinden.

In Anbetracht der enorm hohen Gewerbesteuereinnahmen wurde Sössen zur Finanzausgleichsumlage nach § 19a FAG herangezogen. Dieses hatte zur Folge, dass die Gemeinde nach der Kreisumlage und Gewerbesteuerumlage sowie der Finanzausgleichsumlage negative Gewerbesteuereinnahmen zu verzeichnen hatte. Die Gemeinde argumentierte nun, die Finanzausgleichumlage verstoße gegen Art. 87 Abs. 2 und 3 der Landesverfassung, weil keine angemessene Finanzausstattung der Gemeinde mehr gewährleistet sei und eine „Über-Nivellierung" stattfinde. Auch werde die Kommune, die einen Gewerbesteuerhebesatz von 200 % anwende, benachteiligt, weil für die Berechnung der Umlage der normierte Hebesatz des Landes von damals 323,85 % zugrunde gelegt worden sei. Auch sei eine Zuweisung an den Finanzausgleichstock des Landes nicht gerechtfertigt,

---

[6]Siehe dazu: Bundesminister der Finanzen (2019).

[7]§ 19a FAG i. d. F. vom 21.12.2004 lautete (GVBl. LSA, 2004, Nr. 71, S. 840): „(1) Übersteigt die Steuerkraftmesszahl (§ 8) einer kreisangehörigen Gemeinde ihre Bedarfsmesszahl (§ 7) um mehr als 50 v. H., führt sie 30 v. H. des über diesem Grenzwert liegenden Betrages [...] als Finanzausgleichsumlage ab. Die Finanzausgleichumlage wird dem Ausgleichsstock (§ 12) zugeführt".

weil nicht sichergestellt sei, dass die Kommunalsteuern bei den Kommunen verblieben, sondern über den Ausgleichsstock auch dem Land zugutekommen würden und damit gegen verfassungsrechtlich gebotenen Trennung der Ebenen verstoßen würde (SachsAnhVerfG, Urt. vom 13.06.2006 – LVG 7/05, Rn. 16–24). Das Landesverfassungsgericht hat der Gemeinde Sössen Recht gegeben. Es sah in seinem Urteil vom 13. Juni 2006 den beanstandeten § 19a FAG a. F. als nicht vereinbar an mit Art. 87 Abs. 1 SachsAnhVerf. Die beanstandete Norm sei mit der Garantie der kommunalen Selbstverwaltung unvereinbar, weil das Gesetz keine Vorsorge treffe, dass eine kreisangehörige Gemeinde im Einzelfall über die verfassungsrechtlichen Grenzen hinaus „abgeschöpft" werde oder in eine Position „nivelliert" werde, welche sie gegenüber verschonten Gemeinden schlechter stelle (SachsAnhVerfG, LVG 7/05, Rn. 54, 69 und 71). Damit übertrug das Landesverfassungsgericht die vom Bundesverfassungsgericht entwickelten Grundsätze für den Länderfinanzausgleich – keine „Nivellierung", keine Änderung der Finanzkraftreihenfolge – auf den kommunalen Finanzausgleich.

Weil die Regelung in der vorliegenden Form rechtlich nicht haltbar war, aber es politisch gewollt war, kommunale „Steueroasen" mit großen Vorteilen zugunsten einzelner Gemeinden zu vermeiden, korrigierte der Landesgesetzgeber das FAG erneut. Mit Gesetz vom 20. März 2007 änderte das Land den in Rede stehenden § 19a FAG ein weiteres Mal[8] – und wieder legte Sössen Verfassungsbeschwerde ein und wieder bekam die Kommune Recht. Denn wieder hielt das Landesverfassungsgericht das verabschiedete Gesetz mit der von der Landesverfassung garantierten kommunalen Selbstverwaltung nicht für vereinbar. Wieder waren Art. 2 Abs. 3 und Art. 87 Abs. 1 SachsAnhVerf verletzt (SachsAnhVerfG, Urt. vom 16.02.2010 – LVG 9/08 [Sössen II]), weil das geänderte Gesetz – wie das Landesverfassungsgericht in einem späteren Urteil den Sachverhalt zusammenfasste – nicht geeignet gewesen sei, „als Korrekturvorschrift den mit dem vorangegangenen Urteil gerügten Systemfehler der Finanzkraftumlage zu beseitigen" (SachsAnhVerfG, Urt. vom 26.11.2014 – LVG 16/13, S. 2).

Der Sachverhalt war im Grunde derselbe wie im Verfahren LVG 7/05. Im Jahr 2007 hatte die Gemeinde Sössen Gewerbesteuereinnahme in Höhe von gut 66 Mio. EUR erzielt. Nach Abzug der Gewerbesteuerumlage waren ihr gut 52 Mio. EUR oder knapp 217.000 EUR pro Einwohner verblieben. Der 2007 neu gefasste § 19a FAG sah vor, dass für die Finanzausgleichsumlage eine gesonderte Steuerkraftberechnung durchzuführen sei, bei der die Steuerkraftzahl für die Gewerbesteuer nach Abzug der Gewerbesteuerumlage zugrunde zu legen

---

[8]Zweites Gesetz zur Änderung des Finanzausgleichsgesetzes vom 20. März 2007 (GVBl. LSA, Nr. 4 vom 23. März 2007, S. 42).

„Steueroase" und „Abundanzumlage" ... 377

gewesen wäre. Übersteigt nach dieser Regelung die Messzahl die Bedarfszahl um mehr als 50 %, muss die betroffene Gemeinde 30 % des über dem Grenzwert liegenden Betrags abführen. Ausgenommen sind Gemeinden mit überdurchschnittlicher Verschuldung. Auch eine „unangemessene Veränderung der Finanzkraft der Gemeinde" (§ 19a Abs. 3 S. 3 FAG a. F.) hat den Wegfall der Zahlungsverpflichtung zur Folge.

Wie schon im Urteil vom 13. Juni 2006 (LVG 7/05) sah das Landesverfassungsgericht Sachsen-Anhalt im Urteil vom 16. Februar 2010 (LVG 09/08) die Verfassungsbeschwerde nicht nur als zulässig, sondern auch als begründet an und gab der klagenden Gemeinde Sössen weitgehend Recht.

Nach dem Urteil hat der Landesgesetzgeber im Rahmen von Art. 28 Abs. 1 GG im Verbindung mit der landesrechtlichen Konkretisierung durch Art. 2 Abs. 3 und Art. 87 und 88 SachsAnhVerf grundsätzlich einen weiten Spielraum bei der Ausgestaltung des kommunalen Finanzausgleiches. Der schließt auch einen landesgesetzlich geregelten interkommunalen Finanzausgleich ein. Das Landesverfassungsgericht sah aber einen Verfassungsverstoß in dem Umstand, dass das Gesetz die Finanzkraftunterschiede zu weit nivelliere und im Ergebnis auch die Finanzkraftreihenfolge ändere. Die Finanzkraftunterschiede zwischen den Gemeinden dürften zwar gemildert, aber nicht über die verfassungsrechtlichen Grenzen hinaus „abgeschöpft" oder in einer Weise „nivelliert" werden, dass abundante Gemeinden im Vergleich mit verschonten Gemeinden schlechter gestellt würden. Des Weiteren verwarf das Landesverfassungsgericht die Verrechnung der Finanzausgleichsumlage mit der Kreisumlage der Gemeinden. Dazu werde die Bemessungsgrundlage für die Zuweisungen an die Landkreise in einer Weise verändert, dass Landkreise mit abundanten Gemeinden statt geringerer nun höhere Zuweisungen erhalten. Da aber die Summe der allgemeinen Zuweisungen des Landes an die Landkreise unverändert bleibe, habe dieses andererseits zur Folge, dass Landkreise ohne abundante Gemeinden weniger allgemeine Zuweisungen bekämen (SachsAnhVerfG, LVG 9/08, Rn. 38). Dieser Effekt sei mit der Landesverfassung nicht zu vereinbaren, denn diese Bestimmung greife in nicht zulässiger Weise in die geschützte Finanzhoheit der Landkreise ein (Rn. 39). Das Gericht weist auch darauf hin, dass Landkreise und Gemeinden jeweils unabhängig voneinander einen Anspruch auf eine ihren Aufgaben angemessene Finanzausstattung besitzen, eine „Verrechnung" zwischen den Ebenen ist nicht zulässig.

Nach dem Urteil vom 16. Februar 2010 (LVG 9/08) sah sich der Landesgesetzgeber abermals veranlasst, das kommunale Finanzausgleichsgesetz zu ändern. Angesichts der zweimaligen verfassungsrechtlichen Ablehnung der Abundanzumlage nach § 19a des FAG bestand keine einfache Möglichkeit mehr, das Gesetz zu korrigieren. Infolge des Urteils setzte der Innenminister die Erhebung der Umlage für die noch laufende Legislaturperiode aus. Gemäß dem Koalitionsvertrag vom 13. April 2011 sollte die „Aufgabenbezogenheit" Grundlage sein für die Überarbeitung des kommunalen Finanzausgleiches, der unter Berücksichtigung der Gebietsreform in den Jahren 2010 und 2011 den Kommunen eine „auskömmliche und angemessene Finanzausstattung" garantieren sollte. Der Novellierung des FAG vorausgehen sollte ein „unabhängiges Gutachten", das „unter anderem die Angemessenheit kommunaler Ausgaben" untersuchen sollte (CDU/SPD 2011, S. 12). Um die beanstandete Nivellierung oder den kritisierten Rangplatztausch zu vermeiden, empfahl der frühere Finanzminister von Rheinland-Pfalz, Ingolf Deubel, als Gutachter in Anlehnung an eine Regelung in Baden-Württemberg, die Ausgleichsumlage nicht allein an der Höhe der Abundanz, sondern an der Höhe der Finanzkraft festzumachen (Deubel 2012). Die Landesregierung hat sich in ihrem Gesetzentwurf eng an diesem Gutachten sowie an einschlägigen Urteilen der Landesverfassungsgerichte orientiert und selbstredend auch die beiden Entscheidungen des Landesverfassungsgerichtes Sachsen-Anhalt berücksichtigt (Deubel 2012, S. 24 und passim; Landtag LSA, LT-Drs. 6/1410 vom 7. September 2012).

Der Landesgesetzgeber folgte im Wesentlichen dem Gutachten und Deubels Empfehlungen. Allerdings enthielt die Regierungsvorlage eine geringere Umlagehöhe als das Gesetz in Baden-Württemberg und sie sah auch von einer gleitenden Anhebung der Umlage mit steigender Finanzkraft ab. Im Unterschied zu früheren Regelungen in Sachsen-Anhalt floss die Umlage nicht mehr in den Finanzausgleichsstock, sondern wurde unmittelbar in demselben Verhältnis wie die Schlüsselzuweisungen auf die kreisangehörigen Gemeinden verteilt. Damit entsprach die Neuregelung der vom Landesverfassungsgericht verlangten Beachtung der Ebenentrennung. Darüber hinaus wurde eine Härtefallklausel eingeführt.

Am 13. Dezember 2012 beschloss der Landtag mit den Stimmen der Koalitionsfraktionen das „Gesetz zur Ablösung des Finanzausgleichsgesetzes und zur Änderung weiterer Gesetze"; in Kraft trat das Gesetz am 1. Januar 2013. Im Dezember 2013 wurde das Gesetz mit geringfügigen Änderungen für 2014 fortgeschrieben.[9] Die für den vorliegenden Kontext interessierende Neuregelung – § 12 FAG – integrierte anders als der frühere § 19a FAG abundante Erträge in den

---

[9]Die Darstellung des Sachverhalts folgt dem Urteil LVG 16/13, siehe Finanzausgleichsgesetz 2013 vom 18.12.2012 (GVBl. S. 641) i. d. F. vom 18.12.2013 (GVBl. S. 552). Ich danke dem Landesverfassungsgericht Sachsen-Anhalt für die Zurverfügungstellung des noch nicht veröffentlichten Urteils.

allgemeinen Finanzausgleich für kreisangehörige Gemeinden und Landkreise und beseitigte damit die alte Sonderregelung.

Aber auch diese Neuregelung stieß auf Widerstand und führte zu juristischen Auseinandersetzungen. Jetzt war es die Gemeinde Angern,[10] die 2.047 Einwohnern zählt, die gegen die Neuregelung Verfassungsbeschwerde einlegte, weil mit dem Gesetz in die kommunale Selbstverwaltung eingegriffen werde. Unter anderem wurde angeführt, dass eine Zahlungspflicht „an das Land" formuliert werde. Eine solche Pflicht verstoße gegen Art. 88 Abs. 2 SachsAnhVerf, da das Land nicht berechtigt sei, kommunale Steuern für sich zu vereinnahmen.

Das Landesverfassungsgericht beurteilte diese Beschwerde zwar als zulässig, verwarf sie aber als nicht begründet. Es sah § 12 FAG – neu – in Übereinstimmung mit der kommunalen Selbstverwaltung. Das Gericht führt unter Bezugnahme auf Art. 28 Abs. 1 GG und einschlägige Urteile des Bundesverfassungsgerichtes sowie deren Konkretisierung in Art. 87 Abs. 3 und Art. 88 SachsAnhVerf aus, dass das Land Bestimmungen über die Deckung der Kosten der Gemeinden für Pflichtaufgaben in eigener Verantwortung und nach Weisung zu treffen hat. Das Land hat auch dafür zu sorgen, dass die Kommunen über Finanzmittel verfügen, die zur angemessenen Erfüllung ihrer Aufgaben ausreichend sind. Dabei ist, so das Verfassungsgericht in seinem Urteil vom 26. November 2014 (LVG 16/13, S. 10), „die unterschiedliche Finanzkraft der Kommunen aufgrund eines Gesetzes angemessen auszugleichen (Art. 88 Abs. 2 SachsAnhVerf)."

Unter Betonung des engen Bezugs zu bundesverfassungsrechtlichen Bestimmungen über den Finanzausgleich verweist das Gericht in diesem Zusammenhang auf den bundesgesetzlich bestimmten Anteil der Kommunen an der Einkommen- und Umsatzsteuer, auf die Ertragshoheit über die Grund- und Gewerbesteuer sowie auf die Hoheit über die örtlichen Verbrauch- und Aufwandsteuern. Die konkrete Regelung des kommunalen Finanzausgleichs unterliege aber dem Landesgesetzgeber. Angesichts des Ineinandergreifens von grundgesetzlichen und landesrechtlichen Vorschriften stehe ihm ein weiter Gestaltungsspielraum zu (SachsAnhVerfG, LVG 16/13, S. 10; LVG 09/08, LVerfGE 21, 361, 374).

Die vom Landtag getroffenen Regelungen sieht das Gericht im Rahmen dieses Spielraums. Das Land habe mit § 12 FAG 2013 ein neues Modell für die Erhebung der Finanzumlage eingeführt. Anders als das Modell der

---

[10]Sössen war 2011 im Zuge der Gemeindeform 2011 in die Stadt Lützen eingemeindet worden.

„Abundanzumlage" (§ 19a FAG 2005, 2007), bei der eine normierte Steuerkraft mit einem normierten Bedarf verglichen wurde und die Möglichkeit eines Zugriffs auf einen gewissen Teil der abundanten Steuerkraft vorsah, wird nunmehr ein Finanzausgleich unter den steuerstarken und steuerschwachen kreisangehörigen Gemeinden vorgenommen. Dieser Ausgleich zieht nicht nur die abundante Steuerkraft zum Ausgleich heran, sondern gründet auf der breiteren Basis der Steuerkraft.

Dieses neue Modell unterscheidet sich im Hinblick auf die Ebenentrennung grundsätzlich von den früher vom Gericht verworfenen Regelungen. Letztere sahen die Übertragung der überschießenden Steuerkraft in einen Ausgleichsstock vor, sodass die Mittel den Landkreisen für die Bemessung der Kreisumlage verloren gingen. Demgegenüber wird durch die Neuregelung die Bemessungsgrundlage für die Kreisumlage nicht geschmälert. Es ergeben sich damit zwar Verschiebungen unter den kreisangehörigen Kommunen, aber keine Veränderungen der Schlüsselzuweisungen, die die Landkreise vom Land erhalten.

3 Landesverfassungsgerichtsbarkeit und kommunaler Finanzausgleich: abschließende Bemerkungen

Mit dem dargestellten Urteil des Landesverfassungsgerichtes LVG 16/13 vom 26. November 2014 war der verfassungsrechtliche Streit erst einmal beendet und die gesetzliche Lösung akzeptiert. Gleichwohl blieb der kommunale Finanzausgleich Streitthema, auch wenn die Abundanzumlage in diesem Zusammenhang keine Rolle mehr spielt. Dennoch versuchten 2018 die Landkreise knapp die Hälfte der Gemeindeeinnahmen über die Kreisumlage an sich zu ziehen. Und wieder wurden die Gerichte bemüht, um Lösungen zu finden. Doch in diesem Fall führten die Auseinandereinsetzungen bisher erst vor die Verwaltungsgerichte (Schmidt 2018). Es steht aber durchaus zu erwarten, dass auch hier höhere Instanzen und letztlich das Landesverfassungsgericht bemüht werden.

Unbeschadet dieser letzten Entwicklungen zeigt der dargestellte Fall, dass die Landesverfassungsgerichtsbarkeit auch in Sachsen-Anhalt von großer Bedeutung für die Gestaltung des kommunalen Finanzausgleichs ist. Dies liegt keineswegs nur daran, dass hier zentrale verfassungsrechtliche Normen berührt werden, sondern auch daran, dass klagefähige und klagewillige Akteure, nämlich Gemeinden und Gemeindeverbände, politische Konflikte in gerichtsförmige Verfahren überführen können, in der politischen Praxis sogar müssen, um ihre Interessen zu verfolgen. Der gestaltenden Einfluss der Rechtsprechung von Landesverfassungsgerichten

"Steueroase" und "Abundanzumlage" ...   381

zeigt sich dann in den parlamentarischen Willensbildungs- und Entscheidungs-prozessen. Der oben genannte Gesetzentwurf der Landesregierung ist deutlich von dem Bemühen geprägt, den Vorgaben des Landesverfassungsgerichtes zu entsprechen und gleichzeitig eigenen Gestaltungsspielraum zu nutzen. Doch insgesamt lässt sich in diesem Bereich kaum davon sprechen, dass Verfassungsgerichtsbarkeit in unzulässiger Weise in die Sphäre der Politik übergegriffen hätte. Das Landesverfassungsgericht Sachsen-Anhalt hat vielmehr, seinem Auftrag gemäß, Verfassungsnormen effektiv Geltung verschafft, ohne den Gestaltungsspielraum für Parlament und Regierung auf Null zu reduzieren.

Literatur

Bundesminister der Finanzen. (2019). *Föderale Finanzbeziehungen. Länderfinanzausgleich. Grundprinzipien des Länderfinanzausgleichs.* Stand: 18.01.2019. https://www.bundesfinanzministerium.de/Web/DE/Themen/Oeffentliche_Finanzen/Foederale_Finanzbeziehungen/Laenderfinanzausgleich/laenderfinanzausgleich.html. Zugegriffen: 5. Febr. 2019.

CDU/SPD. (2011). *Sachsen-Anhalt geht seinen Weg, Wachstum, Gerechtigkeit, Nachhaltigkeit. Vereinbarung zwischen der Christlich Demokratischen Union Deutschlands – Landesverband Sachsen-Anhalt – und der Sozialdemokratischen Partei Deutschlands – Landesverband Sachsen-Anhalt – über die Bildung einer Koalition in der sechsten Legislaturperiode des Landtags von Sachsen-Anhalt 2011 bis 2016.* https://www.spd-sachsen-anhalt.de/files/koalitionsvertrag2011.pdf. Zugegriffen: 23. Jan. 2019.

Clorius, S. (30. Oktober 2008). Dreizehn Höfe, fünfhundert Firmen. *Die Zeit.* https://www.zeit.de/2008/45/LS-Norderfriedrichskoog/komplettansicht. Zugegriffen: 7. Nov. 2018.

Deubel, I. (2012). *Der kommunale Finanzausgleich in Sachsen-Anhalt. Bestandsaufnahme und Perspektiven bis zum Jahr 2020.* Bad-Kreuznach, 23. April 2012. https://sachsen-anhalt.de/fileadmin/Bibliothek/Politik_und_Verwaltung/MF/Dokumente/FAG/Gutachten_FAG.pdf. Zugegriffen: 23. Jan. 2019.

Koehler, U. (2015). Abundanzumlagen Sachsen-Anhalt verfassungsgemäß. Anmerkungen zu SachsAnhVerfG, Urt. v. 26. 11. 2014 – LVG 16/13 u. a. *Landes- und Kommunalverwaltung, 25*(5), 205–208.

Lembcke, O. W. (2017). Thüringer Verfassungsgerichtshof. In W. Reutter (Hrsg.), *Landesverfassungsgerichte. Entwicklung – Aufbau – Funktionen* (S. 389–420). Wiesbaden: Springer VS.

Obertreis, R. (09. November 2002). Steuern sparen hinter dem Deich. In Norderfriedrichskoog zahlen selbst Weltkonzerne nicht einen Cent an den Fiskus. *Der Tagesspiegel.* https://www.tagesspiegel.de/wirtschaft/steuern-sparen-hinterm-deich/362222.html. Zugegriffen: 7. Nov. 2018.

Pfeifer, C. (27. Juli 2015). Die Briefkasten-Falle in der Provinz. *Manager-magazin.* http://www.manager-magazin.de/politik/meinungen/gewerbesteuerflucht-kann-steuerfahndung-aktivieren-a-1044794.html. Zugegriffen: 7. Nov. 2018.

Renzsch, W., & Schlüter, K. (2017). Das Landesverfassungsgericht von Sachsen-Anhalt. In W. Reutter (Hrsg.), *Landesverfassungsgerichte. Entwicklung – Aufbau – Funktionen* (S. 347–370). Wiesbaden: Springer VS.

Schmidt, J. (11. Dezember 2018). Gemeinden wehren sich gegen Abzocke. *Magdeburger Volksstimme*, S. 1.

Statistisches Bundesamt. (2017). Pressemitteilung vom 21.08.2017. https://www.destatis.de/DE/PresseService/Presse/Pressemitteilungen/2017/08/PD17_287_71231.html. Zugegriffen: 7. Nov. 2018.

Statistisches Bundesamt. (2019). Gewerbesteuerhebesätze in Deutschland. https://www.gewerbesteuer.de/gewerbesteuerhebesatz. Zugegriffen: 15. Jan. 2019.

Wolff, H. D. (2018). Kommentar zu Art. 28 GG. In D. Hömig & H. D. Wolff (Hrsg.), *Grundgesetz für die Bundesrepublik Deutschland. Hand-Kommentar* (12. Aufl., S. 336–351). Baden-Baden: Nomos.

Internationale und vergleichende Perspektiven

Landesverfassungsgerichte und europäische Integration

Josef Franz Lindner

Rolle und Funktion der Landesverfassungsgerichte in der europäischen Integration, zumal im Rahmen der Europäischen Union (EU), werden zumindest in der rechtswissenschaftlichen Literatur eher selten grundsätzlich beleuchtet (Lindner 2009, S. 65 f., 2019, Rn. 578 ff.). Dies liegt daran, dass die europäische Integration in verfassungsrechtlicher Sicht in erster Linie ein Thema des Grundgesetzes, weniger ein solches der Verfassungen der deutschen Länder ist (unten Abschn. 1). Dementsprechend spielt das EU-Recht in der Landesverfassungsgerichtsbarkeit weder als Prüfungsgegenstand (Abschn. 2) noch als Prüfungsmaßstab (Abschn. 3) eine nennenswerte Rolle. Die Landesverfassungsgerichte lassen sich daher – anders als die deutschen Verwaltungsgerichte – nicht als funktionale Unionsgerichte begreifen. Gleichwohl ist es nicht ausgeschlossen, dass auch die Landesverfassungsgerichte unter Umständen berechtigt oder verpflichtet sind, den Europäischen Gerichtshof (EuGH) im Wege des Vorabentscheidungsverfahrens nach Art. 267 AEUV anzurufen (Abschn. 4). Bleibt schließlich die Frage, ob und inwieweit die Europäische Menschenrechtskonvention (EMRK) im Rahmen der deutschen Landesverfassungsgerichtsbarkeit eine Rolle spielt (Abschn. 5). Soweit im Rahmen der nachfolgenden Darstellungen auf konkrete landesverfassungsgerichtliche Entscheidungen Bezug genommen wird, werden

---

J. F. Lindner (✉)
Juristische Fakultät, Universität Augsburg, Augsburg, Deutschland
E-Mail: josef.lindner@jura.uni-augsburg.de

© Springer Fachmedien Wiesbaden GmbH, ein Teil von Springer Nature 2020
W. Reutter (Hrsg.), *Verfassungsgerichtsbarkeit in Bundesländern*,
https://doi.org/10.1007/978-3-658-28961-4_15

exemplarisch das bayerische Verfassungsprozessrecht und die Rechtsprechung des Bayerischen Verfassungsgerichtshofes (BayVerfGH) herangezogen.[1]

1 Landesverfassung und europäische Integration

Die europäische Integration ist in erster Linie ein Thema des Bundes und der Bundesverfassung, also des Grundgesetzes (Abschn. 1.1), wobei die Länder über den Bundesrat mitwirken (Abschn. 1.2). Die Aussagen der Landesverfassungen zum Thema der europäischen Integration haben ein lediglich schwaches konstitutionelles Gewicht (Abschn. 1.3) und verhelfen den Ländern nicht zu einer eigenständigen Stellung in der EU. Landesverfassungsrecht und Landesrecht insgesamt sind vielmehr durch das EU-Recht überlagert und daher in ihrer Wirkmacht begrenzt (Abschn. 1.4).

1.1 Europäische Integration als Thema des Grundgesetzes

Im deutschen Verfassungsrecht ist die europäische Integration dem Bund zugewiesen und daher maßgeblich ein Thema des Grundgesetzes. *Sedes materiae* ist Art. 23 GG, über den das Bundesverfassungsgericht (BVerfG) wacht. Schon von daher ist es erklärbar, dass die europäische Integration jedenfalls in grundsätzlicher Hinsicht in der Rechtsprechung der Landesverfassungsgerichte keine nennenswerte Rolle spielt.

1.2 Mitwirkung der Länder durch den Bundesrat

Die deutschen Länder sind nicht Mitgliedstaaten der EU (s. u. Abschn. 1.4). Sie wirken daher nicht unmittelbar an der Übertragung von Kompetenzen auf die

---

[1]Dies ist angesichts von 16 Landesverfassungsgerichten und 16 Landesverfassungsprozessrechten nicht nur aus Raumgründen angezeigt, sondern auch deswegen gerechtfertigt, weil die diesbezügliche Rechtsprechung des BayVerfGH am reichhaltigsten ist und andere Landesverfassungsgerichte sich an dieser Rechtsprechung nicht selten orientieren. Ein gemeindeutscher Landesverfassungsgerichtsbarkeitsvergleich im Hinblick auf den Bezug zum EU-Recht wäre ein gesondertes Desiderat; vgl. dazu Nägele (2018, S. 31 ff.), der eine einführende Bestandsaufnahme zur Bedeutung des Unionsrechts in der Rechtsprechung der Landesverfassungsgerichte vorlegt.

Landesverfassungsgerichte und europäische Integration 387

EU und bei der Entstehung von sekundärem EU-Recht mit. Allerdings sind die
Länder über den Bundesrat in Angelegenheiten der Europäischen Union (Art.
50 GG) beteiligt. Der Bundesrat, der aus den Mitgliedern der Regierungen der
Länder besteht (Art. 51 GG), ist sowohl bei der Übertragung von Kompetenzen
auf die EU (Abschn. 1.2.1) als auch im Rahmen der Entstehung von sekundärem
EU-Recht beteiligt (Abschn. 1.2.2). Ihm steht zudem das Recht der Subsidiaritätsklage zum EuGH zu (Abschn. 1.2.3). In allen drei Bereichen stellt sich das
Problem, ob und inwieweit die Regierungen der Länder bei der Abstimmung im
Bundesrat an ihre Landesverfassung gebunden sind – was dann möglicherweise
das Landesverfassungsgericht überprüfen könnte, etwa im Rahmen von Organstreitigkeiten (Abschn. 1.2.4).

1.2.1 Übertragung von Kompetenzen auf die EU

Art. 23 Abs. 1 Satz 2 GG ermächtigt den Bundestag dazu, mit Zustimmung des
Bundesrates Kompetenzen (nicht: die Souveränität!) auf die EU zu übertragen.
Dazu bedarf es eines Zustimmungsgesetzes mit verfassungsändernder Mehrheit
(Art. 23 Abs. 1 Satz 3 i. V. m. Art. 79 Abs. 2 GG). Dabei ist Art. 79 Abs. 3 GG
zu beachten. Daraus leitet das BVerfG im Lissabon-Urteil strenge Integrations-
grenzen ab: Der Bundesrepublik insgesamt und auch den Ländern müssten Aufgaben von substanziellem politischem Gewicht verbleiben. Dies kann vom
BVerfG im Rahmen einer abstrakten Normenkontrolle (Art. 93 Abs. 1 Nr. 2 GG)
oder einer auf Art. 38 Abs. 1 GG gestützten Verfassungsbeschwerde gegen das
Zustimmungsgesetz kontrolliert werden (BVerfGE 123, 267). Gleiches gilt für die
nach dem Integrationsverantwortungsgesetz (IntVG) notwendigen Zustimmungs-
gesetze im Rahmen des vereinfachten Vertragsänderungsverfahrens, der Brücken-
klausel und der Kompetenzabrundungsklausel (Art. 352 AEUV). Auch insoweit
ist der Bundesrat zur Mitwirkung berufen (zum Konzept der Integrationsver-
antwortung von Bundestag und Bundesrat vgl. Lindner 2010, S. 193 ff. und
198 ff.).

1.2.2 Mitwirkung bei der Entstehung von EU-Recht

Von der Mitwirkung der Länder bei der Übertragung von Kompetenzen auf die
EU und deren Grenzen (soeben Abschn. 1.2.1) zu unterscheiden ist die (inner-
staatliche[2]) Mitwirkung der Länder an der Ausübung der auf die EU übertragenen
Kompetenzen durch die Organe der EU, zumal bei der Setzung von sekundärem EU-Recht. Hierfür gelten insbesondere die Absätze 2 bis 7 des Art. 23 GG.

---

[2]Die Mitwirkung der Länder (über den Bundesrat) erfolgt ausschließlich nach innerstaatlichen Maßstäben, sie ist im EU-Recht selbst nicht vorgesehen.

Die Mitwirkung der Länder erfolgt auch insoweit über den Bundesrat. Einzelheiten ergeben sich aus dem „Gesetz über die Zusammenarbeit von Bund und Ländern in Angelegenheiten der EU".

1.2.3 Die Subsidiaritätsklage

Nach Art. 8 Abs. 1 des EU-Protokolls „über die Anwendung der Grundsätze der Subsidiarität und der Verhältnismäßigkeit", das den Rang von EU-Primärrecht hat, können die Mitgliedstaaten und deren Parlamente gegen Rechtsakte der EU wegen Verstoßes gegen das Subsidiaritätsprinzip (Art. 5 EUV) vor dem EuGH Klage erheben. Der innerstaatlichen Umsetzung dient Art. 23 Abs. 1a GG, wonach Bundestag und Bundesrat das Recht haben, wegen Verstoßes eines Gesetzgebungsaktes der EU gegen das Subsidiaritätsprinzip vor dem EuGH Klage zu erheben. Einzelheiten ergeben sich aus § 12 Abs. 2 IntVG: Danach kann der Bundesrat in seiner Geschäftsordnung[3] regeln, wie der Beschluss über die Erhebung einer Subsidiaritätsklage vor dem EuGH herbeizuführen ist. Das einzelne (Bundes)Land hingegen hat kein selbständiges Klagerecht.

1.2.4 Bindung der Landesregierung an die Landesverfassung?

In allen drei Fallgruppen (Abschn. 1.2.1 bis 1.2.3) stellt sich die Frage, ob die Mitglieder der Landesregierung bei ihrer Beschlussfassung im Bundesrat an die Landesverfassung gebunden sind. Diese Frage ist umstritten, wird aber überwiegend verneint, sodass insoweit auch keine Befassung des Landesverfassungsgerichts in Betracht kommen wird. Der Bundesrat ist ein Bundesorgan und damit nur an das Grundgesetz, nicht jedoch an die Landesverfassung gebunden. Von einer solchen Bindung geht aber Art. 70 Abs. 4 BayVerf aus.[4]

---

[3]Eine entsprechende Regelung ist bislang nicht erlassen worden; es gelten daher die allgemeinen Regeln über die Beschlussfassung des Bundesrates (Art. 52 III 1 GG).

[4]Nach Art. 70 Abs. 4 Satz 2 BayVerf kann die Bayer. Staatsregierung, wenn das Recht der Gesetzgebung durch die Übertragung von Hoheitsrechten auf die Europäische Union betroffen ist, in ihren verfassungsmäßigen Aufgaben durch Gesetz gebunden werden. Der BayVerfGH hat die Frage offengelassen, ob Art. 70 Abs. 4 Satz 2 BayVerf und die Möglichkeit einer landesgesetzlichen Weisung gegenüber der Staatsregierung für ihr Abstimmungsverhalten im Bundesrat überhaupt mit dem Grundgesetz vereinbar sind. Allerdings äußert er Zweifel an der Vereinbarkeit von Art. 70 Abs. 4 Satz 2 BayVerf mit den Vorgaben des Grundgesetzes für das Verfassungsorgan „Bundesrat": BayVerfGH v. 15.2.2017 – Vf. 60-IX-16 – BayVBl. 148 (12), S. 407/409 ff.

Landesverfassungsgerichte und europäische Integration   389

Dies erscheint gut begründbar: Die Mitglieder im Bundesrat, also die Vertreter der Landesregierung (Art. 51 I GG), werden *dadurch* nicht zu Bundesorganen. Sie bleiben Organe der Landesstaatsgewalt und damit nicht nur an das GG, sondern auch an die Landesverfassung gebunden. In diesem Rahmen können etwa die Programmsätze der Landesverfassung Wirkung entfalten und die Mitglieder der Landesregierung verpflichten, ihr Abstimmungsverhalten im Bundesrat daran auszurichten oder entsprechende Gesetzgebungsinitiativen im Bundesrat anzuregen oder zu unterstützen. Insofern wäre es also nicht ausgeschlossen, dass ein Landesverfassungsgericht einmal mit der Frage befasst wird, ob die Landesregierung sich bei der Abstimmung im Bundesrat in einer der unter Abschn. 1.2.1 bis 1.2.3 genannten Angelegenheiten hinreichend an die Vorgaben der Landesverfassung gehalten hat. Vorgekommen ist das bisher allerdings noch nicht. Ein künftiger Anwendungsfall könnte der bereits zitierte Art. 70 Abs. 4 BayVerf sein.

1.3 Aussagen der Landesverfassungen zur europäischen Integration

Auch wenn die Länder selbst weder Mitglied der EU sind (s. sogleich Abschn. 1.4) und auch weder unmittelbar an Kompetenzübertragungen auf die EU noch beim Zustandekommen von sekundärem EU-Recht beteiligt sind (vgl. soeben Abschn. 1.2), enthalten die meisten Landesverfassungen jedoch Aussagen zur europäischen Integration. So lautet etwa Art. 3a BayVerf:[5] *„Bayern bekennt sich zu einem geeinten Europa, das demokratischen, rechtsstaatlichen, sozialen und föderativen Grundsätzen sowie dem Grundsatz der Subsidiarität verpflichtet ist, die Eigenständigkeit der Regionen wahrt und deren Mitwirkung an europäischen Entscheidungen sichert. Bayern arbeitet mit anderen europäischen Regionen zusammen."* Es handelt sich dabei um Staatszielbestimmungen, die den Landesorganen ein EU-freundliches Verhalten aufgeben. Konkrete verfassungsrechtliche Pflichten lassen sich solchen landesverfassungsrechtlichen Europaklauseln nicht entnehmen, sodass ihre konstitutionelle Bedeutung gering ist.

---

[5]Vgl. auch Art. 2 Abs. 1, 3 BbgVerf; Art. 64, 65 Abs. 2 BremVerf; Art. 64 HessVerf; Art. 11 VerfMV; Art. 1 Abs. 2 NdsVerf; Art. 74a RhPfVerf; Art. 60 Abs. 2 SaarlVerf; Art. 12 Sächs-Verf; Art. 1 SachsAnhVerf. Vgl. ferner den Vorspruch der BWVerf und die Präambeln der SHVerf und der ThürVerf.

390   J. F. Lindner

Dementsprechend haben sich auch die Landesverfassungsgerichte bisher nicht in grundsätzlicher Weise mit diesen Normen beschäftigt (vgl. dazu Lindner 2017b, Rn. 1 ff.).

1.4 Stellung der Länder in der EU

Die deutschen Länder sind nicht Mitgliedstaaten der EU. Mitglied der EU ist allein die Bundesrepublik Deutschland, die die entsprechenden völkerrechtlichen Verträge, zuletzt den Vertrag von Lissabon, abgeschlossen und ratifiziert hat. Die EU selbst ist grundsätzlich „landesblind".[6] Die innere Verfasstheit eines Mitgliedstaates interessiert die EU grundsätzlich nicht. Das unmittelbar in den und für die EU-Mitgliedstaaten geltende primäre und sekundäre EU-Recht muss von diesen beachtet, angewendet und ggf. umgesetzt werden. Wie dies in den einzelnen Mitgliedstaaten jeweils innerstaatlich organisiert wird, ist der EU grundsätzlich gleichgültig, solang die effektive Umsetzung sichergestellt ist. Die Mitgliedschaft Deutschlands in der EU lässt die Bundesstaatlichkeit Deutschlands als solche unberührt und damit auch die Eigenstaatlichkeit der Länder. Innerstaatlich sind die Länder jedenfalls nach dem Grundsatz der Bundestreue verpflichtet, in ihrem Zuständigkeitsbereich (der sich nach der Kompetenzverteilung des GG richtet[7]) das primäre (EUV, AEUV) und sekundäre EU-Recht zu beachten, anzuwenden und ggfs. umzusetzen. Des Weiteren sind als Organe der Länder auch die Fachgerichte nach dem Grundsatz vom Anwendungsvorrang des EU-Rechts verpflichtet, EU-rechtswidriges Bundes- und Landesrecht unangewendet zu lassen (vgl. zum Ganzen Lindner 2011, S. 1 ff.). Tun sie dies nicht, droht der Bundesrepublik Deutschland – nicht den Ländern – ein Vertragsverletzungsverfahren nach Art. 258 AEUV.[8] Die Länder dürfen zudem kein Landesrecht erlassen, das

---

[6]Eine Ausnahme bildet der sog. „Ausschuss der Regionen" („AdR"; Art. 305 ff. AEUV), in den auch Vertreter der Länder entsandt werden. Die praktische Bedeutung des AdR und dessen politischer Einfluss sind allerdings begrenzt (vgl. zu den Rechten des Ausschusses Art. 307 AEUV). Der AdR hat allerdings ein Klagerecht gegen Rechtsetzungsakte der EU nach Art. 8 II des EU-Protokolls „über die Anwendung der Grundsätze der Subsidiarität und der Verhältnismäßigkeit".

[7]Vor allem Art. 30, 70 ff., 83 ff. GG.

[8]Zur innerstaatlichen „Lastenverteilung" bei einer Verletzung von supranationalen oder völkerrechtlichen Verpflichtungen Deutschlands s. den durch die Föderalismusreform 2006 neu gefassten Art. 104 a Abs. 6 GG.

Landesverfassungsgerichte und europäische Integration 391

EU-Recht, etwa den Grundfreiheiten zuwiderliefe. Mit solchen Fragen werden die Landesverfassungsgerichte jedoch regelmäßig nicht befasst (vgl. aber auch unten Abschn. 3).

2 EU-Recht nicht Prüfungsgegenstand in landesverfassungsgerichtlichen Verfahren

2.1 Grundsatz

Im Verfassungsprozessrecht unterscheidet man generell zwischen Prüfungsgegenstand und Prüfungsmaßstab. Dies gilt auch für die Landesverfassungsgerichtsbarkeit. Prüfungsgegenstand ist derjenige Landesrechtsakt (z. B. ein Landesgesetz), der auf seine Verfassungskonformität überprüft wird. Prüfungsmaßstab ist dasjenige Recht, anhand dessen der Prüfungsgegenstand überprüft wird (z. B. die Landesverfassung). Grundsätzlich gilt für den Bereich des Landesverfassungsrechts: Nur Landesrechtsakte können Prüfungsgegenstand in landesverfassungsgerichtlichen Verfahren sein. Denn nur die Landesorgane sind beim Erlass von Landesrechtsakten an die Landesverfassung gebunden, nicht hingegen Bundes- oder EU-Organe. Generell gilt: In – zumindest im Grundsatz – getrennten Rechts- oder Verfassungsräumen (Bund – Land; EU – Bund; EU – Land) können von einem Verfassungsgericht nur die Rechtsakte derjenigen Hoheitsträger überprüft werden, die durch dieselbe Verfassungsordnung gebunden werden, der auch das Verfassungsgericht unterliegt. Das bedeutet im Ergebnis: EU-Rechtsakte können letztverbindlich nur vom EuGH auf ihre Vereinbarkeit mit EU-Primärrecht überprüft werden, nicht hingegen von einem Landesverfassungsgericht. Ein EU-Rechtsakt kann daher nicht unmittelbar Verfahrens- oder Beschwerdegegenstand in einem landesverfassungsgerichtlichen Verfahren sein.

2.2 Sonderfall: EU-rechtlich determiniertes Landesrecht als Prüfungsgegenstand?

Von der (soeben unter Abschn. 2.1 verneinten) Frage, ob EU-Recht Prüfungsgegenstand sein kann, ist die Frage zu unterscheiden, ob und inwieweit Landesrechtsakte, die ihrerseits auf EU-Recht beruhen, geeigneter Prüfungsgegenstand im landesverfassungsgerichtlichen Verfahren sein können. Ein Rechtsakt, der vom Landesgesetzgeber, einer Landesbehörde oder einem Landesgericht erlassen wird, ist und bleibt unabhängig davon ein Akt der Landeshoheitsgewalt, ob und inwieweit er von EU-Recht determiniert wird (BayVerfGHE 50, 76/95 = BayVBl. 128 (16), S. 495). Der Landesgesetzgeber, der eine EU-Richtlinie umsetzt, erlässt damit Landesrecht, auch wenn dieses teilweise oder auch vollumfänglich vom europäischen Recht bestimmt ist (BayVerfGHE 50, 76/95 = BayVBl. 128 (16), S. 495; Hirsch 1997, S. 45 ff.). Ein Verwaltungsakt, der auf der Grundlage einer unmittelbar wirkenden EU-Verordnung (Art. 288 Abs. 2 AEUV) oder aufgrund EU-Primärrecht ergeht, bleibt ein landesrechtlicher Verwaltungsakt, auch wenn er durch das EU-Recht inhaltlich determiniert ist. Gleichwohl stellt sich die Frage, ob EU-rechtlich determinierte Landesrechtsakte vollumfänglich Prüfungsgegenstand vor einem Landesverfassungsgericht sein können. Dagegen könnte sprechen, dass das Landesverfassungsgericht, selbst wenn es zum Ergebnis kommt, dass die angegriffenen Rechtsakte gegen Grundrechte der BayVerf verstoßen, einer Verfassungsklage nicht stattgeben könnte, weil es dadurch implizit die zugrunde liegenden determinierenden EU-Rechtsakte verwerfen müsste. Dies widerspräche indes dem Grundsatz vom Anwendungsvorrang des EU-Rechts. Vorzugswürdig dürfte es sein, Verfassungsklagen zum Landesverfassungsgericht auch in Bezug auf solche Landesrechtsakte für zulässig zu erklären, die EU-rechtlich determiniert sind. Erst im Rahmen der Begründetheit wäre dann zu prüfen, ob und inwieweit die EU-rechtliche Determinierung reicht. Soweit dem Land Umsetzungs-, Ausfüllungs- oder Interpretationsspielräume bei der Anwendung oder Umsetzung des EU-Rechts verbleiben, kann die Landesverfassung Prüfungsmaßstab sein. Soweit die EU-rechtliche Determinierung reicht, scheidet die Landesverfassung als Prüfungsmaßstab hingegen aus. Eine Popularklage nach Art. 98 Satz 4 BayVerf zum BayVerfGH etwa wäre trotz (teilweiser) EU-rechtlicher Determinierung des angefochtenen Landesgesetzes zulässig, soweit die Zulässigkeitsvoraussetzungen im Übrigen vorliegen. Im Rahmen der Begründetheit müsste der BayVerfGH die angegriffene Rechtsvorschrift zunächst vollumfänglich am Maßstab der BayVerf prüfen. Käme er dabei zum Ergebnis, dass die BayVerf nicht verletzt ist, hätte er die Klage als unbegründet zurückzuweisen, unabhängig davon, inwieweit die angegriffene Vorschrift durch EU-Recht determiniert wird. Gelangte er hingegen zum Ergebnis, dass eine Vorschrift der BayVerf durch die angegriffene Rechtsvorschrift verletzt ist, so wäre zu unterscheiden: Soweit die verletzende Regelung EU-rechtlich determiniert ist, könnte der BayVerfGH die Vorschrift nicht für nichtig erklären, weil er damit den Anwendungsvorrang des EU-Rechts missachten würde. Im Umfang der EU-rechtlichen Determinierung wäre die Klage mithin abzuweisen (Lindner 2008, S. 406). Soweit der Landesgesetzgeber einen Umsetzungsspielraum hatte, er also EU-rechtlich nicht determiniert war, könnte der Landesrechtssatz vom BayVerfGH verworfen werden. Durch das EU-Recht belassene

Umsetzungsspielräume sind vom Landesgesetzgeber grundrechtswahrend zu nutzen; dies kann vom Landesverfassungsgericht auch überprüft werden (Zur Frage, ob das Landesverfassungsgericht bei der Überprüfung EU-rechtlich determinierter Landesrechtsakte die Wirksamkeit des determinierenden EU-Rechts selbst überprüfen und ggf. dem EuGH nach Art. 267 AEUV vorlegen muss, s. unten Abschn. 4.2).

2.3 Übertragbarkeit der Rechtsprechung des BVerfG auf die Landesverfassungsgerichtsbarkeit?

Das BVerfG hingegen schließt das EU-Recht als Prüfungs*gegenstand* nicht grundsätzlich aus. Nach der ständigen Rechtsprechung des BVerfG sind Verfassungsbeschwerden und Normenkontrollen, in denen eine Verletzung von Grundrechten des Grundgesetzes durch abgeleitetes EU-Recht geltend gemacht wird, unzulässig, wenn in der Begründung nicht dargelegt wird, dass die europäische Rechtsentwicklung einschließlich der Rechtsprechung des EuGH nach Ergehen der sog. „Solange-II"-Entscheidung des BVerfG unter den erforderlichen Grundrechtsstandard abgesunken ist (BVerfGE 73, 339/387, BVerfGE 102, 147/162). Daraus ergibt sich zugleich, dass das BVerfG seine Jurisdiktionsgewalt über sekundäres EU-Recht für den Fall in Anspruch nimmt, dass dieses vom EuGH nicht mehr in der erforderlichen Weise auf seine Grundrechtskonformität überprüft wird.[9] In diesem Fall kann abgeleitetes EU-Recht Prüfungsgegenstand einer Verfassungsbeschwerde oder eines Normenkontrollverfahrens vor dem BVerfG sein. Insofern spricht das BVerfG plastisch vom „Grundrechtsschutz *in* Deutschland" (BVerfGE 89, 155). Es wäre nun denkbar, diese Rechtsprechung des BVerfG auf die Landesverfassungsgerichtsbarkeit zu übertragen. Dies würde bedeuten, dass ein Landesverfassungsgericht sekundäre EU-Rechtsakte, soweit deren Anwendung oder Umsetzung in den Zuständigkeitsbereich der Länder fällt, auf ihre Konformität mit den Grundrechten der Landesverfassung überprüft, wenn der Grundrechtsschutzstandard auf europäischer Ebene unter den der Landesverfassung abgesunken ist.

---

[9]Gleiches gilt dann, wenn das sekundäre EU-Recht aus der Kompetenzordnung des EUV oder des AEUV ausbricht („ultra vires-Akt") oder die Identität der durch das Grundgesetz verbürgten Ordnung verletzt: Vgl. dazu zusammenfassend Lindner 2017a, Rn. 436 ff. mit Nachweisen zur Rechtsprechung des BVerfG.

Eine solche Übertragung der Rechtsprechung des BVerfG auf die Landesverfassungsgerichtsbarkeit erscheint indes nicht zweckmäßig. Zum einen ist das Konfliktpotential, das das BVerfG im Verhältnis zum EuGH aufgebaut hat, beträchtlich, auch wenn das BVerfG dieses mit dem Begriff „Kooperationsverhältnis" zu kompensieren sucht (BVerfGE 89, 155 = BayVBl. 125 (1), S. 16). Zum anderen besteht die Gefahr, dass die Landesverfassungsgerichte die Frage des Grundrechtsschutzniveaus auf europäischer Ebene unterschiedlich beantworten mit der Konsequenz, dass manche Landesverfassungsgerichte sekundäres EU-Recht am Maßstab der Landesverfassung überprüfen, andere nicht. Damit wäre die Einheitlichkeit der Geltung sekundären EU-Rechts in Deutschland in Frage gestellt. Es erscheint daher vorzugswürdig, diese Fragen beim BVerfG zu fokussieren.

3 EU-Recht als Prüfungsmaßstab in landesverfassungsgerichtlichen Verfahren

Im Folgenden ist zu untersuchen, ob und inwieweit EU-Recht Prüfungs*maßstab* in Verfahren der Landesverfassungsgerichtsbarkeit sein kann, ob also Landesrechtsakte vom Landesverfassungsgericht auf ihre Vereinbarkeit mit primärem und sekundärem EU-Recht überprüft werden können. Insoweit ist danach zu unterscheiden, ob EU-Recht unmittelbarer oder mittelbarer Prüfungsmaßstab ist. *Unmittelbarer* Prüfungsmaßstab ist EU-Recht dann, wenn ein Landesrechtsakt als (geeigneter) Prüfungsgegenstand direkt am Maßstab des primären oder sekundären EU-Rechts überprüft wird (Abschn. 3.1). Von *mittelbarem* Prüfungsmaßstab ist zu sprechen, wenn die Vereinbarkeit eines Landesrechtsakts mit EU-Recht eine Vorfrage für die Verletzung einer Norm der Landesverfassung, z. B. des Art. 3 Abs. 1 Satz 1 BayVerf und des dort verankerten Rechtsstaatsprinzips ist, wenn also in der Verletzung des EU-Rechts gleichzeitig eine Verletzung der Landesverfassung liegt (Abschn. 3.2).

3.1 EU-Recht als unmittelbarer Prüfungsmaßstab?

Nach der ständigen Rechtsprechung etwa des BayVerfGH ist unmittelbarer Prüfungs*maßstab* im landesverfassungsgerichtlichen Verfahren ausschließlich die Bayerische Verfassung, nicht indes Bundes- oder EU-Recht. Dies hat der BayVerfGH in vielen Entscheidungen insbesondere für das *Popularklageverfahren* klargestellt. Ohne vertiefende Begründung schließt der BayVerfGH EU-Recht (wie auch Bundesrecht) als *unmittelbaren* Prüfungsmaßstab für die Überprüfung

Landesverfassungsgerichte und europäische Integration   395

der Rechtmäßigkeit von Landesrechtssätzen aus (BayVerfGHE 39, 56/62; Bay-VerfGHE 50, 226/266 – ständige Rechtsprechung).

3.2   EU-Recht als mittelbarer Prüfungsmaßstab?

Mittelbarer Prüfungsmaßstab ist das EU-Recht dann, wenn in der Verletzung des EU-Rechts durch einen Landesrechtsakt zugleich eine Verletzung der Landesverfassung liegt. Diese ist dann *unmittelbarer* Prüfungsmaßstab. Ob EU-Recht verletzt ist, ist *mittelbare* Vorfrage. Die wichtigste „Mediatisierungsnorm", innerhalb deren Anwendung auch solches Recht Prüfungsmaßstab sein kann, das seinerseits nicht der Bindungswirkung der Landesverfassung unterliegt, ist das Rechtsstaatsprinzip, verankert etwa in Art. 3 Abs. 1 Satz 1 BayVerf. Verstößt ein Landesrechtsakt gegen höherrangiges Recht, das nicht der Bindungswirkung der Landesverfassung unterliegt, so kann in einem solchen Rechtsverstoß zugleich eine Verletzung des Rechtsstaatsprinzips der Landesverfassung liegen. Diese Funktion hat der BayVerfGH in ständiger Rechtsprechung dem Art. 3 Abs. 1 Satz 1 BayVerf für den Fall des Widerspruches von Landesrecht und *Bundes*recht im Rahmen der Popularklage erschlossen. Der BayVerfGH prüft im Rahmen einer zulässigen Popularklage auch, ob der angegriffene Landesrechtssatz gegen das Rechtsstaatsprinzip verstößt (BayVerfGHE 59, 134/139 – ständige Rechtsprechung). Dabei prüft der BayVerfGH auch, ob ein Verstoß des angegriffenen Landesrechtssatzes gegen Bundesrecht vorliegt. Allerdings fungiert das Rechtsstaatsprinzip nicht als „Hebel" zur vollständigen Überprüfung der angegriffenen Vorschriften am Maßstab des Bundesrechts. Eine Verletzung des Rechtsstaatsprinzips ist erst dann gegeben, wenn der Widerspruch des Landesrechts zum Bundesrecht „besonders krass" sei.[10] Ein Verstoß gegen das Rechtsstaatsprinzip

---

[10]BayVerfGHE 59, 219/224: „Ein möglicher Verstoß einer landesrechtlichen Norm gegen Bundesrecht kann allenfalls zu einer Verletzung des Rechtsstaatsprinzips führen. Unter dem Blickwinkel des Art. 3 Abs. 1 Satz 1 [BayVerf] kann der VerfGH nicht umfassend prüfen, ob der Landesgesetzgeber die rechtlichen oder tatsächlichen Voraussetzungen einer bundesrechtlichen Ermächtigung zutreffend beurteilt und ermittelt und ob er andere bundesrechtliche Vorschriften in ihrer Bedeutung für den Inhalt seiner Regelung richtig eingeschätzt hat. Das Rechtsstaatsprinzip der [BayVerf] erstreckt seine Schutzwirkung nicht in den Bereich des Bundesrechts mit der Folge, dass jeder formelle oder inhaltliche Verstoß gegen Bundesrecht zugleich als Verletzung der Bayerischen Verfassung anzusehen wäre. Art. 3 Abs. 1 Satz 1 [BayVerf] wäre vielmehr erst dann betroffen, wenn der bayerische Normgeber offensichtlich den Bereich der Rechtsordnung des Bundes verlassen und Landesrecht eindeutig ohne Rechtsetzungsbefugnis geschaffen hätte."

könne erst dann angenommen werden, wenn der Widerspruch des Landesrechts zum Bundesrecht (einschließlich der grundgesetzlichen Kompetenzordnung) nicht nur offensichtlich zutage träte, sondern auch inhaltlich nach seinem Gewicht als schwerwiegender Eingriff in die Rechtsordnung zu werten sei (Bay-VerfGHE 55, 57/64; BayVerfGHE 59, 219/224).

Strukturell Vergleichbares kann für das EU-Recht gelten. Auch in einem evidenten Verstoß eines Landesrechtsaktes gegen das EU-Recht könnte ein Verstoß gegen das Rechtsstaatsprinzip der Landesverfassung liegen. Der BayVerfGH hat indes bislang offengelassen, ob er seine Rechtsprechung zum Verhältnis von Landes- und Bundesrecht auf das Verhältnis von Landes- und Gemeinschaftsrecht erstreckt.

4 Landesverfassungsgerichte und Europäischer Gerichtshof (EuGH)

4.1 Zur Integrationsfunktion des EuGH

Der Europäische Gerichtshof ist zuständig für die einheitliche Auslegung und Anwendung des EU-Rechts sowie für die Frage, ob ein EU-Rechtsakt mit EU-Primärrecht vereinbar ist. Zur Sicherung einer einheitlichen Auslegung des EU-Rechts sind die mitgliedstaatlichen Fachgerichte, wenn es in bei ihnen anhängigen Verfahren auf die Auslegung oder Wirksamkeit von EU-Recht ankommt, nach Maßgabe des Art. 267 AEUV verpflichtet, dem EuGH vorzulegen.

4.2 Vorlagen der Landesverfassungsgerichte an den EuGH

Die Frage, in welchen Fällen eine Vorlage auch der Landesverfassungsgerichte zum EuGH in Betracht kommen kann oder muss, ist bislang kaum praktisch geworden (anders beim BVerfG, NJW 67 (13), S. 907 ff.; NJW 70 (40), S. 2894 ff.). Der BayVerfGH etwa hat – anders als der Hessische Staatsgerichtshof (HessStGH, NVwZ 16 (8), S. 784 ff) – noch nie dem EuGH nach Art. 267 AEUV vorgelegt. In folgenden Fallkonstellationen könnten Vorlagen der Landesverfassungsgerichte an den EuGH allerdings in Betracht kommen (Lindner 2019, Rn. 581 ff.):

Landesverfassungsgerichte und europäische Integration 397

- Zunächst im Rahmen von landesverfassungsgerichtlichen Normenkontrollen oder Verfassungsbeschwerden gegen einen Landesrechtsakt, der in Umsetzung einer EU-Richtlinie ergangen ist, die keine Umsetzungsspielräume belässt. Die Verfassungsklagen dagegen können wegen des Anwendungsvorrangs des EU-Rechts eigentlich keinen Erfolg haben. Insofern kann aber die Frage, ob das determinierende EU-Recht seinerseits wirksam ist, zum Tragen kommen. Denn wäre der determinierende EU-Rechtsakt (wegen Verstoßes gegen EU-Primärrecht) unwirksam, könnte er seine Sperrwirkung für die Anwendung der Landesgrundrechte nicht mehr entfalten. Würde die Determinierungswirkung entfallen, könnte das Landesverfassungsgericht den umsetzenden Landesrechtsakt vollumfänglich am Maßstab der Landesgrundrechte überprüfen und ihn ggfs. verwerfen, ohne gegen den Grundsatz vom Anwendungsvorrang des EU-Rechts zu verstoßen.[11]
- Zudem kommt eine Vorlage in Betracht, wenn das EU-Recht als mittelbarer Prüfungsmaßstab im Rahmen des landesverfassungsrechtlichen Rechtsstaatsprinzips herangezogen wird (dazu bereits oben Abschn. 3.2). Prüft etwa der BayVerfGH i. R. d. Art. 3 Abs. 1 Satz 1 BayVerf, ob eine Norm des Landesrechts offensichtlich mit EU-Recht unvereinbar ist, und kommt er dabei zur Überzeugung, dass das EU-Recht selbst nicht rechtmäßig ist (oder hat er Zweifel an dessen Auslegung), so ist eine Vorlage zum EuGH nach Art. 267 AEUV denkbar.

4.3 Landesverfassungsgerichtliche Überprüfung von Nichtvorlagen der Fachgerichte

Von der Vorlage des Landesverfassungsgerichts zum EuGH zu unterscheiden ist die Vorlagepflicht der Landesfachgerichte (Amts-, Land- und Oberlandesgerichte, Verwaltungsgerichte, Sozial- und Arbeitsgerichte, Finanzgerichte) zum EuGH nach Art. 267 AEUV. Ein Verstoß dagegen stellt gleichzeitig einen Verstoß

---

[11]Vgl. zu einer solchen „Entriegelung" der Sperrwirkung des EU-Rechts BVerfGE 118, 79: Die Fachgerichte seien verpflichtet, die EU-Rechtsakte an den EU-Grundrechten zu messen und ggf. dem EuGH vorzulegen. Erkläre daraufhin der EuGH eine Richtlinie für ungültig, werde zwar das deutsche Umsetzungsgesetz nicht automatisch ebenfalls unbeachtlich, jedoch sei dann Raum für eine Prüfung an den deutschen Grundrechten und für eine Vorlage nach Art. 100 Abs. 1 GG.

gegen das Grundrecht des gesetzlichen Richters nach Art. 101 Abs. 1 Satz 2 GG und nach den parallelen Vorschriften der Landesverfassungen (z. B. Art. 86 Abs. 1 Satz 2 BayVerf) dar (vgl. etwa BVerfGE 126, 286/315; Lindner 2017a, Rn. 566 ff. m. w. N.). Eine Verfassungsbeschwerde ist sowohl zum BVerfG als auch zum Landesverfassungsgericht möglich (§ 90 Abs. 3 BVerfGG). Der EuGH ist gesetzlicher Richter i. S. d. Art. 86 Abs. 1 Satz 2 BayVerf. Allerdings liegt nicht in jeder Nichtvorlage eines Fachgerichts an den EuGH eine Verletzung des Rechts auf den gesetzlichen Richter. Nach EU-Recht besteht eine Pflicht zur Vorlage nach Art. 267 AEUV in zwei Fällen: Zum einen, wenn die Frage der Wirksamkeit oder Auslegung einer EU-rechtlichen Norm im Rahmen eines letztinstanzlichen Verfahrens ausdrücklich virulent wird (Art. 267 Abs. 3 AEUV), zum anderen, wenn das Fachgericht eine EU-rechtliche Norm, auf deren Wirksamkeit es in dem betreffenden Verfahren ankommt, für unwirksam hält und unangewendet lassen will. Legt ein Landesfachgericht in diesen beiden Fällen dem EuGH nicht vor, so liegt darin gleichzeitig ein Verstoß gegen das landesverfassungsrechtliche Grundrecht auf den gesetzlichen Richter.

Soweit eine Vorlage*pflicht* nach EU-Recht nicht besteht, kommt sowohl nach der Rechtsprechung des BVerfG als auch derjenigen des BayVerfGH eine Verletzung des Grundrechts des gesetzlichen Richters durch die Unterlassung einer Vorlage zum EuGH nur dann in Betracht, wenn diese Unterlassung willkürlich ist. Art. 101 Abs. 1 Satz 2 GG schützt ebenso wie das parallele landesverfassungsrechtliche Grundrecht nicht gegen Verfahrensfehler, die infolge eines Irrtums des Gerichts bestehen, sondern lediglich gegen Willkür. Das Landesverfassungsgericht kann also eine Verletzung des Rechts auf den gesetzlichen Richter nur insoweit feststellen, als die Nichtvorlage an den EuGH durch ein Fachgericht offensichtlich unhaltbar ist. Dies ist dann der Fall, wenn ein Fachgericht eine Vorlage trotz der Entscheidungserheblichkeit der EU-rechtlichen Frage überhaupt nicht in Erwägung zieht, obwohl es selbst Zweifel hinsichtlich der richtigen Beantwortung dieser Frage hat oder haben müsste. Gleiches gilt in Fällen, in denen das Gericht bewusst von der Judikatur des EuGH zu entscheidungserheblichen Fragen abweicht und gleichwohl nicht vorlegt. Existiert zu einer entscheidungserheblichen Frage des EU-Rechts eine Rechtsprechung des EuGH noch nicht oder hat dieser die einschlägige Rechtsfrage noch nicht abschließend oder vollständig geklärt, so liegt ein Verstoß gegen das Grundrecht des gesetzlichen Richters nur vor, wenn das Fachgericht den ihm in solchen Fällen notwendig zukommenden Beurteilungsrahmen in unvertretbarer Weise überschritten hat (BVerfG, NJW 71 (10), S. 686 ff.; NJW 71 (44), S. 3223 ff./3236).

5 Landesverfassungsgerichte und Europäische Menschenrechtskonvention

Zum Prozess der europäischen Integration im weiteren Sinne gehört auch die Europäische Menschenrechtskonvention (EMRK). Diese ist ein im Rahmen des Europarates geschlossener völkerrechtlicher Vertrag, der über Art. 59 Abs. 2 GG innerstaatlich nicht im Rang von Verfassungsrecht, sondern eines einfachen Bundesgesetzes gilt. Völkerrechtlich ist die Bundesrepublik Deutschland verpflichtet, die in der EMRK verbürgten Menschenrechte zu gewährleisten.

5.1 EMRK kein unmittelbarer Prüfungsmaßstab vor dem Landesverfassungsgericht

Der Grundrechtsschutz der EMRK wirkt strukturell anders als der durch die Landesverfassung, das Grundgesetz oder die EU-Grundrechtecharta verbürgte: Die Grundrechte der EMRK schützen den Einzelnen unmittelbar weder gegenüber staatlicher (wie die Landesverfassung und das Grundgesetz) noch gegenüber supranationaler Hoheitsausübung (wie die EU-Grundrechtecharta). Vielmehr bewirkt die EMRK *mittelbaren* Grundrechtsschutz, indem sie die EMRK-Vertragsstaaten völkerrechtlich zur Gewährung des in der EMRK festgelegten Schutzniveaus verpflichtet (Art. 1 EMRK). Unmittelbar gilt die EMRK im Verhältnis Bürger-Staat nur nach Maßgabe der jeweiligen nationalstaatlichen Transformationsmodalität. Verletzt der Staat seine (völkerrechtliche) Pflicht zur Beachtung der EMRK, hat der in seinem Konventionsgrundrecht Verletzte die Möglichkeit einer Individualbeschwerde beim Europäischen Gerichtshof für Menschenrechte (EGMR) nach Art. 34 EMRK. Weder in Verfahren vor dem BVerfG noch vor den Landesverfassungsgerichten ist die EMRK unmittelbarer Prüfungsmaßstab. Ein Landesverfassungsgericht prüft also grundsätzlich nicht, ob ein Landesrechtsakt mit der EMRK vereinbar ist. Prüfungsmaßstab ist vielmehr nur die Landesverfassung, die freilich im Lichte der EMRK und der Rechtsprechung des Europäischen Gerichtshofs für Menschenrechte (EGMR) ausgelegt werden kann. So wie das BVerfG die EMRK und die Rechtsprechung des EGMR bei der Auslegung der Grundrechte des Grundgesetzes berücksichtigt (BVerfG, NJW 57 (47), S. 3407; NJW 64 (27), S. 1931 ff./1935; BVerfGE 111, 307), können die Landesverfassungsgerichte dies bei Auslegung der Grundrechte der Landesverfassung tun. *Insofern* sind die Landesverfassungsgerichte auch im Rahmen des menschenrechtlichen Integrationsprozesses beteiligt.

5.2 EMRK als mittelbarer Prüfungsmaßstab vor dem Landesverfassungsgericht

Ein weiteres kommt hinzu: Landesverfassungsgerichte können in ihren Verfahren Bundesrecht (also wegen Art. 59 Abs. 2 GG auch die EMRK; BayVerfGHE 57, 144/150) zwar nicht als unmittelbaren, wohl aber als mittelbaren Prüfungsmaßstab im Rahmen des landesverfassungsrechtlich verbürgten Rechtsstaatsprinzips (z. B. Art. 3 Abs. 1 Satz 1 BayVerf) heranziehen (s. oben Abschn. 3.2). Wenn das vor dem Landesverfassungsgericht angegriffene Landesrecht in „krasser" Weise gegen die EMRK oder einen anderen völkerrechtlichen Vertrag verstößt, liegt darin zugleich ein Verstoß gegen das Rechtsstaatsprinzip der Landesverfassung.[12] Auch durch diese mittelbare Maßstabsfunktion der EMRK in Landesverfassungsgerichtlichen Verfahren sind die Landesverfassungsgerichte am menschenrechtlichen Integrationsauftrag der EMRK beteiligt.

Literatur

Hirsch, G. (1997). Vorabentscheidungsvorlagen zum Europäischen Gerichtshof durch die Landesverfassungsgerichtsbarkeit. In Bayerischer Verfassungsgerichtshof (Hrsg.), *Verfassung als Verantwortung und Verpflichtung: Festschrift zum 50-jährigen Bestehen des Bayerischen Verfassungsgerichtshofs* (S. 45–62). Stuttgart: Boorberg.

Lindner, J. F. (2008). Grundrechtsschutz im europäischen Mehrebenensystem. *Eine systematische Einführung. Juristische Ausbildung, 30*(6), 401–407.

Lindner, J. F. (2009). Das Europarecht in der Rechtsprechung des Bayerischen Verfassungsgerichtshofs. *Bayerische Verwaltungsblätter, 140*(3), 65–73.

Lindner, J. F. (2010). Das Lissabon-Urteil des Bundesverfassungsgerichts und die Konsequenzen für die europäische Integration. *Bayerische Verwaltungsblätter, 141*(7), 193–203.

Lindner, J. F. (2011). Der Freistaat Bayern in der Europäischen Union. *Bestandsaufnahme und Perspektiven. Bayerische Verwaltungsblätter, 142*(1), 1–12.

Lindner, J. F. (2017a). *Öffentliches Recht* (2. Aufl.). Stuttgart: Boorberg.

Lindner, J. F. (2017b). Art. 3a. In J. F. Lindner, M. Möstl, & A. Wolff (Hrsg.), *Verfassung des Freistaates Bayern. Kommentar* (S. 69–74). München: Beck.

Lindner, J. F. (2019). *Bayerisches Staatsrecht* (2. Aufl.). Stuttgart: Boorberg.

Nägele, C. J. (2018). *Landesverfassungsgerichte als funktionale Unionsgerichte?* Baden-Baden: Nomos.

---

[12]Vgl. BayVerfGH, BayVBl. 140 (19), S. 593 ff./594 im Hinblick auf die Vereinbarkeit von Studienbeiträgen (Art. 71 BayHSchG a. F.) mit dem Internat. Pakt über wirtschaftliche, soziale und kulturelle Rechte (IPwskR).

Verfassungsgerichtsbarkeit in den Schweizer Kantonen

Martina Flick Witzig und Adrian Vatter

„Pointiert formuliert: wurde die Rechtsstaatsidee im Ausland der Monarchie aufgepfropft, um sie zu bändigen, so in der Schweiz der Demokratie. Erst nach dem Sieg der Demokratieidee begann sich die Rechtsstaatsidee langsam durchzusetzen. Es stellte sich die Frage, ob die Demokratie überhaupt rechtsstaatlicher Korrektive bedürfe. Gibt es nicht nur einen monarchischen, sondern auch einen demokratischen Absolutismus, nicht nur eine Tyrannis, sondern auch eine Tyrannei der Mehrheit?" (Möckli 1985, S. 183).

1   Einleitung

Die Verfassungsgerichtsbarkeit auf kantonaler Ebene wurde bislang kaum Gegenstand politikwissenschaftlicher Untersuchungen.[1] Hierzu dürften verschiedene Umstände beigetragen haben. Zum einen wurde das Thema in erster Linie als Domäne der Rechtswissenschaft wahrgenommen. Zum zweiten standen die subnationalen Verfassungsgerichte in der Schweiz – wie auch in anderen Ländern – oft im Schatten der nationalen Verfassungsgerichte. In der Schweiz kommt hinzu, dass die kantonale Verfassungsgerichtsbarkeit vielfach nur schwach entwickelt ist. Dort, wo substanzielle Kompetenzen vorhanden sind, wurden sie zum

---

[1]Falls nicht anders angegeben, verwenden wir im Weiteren das generische Maskulinum.

M. Flick Witzig (✉) · A. Vatter
Institut für Politikwissenschaft, Universität Bern, Bern, Schweiz
E-Mail: martina.flick@ipw.unibe.ch

A. Vatter
E-Mail: adrian.vatter@ipw.unibe.ch

© Springer Fachmedien Wiesbaden GmbH, ein Teil von Springer Nature 2020   401
W. Reutter (Hrsg.), *Verfassungsgerichtsbarkeit in Bundesländern*,
https://doi.org/10.1007/978-3-658-28961-4_16

Teil erst in den letzten zwei Jahrzehnten geschaffen. Und schließlich wurden die Kantone weitaus häufiger mit anderen politikwissenschaftlichen Themen in Verbindung gebracht wie beispielsweise mit den ausgebauten direktdemokratischen Mitspracherechten oder der föderalen Aufgaben- und Finanzverteilung. Vor diesem Hintergrund leistet der vorliegende Beitrag Pionierarbeit. Er gibt erstmals aus politikwissenschaftlicher Perspektive einen Überblick über relevante Merkmale der kantonalen Verfassungsgerichtsbarkeit.

Um ein besseres Verständnis für die Ausgestaltung der kantonalen Verfassungsgerichtsbarkeit zu erhalten, ist es hilfreich, sich einige grundlegende Merkmale des politischen Systems der Schweiz vor Augen zu führen. Hierzu gehört einerseits der ausgeprägte Föderalismus. So besteht aufgrund von Artikel 3 der Bundesverfassung (BV) eine Kompetenzvermutung zugunsten der Kantone: Sie üben alle Rechte aus, die nicht dem Bund übertragen sind. Wenngleich es im Laufe des 20. Jahrhunderts zu einer Übertragung wichtiger Kompetenzen von der kantonalen auf die eidgenössische Ebene kam, zeichnet sich die Schweiz im internationalen Vergleich noch heute durch eine stark dezentrale Aufgabenverteilung aus (Vatter 2018, S. 448). Ein weiteres Merkmal ist die Kleinräumigkeit. Ende 2017 hatte die Schweiz knapp 8,5 Millionen Einwohner – etwa ebensoviel wie das Bundesland Niedersachsen und deutlich weniger als Nordrhein-Westfalen, Bayern oder Baden-Württemberg. Die Bevölkerungszahlen in den 26 Kantonen reichen von ca. 1,5 Mio. im Kanton Zürich bis ca. 16.000 in Appenzell Innerrhoden und verweisen auf die großen und seit Jahrzehnten zunehmenden demografischen und ökonomischen Unterschiede zwischen den Kantonen (Bundesamt für Statistik 2018).

Ein prägendes Charakteristikum der Schweiz ist die ausgebaute direkte Demokratie, die sich auf allen drei Staatsebenen manifestiert. Viermal im Jahr sind die Schweizer aufgerufen, über Sachvorlagen auf eidgenössischer Ebene zu entscheiden. In den Kantonen sind die direktdemokratischen Mitspracherechte noch stärker verankert. Wie auf Bundesebene sind bei Verfassungsänderungen Referenden in allen Kantonen obligatorisch, hinzu kommen fakultative oder obligatorische Referenden über einfache Gesetzentwürfe.[2] Auch Volksinitiativen, die auf eine Änderung einer kantonalen Verfassung abzielen, sind – wie auf Bundesebene – in allen Kantonen möglich. Anders als auf eidgenössischer Ebene können die Bürger in den Kantonen darüber hinaus im Rahmen von fakultativen

---

[2]Während obligatorische Referenden zwingend stattfinden müssen, hängt die Durchführung von fakultativen Referenden von der Sammlung einer bestimmen Anzahl von Unterschriften in einem ebenfalls vorgegebenen Zeitraum ab.

oder obligatorischen Finanzreferenden über einzelne Haushaltsposten abstimmen und Gesetzesinitiativen einbringen (Vatter 2018, S. 370 ff.). Die entsprechenden Instrumente werden rege genutzt, wenn auch nicht in allen Kantonen in demselben Ausmaß. So wurde im Kanton Glarus zwischen 1990 und 2015 über 492 Vorlagen abgestimmt, während in den Kantonen Obwalden und Jura im gleichen Zeitraum 35 bzw. 37 Vorlagen zur Abstimmung kamen (Vatter 2018, S. 373).

Hinzu kommen weitreichende Wahlkompetenzen. Anders als auf Bundesebene wird in den Kantonen nicht nur die Zusammensetzung der Parlamente vom Volk bestimmt, sondern auch die der Regierungen. Bei der Wahl der meisten kantonalen Parlamente sind die Bürger nicht darauf beschränkt, ihre Stimme für eine Parteiliste abzugeben. Vielmehr haben sie die Möglichkeit, ihre Stimmen auf verschiedene Parteien zu verteilen (panaschieren), einzelne Kandidaten von der Liste zu streichen oder mehrere Stimmen für einen Kandidaten abzugeben (kumulieren; Vatter 2018, S. 82). Neben Regierungs- und Parlamentsvertretern auf kantonaler Ebene werden vielfach auch die erstinstanzlichen Richter durch das Volk gewählt.

Auf Bundesebene besteht eine beschränkte Verfassungsgerichtsbarkeit. Sie wird in erster Linie durch das Bundesgericht mit Sitz in Lausanne ausgeübt, das zugleich als oberstes Gericht in Zivil-, Straf- und Verwaltungsverfahren fungiert. „Beschränkt" ist die Verfassungsgerichtsbarkeit, weil das Bundesgericht zwar die Vereinbarkeit von kantonalen Normen und Entscheiden mit Bundesrecht prüfen kann (Wyttenbach 2013, S. 262 f.). Dies gilt aber nicht für Bundesgesetze, die nach Art. 190 BV für das Bundesgericht und die anderen rechtsanwendenden Behörden maßgebend sind. Das Bundesgericht ist zwar nicht gehindert, Bundesgesetze vorfrageweise auf ihre Vereinbarkeit mit der Bundesverfassung zu prüfen, es kann verfassungswidrigen Gesetzen aber prinzipiell nicht die Anwendung versagen. Die Maßgeblichkeit der Bundesgesetze für alle rechtsanwendenden Behörden stellt eine Konsequenz aus der Hierarchie der Gewalten dar, wonach die Bundesversammlung (das Parlament) vorbehaltlich der Rechte von Volk und Stände die höchste Gewalt ausübt (Art. 148 BV; Wyttenbach 2013, S. 263). Mehrere politische Vorstöße zur Revision von Art. 190 BV scheiterten, zuletzt im Jahr 2012. Gegen den Ausbau der Verfassungsgerichtsbarkeit werden – trotz weitgehender Unterstützung durch die Staatsrechtslehre – verschiedene Argumente vorgebracht. Demnach sei es Aufgabe des Parlaments und nicht eines Gerichts, unbestimmte Verfassungsbestimmungen zu konkretisieren. Auch lasse sich die Prüfung von Bundesgesetzen nicht mit dem Konzept der halbdirekten Demokratie vereinbaren, vielmehr gebe die Möglichkeit des Referendums dem Souverän bereits ein wirksames Mittel zur Beseitigung verfassungswidriger Normen an die Hand. Schließlich wird auf die Gefahr einer Politisierung der Justiz bzw. einer übermäßigen Aufwertung des Verfassungsrichterrechts auf Kosten der politischen Rechtssetzung hingewiesen (Wyttenbach 2013, S. 276; Seiler 2010, S. 535 ff.). Der folgende Beitrag zur Ausgestaltung der kantonalen Verfassungsgerichtsbarkeit gliedert sich wie folgt: Zunächst gehen wir auf die Kompetenzen der kantonalen Gerichte ein, bevor wir entsprechende Befugnisse weiterer Akteure thematisieren (Abschn. 2 und 3). Darauf folgt ein Überblick über die Organisation der kantonalen Verfassungsgerichte (Abschn. 4). Abgeschlossen wird der Beitrag durch ein Fazit (Abschn. 5). Kurz gefasst, lässt sich die Verfassungsgerichtsbarkeit in den Schweizer Kantonen durch die folgenden Merkmale kennzeichnen:

- Verfassungsgerichtliche Kompetenzen werden nicht ausschließlich von Gerichten wahrgenommen. Vielmehr sind auch die Parlamente auf kantonaler und eidgenössischer Ebene daran beteiligt – dies vor allem, wenn es um die Prüfung der Zulässigkeit von kantonalen Volksinitiativen sowie um die Gewährleistung der kantonalen Verfassungen geht.
- Soweit die Verfassungsgerichtsbarkeit gerichtlichen Akteuren übertragen ist, verfügt ein Teil der Kantone nur über ein rudimentäres, diffuses System, während in anderen Kantonen ein Nebeneinander von diffusen und spezialisierten Kompetenzen anzutreffen ist.
- Die verfassungsgerichtlichen Kompetenzen sind in den einzelnen Kantonen unterschiedlich weit gefasst.
- Kein Kanton verfügt über ein Gericht, das ausschließlich verfassungsgerichtliche Kompetenzen ausübt. Soweit eine spezialisierte Verfassungsgerichtsbarkeit vorhanden ist, ist sie organisatorisch einem Gericht angegliedert, das in der Hauptsache der ordentlichen oder der Verwaltungsgerichtsbarkeit zuzuordnen ist.
- Richterwahlen zeichnen sich durch einen starken Einfluss der Parteien aus.

2 Gerichtliche Kompetenzen bei Verfassungsstreitigkeiten

Verfassungsrechtsprechung ist in den Schweizer Kantonen kaum auf einen einheitlichen Nenner zu bringen. Verfahrensarten und institutionelle Zuordnung von Kompetenzen variieren beträchtlich. Die Verfassungsgerichtsbarkeit ist dabei teils diffus organisiert (d. h. bestimmte Kompetenzen stehen allen kantonalen Gerichten zu), teils finden sich auch Elemente eines spezialisierten Systems. Unterschieden werden im Folgenden Verfahren der Normenkontrolle (abstrakt und konkret) sowie weitere Verfahren.

2.1 Normenkontrolle

2.1.1 Konkrete Normenkontrolle

Die Kompetenzen der kantonalen Verfassungsgerichtsbarkeit sind im Bereich der Normenkontrolle unterschiedlich ausgeprägt. Am weitesten verbreitet sind konkrete Normenkontrollverfahren, in deren Rahmen die Vereinbarkeit von kantonalem Recht mit Bundesrecht und internationalem Recht geprüft wird. Die entsprechende Kompetenz ist nicht bei einem bestimmten Gericht konzentriert, sondern erstreckt sich auf alle kantonalen Gerichte. Hergeleitet wurde diese Form der Normenkontrolle vom Bundesgericht aufgrund von Art. 49 Abs. 1 BV (Vorrang des Bundesrechts gegenüber kantonalem Recht). Dementsprechend ist die Kompetenz in allen 26 Kantonen verbreitet (Auer 2016, S. 595 ff.).

Darüber hinaus sehen fast alle Kantone die konkrete Normenkontrolle vor, in deren Rahmen kantonale Erlasse auf ihre Übereinstimmung mit der Kantonsverfassung geprüft werden. Die Zuständigkeit ist hier meist auf unterschiedliche Institutionen verteilt, ist also dem Typus der diffusen Verfassungsgerichtsbarkeit zuzuordnen. Am breitesten gefasst ist die Zuständigkeit in den Kantonen Schaffhausen, St. Gallen und Jura, wo allen rechtsanwendenden Behörden diese Kompetenz zusteht. In sieben Kantonen (Nidwalden, Glarus, Freiburg, Solothurn, Waadt, Neuenburg und Genf) liegt die Kompetenz bei den Gerichten. Einige andere Kantone nennen neben den Gerichten weitere zuständige Behörden, so zum Beispiel alle vom Volk gewählten kantonalen Behörden (Zürich), die Verwaltungs(justiz)behörden (Bern, Basel-Landschaft, Jura und Aargau), den Regierungsrat (Thurgau, Bern, Aargau und Appenzell Ausserrhoden) oder das Parlament (Schaffhausen). Einzelne Kantone haben die Kompetenz zur konkreten Normenkontrolle allerdings auf bestimmte Gerichte konzentriert. Zum Typ der konzentrierten Verfassungsgerichtsbarkeit beim Verfahren der konkreten Normenkontrolle gehören Basel-Stadt (Verfassungs- und Verwaltungsgericht) sowie Uri, Schwyz, Zug, Graubünden und Wallis (Verwaltungsgericht; Auer 2016, S. 619).

2.1.2 Abstrakte Normenkontrolle

Ein Teil der Schweizer Kantone sieht neben der konkreten auch die abstrakte Normenkontrolle vor. Hierzu gehören Zürich, Luzern, Nidwalden, Basel-Stadt, Basel-Landschaft, Schaffhausen, Graubünden, Aargau, Waadt, Genf und Jura (Tab. 1). Meist liegt die entsprechende Kompetenz beim Kantons-, Ober- oder Verwaltungsgericht des jeweiligen Kantons (Vatter 2018, S. 525). Eigenständige kantonale Verfassungsgerichte, die sich – vergleichbar mit den Landesverfassungsgerichten in Deutschland – ausschließlich mit verfassungsrechtlichen Verfahren beschäftigen, gibt es in keinem Kanton. Die den Gerichten

Tab. 1 Kompetenzen im Bereich der Normenkontrolle

	Konkrete Normenkontrolle		Abstrakte Normenkontrolle	
Gegenstand	Kantonales Recht	Kantonale Erlasse	Untergesetzliche kantonale Erlasse	Kantonale Gesetze
Prüfungsmaßstab	Bundesrecht und internationales Recht	Kantons-verfassung	Kantons-verfassung	Kantons-verfassung
Aargau	X	X	X[a]	X[a]
Appenzell Innerrhoden	X			
Appenzell Ausserrhoden	X	X		
Bern	X	X		
Basel-Landschaft	X	X	X	
Basel-Stadt	X	X[d]	X	X[b]
Freiburg	X	X		
Genf	X	X	X	X
Glarus	X	X		
Graubünden	X	X[d]	X	X
Jura	X	X	X	X[c]
Luzern	X		X[a]	
Neuenburg	X	X		
Nidwalden	X	X	X	X
Obwalden	X			
St. Gallen	X	X		
Schaffhausen	X	X	X[a]	
Solothurn	X	X		
Schwyz	X	X[d]		
Thurgau	X	X		
Tessin	X	X		
Uri	X	X[d]		
Waadt	X	X	X	X
Wallis	X	X[d]		

(Fortsetzung)

Verfassungsgerichtsbarkeit in den Schweizer Kantonen

Tab. 1 (Fortsetzung)

Gegenstand	Konkrete Normenkontrolle		Abstrakte Normenkontrolle	
	Kantonales Recht	Kantonale Erlasse	Untergesetzliche kantonale Erlasse	Kantonale Gesetze
Prüfungsmaßstab	Bundesrecht und internationales Recht	Kantons-verfassung	Kantons-verfassung	Kantons-verfassung
Zug	X	X[d]		
Zürich	X	X	X	

[a]beschränkt auf verwaltungsrechtliche Erlasse
[b]soweit eine Verletzung der Gemeindeautonomie geltend gemacht wird
[c]nur präventiv
[d]in diesen Kantonen ist die Kompetenz zur konkreten Normenkontrolle einem spezialisierten Gericht zugewiesen, in den übrigen Kantonen erfolgt sie diffus
Quelle: Eigene Darstellung auf Grundlage von Auer 2016; einschlägige Regelungen in den kantonalen Verfassungen und Gesetzen

zugewiesenen Prüfungskompetenzen sind in den genannten Kantonen unterschiedlich weit gefasst. In der Regel können im Rahmen von abstrakten Normenkontrollverfahren untergesetzliche kantonale Erlasse (also beispielsweise Verordnungen) auf ihre Vereinbarkeit mit der jeweiligen Kantonsverfassung geprüft werden. In drei Kantonen (Aargau, Luzern und Schaffhausen) gilt dies allerdings nur für verwaltungsrechtliche untergesetzliche Erlasse. Sieben Kantone (Aargau, Basel-Stadt, Genf, Graubünden, Jura, Nidwalden und Waadt) sehen darüber hinaus auch für gesetzliche Regelungen die abstrakte Normenkontrolle vor. Im Kanton Aargau können – wie schon bei den untergesetzlichen Erlassen – nur verwaltungsrechtliche Gesetze der Normenkontrolle unterzogen werden, in Basel-Stadt können Gesetze angefochten werden, soweit eine Verletzung der Gemeindeautonomie geltend gemacht wird.

Eine weitere Besonderheit stellt die Regelung im Kanton Jura dar, da hier im Gegensatz zu den anderen Kantonen die Normenkontrolle nur präventiv, also vor dem Inkrafttreten des Gesetzes, erfolgen darf. Dies hat zur Folge, dass im Kanton Jura kein Gesetz vor Ablauf der Beschwerdefrist von 15 Tagen in Kraft treten kann. Sofern gegen ein angefochtenes Gesetz das Referendum ergriffen wird, darf die Volksabstimmung darüber nicht vor Abschluss des Verfahrens vor dem Verfassungsgericht durchgeführt werden (Auer 2016, S. 604). Hinzu kommt, dass Entscheide des Verfassungsgerichts, durch die ein kantonales Gesetz als verfassungswidrig erkannt und daher aufgehoben wird, nicht vor das Bundesgericht gebracht werden können. In einem Grundsatzurteil aus dem Jahr 2002 befand das Bundesgericht, dass es in diesem Fall an einem anfechtbaren Akt und damit an der erforderlichen Legitimation fehle. Ein vom Verfassungsgericht aufgehobenes Gesetz habe dieselbe Wirkung wie ein Verzicht des Parlaments, eine entsprechende Bestimmung zu erlassen. Da der Bürger kein rechtliches Interesse am Erlass einer bestimmten Regelung geltend machen könne, fehle es damit auch an der Legitimation zur Durchführung eines Verfahrens vor dem Bundesgericht (Auer 2016, S. 605). Damit fallen Entscheide des jurassischen Verfassungsgerichts, die die Verfassungswidrigkeit von Gesetzen feststellen, nicht unter den Grundsatz des Artikels 82 lit. b des Bundesgerichtsgesetzes, wonach gegen kantonale Erlasse Beschwerde ans Bundesgericht erhoben werden kann.

2.1.3 Antragsberechtigung in Normenkontrollverfahren

Weitgehend einheitlich geregelt ist der Aspekt der Antragsberechtigung in abstrakten Normenkontrollverfahren (Tab. 2). Befugt ist jede natürliche und juristische Person, die in absehbarer Zeit durch die angegriffene Vorschrift in ihren Rechten verletzt werden könnte. Ein virtuelles Interesse an der Aufhebung der Norm genügt also. Soweit die Antragsberechtigung in Normenkontrollverfahren betroffen ist, sind die kantonalen Verfassungsgerichte damit meist deutlich zugänglicher für Bürger und Bürgerinnen als ihre Pendants in den deutschen Bundesländern. Dort braucht es in der Regel eine Anzahl politischer Akteure (z. B. ein Drittel der Mitglieder eines Landesparlamentes), um ein solches Verfahren einzuleiten, während das in den Kantonen vorherrschende Modell eher der in Bayern möglichen Popularklage entspricht (Flick 2011, S. 24; Weigl 2017, S. 66). Über dieses Jedermannsrecht ist zum Teil auch die Antragsberechtigung von kantonalen Behörden vorgesehen (Tab. 2). Eher restriktiv sind dagegen die Fristen, die für die Initiierung von abstrakten Normenkontrollen vorgesehen sind. Sie variieren zwischen 10 und 30 Tagen, jeweils gerechnet ab amtlicher Bekanntmachung der angegriffenen Norm. Besonders bedeutsam ist diese Frist im Kanton Jura, in dem, wie erwähnt, Normenkontrollen präventiv vorgenommen werden. Gesetze dürfen hier erst in Kraft treten, nachdem die 15 Tagesfrist verstrichen ist, ohne dass ein entsprechendes Verfahren eingeleitet wurde. Einzig in den Kantonen Schaffhausen und Aargau können abstrakte Normenkontrollen jederzeit beantragt werden (Tab. 2).

2.2 Weitere gerichtliche Kompetenzen

Neben der Normenkontrolle verfügen einzelne kantonale Verfassungsgerichte über weitere Kompetenzen (Tab. 3). Hierzu gehören *Beschwerden in Zusammenhang*

Verfassungsgerichtsbarkeit in den Schweizer Kantonen 409

Tab. 2 Abstrakte Normenkontrollen (ANK): Fristen und Antragsberechtigung von Behörden

Kanton	Antragsberechtigte Behörden	Frist für Antrag auf ANK
Zürich	Gemeinden und andere Träger öffentlicher Aufgaben mit Rechtspersönlichkeit, wenn sie geltend machen, in ihren Rechten betroffen zu sein	30 Tage
Luzern	Oberste Verwaltungsbehörden der Gemeinwesen, wenn der Vollzug des Erlasses zu ihrem Geschäftsbereich gehört oder schutzwürdige Interessen ihres Gemeinwesens beeinträchtigen könnte	30 Tage
Nidwalden	Jede andere natürliche oder juristische Person oder Behörde, welche die Gesetzgebung dazu ermächtigt	20 Tage
Basel-Stadt	Oberste Verwaltungsbehörden	10 Tage
Basel-Landschaft	Oberste Verwaltungsbehörden	10 Tage
Schaffhausen	Oberste Verwaltungsbehörden des Kantons, der Gemeinden und der öffentlich-rechtlichen Körperschaften und Anstalten	Keine
Graubünden	–	30 Tage
Aargau	–	Keine
Waadt	Regierungsrat, ein Zehntel des Großrats, eine oder mehrere Gemeinden, sofern sie eine Verletzung ihrer Autonomie geltend macht/machen.	20 Tage
Genf	–	30 Tage
Jura	Regierung, eine Fraktion, zehn Parlamentarier, drei Gemeinden, eine Gemeinde oder eine andere öffentlich-rechtliche Körperschaft, die geltend macht, in ihren verfassungsmäßig garantierten Rechten verletzt worden zu sein.	15 Tage

Quelle: Eigene Darstellung auf Grundlage von Auer 2016; einschlägige Regelungen in den kantonalen Verfassungen und Gesetzen

mit der Ausübung politischer Rechte. Entsprechende letztinstanzliche Zuständigkeiten sind bei den Verfassungsgerichten in den Kantonen Basel-Landschaft, Basel-Stadt, Genf, Graubünden, Jura, Nidwalden und Waadt vorhanden. In den übrigen Kantonen dient hierzu entweder die Verwaltungsgerichtsbeschwerde oder die Beschwerde an den Regierungsrat. In fünf Kantonen (Basel-Landschaft, Basel-Stadt, Graubünden, Jura, Nidwalden) beurteilen kantonale Verfassungsgerichte *Beschwerden wegen Verletzung der Gemeindeautonomie.* Über

Tab. 3 Weitere verfassungsgerichtliche Kompetenzen

Kantone	Beschwerde wegen Verletzung von verfassungsmäßigen Rechten	Beschwerden in Zusammenhang mit der Ausübung politischer Rechte	Beschwerden wegen Verletzung der Gemeindeautonomie	Entscheid über Kompetenzstreitigkeiten zwischen Behörden
Basel-Landschaft	X	X	X	X[a]
Basel-Stadt	X[b]	X	X	
Genf		X		X
Graubünden	X	X	X	
Jura		X	X	X
Nidwalden		X	X	X
Waadt		X		X

[a]Streitigkeiten zwischen Kanton und Gemeinden sowie zwischen Gemeinden
[b]subsidiäre Zuständigkeit
Quelle: Eigene Darstellung auf Grundlage von Auer 2016; einschlägige Regelungen in den kantonalen Verfassungen und Gesetzen

Verfassungsgerichtsbarkeit in den Schweizer Kantonen 411

Kompetenzkonflikte zwischen kantonalen Behörden urteilen die Verfassungsgerichte von Genf, Jura, Nidwalden und Waadt. In Baselland können Kompetenzstreitigkeiten zwischen Gemeinden oder zwischen Kanton und Gemeinden dem Verfassungsgericht vorgelegt werden. Anders als bei deutschen Landesverfassungsgerichten spielen *Beschwerden wegen der Verletzung verfassungsmäßiger Rechte* in der kantonalen Verfassungsgerichtsbarkeit nur eine untergeordnete Rolle. Sie können in der Regel mit der Verwaltungsgerichtsbeschwerde vorgebracht werden. Die Kantone Basel-Stadt und Graubünden sehen insoweit eine subsidiäre Zuständigkeit des Verfassungsgerichts vor, die in Basel-Stadt allerdings nur mit einer Reihe von Ausnahmen gilt. Lediglich im Kanton Basel-Landschaft werden solche Beschwerden ausschließlich vom Verfassungsgericht beurteilt (Auer 2016, S. 620 ff.).

2.3 Geschäftslast

Wie groß ist die Geschäftslast der kantonalen Verfassungsgerichtsbarkeit? Tab. 4 gibt hierzu einen ersten Überblick. Die Aussagekraft ist allerdings aus mehreren Gründen eingeschränkt. Zum einen konnten nicht für alle oben dargestellten Gerichte aussagekräftige Daten in Erfahrung gebracht werden. Dies gilt insbesondere für die Kantone, in denen verfassungsgerichtliche Befugnisse bei den Verwaltungsgerichten angegliedert sind. Die Geschäftsberichte der entsprechenden Gerichte, namentlich die von Basel-Landschaft und Aargau, veröffentlichen lediglich Gesamtzahlen für die Verwaltungs- und Verfassungsgerichtsbarkeit. Eine Zuordnung auf die beiden Gerichtszweige ist auf dieser Grundlage nicht möglich. Dasselbe gilt für den Kanton Luzern. Das Kantonsgericht Waadt weist zwar Zahlen zu den verfassungsgerichtlichen Streitigkeiten aus, gliedert diese aber nicht nach Verfahrensarten auf.

Zu beachten ist auch, dass Tab. 4 keinen einheitlichen Zeitraum abdeckt, sondern mit der Gründung des jeweiligen Gerichts beginnt. Der Endpunkt der Betrachtung ist für alle Gerichte einheitlich das Ende des Jahres 2017. Um die Vergleichbarkeit der Daten zumindest im Ansatz herzustellen, weist die vorletzte Spalte der Tab. 4 die Anzahl der Verfahren pro Jahr aus. Nimmt man diese Zahlen als Maßstab, zeigen sich deutliche Unterschiede in der Arbeitslast der einbezogenen Gerichte. Die meisten Verfahren hat das noch junge Verfassungsgericht im Kanton Genf zu bewältigen. Mit großem Abstand folgen die Kantone Waadt und Graubünden. Auch die Anzahl der Verfahren im Kanton Zürich ist vergleichsweise hoch, wenn man bedenkt, dass hier nur abstrakte Normenkontrollen, aber keine weiteren Verfahrensarten durchgeführt werden. Die wenigsten Ver-

Tab. 4 Geschäftslast ausgewählter kantonaler Verfassungsgerichte[a]

Kanton	Zeitraum	Abstrakte Normen-kontrolle	Konkrete Normen-kontrolle	Politische Rechte	Kompetenz-konflikte	Auto-nomie	Zuordnung unklar	Alle Verfahren	Verfahren pro Jahr	Bevölke-rungsgröße (2017)
Zürich	2010 bis 2017	39	n.v.	n.v.	n.v.	n.v.	–	39	5,6	1.504.346
Nidwalden	1965 bis 2017	9	n.v.	15	1	–	3	28	0,5	42.969
Basel-Stadt	2008 bis 2017	–	–	–	n.v.	–	25	25	2,8	193.908
Schaffhausen	2008 bis 2017	8	n.v.	n.v.	n.v.	n.v.	–	8	0,9	81.351
Graubünden	2004 bis 2017	12	7	52	n.v.	–	7	78	6,0	197.888
Waadt	2005 bis 2017	43	n.v.	17	2	–	[b]44	106	8,8	793.129
Genf	2014 bis 2017	35	n.v.	23	1	–	–	59	19,7	495.249
Jura	1978 bis 2017	44	n.v.	39	22	3	18	126	3,2	73.290

[a]n.v. = Verfahrensart nicht vorgesehen
[b]betrifft die Jahre ab 2014
Quelle: Eigene Darstellung; für Daten bis Ende 2013 Bolkensteyn 2014; für die Jahre ab 2014 eigene Erhebung anhand der Geschäfts-berichte sowie schriftlicher Auskünfte der Gerichte

fahren werden in Nidwalden initiiert, dessen Verfassungsgericht auf die längste Geschichte zurückblicken kann. Zugleich weist der Kanton Nidwalden eine sehr geringe Bevölkerungsgröße auf (Tab. 4), was zur niedrigen Fallzahl beitragen dürfte.

Bei der Verteilung der Fälle auf die einzelnen Verfahrensarten stechen vor allen die abstrakten Normenkontrollen sowie Beschwerden in Zusammenhang mit der Ausübung politischer Rechte hervor. Allerdings ist die Aussagekraft dadurch eingeschränkt, dass viele Fälle nicht einer Verfahrensart zugeordnet werden können.

3 Kantonale Verfassungsrechtsprechung durch Parlamente, Regierungen und Bundesbehörden

3.1 Kantonale Ebene

Ein bedeutsamer Bereich der verfassungsgerichtlichen Kontrolle obliegt den kantonalen Parlamenten, da in nahezu allen Kantonen sie es sind, die über die *Gültigkeit von Volksinitiativen* befinden. Ausnahmen sind die Kantone St. Gallen, Genf und Waadt, in denen die entsprechende Kompetenz bei der Regierung liegt (Schubiger 2017, S. 51). In der Waadt findet diese Prüfung bereits vor der Unterschriftensammlung statt (Artikel 80 der Kantonsverfassung). Obwohl die Zuständigkeit demnach einem politischen Akteur zusteht, ist die Gültigkeitsprüfung als eine rechtliche, nicht als eine politische Beurteilung konzipiert. Um eine Volksinitiative für ungültig zu erklären, muss diese entweder gegen das Gebot der Einheit der Form oder gegen das Gebot der Einheit der Materie verstoßen. Der erste Punkt bezieht sich auf das Erfordernis, dass Volksinitiativen entweder in Form einer allgemeinen Anregung oder als ausgearbeiteter Entwurf eingereicht werden können. Mischformen verstoßen gegen das Gebot der Einheit der Form und sind daher für ungültig zu erklären (Rohner 2012, S. 26). Das Erfordernis der Einheit der Materie besagt, dass zwischen den einzelnen Teilen einer Vorlage ein sachlicher Zusammenhang bestehen muss (Rohner 2012, S. 27). Weitere Erfordernisse an Volksinitiativen sind ihre Vereinbarkeit mit höherrangigem Recht sowie ihre Durchführbarkeit (Schubiger 2017, S. 51).

Ob es sich auch in der Praxis um eine rein rechtliche, von politischen Gesichtspunkten losgelöste Prüfung handelt, wird in der juristischen Literatur zumindest angezweifelt (Attinger 2016, S. 74 f.; Hangartner und Kley 2000, S. 845; Grisel 2001, S. 398). Aus politikwissenschaftlicher Sicht kommt Schubiger (2017) zu dem Ergebnis, dass politische Gesichtspunkte durchaus für den

Entscheid von Bedeutung sind. Er vergleicht dazu zwei weitgehend inhaltsgleiche Volksinitiativen aus den Kantonen Tessin und Basel-Stadt, die beide auf ein Verhüllungsverbot gerichtet waren. Während die Vorlage im Kanton Tessin für gültig erklärt und bei der folgenden Abstimmung im Jahr 2013 auch angenommen wurde, erklärte das kantonale Parlament in Basel-Stadt die Vorlage im gleichen Jahr für ungültig. Das Parlament folgte mehrheitlich der Argumentation des Basler Regierungsrats, der in der Initiative einen Eingriff in mehrere Grundrechte sah, die von der Bundesverfassung garantiert werden (Recht auf persönliche Freiheit, allgemeines Gleichheitsgebot, Diskriminierungsverbot, Glaubens- und Gewissensfreiheit). Schubiger (2017, S. 64) sieht die unterschiedlichen Mehrheitsverhältnisse in den Regierungen und Parlamenten der beiden Kantone als Indiz für die politische Natur der Entscheide. Während im Kanton Tessin zum Zeitpunkt des Entscheids die Regierung bürgerlich geprägt war und ca. 30 Prozent der Sitze im Parlament durch die rechtspopulistische Schweizerische Volkspartei und die *Lega dei Ticinesi* gehalten wurden, war im Kanton Basel-Stadt eine Mitte-links-Regierung am Ruder. Der Sitzanteil rechter Kräfte im Parlament war nur etwa halb so groß wie im Tessin.

Wie erwähnt, ist in mehreren Kantonen (Luzern, Obwalden, Uri, Zug, Schaffhausen, Appenzell Ausserrhoden) der Regierungsrat für die Beurteilung von *Beschwerden in Zusammenhang mit der Ausübung politischer Rechte* zuständig. Die Regelung der Verfahren liegt in der Kompetenz der Kantone. In Luzern beispielsweise gelten hierfür das Stimmrechtsgesetz sowie sinngemäß das Verwaltungsrechtspflegegesetz, was dazu führt, dass das Verfahren große Ähnlichkeit mit einem regulären verwaltungsgerichtlichen Verfahren aufweist. Demnach ist die Stimmrechtsbeschwerde in der Regel innerhalb von zehn Tagen ab dem Abstimmungstag beim Regierungsrat einzureichen. Beschwerdeberechtigt sind nicht nur die betroffenen Stimmberechtigten, sondern auch politische Parteien. Die Beschwerden müssen einen Antrag und zur Begründung eine kurze Darstellung des beanstandeten Sachverhalts enthalten. Der Regierungsrat prüft zunächst, ob die Voraussetzungen für einen Sachentscheid erfüllt sind (z. B. Zuständigkeit, Partei- und Verfahrensfähigkeit der Parteien, Einhalten von Form- und Fristanforderungen). Sind die formellen Voraussetzungen gegeben, folgt die materielle Prüfung der Beschwerden. Hierzu kann der Regierungsrat die Durchführung einer Beweiserhebung anordnen. Der Entscheid des Regierungsrats gleicht in seinem Aufbau und Wirkung einem gerichtlichen Entscheid und kann mit der Beschwerde beim Verwaltungsgericht angefochten werden.

In einer Reihe weiterer Kantone (Zürich, Bern, Schwyz, Glarus, Freiburg, Solothurn, St. Gallen, Aargau, Tessin, Neuenburg) liegt die entsprechende Kompetenz zur Beurteilung von Beschwerden in Zusammenhang mit der Ausübung

Verfassungsgerichtsbarkeit in den Schweizer Kantonen   415

politischer Rechte bei den Verwaltungsgerichten. Sie sind in der Regel auch für Beschwerden wegen der Verletzung verfassungsmäßiger Rechte zuständig, nur der Kanton Basel-Landschaft stellt eine Ausnahme dar (vgl. oben; Auer 2016, S. 621 f.).

3.2   Bundesbehörden

Behörden auf eidgenössischer Ebene verfügen ebenfalls über Kompetenzen, die sich auf die Verfassungsmäßigkeit kantonaler Bestimmungen beziehen. Zu nennen ist hier vor allem die Gewährleistung kantonaler Verfassungen. Gemäß Art. 51 Abs. 2 BV benötigen die Kantonsverfassungen die Gewährleistung durch den Bund. Dies gilt sowohl für den Fall einer Teil- wie auch einer Totalrevision der Verfassung (also bei der Änderung einzelner Vorschriften wie auch beim Erlass einer vollständig neuen Verfassung). Ziel der Gewährleistung ist es einerseits, die Bundrechtskonformität der kantonalen Verfassungen sowie deren Vereinbarkeit mit dem für die Schweiz verbindlichen Völker- und Staatsvertragsrecht sicherzustellen. Andererseits ist der Bund verpflichtet, für die Durchsetzung der kantonalen Verfassungen zu sorgen, nachdem er sie gewährleistet hat (Buser 2011, S. 39 f.).

Zuständig für die Gewährleistung ist die Bundesversammlung, also das Schweizer Parlament (Art. 172 Abs. 2 BV). Die Beschlussfassung erfolgt auf Antrag des Bundesrats (der Regierung), der eine Botschaft (ein erläuterndes Dokument) dazu verfasst. Es handelt sich dabei um einen rein juristischen Entscheid, der nicht von politischen Erwägungen bestimmt werden soll. Der Entscheid erfolgt in Form eines einfachen Bundesbeschlusses, der nicht dem fakultativen Referendum untersteht (Art. 163 Abs. 2 BV). Die Anfechtung des Beschlusses vor dem Bundesgericht ist wegen Art. 189 Abs. 4 BV ausgeschlossen. Die Bundesversammlung hat auch die Möglichkeit, kantonale Verfassungsnormen unter Vorbehalt zu gewährleisten, wenn Zweifel an der Bundesrechtskonformität einer Vorschrift bestehen. Im Gewährleistungsbeschluss hält die Bundesversammlung fest, dass die entsprechende Norm nur in einem klar definierten Sinn angewendet werden darf (Buser 2011, S. 40).

Eine gewichtige Rolle im Bereich der Prüfung kantonaler Normen spielt das Bundesgericht, das seinen Sitz in Lausanne hat. So urteilt (auch) das Bundesgericht über die Verletzung von kantonalen verfassungsmäßigen Rechten (Art. 189 Abs. 1 lit. d BV) und übt damit ebenfalls kantonale Verfassungsgerichtsbarkeit aus. Umgekehrt wird die Verletzung verfassungsmäßiger Rechte des Bundes bzw. eine Missachtung des Vorrangs von Bundesrecht bereits durch die

416   M. Flick Witzig und A. Vatter

kantonalen Gerichte geprüft, sodass diese auch Aufgaben der bundesrechtlichen
Verfassungsgerichtsbarkeit wahrnehmen (Buser 2011, S. 198).

4 Organisation der kantonalen Verfassungsgerichtsbarkeit

Wie erwähnt, verfügt kein Kanton über ein Gericht, das sich ausschließlich mit
verfassungsgerichtlichen Fragen beschäftigt. Vielmehr bilden die Verfassungsgerichte integrale Bestandteile von anderen kantonalen Gerichten, die ihren Sitz
in der Regel im Hauptort des jeweiligen Kantons haben. Einzige Ausnahme bildet das jurassische Verfassungsgericht, das in Porrentruy und nicht im Hauptort
Delémont angesiedelt ist (Tab. 5). Weitgehend einheitlich geregelt ist auch die
Frage des Kreationsorgans: Fast immer sind es die Parlamente, die für die Wahl
der Richter und Richterinnen zuständig sind. Nur in Genf werden sie durch das
Volk gewählt. Die Amtsdauer liegt meist bei vier Jahren, in der Waadt und im
Kanton Jura sind es fünf Jahre, in Zürich, Basel-Stadt und Genf sechs Jahre. Die
Wiederwahl ist in allen aus Tab. 5 ersichtlichen Kantonen möglich (de Weck
2008). Wenig Varianz gibt es auch bei der Frage der Besetzung der Spruchkörper.
Meist ist für verfassungsgerichtliche Entscheide ein Fünfergremium verantwort-
lich, Ausnahmen hiervon bilden Schaffhausen, Nidwalden und Graubünden.

Auffallend ist, dass erst in den letzten Jahren ein deutlicher Ausbau der
kantonalen Verfassungsgerichtsbarkeit stattfand. Von den elf in Tab. 5 dargestellten Verfassungsgerichten bestanden nur vier bereits vor dem Jahr 2000.
Erste Ansätze zur Schaffung einer kantonalen Verfassungsgerichtsbarkeit reichen allerdings bis in die 1960er Jahre zurück. Im ersten Entwurf für die Verfassung eines vereinigten Kantons Basel (anstelle der Kantone Basel-Stadt und
Basel-Landschaft) war ein Verfassungsgericht mit Zuständigkeiten im Bereich
der politischen Rechte sowie der Organstreitigkeiten vorgesehen. Aufgrund der
Ablehnung der Fusion beider Kantone im Jahr 1969 durch die Stimmberechtigten
in Basel-Landschaft wurde auch das vorgesehene Verfassungsgericht hinfällig. Es
diente jedoch als Inspiration für den Kanton Nidwalden, der sich im Jahr 1965
eine neue Verfassung gab. Die heute noch bestehende Verfassungsgerichtsbarkeit
in Nidwalden geht hierauf zurück (Eichenberger 1983, S. 445 f.). Die drei zeitlich folgenden Kantone, die verfassungsgerichtliche Elemente einführten, waren
Aargau, Schaffhausen und Luzern in den Jahren 1968 bis 1972. In allen drei Fällen erfolgte dieser Schritt in Zusammenhang mit der Verabschiedung von kantonalen Verwaltungsverfahrensgesetzen (Bolkensteyn 2014, S. 154; 149; 134 f.).

Verfassungsgerichtsbarkeit in den Schweizer Kantonen

Tab. 5 Organisation der kantonalen Verfassungsgerichtsbarkeit

Kanton	Gericht	Sitz	Besetzung	Kreations-organ	Bestehend seit	Amtsdauer (Jahre)
Zürich	Verwaltungs-gericht	Zürich	5 Richter	Parlament	2010	6
Luzern	Kantons-gericht, bis 2013 Verwaltungs-gericht	Luzern	5 Richter	Parlament	1972	4
Nidwalden	Obergericht	Stans	7 Richter	Parlament	1965	4
Basel-Stadt	Appellations-gericht	Basel	5 Richter	Parlament	2008	6
Basel-Land-schaft	Kantons-gericht	Liestal	5 Richter	Parlament	2002	4
Schaff-hausen	Obergericht	Schaff-hausen	5–7 Richter	Parlament	1971	4
Graubünden	Verwaltungs-gericht	Chur	5 Richter bei Normen-kontrollen. Sonst drei Richter	Parlament	2004	4
Aargau	Verwaltungs-gericht (Abteilung des Ober-gerichts)	Aarau	5 Richter	Parlament	2009[a]	4
Waadt	Kantons-gericht	Lausanne	5 Richter	Parlament	2005	5
Genf	Verfassungs-gerichtshof	Genf	5 Richter	Volk	2014	6
Jura	Kantons-gericht	Porrentruy	5 Richter	Parlament	1978	5

[a]Untergesetzliche Erlasse können bereits seit 1968 abstrakt kontrolliert werden, soweit sie verwaltungsrechtlicher Natur sind

Quelle: eigene Darstellung nach Auer (2016); einschlägige Regelungen in den kantonalen Verfassungen und Gesetzen

Ein bedeutender Meilenstein war die Schaffung der Verfassungsgerichtsbarkeit im Kanton Jura, der sich vom Kanton Bern getrennt hatte und damit einen neuen Gliedstaat bildete. Die jurassische Verfassung aus dem Jahr 1977 sah bereits alle verfassungsgerichtlichen Elemente vor, die heute noch im Kanton Jura gelten. Danach stagnierte der Ausbau der kantonalen Verfassungsgerichtsbarkeit für mehr als 20 Jahre. Erst die Totalrevision mehrerer Kantonsverfassungen nach dem Jahr 2000 (Zürich, Basel-Stadt, Graubünden, Waadt und Genf) brachte hier eine neue Dynamik, wobei der Ausbau im Kanton Zürich am wenigsten weit ging (vgl. Tab. 1 und 3). In den Kantonen Aargau und Basel-Landschaft wurde die Einführung der abstrakten Normenkontrolle mit Anpassungen im Bereich der direktdemokratischen Rechte in Verbindung gebracht: Bis 2002 bzw. 1999 unterlagen in den beiden Kantonen alle Gesetze dem obligatorischen Referendum. Ab 2003 bzw. 2000 wurden die entsprechenden Vorschriften dahin gehend abgeschwächt, dass das obligatorische Referendum nur noch dann vorgesehen ist, wenn die Gesetzesbeschlüsse in den kantonalen Parlamenten eine bestimmte qualifizierte Mehrheit nicht erreichen. Der Wegfall der zwingenden Volksabstimmung entschärfte die Problematik, die in der allfälligen verfassungsgerichtlichen Aufhebung von Gesetzen gesehen wurde, die zuvor vom Volk angenommen worden waren (Bolkensteyn 2014, S. 157 f., Landrat Basel-Landschaft 2007).

Die Frage, ob ein Verfassungsgericht nötig sei und wie weit seine Kompetenzen reichen sollten, wurde in den Kantonen meist kontrovers diskutiert. Lediglich in Graubünden führten diese Fragen kaum zu Auseinandersetzungen (Bolkensteyn 2014, S. 270). In anderen Kantonen wurde von den Gegnern dagegen auf das Spannungsverhältnis zwischen Verfassungsgerichtsbarkeit und Demokratie verwiesen. Zum Teil wurden diese Bedenken mit dem Begriff eines drohenden Richterstaats umschrieben (so in Basel-Stadt und Genf; Bolkensteyn 2014, S. 140 und 297). Die kantonalen Parlamente würden so ihrer Stellung als höchster Autorität beraubt (Waadt und Basel-Landschaft; Bolkensteyn 2014, S. 222; Landrat Basel-Landschaft 2007). Argumentiert wurde auch, dass die Kompetenzen des Bundesgerichts ausreichend seien (so in den Kantonen Waadt und Genf; Bolkensteyn 2014, S. 222 und 297).

4.1 Voraussetzung für das Richteramt

Ungewöhnlich ist, dass die Wahl in ein Richteramt bei den hier näher vorgestellten kantonalen Verfassungsgerichten nur teilweise an das Vorliegen von fachlichen Qualifikationen gebunden ist. In den Kantonen Zürich, Nidwalden und

Schaffhausen werden formal keinerlei juristische Kenntnisse oder andere Qualifikationsnachweise gefordert. In Basel-Landschaft wird nur für die Präsidenten und Vizepräsidenten der Gerichte eine abgeschlossene juristische Ausbildung verlangt, während die übrigen Richter „über Fachkenntnisse verfügen [sollen], die für die Rechtsprechung des Gerichts, dem sie angehören, erforderlich sind" (§ 33 Gerichtsorganisationsgesetz). Die anderen Kantone verlangen immer oder grundsätzlich eine abgeschlossene juristische Ausbildung, zum Teil zusätzlich auch ein Anwaltspatent oder eine mehrjährige juristische Berufserfahrung. In der Praxis werden aber auch in den Kantonen, die keine fachlichen Voraussetzungen festlegen, Personen gewählt, die über eine abgeschlossene juristische Ausbildung verfügen (Amoos Piguet 2013, S. 8).

Zusätzlich sind in allen Kantonen mit Ausnahme von Nidwalden persönliche Voraussetzungen genannt, die die Kandidierenden für ein Richteramt erfüllen müssen. Meist ist dies die Stimmberechtigung in kantonalen Angelegenheiten (mit möglichen Ausnahmen in Basel-Stadt). Häufig wird zudem verlangt, dass die Richter spätestens zum Zeitpunkt des Amtsantritts ihren Wohnsitz im Kanton nehmen. Auffällig ist, dass die französischsprachigen Kantone höhere Anforderungen an die Richterkandidierenden stellen. So schließen Waadt, Genf und Jura Bewerbende aus, die wegen einer Straftat oder wegen eines ehrverletzenden Delikts verurteilt wurden (Tab. 6). Der Kanton Graubünden sieht unter bestimmten Bedingungen die Möglichkeit einer Amtsenthebung vor, beispielsweise im Fall von schweren Amtspflichtverletzungen oder wegen einer strafrechtlichen Verurteilung. Überall gibt es Regelungen zur Unvereinbarkeit des Richteramts mit anderen Funktionen in obersten kantonalen Behörden (Regierung, Parlament).

4.2 Einfluss politischer Parteien auf die Richterwahlen

Ein herausragendes Charakteristikum der Richterwahlen in der Schweiz ist der große Einfluss, den die politischen Parteien dabei ausüben. Auf Ebene des Bundesgerichts amtierte seit 1953 kein parteiunabhängiger Richter mehr (Vatter 2018, S. 509). Und auch in den Kantonen sind die Kandidaten für ein Richteramt faktisch gezwungen, einer Partei beizutreten, um realistische Wahlchancen zu haben. Dabei wird ein freiwilliger Parteienproporz eingehalten (Racioppi 2017, Rn. 6). Dies steht in engem Zusammenhang mit der Praxis der Parteienfinanzierung in der Schweiz. Anders als in verschiedenen anderen europäischen Ländern existiert nur eine rudimentäre Form der staatlichen Parteienfinanzierung, die sich auf Beiträge an die parlamentarischen Fraktionen

Tab. 6 Persönliche und fachliche Voraussetzungen für das Richteramt

Kanton	Persönliche Erfordernisse	Fachliche Erfordernisse
Zürich	Stimmberechtigung	–
Luzern	Stimmberechtigung	Abgeschlossene juristische Ausbildung und Anwaltspatent oder gleichwertige Ausbildung
Nidwalden	–	–
Basel-Stadt	Stimmberechtigung	Lizenziat der Rechte oder Master of Law einschließlich eines Bachelor of Law einer schweizerischen Universität. Alternativ: Master of Law einer ausländischen Universität plus kantonales Anwaltspatent.
Basel-Landschaft	Stimmberechtigung	Nötige Fachkenntnisse, abgeschlossene juristische Ausbildung für Präsidenten und Vizepräsidenten der Gerichte
Schaffhausen	Stimmberechtigung, Schweizer Staatsbürgerschaft, Wohnsitz im Kanton ab Amtsantritt	–
Graubünden	Stimmberechtigung, Wohnsitz im Kanton spätestens bei Amtsantritt, persönliche Eignung	Fachliche Eignung, in der Regel Anwaltspatent
Aargau	Stimmberechtigung	Anwaltspatent, mindestens fünfjährige juristische Tätigkeit
Waadt	Volljährigkeit, Schweizer Staatsbürgerschaft, im Besitz der Bürgerrechte, keine Verurteilung wegen Vergehen gegen die Redlichkeit oder die Ehre, Wohnsitznahme im Kanton innerhalb einer vom Wahlorgan gesetzten Frist	Juristische Ausbildung
Genf	Schweizer Staatsbürgerschaft, Stimmberechtigung, Wohnsitz im Kanton, guter Ruf, keine Verurteilung wegen Vergehen gegen die Redlichkeit oder die Ehre, keine laufenden Konkursverfahren oder nicht bediente Schulden	Anwaltspatent, mindestens drei Jahre Berufserfahrung

(Fortsetzung)

Verfassungsgerichtsbarkeit in den Schweizer Kantonen 421

Tab. 6 (Fortsetzung)

Kanton	Persönliche Erfordernisse	Fachliche Erfordernisse
Jura	Besitz der Bürgerrechte, Stimmberechtigung in kantonalen Angelegenheit bei Nichtschweizern, keine strafrechtliche Verurteilung wegen Vergehen, die mit der Funktion unvereinbar sind, keine nicht bedienten Schulden. Grundsätzlich Wohnsitznahme im Kanton.	Schweizer Anwaltspatent oder Notariatspatent des Kantons Jura

Quelle: Einschlägige Regelungen in den kantonalen Verfassungen und Gesetzen

beschränkt (GRECO 2011, S. 10). Die Parteien benötigen daher andere Quellen, um sich zu finanzieren. Eine davon sind die sogenannten Mandatsabgaben, die von Inhabern öffentlicher Ämter und damit auch von Richtern an ihre Partei zu zahlen sind (Wüthrich 2015, Rn. 85). Die Höhe der Abgaben wird von den jeweiligen Parteien festgelegt. Angaben dazu sind nur vereinzelt vorhanden. Laut Wüthrich (2015, Rn. 98) liegen die Abgaben zwischen zwei und sechs Prozent des Gehalts. Racioppi (2017, Rn. 45) geht aufgrund einer Umfrage bei Parteien und Richtern von einer Mandatsabgabe von fünf bis sechs Prozent des Nettolohns bei Bundesrichtern aus. Seitens der Parteien wird zum Teil die Freiwilligkeit der Abgabe betont (Racioppi 2017, Rn. 27; Wüthrich 2015, Rn. 86). Allerdings dürfte das Erfordernis der periodischen Wiederwahl dafür sorgen, dass in der Praxis kaum ein Mandatsträger deren Zahlung verweigert, um die eigene Wiederwahl nicht zu gefährden (Suter 2015, S. 293).

Etwas abgeschwächt ist der Einfluss der Parteien bei den Richterwahlen in den Kantonen Tessin und Freiburg. Im Kanton Tessin spricht ein Gremium unabhängiger Experten, das vom Parlament gewählt wird, auf Grundlage der persönlichen und fachlichen Qualifikationen der Bewerber Empfehlungen aus. Das Bewerbungsverfahren ist offen und unabhängig von der politischen Ausrichtung der Bewerber. Die resultierenden Empfehlungen sind für das Parlament als Wahlorgan allerdings nicht bindend (Amoos Piguet 2013, Rn. 38). Der Kanton Freiburg nimmt insofern eine Vorreiterrolle ein, als er im Jahr 2010 das Wiederwahlerfordernis abschaffte. Richter werden nun auf unbestimmte Zeit gewählt und scheiden mit 65 Jahren aus dem Amt aus (Wüthrich 2015, Rn. 78). Die Vorauswahl erfolgt zudem nicht durch eine parlamentarische Kommission, sondern durch den Justizrat. Dieser besteht aus je einem Mitglied des Großen Rats (Parlament), des Staatsrats (Regierung), des Kantonsgerichts, der erstinstanzlichen

Gerichtsbehörden, der Staatsanwaltschaft und des Freiburger Anwaltsverbands. Hinzu kommt ein ordentlicher Professor der rechtswissenschaftlichen Fakultät der Universität und zwei weitere Mitglieder. Sie alle werden für eine Amtsdauer von fünf Jahren gewählt, wobei lediglich zwei aufeinanderfolgende Amtsperioden zulässig sind (Art. 126 der Kantonsverfassung).

Vor dem Hintergrund des überwiegend starken Einflusses der Parteien überrascht es nicht, dass die GRECO (2016, S. 30)[3] bezogen auf die Richter an den Gerichten des Bundes die gängige Wahlpraxis kritisiert und Maßnahmen zur Steigerung der Qualität und Objektivität bei deren Rekrutierung empfiehlt. Kritik an der engen Verbindung zwischen Richtern und Parteien wird aber nicht nur von internationalen Organisationen geäußert. Sie ist auch Gegenstand zahlreicher, vor allem rechtwissenschaftlicher Untersuchungen (Borghi 2016; Wüthrich 2015; Amoos Piguet 2013; de Weck 2008; Kiener et al. 2008; Stadelmann 2014; Racioppi 2017). Die von der GRECO geäußerten Bedenken werden dabei in der Regel geteilt. In der Kritik stehen unter anderem das intransparente Verfahren der Richterauswahl (Borghi 2016, Rn. 34), die mangelnde Repräsentation von Personen, die sich mit keiner Partei identifizieren (Borghi 2016, Rn. 36) sowie die möglicherweise zu geringe Gewichtung fachlicher Qualifikationen bei der Auswahl (Racioppi 2017, Rn. 10). Zudem erfordere die Volkswahl der Richter, wie sie in vielen Kantonen für die erstinstanzlichen Gerichte üblich ist und vereinzelt (z. B. in Genf) auch bei den obersten kantonalen Gerichten vorgenommen wird, Wahlkampagnen der Bewerber, die mit dem Ideal der richterlichen Unabhängigkeit kaum in Einklang zu bringen seien (Amoos Piguet 2013, Rn. 9).

Faktisch ist die Unabhängigkeit der Richter in der Schweiz allerdings trotzdem hoch. Dies zeigt sich daran, dass die Nichtwiederwahl von amtierenden Richtern selten ist. Epiney-Colombo et al. (2013) schildern als Ausnahme von dieser Regel die Nichtwiederwahl eines Richters des Kantonsgerichts durch das Waadtländer Parlament im Jahr 2012. Der Hintergrund für die Nichtwiederwahl war in diesem Fall allerdings nicht politischer Natur. Vielmehr hatte der betreffende Richter während mehrerer Jahre keine Steuererklärung abgegeben und schuldete den Steuerbehörden einen Betrag von ca. 160.000 Franken. Diesen Umstand hatte er zudem lange vor seinen Kollegen geheimgehalten. Die in der Praxis lange Amtsdauer der Richter tragen auch in der Untersuchung von Voigt et al. (2015) dazu bei, dass das Schweizer Bundesgericht bei der faktischen

---

[3]Die GRECO – *Groupe d'États contre la Corruption* – besteht aus einer Gruppe von Staaten, die alle dem Europarat angehören. Sie wurde 1999 ins Leben gerufen und will im Wesentlichen durch eine kontinuierliche Berichterstattung die Korruption bekämpfen; https://www.coe.int/en/web/greco.

richterlichen Unabhängigkeit eine weitaus bessere Bewertung erhält als bei einer formalen Betrachtung. Weitere Punkte, die Voigt et al. (2015) für die Messung der faktischen richterlichen Unabhängigkeit einbeziehen, sind das Einkommen sowie die Frage, ob die Zahl der obersten Richter während ihres Untersuchungszeitraums (1970 bis 2010) verändert wurde.

5 Fazit

Die Ausübung verfassungsgerichtlicher Kompetenzen durch ein speziell hierfür bestimmtes Gericht ist – soweit überhaupt vorhanden – in den Schweizer Kantonen ein überwiegend junges Phänomen. So sahen vor dem Jahr 2000 nur vier Kantone eine spezialisierte Verfassungsgerichtsbarkeit vor. Schon länger bestehen dagegen Elemente einer diffusen Verfassungsgerichtsbarkeit. Dabei sind alle kantonalen Gerichte verpflichtet, im konkreten Anwendungsfall die Vereinbarkeit von kantonalem mit übergeordnetem Recht zu prüfen, wobei diese Kompetenz auf die Rechtsprechung des Bundesgerichts zurückgeht. In den Kantonen besitzen neben Gerichten auch die Parlamente (bei der Prüfung der Gültigkeit von kantonalen Volksinitiativen) und zum Teil auch die Regierungen (im Fall von Beschwerden im Zusammenhang mit der Ausübung politischer Rechte) die Kompetenz, Gesetze oder Erlasse auf ihre Verfassungsmäßigkeit zu überprüfen. Und auch Akteure auf Bundesebene verfügen über Zuständigkeiten in diesem Bereich, etwa durch die Gewährleistung der kantonalen Verfassungen durch die Bundesversammlung oder durch die Beurteilung von Beschwerden wegen der Verletzung verfassungsmäßiger Rechte durch das Bundesgericht.

Neben dem nicht leicht zu durchschauenden Kompetenzgeflecht bilden die Vorschriften und die Praxis der Richterwahlen ein prägendes Merkmal der Verfassungsgerichtsbarkeit in den Kantonen. Auffällig ist hierbei einerseits, dass einzelne Kantone bis heute darauf verzichten, Mindestanforderungen an die fachlichen Qualifikationen der Richter zu formulieren. Zudem sind Richterwahlen einem starken parteipolitischen Einfluss unterworfen. So gilt ein freiwilliger Parteienproporz bei der Besetzung offener Richterstellen, der die Kandidierenden faktisch dazu zwingt, sich an eine bestimmte Partei zu binden und an diese während der Dauer des Amts Mandatsabgaben zu entrichten. Das Erfordernis der periodischen Wiederwahl verstärkt die Abhängigkeit von den Parteien. Dieser auf den ersten Blick problematische Befund wird allerdings insofern gemildert, als die Wiederwahl der Richter den Normalfall darstellt und Untersuchungen die faktische Unabhängigkeit der Justiz als im internationalen Vergleich hoch beurteilen (Voigt et al. 2015).

Vergleicht man die Diskussionen über die Schaffung bzw. Ausweitung verfassungsgerichtlicher Kompetenzen in den Kantonen mit jenen in den deutschen Bundesländern, zeigt sich, dass in der Schweiz eine weitaus größere Skepsis und Zurückhaltung gegenüber dieser Institution besteht. So war in Ostdeutschland nach der deutschen Wiedervereinigung die Verfassungsgerichtsbarkeit elementarer Ausdruck der Eigenstaatlichkeit der neu geschaffenen Länder (Flick 2011, S. 46). Dagegen wird in der Schweiz häufiger auf das Spannungsverhältnis zwischen (direkter) Demokratie und verfassungsgerichtlicher Kontrolle hingewiesen. Während sich repräsentative Wahldemokratien wie Deutschland an den Prinzipien der Parlaments- und vor allem der Verfassungssouveränität orientieren, geht die schweizerische Demokratie im Kern auf das Konzept der Volkssouveränität im Sinne von Rousseau zurück. Vor dem Hintergrund der grundlegend unterschiedlichen Verfassungskonzeptionen der Schweiz und Deutschlands sowie der weitaus stärker ausgebauten direktdemokratischen Mitspracherechte in den Schweizer Kantonen erscheint deshalb die unterschiedliche Sichtweise verständlich.

Literatur

Amoos Piguet, M. (2013). L'élection partisane des juges - une entorse au principe de la séparation des pouvoirs? *Justice - Justiz – Giustizia* 2013/1. https://richterzeitung. weblaw.ch/rzissues/2013/1.html. Zugegriffen: 15. Jan. 2019.

Attinger, P. (2016). *Die Rechtsprechung des Bundesgerichts zu kantonalen Volksinitiativen.* Zürich: Schulthess.

Auer, A. (2016). *Staatsrecht der schweizerischen Kantone.* Bern: Stämpfli.

Bolkensteyn, A. (2014). *Le contrôle des normes, spécialement par les cours constitutionnelles cantonales.* Bern: Stämpfli.

Borghi, M. (2016). La mainmise des partis politiques suisses sur l'élection des juges. *Justice - Justiz – Giustizia* 2016/1. https://richterzeitung.weblaw.ch/rzissues/2016/1/la-mainmise-despart_41d726c146.html. Zugegriffen: 10. Nov. 2018.

Bundesamt für Statistik. (2018). Ständige Wohnbevölkerung nach Geschlecht, Staatsangehörigkeitskategorie und Kanton, am 31.12.2017. https://www.bfs.admin.ch/bfs/de/home/statistiken/kataloge-datenbanken/tabellen.assetdetail.5886243.html. Zugegriffen: 15. Dez. 2018.

Buser, D. (2011). *Kantonales Staatsrecht: Eine Einführung für Studium und Praxis.* Basel: Helbing & Lichtenhahn.

Eichenberger, K. (1983). Die Verfassungsgerichtsbarkeit in den Gliedstaaten der Schweiz. In C. Stark & K. Stern (Hrsg.), *Landesverfassungsgerichtsbarkeit. Band 1. Geschichte, Organisation, Rechtsvergleichung* (S. 435–460). Baden-Baden: Nomos.

Verfassungsgerichtsbarkeit in den Schweizer Kantonen 425

Epiney-Colombo, E., Gass, S., Kiener, R., Mosimann, H.-J., Stadelmann, T., & Zappelli, P. (2013). La réélection d'un juge n'est pas toujours assurée. *Justice - Justiz – Giustizia* 2013/1. https://richterzeitung.weblaw.ch/rzissues/2013/1.html. Zugegriffen: 10. Nov. 2018.

Flick, M. (2011). *Organstreitverfahren vor den Landesverfassungsgerichten. Eine politikwissenschaftliche Untersuchung.* Bern: Lang.

GRECO. (2011). Evaluationsbericht über die Schweiz. Transparenz der Parteienfinanzierung. https://rm.coe.int/16806cab77. Zugegriffen: 10. Nov. 2018.

GRECO. (2016). Vierte Evaluationsrunde: Prävention von Korruption bei Mitgliedern von Parlamenten, Gerichten und Staatsanwaltschaften. https://www.bj.admin.ch/dam/data/bj/sicherheit/kriminalitaet/korruption/grecoberichte/ber-iv-2016-5-d.pdf. Zugegriffen: 15. Okt. 2018.

Grisel, E. (2001). Volksrechte in den Kantonen. In D. Thürer, J.-F. Aubert, & J. P. Müller (Hrsg.), *Verfassungsrecht der Schweiz* (S. 397–412). Zürich: Schulthess.

Hangartner, Y., & Kley, A. (2000). *Die demokratischen Rechte in Bund und Kantonen der Schweizerischen Eidgenossenschaft.* Zürich: Schulthess.

Kiener, R., Durrer, B., Fässler, S., & Krüsi, M. (2008). Verfahren der Erneuerungswahlen von Richterinnen und Richtern des Bundes. *Verwaltungspraxis der Bundesbehörden, 26*(3), 350–389.

Landrat Basel-Landschaft (2007). Protokoll der Landratssitzung vom 18. Oktober 2007. https://www.baselland.ch/politik-und-behorden/landrat-parlament/sitzungen/traktanden-2005-2009/landratssitzung-vom-24-april-2008/protokoll-der-landratssitzung-vom-24-apr-29/protokoll-der-landratssitzung-vom-18-oktober-2007/protokoll-der-landratssitzung-vom-18-okt-21. Zugegriffen: 10. Oktober 2018.

Möckli, S. (1985). *Politische Ideen in der Schweiz: Versuch einer wissenssoziologischen Analyse* (Dissertation). Hochschule St. Gallen, St. Gallen.

Racioppi, G. (2017). Die moderne «Paulette»: Mandatssteuern von Richterinnen und Richtern. *Justice - Justiz – Giustizia* 2017/3. https://richterzeitung.weblaw.ch/rzissues/2017/3/die-moderne–paulett_0f1d31e065.html__ONCE. Zugegriffen: 15. Nov. 2018.

Rohner, G. (2012). *Die Wirksamkeit von Volksinitiativen im Bund. 1848–2010.* Zürich: Schulthess.

Schubiger, M. (2017). Die Ungültigerklärung kantonaler Volksinitiativen: ein juristischer oder ein politischer Entscheid? *LeGes, 28*(1), 51–67.

Seiler, H. (2010). Verfassungsgerichtsbarkeit zwischen Verfassungsrecht, Richterrecht und Politik. *Zeitschrift für Schweizerisches Recht, 129*(II), 381–546.

Stadelmann, T. (2014). Überlegungen zur Wahl und Wiederwahl von Richterinnen und Richtern. *Justice - Justiz – Giustizia* 2014/3. http://richterzeitung.weblaw.ch/rzissues/2014/3/uberlegungen-zur-wah_14215af798.html__ONCE. Zugegriffen: 10. Nov. 2018.

Suter, B. (2015). Appointment, discipline and removal of judges: A comparison of the Swiss and New Zealand judiciaries. *Victoria University of Wellington Law Review, 46*(2), 267–305.

Vatter, A. (2018). *Das politische System der Schweiz.* Baden-Baden: Nomos.

Voigt, S., Gutmann, J., & Feld, L. P. (2015). Economic Growth and Judicial Independence, A Dozen Years on: Cross-Country Evidence Using an Updated Set of Indicators. *European Journal of Political Economy, 38*(June), 197–211.

Weck, A. de (2008). Election, réélection et surveillance: Rencontre des pouvoirs judiciaire et politique. *Justice - Justiz – Giustizia, 2008/4*. https://richterzeitung.weblaw.ch/rzissues/2008/4.html. Zugegriffen: 10. Dez. 2018.

Weigl, M. (2017). Der Bayerische Verfassungsgerichtshof. In W. Reutter (Hrsg.), *Landesverfassungsgerichte. Entwicklung – Aufbau – Funktionen* (S. 53–76). Wiesbaden: Springer VS.

Wüthrich, D. (2015). Die Bedeutung der Parteizugehörigkeit bei den Bundesrichterwahlen. *Justice - Justiz - Giustizia, 2015/2*. https://richterzeitung.weblaw.ch/rzissues/2015/2/bedeutung-der-partei_b9f0e43718.html__ONCE. Zugegriffen: 15. Nov. 2018.

Wyttenbach, J. (2013). Gerichtliche Normenkontrolle in der Schweiz. In M. Wrase & Ch. Boulanger (Hrsg.), *Die Politik des Verfassungsrechts. Interdisziplinäre und vergleichende Perspektiven auf die Rolle und Funktion von Verfassungsgerichten* (S. 259–282). Baden-Baden: Nomos.

State Supreme Courts: Verfassungsgerichtsbarkeit in amerikanischen Bundesstaaten

Werner Reutter

Die herrschende Meinung ist eindeutig: Das Geburtsdatum der Verfassungsgerichtsbarkeit ist der 24. Februar 1803. An diesem Tag fällte der amerikanische Oberste Gerichtshof sein Urteil in der Sache *Marbury v. Madison,* und mit dieser Entscheidung, so geht die Geschichte, hat sich der *Supreme Court of the United States* (SCOTUS) mehr oder weniger selbst ermächtigt, Gesetze, die mit der Verfassung nicht in Einklang stehen, für „void", für ungültig, zu erklären (Marbury v. Madison, 5. U.S. (1 Cr.) 137, 177 (1803)).[1] Er folgte damit Alexander Hamiltons (1994) Auffassung, dass es die „Pflicht" der Judikative sei, Gesetze

---

[1]Die Entscheidungen des *U.S. Supreme Courts* finden sich ab 1874 in den *United States Reports;* zitiert werden sie wie folgt: Entscheidung, Band, Seite und (Jahr); so findet sich das Urteil zur Präsidentschaftswahl aus dem Jahr 2000 Bush v. Gore in Band 531 und beginnt auf Seite 98 oder in Kurzform: Bush v. Gore, 531 U.S. 98 (2000). Entscheidungen, die in die Zeit vor 1874 fallen, finden sich in mehreren Entscheidungssammlungen; vgl. Bluebook 2015, S. 223. Die Bände sind ab 1991 online abrufbar unter: https://www.supremecourt.gov/opinions/boundvolumes.aspx. Frühere Entscheidungen sind z. T. veröffentlicht in: https://caselaw.findlaw.com/us-supreme-court/5/137. Die *State Supreme Courts* veröffentlichen ihre Entscheidungen in derselben Weise und unterhalten eigene Webseiten, in denen Urteile eingesehen werden können; vgl. für den New York Court of Appeals: http://www.courts.state.ny.us/reporter/; Bluebook 2015, S. 248 ff.

Entstanden ist der Beitrag im Herbst 2018 während meines Aufenthaltes als *Senior Fellow am Baldy Center for Law & Social Policy* an der University at Buffalo (SUNY)

W. Reutter (✉)
Institut für Sozialwissenschaften, Humboldt-Universität zu Berlin, Berlin, Deutschland
E-Mail: werner.reutter@rz.hu-berlin.de

© Springer Fachmedien Wiesbaden GmbH, ein Teil von Springer Nature 2020
W. Reutter (Hrsg.), *Verfassungsgerichtsbarkeit in Bundesländern,*
https://doi.org/10.1007/978-3-658-28961-4_17

aufzuheben, die dem „manifest tenor of the constitution" widersprächen. Denn die Judikative, so Hamilton im Federalist Paper No. 78, sei die am wenigsten gefährliche der drei öffentlichen Gewalten (Hamilton 1994, S. 470). Einer der viel zitierten Kernsätze in *Marbury v. Madison* lautet denn auch, es sei „emphatically the province and duty of the judicial department to say what the law is" (Marbury v. Madison, 5. U.S. (1 Cr.) 137, 177 (1803)). Was Gesetz, was Recht ist, bestimmt danach die Judikative. Nach herrschender Meinung ist mit dieser Entscheidung *Judicial Review* in die Welt gekommen. Seitdem toppt im Zweifelsfall die Judikative die Legislative.

Nach Sylvia Snowiss (1990, S. 36 f.) wurden *Statutory Laws* in amerikanischen Bundesstaaten allerdings schon lange vor *Marbury v. Madison* auf ihre Verfassungsmäßigkeit geprüft und manche sogar verworfen. Allein zwischen 1780 und 1801 seien acht Gesetze in den damals insgesamt 16 Bundesstaaten der USA als für nicht vereinbar erklärt worden mit der jeweiligen Bundesstaatsverfassung. Die wirkliche Innovation des vierten *Chief Justice* des *U.S. Supreme Courts,* John Marshall, habe daher keineswegs darin bestanden, parlamentarische Allmacht rechtsstaatlich einzuhegen und *Judicial Review* einzuführen. Das Neue und Innovative an *Marbury v. Madison* sei vielmehr gewesen, „to stress the written character of the ‚superior', ‚paramount,' and ‚fundamental' law that bound the branches" (Snowiss 1990, S. 108; vgl. auch Tarr 2012, S. 33–37).

Unabhängig davon, ob die von Snowiss vorgenommene historische Rekonstruktion der Entstehung von Verfassungsgerichtsbarkeit in den USA zu einer Neubewertung des Urteils *Marbury v. Madison* ausreichend Anlass gibt, verweist die Geschichte doch auf eine verbreitete Wahrnehmung. Denn die obersten Gerichte der Bundesstaaten, die *State Supreme Courts* (SSC)[2] – oder die *Courts of Last Resort* (COLR) – stehen häufig im Schatten ihres großen Bruders: dem *U.S. Supreme Court.* Diese Dominanz des Obersten Gerichtshofes der Vereinigten Staaten

---

[2]Meist heißt das oberste Gericht eines Bundesstaates: *State Supreme Court.* In Maryland und New York heißen die Gerichte *Court of Appeals* und in West Virginia *Supreme Court of Appeals.* In New York State bestehen unterhalb des obersten Gerichtes, dem *New York Court of Appeals,* vier *Supreme Courts – Appellate Division,* die anderswo *Intermediate Appellate Courts* oder *Intermediate Courts of Appeals* heißen. Auf diese begrifflichen Differenzierungen wird keine Rücksicht genommen, es sei denn, ich beziehe mich auf einen der genannten Fälle. Zu erwähnen ist zudem, dass in Oklahoma und Texas ein oberstes Gericht für Straf- und eines für Zivilsachen besteht (Tabelle im Anhang). – Die fünf *Supreme Courts* der den USA angeschlossenen Territorien (Samoa, Guam, Northern Mariana Islands, Puerto Rico und Virgin Islands), der *Supreme Court* des *District of Columbia* und die *Supreme Courts* der indianischen Nationen werden vernachlässigt. – Eine besondere Herausforderung stellte die Übertragung von amerikanischen Rechtsbegriffen ins Deutsche dar. Ich habe deswegen an vielen Stellen von einer Übersetzung abgesehen.

von Amerika bezieht sich keineswegs nur auf die öffentliche Aufmerksamkeit im Rahmen spektakulärer Anhörungen bei Neubesetzungen frei gewordener Richterstellen (wie z. B. von Brett Kavanaugh am 27. September 2018) oder auf kontroverse Urteile wie zur Rassentrennung (Brown v. Board of Education, 347 U.S. 483 (1954)), zur Strafbarkeit von Schwangerschaftsabbrüchen (Roe v. Wade, 410 U.S. 113 (1973)), zur Präsidentschaftswahl 2000 (Bush v. Gore, 531 U.S. 98 (2000)) oder zur Entstehung von *Judicial Review* (Marbury v. Madison, 5. U.S. (1 Cr.) 137, 177 (1803)). Hinzu kommt, dass SCOTUS lange Zeit auch wissenschaftlich im Zentrum des Interesses stand. *State Supreme Courts* hätten in „relative obscurity" operiert, und die Kenntnisse über diese Gerichte seien bestenfalls „rudimentär", so jedenfalls die lange Zeit dominierende Auffassung (Tarr und Porter 1988, S. 1). Dies gelte ebenso für vergleichende Studien, die nahezu ausschließlich „national-centric" seien (Williams 2006, S. 68).

Dabei fällen *State Supreme Courts* jährlich zusammen mehr als 10.000 Urteile; nach Tarr (2015, S. 21) treffen die meisten *State Supreme Courts* jedes Jahr sogar mehr Entscheidungen als der *U.S. Supreme Court* (Tarr 2010; Kagan et al. 1977a, b; Williams 2018).[3] Zudem verfügen *State Supreme Courts,* so Brace et al. (2001), über erheblichen Einfluss, weil sie Politikbereiche gestalten, die unmittelbar relevant sind für Bürgerinnen und Bürger. Zu beobachten sei in den Bundesstaaten sogar eine ausgeprägte Tendenz zum *Judicial Activism* (Williams 2006; Tarr 2010; Tarr und Porter 1988; Fino 1987; Langer 2002; Brace et al. 2001). In dieser Perspektive transformiert *Judicial Review* die Judikative im Allgemeinen und die *State Supreme Courts* im Besonderen von einer „essentially interpretative power to a primarily legislative one" (Wolfe 1997, S. IX).

Eine solche Entwicklung kann nicht ohne Folgen bleiben auf die föderale Gewaltenteilung. Es habe sich ein *New Judicial Federalism* herausgebildet, also eine Rebalancierung der bundesstaatlichen Kompetenzverteilung im Justizsystem. *New Judicial Federalism* bezieht sich vor allem darauf, dass mit Beginn der 1970er Jahre *State Supreme Courts* sich verstärkt auf die in den Verfassungen der Bundesstaaten kodifizierten *Bill of Rights* stützten und diese zum Teil weiter auslegten als der *U.S. Supreme Court* die in der U.S. Verfassung garantierten Bürgerrechte (Meyer et al. 2006, S. 157–216; Tarr 2015; Fino 1987). Obwohl

---

[3]SCOTUS verzeichnet pro Jahr rund 7000 Eingänge, führt rund 80 Anhörungen durch und entscheidet weitere 100 Fälle nach Aktenlage (https://www.supremecourt.gov/about/justicecaseload.aspx). Nach Angaben des *Court Statistics Projects* haben 26 State Supreme Courts 2016 durchschnittlich 415 Entscheidungen in der Sache getroffen (ohne den *Court of Criminal Justice* in Texas waren es durchschnittlich 335); http://www.popup.ncsc.org/CSP/CSP_Intro.aspx. Zugegriffen: 26. Oktober 2018.

Tiefe, Reichweite und Dauer dieser Entwicklung kontrovers diskutiert werden (Williams 2003, 2018; Tarr 1999), zeigt die Debatte um diese Veränderungen doch, dass der amerikanische Verfassungsstaat und eben auch die Verfassungsgerichtsbarkeit nicht zu verstehen sind, wenn lediglich die nationale Ebene in die Analyse einbezogen wird. Diese Entwicklungen haben sich wissenschaftlich niedergeschlagen. Und inzwischen existiert eine umfangreiche Literatur zu *State Supreme Courts*. Brace et al. (2001, S. 82) sprechen denn auch von einem „impressive body of scholarship on these important institutions." Darüber hinaus bietet das *Court Statistics Project* sowie das *Book of the States* Daten über SSC (Brace und Hall 2000).[4]

Vor diesem Hintergrund gibt der Beitrag einen Überblick über Rolle, Wandel und Bedeutung der *State Supreme Courts* in den USA. Vorab ist jedoch einem doppelten Missverständnis vorzubeugen: Zum einen ist zu betonen, dass *State Supreme Courts* keine „Zwillinge" ihres nationalen Bruders sind oder „equal to federal courts in protecting constitutional rights" (Williams 2006, S. 68). Es sind Gerichte aus eigenem Recht und mit eigenständigen Funktionen im amerikanischen Verfassungs- und Bundesstaat. Zum anderen: Es gibt keinen typischen *State Supreme Court* (Tarr und Porter 1988, S. 2; Tarr 2010; Fino 1987, S. 27; Brace et al. 2001; Kommers 1983). Besetzungsverfahren, Zusammensetzung, Amtszeiten, Ausstattung oder Fallzahlen variieren so beträchtlich und weisen so viele Kombinationsmöglichkeiten auf, dass verallgemeinernde Aussagen, die gleichwohl nicht zu vermeiden sind, stets unter Vorbehalt stehen. Tab. 1 gibt einen Überblick über die SSC, an denen 2016 durchschnittlich 6,5 Richter und Richterinnen[5] 1492 Entscheidungen getroffen haben; die gesetzlich festgelegte

---

[4]Das *Court Statistics Project* (CSP) wird gemeinsam vom *National Center for Sate Courts* (NCSC) und von der *Conference of State Court Administrators* (COSCA) durchgeführt. Es umfasst alle Gerichte und beruht auf Daten, die von den Gerichtsverwaltungen der 50 Einzelstaaten, dem District of Columbia und Puerto Rico bereitgestellt werden; nicht immer werden dabei von allen Verwaltungen alle Daten übermittelt. Grundlage der Berichterstattung ist das *State Court Guide to Statistical Reporting* (Brace und Hall 2000; CSP und NCSC 2017; http://www.courtstatistics.org). Darüber hinaus veröffentlicht das *Council of State Governments* seit 1935 das *Book of the States,* in dem sich Informationen zu den Gerichtssystemen der Bundesstaaten finden (Perkins 2018); die Ausgaben sind verfügbar unter: http://knowledgecenter.csg.org/kc/category/content-type/content-type/book-states. Zugegriffen: 24. Oktober 2018.

[5]Aus Gründen der besseren Lesbarkeit verwende ich im Weiteren meist – aber nicht immer – das generische Maskulinum, das Männer, Frauen und Personen mit anderer geschlechtlicher Identität einschließt.

State Supreme Courts: Verfassungsgerichtsbarkeit ... 431

Tab. 1 *State Supreme Courts:* deskriptive Statistik (Stand 2016 bzw. 2018)

	Richter (2016)		Gehalt (2018; $)		Eingänge (2016)			
	Anzahl	Amtszeit (Jahre)[a]	CJ[b]	AJ[b]	Gesamt (abs.)	Davon *Appeals* (abs.)	Eingänge pro 1 Mio. Einw.	Erledigungen (abs.)
Minimum	5	6	133.174	131.174	199	198	56	278
Maximum	9	14	256.059	244.179	7504	6592	1055	7512
Mittelwert	6,5	8,4	177.188	171.055	1387	1034	301	1492
Median	7	8	175.150	169.915	910	678	202	923
Standabw.	1,2	2,2	26.480	25.260	1487	1128	213	1578
N	50	46	50	50	47	38	47	41

[a]In Massachusetts, New Hampshire und New Jersey können Richter bis zum Höchstalter von 70 Jahren amtieren, in Rhode Island sind sie auf Lebenszeit ernannt; für *Chief Justices* gelten zum Teil andere Regelungen
[b]CJ = *Chief Justice;* AJ = *Associate Justice*
Quelle: Eigene Darstellung, Tabelle im Anhang, eigene Berechnungen

Amtszeit war auf durchschnittlich 8,4 Jahre festgelegt, und 2018 verdienten die Richterinnen und Richter durchschnittlich 177.188 bzw. 171.055 USD. Anders als SCOTUS, dessen Struktur und Funktionsweise sich seit seiner Konstituierung 1790 nicht geändert haben, sind die SSC in den Bundesstaaten einem steten und zum Teil tief greifenden Wandel unterworfen (Tarr 2012, 2010; Kagan et al. 1977a, b).

1 Judicial Federalism: State Supreme Courts im amerikanischen Bundesstaat

Nach der bekannten Definition von Daniel Elazar besteht Föderalismus aus „self rule" und „shared rule" (Elazar 1987, S. 5). Das amerikanische Justizsystem im Allgemeinen und die amerikanische Verfassungsgerichtsbarkeit im Besonderen machen hier keine Ausnahme (Tarr 2015, S. 32 f.; Kommers 1983). Denn auch *Judicial Federalism* zeichnet sich durch „self-rule" und „shared-rule" aus. Es existieren nationale und subnationale *Supreme Courts,* die auf Grundlage der jeweiligen Verfassungen grundsätzlich unabhängig voneinander operieren können. Diese duale Struktur, die auf beiden Ebenen des Justizsystems „self rule" ermöglicht, schließt allerdings Verflechtungen und gegenseitige Abhängigkeiten in der Verfassungsgerichtsbarkeit nicht aus und damit „shared rule" ein. *State Supreme Courts* bewegen sich mithin in einem komplexen Umfeld (Porter und Tarr 1982, S. XIX–XXII; Tarr und Porter 1988, S. 41–63).

SSC sind vertikal und horizontal in die Strukturen des amerikanischen Bundesstaates eingebettet. Konkret bedeutet dies: Hierarchie einerseits sowie Kompetenztrennung und Autonomie andererseits (Tarr 2015; Williams 2018). Zum einen gilt nach der *Supremacy Clause* (Artikel VI Absatz 2 der U.S. Verfassung): Bundesrecht hat Vorrang vor dem Recht der Bundesstaaten. Das gilt auch im Justizsystem, wobei SCOTUS nur in den Fällen ein juristisches Mandat beanspruchen kann, wenn Bundesrecht betroffen ist. Zum anderen verleihen Kompetenztrennung und Autonomieprinzip beiden Ebenen das Prärogativ, Recht unabhängig von der anderen Ebene zu setzen. Das schließt ein, dass SSC und SCOTUS ihre Urteile grundsätzlich gegenseitig anerkennen (Tarr 2015). Entscheidungen der SSC sind mithin immun gegenüber Eingriffen des *U.S. Supreme Courts* – unter der Voraussetzung, die SSC beziehen sich in ihren Entscheidungen auf das Recht des jeweiligen Bundesstaates, d. h. auf „adequate and independent state grounds" (Tarr 2015, S. 14; Friedelbaum 1982). Unterstellt ist dabei, dass die amerikanischen Bundesstaaten prinzipiell alle Angelegenheiten in eigener Verantwortung regeln können, es sei denn, die U.S. Verfassung hat enumerativ der Zentralgewalt in Artikel I Abschn. 8 die Regelungskompetenz übertragen wie beim Steuerrecht und Handelsrecht oder bei Militärfragen. Für alle anderen Bereiche sind die Bundesstaaten zuständig, was auch noch einmal im 10. Zusatzartikel der U.S. Verfassung seinen Niederschlag gefunden hat.

Es ist nicht mehr als eine Trivia, dass Verfassungstext und Verfassungswirklichkeit nicht deckungsgleich sind. Das gilt auch für *Judicial Federalism.* Denn außer durch Hierarchie, Kompetenztrennung und Autonomie sehen Tarr und Porter (1988, S. 13–27) die Beziehungen zwischen den Ebenen im Justizwesen ebenso durch gegenseitige Abhängigkeit und Verflechtungen gekennzeichnet. So können SSC die Rechtsprechung im Bundesstaat beeinflussen, indem sie Präzedenzfälle schaffen, Urteile des *U.S. Supreme Courts* an die Bedingungen im Bundesstaat anpassen oder an einer etablierten Rechtsprechung festhalten und so als Repositorien bundesstaatlichen Rechts fungieren (Porter und Tarr 1982, S. XIX–XX). Gleichzeitig kann die Bereitschaft der SSC, Urteilen des *U.S. Supreme Courts* zu folgen, keineswegs uneingeschränkt vorausgesetzt werden. Eine Reihe von Studien haben in wichtigen Politikfeldern wie der Aufhebung der Rassentrennung oder dem Strafrecht gezeigt, dass die Folgebereitschaft, die *Compliance,* in den Bundesstaaten variiert (Tarr 1982; Tarr und Porter 1988. S. 13 f.). Begünstigt wird dies dadurch, dass viele Urteile des *U.S. Supreme Courts* Interpretationsspielräume aufweisen, die die SSC ausfüllen können. Insgesamt heißt dies aber, dass die Beziehungen zwischen SCOTUS und SSC mit der verfassungsrechtlich angenommenen Über- und Unterordnung unzulänglich erfasst sind. Auch Kompetenztrennung und Autonomieprinzip gehen in der Verfassungspraxis nicht in der oben genannten verfassungsrechtlichen Vorgabe auf. Die Bundesstaaten und deren SSC können keineswegs unabhängig von anderen über ihr eigenes Schicksal bestimmen. So schwören ihre Verwaltungs- und Justizbeamten nicht nur auf die Verfassung des jeweiligen Bundesstaates, sondern leisten ebenso einen „oath or affirmation" (Art. VI Absatz 3) auf die Verfassung der USA. Zudem entscheidet SCOTUS in Fällen, die mehrere Bundesstaaten betreffen. Schließlich kann SCOTUS unmittelbar in die Rechtssetzungshoheit eines Bundesstaates intervenieren, wenn er dort verabschiedete Gesetze für unvereinbar hält mit Bundesrecht. So wurden zwischen 1791 und 2007 über 1000 Gesetzen der Bundesstaaten die Verfassungsmäßigkeit abgesprochen (Tarr 2010, S. 258), wobei sich bis 1940 eine ansteigende Tendenz abzeichnete, die – nach einer Unterbrechung – zwischen 1961 und 1980 in einem bisherigen Allzeithoch mündete, um dann wieder auf zwei für verfassungswidrig erklärte Gesetze pro Jahr zu sinken (Abb. 1).

Die Geschichte der Verfassungsrechtsprechung zur Todesstrafe illustriert diese vertikale Dimension. Der *Supreme Court of California* hatte am 24. April 1972 die Todesstrafe als unvereinbar mit der damals geltenden Verfassung von Kalifornien erklärt, die in Art. 1 § 17 „cruel or unusual punishment" untersagte (493 P.2d 880, 6 Cal. 3d 628 (Cal. 1972)). Das Urteil hatte allerdings nur wenige Monate

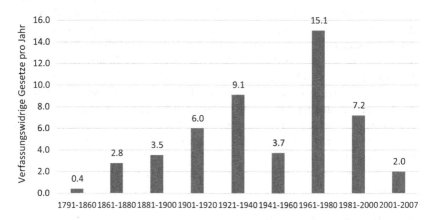

Abb. 1 Vom U.S. Supreme Court für verfassungswidrig erklärte Gesetze der Bundesstaaten (Anzahl, pro Jahr, nach Perioden, 1791–2007). (Quelle: Tarr 2010, S. 258; eigene Berechnungen)

Bestand, denn mit der *Proposition No. 17* wurde die Verfassung geändert und die Todesstrafe als weder „grausam" noch „außergewöhnlich" definiert und in der Konsequenz verfassungsrechtlich sanktioniert. Der *U.S. Supreme Court* hatte allerdings ohnehin am 29. Juni 1972 entschieden, dass die Todesstrafe in vielen Bundesstaaten willkürlich verhängt werde und dem achten Zusatzartikel der amerikanischen Bundesverfassung widerspreche, der ebenfalls Schutz gewährt vor unmenschlicher und grausamer Strafe. Mit dem Urteil wurde die Todesstrafe allerdings nicht abgeschafft, sondern nur außer Vollzug gesetzt (Furman v. Georgia, 408 U.S. 238 (1972)). Eine ganze Reihe von Bundesstaaten novellierte daraufhin ihre entsprechenden Gesetze, was den *U.S. Supreme Court* 1976 wiederum veranlasste, die Aussetzung des Vollzuges wieder aufzuheben. Dies führte vor allem in den letzten Jahren in vielen Bundesstaaten dazu, dass die Todesstrafe entweder per Verfassung oder durch Urteil des *State Supreme Courts* erneut suspendiert wurde. Zuletzt hat der *Supreme Court* des Bundesstaates Washington den Vollzug der Todesstrafe wieder ausgesetzt (also nicht endgültig abgeschafft), weil „it is imposed in an arbitrary and racially biased manner" (State vs. Gregory, Wash No. 88086-7, S. 2; Johnson 2018).

SSC sind aber nicht nur funktional mit der Bundesebene verflochten, sondern auch in horizontale Beziehungen eingebettet, die rechtlich weitgehend ungeregelt sind, also „a matter of choice" (Tarr und Porter 1988, S. 27; Porter und Tarr 1982). So stellen *State Supreme Courts* untereinander Anfragen zur Klärung rechtlicher Fragen, und aus der Tradition des *Common Law* im amerikanischen Justizsystem, das durch Präzedenzfälle geprägt ist (Williams 2018; Meyer et al. 2006, S. 99–108), erwächst die Erwartung, dass sich Richter an früheren Urteilen orientieren, auch wenn diese von SSC in anderen Bundesstaaten getroffen wurden (Tarr und Porter 1988, S. 27 f.). Unterfüttert wird diese Tendenz dadurch, dass SSC, wenn auch in unterschiedlichem Ausmaß, ähnliche Rechtsmaterien bearbeiten und sich eine Tendenz zur Harmonisierung herausgebildet hat. Schließlich wird die Diffusion von Policies durch gesellschaftliche Akteure befördert. Solche Prozesse können in Gang gesetzt werden durch Interessengruppen oder Personen, die Reformerfolge aus einem Bundesstaat in einen anderen Bundesstaat übertragen und dort ähnliche Verfahren anstrengen.

Solche horizontalen Prozesse machten sich bei der Reform des Deliktrechtes bemerkbar, der *Tort Law Revolution,* die im Wesentlichen von *State Supreme Courts* vorangetrieben wurde (Baum und Canon 1982; Brace et al. 2001; Tarr und Porter 1988, S. 34–40; Tarr 2010, S. 321–333). Bis in die 1950er Jahre war die Deliktshaftung in den USA beschränkt. Die öffentliche Hand war davon ebenso ausgenommen wie die Hersteller von Produkten, wenn diese nicht direkt gegenüber

State Supreme Courts: Verfassungsgerichtsbarkeit ... 435

dem Konsumenten eine vertragliche Verpflichtung eingegangen waren. Ebenso restriktiv war das Verursacherprinzip; eine Haftung kam nur in Betracht, wenn der Schaden aufgrund eines Fehlverhaltens verursacht worden war. Die *Tort Revolution* in den Bundesstaaten hat dies in jeder Hinsicht geändert. So hat der *Supreme Court of California* staatliche Institutionen in Schadensfällen zur Haftung verpflichtet (Muskopf v Corning Hospital District, 359P.2d 457 (Cal 1961)) und der *Supreme Court* von New Jersey die Hersteller von Produkten (Henninges v. Bloomfield Motors, 161 A.2d 69 (NJ 1960)). Damit einher ging ein Perspektivwechsel: In den Vordergrund traten die Geschädigten, die für die Folgen eines Schadensfalles kompensiert werden sollten. Allerdings verlief die *Tort Revolution* in den Bundesstaaten uneinheitlich (Brace et al. 2001, S. 87–90; Tarr und Porter 1988, S. 40).

Insgesamt zeigt sich, dass die Vorstellung vom dualen Föderalismus für das Justizsystem nur teilweise zutrifft. Die verfassungsrechtlichen Prinzipien, die auf Kompetenztrennung, Hierarchie und Autonomie zielen, werden in der Verfassungswirklichkeit modifiziert und teilweise sogar unterlaufen. Mit Porter und Tarr (1982, S. XX) lässt sich daher schlussfolgern, dass die Beziehungen zwischen SSC und SCOTUS weit komplexer und weniger hierarchisch sind als die formalen Bestimmungen vermuten lassen. Für Porter und Tarr (1982, S. XX) ist *Judicial Federalism* ein „hybrides" Beziehungsgeflecht, das durch Autonomie, Kompetenztrennung und Hierarchie ebenso gekennzeichnet ist wie durch gegenseitige Abhängigkeit und funktionale Verflechtung.

2 State Supreme Courts als Teil der Regierungssysteme der Bundesstaaten

State Supreme Courts sind nicht nur Bestandteil des *Judicial Federalism,* sondern auch „institutions of state government" (Tarr und Porter 1988, S. 41). Die Beziehungen von *State Supreme Courts* zur Exekutive, zur Legislative und zu anderen Gerichten des jeweiligen Bundesstaates sind strukturiert durch rechtliche Rahmenbedingungen, institutionelle Regeln, gesellschaftliche Voraussetzungen, die politische Kultur sowie durch politische Konstellationen (Meyer et al. 2006, S. 82–96; Glick und Vines 1973; Tarr und Porter 1988; Brace et al. 2001; Langer 2002). Für den vorliegenden Zusammenhang ist insbesondere von Bedeutung, dass Richter und Gerichte demokratisch legitimiert werden und gleichzeitig unabhängig sein müssen von politischen oder anderen Einflüssen; darüber hinaus sollte die Zusammensetzung der Richterschaft ausgewählten Merkmalen entsprechen. Folgt man der in der amerikanischen Debatte üblichen Begrifflichkeit, lässt sich diese Debatte in drei Stichworten zusammenfassen: *judicial independence, accountability* und *representativeness* (Tarr 2012, 2010, S. 51–63). Die weitere Analyse beschränkt sich dabei auf drei ausgewählte Dimensionen: auf die demokratische Legitimation durch Wahl und Benennungsverfahren (Abschn. 2.1), auf die Zusammensetzung der Richterschaft (Abschn. 2.2) und auf die Strukturen des Justizwesens (Abschn. 2.3).

2.1 Accountability: Wahl und Ernennung von Richterinnen und Richtern

Besetzungen von Richterstellen an obersten Gerichten produzieren nicht nur auf Bundesebene politische Kontroversen. Vielmehr sind sie ebenso in den Bundesstaaten häufig Politikum und führen sogar zu Amtsenthebungsverfahren von amtierenden Richtern. Gleichzeitig sind die Verfahren zur Besetzung von Richterstellen an *State Supreme Courts* variantenreich ausgestaltet. Dabei müssen keineswegs in allen Bundesstaaten Richter an *State Supreme Courts* ein rechtswissenschaftliches Studium abgeschlossen haben, der Anwaltskammer des jeweiligen Bundesstaates angehören oder eine bestimmte Zeit als Richter tätig gewesen sein, um an einen *Supreme Court* berufen werden zu können.[6] Es wundert daher kaum, dass Typologisierung und Einordnung der Verfahren auch in der einschlägigen Literatur variieren. Während die meisten fünf, manche Autoren drei Verfahrenstypen unterscheiden, werden im Weiteren vier Verfahren näher erläutert (Tarr 2010, S. 52–63): die *merit selection,* auch *Missouri Plan* genannt, die Wahl durch ein Regionalparlament *(legislative appointment),* die Volkswahl mit oder ohne Parteiticket sowie die Ernennung durch den Gouverneur (Tab. 2).

- *Merit selection:* Der Bundesstaat von Missouri hat dieses Verfahren 1940 zum ersten Mal eingesetzt, deswegen wird es auch häufig *Missouri Plan* genannt (Tarr 2011). Aktuell wird das Verfahren in Variationen in 21 Bundesstaaten angewandt.[7] Als Beispiel lässt sich New York anführen: In diesem

---

[6]Ich folge hier weitgehend der Darstellung in Tarr 2010, S. 52–63 sowie Tarr 2012.

[7]Ich folge bei den Einordnungen den Angaben in Perkins 2018: Tab. 5.6 (Selection and Retention of Appellate Court Judges), wobei folgende Verfahren dem Missouri Plan zugerechnet wurden: GN – Gubernatorial appointment from judicial nominating commission; GNE – Gubernatorial appointment from judicial nominating commission with approval of elected executive council; GNL – Gubernatorial appointment from judicial nominating commission with consent of the legislature; vgl. dazu Tabelle im Anhang.

State Supreme Courts: Verfassungsgerichtsbarkeit ... 437

Tab. 2 *State Supreme Courts:* Wahl- und Benennungsverfahren und Amtszeiten von Richterinnen und Richtern (Stand 2016)

	Art der Besetzung in … Bundesstaaten			Gesetzliche Amtszeit[c]		
	Beginn Amtsperiode	Mitte Amtsperiode[c]	Bestätigung[d]	Durchschnitt	Kürzeste	Längste[e]
Alle	50	47	27	8,4	6	14
Ernennung Gouverneur[a]	5	19	2	9	7	12
Missouri Plan[b]	21	27	3	8,7	6	14
Ungebundene Volkswahl	13	0	13	7,7	6	12
Wahl auf Parteiticket	9	0	6	7,2	5	9
„Legislative Appointment"	2	1	3	11	10	12

[a]Ernennung durch Gouverneur mit oder ohne Zustimmung einer weiteren Instanz (Parlament, Verwaltungsrat)
[b]Ernennung durch Gouverneur auf Grundlage von Kommissionsvorschlägen mit oder ohne Zustimmung weiterer Institutionen;
[c]die *Supreme Courts* in Louisiana und Illinois wählen bei Rücktritten o.ä. ihre Richter selbst aus *(Court Selection);* für Massachusetts fehlen die Angaben
[d]in Massachusetts, New Hampshire and Rhode Island gibt es keine Bestätigungswahlen; in Hawaii nominiert eine Justizkommission die Richter; in 19 Bundesstaaten findet eine *Retention Election* statt
[e]zugeordnet wurden die Bundesstaaten nach dem Besetzungsverfahren am Beginn einer Amtsperiode; ohne Massachusetts, New Hampshire, Rhode Island und New Jersey
Quelle: Tabelle im Anhang; eigene Berechnungen

Bundesstaat erstellt seit 1971 eine Kommission eine Liste von Kandidaten. Zusammengesetzt ist diese Kommission aus zwölf Mitgliedern, von denen vier vom Gouverneur, vier vom Vorsitzenden Richter des obersten Gerichtes dieses Bundesstaates sowie je einer vom Sprecher bzw. vom Minderheitsführer im Senat und Repräsentantenhaus ernannt werden. Von der von der Kommission erstellten Liste kann der Gouverneur einen Kandidaten auswählen und ernennen, allerdings muss sich der Richter nach einiger Zeit in einer „Wahl" *(Retention Election)* vom Souverän bestätigen lassen. In anderen Bundesstaaten sind die vom Gouverneur ausgewählten Richter vom Regionalparlament oder von einer Kommission zu bestätigen. Bei der *Merit Selection* sollen die Qualifikation der Richter und deren Unabhängigkeit die entscheidenden Kriterien bei der Auswahl darstellen; die Rechenschaftspflicht, die *Accountability,* wird über *Retention Elections* gewährleistet, bei der sich lediglich ein Kandidat zur „Wahl" stellt, bei der eine Mehrheit der Stimmen ausreicht. Ein Wahlkampf findet bei Bestätigungswahlen nicht statt. Kritisiert wird an diesem Verfahren der hohe Einfluss der Anwaltskammern sowie der Modus der *Retention Elections,* die sich schwerlich als Wahl bezeichnen lassen, da es nur einen Kandidaten gibt. Tarr (2010, S. 60) berichtet denn auch, dass zwischen 1964 und 2006 in über 6000 Bestätigungswahlen lediglich 56 kandidierende Richter keine Mehrheit erhielten. Zudem seien die in *Retention Elections* um Unterstützung werbenden Richter den Wählerinnen und Wählern häufig völlig unbekannt.

- *Wahl durch Legislature:* In diesem nur in Virginia und South Carolina angewandten Verfahren werden Richter zum *Supreme Court* von der *General Assembly,* also den beiden Kammern des Regionalparlamentes, mit einfacher Mehrheit gewählt für eine zwölf- bzw. zehnjährige Amtszeit. In der amerikanischen Literatur wird dieses Verfahren nicht als „Wahl", sondern als *Appointment* bezeichnet (Keith und Robbins 2017). Unbeschränkte Wiederwahl ist in beiden Fällen zulässig, allerdings gilt in Virginia eine Höchstaltersgrenze von 70 Jahren. Keith und Robbins (2017) kommen auf Grundlage ihrer Erhebung zu einer negativen Bewertung dieses Besetzungsverfahrens: Sie berichten, dass *Legislative Appointments* u. a. die Unabhängigkeit der Gerichte gefährde, Nepotismus begünstige und eine Politik der „revolving door" (Keith und Robbins 2017, S. 2) befördere, weil aktuelle Abgeordnete ehemalige Abgeordnete in das höchste Gericht wählen.

- *Volkswahlen:* Bei Volkswahlen lassen sich zwei Varianten unterscheiden: In *partisan Elections* kandidieren Richter auf Parteilisten um das Amt; das schließt die in den USA üblichen Vorwahlen ein. In *non-partisan Elections* sind die Richter formal keiner Partei zugeordnet, stehen also auf keiner Liste, was allerdings keineswegs ausschließt, dass Parteien Kandidaten unterstützen. Aktuell finden *non-partisan Elections* in 13 Bundesstaaten statt, *partisan Elections* in neun. Scheidet in diesen Bundesstaaten ein Richter vorzeitig aus, kann i. d. R. der Gouverneur einen Nachfolger einsetzen, der sich bei nächster Gelegenheit zur Wahl stellen muss. Eingeführt wurden Volkswahlen für Richter am *State Supreme Court* 1832 in Mississippi; ihren Durchbruch erlangten sie durch die 1846 in New York verabschiedete Verfassung, nach der Richter in diesem Bundesstaat ebenfalls in Wahlen bestimmt werden sollten (Tarr 2012, S. 45 f.). Tarr berichtet, dass rund 89 % der Richter an *State Supreme Courts* sich zu irgendeinem Zeitpunkt in ihrer Amtszeit einer Volkswahl stellen müssen. Die Kritik daran ist vielfältig und betrifft die enormen Kosten

State Supreme Courts: Verfassungsgerichtsbarkeit ... 439

für Wahlkämpfe, den Einfluss finanzstarker Interessengruppen, Unternehmen oder Einzelpersonen, Informationsdefizite bei den Wählern und schließlich die Tendenz, dass Richter, wenn Wahlen anstehen, bei Urteilen der *vox pupuli* den Vorzug geben vor rechtlichen Erwägungen (Tarr 2012, S. 122–150; anders: Brace et al. 2001). Hinzu kommt, dass Richterwahlen meist zusammen mit Wahlen zu Parlamenten durchgeführt werden, was einer Politisierung Vorschub leistet.

- *Ernennung durch Gouverneur:* In vier Bundesstaaten ernennt der Gouverneur die Richter zum *State Supreme Court,* wobei der Kandidat durch den Senat des Regionalparlamentes oder einer anderen Körperschaft dieses Bundesstaates bestätigt werden muss. Anders allerdings als bei den Richtern am *U.S. Supreme Court* erfolgt in den vier Bundesstaaten die erste Ernennung nicht auf Lebenszeit, sondern für eine zeitlich begrenzte Amtsperiode. Wieder ernannte oder in einer Wahl bestätigte Richter amtieren dann entweder bis zu einem Höchstalter (New Jersey) oder für eine zweite zeitlich begrenzte Amtsperiode (Kalifornien) (Tarr 2010, S. 53).

Es versteht sich, dass im Zeitablauf auch Änderungen stattgefunden haben. So werden in New York die Richter seit 1971 durch den Gouverneur ernannt, davor wurden sie gewählt. In North Carolina wurden die Richter bis 2018 in *partisan Elections,* seitdem in *non-partisan Elections* bestimmt. Rhode Island hat nach einer Reihe von Skandalen die *Legislative Appointment* abgeschafft. Doch dominieren der *Missouri Plan* sowie die Volkswahl in einer ihren beiden Ausprägungen die Besetzungsverfahren bei Beginn einer Amtsperiode. Allein 2018 fanden in 32 Bundesstaaten Wahlen von Verfassungsrichtern statt. Insgesamt 69 von 344 Verfassungsrichtern wurden im gleichen Jahr gewählt, in denen Zwischenwahlen zum Kongress stattfanden, wobei 29 Bundesstaaten ihre Richter am selben Tag wählten wie ihre Abgeordneten zum Repräsentantenhaus und ggfs. zum Kongress.[8] Damit werden die Wahlen der Richter zu den *State Supreme Courts* auch dann politisch aufgeladen, wenn sie als *non-partisan* oder *Retention Elections* stattfinden. Es besteht damit die Gefahr, dass *Accountability* sich nicht auf die Amtsführung der Richter bezieht, sondern auf parteipolitische Konstellationen, und dass die Unabhängigkeit der Richter unterlaufen wird.

---

[8]Vgl. hierzu die Angaben auf der Webseite: https://www.ballotpedia.org/State_supreme_court_elections_2018. Zugegriffen: 27. September 2018.

2.2 Representativeness: Zusammensetzung der Richterschaft an den Supreme Courts

Representativeness ist ein Kriterium, das in der amerikanischen Diskussion über *State Supreme Courts* eine eminente Bedeutung zukommt. Mit der Forderung nach *Representativeness* wird zum einen die legitimatorische Unterfütterung von *State Supreme Courts* hervorgehoben. Es geht folglich darum, dass spezifische Gruppen in *State Supreme Courts* vertreten sein sollen, um die Akzeptanz der Urteile zu erhöhen, zumal nicht wenige Entscheidungen gesellschaftliche Minderheiten unmittelbar betreffen (Graham 2004; Wefing 1997; Tarr 2010, S. 48–87). Im Vordergrund steht dabei vor allem die Vertretung von Frauen sowie der afro-amerikanischen Minderheit. In eine Reihe von Einzelstaaten spielen auch hispanische, indianische oder asiatisch-pazifische Minoritäten eine Rolle. Zum anderen wird danach gefragt, ob und inwiefern die Zusammensetzung eines Gerichtes, d. h. der soziale, ethnische, berufliche oder politische Hintergrund der Richter sich auf Entscheidungen auswirkt. Die Befunde sind hier uneindeutig: Während eine ganze Reihe von Untersuchungen über den *U.S. Supreme Court* die Bedeutung politischer Präferenzen und strategischer Überlegungen für die Entscheidungsfindung bestätigen (Epstein et al. 2013), finden Kagan et al. (1984) keine signifikanten Zusammenhänge zwischen der demographischen Zusammensetzung von *State Supreme Courts* und dem Entscheidungsverhalten der Richter. Nach Brace et al. (2001, S. 99) sind Richter an den obersten Gerichten der Bundesstaaten keineswegs „mere channels for legal doctrine", sondern politische Akteure, die sich strategisch verhalten.

Diese Kontroverse kann hier nicht geklärt werden. Immerhin lässt sich feststellen, dass die *State Supreme Courts* in ihrer Zusammensetzung einige Gemeinsamkeiten aufweisen, die für G.A. Tarr „most striking" sind. Danach ist der typische Richter an einem *State Supreme Court:* „white, middle-aged, and middle to upper class" (Tarr 2010, S. 62). Allerdings bedarf dieser Typ von Richter, der aus statistischen Durchschnittswerten gebildet ist, einer doppelten Qualifizierung.

Erstens, in den letzten Jahrzehnten hat die Zusammensetzung der Richterschaft einen beträchtlichen Wandel erfahren. Nach einer Erhebung von Acquaviva und Castiglione (2010) veränderten sich zwischen 1975 und 2009 die demografischen Voraussetzungen für höchstrichterliche Rechtsprechung in Bundesstaaten in mehrfacher Hinsicht (Tab. 3):

- Der erste Vertreter einer Minderheit war der afro-amerikanische Richter Jonathan Jasper Wright, der 1870 an den *Supreme Court* von South Carolina

State Supreme Courts: Verfassungsgerichtsbarkeit ... 441

Tab. 3 Merkmale der Richterinnen und Richter an *State Supreme Courts* (in %; nach Regionen, 2009)

	Nordosten	Süden	Mittlerer Westen	Westen	Gesamt
Alle (abs.)	56	130	78	78	342
Minderheiten					
• Afro-Amerikaner	7,1	12,3	6,4	1,3	7,6
• Asiaten	–	–	–	6,4	1,5
• „Hispanics"	3,6	1,3	–	9,0	3,2
• Andere	–	2,3	–	1,3	1,2
• „Caucasian"	89,3	86,2	94,9	83,3	87,4
Geschlecht					
• Frauen	37,5	29,3	32,9	30,8	31,9
• Männer	62,5	70,7	67,1	69,2	68,1
Religion					
• Protestanten	–	–	–	–	58,0
• Katholiken	–	–	–	–	27,6
• Juden					6,3
Politische Orientierung[a]					
• Demokraten	52,2	32,2	32,1	45,0	38,9
• Republikaner	30,4	30,5	39,3	12,5	26,8
• Unabhängig	13,0	6,8	7,1	10,0	8,7
• „No Affiliation"	4,3	22,0	17,9	25,0	19,5
Erfahrungen als Richter	67,9	68,7	61,5	52,6	63,5
„In-State Law School"	39,3	69,6	73,1	48,7	62,2

[a]ohne „Sonstige" und „keine Antwort"
Quelle: Acquaviva und Castiglione 2010, S. 1216, 1225, 1231, 1240, 1244

gewählt wurde (Acquaviva und Castiglione 2010, S. 1210). Es dauerte fast ein Jahrhundert, bis der zweite afro-amerikanische Richter einen Sitz in einem *State Supreme Court* erlangen sollte, nämlich Otis Smith 1961 in Michigan. Bis Ende der 1970er Jahre blieben die *State Supreme Courts* eine Bastion weißer Männer mittleren Alters. Erst in den 1980er und verstärkt in den 1990er Jahren wurden mehr Vertreter ethnischer Minderheiten in die *State Supreme Courts* berufen, auch wenn sich regionale Schwerpunkte herausgebildet haben. So sind Vertreter der asiatisch-pazifischen Minderheit allein in den

Gerichten von Hawaii und Kalifornien zu finden. Doch gehörten 2009 immerhin 46 von insgesamt 342 Richtern einer Minderheit an (= 13,5 %).[9]

- Florence Allen gelang es 1922 in Ohio als erste Frau, Richterin an einem *State Supreme Court* zu werden (Tarr 2010, S. 63; Acquaviva und Castiglione 2010, S. 1219–1221);[10] in Kalifornien wurde Rose Bird 1977 als erste Frau an den *Supreme Court* berufen (Choi et al. 2011, S. 504). Und noch 1975 waren gerade einmal 1,9 % der Richter und Richterinnen weiblich. Erst in den 1990er Jahren erhöhte sich der Anteil der Richterinnen an den *State Supreme Courts* merkbar (Choi et al. 2011, S. 504 f.; Curriden 1995; Songer und Crews-Meyer 2000), aber auch noch 2009 waren erst 31,8 % der Richter und Richterinnen an den *State Supreme Courts* weiblich (Acquaviva und Castiglione 2010, S. 1224).

- Die Religionen sind mit einigen Abstrichen gemäß ihren Anteilen in der Bevölkerung in den *State Supreme Courts* vertreten. Den größten Anteil stellen Protestanten mit 58 % der Richter; als Katholik bzw. Jude verstanden sich 27,6 bzw. 6,3 % der Befragten (Acquaviva und Castiglione 2010, S. 1231). Andere Religionen sind bisher an keinem *State Supreme Court* vertreten.

- Wie in den Landesverfassungsgerichten der Bundesrepublik Deutschland stellen in den *State Supreme Courts* der USA die Berufsrichter die größte Gruppe. Während der Anteil der Richter an *State Supreme Courts* mit berufsrichterlicher Erfahrung in den 1950er Jahren noch bei rund 59 % lag, verfügten 2009 nur wenig mehr, nämlich, 63,5 % aller Richter an *State Supreme Courts* über *judicial experience*. Der Rest hatte Erfahrungen gesammelt in der Regierung und Verwaltung, als Rechtsanwalt oder als Staatsanwalt (Acquaviva und Castiglione 2010, S. 1232–1234).

- Folgt man den Angaben in Acquaviva und Castiglione (2010, S. 1239), hat die Demokratische Partei seit 1975 dramatisch an Einfluss in den *State Supreme Courts* verloren, sie stellt aber immer noch eine Mehrheit der Richter. So gehörten 1975 – nach einer Erhebung von Fino (1987, S. 52) – noch 72,6 % der Richter der Demokratischen Partei an, 2009 waren es gerade noch 38,9 %. Den Republikanern ging es nicht viel besser; sie verharrten auf niedrigem Niveau und stellten 1975 bzw. 2009 gerade einmal 25,5 bzw. 26,8 %

---

[9]Acquaviva und Castiglione (2010, S. 1215) nennen in Tab. 1 zwar 44 Richter, doch ergibt die Addition der in der entsprechenden Spalte genannten Richter 46.

[10]Am *U.S. Supreme Court* dauerte es sogar bis 1981, bis die erste Frau – Sandra Day O'Connor – als Richterin berufen wurde; vorgeschlagen worden war sie von Ronald Reagan.

State Supreme Courts: Verfassungsgerichtsbarkeit ... 443

der Richter. Gestiegen sind die Anteile der „unabhängigen" Richter von 1,9 % (1975) auf 8,7 % (2009).[11]

- Regionale Herkunft: Bemerkenswert ist zudem, dass fast zwei Drittel aller Befragten ihren Abschluss an einer *Law School* des Bundesstaates gemacht haben, in dem sie als Richter zum obersten Gericht berufen wurden.

Zweitens, neben den Veränderungen im Zeitablauf sind die Unterschiede zwischen den Bundesstaaten bemerkenswert (Tab. 3). Auf Grundlage der Einteilung der Bundesamtes für Statistik in den USA[12] haben Acquaviva und Castiglione (2010) regionale Besonderheiten herausgearbeitet: So fällt auf, dass die Demokratische Partei im Nordosten der USA 2009 immer noch über die Hälfte der Richter stellen konnte; zugleich ist in diesen Bundesstaaten der Anteil der Richter, die ihren rechtswissenschaftlichen Abschluss in dem jeweiligen Bundesstaat erworben haben, vergleichsweise gering. In den Südstaaten sind afro-amerikanische Richter relativ stark und Frauen ähnlich schwach vertreten wie die Demokratische Partei. Im Mittleren Westen sind schwach vertreten: Minderheiten, die Demokratische Partei sowie Richter, die ihr Examen nicht in dem Bundesstaat erworben haben, in dem sie ihr Amt ausüben.

2.3 Independence: Gerichtsaufbau und Struktur des Gerichtssystems

Während *Accountability* und *Representativeness* zwar nicht nur, aber doch vorwiegend auf die demokratische Legitimität höchstrichterlicher Institutionen verweisen, folgen die Strukturen des Justizsystems und der Aufbau des Gerichtswesens rechtsstaatlichen Funktionsprinzipien. Dies gilt auch für *State Supreme Courts,* die als Verfassungsorgane Teil des jeweiligen Gerichts- und Justizsystems

---

[11]Zu beachten ist zudem, dass 25,5 % der Befragten, keine Antwort gaben.

[12]Nach den Richtlinien des *U.S. Census Bureau* existieren folgende Regionen: Nordosten (Connecticut, Maine, Massachussetts, New Hampshire, New Jersey, New York, Pennsylvania, Rhode Island und Vermont); Süden (Alabama, Arkansas, Delaware, Florida, Georgia, Kentucky, Louisiana, Maryland, Mississippi, North Carolina, Oklahoma, South Carolina, Tennessee, Texas, Virginia und West Virginia); Mittlerer Westen (Illinois, Indiana, Iowa, Kansas, Michigan, Minnesota, Missouri, Nebraska, North Dakota, Ohio, South Dakota und Wisconsin); Westen (Alaska, Arizona, California, Colorado, Hawaii, Idaho, Montana, Nevada, New Mexico, Oregon, Utah, Washington und Wyoming). https://www.census.gov/geo/reference/gtc/gtc_census_divreg.html. Zugegriffen: 8. Oktober 2018.

sind. Obschon sich die Strukturen dieser Systeme zwischen den Bundesstaaten unterscheiden, lassen sich in Bezug auf *State Supreme Courts* einige allgemeine Charakteristika identifizieren (Tarr 2010, S. 39–43): Sieht man einmal davon ab, dass – außer in Oklahoma und Texas, wo es einen Supreme Court für Zivil- und einen für Strafsachen gibt – in allen Bundesstaaten nur ein oberstes Gericht existiert, verzeichnen alle Justizsysteme einen grundsätzlich ähnlichen Instanzenweg. Gerichte erster Instanz (*Trial Courts* und *Trial Courts of General Jurisdiction*) verfügen über eine räumlich und/oder sachlich beschränkte Jurisdiktion. Die Gerichte der zweiten Instanz *(Intermediate Courts of Appeals)* sind Berufungsgerichte und zuständig für zivil- und strafrechtlich umfangreichere Verfahren. Solche *Intermediate Courts of Appeals* existieren in 39 Bundesstaaten. Es sind Appellationsgerichte zwischen den genannten *Trial Courts* und dem höchsten Gericht, dem *Supreme Court*. Sie entscheiden über Berufungen der unteren Gerichte, korrigieren deren Fehler in der Beweisaufnahme und der Rechtsanwendung und entlasten somit das oberste Gericht des jeweiligen Bundesstaates. Die *State Supreme Courts* sind oberste Berufungsinstanz. Ihre Urteile sind bindend für die unteren Gerichte, sie tragen insoweit zur Vereinheitlichung der Rechtsprechung und Rechtsanwendung in dem jeweiligen Bundesstaat bei (Tarr 2010, S. 39).

Diese Strukturen sind historisch gewachsen und keineswegs in allen Bundesstaaten gleich ausgebildet. So hat sich in Virginia ein vierstufiger Instanzenzug mit 204 Kreis-, 31 Bezirks-, einem Berufungs- und einem Obersten Gericht herausgebildet. Im Bundesstaat New York bestehen neben den Gerichten, deren territoriale Jurisdiktion sich auf New York City beschränkt, der *Court of Appeals,* der *Supreme Court* mit vier *Appellate Divisions* und zwei *Appellate Departments,* 57 Kreisgerichte (County Courts), ein Verwaltungsgericht (Court of Claims), ein Nachlass- bzw. Vormundschaftsgericht (Surrogate Court), 62 Familiengerichte, 2 Bezirksgerichte, 79 Stadtgerichte, das Zivil- sowie das Strafgericht für New York City sowie 2050 *Town and Village Justice Courts* (Tarr 2010, S. 41–43; Meyer et al. 2006; National Center for State Courts 2015).

Angetrieben wurden die Reformen im letzten Jahrhundert durch zwei Motive. Einerseits sollte die Transparenz des Gerichtswesens erhöht oder überhaupt erst hergestellt werden. So war zu Beginn des letzten Jahrhunderts nicht immer klar, wo welches Verfahren anzustrengen war. Andererseits sollte die Effizienz der Rechtsprechung gesteigert werden. Rolle und Bedeutung der SSC als „institutions of state government" sind auch von kurzfristigen politischen Konjunkturen abhängig. So gehen Paul Brace et al. (2001, S. 82) davon aus, dass der politische und institutionelle Kontext, in den *State Supreme Courts* eingebettet sind, nicht ohne Folgen bleibt auf die Urteile. Entscheidungen von SSC

State Supreme Courts: Verfassungsgerichtsbarkeit ... 445

sind mithin – auch – davon abhängig, welche Mehrheitsverhältnisse in den beiden Kammern des jeweiligen Regionalparlamentes bestehen, ob eine „unified" oder eine „divided" Regierung existiert oder welche gesellschaftliche Akzeptanz für ein Urteil zu erwarten ist (Brace et al. 2001).

Illustrieren lässt sich dies unter anderem an einigen aktuellen Entwicklungen. So beschloss das von den Republikanern beherrschte *House of Delegates* von West Virginia am 13. August 2018 gegen die noch amtierenden vier Richter des *Supreme Courts* – eine Richterin war bereits zurückgetreten, der *Chief Justice*, Allen Loughry, war suspendiert worden – ein Amtsenthebungsverfahren einzuleiten wegen Verschwendung öffentlicher Gelder, Pflichtverletzung und anderer Vergehen (Robertson 2018a, b; McDermott 2018). Gegen zwei Richter wurde sogar Anklage erhoben. Die im Zuge des Verfahrens erfolgten Rücktritte ermöglichten dem amtierenden Gouverneur (Republikaner), die von den Demokraten nominierten und nach Einleitung des Amtsenthebungsverfahrens zurückgetretenen Richter durch eigene Kandidaten zu ersetzen, die sich im November 2018 zur Wahl stellen mussten. Werden die verbliebenen Richter ebenfalls des Amtes enthoben, könnte der Gouverneur diese Posten ebenfalls mit eigenen Kandidaten besetzen, die sich allerdings 2020 zur Wahl stellen müssten. Das Amtsenthebungsverfahren hat am 11. September 2018 im Senat begonnen, der allerdings von der Demokratischen Partei mit 24 von 34 Sitzen kontrolliert wird. Vertreter der Demokratischen Partei wiederum werfen den Republikanern vor, einen „coup" durchführen zu wollen, um alle drei „branches of government" kontrollieren zu können. Jackie McDormett (2018) betont in diesem Zusammenhang, dass Richter des *Supreme Courts* in West Virginia auch schon früher unethisches Verhalten und Korruption vorgeworfen worden war. Und West Virginia ist kein Einzelfall. So berichten Alicia Bannon und Nathaniel Sobel vom *Brennan Center for Justice* im Mai 2017 von einer „Gesetzeswelle". Danach wurden allein in den ersten vier Monaten des Berichtsjahres 2017 mindestens 41 Gesetze in 15 Bundesstaaten eingebracht, um Wahl- und Ernennungsverfahren von Richtern an Gerichten neu zu regeln, eine Amtsenthebung zu erleichtern oder Kompetenzen von Gerichten zu begrenzen (Bannon und Sobel 2017, S. 1). Auch den Richtern des *State Supreme Courts* in Oklahoma wurde eine Amtsenthebung angedroht, nachdem diese entschieden hatten, dass ein im Kapitol des Bundestaates aufgestelltes Mahnmal, auf dem die zehn Gebote Moses standen, zu entfernen sei.

Die erwähnte „Gesetzeswelle" und die Drohgebärden betreffen keineswegs nur die obersten Gerichte in den amerikanischen Bundesstaaten. Aber sie verweisen doch auf die erhebliche Bedeutung, die das Gerichtswesen in den Bundesstaaten und eben auch die *Supreme Courts* für die USA besitzen. Aus deutscher Perspektive überraschen dabei Intensität der Auseinandersetzungen und die häufig kaum verdeckten politischen Motive hinter den Vorhaben. Die Wahl und Ernennung von Richtern sind dabei ebenso häufig Thema wie Amtszeiten oder das Recht zur autonomen Gestaltung der Geschäftsordnung und der inneren Arbeitsabläufe. Und immer wieder werden Richter des Amtes enthoben oder ein Impeachment wird zumindest öffentlich erwogen. Insgesamt erkennen Bannon und Sobel in den aktuellen Entwicklungen einen Trend zur „Politicization", die alle drei der hier dargestellten Dimensionen betrifft. Es gibt nicht wenige Indizien für die These, dass *Accountability, Representativeness* und *Independence* durch Volkswahlen oder die anderen dargestellten Besetzungsverfahren, durch die Androhung oder Durchführung von Amtsenthebungsverfahren oder durch andere Maßnahmen des Gesetzgebers zunehmend (partei-)politisch aufgeladen werden. Die „Anschläge" auf Gerichte, so Bannon und Sobel, befördern Entwicklungen „toward the hightened politicization of state courts, raising concerns that it will become increasingly difficult for judges to put aside partisan and ideological preferences when deciding cases" (Bannon und Sobel 2017, S. 1). Anders gesagt: Nicht nur die vertikale Gewaltenteilung im *Judicial Federalism* ist einem Veränderungsdruck ausgesetzt, sondern auch die binnenstaatliche Rolle der *State Supreme Courts* wird aktuell neu definiert.

3   *State Supreme Courts:* Aufbau und Arbeitsweise

Aufbau und Arbeitsweise von *State Supreme Courts* sind Resultat gerichtlicher Traditionen, gesellschaftlicher Änderungen und rechtlicher Vorgaben. Langer (2002) sowie Brace und Hall (1990, 1997) haben dabei auf die Bedeutung institutioneller Regeln zur Erklärung richterlichen Verhaltens aufmerksam gemacht. Auch wenn diese Regelungen sich im Detail zwischen den Bundesstaaten unterscheiden, sollen sie überall ein Doppeltes gewährleisten: *Equity* und *Efficiency*, Gerechtigkeit und Effizienz. Während ersteres empirisch schwer zu bestimmen ist und im vorliegenden Zusammenhang nicht geprüft werden kann, ist Letzteres in dreierlei Hinsicht zu beeinflussen und zwar durch *Caseload Management* (a), durch die personelle und institutionelle Infrastruktur der *State Supreme Courts* (b) sowie durch die Organisation der Verfahren, also die Arbeitsweise (c).

a) *Caseload Management:* SSC sind Ausfluss des rechtsstaatlichen Prinzips, dass gegen jedes Urteil zumindest eine Berufung möglich sein muss. Dieses Grundmotiv für die Einrichtung von *State Supreme Courts* ist auch heute noch wirkmächtig. Wie Kagan et al. (1977a und 1977b) gezeigt haben, ließen Bevölkerungswachstum und die Entstehung neuer Rechtsgebiete die Fallzahlen in *Supreme Courts* der Bundesstaaten

State Supreme Courts: Verfassungsgerichtsbarkeit ... 447

Tab. 4 *State Supreme Courts:* Arten der Eingänge und Erledigungen (2016)[a]

N	Eingänge (39 Bundesstaaten)			Erledigungen (26 Bundesstaaten)			
	Beru-fungen	Original procee-dings[b]	Gesamt-eingänge	Ent-scheidung in der Sache	Keine Annahme	Ander-weitig erledigt	Erledi-gungen Gesamt
N	39	39	39	26	25	26	26
Summe	39.274	7905	47.179	10.786	18.258	9014	38.058
Minimum	198	1	199	6	0	3	278
Maximum	5778	1365	6496	2407	2919	2274	6517
Durchschnitt	1007	203	1210	415	730	347	1464
Median	699	105	765	256	561	149	1047
Standabw	1012	274	1143	480	739	494	1283

[a]die Anzahl der Bundesstaaten, die dem Court Statistics Project die entsprechenden Daten für das Jahr 2016 zur Verfügung stellte, variiert; hinzu kommt, dass Erledigungen auch Fälle aus früheren Jahren betreffen können
[b]„original proceeding" betreffen Verfahren, in denen der Supreme Court als erstinstanzliches Gericht fungiert
Quelle: Court Statistics Project – Tabellen: „Caseloads by Case Category, by Court Type"; „Clearance Rates by Court Type" und „Manner of Disposition by Court Type", eigene Darstellung, eigene Berechungen; http://popup.ncsc.org/CSP/CSP_Intro.aspx. Zugegriffen: 1. November 2018

anwachsen. Eine Reaktion auf diese Entwicklung war, wie erwähnt, die Errichtung von Zwischeninstanzen, den *Intermediate Appellate Courts.* Gleichzeitig versuchten die meisten *State Supreme Courts,* Einfluss zu nehmen auf den *Caseload,* also auf Anzahl und Art der zu entscheidenden Fälle. Dadurch sollten *State Supreme Courts* in die Lage versetzt werden, „to concentrate on ,key' cases" (Kagan et al. 1977b, S. 1001). Dadurch, so Kagan et al. (1977b) weiter, hätten die früher eher „reaktiven" *State Supreme Courts* einen „judicial activism" entwickelt, der politisch und gesellschaftlich ungebunden sei.

Im Unterschied zum *U.S. Supreme Court* besitzen jedoch nur die wenigsten *State Supreme Courts* das Prärogativ, ihre Arbeitsbelastung vollkommen eigenständig zu regeln. Im Durchschnitt waren 2016 in den 39 Bundesstaaten, die dem *Case Statistics Project* die entsprechenden Daten zur Verfügung stellten, rund 84 % Berufungen; 16 % stellten also Verfahren dar, bei denen SSC als erstinstanzliches Gericht fungierte (Tab. 4). Beispielhaft sei hier erneut der *New York Court of Appeals* angeführt. Dessen Jurisdiktion umfasst zum einen *Appeals as of Right*, also Berufungen, über die der *Court of Appeals* entscheiden muss. Solche Anträge gehen direkt beim obersten Gericht des Bundesstaates ein oder beruhen auf einem Antrag einer der vorinstanzlichen *Appellate Divisions*. Darunter fallen etwa „konkrete Normenkontrollen" (*Constitutional Question* nach VI $ 3(b) 2 der Verfassung des Bundesstaates von New York), die Verhängung der Todesstrafe (Artikel VI $ 3a), Berufungen gegen Entscheidungen der *Commission on Judicial Conduct*, Anfragen von Bundesgerichten oder anderen *State Supreme Courts*, „Organstreitverfahren" nach Art. VI $ 3(b)(1), die auf die Entscheidung einer *Appellate Division* zurückgehen, sowie Meinungsverschiedenheiten zwischen Richtern einer *Appellate Division*. Während diese Anträge und Verfahren zwingend vom *New York Court of Appeals* in der Sache zu entscheiden sind, sind zum anderen bei *Appeals by Permission* die Richter des obersten Gerichtes in New York berechtigt, Anträge in zivil- oder strafrechtlichen Verfahren abzulehnen (Meyer et al. 2006, S. 38–82). Quantitativ dominieren in New York die *Appeals by Permission*, die 2016 rund 95 % aller Eingänge ausmachten.

Bei den Erledigungen – hier bezieht sich die Statistik auf 26 Bundesstaaten – zeichnet sich folgendes Bild ab: Weniger als die Hälfte aller Erledigungen geht darauf zurück, dass der Fall nicht angenommen wurde (48 %). Rund 28 % der Erledigungen waren Entscheidungen in der Sache; weitere 24 % der Verfahren erledigten sich in anderer Weise.

Von Bedeutung ist in diesem Zusammenhang auch, dass viele Bundesstaaten eine ganze Reihe von Politikbereichen konstitutionalisiert haben (Dinan 2012). So enthält etwa die Verfassung von New York nicht nur eine eigene *Bill of Rights* (Article I §§1 bis 18), sondern auch Bestimmungen zur Haushalts- und Finanzpolitik, zu privaten Unternehmen, zum Bildungssystem (einschließlich Hochschulen), zur Umwelt oder zur sozialen Sicherung (New York State Constitution 2015). Nicht viel anders sieht dies in der Verfassung von Kalifornien aus, die ebenfalls einen Grundrechtskatalog und eine Reihe von zum Teil detaillierten Regelungen zu unterschiedlichen Bereichen aufweist (wie zur medizinischen Forschung oder zur Wohnungspolitik).

b) *Richter, Clerks und Staff:* Die Anzahl der Richter variiert zwischen den *State Supreme Courts* nur gering. Sie beträgt zwischen fünf und neun Richtern und Richterinnen, die zwischen 6 und 14 Jahren amtieren. Deutlich ausgeprägter ist die Spreizung bei den Gehältern. So verdienen Richter in Kalifornien fast doppelt so viel wie ihre Kollegen in New Mexiko.

State Supreme Courts bestehen jedoch nicht nur aus den Spruchkörpern, sondern auch aus dem nichtrichterlichen Personal, dem *Staff.* Dieser „Maschinenraum"

State Supreme Courts: Verfassungsgerichtsbarkeit ...

449

der Verfassungsgerichtsbarkeit leistet organisatorische und fachliche Vorarbeit für die Entscheidung der Richter und die Abwicklung der Verfahren. Beispielhaft sei hier angeführt der *Supreme Court of California* (2016, S. 3–5): Von besonderer Bedeutung ist an diesem Gericht der *Clerk,* der von den Richtern ernannt wird. Er ist der „Generalsekretär" des Gerichtes und Dienstvorgesetzter des dort angestellten Personals. Darüber hinaus beschäftigte dieses oberste Gericht 2013 drei *Central Staffs* und zwar einen für Strafsachen (Direktor plus 21 Anwälte), einen für Zivilsachen (Direktor plus 15 Anwälte) und einen für Kapitalverbrechen und damit zusammenhängenden Verfahren (Direktor plus 9 Anwälte). Der *Reporter of Decisions* ist zuständig für die Veröffentlichung der Urteile und wurde 2013 unterstützt von einem juristisch ausgebildeten Lektor sowie vier weiteren Anwälten. Hinzu kommen Angestellte in der Bibliothek, zur Betreuung und Verwaltung der Termine (fünf Angestellte) sowie das Sicherheitspersonal. Die Richter verfügen darüber hinaus über einen persönlichen Assistenten und bis zu fünf Anwälten, die ihnen zuarbeiten und noch von Praktikanten unterstützt werden. Im *New York Court of Appeals* waren für das Jahr 2017 insgesamt 126 Personen als „Nonjudicial Staff" aufgeführt (Court of Appeals of the State of New York 2017, Appendix 2).

c) Die interne Organisation und Arbeitsweise werden durch verfassungsrechtliche Vorgaben sowie durch Geschäftsordnungen detailliert geregelt, die sich die *State Supreme Courts* teilweise selbst geben, die teilweise aber auch vom Regionalparlament erlassen werden.[13] Folgt man Brace und Hall (1990), ist es dabei von erheblicher Bedeutung, wie Fälle den Richtern zur Berichterstattung zugewiesen werden: per Zufallsprinzip oder durch den *Chief Justice.* Nach Brace und Hall befördert die Zuweisung der Fälle durch den *Chief Justice* eher Einstimmigkeit als die auf Zufall basierende Variante, weil sie die Möglichkeit schafft, abweichendes Verhalten positiv oder negativ zu sanktionieren, und Richter deswegen Sondervoten zu vermeiden suchen (Brace und Hall 1990; Brace et al. 2001, S. 84).

Im *New York Court of Appeals* werden Berufungen angenommen, wenn sie „novel and difficult questions of law" betreffen, Bedeutung für den gesamten Bundesstaat aufweisen oder sich Urteile von Gerichten widersprechen (Court of Appeals of the State of New York 2017, S. 2). Grundsätzlich bestehen dabei zwei Verfahrensoptionen: mit und ohne Verhandlung, wobei der Berichterstatter durch Los bestimmt wird. In beiden Varianten gilt: Folgt die Mehrheit der Richter der Empfehlung des Berichterstatters, schreibt dieser das Urteil. Findet die Empfehlung keine Mehrheit, verfasst der erste Richter, der rechts vom Berichterstatter

---

[13]Ein Beispiel für eine Geschäftsordnung findet sich in: Supreme Court of California 2016, S. 25–51.

sitzt und die Mehrheitsmeinung repräsentiert, das endgültige Urteil (die Richter sitzen im Uhrzeigersinn nach Seniorität). Also auch hier gilt das Zufallsprinzip (Court of Appeals of the State of New York 2017, S. 3 f.). Die Entscheidungen des New York Court of Appeals können drei Formen annehmen: eine „Opinion" ist ein von einem Richter verfasstes Urteil, das eine Mehrheit im Gericht gefunden hat; eine *Opinion* wird *per curiam* veröffentlicht, also in kollektiver Form, wenn nicht klar ist, welcher Richter die Entscheidung geschrieben hat; und ein *Memorandum opinion* beschreibt lediglich die Schlussfolgerung ohne Begründung. Darüber hinaus gibt es noch die *Concurrence,* ein unterstützendes Votum eines Richters, sowie das Sondervotum, die *Dissenting Vote* (Meyer et al. 2006, S. 124–132).[14]

4   *State Supreme Courts* und *Judicial Review* in amerikanischen Bundesstaaten

Die Politikbereiche, in denen *State Supreme Courts* Recht sprechen, sind vielfältig und umfassen *cum grano salis* alle staatlichen Handlungsfelder. Meyer et al. (2006) zählen in ihrer Untersuchung allein 18 Rechtsmaterien auf, in denen der *New York Court of Appeals* substanzielle Urteile gefällt und damit gestaltend in gesellschaftliche Entwicklungen interveniert hat. Dazu zählen u. a.: Bildung, Arbeits- und Streikrecht, Unternehmensrecht, Vertragsrecht, Immobilienrecht, Schwangerschaftsabbruch u. a. m. G. Alan Tarr untersucht den Einfluss von *State Courts* im Allgemeinen und von *State Supreme Courts* im Besonderen auf die Entwicklung des Deliktsrechts oder im Bereich der Schulfinanzierung (2010, S. 311–333). Laura Langer (2002) analysiert *Judicial Review* in den Bereichen: Wahlrecht, Arbeitnehmerunfallversicherung (Workers' Compensation Law), Arbeitslosenversicherung und im Sozialversicherungsrecht. Sie kommt zu dem Ergebnis, dass Entscheidungen der Richter an *State Supreme Courts* abhängig seien von: der ideologischen Distanz zwischen Richtern und anderen politischen Akteuren, von der institutionell garantierten Unabhängigkeit der Richter sowie von der Rechtsmaterie (Langer 2002, S. 123 f.). Insgesamt zeigen diese Studien, dass *State Supreme Courts* auch für Politikgestaltung in den Bundesstaaten wichtige Funktionen aufweisen.

---

[14]Im *Supreme Court of California* weist der *Chief Justice* die Fälle einem Berichterstatter zu. Im Zuge des Entscheidungsverfahrens, in dem zu unterschiedlichen Zeitpunkten vorläufige Voten abgegeben werden, kann der Berichterstatter mehrmals wechseln (Supreme Court of California 2016, S. 29–24).

State Supreme Courts: Verfassungsgerichtsbarkeit ...

Zurückführen lässt sich diese Bedeutung auf fünf Ursachen: erstens auf die verfassungsrechtlichen Voraussetzungen. Bundesstaatsverfassungen sind länger, detaillierter und leichter zu ändern als die U.S. Verfassung. Damit lassen sich Politikbereiche konstitutionalisieren (Williams 2018; Tarr 2000), und die Verfassungen bieten für *State Supreme Courts* mehr Ansatzpunkte zur Prüfung. Zweitens, in den Bundesstaaten existiert eine ausgeprägte Tradition des *Common Law* (Williams 2018; Meyer et al. 2006, S. 99–108). Das verschafft den *State Supreme Courts* etwa beim Deliktsrecht eigenständige Gestaltungsbereiche, die sich in der Konsequenz einer formalen Regelung durch *Statutory Law* entziehen. Drittens, der *U.S. Supreme Court* hat, so Laura Langer (2002, S. 6–8), die Kompetenzen der Bundesstaaten zur eigenständigen Gestaltung in unterschiedlichen Bereichen gestärkt. Viertens, die *State Supreme Courts* haben sich selbst neue Bereiche erschlossen. So fanden Kagan et al. (1977a), in den von ihnen 16 untersuchten Bundesstaaten einen Trend hin zu „noncommercial cases" (Tab. 5). Während im letzten Drittel des 19. Jahrhunderts *State Supreme Courts* sich vor allem mit Fällen aus dem Wirtschaftsleben beschäftigt hätten (Schuld- und Haftungsrecht, Immobilienrecht, Unternehmensrecht), hätten sich zwischen 1940 und 1970 die Rechtsgebiete „demokratisiert". Sie hätten sich dann verstärkt auf Materien bezogen, die eher Personen betrafen „further down the social and economic scale than those involved in most commercial and real estate cases" (Kagan et al. 1977a, S. 156).

Schließlich haben die Veränderungen seit Beginn der 1970er Jahren zu der bereits erwähnten Diskussion um einen *New Judicial Federalism* geführt. Gemeint ist damit, dass *State Supreme Courts* an der Durchsetzung und Weiterentwicklung von Bürgerrechten aktiv beteiligt waren. Hintergrund dieser Entwicklung waren einerseits politische und gesellschaftliche Veränderungen wie die Bürgerrechtsbewegung in den 1960er und 1970er Jahren sowie die Rechtsprechung des *U.S. Supreme Courts* unter *Chief Justice* Earl Warren. Unter Warrens Leitung hat der *U.S. Supreme Court* die sogenannten *Miranda Rights* eingeführt (Miranda v. Arizona 384 U.S. 436 (1966)). Seitdem muss jeder eines Verbrechens Verdächtige, der in Haft genommen werden soll, auf seine Rechte hingewiesen werden. Diese „due process revolution" ließ – zusammen mit einer seit den 1970er Jahren rasant steigenden Kriminalitätsrate – die Anzahl der Fälle wachsen, in denen Urteile von Strafgerichten aufgrund eines Verstoßes gegen Bürgerrechte aus verfassungsrechtlichen Gründen angefochten werden konnten. In der Folge wuchs auch die Anzahl der von den SSC zu entscheidenden Berufungen in Strafrechtsverfahren (Meyer et al. 2006, S. 157–216; Porter 1982).

Tab. 5 *State Supreme Courts*: Fallzahlen nach Rechtsbereichen (1870–1900)[a]

Rechtsgebiet	1870–1900		1905–1935		1940–1970		Gesamt	
	abs	%	abs	%	Abs.	%	Abs.	%
1. Schuld- und Haftungsrecht	630	33,7	591	29,3	303	15,0	1524	25,8
2. Realvermögen	401	21,4	313	15,5	221	11,0	935	15,8
3. Unternehmensrecht	49	2,6	50	2,5	29	1,4	128	2,2
4. Deliktshaftung	176	9,4	331	16,4	452	22,4	959	16,2
5. Strafrecht	199	10,6	235	11,7	367	18,2	801	13,6
6. Öffentliches Recht	230	12,3	263	13,0	392	19,4	885	15,0
7. Familien- und Erbrecht	144	7,7	196	9,7	237	11,8	577	9,8
8. Unklar	43	2,3	37	1,8	15	0,7	95	1,6
Gesamt	1872	100,0	2016	100,0	2016	100,0	5904	100,0
„commercial issues" (1+2+3)	1080	57,7	954	47,3	553	27,4	2587	43,8
„noncommercial issues" (4+5+6+7)	749	40,0	1025	50,8	1448	71,8	3222	54,5

[a]Einbezogen wurden insgesamt 16 State Supreme Courts; teilweise wurden die in der Originaltabelle angegebenen Prozentangaben leicht korrigiert

Quelle: Kagan et al. 1977a, S. 133–135; eigene Berechnungen

5 State Supreme Courts: zusammenfassende Betrachtung

Für den ehemaligen Richter am *U.S. Supreme Court,* William J. Brennan, war „the composite work of the courts in the fifty states" von – „wahrscheinlich" – größerer Bedeutung als die Urteile von SCOTUS. Nur wenn diese Gerichte einbezogen würden, ließen sich Aussagen darüber treffen, „how well America attains the ideal of equal justice for all" (Brennan 1966, S. 236). William J. Brennan sollte es wissen, denn er war bis zu seiner Berufung an den Obersten Gerichtshof der Vereinigten Staaten 1956 Richter am *State Supreme Court* in New Jersey. Brennan bezieht sich an dieser Stelle zwar auf alle Gerichte in den Bundesstaaten, doch stellen auch andere Autoren immer wieder fest, dass *State Supreme Courts* eine „bedeutende Rolle" in der Politik der Bundesstaaten spielen (Langer 2002, S. 133), dass sie aktiv beteiligt seien an „state policymaking" (Porter und Tarr 1982; Brace und Hall 2000) oder dass sie „powerful institutions" seien „with a dramatic impact upon the American political landscape" (Brace et al. 2001, S. 82).

Solch weitreichende Aussagen finden sich für die deutschen Landesverfassungsgerichte nicht. Allerdings ist *Judicial Activism* auch in den amerikanischen Bundesstaaten keineswegs unbeschränkt. Denn *State Supreme Courts* sind zum einen in die gewaltenteilenden Strukturen der Bundesstaaten eingebettet. Zugleich müssen sich die Richter binnenstaatlich kontinuierlich zur Wahl oder zur Wiederernennung stellen. Schließlich sind Stellung und Einfluss der *State Supreme Courts* von den politischen Mehrheitsverhältnissen in den Regionalparlamenten abhängig.

6   Anhang

State Supreme Courts: Besetzungsverfahren, personelle Ausstattung (Richter) und Verfahren

Bundesstaat (Name)	Besetzungsverfahren (Stand 2018)			Personelle Ausstattung – Richter (Stand 2018)				Verfahren (Stand 2016)			
	Beginn Amts- periode	Mitte Amts- periode	Bestä- tigung	Anzahl Richter	Amts- zeit	Gehalt Chief Jus- tice ($)	Associate Justice ($)	Eingänge Gesamt	Appeals	Eingänge pro 1. Mio Einwohner	Erledi- gungen
Alabama (SC)	PE	GU	PE	9	6	181.127	167.685	1465	1392	301	1582
Alaska (SC)	GN	GN	RE	5	10	205.776	205.176	397	378	535	422
Arizona (SC)	GN	GN	RE	7	6	164.836	159.685	1080	952	156	1064
Arkansas (SC)	NP	GU	NP	7	8	183.600	169.830	397	384	133	399
California (SC)	GU	GU	RE	7	12	256.059	244.179	7365	k.A.	188	7424
Colorado (SC)	GN	GN	RE	7	10	181.219	177.350	k.A.	k.A.	k.A.	k.A.
Connecticut (SC)	GNL	GNL	GNL	7	8	200.599	185.610	199	198	56	k.A.
Delaware (SC)	GNL	GNL	GNL	5	12	204.148	195.245	604	592	634	592
Florida (SC)	GN	GN	RE	7	6	178.420	178.420	2331	966	113	2480
Georgia (SC)	NP	GN	NP	7	6	175.600	175.600	2075	1807	201	1746
Hawaii (SC)	GNL	GNL	JN	5	10	231.468	223.200	330	248	231	382
Idaho (SC)	NP	GN	NP	5	6	149.700	146.700	301	244	179	k.A.
Illinois (SC)	PE	CS	RE	7	10	229.345	229.345	2240	1375	175	2349
Indiana (SC)	GN	GN	RE	5	10	173.599	173.599	842	714	127	885

(Fortsetzung)

Bundesstaat (Name)	Besetzungsverfahren (Stand 2018)			Personelle Ausstattung – Richter (Stand 2018)				Verfahren (Stand 2016)			
	Beginn Amtsperiode	Mitte Amtsperiode	Bestätigung	Anzahl Richter	Amtszeit	Gehalt Chief Justice ($)	Associate Justice ($)	Eingänge Gesamt	Eingänge Appeals	Eingänge pro 1. Mio Einwohner	Erledigungen
Iowa (SC)	GN	GN	RE	7	8	183.001	174.808	3306	k.A.	1055	3376
Kansas (SC)	GN	GN	RE	7	6	142.793	139.303	1101	k.A.	379	985
Kentucky (SC)	NP	GN	NP	7	8	140.508	135.504	728	530	164	809
Louisiana (SC)	PE	CS	PE	7	10	177.703	169.125	2284	2102	488	2163
Maine (SJC)	GL	GL	GL	7	7	154.981	134.056	610	574	458	k.A.
Maryland (CA)	GNL	GNL	RE	7	10	195.433	176.433	932	764	155	874
Massachusetts (SJC)	GNE	k.A.	k.A.	7	70 J	199.989	194.734	910	k.A.	134	923
Michigan (SC)	PE	GU	PE	7	8	164.610	164.610	2007	1984	202	2037
Minnesota (SC)	NP	GU	NP	7	6	190.699	173.363	813	760	147	802
Mississippi (SC)	NP	GU	NP	9	8	159.000	152.250	986	k.A.	330	k.A.
Missouri (SC)	GN	GN	RE	7	12	181.677	173.742	686	370	113	709
Montana (SC)	NP	GNL	NP	7	8	145.621	144.061	765	632	734	761
Nebraska (SC)	GN	GN	RE	7	6	173.694	173.694	k.A.	k.A.	k.A.	k.A.
Nevada (SC)	NP	GN	NP	7	6	170.000	170.000	k.A.	k.A.	k.A.	k.A.
New Hampshire (SC)	GE	GE	k.A.	5	70 J	167.271	162.240	759	723	569	777
New Jersey (SC)	GL	GL	GL	5	7/70 J	192.795	185.482	1237	k.A.	138	1257

(Fortsetzung)

Bundesstaat (Name)	Besetzungsverfahren (Stand 2018)			Personelle Ausstattung – Richter (Stand 2018)				Verfahren (Stand 2016)			
	Beginn Amtsperiode	Mitte Amtsperiode	Bestätigung	Anzahl Richter	Amtszeit	Gehalt Chief Justice ($)	Associate Justice ($)	Eingänge Gesamt	Appeals	Eingänge pro 1. Mio Einwohner	Erledigungen
New Mexico (SC)	PE	GN	RE	5	8	133.174	131.174	636	499	306	597
New York (CA)	GNL	GNL	GNL	7	14	222.500	215.700	3279	3273	166	3624
North Carolina (SC)	PE	GU	PE	7	8	150.086	146.191	613	k.A.	60	562
North Dakota (SC)	NP	GN	NP	5	10	161.517	157.009	437	380	577	371
Ohio (SC)	PE	GU	PE	7	6	174.700	164.000	1914	1544	165	2019
Oklahoma (SC/CCA)	GN	GN	RE	9	6	155.820	145.914	1113	k.A.	284	1103
Oregon (SC)	NP	GU	NP	7	6	150.572	147.560	636	543	155	614
Pennsylvania (SC)	PE	GL	RE	7	10	213.748	207.203	2746	2131	215	2764
Rhode Island (SC)	GN	GN	k.A.	5	Life	193.458	175.870	360	266	341	k.A.
South Carolina (SC)	LA	LA	LA	5	10	156.234	148.794	1211	699	244	1148
South Dakota (SC)	GN	GN	RE	5	8	137.270	135.270	436	417	504	353
Tennessee (SC)	GL	GL	RE	5	8	190.128	185.064	1030	840	155	1035
Texas (SC/CCA)	PE	GU	PE	9	6	170.500	168.000	7504	6592	269	7512
Utah (SC)	GNL	GNL	RE	5	10	180.500	178.500	590	578	193	573
Vermont (SC)	GNL	GNL	LA	5	6	166.130	158.558	440	401	704	459
Virginia (SC)	LA	GU	LA	7	12	210.017	197.827	1825	1509	217	k.A.

(Fortsetzung)

Bundesstaat (Name)	Besetzungsverfahren (Stand 2018)			Personelle Ausstattung – Richter (Stand 2018)				Verfahren (Stand 2016)			
	Beginn Amtsperiode	Mitte Amtsperiode	Bestätigung	Anzahl Richter	Amtszeit	Gehalt Chief Justice ($)	Associate Justice ($)	Eingänge Gesamt	Appeals	Eingänge pro 1. Mio Einwohner	Erledigungen
Washington (SC)	NP	GU	NP	9	6	189.374	186.681	1400	k.A.	192	1400
West Virginia (SCA)	NP	GU	NP	5	12	136.000	136.000	1220	996	666	1276
Wisconsin (SC)	NP	GU	NP	7	10	147.403	147.403	762	657	132	702
Wyoming (SC)	GN	GN	RE	5	8	165.000	165.000	308	260	526	278

Abkürzungen: Name: SC – Supreme Court; SCA – Supreme Court of Appeals; SJC – Supreme Judicial Court; CA – Court of Appeals; CCA – Court of Criminal Appeals; Besetzungsverfahren: GE = Ernennung durch Gouverneur mit Zustimmung von Verwaltungsrat; GL = Ernennung durch Gouverneur mit Zustimmung des Regionalparlamentes; GN = Ernennung durch Gouverneur von Liste einer Auswahlkommission; GNE = Ernennung durch Gouverneur von Liste einer Auswahlkommission und Zustimmung eines Verwaltungsrates; GNL = Ernennung durch Gouverneur von Liste einer Auswahlkommission und Zustimmung des Regionalparlamentes; GU = Ernennung durch Gouverneur; JN = Richterwahlausschuss; LA = Parlamentswahl; NP = Non-partisan election; PE = Partisan election; RE = Retention election

Quelle: Perkins 2018: Tab. 5.1 (State Courts of Last Resort), 5.4 (Compensation of Judges of Appellate Courts and General Trial Courts), 5.6 (Selection and Retention). http://knowledgecenter.csg.org/kc/content/book-states-2018-chapter-5-state-judicial-branch. Zugegriffen: 16. Oktober 2018; S. Strickland, R. Schauffler, R. LaFountain & K. Holt, eds. State Court Organization. Last updated 8 April 2016. National Center for State Courts, www.ncsc.org/sco. Zugegriffen: 9. Oktober 2017; Court Statistics Project: www.courtstatistics.org; http://popup.ncsc.org/CSP/CSP_Intro.aspx (Population by State; Incoming Caseload; Caseload by Case Category; Clearance Rates). Zugegriffen: 15. Oktober 2018

Literatur

Acquaviva, G. L., & Castiglione, J. D. (2010). Judicial diversity on state supreme courts. *Seton Hall Review, 39*(4), 1203–1261.

Bannon, A., & Sobel, N. (2017). Assaults on the courts: A legislative round-up. Brennan Center for Justice. https://www.brennancenter.org/analysis/assaults-courts-legislative-round. Zugegriffen: 3. Okt. 2018.

Baum, L., & Canon, B. C. (1982). State supreme courts as activists: New doctrines in the law of torts. In M. C. Porter & G. A. Tarr (Hrsg.), *State supreme courts. Policymakers in the federal system* (S. 83–108). Westport: Greenwood.

Bluebook. (2015). *The bluebook. A uniform system of citation* (20. Aufl.). Cambridge: Harvard Law Review Association (Compiled by the editors of the Columbia Law Review, the Harvard Law Review, the University of Pennsylvania Law Review and the Yale Law Journal).

Brace, P., & Hall, M. G. (1990). Neoinstitutionalism and dissent in state supreme courts. *Journal of Politics, 52*(1), 55–70.

Brace, P., & Hall, M. G. (1997). The interplay of preferences, case facts, context, and rules in the politics of judicial choice. *Journal of Politics, 59*(4), 1206–1231.

Brace, P., & Hall, M. G. (2000). Comparing courts using the American states. *Judicature, 83*(5), 250–266.

Brace, P., Hall, M. G., & Langer, L. (2001). Placing state supreme courts in state politics. *State Politics & Policy Quarterly, 1*(1), 81–108.

Brennan, W. J. (1966). State supreme court judge versus United States supreme court justice: A change in function and perspective. *University of Florida Law Review, 19*(2), 225–237.

Choi, S. J., Gutlati, M., Holman, M., & Posner, E. A. (2011). Judging women. *Journal of Empirical Legal Research, 8*(3), 504–532.

Court of Appeals of the State of New York. (2017). 2017 annual report of the clerk of the court. https://www.nycourts.gov/ctapps/annrpt.htm. Zugegriffen: 2. Okt. 2018.

Curriden, M. (1995). Judicial barriers quickly breaking down. *ABA Journal, 81*(December 1995), 24.

CSP & NCSC. (2017). State court guide to statistical reporting. A joint project of the conference of state court administration and the national center for state courts. http://www.courtstatistics.org. Zugegriffen: 24. Okt. 2018.

Dinan, J. (2012). State constitutions and American political development. In M. Burgess & G. A. Tarr (Hrsg.), *Constitutional dynamics in federal systems* (S. 43–60). Montreal: McGill Queen's University Press.

Elazar, D. J. (1987). *Exploring federalism*. Tuscaloosa: University of Alabama Press.

Epstein, L., Landes, W. M., & Posner, R. A. (2013). *The behavior of federal judges. A theoretical & empirical study of rational choice*. Cambridge: Harvard University Press.

Fino, S. P. (1987). *The role of state supreme courts in the new judicial federalism*. New York: Greenwood.

Friedelbaum, S. H. (1982). Independent state grounds: Contemporary invitation to judicial activism. In M. C. Porter & G. A. Tarr (Hrsg.), *State supreme courts. Policymakers in the federal system* (S. 23–54). Westport: Greenwood.

State Supreme Courts: Verfassungsgerichtsbarkeit ... 459

Glick, H. R., & Vines, K. N. (1973). *State court systems*. Englewood Cliffs: Prentice Hall.

Graham, B. L. (2004). Toward an understanding of judicial diversity in American courts. *Michigan Journal of Race & Law, 10*(1), 153–193. https://repository.law.umich.edu/cgi/viewcontent.cgi?article=1144&context=mjrl. Zugegriffen: 15. Okt. 2018.

Hamilton, A. (1994). 78. Artikel. Zur Gestaltung der rechtsprechenden Gewalt, insbesondere der Amtsdauer auf Lebenszeit. In A. Hamilton, J. Madison & J. Jay, *Die Federalist-Artikel* (S. 469–477). Herausgegeben von A. Adams & W. P. Adams. Paderborn etc.: Schöningh (Erstveröffentlichung 1788).

Johnson, K. (2018). Washington state supreme court deems death penalty unconstitutional. *New York Times*, 11. Oktober 2018. https://www.nytimes.com/2018/10/11/us/death-penalty-ruling-washington-state.html. Zugegriffen: 15. Okt. 2018.

Kagan, R. A., Cartwright, B., Friedman, L. M., & Wheeler, S. (1977a). The business of state supreme courts 1870-1970. *Stanford Law Review, 30*(1), 121–156. http://scholarship.law.berkeley.edu/facpubs. Zugegriffen: 10. Okt. 2018.

Kagan, R. A., Cartwright, B., Friedman, L. M., & Wheeler, S. (1977b). The evolution of state supreme courts. *Michigan Law Review, 76*(6), 961–1005. http://scholarship.law.berkeley.edu/facpubs. Zugegriffen: 15. Sept. 2018.

Kagan, R. A., Infelise, B. D., & Detlefsen, R. R. (1984). American state supreme court justices, 1900–1970. *American Bar Foundation Research Journal, 1984*(2), 371–407. http://scholarship.law.berkeley.edu/facpubs. Zugegriffen: 30. Sept. 2018.

Keith, D., & Robbins, L. (2017). Legislative appointments for judges. Lessons from South Carolina, Virginia, and Rhode islands. Brennan center for justice. https://www.brennancenter.org/analysis/legislative-appointments-judges-lessons-south-carolina-virginia-and-rhode-island. Zugegriffen: 4. Okt. 2018.

Kommers, D. P. (1983). Die Verfassungsgerichtsbarkeit in den Gliedstaaten der Vereinigten Staaten von Amerika. In C. Starck & K. Stern (Hrsg.), *Landesverfassungsgerichtsbarkeit. Teilband I: Geschichte, Organisation, Rechtsvergleichung* (S. 461–495). Baden-Baden: Nomos.

Langer, L. (2002). *Judicial review in state supreme courts. A comparative study.* Albany: SUNY.

McDermott, J. (2018). West Virginia's supreme court drama unfolds. 4. September 2018. https://constitutioncenter.org/blog/west-virginias-supreme-court-drama-1. Zugegriffen: 25. Sept. 2018.

Meyer, B. S., Agata, B. C., & Agath, S. H. (2006). *The history of the New York Court of Appeals 1932-2004.* New York: Columbia University Press.

National Center for State Courts. (2015). Court statistics project. Examining the work of state courts. An overview of 2015 state court caseloads. http://www.courtstatistics.org/~/media/Microsites/Files/CSP/EWSC%202015.ashx. Zugegriffen: 15. Okt. 2018.

National Center for State Courts. (2018). Survey of judicial salaries. Rankings as of July 1, 2018. 42(2). http://www.ncsc.org/salarytracker. Zugegriffen: 4. Okt. 2018.

New York State Constitution. (2015). New York state constitution as revised, including amendments effective January 1, 2015. http://www.dos.ny.gov. Zugegriffen: 2. Okt. 2018.

Perkins, H. (2018). Book of the states 2018. Chapter 5: State judicial branch. 20. August 2018. http://knowledgecenter.csg.org/kc/category/content-type/bos-2018. Zugegriffen: 9. Okt. 2018.

Porter, M. C. (1982). State supreme courts and the legacy of the warren court: Some old inquiries for a new situation. In M. C. Porter & G. A. Tarr (Hrsg.), *State supreme courts. Policymakers in the federal system* (S. 3–22). Westport: Greenwood.

Porter, M. C., & Tarr, G. A. (1982). Introduction. In M. C. Porter & G. A. Tarr (Hrsg.), *State supreme courts. Policymakers in the federal system* (S. XVI–XXVII). Greenwood: Westport.

Robertson, C. (2018a). A coup or a couch? What's behind the impeachment of West Virginia's Supreme Court. *New York Times,* 14. August 2018. https://www.nytimes.com/2018/08/14/us/west-virginia-impeachment-supreme-court.html. Zugegriffen: 31. Okt. 2018.

Robertson, C. (14. August 2018b). West Virginia House of Delegates votes to impeach entire state supreme court. *New York Times.* https://www.nytimes.com/2018/08/14/us/west-virginia-impeach-supreme-court.html. Zugegriffen: 31. Okt. 2018.

Snowiss, S. (1990). *Judicial review and the law of the constitution.* New Haven: Yale University Press.

Supreme Court of California. (2016). The supreme court of California. Containing the internal operating practices and procedures of the California supreme court. Seventh edition. http://www.courts.ca.gov/supremecourt.html. Zugegriffen: 2. Okt. 2018.

Songer, D. R., & Crews-Meyer, K. A. (2000). Does judge gender matter? Decision-making in state supreme courts. *Social Science Quarterly, 81*(3), 750–762.

Tarr, G. A. (1982). State supreme courts and the U.S. supreme court: The problem of compliance. In M. C. Porter & G. A. Tarr (Hrsg.), *State supreme courts. Policymakers in the federal system* (S. 155–173). Westport: Greenwood.

Tarr, G. A. (1999). New judicial federalism in perspective. *Notre Dame Law Review, 72*(4), 1097–1118. http://scholarship.law.nd.edu/ndlr/vol72/iss4/6. Zugegriffen: 28. Sept. 2018.

Tarr, G. A. (2000). *Understanding state constitutions.* Princeton: Princeton University Press.

Tarr, G. A. (2010). *Judicial process and judicial policymaking.* Boston: Wadsworth.

Tarr, G. A. (2011). Commission-based judicial appointment: The American experience. *Revue générale de droit, 41*(1), 239–265.

Tarr, G. A. (2012). *Without fear or favor. Judicial independence and judicial accountability in the states.* Stanford: Stanford University Press.

Tarr, G. A. (2015). Judicial federalism in the United States: Structure, jurisdiction and operation. *Revista de Investigações Constitucionais, Curitiba, 2*(3), 7–34. https://doi.org/10.5380/rinc.v2i3.44526. Zugegriffen: 17. Okt. 2018.

Tarr, G. A., & Porter, M. C. (1988). *State supreme courts in state and nation.* New Haven: Yale University Press.

Wefing, J. B. (1997). State supreme court justices – Who are they? *New England Law Review, 32*(1), 47–100.

Williams, R. F. (2003). Introduction: The third stage of the new judicial federalism. *NYU Annual Survey of American Law, 59*(2), 211–229.

Williams, R. F. (2006). Juristocracy in the American states? *Maryland Law Review, 65*(1), 68–81.

Williams, R. F. (2018). Judicial review in the American states. Unveröffentlichtes Ms.

Wolfe, C. (1997). *Judicial activism. Bulwark of freedom or precarious security? Revised Edition.* Lanham: Rowman & Littlefield.

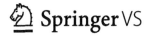

springer-vs.de

Jetzt im Springer-Shop bestellen:
springer.com/978-3-658-16093-7